HISTORISCHER ATLAS VON BAYERN

IN VERBINDUNG MIT DER BAYERISCHEN ARCHIVVERWALTUNG
UND DEM BAYERISCHEN LANDESVERMESSUNGSAMT
HERAUSGEGEBEN VON DER
KOMMISSION FÜR BAYERISCHE LANDESGESCHICHTE
BEI DER BAYERISCHEN AKADEMIE DER WISSENSCHAFTEN

TEIL ALTBAYERN

HEFT 60

KOMMISSION FÜR BAYERISCHE LANDESGESCHICHTE
MÜNCHEN 1995

REGENSBURG

Reichsstadt – Fürstbischof – Reichsstifte – Herzogshof

von

ALOIS SCHMID

KOMMISSION FÜR BAYERISCHE LANDESGESCHICHTE

MÜNCHEN 1995

ISBN 3 7696 9692 1

AUSLIEFERUNG: VERLAG MICHAEL LASSLEBEN, 93183 KALLMÜNZ

SATZ UND DRUCK: DRUCKEREI M. LASSLEBEN, KALLMÜNZ ÜBER REGENSBURG

Vorwort

Wenn als einer der letzten Bände der altbayerischen Reihe des Historischen Atlas von Bayern der Band Stadt Regensburg erscheint, hat das eine Reihe von Gründen. Der Stadt Regensburg kommt innerhalb des altbayerischen Raumes in mehrfacher Hinsicht eine Sonderstellung zu. Sie hat eine ausgeprägte römische Tradition; hier reicht die für die Atlas-Forschung einschlägige Geschichte rund ein Jahrtausend weiter zurück als in den übrigen Untersuchungsräumen. Die Stadt hatte immer Zentralortfunktionen. Sie wurde sehr früh Hauptstadt des Herzogtums Bayern und schließlich die einzige Reichsstadt in Südostdeutschland. Zu Recht stellte deshalb Klaus Fehn fest: „Regensburg ist in vielfacher Hinsicht ein singuläres Phänomen in Altbayern". Die Sonderstellung fand ihren Niederschlag in einer schier unüberschaubaren Flut von Quellen. Für Regensburg liegt – trotz beträchtlicher Aktenverluste im 19. Jahrhundert – sicherlich weit mehr Quellenmaterial als für jeden anderen Ort in Bayern vor. Dieses ist von sehr unterschiedlicher Beschaffenheit, was den Bearbeiter vor besondere Schwierigkeiten stellt. Er hat sich in ungewöhnlichem Ausmaße mit den Ergebnissen der Archäologie, aber auch der Namenkunde, der Numismatik und weiterer Teildisziplinen auseinanderzusetzen. Das ausufernde Quellenmaterial hat – obwohl lange noch nicht gehoben – in einer Flut von Publikationen Auswertung erfahren. Die Geschichte Regensburgs ist unter allen bayerischen Städten sicherlich am besten durch Literatur erschlossen. Dementsprechend kontrovers werden viele Fragen diskutiert. Durch dieses Gewirr von Meinungen, Thesen, Theorien und Gesichertem galt es einen gangbaren Weg zu finden. Dennoch bleiben beträchtliche Lücken erst zu schließen. Vor allem für das späte Mittelalter und die frühe Neuzeit sind noch immer viel zu wenige Untersuchungen angefertigt worden. Hier waren zahlreiche Fragen neu zu stellen, die sich in anderen Heften nicht ergeben. Dem Band Regensburg-Stadt kommt als einzigem Stadt-Atlas innerhalb der Reihe in vielfacher Hinsicht eine Sonderstellung zu. Er hatte doch weithin seinen eigenen Weg zu suchen und ist deswegen mit den vorliegenden Heften in vielem nicht zu vergleichen.

Der Benützer möge vor allem eines bedenken: Eine zeitgemäße Geschichte der Stadt Regensburg, die nicht vorliegt, war auch hier nicht angestrebt. Der Band erhebt keinesfalls den Anspruch, alle wichtigen Bereiche der Stadtgeschichte abzudecken. Die abgehandelten Themen sind durch die Gesamtkonzeption des Atlas-Unternehmens vorgegeben. Er möchte auch nicht dem in Bearbeitung befindlichen Häuserbuch vorgreifen. Viele Problemfelder sind hier nicht einschlägig und müssen deswegen ausgeklammert, andere können nur gestreift werden. Thema sind allein Untersuchungen zur Herrschafts-, Besitz- und Verfassungsgeschichte der Stadt. Selbst diese konnten nicht beliebig ausgedehnt werden. Der Band hat sich an den Bedürfnissen des Gesamtprojektes auszurichten. Das gilt für seinen Umfang wie für die Bearbeitungszeit. Die Geschichte Regensburgs ist eine uferlose Thematik, an der noch Generationen zu arbeiten haben werden. Hier können viele Probleme und Themenkreise nur aufgezeigt werden bzw. in der nötigen Kürze vorgestellt, nicht aber gelöst oder auch nur umfassend abgehandelt werden. Im Grunde müßte für fast jeden Einzelabschnitt des Buches eine Spezialuntersuchung angefertigt werden. Das kann nicht Aufgabe des vorliegenden Bandes sein. Um zumindest die Teilreihe Altbayern allmählich einem Ende entgegenzuführen, mußte ein Schlußpunkt gesetzt werden, gewiß im Bewußtsein, vieles offen zu lassen, aber doch mit dem Ziel, einen so umfassenden Längsschnitt unter herrschafts- und verfassungsgeschichtlichen Fragestellungen zu bieten, wie er bisher noch nicht vorgelegt wurde. Er soll eine brauchbare Arbeitsgrundlage für die weitere Forschung abgeben.

Es bleibt mir die angenehme Pflicht des Dankes an alle, die meine Arbeiten an diesem Band gefördert haben. Er gilt in erster Linie meinem akademischen Lehrer Professor Dr. Andreas Kraus (München), der mir das innerhalb der Reihe wichtige Heft anvertraut hat. Während seiner Regensburger Jahre hatte er mich als Studenten in die historische Bedeutung dieser Stadt und ihre Erforschung eingeführt. Er hat die Untersuchungen mit kritischem Interesse, Geduld und vielfältigen Hilfestellungen jederzeit gefördert. Weitere Unterstützung erfuhr ich von Professor Dr. Wilhelm Volkert (Regensburg). Dankbar gedenke ich zahlreicher hilfreicher Gespräche mit den Professoren Dr. Achim Hubel (Bamberg), Dr. Max Piendl† (Regensburg) und Dr. Wilhelm Störmer (München). In den Staatsarchiven zu Amberg und München halfen mir Dr. Karl-Otto Ambronn und Dr. Gerhard Leidel einen Weg durch unüberschaubare Materialberge zu finden. Vor Ort unterstützten alle einschlägigen Institutionen meine Arbeit; dafür sei stellvertretend den Amtsleitern Dr. Martin Angerer, Dr. Werner Chrobak, Dr. Martin Dallmeier, Dr. Egon J. Greipl, Dr. Paul Mai, Dr. Udo Osterhaus†, Dr. Helmut-Eberhard Paulus, Dr. Hermann Reidel, Dr. Gisela Urbanek und Dr. Heinrich Wanderwitz mein herzlicher Dank ausgesprochen. Mehrere Studenten der Universitäten Bamberg, Eichstätt, München und Regensburg gewährten mir Einblick in ihre unveröffentlichten Examensarbeiten. Das Manuskript wurde von studentischen Hilfskräften erstellt, von denen sich Stefan Gatzhammer und Peter Hefele mit besonderem Einsatz beteiligt haben. Die Drucklegung betreuten von seiten der Kommission Herr Prof. Dr. Konrad Ackermann und Dr. Erwin Riedenauer. Auch ihnen allen sei herzlich gedankt. Mein tiefster Dank aber gilt den Vorsitzenden der Kommission für bayerische Landesgeschichte, Prof. Dr. Andreas Kraus und Prof. Dr. Walter Ziegler, die in vielfacher Hinsicht die Weichen gestellt haben, daß das Werk zum Abschluß gebracht werden konnte.

Alois Schmid

INHALTSVERZEICHNIS

Vorwort V

Quellen und Literatur XI

Ungedruckte Quellen XI

Gedruckte Quellen und Literatur XIII

Abkürzungen XXXIV

I. Grundlagen 1

1. Geographische Voraussetzungen 1

2. Anfänge der Besiedlung 4

3. Das Problem des keltischen Radasbona 8

II. Das römische Regensburg 11

1. Die römische Okkupation Raetiens 11

2. Das Kumpfmühler Kohortenkastell 13

3. Das Legionslager Castra Regina 15

4. Ein Kleinkastell zu Prüfening 18

5. Das Ende 20

6. Das Umland 21

7. Aspekte der Kontinuität 23

III. Metropolis ac sedes ducatus 29

1. Die Agilolfingerzeit 29
   a) Regensburg und die Bajuwarenfrage 29
   b) Hauptpfalz der Agilolfinger 32
   c) Fragen der Topographie 36
   d) Die Stadtherrschaft 38
   e) Kirchliches Zentrum 39

2. Die Karolingerzeit 42
   a) Die Stadtherrschaft 42
   b) Königsaufenthalte 44
   c) Königsstraßen 45
   d) Reichsversammlungen 46

e) Karolingerpfalzen 47
f) Der Fiscus Regensburg 53
g) Die Münzstätte 56

3. Von den Ottonen zu Friedrich Barbarossa 56

a) Auseinandersetzungen um die Stadtherrschaft: Das Zeitalter der Luitpoldinger 56
b) Geteilte Stadtherrschaft 58
Das Königtum: Königsaufenthalte – Reichsversammlungen – Königsgut 59
Das Herzogtum: Herzogsaufenthalte – Herzogsgut – Landtage – das Münzrecht 61
Die Bischöfe 65
c) Die Pfalzenfrage 67
d) Hauptstadtfunktion von Heinrich II. bis Heinrich IV. 69
e) Fiscus – pagus – comitatus: die Burggrafen; die Pfalzgrafen; die Domvögte 72

4. Der Aufstieg zur Reichsstadt 78

a) Königtum, Herzogtum und Bischöfe im Kampf um die Stadtherrschaft 79
b) Der Aufstieg des Bürgertums: die entscheidenden Urkunden . . . 108

IV. Die Reichsstadt 121

1. Eigenart und Größe 121

2. Die Organisation des innerstädtischen Lebens 123

a) Der Bürgermeister 123
b) Der Stadtrat – das Stadtpatriziat 125
c) Die Stadtverwaltung: Kanzlei – Beamtenschaft – Rathaus . . . 128
d) Die Stadtsymbole: Siegel – Wappen – Flagge 135
e) Die Bürgerschaft 136
f) Berufsständische Organisationsformen: der Hansgraf – die Zünfte – Bruderschaften 137
g) Städtische Einrichtungen: Schulen – Bibliotheken – Archiv – Almosenamt 140
h) Die Wachten 144
i) Der Burgfrieden 147
k) Das Gerichtswesen 151
l) Das Steuerwesen 157
m) Das Münzwesen 159
n) Das Zollwesen 161
o) Das Wehrwesen 163
p) Das Gesandtschaftswesen 166
q) Die Pfarreienorganisation 167
r) Die Judengemeinde 169

3. Das Verhältnis zum Reich 173
a) Freistadt 173
b) Bayerische Landstadt 1486–1492 179
c) Reichsstadt 1492–1803 186
d) Stadt des Immerwährenden Reichstages 1663–1806 196

V. Die Haus- und Grundbesitzer 205

1. Die Stadt 205
2. Das Herzogtum/Kurfürstentum Bayern 206
3. Das Fürsterzbistum Salzburg 208
4. Das Hochstift Regensburg 209
5. Das Domkapitel Regensburg 211
6. Das Benediktinerkloster St. Emmeram 213
7. Das Schottenkloster St. Jakob 218
8. Das Dominikanerkloster St. Blasius 222
9. Das Augustinerkloster St. Salvator 223
10. Das Minoritenkloster St. Salvator 225
11. Das Kapuzinerkloster St. Matthias 226
12. Das Karmelitenkloster St. Joseph 227
13. Das Dominikanerinnenkloster Heilig Kreuz 228
14. Das Klarissenkloster St. Maria Magdalena am Klarenanger 230
15. Das Kanonissenstift Obermünster 231
16. Das Kanonissenstift Niedermünster 234
17. Das Kollegiatstift U. L. Frau zur Alten Kapelle 236
18. Das Kollegiatstift St. Johann 239
19. Das Kanonissenstift St. Paul – das Jesuitenkolleg 241
20. Das Deutschordens-Haus St. Ägidius 242
21. Die Johanniterordens-Kommende St. Leonhard 244
22. Das St. Katharinenspital 245
23. Stiftungen, Bruderschaften, Almosenamt 247
24. Auswärtige Klöster als Zinsempfänger 248
25. Die evangelische Kirche 254
26. Die Bürgerschaft 257

VI. Statistik 259
1. Die Stadt 259
a) Vorbemerkung 259
b) Statistik 263
c) Übersicht 327
2. Der Burgfrieden 337
a) Vorbemerkung 337
b) Statistik 339
c) Übersicht 429

VII. Die Neueste Zeit 439
1. Das Dalbergische Fürstentum Regensburg 1803–1810 439
2. Im Königreich Bayern 1810–1918 445
3. Im 20. Jahrhundert 453

Register 461

Skizzen
1. Der Untersuchungsraum 2
2. Der Raum im Gefüge der Naturlandschaften 5
3. Steinzeitliche Fundplätze um Regensburg 7
4. Der Raum Regensburg in römischer Zeit 19
5. Reihengräber und Flußfunde um Regensburg 31
6. Wittelsbachische Territorialpolitik im Raum Regensburg 106
7. Die Verwaltung der Reichsstadt im 18. Jahrhundert 133
8. Die Wachten 146
9. Die Stadtmauern 165
10. Das Judenviertel 172
11. Die Arbeitsweise des Immerwährenden Reichstages 202
12. Der innerstädtische Hausbestand nach Besitzergruppen 336
13. Besitzverteilung innerhalb der Wachten 336
14. Besitzverteilung im Burgfrieden 435
15. Bürgerbesitz im Burgfrieden 435
16. Kirchlicher Besitz im Burgfrieden 437
17. Die Eingemeindungen 456

Abbildungen

Kartenbeilagen

QUELLEN UND LITERATUR

Ungedruckte Quellen

Amberg, Staatsarchiv (StAAm)

Reg. Kammer des Innern (KdI)
Reg. Kammer der Finanzen (KdF)
Kataster
Reichsstadt Regensburg.

München, Bayerische Staatsbibliothek (BStB)

Codices germanici monacenses (cgm)
Codices latini monacenses (clm).

München, Bayerisches Hauptstaatsarchiv (BayHStA)

Abt. I:
- Auswärtige Staaten (Ausw. St.)
- Gemeiner-Nachlaß
- Hochstift Regensburg (Hst. Regensburg)
  - Literalien (Lit.)
  - Urkunden (Urk.)
- Jesuitica
- Kartensammlung (KS)
- Kasten blau (Kbl.)
- Kasten schwarz (Kschw.)
- Klosterliteralien (KL)
- Klosterurkunden (KU)
- Kurbayern
  - Äußeres Archiv
  - Urkunden (Urk.)
- Manuskriptensammlung (Man.)
- Plansammlung (Pls.)
- Reichsstadt Regensburg (Rst. Regensburg)
  - Literalien (Lit.)
  - Urkunden (Urk.)
- Reichskammergericht (RKG)
- Staatsurkunden
- Staatsverwaltung.

Abt. II:
- Gesandtschaften (Ges.)
  - Berlin
  - London
  - Päpstlicher Stuhl
  - Paris
  - Wien.

München, Bayerisches Landesvermessungsamt.

München, Staatliche Graphische Sammlung

Regensburg.

München, Staatliche Münzsammlung.

Nürnberg, Germanisches Nationalmuseum

Reichsstadt Regensburg.

Regensburg, Staatliche Bibliothek (StBR)

Ratisbonensia civitatis (Rat. civ.)
Ratisbonensia episcopatus (Rat. ep.).

Regensburg, Stadtarchiv (StAR)

Cameralia (Cam.)
Ecclesiastica (Eccl.)
Historica (Hist.)
Militaria (Mil.)
Plansammlung (Pls.)
Politica (Pol.).

Regensburg, Städtische Museen (StMR).

Regensburg, Bischöfliches Zentralarchiv (BZAR).

Regensburg, Bayerisches Landesamt für Denkmalpflege.

Regensburg, Archiv der Alten Kapelle (nunmehr im BZAR).

Regensburg, Archiv des Historischen Vereins für Oberpfalz und Regensburg (AHVR).

Regensburg, Archiv des St. Katharinenspitals.

Regensburg, Archiv des Stiftes St. Johann.

Regensburg, Klosterarchiv Heilig Kreuz.

Regensburg, Landeskirchliches Archiv (LKAR).

Regensburg, Pfarrarchiv St. Emmeram.

Regensburg, Vermessungsamt, Registratur.

Regensburg, Fürst Thurn und Taxis-Zentralarchiv (FZAR)

Besitz: Urkunden
Immediatbureau
Karten und Pläne.

Salzburg, Landesarchiv

Geheimes Archiv
Hofkommission.

Wien, Haus-, Hof- und Staatsarchiv (HHStAW)

Confirmatio privilegiorum (Conf. Priv.)
Kleinere Reichsstände
Reichshofrat (RHR)
Reichsregister (RR).

Wien, Deutschordenszentralarchiv (DOZA)

Handschriften.

Acht Peter, Unbekannte Fragmente Prüfeninger Traditionen des 12. Jahrhunderts. Eine Traditionsnotiz Kaiser Friedrichs I. (MIÖG 78) 1970, S. 236–249.

Acht Stephan, Das Urkundenwesen der Bischöfe von Regensburg, Diss. phil. masch. München 1990.

Albrecht Dieter (Hg.), Zwei Jahrtausende Regensburg (Schriftenreihe der Universität Regensburg 1) Regensburg 1979.

Albrecht Dieter (Hg.), Regensburg – Stadt der Reichstage (Schriftenreihe der Universität Regensburg 3) Regensburg 1980.

Albrecht Dieter, Regensburg im Wandel. Studien zur Geschichte der Stadt im 19. und 20. Jahrhundert (Studien und Quellen zur Geschichte Regensburgs 2) Regensburg 1984.

Albrecht Dieter, Biedermeier in Regensburg?, in: Jahres- und Tagungsbericht der Görres-Gesellschaft 1984, S. 5–21.

Ambronn Karl-Otto, Verwaltung, Kanzlei und Urkundenwesen der Reichsstadt Regensburg im 13. Jahrhundert (Münchener Historische Studien, Abt. Geschichtliche Hilfswissenschaften 6) Kallmünz 1968.

Ambronn Karl-Otto, Bemerkungen zu den Anfängen des Hansgrafenamtes in Regensburg (VHVO 115) 1975, S. 231–241.

Andreas von Regensburg, Sämtliche Werke, hg. von Georg Leidinger (QuE NF 1) München 1903.

Annales Fuldenses, hg. von Friedrich Kurze, MGH SrG 7, Hannover 1891.

Annales Ratisponenses, hg. von Wilhelm Wattenbach, MGH SS XVII, Hannover 1861, S. 577–590.

Arbeonis episcopi vita vel passio Haimhrammi episcopi et martyris Ratisbonensis, hg. von Bruno Krusch, MGH SrG 13, Hannover 1920.

Aretin C[arl] M[aria] Frhr. von, Chronologisches Verzeichniss der bayerischen Staats-Verträge vom Tode Herzog Georgs des Reichen (1503) bis zum Frankfurter Territorial-Recess (1819), Passau 1838.

Arnold von St. Emmeram, Libri de Sancto Emmerammo, hg. von Georg Waitz, MGH SS IV, Hannover 1841, S. 543–574.

Arnold Wilhelm, Verfassungsgeschichte der deutschen Freistädte im Anschluß an die Verfassungsgeschichte der Stadt Worms, 2 Bände, Hamburg-Gotha 1854.

Attenberger Manfred, Das eheliche Güterrecht der Stadt Regensburg, Diss. jur. masch. München 1952.

Auer Leopold, Die baierischen Pfalzen in ottonisch-frühsalischer Zeit (Francia 4) 1976, S. 173–191.

Aventinus Johannes, Sämmtliche Werke, hg. von der K. Akademie der Wissenschaften, 6 Bände, München 1881–1908.

Babl Karl, Emmeram von Regensburg. Legende und Kult (Thurn und Taxis-Studien 8) Kallmünz 1973.

Backmund Norbert, Die Chorherrenorden und ihre Stifte in Bayern, Passau 1966.

Backmund Norbert, Die Kollegiat- und Kanonissenstifte in Bayern, Windberg 1973.

Backmund Norbert, Die kleineren Orden in Bayern und ihre Klöster bis zur Säkularisation, Windberg 1974.

Bader Karl Siegfried, Regensburg und das Reich (Blätter für deutsche Landesgeschichte 98) 1962, S. 64–89.

Bastian Franz (Hg.), Das Runtingerbuch (1383–1407) und verwandtes Material zum Regensburger-südostdeutschen Handel und Münzwesen, 3 Bände (Deutsche Handelsakten des Mittelalters und der Neuzeit 6–8) Wiesbaden 1935–1944.

Battenberg Friedrich, Die Gerichtsstandprivilegien der deutschen Kaiser und Könige bis zum Jahre 1451 (Quellen und Forschungen zur höchsten Gerichtsbarkeit im Alten Reich 12) Wien-Köln 1983.

Baualterspläne zur Stadtsanierung: Regensburg I–II, bearbeitet von Richard Strobel, München 1973/74; III, bearbeitet von Karl-Heinz Betz und Richard Strobel, München 1980; IV, bearbeitet von Karl-Heinz Betz und Florian Hufnagl, München 1981; V–IX, bearbeitet von Helmut-Eberhard Paulus, München 1984–1990; X, bearb. von Christine Kippes und Christoph Obermeier, München 1993.

Bauer Karl, Regensburg. Aus Kunst-, Kultur- und Sittengeschichte, Regensburg ^{4}1988.

Bauerreiss Romuald, Kirchengeschichte Bayerns, 7 Bände, St. Ottilien 1949–1970; I ^{2}1958; VII ^{2}1977.

Beckenbauer Egon, Die Münzen der Reichsstadt Regensburg (Bayerische Münzkataloge 5) Grünwald 1978.

Bierther Kathrin, Der Regensburger Reichstag von 1640/1641 (Regensburger Historische Forschungen 1) Kallmünz 1971.

Bischoff Bernhard, Die südostdeutschen Schreibschulen und Bibliotheken in der Karolingerzeit I, Wiesbaden ^{3}1974; II, 1980.

Bitterauf Theodor (Hg.), Die Traditionen des Hochstifts Freising, 2 Bände (QuE NF 4, 5) München 1905/09.

Boehm Wolfgang Rudolf, Die Türkensteuer des Klerus im Bistum Regensburg. Eine rechtsgeschichtliche Quellenarbeit zur Frage der Steuerimmunität der Geistlichen, Diss. jur. masch. Erlangen 1949.

Boockmann Hartmut, Eine Urkunde Konrads II. für das Damenstift Obermünster in Regensburg. Zu einem verschenkten Königsszepter und zum Königskanonikat, in: Institutionen, Kultur und Gesellschaft im Mittelalter. Festschrift für Josef Flekkenstein zu seinem 65. Geburtstag, hg. von Lutz Fenske, Werner Rösener und Thomas Zotz, Sigmaringen 1984, S. 207–219.

Bosl Karl (Hg.), Zur Geschichte der Bayern (Wege der Forschung 60) Darmstadt 1965.

Bosl Karl, Die Sozialstruktur der mittelalterlichen Residenz- und Fernhandelsstadt Regensburg. Die Entwicklung ihres Bürgertums vom 9.–14. Jahrhundert (Abhandlungen der Bayerischen Akademie der Wissenschaften, phil.-hist. Klasse NF 63) München 1966.

Bosl Karl, Regensburgs politische Stellung im frühen Mittelalter (ZBLG 34) 1971, S. 3–14.

Bosl Karl (Hg.), Bayern (Handbuch der Historischen Stätten Deutschlands 7) Stuttgart ^{3}1981.

Bosl Karl, Die bayerische Stadt in Mittelalter und Neuzeit. Altbayern – Franken – Schwaben, Regensburg 1988.

Bösner Heinrich J. Th. von, Der Prebrunn bei Regensburg. Ein Beitrag zur Geschichte dieser Stadt, Regensburg ^{2}1838.

Brackmann Albert (Hg.), Germania pontificia, 7 Bände (Regesta pontificum Romanorum 1) Berlin 1911–1986.

Bromberger Siegmar, Die Juden in Regensburg bis zur Mitte des 14. Jahrhunderts, Diss. Berlin 1934.

Brühl Carlrichard, Palatium und Civitas. Studien zur Profantopographie spätantiker Civitates vom 3. bis zum 13. Jahrhundert, 2 Bände, Köln 1975/90.

Budde Rudolf, Die rechtliche Stellung des Klosters St. Emmeram in Regensburg zu den öffentlichen und kirchlichen Gewalten vom 9. bis zum 14. Jahrhundert (Archiv für Urkundenforschung 5) 1914, S. 153–238.

Busch Karl, Regensburger Kirchenbaukunst 1160–1280 (VHVO 82) 1932, S. 1–192.

Chrobak Werner, Politische Parteien, Verbände und Vereine in Regensburg 1869-1914 (VHVO 119) 1979 S. 137–223; (120) 1980, 211–384; (121) 1981, S. 183–284.

Die Chroniken der baierischen Städte: Regensburg, Landshut, Mühldorf, München, hg. von Carl Hegel (Die Chroniken der deutschen Städte 15) Leipzig 1878 (Göttingen ²1967).

Conrad Rüdiger, Der Bayerische Reichskreis im 16. Jahrhundert. Die Entwicklung seiner Verfassung von 1530–1580, Diss. jur. Köln 1974.

Corpus Inscriptionum Latinarum III, hg. von Theodor Mommsen, Berlin 1873–1902.

Dachs Hans, Regensburg. Geschichte und Denkmäler, Regensburg [⁶1965].

Dannenberg Hermann, Die deutschen Münzen der sächsischen und fränkischen Kaiserzeit, 4 Bände, Berlin 1876–1905 (Nachdruck Aalen 1967).

Dannheimer Hermann - Dopsch Heinz (Hg.), Die Bajuwaren. Von Severin bis Tassilo 488–788. Ausstellungskatalog, Salzburg ²1988.

Das Archäologische Jahr in Bayern, Stuttgart 1980ff.

Deutsche Reichstagsakten, hg. von der Historischen Kommission bei der Bayerischen Akademie der Wissenschaften, Göttingen 1867ff.
Ältere Reihe (ÄR)
Mittlere Reihe (MR)
Jüngere Reihe (JR).

Dietz Karlheinz - Osterhaus Udo - Rieckhoff-Pauli Sabine - Spindler Konrad, Regensburg zur Römerzeit, Regensburg ²1979.

Dirmeier Artur, Die Grundherrschaft des St. Katharinenspitals in Regensburg im Spätmittelalter, Magisterarbeit masch. Regensburg 1985.

Dirmeier Artur, Das St. Katharinenspital zu Regensburg von der Stauferzeit bis zum Westfälischen Frieden, Diss. phil. masch. Regensburg 1988.

Dokumente zur Geschichte von Staat und Gesellschaft in Bayern, hg. von der Kommission für bayerische Landesgeschichte, München 1974ff.

Dolhofer Josef, Die verfassungsmäßige Entwicklung des Regensburger Gemeinwesens im 19. und 20. Jahrhundert, Regensburg masch. [1964].

Dollinger Robert, Das Evangelium in Regensburg. Eine evangelische Kirchengeschichte, Regensburg 1959.

Dollinger Robert, Regensburg und das Herzogtum Baiern bis 1648 (Zeitschrift für bayerische Kirchengeschichte 35) 1966, S. 192–229.

Drüppel Hubert, Iudex civitatis. Zur Stellung des Richters in der hoch- und spätmittelalterlichen Stadt deutschen Rechts (Forschungen zur deutschen Rechtsgeschichte 12) Köln-Wien 1981.

DuBruck Edelgard E. – Göller Karlheinz (Hg.), Crossroads of medieval civilization: The city of Regensburg and its intellectual milieu (Medieval and Renaissance Monograph Series 5) Detroit 1984.

Dünninger Eberhard, Begegnung mit Regensburg, Regensburg ²1972.

Eberhardi archidiaconi Ratisponensis annales, hg. von Philipp Jaffé, MGH SS XVII, Hannover 1861, S. 591–605.

Eikenberg Wiltrud, Das Handelshaus der Runtinger zu Regensburg (Veröffentlichungen des Max-Planck-Instituts für Geschichte 43) Göttingen 1976.

Elenchus fontium historiae urbanae. Acta collegii historiae urbanae societatis historicorum internationalis, hg. von C. van de Kieft und J. F. Niermeijer, Leiden 1967.

Emmerig Ernst, Entwicklung der staatlichen Verwaltung der Oberpfalz von Montgelas bis heute (VHVO 114) 1974, S. 305–331.

Endres Josef Anton, Beiträge zur Kunst- und Kulturgeschichte des mittelalterlichen Regensburgs, Regensburg [1925].

Engelhard Franz, Der Einfluß des römischen Rechts auf die Rechtsquellen der Reichsstadt Regensburg (1495–1803), Diss. jur. masch. München 1951.

Ennen Edith, Frühgeschichte der europäischen Stadt, Bonn ³1981.

Ennen Edith, Die europäische Stadt des Mittelalters, Göttingen ⁴1987.

Faber Andrea, Das römische Auxiliarkastell und der Vicus von Regensburg-Kumpfmühl (Münchner Beiträge zur Vor- und Frühgeschichte 49) München 1994.

Fahlbusch Friedrich Bernhard, Städte und Königtum im frühen 15. Jahrhundert. Ein Beitrag zur Geschichte Sigmunds von Luxemburg (Städteforschung A 17) Köln-Wien 1983.

Fastlinger Max, Karolingische Pfalzen in Altbayern (Forschungen zur Geschichte Bayerns 12) 1904, S. 233–269.

Fehn Klaus, Die zentralörtlichen Funktionen früher Zentren in Altbayern. Raumbindende Umlandbeziehungen im bayerisch-österreichischen Altsiedelland von der Spätlatènezeit bis zum Ende des Hochmittelalters, Wiesbaden 1970.

Fichtenau Heinrich - Zöllner Erich (Bearb.), Urkundenbuch zur Geschichte der Babenberger in Österreich, begründet von Oskar von Mitis, 4 Bände, Wien 1950–1968.

Fischer Heinz Thomas - Rieckhoff-Pauli Sabine, Von den Römern zu den Bajuwaren. Stadtarchäologie in Regensburg (Bavaria Antiqua) München 1982.

Fischer Thomas, Römer und Bajuwaren an der Donau. Bilder zur Frühgeschichte Ostbayerns, Regensburg 1988.

Fischer Thomas, Das Umland des römischen Regensburg, 2 Bände (Münchner Beiträge zur Vor- und Frühgeschichte 42) München 1990.

Flachenecker Helmut, Die Schottenklöster in Deutschland (11.–14. Jahrhundert). Zur Gründung und Verbandsbildung, Habil.-Schrift masch. Eichstätt 1992.

Fleckenstein Josef, Die Hofkapelle der deutschen Könige, 2 Bände (Schriften der MGH 16) Stuttgart 1959/66.

Freyberg Maximilian von, Sammlung historischer Schriften und Urkunden V, Tübingen 1836.

Freytag Rudolf, Kumpfmühl - Karthaus. Ein Beitrag zur Orts- und Flurnamenkunde (VHVO 90) 1940, S. 284–304.

Fried Pankraz, Historischer Atlas und Stadtgeschichtsforschung (Zeitschrift des Historischen Vereins für Schwaben 70) 1976, S. 225–232.

Friedrichs-Friedlaender Carola, Architektur als Mittel politischer Selbstdarstellung im 19. Jahrhundert. Die Baupolitik der bayerischen Wittelsbacher (MBM 97) München 1980.

Fuchs Norbert, Die Wahlkapitulationen der Fürstbischöfe von Regensburg (1437 bis 1802) (VHVO 101) 1961, S. 5–108.

Fürnrohr Walter, Das Patriziat der Freien Reichsstadt Regensburg in der Zeit des Immerwährenden Reichstags (VHVO 93) 1952, S. 153–308.

Fürnrohr Walter, Der Immerwährende Reichstag zu Regensburg. Das Parlament des Alten Reiches. Zur 300-Jahrfeier seiner Eröffnung 1663, Kallmünz ²1987.

Gamber Klaus, Ecclesia Reginensis. Studien zur Geschichte und Liturgie der Regensburger Kirche im Mittelalter (Studia patristica et liturgica 8) Regensburg 1979.

Gamber Klaus, Sarmannina. Studien zum Christentum in Bayern und Österreich während der Römerzeit (Studia patristica et liturgica 11) Regensburg 1982.

Gauer Werner, Castra Regina und Rom. Zu Ursprung und Erneuerung der europäischen Stadt (Bonner Jahrbücher 181) 1981, S. 1–88.

Gauer Werner, Urbs, Arx, Metropolis und Civitas regia. Untersuchungen zur Topographie der frühmittelalterlichen Stadt Regensburg (VHVO 121) 1981, S. 15–84.

Gauer Werner, Archäologisch-topographische Stadtkernforschung am Beispiel Regensburgs, in: Helmut Jäger (Hg.), Stadtkernforschung (Städteforschung A 27) Köln-Wien 1987, S. 161–176.

Gaupp Ernst Theodor, Deutsche Stadtrechte des Mittelalters. Mit rechtsgeschichtlichen Erläuterungen herausgegeben, 2 Bände, Breslau 1851/52 (Neudruck Aalen 1966).

Geier Johann, Die Traditionen, Urkunden und Urbare des Klosters St. Paul in Regensburg (QuE NF 34) München 1986.

Gemeiner Carl Theodor, Geschichte der öffentlichen Verhandlungen des zu Regensburg noch fortwährenden Reichstags, 3 Bände, Regensburg 1794–1796.

Gemeiner Carl Theodor, Regensburgische Chronik, 4 Bände, Regensburg 1800–1824; neu hg. von Heinz Angermeier, München [2]1987.

Gemeiner Karl Theodor, Ueber den Ursprung der Stadt Regensburg und aller alten Freistädte, namentlich der Städte Basel, Strasburg, Speier, Worms, Mainz und Cölln, Regensburg 1817.

Gengler Heinrich Gottfried Philipp, Deutsche Stadtrechte des Mittelalters, Nürnberg 1866 (Neudruck Aalen 1964).

Gengler Heinrich Gottfried Philipp, Die Quellen des Stadtrechts von Regensburg aus dem XIII., XIV. und XV. Jahrhundert (Beiträge zur Rechtsgeschichte Bayerns 3) Erlangen 1892.

Germanica Iudaica, 3 Bände, hg. von Ismar Elbogen, Aron Freiman, Haim Tycocinsky, Tübingen 1934–1987; [2]I 1963.

Gerteis Klaus, Die deutschen Städte in der Frühen Neuzeit. Zur Vorgeschichte der „bürgerlichen Welt", Darmstadt 1986.

Gfrörer Franz, Verfassungsgeschichte von Regensburg von der germanischen Ansiedlung bis zum Jahre 1256 (VHVO 37) 1883, S. 1–73.

Glaser Hubert (Hg.), Wittelsbach und Bayern, 6 Bände, München-Zürich 1980.

Goetz Hans-Werner, Dux und Ducatus. Begriffs- und verfassungsgeschichtliche Untersuchungen zur Entstehung des sogenannten „jüngeren" Stammesherzogtums an der Wende vom neunten zum zehnten Jahrhundert, Bochum 1977.

Greiner Ignaz, Das Recht der Gastwirtschaften in Regensburg, Diss. jur. masch München 1954.

Greipl Egon Johannes, Abt und Fürst. Leben und Leistung des Reichsprälaten Johann Baptist Kraus von St. Emmeram zu Regensburg (1700–1762), Regensburg 1980.

Greipl Egon Johannes, Macht und Pracht. Die Geschichte der Residenzen in Franken, Schwaben und Altbayern, Regensburg 1991.

Grienewaldt Franciscus Jeremias, Ratisbona oder Summarische Beschreibung der Uhralten Nahmhafften Statt Regensburg (1615), MS StAR.

Gumpelzhaimer Christian Gottlieb, Regensburg's Geschichte, Sagen und Merkwürdigkeiten, 4 Bände, Regensburg 1830–1838 (Nachdruck 1984).

Haan Heiner, Der Regensburger Kurfürstentag von 1636/1637 (Schriftenreihe der Vereinigung zur Erforschung der Neueren Geschichte 3) Münster 1967.

Haase Carl (Hg.), Die Stadt des Mittelalters, 3 Bände (Wege der Forschung 243–245) Darmstadt [3]1978–1987.

Hable Guido, Kleine Rechtsgeschichte der Stadt Regensburg, in: Adreßbuch der Stadt Regensburg, Regensburg 1966, S. 9–16.

Hable Guido, Geschichte Regensburgs. Eine Übersicht nach Sachgebieten (Studien und Quellen zur Geschichte Regensburgs 1) Regensburg 1970.

Hable Guido, Regensburg und die Wittelsbacher (Regensburger Almanach 14) 1981, S. 32–36.

Häberle Eckehard J., Zollpolitik und Integration im 18. Jahrhundert. Untersuchungen zur wirtschaftlichen und politischen Integration in Bayern von 1765 bis 1811 (MBM 52) München 1974.

Hagen Doris, Die politische Behauptung des Hochstifts Regensburg zwischen Reich, Bayern und Bürgertum im 13. Jahrhundert, Magisterarbeit masch. Eichstätt 1987.

Hahn Wolfgang, Moneta Radasponensis. Bayerns Münzprägung im 9., 10. und 11. Jahrhundert, Braunschweig 1976.

Hahn Wolfgang R., Ratisbona Politica. Studien zur politischen Geschichte der Reichsstadt Regensburg im 17. Jahrhundert bis zum Beginn des Immerwährenden Reichstages (VHVO 125) 1985, S. 7–160; (126) 1986, S. 7–98.

Halter Helmut, Stadt unterm Hakenkreuz. Kommunalpolitik in Regensburg während der NS-Zeit (Regensburger Studien und Quellen zur Kulturgeschichte 1) Regensburg 1994.

Handbuch der bayerischen Geschichte, 4 Bände, hg. von Max Spindler, München 1967–1975; [2]I München 1981; [2]II, hg. von Andreas Kraus, München 1988.

Haßlinger Fritz, Das Schultheißengericht in Regensburg bis zu dessen endgültigem Erwerb durch die Stadt (1496), Diss. jur. masch. Erlangen 1926.

Hauptmann Elmar, Metallhandwerkerzünfte in der Reichsstadt Regensburg, Diss. jur. masch. Erlangen 1952.

Hausberger Karl, Staat und Kirche nach der Säkularisation. Zur bayerischen Konkordatspolitik im frühen 19. Jahrhundert (Münchener Theologische Studien I 23) St. Ottilien 1983.

Hausberger Karl, Geschichte des Bistums Regensburg, 2 Bände, Regensburg 1989.

Hausenstein Wilhelm, Die Wiedervereinigung Regensburgs mit Bayern im Jahre 1810. Zur Beurteilung Karls von Dalberg, München 1905.

Hauthaler Willibald - Franz Martin (Hg.), Salzburger Urkundenbuch, 4 Bände, Salzburg 1898–1933.

Heeg-Engelhart Ingrid, Das älteste bayerische Herzogsurbar. Analyse und Edition (QuE NF 37) München 1990.

Hefele Klaus, Studien zum hochmittelalterlichen Stadttypus der Bischofsstadt in Oberdeutschland (Augsburg, Freising, Konstanz, Regensburg), Diss. München 1970.

Heidingsfelder Franz, Heinrichs II. Beziehungen zu Regensburg (VHVO 75) 1925, S. 89–118.

Heigel Carl Theodor - Riezler Sigmund Otto, Das Herzogthum Bayern zur Zeit Heinrichs des Löwen und Ottos I. von Wittelsbach, München 1867.

Heimpel Hermann, Das Gewerbe der Stadt Regensburg im Mittelalter (Vierteljahrschrift für Sozial- und Wirtschaftsgeschichte Beiheft 9) Stuttgart 1926.

Heinig Paul-Joachim, Reichsstädte, Freie Städte und Königtum (1389–1450). Ein Beitrag zur deutschen Verfassungsgeschichte (Veröffentlichungen des Instituts für Europäische Geschichte Mainz, Abt. Universalgeschichte 108) Wiesbaden 1983.

Heinisch Hans, Zur Baugeschichte des Regensburger Rathauses (VHVO 56) 1904, S. 265–319.

Hemmerle Josef, Die Benediktinerklöster in Bayern (Germania Benedictina 2) Augsburg 1970.

Henke Norbert, Das Brauergewerbe zu Regensburg in früherer Zeit. Seine Organisation und Gerichtsbarkeit, insbesondere seine Beziehungen zu Regensburgs Hansgericht, Diss. jur. masch. München 1952.

Heuwieser Max, Der Aufbau der Stadtgeschichte Regensburgs (Die ostbairischen Grenzmarken 14) 1925, S. 270–282.

Heuwieser Max, Die Entwicklung der Stadt Regensburg im Frühmittelalter (VHVO 76) 1926, S. 73–194.

Heuwieser Max (Hg.), Die Traditionen des Hochstifts Passau (QuE NF 6) München 1930.

Hiltl Franz, Die stillen Jahre. Regensburg zwischen Napoleon und Bismarck, Regensburg 1949.

Hilz Anneliese, Die Minderbrüder von St. Salvator in Regensburg 1226–1810 (BGBR 25) 1991, S. 1–406.

Historischer Atlas von Bayern, hg. von der Kommission für Bayerische Landesgeschichte, München 1950ff.

Hödl Günther, Regesta Imperii XII: Albrecht II. (1438–1439), Wien-Köln-Graz 1975.

Hofmann Albert von, Die Stadt Regensburg (Historische Stadtbilder 2) Stuttgart-Berlin 1922.

Hofmann Konrad, Die engere Immunität in deutschen Bischofsstädten im Mittelalter (Veröffentlichungen der Görres-Gesellschaft, Sektion für Rechts- und Sozialwissenschaft 20) Paderborn 1914.

Hofmann Siegfried, Urkundenwesen, Kanzlei und Regierungssystem der Herzoge von Bayern und Pfalzgrafen bei Rhein von 1180/1214 bis 1255/1294 (Münchener Historische Studien, Abt. Geschichtliche Hilfswissenschaften 3) Kallmünz 1967.

Höger Franz Christian, Salbuch des Stiftes Niedermünster in Regensburg (VHVN 23) 1884, S. 233–403.

Hölbling Walter, Maximilian I. und sein Verhältnis zu den Reichsstädten, Diss. phil. masch. Graz 1970.

Hohn Karl F., Der Regenkreis des Königreichs Bayern, Stuttgart-Tübingen 1830.

Holtz Eberhard, Reichsstädte und Zentralgewalt unter König Wenzel 1376–1400, Warendorf 1993.

Hubel Achim - Peter Kurmann, Der Regensburger Dom, München - Zürich 1989.

Huber Heinrich, Die Polizeidirektion und die Polizeidirektoren von Regensburg (Die Oberpfalz 22) 1928, S. 186–189.

Huber Heinrich, Das Bürgerrecht der Reichsstadt Regensburg (VHVO 79) 1929, S. 99–113.

Huillard-Bréholles Jean Louis Alphonse, Historia diplomatica Friderici secundi, 6 Bände, Paris 1852–1861.

Hund Wiguläus, Metropolis Salisburgensis, Ingolstadt 1582.

[Hupp Otto u.a.,] Das Rathaus zu Regensburg, Regensburg 1910.

Isenmann Eberhard, Die deutsche Stadt im Spätmittelalter 1250–1500. Stadtgestalt, Recht, Stadtregiment, Kirche, Gesellschaft, Wirtschaft (UTB – Große Reihe) Stuttgart 1988.

Jahn Joachim, Ducatus Baiuvariorum, Das bairische Herzogtum der Agilolfinger (Monographien zur Geschichte des Mittelalters 35) Stuttgart 1991.

Jahresberichte des Vereins zur Erforschung der Regensburger Diözesangeschichte, 16 Bände, Regensburg 1926–1957.

Janner Ferdinand, Geschichte der Bischöfe von Regensburg, 3 Bände, Regensburg 1883–1886.

Jordan Karl (Hg.), Die Urkunden Heinrichs des Löwen, Herzogs von Sachsen und Bayern (MGH Fürstenurkunden 1) Stuttgart 1941–1949.

Junker Erbert, Der niederösterreichische Besitz des Hochstiftes Regensburg, Diss. phil. masch. Wien 1954.

Kaiserchronik eines Regensburger Geistlichen, hg. von Edward Schröder, MGH Deutsche Chroniken 1, Berlin ^{3}1969.

Kammerbauer Ilse, Die Legitimation kommunaler Selbstverwaltung seit 1945. Theorien, Thesen, Konzepte und ihre Anwendung auf die Regensburger Kommunalpolitik, Diss. phil. Regensburg 1980.

Karg Franz (Hg.), Regensburg und Ostbayern. Max Piendl zum Gedächtnis, Kallmünz 1991.

Kayser Albrecht Christoph, Versuch einer kurzen Beschreibung der kaiserlichen freyen Reichsstadt Regensburg, Regensburg 1797.

[Kayser Johann Friedrich,] Sammlung derer von einem Wohledlen Hoch- und Wohlweisen Herrn Stadt-Cammerer und Rath der des Heil. Röm. Reichs Freyen Stadt Regenspurg an Ihre untergebene Burgerschafft von Zeit zu Zeit im Druck erlassenen Decreten, Regensburg 1754.

Kellenbenz Hermann, Bürgertum und Wirtschaft in der Reichsstadt Regensburg (Blätter für deutsche Landesgeschichte 98) 1962, 90–120.

Keller Thomas L., The City Dialect of Regensburg (Hamburger Phonetische Beiträge 19) Hamburg 1976.

Keutgen Friedrich (Hg.), Urkunden zur städtischen Verfassungsgeschichte, Berlin 1901 (Neudruck Aalen 1965).

Keyser Erich - Stoob Heinz (Hg.), Bayerisches Städtebuch, 2 Bände (Deutsches Städtebuch 5) Stuttgart 1971–1974.

Klebel Ernst, Aus der Verfassungs-, Wirtschafts- und Siedlungsgeschichte der Hofmark Vogtareuth bei Rosenheim (ZBLG 6) 1933, S. 27–59, 177–216.

Klebel Ernst, Landeshoheit in und um Regensburg (VHVO 90) 1940, S. 5–61; wieder in: Karl Bosl (Hg.), Zur Geschichte der Bayern, S. 565–643.

Klebel Ernst, Der Handel und seine Organisationsformen in Regensburg, in: Jahresbericht der Industrie- und Handelskammer Regensburg, 1952, S. 47–61.

Klebel Ernst, Der Raum von Regensburg und die in ihm wirkenden geschichtlichen Kräfte (Der Bayerwald 45) 1953, S. 56–62.

Klebel Ernst, Regensburg, in: Studien zu den Anfängen des europäischen Städtewesens, hg. von Theodor Mayer (Vorträge und Forschungen 4) Sigmaringen 1955, S. 87–104.

Klebel Ernst, Probleme der bayerischen Verfassungsgeschichte. Gesammelte Aufsätze (SchbLG 57) München 1957.

Kleinheyer Gerd, Zur Rechtsgestalt von Akkusationsprozeß und peinlicher Frage im frühen 17. Jahrhundert (Wissenschaftliche Abhandlungen der Rheinisch-Westfälischen Akademie der Wissenschaften 45) Opladen 1971.

Kleinstäuber Christian Heinrich, Ausführliche Geschichte der Studienanstalten in Regensburg 1538–1880 (VHVO 35) 1880, S. 1–152; (36) 1882, S. 1–142; (37) 1883, S. 75–160; (38) 1884, S. 1–120; (39) 1885, S. 25–171.

Kluge Bernd (Hg.), Fernhandel und Geldwirtschaft. Beiträge zum deutschen Münzwesen in ottonischer und salischer Zeit, Sigmaringen 1993.

Knapp Hermann, Alt-Regensburgs Gerichtsverfassung, Strafverfahren und Strafrecht bis zur Carolina, Berlin 1914.

Knöpfler Joseph Franz, Bruckstücke eines Traditionsbuches des Stiftes S. Paul in Regensburg (Archivalische Zeitschrift 24) 1904, S. 263–268.

Knöpfler Joseph Franz, Über ein Bruckstück eines Traditionsbuches des Domes zu Regensburg (Archivalische Zeitschrift 26) 1906, S. 97–102.

Köbler Gerhard, Historisches Lexikon der deutschen Länder. Die deutschen Territorien vom Mittelalter bis zur Gegenwart, München ^{3}1990.

Koch Franz J., Regensburg als Großhandelsstadt im Mittelalter, Regensburg 1904.

Koch Ursula, Die Grabfunde der Merowingerzeit aus dem Donautal um Regensburg (Germanische Denkmäler der Völkerwanderungszeit A 10) Berlin 1968.

König Erich (Hg.), Historia Welforum (Schwäbische Chroniken der Stauferzeit 1) Sigmaringen ²1978.

Kohlheim Rosa, Regensburger Beinamen des 12. bis 14. Jahrhunderts. Beinamen aus Berufs-, Amts- und Standesbezeichnungen (Bayreuther Beiträge zur Dialektologie 6) Hamburg 1990.

Koller Heinrich (Hg.), Regesten Kaiser Friedrichs III. (1440–1493), Heft 1: bearbeitet von Heinrich Koller, Wien-Köln-Graz 1982; Heft 2: bearbeitet von Christine Edith Janotta, 1983; Heft 3: bearbeitet von Paul-Joachim Heinig, 1983; Heft 4: bearbeitet von Paul-Joachim Heinig, 1986; Heft 5: bearbeitet von Ronald Neumann, 1988; Heft 6: bearbeitet von Alois Niederstätter, 1989; Heft 7: bearbeitet von Thomas R. Kraus, 1990; Heft 8: bearb. von Dieter Rübsamen, 1993.

Koller Heinrich, Königspfalzen und Reichsstädte im südostdeutschen Raum (Blätter für deutsche Landesgeschichte 120) 1984, S. 47–78.

Kolmer Lothar, Regensburg in der Salierzeit, in: Stefan Weinfurter (Hg.), Die Salier und das Reich III, Sigmaringen 1991, S. 191–213.

Kraus Andreas, Beiträge zur Geschichte des Dominikanerklosters St. Blasius in Regensburg 1229–1809 (VHVO 106) 1966, S. 141–174.

Kraus Andreas, Civitas Regia. Das Bild Regensburgs in der deutschen Geschichtsschreibung des Mittelalters (Regensburger Historische Forschungen 3) Kallmünz 1972.

Kraus Andreas, Die Translatio S. Dionysii Areopagitae von St. Emmeram in Regensburg, SB München phil.-hist. Klasse 1972 Heft 4.

Kraus Andreas, Marginalien zur ältesten Geschichte des bayerischen Nordgaus (Jahrbuch für fränkische Landesforschung 34/35) 1974/1975, S. 163–184.

Kraus Andreas - Pfeiffer Wolfgang (Hg.), Regensburg. Geschichte in Bilddokumenten, München ²1986.

Kraus Andreas, Geschichte Bayerns. Von den Anfängen bis zur Gegenwart, München ²1988.

Kraus Andreas, Regensburg, ein Beispiel deutscher Stadtentwicklung, in: Gustl Lang. Leben für die Heimat, hg. von Konrad Ackermann und Georg Girisch, Weiden 1989, S. 109–133.

Kraus Johann Baptist, Liber probationum sive bullae summorum pontificum, diplomata imperatorum et regum aliaeque episcoporum et ducum et principum et comitum litterae..., Regensburg 1752.

Kraus Johann Baptist, Ratisbona Monastica. Clösterliches Regenspurg, Regensburg 1752.

Kreittmayr Franz Xaver Wiguläus Alois von, Grundriß des Allgemeinen, Deutschen und Bayerischen Staatsrechts, Frankfurt-Leipzig 1769.

Kreuzer Gustav, 2000 Jahre Regensburger Stadtentwicklung. Geschichte, Gegenwart, Planungen, Regensburg 1972.

Krieger Karl-Friedrich, Die Lehnshoheit der deutschen Könige im Spätmittelalter (ca. 1200–1437) (Untersuchungen zur deutschen Staats- und Rechtsgeschichte NF 23) Aalen 1979.

Krug Hansjörg, Untersuchungen zum Amt des „centenarius“ – Schultheiß (ZRG GA 87) 1970, S. 1–31; (88) 1971, S. 29–109.

Die Kunstdenkmäler von Bayern XXII: Stadt Regensburg, bearb. von Felix Mader, 3 Bände, München 1933 (Neudruck 1981).

Kurfürstlich-erzkanzlerisches Regierungs- und Intelligenzblatt, Regensburg 1803–1810.

Kyle Joseph D., St. Emmeram (Regensburg) as a center of culture in the late 10th century, Pittsburgh 1976.

Langoth J[ohann], Skizze einer Entwicklungsgeschichte der freistädtischen Verfassung Regensburgs im Mittelalter, Stadtamhof [1866].

Lehner Johann Baptist, Die mittelalterlichen Kirchen-Patrozinien des Bistums Regensburg (VHVO 94) 1953, S. 5–82.

Leidinger Georg (Hg.), Bruchstücke einer verlorenen Chronik eines unbekannten Regensburger Verfassers des 12. Jahrhunderts, SB München, phil.-hist. Klasse, München 1933.

Leonhardt Winfried, Die Alte Kapelle zu Regensburg und die karolingische Pfalzanlage, Diss. TH München 1922.

Leudemann Norbert, Deutsche Bischofsstädte im Mittelalter. Zur topographischen Entwicklung der deutschen Bischofsstadt im Heiligen Römischen Reich, München 1980.

Lieberich Heinz, Regesten des Dominikanerklosters St. Blasius in Regensburg (1226 bis 1806), MS BayHStA [1932/33].

Lieberich Heinz, Die bayerischen Landstände 1313/40–1807 (Materialien zur bayerischen Landesgeschichte 7) München 1990.

Liegel Theodor, Reichsstadt Regensburg und Klerus im Kampf um ihre Rechte, Diss. jur. masch. München 1950.

Lindner Dominikus, Die Inkorporation im Bistum Regensburg während des Mittelalters (ZRG KA 36) 1950, S. 205–327.

Lindner Dominikus, Die Inkorporation im Bistum Regensburg seit dem Konzil von Trient (ZRG KA 37) 1951, S. 164–220.

Lindner Ludwig, Das bürgerliche Recht der Reichsstadt Regensburg, Diss. jur. Erlangen 1908.

Lipf Joseph, Oberhirtliche Verordnungen und allgemeine Erlasse für das Bisthum Regensburg vom Jahre 1250–1852, Regensburg 1853.

Liutprand von Cremona, Opera, hg. von Joseph Becker, MGH SrG 41, Hannover ^{3}1915.

Löbl Elmar, Der Grundverkehr in der Reichsstadt Regensburg und sein Recht, Diss. jur. masch. München 1952.

Lössl Vinzenz, Das Regensburger Hansgrafenamt (VHVO 49) 1897, S. 1–171.

Lori Johann Georg, Sammlung des baierischen Bergrechts, München [1764].

Mai Paul, Der St. Emmeramer Rotulus des Güterverzeichnisses von 1031 (VHVO 106) 1966, S. 87–101.

Mai Hardo-Paul, Die Traditionen, die Urkunden und das älteste Urbarfragment des Stiftes Rohr 1133–1332 (QuE NF 21) München 1966.

Mai Paul, Urkunden Bischof Alberts II. von Regensburg (1260–1262) (VHOR 107) 1967, S. 7–45.

Mai Paul, Studien zum hochmittelalterlichen Kanzleiwesen des reichsunmittelbaren adeligen Damenstiftes Obermünster in Regensburg, in: Grundwissenschaften und Geschichte. Festschrift für Peter Acht, hg. von Waldemar Schlögl und Peter Herde (Münchener Historische Studien, Abt. Geschichtliche Hilfswissenschaften 15) Kallmünz 1976, S. 141–156.

Maier Hans, Regensburg und Bayern (Beiträge zur Geschichte und Landeskunde der Oberpfalz 17) Regensburg 1979.

Maier Stefan, Schottenheim. „Die neue Stadt bei Regensburg" als völkische Gemeinschaftssiedlung (Regensburger Schriften zur Volkskunde 8) Bamberg 1992.

Märtl Claudia, Regensburg in den geistigen Auseinandersetzungen des Investiturstreits (Deutsches Archiv 42) 1986, S. 145–191.

Martin Hanns, Das Probstgericht in Regensburg bis zum Jahre 1571, Diss. jur. Erlangen (Druck Kallmünz) 1928.

Martin Thomas Michael, Auf dem Weg zum Reichstag. Studien zum Wandel der deutschen Zentralgewalt 1314–1410 (Schriftenreihe der Historischen Kommission bei der Bayerischen Akademie der Wissenschaften 44) Göttingen 1993.

Matrikel der Diözese Regensburg, Regensburg 1916.

Matrikel des Bisthums Regensburg nach der allgemeinen Pfarr- und Kirchen-Beschreibung von 1860, Regensburg 1863.

Maurer Georg Ludwig von, Geschichte der Städteverfassung in Deutschland, 4 Bände, Erlangen 1869–1871.

Mayer Franz Xaver, Tiburnia oder Regensburg und die ältesten Bischöfe in Bayern aus römischer und agilolfingischer Zeit, Regensburg 1833.

Mayer Ludwig, Regensburg und die Revolution 1848 (VHVO 102) 1962, S. 21–99.

Mayer Manfred, Geschichte der Burggrafen von Regensburg, Diss. phil. München 1883.

Mayer Manfred, Regesten zur Geschichte der Burggrafen von Regensburg (VHVO 43) 1889, S. 1–55.

Mayer Stefan Rudolf, Regensburg, Bayern und das Reich am Übergang zur Neuzeit. Die Beziehungen des Herzogtums Bayern zur Reichsstadt Regensburg als Teil auswärtiger Politik zwischen 1486/92 und 1508, Diss. phil. masch. München 1992.

Meierhofer Josef, Die finanzwirtschaftlichen Zustände des reichsstädtischen und kurfürstlichen Regensburgs in den Zeitabschnitten von 1780–1802 und 1803–1810, Diss. rer. pol. masch. Erlangen 1923.

Merzbacher Friedrich, Die Bischofsstadt, Köln-Opladen 1961.

Mettenleiter Dominicus, Mitteilungen über die Stifts-Pfarrkirche St. Cassian in Regensburg, Regensburg 1864.

Mittelalterliche Bibliothekskataloge Deutschlands und der Schweiz IV/1: Bistümer Passau und Regensburg, bearb. von Christine Elisabeth Ineichen-Eder, München 1977.

Moeller Bernd, Reichsstadt und Reformation (Schriften des Vereins für Reformationsgeschichte 180) Gütersloh 1962.

Möseneder Karl (Hg.), Feste in Regensburg. Von der Reformation bis in die Gegenwart, Regensburg 1986.

Mohr Cornelia, Die Traditionen des Klosters Oberalteich (QuE NF 30/1) München 1979.

Monumenta Boica, München 1763 ff.

Monumenta Germaniae Historica, Hannover 1826 ff.
Scriptores (SS)
Leges (LL)
Epistolae (Epp.)
Diplomata (DD)
Antiquitates (Ant.).

Moraw Peter, Reichsstadt, Reich und Königtum im späten Mittelalter (Zeitschrift für Historische Forschung 6) 1979, S. 385–424.

Morré Fritz, Ratsverfassung und Patriziat in Regensburg bis 1400 (VHVO 85) 1935, S. 1–147.

Morsak Louis C., Zur Rechts- und Sakralkultur bayerischer Pfalzkapellen und Hofkirchen unter Mitberücksichtigung der Hausklöster (Freiburger Veröffentlichungen aus dem Gebiete von Kirche und Staat 21) Freiburg/Schw. 1984.

Morsbach Peter, Untersuchungen zur städtebaulichen Entwicklung Regensburgs in der 2. Hälfte des 18. Jahrhunderts (VHVO 131) 1991, S. 121–175.

Moser Johann Jacob, Teutsches Staatsrecht, 53 Bände, Nürnberg 1737–1754 (Neudruck Osnabrück 1968–1969).

Nemitz Jürgen, Die Grund- und Haussteuer in der Stadt Regensburg zur Zeit des Fürstprimas Dalberg (1803–1810). Rechtsgrundlagen und Verwaltungsvollzug, Magisterarbeit masch. Regensburg 1991.

Nemitz Jürgen, Bürgerrecht und Konfession. Zur Interpretation des Westfälischen Friedens in der Reichsstadt Regensburg im 18. Jahrhundert (ZBLG 55) 1992, S. 511–542.

Nestler Hermann, Regensburg im Zeitalter der Romantik, Regensburg 1924.

Notae S. Emmerammi, hg. von Oswald Holder-Egger, MGH SS XV/2, Hannover 1888, S. 1093–1099.

Oefele Andreas Felix von, Rerum Boicarum Scriptores, 2 Bände, Augsburg 1763.

Öllerer Anton – Büttner Rudolf, Der Domvogt von Regensburg, Neulengenbach 1954.

Oertel Christian G., Reichstagsdiarium 1745–1765, 7 Bände, Regensburg 1766.

Opll Ferdinand, Stadt und Reich im 12. Jahrhundert (1125–1190) (Forschungen zur Kaiser- und Papstgeschichte des Mittelalters 6) Wien-Köln-Graz 1986.

Ortspolizeiliche Vorschriften und örtliche Satzungen der Stadt Regensburg, Regensburg 1908.

Osterhaus Udo, Beobachtungen zum römischen und frühmittelalterlichen Regensburg (VHVO 112) 1972, S. 7–17.

Othloni Vita sancti Wolfkangi episcopi, hg. von Georg Waitz, MGH SS IV, Hannover 1841, S. 521–542.

Ottl Georg, Die Rechte des bayerischen Herzogs am Alten Kornmarkt, Diss. jur. masch. München 1952.

Otto Eberhard F., Die Entwicklung der deutschen Kirchenvogtei im 10. Jahrhundert (Abhandlungen zur mittleren und neueren Geschichte 72) Berlin-Grunewald 1933.

Otto von Freising, Chronica sive historia de duabus civitatibus, hg. von Adolf Hofmeister, MGH SrG 45, Hannover-Leipzig ²1912.

Otto von Freising - Rahewin, Gesta Friderici I. imperatoris, hg. von Bernhard von Simson, MGH SrG 46, Hannover-Leipzig ²1912.

Panzer Marita A., Sozialer Protest in süddeutschen Reichsstädten 1485 bis 1525. Anhand der Fallstudien Regensburg, Augsburg und Frankfurt am Main (MBM 104) München 1982.

Paricius Georg Heinrich, Kurtz gefaste Historische Nachricht von allen in denen Ring-Mauren der Stadt Regensburg gelegenen Reichs-Stiftern, Haubt-Kirchen und Clöstern katholischer Religion, Regensburg 1725.

Paricius Johann Carl, Allerneueste und bewährte Nachricht von der des Heiligen Römischen Reichs Freyen Stadt Regensburg, Regensburg 1753.

Paulus Helmut-Eberhard, Der Herzogshof in Regensburg (Jahrbuch der Bayerischen Denkmalpflege 37) 1983, S. 43–72.

Pawliska Günter, Die Regensburger Baumannschaft, Diss. jur. masch. München 1952.

Pfeiffer Wolfgang – Rieckhoff-Pauli Sabine, Castra Regina. Regensburg zur Römerzeit, Regensburg 1979.

Piendl Max, Die Grafen von Bogen. Genealogie, Besitz- und Herrschaftsgeschichte (Jahresbericht des Historischen Vereins für Straubing und Umgebung 55) 1952, S. 25–82; (56) 1953, S. 9–88; (57) 1954, S. 25–79.

Piendl Max, Die Gerichtsbarkeit des Fürsten Thurn und Taxis in Regensburg im 19. Jahrhundert, in: Bayern. Staat und Kirche, Land und Reich. Wilhelm Winkler zum Gedächtnis (Archiv und Wissenschaft. Schriftenreihe der Archivalischen Zeitschrift 3) München 1961, S. 292–307.

Piendl Max, Quellen und Forschungen zur Geschichte des ehemaligen Reichsstiftes St. Emmeram in Regensburg (Thurn und Taxis-Studien 1) Kallmünz 1961.

Piendl Max, Die Pfalz Kaiser Arnulfs bei St. Emmeram in Regensburg (Thurn und Taxis-Studien 2) 1962, S. 96–126.

Piendl Max, Fragen zur frühen Regensburger Stadttopographie (VHVO 106) 1966, S. 63-82.

Piendl Max, Das Fürstliche Haus Thurn und Taxis. Zur Geschichte des Hauses und der Thurn und Taxis-Post, Regensburg 1980.

Pitz Ernst, Europäisches Städtewesen und Bürgertum. Von der Spätantike bis zum hohen Mittelalter, Darmstadt 1991.

Planitz Hans, Die deutsche Stadtgemeinde (ZRG GA 64) 1944, S. 1–85.

Planitz Hans, Die deutsche Stadt im Mittelalter. Von der Römerzeit bis zu den Zunftkämpfen, Wien-Köln-Graz [4]1974.

Pohlig Karl Theodor, Die Patrizierburgen des Mittelalters in Regensburg (VHVO 67) 1917, S. 1–83.

Pongratz Ludwig, Die Finanzwirtschaft der Stadt Regensburg von 1810–1900, Diss. rer. pol. masch. Erlangen 1925.

Popp Marianne, Das Handbuch der Kanzlei des Bischofs Nikolaus von Regensburg 1313–1340 (QuE NF 25) München 1972.

Potthast August, Regesta pontificum Romanorum, 2 Bände, Berlin 1874/75 (Nachdruck Graz 1957).

Prinz Friedrich, Frühes Mönchtum im Frankenreich. Kultur und Gesellschaft in Gallien, den Rheinlanden und Bayern am Beispiel der monastischen Entwicklung (4. bis 8. Jahrhundert), Darmstadt [2]1988.

Quellen und Erörterungen zur bayerischen (und deutschen) Geschichte, hg. von der (Kommission für bayerische Landesgeschichte bei der) Bayerischen Akademie der Wissenschaften
AF, 9 Bände, München 1856–1864.
NF, bisher 39 Bände, München 1903 ff.

Radnóti Aladar, Regensburger Inschriften, in: Akten des VI. Internationalen Kongresses für Griechische und Lateinische Epigraphik, München 1973, S. 385–395.

Rädlinger-Prömper Christine, St. Emmeram in Regensburg. Struktur- und Funktionswandel eines bayerischen Klosters im früheren Mittelalter (Thurn und Taxis-Studien 16) Kallmünz 1987.

Raisch Herbert, Die Bedeutung der karolingischen Königspfalzen in Regensburg für das Königtum (Ostbairische Grenzmarken 9) 1967, S. 151–173.

Rall Hans, Kurbayern in der letzten Epoche der alten Reichsverfassung 1745–1801 (SchbLG 45) München 1952.

Rall Hans, Zeittafeln zur Geschichte Bayerns, München 1974.

Rankl Helmut, Das vorreformatorische landesherrliche Kirchenregiment in Bayern (1378–1526) (MBM 34) München 1971.

Ratisbona Sacra. Das Bistum Regensburg im Mittelalter (Kunstsammlungen des Bistums Regensburg – Diözesanmuseum Regensburg. Kataloge und Schriften 6) München-Zürich 1989.

Rausch Wilhelm (Hg.), Beiträge zur Geschichte der Städte Mitteleuropas, 10 Bände, Linz 1963–1988.

Regensburger Almanach, Regensburg 1967 ff.

Regensburger Buchmalerei. Von frühkarolingischer Zeit bis zum Ausgang des Mittelalters. Ausstellungskatalog, hg. von Florentine Mütherich und Karl Dachs (Bayerische Staatsbibliothek. Ausstellungskataloge 39) München 1987.

Regensburger Urkundenbuch. Urkunden der Stadt, hg. von Josef Widemann und Franz Bastian, 2 Bände (MB 53, 54) München 1912/56.

Regensburgisches Diarium, Regensburg 1760–1862.

Regesta Boica sive rerum Boicarum autographa ad manum usque 1300, bearb. von Karl Heinrich Ritter von Lang, Maximilian Frhr. von Freyberg und Thomas Rudhart, 13 Bände, München 1822–1854; Registerband von Josef Widemann, 1927.

Regesta Imperii, begr. von Johann Friedrich Boehmer, Innsbruck 1831 ff.

Reindel Kurt, Die bayerischen Luitpoldinger 893–989. Sammlung und Erläuterung der Quellen (QuE NF 11) München 1953.

Reinecke Paul, Burgweinting unweit Regensburg. Villa rustica (Römisch-Germanisches Korrespondenzblatt 9) 1916, S. 54–57.

Reiser Rudolf, Adeliges Stadtleben im Barockzeitalter. Internationales Gesandtenleben auf dem Immerwährenden Reichstag zu Regensburg. Ein Beitrag zur Kultur- und Gesellschaftsgeschichte der Barockzeit (MBM 17) München 1969.

Reitzenstein Wolf-Armin Frhr. von, Lexikon bayerischer Ortsnamen. Herkunft und Bedeutung, München ^{2}1991.

Renz Gustav Adolf, Beiträge zur Geschichte der Schottenabtei St. Jakob und des Priorates Weih St. Peter (OSB) in Regensburg (StMBO 16) 1895, S. 64–84, 250–259, 418–425, 574–581; (17) 1896, S. 29–40, 229–239, 416–429, 629–639; (18) 1897, S. 79–86, 263–274.

Rieckhoff-Pauli Sabine – Torbrügge Walter (Hg.), Regensburg – Kelheim – Straubing, 2 Bände (Führer zu archäologischen Denkmälern in Deutschland 5, 6) Stuttgart 1984.

Ried Thomas, Codex chronologico-diplomaticus episcopatus Ratisbonensis, 2 Bände, Regensburg 1816; Band III, MS StBR (Sign. Rat. ep. 165).

Rietschel Siegfried, Das Burggrafenamt und die hohe Gerichtsbarkeit in den deutschen Bischofsstädten während des früheren Mittelalters (Untersuchungen zur Geschichte der deutschen Stadtverfassung 1) Leipzig 1905 (Neudruck Aalen 1965).

Riezler Sigmund von, Geschichte Baierns, 8 Bände (Geschichte der europäischen Staaten 20) Gotha 1878–1914; ^{2}I Stuttgart 1927; Registerband von Josef Widemann, München 1932 (Neudruck Aalen 1964).

Ritscher Berta, Die Entwicklung der Regensburger Ratsverfassung in der gesellschaftlichen und wirtschaftlichen Struktur der Zeit von 1245–1429 (VHVO 114) 1974, S. 7–126; (115) 1975, S. 7–64; (116) 1976, S. 7–110.

Rosner Johannes Willibald, Beiträge zur Verfassungsgeschichte der Bischöfe von Regensburg, Diss. phil. masch. Wien 1947.

Rudhart Ignaz, Ueber den Zustand des Königreiches Bayern nach amtlichen Quellen, 3 Bände, Stuttgart-Tübingen-Erlangen 1825–1827.

Ruser Konrad, Die Städtepolitik Karls IV. und die Politik der Reichsstädte 1346–1355, Diss. phil. masch. Freiburg i. Br. 1960.

Ruser Konrad, Die Urkunden und Akten der oberdeutschen Städtebünde vom 13. Jahrhundert bis 1549, 2 Bände, Göttingen 1979/88.

Sahliger Bruno, Verfassung und Verwaltung des St. Katharinenspitals in Regensburg, Diss. jur. masch. Erlangen 1956.

Schauwecker Helga, Otloh von St. Emmeram. Ein Beitrag zur Bildungs- und Frömmigkeitsgeschichte des 11. Jahrhunderts, München 1962.

Scherer Wilhelm, Über den Burgfrieden der Kreishauptstadt Regensburg. Unter Benützung städtischer Archivalien (VHVO 25) 1868, S. 161–192.

Scherzer Hans (Hg.), Gau Bayerische Ostmark. Land, Volk und Geschichte, München [1940].

Schirmacher Ernst, Stadtvorstellungen. Die Gestalt der mittelalterlichen Städte – Erhaltung und planendes Handeln, München – Zürich 1988.

Schlaich Heinz Wolfgang, Das Ende der Regensburger Reichsstifte St. Emmeram, Ober- und Niedermünster (VHVO 97) 1956, S. 163–376.

Schmeissner Rainer, Der Burgfrieden der ehemals freien Reichsstadt Regensburg (Deutsche Steinkreuzforschung, Oberpfalz 1) Kallmünz 1976.

Schmetzer Adolf, Die Regensburger Judenstadt (Zeitschrift für die Geschichte der Juden in Deutschland 3) 1931, S. 18–39.

Schmid Alois, Die Herrschergräber in St. Emmeram zu Regensburg (Deutsches Archiv 32) 1976, S. 333–369.

Schmid Alois, Die Judenpolitik der Reichsstadt Regensburg im Jahre 1349 (ZBLG 43) 1980, S. 589–612; wieder in: (UDIM 9/10) 1979/80, S. 123–144.

Schmid Alois, Zur Interpretation einer Urkunde König Ludwigs des Deutschen für Abtbischof Ambricho von Regensburg (MGH DD LD 152) (ZBLG 44) 1981, S. 571–581.

Schmid Alois, Urbs Regia. Regensburg zur Karolingerzeit (BGBR 19) 1985, S. 113–120.

Schmid Alois, Die Territorialpolitik der frühen Wittelsbacher im Raume Regensburg (ZBLG 50) 1987, S. 367–410.

Schmid Alois, Das Gymnasium Poeticum zu Regensburg im Zeitalter des Humanismus, in: Albertus-Magnus-Gymnasium Regensburg. Festschrift zum Schuljubiläum 1988, Regensburg 1988, S. 25–57.

Schmid Alois, Regensburg zur Agilolfingerzeit, in: Dannheimer - Dopsch (Hg.), Die Bajuwaren, S. 136–140.

Schmid Alois, Absolutistischer Territorialstaat und Reichsstadt. Die Beziehungen des Kurfürstentums Bayern zu Regensburg, in: Bilder aus der Heimat. Szenen und Begebenheiten aus der Geschichte Ostbayerns, hg. von Fritz Wiedemann, Regensburg 1989, S. 141–158.

Schmid Alois, Regensburg und Bayern. Vom Aufstieg zur Reichsstadt bis zur Wiedereingliederung nach Bayern 1810, in: Gustl Lang, Leben für die Heimat, hg. von Konrad Ackermann und Georg Girisch, Weiden 1989, S. 134–157.

Schmid Alois, Notarius civium Ratisponensium. Die Stadtschreiber der Reichsstadt Regensburg, in: Staat – Kultur – Politik. Beiträge zur Geschichte Bayerns und des Katholizismus. Festschrift zum 65. Geburtstag von Dieter Albrecht, hg. von Winfried Becker und Werner Chrobak, Kallmünz 1992, S. 49–59.

Schmid Alois, Untersuchungen zu Gau, Grafschaft und Vogtei im Vorderen Bayerischen Wald, in: Aus Bayerns Geschichte. Forschungen als Festgabe zum 70. Geburtstag von Andreas Kraus, hg. von Egon Johannes Greipl, Alois Schmid und Walter Ziegler, St. Ottilien 1992, S. 117–177.

Schmid Alois, Regensburg, in: Lexikon des Mittelalters VII, hg. vom Artemis-Verlag, München-Zürich 1994, Sp. 563–569.

Schmid Alois, Episcopatus Ratisbonensis, in: Series episcoporum ecclesiae catholicae occidentalis ab initio usque ad annum 1198. Series V: Germania 2, hg. von Odilo Engels und Stefan Weinfurter (im Druck).

Schmid Diethard, Regensburg I: Das Landgericht Stadtamhof, die Reichsherrschaften Donaustauf und Wörth (HAB Altbayern 41) München 1976.

Schmid Diethard, Regensburg. Bürgertum und Stadtregion im späten Mittelalter (VHVO 117) 1977, S. 259–278.

Schmid Diethard, Die Ausbildung der wittelsbachischen Landesherrschaft im Raum Regensburg (VHVO 124) 1984, S. 313–332.

Schmid Hans Ulrich, Die mittelalterlichen deutschen Inschriften in Regensburg. Edition, Untersuchungen zur Sprache, Abbildungen (Regensburger Beiträge zur deutschen Sprach- und Literaturwissenschaft 40) Frankfurt a. M. – Bern 1989.

Schmid Herbert, Eine „Freistadt" wird zur „gemeinen Reichsstadt" – Regensburg in der Zeit der Reichshauptleute unter Kaiser Maximilian I. (VHVO 128) 1988, S. 7–79.

Schmid Josef, Die Urkundenregesten des Kollegiatstiftes U.L.F. zur Alten Kapelle in Regensburg, 2 Bände, Regensburg 1911/12.

Schmid Josef, Die Geschichte des Kollegiatstiftes U.L.F. zur Alten Kapelle in Regensburg, Regensburg 1922.

Schmid Peter, Die Regensburger Reichsversammlungen im Mittelalter (VHVO 112) 1972, S. 31–130.

Schmid Peter, Regensburg. Stadt der Könige und Herzöge im Mittelalter (Regensburger Historische Forschungen 6) Kallmünz 1977.

Schmid Peter, Die Anfänge der Regensburger Bürgerschaft und ihr Weg zur Stadtherrschaft (ZBLG 45) 1982, S. 483–539.

Schmid Peter, Herzog Albrecht IV. von Oberbayern und Regensburg. Vom Augsburger Schiedsspruch am 25. Mai 1492 zum Straubinger Vertrag vom 23. August 1496, in: Festschrift für Andreas Kraus zum 60. Geburtstag, hg. von Pankraz Fried und Walter Ziegler (Münchener Historische Studien, Abt. Bayerische Geschichte 10) Kallmünz 1982, S. 143–160.

Schmid Peter, Möglichkeiten und Grenzen reichsstädtischer Politik im Zeitalter des Absolutismus. Die Politik der Reichsstadt Regensburg im bayerischen Erbfolgestreit 1778–79, in: Aus Bayerns Geschichte. Forschungen als Festgabe zum 70. Geburtstag von Andreas Kraus, hg. von Egon Johannes Greipl, Alois Schmid und Walter Ziegler, St. Ottilien 1992, S. 377–404.

Schmidbauer Irmengard, Die Vermögenssäkularisation der Regensburger Reichsstifte St. Emmeram, Nieder- und Obermünster nach 1803, Zulassungsarbeit masch. Regensburg 1987.

Schmidt Georg, Der Städtetag in der Reichsverfassung. Eine Untersuchung zur korporativen Politik der Freien und Reichsstädte in der ersten Hälfte des 16. Jahrhunderts (Veröffentlichungen des Instituts für Europäische Geschichte Mainz, Abt. Universalgeschichte 113) Wiesbaden 1984.

Schmidt Rolf, Mittelalterliche Stadtforschung und Regensburg (VHVO 114) 1974, S. 277–289.

Schmuck Johann, Ludwig der Bayer und die Reichsstadt Regensburg, Diss. phil. masch. Regensburg 1992.

Schneider Philipp (Hg.), Konrad von Megenbergs Traktat „De limitibus parochiarum civitatis Ratisbonensis", Regensburg 1906.

Schnelbögl Wolfgang, Die innere Entwicklung der bayerischen Landfrieden des 13. Jahrhunderts (Deutschrechtliche Beiträge 13/2) Heidelberg 1932.

Schnurbein Siegmar von, Das römische Gräberfeld von Regensburg (MBV A 31) Kallmünz 1977.

Schönberger Alfred, Die Rechtsstellung des Reichsstiftes Niedermünster zu Papst und Reich, Bischof, Land und Reichsstadt Regensburg, Diss. jur. masch. Würzburg 1954.

Schönfeld Roland, Studien zur Wirtschaftsgeschichte der Reichsstadt Regensburg im achtzehnten Jahrhundert (VHVO 100) 1959, S. 5–147.

Schottenloher Karl, Das Regensburger Buchgewerbe im 15. und 16. Jahrhundert, Mainz 1920 (Neudruck 1970).

Schratz Wilhelm, Die Conventionsmünzen der Herzoge von Bayern und der Bischöfe von Regensburg (VHVO 34) 1879, S. 153–185.

Schratz Wilhelm, Urkunden, Regesten und Notizen zur Münzgeschichte Regensburgs von 1200 bis 1600 (Mitteilungen der Bayerischen Numismatischen Gesellschaft 3) 1884, S. 1–51.

Schratz Wilhelm, Urkunden und Regesten zur Geschichte des Nonnenklosters zum hl. Kreuz in Regensburg (VHVO 41) 1887, S. 1–208.

Schremmer Eckart, Die Wirtschaft Bayerns. Vom hohen Mittelalter bis zum Beginn der Industrialisierung. Bergbau – Gewerbe – Handel, München 1970.

Schroeder Klaus-Peter, Das Alte Reich und seine Städte. Untergang und Neubeginn. Die Mediatisierung der oberdeutschen Reichsstädte im Gefolge des Reichsdeputationshauptschlusses 1802/03, München 1991.

Schuegraf Joseph Rudolph, Topographische Beschreibung der Westnervorstadt, Regensburg 1851.

Schuegraf Joseph Rudolph, Topographische Beschreibung der Osten-Vorstadt Regensburgs (VHVO 21) 1862, S. 75–138.

Schulte Aloys, Pavia und Regensburg (HJb 52) 1932, S. 465–476.

Schulte Aloys, Regensburg und seine Eigenart in der deutschen Geschichte, in: Volkstum und Kulturpolitik. Festschrift Georg Schreiber, Köln 1932, S. 201–207.

Schultz Friedhelm, Das öffentliche Notariat in Regensburg von den Anfängen bis zum Beginn des 16. Jahrhunderts, Diss. phil. masch. München 1980.

Schwäbl Johann Nepomuk, Regensburgs Orts- und Straßennamen, 2 Bände, MS StAR [1926].

Schwaiger Georg, Die altbayerischen Bistümer Freising, Passau und Regensburg zwischen Säkularisation und Konkordat (1803–1817) (Münchener Theologische Studien I 13) München 1959.

Schwaiger Georg, Das dalbergische Fürstentum Regensburg (1803–1810) (ZBLG 23) 1960, S. 42–65.

Schwarz Andrea, Die Traditionen des Klosters Prüfening (QuE NF 39/1) München 1991.

Schwarz Ernst, Die bairische Landnahme um Regensburg im Spiegel der Völker- und Ortsnamen (Beiträge zur Namenforschung 1) 1949, S. 51–71.

Schwarz Ernst, Die namenkundlichen Grundlagen der Siedlungsgeschichte des Landkreises Regensburg (VHVO 93) 1952, S. 25–63.

Schwarz Ernst, Sprache und Siedlung in Nordostbayern (Erlanger Beiträge zur Sprach- und Kunstwissenschaft 4) Nürnberg 1960.

Schwarz Klaus, Die Ausgrabungen im Niedermünster zu Regensburg (Führer zu archäologischen Denkmalen in Bayern 1) Kallmünz 1971.

Schwarz Klaus, Archäologische Geschichtsforschung in frühen Regensburger Kirchen (BGBR 10) 1976, S. 13–54.

Schwarz Stefan, Die Juden in Bayern im Wandel der Zeiten, München-Wien 1963.

Schweigler Peter, Die Erscheinungen der Industrie im Raume von Regensburg geographisch betrachtet (Mitteilungen der Geographischen Gesellschaft München 44) 1959, S. 77–200.

Schwertl Gerhard, Die Beziehungen der Herzöge von Bayern und Pfalzgrafen bei Rhein zur Kirche 1180–1294 (MBM 9) München 1968.

Simon Matthias, Evangelische Kirchengeschichte Bayerns, Nürnberg ²1952.

Soß Hans, Das städtische Elementarschulwesen Regensburgs im 16. und 17. Jahrhundert (VHVO 78) 1928, S. 1–106.

Sperl Karl, Die Münzgeschichte Regensburgs von Karl dem Großen bis zum Erlöschen der herzoglich-bischöflichen Gemeinschaftsmünze, Diss. phil. Erlangen (Druck: Kallmünz) 1928.

Spindler Max (Hg.), Briefwechsel zwischen Ludwig I. von Bayern und Eduard von Schenk 1823–1841, München 1930.

Spindler Max, Die Anfänge des bayerischen Landesfürstentums (SchbLG 26) München 1937.

Spindler Max (Hg.), Bayerischer Geschichtsatlas, Redaktion Gertrud Diepolder, München 1969.

Spörl Johann, Salbuch des Damenstiftes Niedermünster in Regensburg (VHVN 9) 1845, S. 40–81.

Sprinkart Alfons, Kanzlei, Rat und Urkundenwesen der Pfalzgrafen bei Rhein und Herzöge von Bayern 1294 bis 1314 (1317). Forschungen zum Regierungssystem Rudolfs I. und Ludwigs IV. (Forschungen zur Kaiser- und Papstgeschichte des Mittelalters 4) Köln-Wien 1986.

Staber Josef, Kirchengeschichte des Bistums Regensburg, Regensburg 1966.

Statistisches Jahrbuch der Stadt Regensburg, hg. von der Statistischen Abteilung der Stadt Regensburg 1954ff.

Statistisch-topographisches Lexikon II, Ulm 1796.

Staudinger Wolfram, Die Kramer-Innung von Regensburg, Diss. jur. masch. München 1952.

Stauffer Edmund, Bischofshof Regensburg (Große Kunstführer 84) München-Zürich 1980.

Steinmetz Georg, Vom großen römischen Friedhof in Regensburg (VHVO 73) 1923, S. 1–24.

Steinmetz Georg, Regensburg in der vorgeschichtlichen und römischen Zeit (VHVO 76) 1926, S. 3–72.

Störmer Wilhelm, Stadt und Stadtherr im wittelsbachischen Altbayern des 14. Jahrhunderts, in: Wilhelm Rausch (Hg.), Stadt und Stadtherr im 14. Jahrhundert (Beiträge zur Geschichte der Städte Mitteleuropas 2) Linz 1976, S. 257–273.

Störmer Wilhelm, Zur Bedeutung altbayerischer Städte im Spätmittelalter (VHVN 109) 1983, S. 113–133.

Stoob Heinz, Regensburg, in: ders., Deutscher Städteatlas. Lieferung I, Blatt 8, Dortmund 1973.

Straus Raphael, Die Judengemeinde Regensburg im ausgehenden Mittelalter. Auf Grund der Quellen kritisch untersucht und neu dargestellt (Heidelberger Abhandlungen zur mittleren und neueren Geschichte 61) Heidelberg 1932.

Straus Raphael, Regensburg and Augsburg, Philadelphia 1939.

Straus Raphael, Urkunden und Aktenstücke zur Geschichte der Juden in Regensburg 1453–1738 (QuE NF 18) München 1960.

Streich Gerhard, Burg und Kirche während des deutschen Mittelalters. Untersuchungen zur Sakraltopographie von Pfalzen, Burgen und Herrensitzen. Pfalz- und Burgkapellen bis zur staufischen Zeit, 2 Bände (Vorträge und Forschungen, Sonderband 29) Sigmaringen 1984.

Striedinger Ivo, Der Kampf um Regensburg 1486–1492 (VHVO 44) 1890/91, S. 1–88, 95–205.

Strobel Richard, Die Stadtbefestigung an der Südost-Ecke von Castra Regina in nachrömischer Zeit (VHVO 102) 1962, S. 209–224.

Strobel Richard, Romanische Architektur in Regensburg (Erlanger Beiträge zur Sprach- und Kunstwissenschaft 20) Nürnberg 1965.

Strobel Richard, Beobachtungen in den principia von Castra Regina (BVgbll 30) 1965, S. 176–188.

Strobel Richard, Der Brixener Hof und die mittelalterlichen Bischofssitze in Regensburg (Jahrbuch der bayerischen Denkmalpflege 28) 1973, S. 30–82.

Strobel Richard, Das Bürgerhaus in Regensburg (Das deutsche Bürgerhaus 23) Tübingen 1976.

Strobel Richard, Regensburg als Bischofsstadt in bauhistorischer und topographischer Sicht, in: Bischofs- und Kathedralstädte des Mittelalters und der frühen Neuzeit, hg. von Franz Petri (Städteforschung A 1) Köln-Wien 1976, S. 60–83.

Strobel Richard (Hg.), Regensburg. Die Altstadt als Denkmal. Altstadtsanierung – Stadtgestaltung – Denkmalpflege, München 1978.

Strobel Richard – Sydow Jürgen, Der „Latron“ in Regensburg. Ein Beitrag zum Kontinuitätsproblem (HJb 83) 1964, S. 1–27.

Stroh Armin, Untersuchungen an der Ostseite des Lagers der Legio III. Italica in Regensburg (Saalburg-Jahrbuch 28) 1971, S. 52–55.

Stroh Armin, Die vor- und frühgeschichtlichen Geländedenkmäler der Oberpfalz (Materialhefte zur bayerischen Vorgeschichte B 3) Kallmünz 1975.

Stroh Armin, Archäologische Geschichtsforschung in frühen Regensburger Kirchen (BGBR 10) 1976, S. 13–54.

Stumpf-Brentano Karl Friedrich, Die Reichskanzler vornehmlich des 10., 11. und 12. Jahrhunderts, 3 Bände, Innsbruck 1865–1883.

Swarzenski Georg, Die Regensburger Buchmalerei des X. und XI. Jahrhunderts, Stuttgart ^{2}1969.

Sydow Jürgen, Fragen um die St. Kassians-Kirche in Regensburg. Ein Beitrag zur Geschichte des Bistums Säben (Der Schlern 29) 1955, S. 452–457; wieder in: ders., Cum omni mensura et ratione, S. 269–274.

Sydow Jürgen, Überblick über die Geschichte des Regensburger Stadtrechts, in: Das Ortsrecht der Stadt Regensburg, 3. Lieferung, Regensburg 1955, S. I–IV; wieder in: ders., Cum omni mensura et ratione, S. 284–293.

Sydow Jürgen, Der Regensburger Markt im Früh- und Hochmittelalter (HJb 80) 1960, S. 60–92; wieder in: ders., Cum omni mensura et ratione, S. 294–326.

Sydow Jürgen, Cum omni mensura et ratione. Ausgewählte Aufsätze. Festgabe zum 70. Geburtstag, Sigmaringen 1991.

Theobald Leonhard, Die Reformationsgeschichte der Reichsstadt Regensburg, 2 Bände (Einzelarbeiten aus der Kirchengeschichte Bayerns 19) München 1936 (^{2}1980) / Nürnberg 1951.

Thiel Matthias, Die Urkunden des Kollegiatstifts St. Johann in Regensburg bis zum Jahre 1400 (QuE NF 28/1, 2) München 1975/94.

Thietmar von Merseburg, Chronik, hg. von Robert Holtzmann, MGH SrG NS 9, Berlin ^{2}1955.

Translatio S. Dionysii Areopagitae, hg. von Rudolf Köpke, MGH SS XI, Hannover 1854, S. 343–375.

Trapp Eugen, Die Regensburger Reichstage, Regensburg 1921.

Ulbert Günter, Das römische Regensburg, in: Germania Romana I: Römerstädte in Deutschland, Heidelberg 1960, S. 64–77.

Ulbert Günter, Das römische Regensburg als Forschungsproblem (VHVO 105) 1965, S. 7–16.

Utschig Wolfgang, Die Finanzwirtschaft im Ungeldamt der Reichsstadt Regensburg während des 18. Jahrhunderts, Diss. phil. masch. München 1986.

Vierhundertfünfzig Jahre Evangelische Kirche in Regensburg. Ausstellungskatalog, Regensburg 1992.

Vittinghoff Friedrich (Hg.), Stadt und Herrschaft. Römische Kaiserzeit und Hohes Mittelalter (Historische Zeitschrift, Beiheft NF 7) München 1982.

Voggenreiter Franz, Die Stadt Regensburg, ihre Erscheinung und ihre Entwicklung zum neuzeitlichen geographischen Raumorganismus, Potsdam 1936.

Voggenreiter Franz, Regensburg baut eine „neue Stadt“ (Das Bayerland 48) 1937, S. 611–628.

Vogl Coelestin – Godin Anselm, Ratisbona Politica. Staatisches Regensburg, Regensburg 1729.

Volkert Wilhelm, Die spätmittelalterliche Judengemeinde in Regensburg, in: Albrecht Altdorfer und seine Zeit, hg. von Dieter Henrich (Schriftenreihe der Universität Regensburg 5) Regensburg 1981, S. 123–149.

Volkert Wilhelm, Das Regensburger Judenregister von 1476, in: Festschrift für Andreas Kraus zum 60. Geburtstag, hg. von Pankraz Fried und Walter Ziegler (Münchener Historische Studien, Abt. Bayerische Geschichte 10) Kallmünz 1982, S. 115–141.

Volkert Wilhelm, Handbuch der bayerischen Ämter, Gemeinden und Gerichte 1799–1980, München 1983.

Völkl Ekkehard – Wessely Kurt, Die russische Gesandtschaft am Regensburger Reichstag 1576 (Schriftenreihe des Regensburger Osteuropainstituts 3) Regensburg 1976; ^{2}1992.

Vollmer Friedrich, Inscriptiones Baivariae Romanae sive inscriptiones Raetiae adiectis aliquot Noricis Italisque, München 1915.

Walderdorff Hugo Graf von, Regensburg in seiner Vergangenheit und Gegenwart, Regensburg ^{4}1896 (Neudruck 1973).

Walderdorff Hugo Graf von, Römerbauten auf dem Alten Kornmarkt (jetzt Moltkeplatz) und Umgebung in Regensburg (VHVO 54) 1902, S. 263–308.

Wankerl-Hinterhofer Margaretha, Studien zur Geschichte der Beziehungen der Stadt Regensburg zum Kaiserhof vom Regierungsantritt Leopolds I. bis zum Tode Karls VI. (1658–1740), Diss. phil. masch. Wien 1966.

Weber Karl, Neue Gesetz- und Verordnungen-Sammlung für das Königreich Bayern mit Einschluß der Reichsgesetzgebung, 42 Bände, Nördlingen-München 1880–919.

Weiss Josef A., Die Integration der Gemeinden in den modernen bayerischen Staat. Zur Entstehung der kommunalen Selbstverwaltung in Bayern (1799–1818) (Studien zur bayerischen Verfassungs- und Sozialgeschichte 11) München 1986.

Weisshaar-Kiem Heide, Lobschriften und Beschreibungen ehemaliger Reichs- und Residenzstädte in Bayern bis 1800. Die Geschichte der Texte und ihre Bibliographie, Mittenwald 1982.

Weißthanner Alois, Die Gesandtschaft Herzog Albrechts IV. von Bayern an die Römische Kurie 1487. Stiftungsbrief für eine Universität in Regensburg (Archivalische Zeitschrift NF 47) 1951, S. 189–200.

Widemann Josef (Hg.), Die Traditionen des Hochstifts Regensburg und des Klosters S. Emmeram (QuE NF 8) München 1943.

Widukind von Korvey, Sachsengeschichte, hg. von Hans E. Lohmann und Paul Hirsch, MGH SrG 60, Hannover ^{5}1935.

Wittmann Franz Michael, Schenkungsbuch des Stiftes Obermünster zu Regensburg (QuE I) München 1856, S. 147–224.

Wohlhaupter Eugen, Hoch- und Niedergericht in der mittelalterlichen Gerichtsverfassung Bayerns (Deutschrechtliche Beiträge 12/2) Heidelberg 1929.

Wolff Helmut, Regensburgs Häuserbestand im späten Mittelalter, in: Studien und Quellen zur Geschichte Regensburgs 3, Regensburg 1985, S. 91–198.

Zahn Karl, Der Dom zu Regensburg (Deutsche Kunstführer 39) Augsburg 1929.

Zahn Wolfgang, Schottenklöster. Die Bauten der irischen Benediktiner in Deutschland, Diss. phil. Freiburg 1967.

Zaisberger Friderike, Der Salzburger Hof in Regensburg (Mitteilungen der Gesellschaft für Salzburger Landeskunde 122) 1982, S. 125–240.

Zapalac Kristin Eldyss Sorensen, „In His Image and Likeness". Political iconography and religious change in Regensburg 1500–1600, Ithaka-London 1990.

Zedler Johann Heinrich, Großes vollständiges Universal-Lexikon aller Wissenschaften und Künste XXX, Leipzig – Halle 1741.

Zeiss Hans, Die vor- und frühgeschichtliche Besiedlung der Gegend von Regensburg (VHVO 77) 1927, S. 3–47.

Zeitler Wolfram, Die Stellung der Donaumauten in der räumlichen Ordnung Altbayerns (Dissertationen der Universität Wien 123) Wien 1975.

Zeumer Karl, Quellensammlung zur Geschichte der Deutschen Reichsverfassung in Mittelalter und Neuzeit, Tübingen ^{2}1913.

Ziegler August, Beiträge zur Rechtsgeschichte von Regensburg, insbesondere das Schultheißengericht (Schweizer Studien zur Geschichtswissenschaft 16) Zürich 1931.

Ziegler Walter, Das Benediktinerkloster St. Emmeram zu Regensburg in der Reformationszeit (Thurn und Taxis-Studien 6) Kallmünz 1970.

Ziegler Walter, Die Reichsstadt Regensburg, in: HdbG III/2, S. 1423–1438.

Zugschwert Hans, Die wirtschaftlichen Beziehungen der freien Reichsstadt Regensburg zum Herzogtum Bayern seit dem 14. Jahrhundert, Kallmünz 1932.

Zwölfhundertfünfzig Jahre Kunst und Kultur im Bistum Regensburg. Berichte und Forschungen (Kunstsammlungen des Bistums Regensburg – Diözesanmuseum Regensburg. Kataloge und Schriften 7) München-Zürich 1989.

ABKÜRZUNGSVERZEICHNIS

AF	Alte Folge
AHVR	Archiv des Historischen Vereins für Oberpfalz und Regensburg
BayHStA	Bayerisches Hauptstaatsarchiv München
BGBR	Beiträge zur Geschichte des Bistums Regensburg, 1967 ff.
BStB	Bayerische Staatsbibliothek München
BVgbll	Bayerische Vorgeschichtsblätter, 1921 ff.
BZAR	Bischöfliches Zentralarchiv Regensburg
DOZA	Deutschordenszentralarchiv Wien
FZAR	Fürstlich Thurn und Taxissches Zentralarchiv Regensburg
GVbl	Gesetz- und Verordnungsblatt
HAB	Historischer Atlas von Bayern, hg. von der Kommission für bayerische Landesgeschichte, München 1950 ff.
HdbG	Handbuch der bayerischen Geschichte
Hg.	Herausgeber
HHStAW	Haus-, Hof- und Staatsarchiv Wien
HJb	Historisches Jahrbuch der Görresgesellschaft, 1880 ff.
KDB	Die Kunstdenkmäler von Bayern
KL	Klosterliterale
KU	Klosterurkunde
LKAR	Landeskirchliches Archiv Regensburg
Lk	Landkreis
MB	Monumenta Boica
MBM	Miscellanea Bavarica Monacensia
MBV	Materialhefte zur bayerischen Vorgeschichte
MGH	Monumenta Germaniae Historica
MIÖG	Mitteilungen des Instituts für österreichische Geschichtsforschung, 1880 ff.
MS	Manuskript
NF	Neue Folge
QuE	Quellen und Erörterungen zur bayerischen (und deutschen) Geschichte
RB	Regesta Boica
RI	Regesta Imperii
RTA	Deutsche Reichstagsakten ÄR Ältere Reihe; MR Mittlere Reihe; JR Jüngere Reihe
RUB	Regensburger Urkundenbuch
SB	Sitzungsberichte
SchbLG	Schriftenreihe zur bayerischen Landesgeschichte
StAAm	Staatsarchiv Amberg
StAR	Stadtarchiv Regensburg
StBR	Staatliche Bibliothek Regensburg
StMBO	Studien und Mitteilungen zur Geschichte des Benediktinerordens und seiner Zweige, 1880 ff.
StMR	Städtisches Museum Regensburg
VHVN	Verhandlungen des Historischen Vereins für Niederbayern, 1846 ff.
VHVO	Verhandlungen des Historischen Vereins für Oberpfalz und Regensburg, 1832 ff.
ZBLG	Zeitschrift für bayerische Landesgeschichte, 1928 ff.
ZONF	Zeitschrift für Ortsnamenforschung, 1925 ff.
ZRG	Zeitschrift für Rechtsgeschichte, GA Germanistische Abteilung, 1880 ff. KA Kanonistische Abteilung, 1911 ff.

I. Grundlagen

1. Geographische Voraussetzungen

Untersuchungsraum für den vorliegenden Band ist das Territorium der ehemaligen Freien Reichsstadt Regensburg einschließlich ihres Burgfriedensbezirkes nach dem Stand um 1800. Der Band behandelt also nicht das Gebiet der heutigen Stadt Regensburg, das auf drei Atlas-Hefte verteilt wird. Die Stadtteile nördlich der Donau sind von Diethard Schmid im Band Regensburg I berücksichtigt worden. Die im Süden außerhalb des Burgfriedens gelegenen, früher zum kurbayerischen Landgericht Haidau gehörigen Randgebiete werden Gegenstand des Bandes Regensburg II (Das Landgericht Haidau) sein, den der gleiche Autor bearbeitet. Der hier einschlägige Untersuchungsraum ist auf der folgenden Orientierungsskizze Nr. 1 eingezeichnet. Er wird umschlossen von den Landgerichten Kelheim, Stadtamhof und Haidau. Die Reichsstadt stellt wohl der Fläche nach den kleinsten Untersuchungsraum innerhalb des Atlas-Unternehmens dar.

Die Stadt Regensburg liegt an in geographischer Hinsicht mehrfach bemerkenswerter Stelle[1]. Hier tritt die Donau aus ihrem Durchbruchtal in die Donauebene und erreicht den nördlichsten Punkt ihres Laufes. Kurz hintereinander nimmt sie als nördliche Nebenflüsse die Schwarze Laaber, Naab und Regen auf. Dadurch wird die Wasserführung so sehr vergrößert, daß der Strom von hier ab schiffbar ist. Drei Inseln im Donaubogen zeigen noch heute, daß die Naabmündung während des Mittelalters bis zum Regen verschleppt war[2]. Diese drei Inseln begünstigten Fährverbindungen und den Brückenschlag. Der Donaubogen war deswegen immer besonders geeignet für die Flußüberquerung. Er wurde genützt von den den Flußtälern von Donau, Naab und Regen folgenden Altstraßen, die hier zusammenstießen. Die Donau war immer die

[1] August Brunhuber, Die geologischen Verhältnisse von Regensburg und Umgebung, Regensburg ²1921; Voggenreiter, Die Stadt Regensburg; Handbuch der naturräumlichen Gliederung Deutschlands I, hg. von Emil Meynen, Josef Schmithüsen u. a., Remagen 1953, S. 125f., 131, 134–136, 149f.; II, 1962, S. 624–627; Robert Gradmann, Süddeutschland II, Darmstadt 1956, S. 430–434; Gustav Kreuzer, Das Donautal bei Regensburg, in: Topographischer Atlas Bayern, hg. vom Bayerischen Landesvermessungsamt, München 1968, S. 176f. mit Karte 83; Wilhelm Bauberger - Peter Cramer - Heinz Tillmann, Erläuterungen zur geologischen Karte von Bayern 1: 25000, Blatt 6938: Regensburg, München 1969; Fehn, Frühe Zentren, S. 112f.; Luftbildatlas Bayern, hg. von Hans Fehn, München 1973, S. 88f.

[2] Otto von Freising, Gesta Friderici, hg. von Waitz, S. 151: *ex ea parte, qua predicto amni duo navigabilia, Reginus et Naba, illabuntur flumina;* erst 1304 erfolgte der Durchbruch bei Mariaort. Weiterhin: Eberhardi archidiaconi Ratisponensis annales, hg. von Philipp Jaffé, MGH SS XVII, S. 600. Eine ähnliche Flußverlagerung erfolgte 1380 in Ingolstadt.

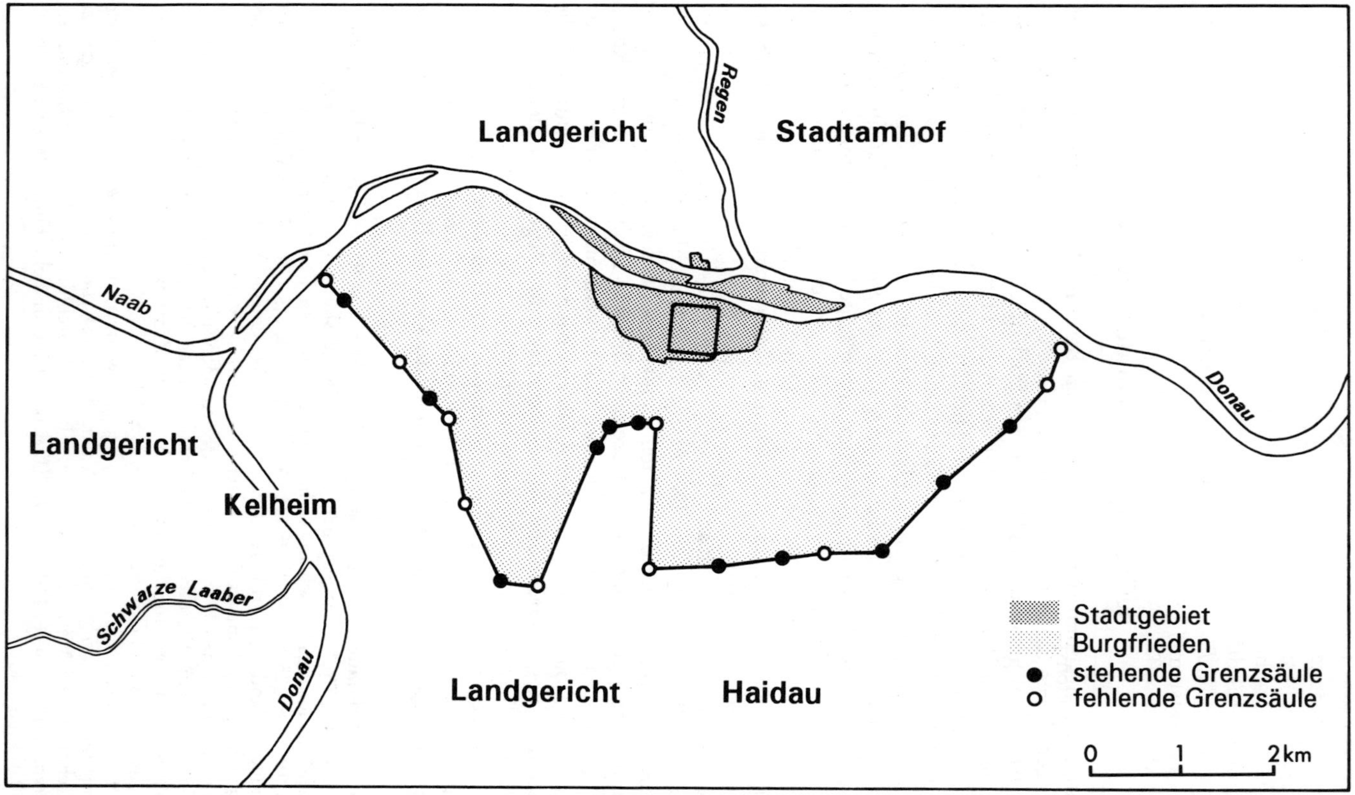

Skizze 1: Der Untersuchungsraum

entscheidende Entwicklungsdominante für den Untersuchungsraum, dessen Geschichte in jeder Phase untrennbar mit dem Strom verbunden war. Sie vollzog sich nicht nur am, sondern immer zugleich mit dem Fluß[3]. Johann Wolfgang von Goethe sah in den geographischen Gegebenheiten die entscheidenden Prämissen für die Entwicklung einer Stadt gerade an dieser Stelle: *Regensburg liegt gar schön. Die Gegend mußte eine Stadt herlocken.*

Das Flußsystem von Donau und Regen trennt in etwa drei Naturräume, die sich durch auffallende Strukturlinien deutlich im Gelände voneinander abheben. Südlich der Donau läuft im Trichter der Regensburger Bucht der vom Lößboden bestimmte Gäuboden aus, dank optimaler Bodenverhältnisse eine der ertragreichsten Gegenden Süddeutschlands. Diese Regensburger Bucht ist etwa 6 Kilometer lang, 3 Kilometer breit und hat eine durchschnittliche Meereshöhe von 320 Meter. Nach Süden wird sie vom niederbayerischen Tertiärhügelland begrenzt, das westlich der Stadt auf die Donau stößt, nach Osten aber immer mehr vom Fluß zurückweicht und so Raum für die sich weitende Donauebene gibt. Das Gelände nördlich der Donau liegt über hundert Meter höher und gehört bis zur Tegernheimer Spalte zur Südlichen und Mittleren Frankenalb, östlich davon zum kristallinen Urgebirge des Vorderen Bayerischen Waldes. An diesem Einschnitt stoßen zwei sehr unterschiedliche geologische Formationen aufeinander. Die Böden sind hier von schlechterer Bonität als südlich der Donau, wo der Löß vorherrscht. Im Juragebiet finden sich die sandig-lehmigen Verwitterungsböden der Jura- und Kreidezeit. Das Gebiet ist ausgesprochen wasserarm im Unterschied zum Vorwald, der von den Verwitterungsböden des Urgesteins, vor allem Granit und Gneis, bestimmt ist. Die geologischen Gegebenheiten sind hier deutlich ungünstiger als südlich der Donau. Das Regensburger Becken ist eine einzigartige Nahtstelle süddeutscher Landschaften von sehr unterschiedlicher geomorphologischer Beschaffenheit.

Diese geographischen Voraussetzungen bedingen besondere klimatische Verhältnisse in der Regensburger Bucht. Sie sind gekennzeichnet von für bayerische Verhältnisse günstigen Temperaturwerten. Im Durchschnitt wird eine Anzahl von mehr als 40 Sommertagen verzeichnet. Mindestens 178 frostfreie Tage sorgen für eine kürzere Winterzeit und somit eine längere Vegetationsperiode als bereits im unmittelbaren Umland. Dabei wird gerade im Frühjahr ein bemerkenswert hohes Temperaturmittel erreicht. Die Niederschlagsmenge liegt wegen des Regenschattens am Südrand der Alb allerdings mit 600 Millimeter deutlich unter dem sonst erreichten Mittel von 700–800 Millimeter[4]. Die Regensburger Bucht gehört somit zu den niederschlagsärmeren Gebieten Süddeutschlands. Eine weitere klimatische Besonderheit sind häufige Nebel, die aber Temperaturschwankungen ausgleichen. Die Regensburger Bucht ist insgesamt nicht nur durch vorteilhafte Bodenverhältnisse, sondern auch durch günstige klimatische Bedingungen ausgezeichnet, die vornehmlich aus ihrer

[3] Roland Schönfeld, Die Donau als Faktor der wirtschaftlichen Entwicklung Regensburgs (VHVO 116) 1976, S. 181–193; auch in: Die Stadt am Fluß, hg. von Erich Maschke und Jürgen Sydow (Stadt in der Geschichte 4) Sigmaringen 1978, S. 110–124. Das folgende Zitat: Johann Wolfgang von Goethe, Werke XXX, Weimar 1903, S. 7.

[4] Meynen-Schmithüsen, Handbuch I (wie Anm. 1), S. 126f.; Karl Knoch (Hg.), Klima-Atlas von Bayern, Bad Kissingen 1952; Helmut Kern, Große Tagessummen des Niederschlages in Bayern (Münchener Geographische Hefte 21) Kallmünz 1961.

Lage im Schutz und Schatten der Jurahochfläche herrühren. Dabei gehörte der Donaubogen seit den frühesten Zeiten zu den wenigen immer waldfreien, „offenen" Naturräumen in Bayern. Er wurde eine der agrarischen Vorzugslandschaften in Süddeutschland. Das macht auch die bis heute andauernde Tradition des Wein- und Gemüseanbaues in dieser Gegend deutlich[5].

2. Anfänge der Besiedlung

Diese geographischen Voraussetzungen spiegeln sich in der Vor- und Frühgeschichte des Raumes, „einem Siedlungs- und Verkehrsland von alteuropäischem Rang" (Walter Torbrügge), wider. Er liegt an der Altmühl-Donaulinie, dem in Bayern am weitesten zurückzuverfolgenden Siedlungs- und Verkehrsraum. Dieser klimabegünstigte Korridor war hier wohl die einzige Zone, die immer eisfrei war und in der sich deswegen während des Paläolithikums Leben halten konnte[6]. Gerade während der eiszeitlichen Kälteperioden drängten sich in dieser Furche zwischen alpinem und nordischem Eis Vegetation und Fauna. Deswegen waren nur hier die Voraussetzungen für menschliches Leben gegeben. Wahrscheinlich fällt das erste Auftreten des Menschen in diesem Raum in die vorletzte Eiszeit, die Rißeiszeit, vor rund 100000 Jahren. Als paläolithische Siedelplätze sind in der näheren Umgebung vor allem die Wohnhöhlen und Freilandstationen des unteren Laaber- und Naabtales im Westen, der Keilberg im Osten sowie die Lößterrassen im Süden des Stadtgebietes bis Isling und Scharmassing nachgewiesen. Aus dem Fundmaterial ragen Faustkeile aus dem südlichen Terrassengebiet heraus, die die Anfänge menschlicher Naturbeherrschung in diesem Raum bezeichnen.
Das Mesolithikum ist für bayerische Verhältnisse gut belegt[7]. Die Funde konzentrieren sich auch in dieser Periode noch immer auf die drei früheren Schwer-

[5] Wilhelm Volkert, Der frühmittelalterliche Weinbau in Altbayern (Die Oberpfalz 55) 1967, S. 169–175.

[6] Steinmetz, Regensburg in der vorgeschichtlichen und römischen Zeit, S. 7–72; Zeiß, Die vorgeschichtliche Besiedlung der Umgebung von Regensburg; Lothar F. Zotz, Die Bedeutung des Regensburger Raumes für die Altsteinzeitforschung (Acta Albertina Ratisbonensia 21) 1953/55, S. 70–73; Friedrich Herrmann, Auf den Spuren des Regensburger Steinzeitmenschen, Kallmünz 1958; Herbert Lindner, Die altsteinzeitlichen Kulturen der Räuberhöhle am Schelmengraben bei Sinzing (MBV A 16) Kallmünz 1961; Gisela Freund, Die ältere und mittlere Steinzeit in Bayern (Jahresbericht der bayerischen Bodendenkmalpflege 4) 1963, S. 9–167; Gisela Freund, Das Paläolithikum im Donaubogen südlich Regensburg (MBV A 32) Kallmünz 1977; Walter Torbrügge, Vorzeit bis zum Ende der Keltenreiche, in: HdbG I^2, S. 3–64; Walter Torbrügge, Vorzeit bis zum keltischen Radasbona, in: Albrecht (Hg.), Zwei Jahrtausende Regensburg, S. 9–20; Walter Torbrügge, Vorgeschichte, in: Kraus-Pfeiffer (Hg.), Regensburg, S. 11–17; Friedrich Herrmann, Die Ergebnisse der Altsteinzeitforschung im Raume Regensburg (Acta Albertina Ratisbonensia 45) 1988, S. 161–195. Vgl. auch: Spindler (Hg.), Bayerischer Geschichtsatlas, Karte 4 a (Friedrich Wagner).

[7] Torbrügge, Vorzeit (wie Anm. 6), S. 14 f. Vgl. Frank D. Davis, Die Hornsteingeräte des älteren und mittleren Neolithikums im Donauraum zwischen Neuburg und Regensburg (Bonner Hefte zur Vorgeschichte 10) Bonn 1975; Hilke Hennig, Das Donautal bei Regensburg vor 3000 Jahren. Neufunde der Urnenfelderzeit (Ausstellungskatalog der Prähistorischen Staatssammlung 7) München 1980; James S. Brink, Middle neolithic animal remains from „Bajuwarenkaserne", District Regensburg, in: Festschrift für Hans R. Stampfli, hg. von Jörg Schibler u. a., Basel 1990, S. 31–37.

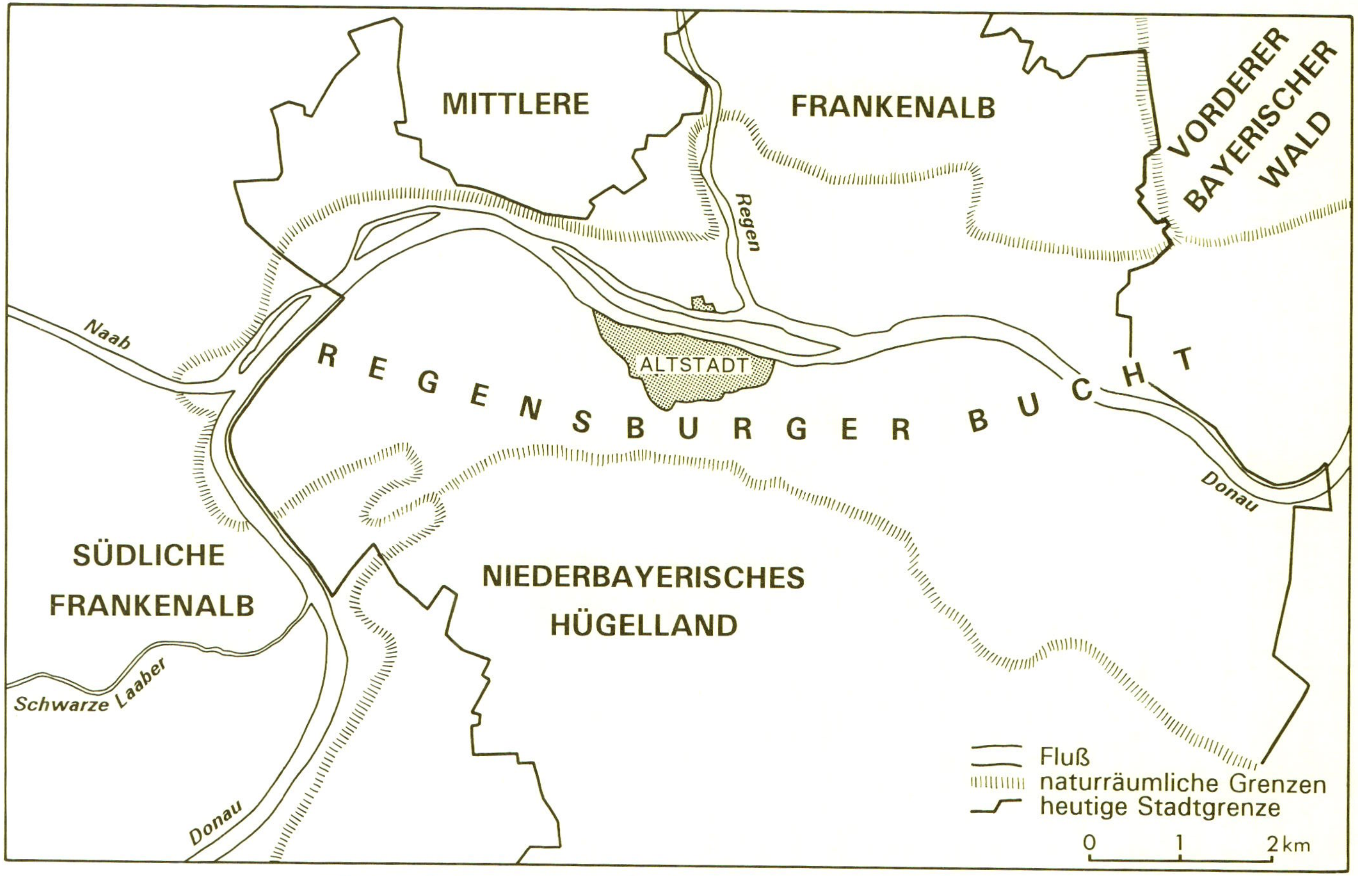

Skizze 2: Der Raum im Gefüge der Naturlandschaften

punkte im Westen, Süden und Osten des späteren Stadtareals. Der wichtigste Fundort sind die Halbhöhlen des Fellinger Turms am Keilberg. Auch für die Flußtäler der Unteren Naab und Laaber liegen aus dieser Epoche verschiedene Zeugnisse vor. Genaueren Einblick in die Wohn- und Siedelverhältnisse gewähren die Grubenhütten und Werkplätze für Steinbearbeitung bei Sarching. Doch gibt es nun einen ersten Beleg auch für das Stadtgebiet im engeren Sinne bei der Westheimsiedlung.

Einen tiefen Einschnitt durchlebte der Donaubogen am Beginn des Neolithikums ab der Mitte des dritten Jahrtausends vor Christus[8]. Entlang der Schwerlinie der Donau, einem wichtigen Durchzugskanal, gelangten Zuwanderer aus dem Westen und Osten ins Land und errichteten die ersten dauerhaften Siedlungen. Bäuerliche Wirtschafts- und Lebensformen bildeten sich aus. Dadurch ändert sich auch die Fundlage entscheidend. Von nun an begegnen Hausbau, Tierhaltung, der Anbau von Kulturpflanzen, die Herstellung von Hausgeräten (z. B. Töpferei), Friedhöfe. Doch wird der Regensburger Raum, der verglichen mit anderen Kulturlandschaften, etwa dem Mittelrheingebiet, bisher als belegarm galt, erst durch die zahlreichen Funde der jüngsten Zeit etwas besser faßbar. Diese beweisen, daß bis hierher die nordwestlichen Ausläufer der Bandkeramikzone entlang der Donau und Isar reichten. Alle neolithischen Perioden sind vertreten. Hauptsiedelgebiet wurden die Terrassen südlich der Donau und die Donauebene, wo beständig neue Nachweise glücken. Jungsteinzeitliche Dorfanlagen sind für das nähere Stadtgebiet beim Pürkelgut und in Harting nachgewiesen. Als regionale Eigenheit zeichnet sich die Islinger Bandkeramikkultur ab, die sich durch Einschnitte anstelle der sonst festgestellten Einstiche formal von der übrigen bekannten Produktion der Zeit geringfügig abhebt[9].

Unterschiedlich dicht sind die Metallkulturen von etwa 1800 v. Chr. bis zur Zeitenwende belegt[10]. Der Donaubogen blieb auch in dieser Periode ein bevorzugter Siedlungsraum. Der genaueste Einblick ist in die Bronzezeit möglich, für die der Hortfund vom Hochweg Verbindungen nach Osten und Westen deutlich macht[11]. Weniger ergiebig sind die urnenfelderzeitlichen Bestattungsplätze am Bismarckplatz und in Schwabelweis. Sie leiten zur Keltenzeit über.

[8] Werner Buttler, Der donauländische und der westische Kulturkreis der jüngeren Steinzeit, Berlin 1938. Vgl. auch Spindler (Hg.), Bayerischer Geschichtsatlas, Karte 4 b (Hermann Müller-Karpe).

[9] Peter Schröter, Die Funde der Glockenbecherkultur im Landkreis Regensburg (Beiträge zur Oberpfalzforschung 2) 1966, S. 39–54. Vgl. zu den Funden die laufenden Fundberichte in den Bänden der VHVO.

[10] Stroh, Die vor- und frühgeschichtlichen Geländedenkmäler der Oberpfalz; Walter Torbrügge, Die Bronzezeit in der Oberpfalz (MBV A 13) Kallmünz 1959; Hans-Peter Uenze, Die Latènezeit in der Oberpfalz, München 1964; Walter Torbrügge, Die Hallstattzeit in der Oberpfalz (MBV A 20, 39) Kallmünz 1965/1979. Vgl. auch Spindler (Hg.), Bayerischer Geschichtsatlas, Karten 4 c, d; 5a-c (Hermann Müller-Karpe, Georg Kossack).

[11] Torbrügge, in: Kraus-Pfeiffer (Hg.), Regensburg, S. 17, Nr. 2; Wolfram Schier, Zur vorrömischen Besiedlung des Donautales südöstlich von Regensburg (BVgbll 50) 1985, S. 48 f.

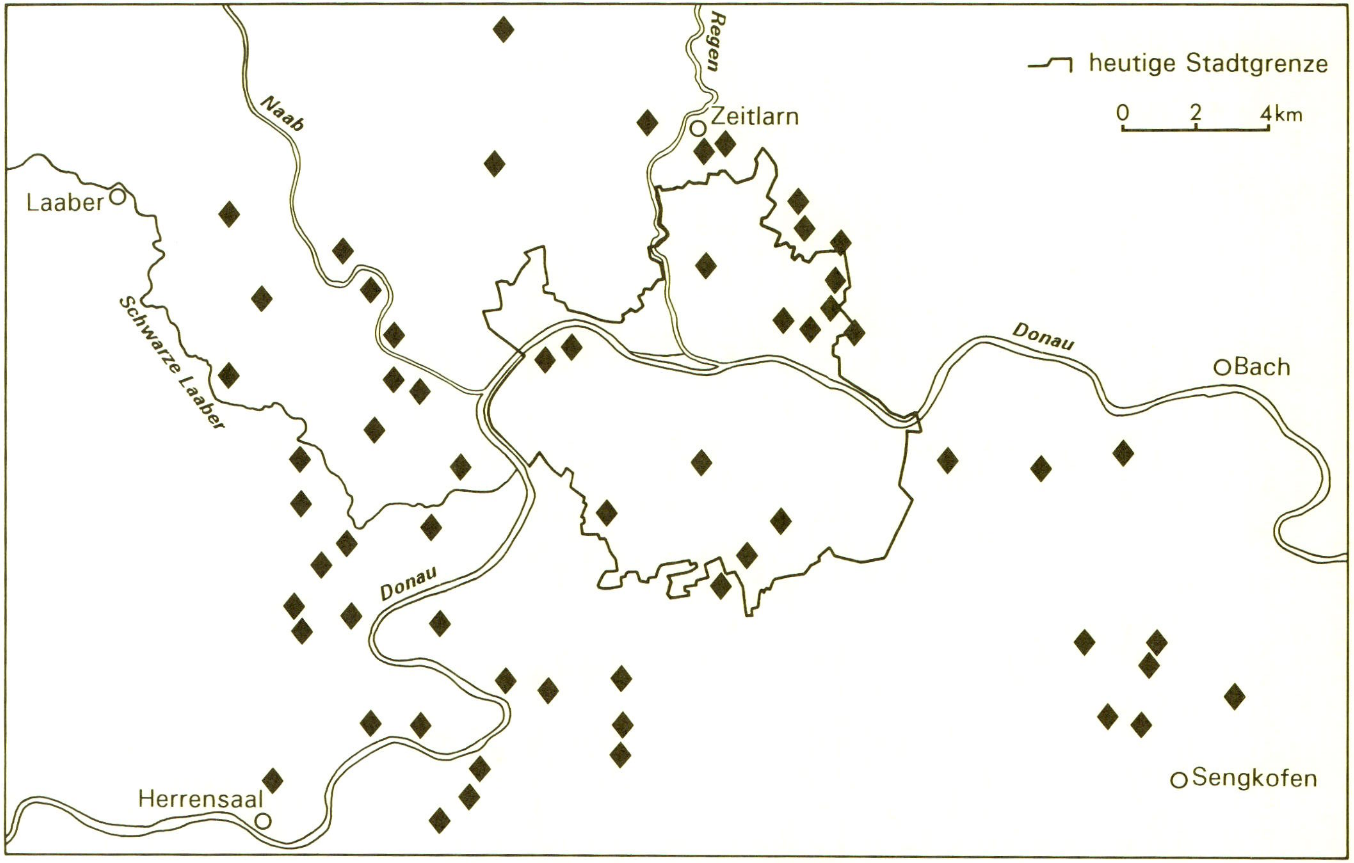

Skizze 3: Steinzeitliche Fundplätze um Regensburg

3. Das Problem des keltischen Radasbona

Der Raum wird in der zweiten Hälfte des fünften Jahrhunderts vor Christus von den Kelten erfaßt. Für diese Periode sind im Donaubogen Siedlungsstellen vor allem entlang der Flußläufe nachgewiesen: Pürkelgut, Burgweinting, Obertraubling, Riekofen, Sarching und Sengkofen. Wenn allgemein die Anfänge einer kontinuierlichen Siedlung in Bayern in diese Periode gesetzt werden, so läßt sich diese These nicht auch mit dem Raum Regensburg belegen. Denn eine Bevölkerungsverdichtung im Donaubogen ist auch in dieser Epoche noch nicht zu beobachten. Das ist vor allem deswegen bemerkenswert, weil aus der erstmals bei Arbeo von Freising überlieferten Ortsbezeichnung *Radaspona*[12] oftmals abgeleitet wurde, daß hier eine größere keltische Siedlung bestanden haben müsse. Vor allem Paul Reinecke hat die These aufgestellt, daß mit derartigen, auf das Beiwort *-bona* endenden Ortsbezeichnungen immer ein befestigtes *oppidum* verbunden gewesen sei[13]. Der Lokalhistoriker Georg Steinmetz hat dieses *oppidum* unter der römischen Zivilsiedlung westlich des späteren Römerlagers entlang des Straßenzuges Ziegetsberg-Schelmengraben mit Überfuhr und Hafen beim Weißgerbergraben gesucht[14]. Doch ist es bisher nicht gelungen, dieses angebliche *oppidum* archäologisch zu sichern. Vor allem erbrachten die jüngeren Grabungen auf dem Arnulfs- und Bismarckplatz keine diesbezüglichen Anhaltspunkte. Das von Reinecke und Steinmetz vorausgesetzte keltische *oppidum* konnte nicht nachgewiesen werden. Insgesamt gesehen bleibt die Hallstattperiode für das unmittelbare Stadtgebiet ausgesprochen belegarm. Bisher sind hier nicht mehr als ein Dutzend Fundstellen ausgemacht, die sich zusammenhanglos über den gesamten Raum, nördlich wie südlich der Donau, verteilen. Innerhalb des Altstadtgebietes ist eine Siedelstelle unter dem Niedermünsterkomplex nachgewiesen. Ein Siedlungsschwerpunkt zeichnet sich allerdings auch hier nicht ab[15]. Offensichtlich gab es auch in dieser Periode noch immer keine stadtartige Bevölkerungsverdichtung. Deswegen müssen die genaue Lage, Beschaffenheit, Rang und Alter von *Radaspona* nach wie vor im dunkeln bleiben. Zuletzt hat Walter Torbrügge die Argumente gegen einen keltischen Zentralort im Donaubogen zusammengetragen[16]. Er geht davon aus, daß damals die Donau eine Grenzlinie zwischen den Vindelikern südlich des Flusses und den Ruzinaten im Norden gewesen sei. Auf diese Grenzlage dürfte auch die Donausüduferstraße hinweisen. An ihr reihten sich die wichtigeren frühurbanen Zentren auf. Der beherrschende keltische Stützpunkt in diesem Raum war das auf der Landzunge des Michelsberges zwischen Donau und Altmühl gelegene *oppidum Alkimoennis,* dessen überregionaler Rang sich mehr und mehr abzeichnet. Damit wird ein weiteres *oppidum* in der näheren Umgebung immer

[12] Arbeo von Freising, Vita Haimhrammi, hg. von Krusch, S. 32, 35, 74, 78, 92.

[13] Paul Reinecke, Die örtliche Bestimmung der antiken geographischen Namen für das rechtsrheinische Bayern (Der Bayerische Vorgeschichtsfreund 4) 1924, S. 40. Vgl. Schwarz, Sprache und Siedlung, S. 48.

[14] Steinmetz, Regensburg, S. 17–19.

[15] Ein solcher wird angenommen etwa von Fehn, Frühe Zentren, S. 10f., 113, Karte 1; Rudolf Reiser, Die Kelten in Bayern, Rosenheim 1984, S. 48f.

[16] Torbrügge, Vorzeit bis zum keltischen Radasbona, in: Albrecht (Hg.), Zwei Jahrtausende Regensburg, S. 18f.; auch Dietz, in: Dietz u. a., Regensburg zur Römerzeit, S. 42f.

weniger wahrscheinlich. Eher ist aus diesen Gründen auch im Regensburger Raum nur mit den dörflichen Siedlungen zu rechnen, die durch die Fundlage gesichert sind. Eine dieser Siedelstellen wird die Bezeichnung *Radasbona* getragen haben. Doch ist zu bedenken, daß das Beiwort *-bona*, das in vielen frühen Ortsnamen (z.B. *Vindobona*, *Campodunum*) begegnet und auf einen Siedlungsschwerpunkt verweist, auch noch an Bildungen der Römerzeit angehängt werden konnte, um Örtlichkeiten innerhalb eines früher von Kelten besiedelten Raumes anzusprechen. Das Toponym hat die Sprachwissenschaft oftmals beschäftigt[17]. Dennoch ist das Grundwort *radas* bis heute nicht überzeugend erklärt. Es wird mit der indogermanischen Wurzel *ered* (= fließen, feucht) in Verbindung gebracht und auf die Donau bezogen. Der Regensburger Raum war also in keltischer Zeit besiedelt, hatte aber kaum ein städtisches Zentrum. Die Bevölkerung konzentrierte sich in dieser Periode wohl noch nicht brennpunktartig auf eine Stelle in der Niederterrasse, sondern verteilte sich zusammenhanglos über den gesamten Raum. *Radasbona* bezeichnete in römischer Zeit eine geographische Position innerhalb eines früher von Kelten besiedelten Gebietes, die aber nicht genau bestimmbar ist. Es kann sich durchaus nur um einzelne Höfe oder Hofgruppen gehandelt haben. Ein keltisches *oppidum* hat es hier mit Sicherheit nicht gegeben. Auch der in der späteren Emmeramer Tradition behauptete und schon bei Aventin[18] angenommene Zentralort *Hermannesheim* hat gewiß nicht bestanden. Es ist höchstens mit einer dünnen Kontinuität von der Kelten- in die Römerzeit zu rechnen.
An diesem Negativbefund ändert auch die günstige Verkehrslage nichts. Der Donaubogen war bereits in vorgeschichtlicher Zeit ein Verkehrsknoten von Rang. Die Donausüduferstraße ist eine die Donaulinie ausnützende Fernverbindung von West- nach Osteuropa mit zweifellos prähistorischer Grundlegung. Sie gewann hier Anschluß an das Flußtal und wurde im Donaubogen gekreuzt von den dem Lauf von Naab und Regen folgenden Fernverbindungen nach Norden bzw. Nordosten sowie in den Süden. Sie überquerten die Donau auf der Höhe des Weißgerbergrabens und bei Prüfening. Im Raum des heutigen Arnulfs- und Bismarckplatzes stießen sie aufeinander. Der Donaubogen war also bereits in prähistorischer Zeit Kreuzungspunkt wichtiger Fernstraßenzüge. Allein hier kann die archäologische Quellengruppe der Flußfunde nachgewiesen werden, die mit der exponierten Verkehrslage des Raumes in Zusammenhang gebracht werden. Ob die Waffenteile absichtlich oder versehentlich ins Wasser gelangten, ist noch nicht geklärt[19].

[17] Zum Namen: Joseph Schnetz, Harte Nüsse I: Radaspona, Ratisbona (ZONF 6) 1930, S. 140–145; Joseph Schnetz, Der keltische Name Regensburgs (VHVO 86) 1936, S. 155–158; Joseph Schnetz, Nochmals der keltische Name Regensburgs (VHVO 88) 1938, S. 230–232; vgl. Reitzenstein, Lexikon, S. 308–313.
[18] Aventinus, Sämmtliche Werke IV, S. 160; Coelestin Vogl, Mausoleum Sancti Emmerami, Stadtamhof ^{2}1672, S. 2; Johann Baptist Kraus, Ratisbona Monastica. Clösterliches Regenspurg, Regensburg 1752, S. 3f.
[19] Armin Stroh, Baggerfunde aus der Donau bei Regensburg (Germania 29) 1951, S. 141–146; Armin Stroh, Neue Baggerfunde aus der Donau bei Regensburg (Germania 33) 1955, S. 407–410; (BVgbll 21) 1956, S. 156; Konrad Spindler, Gewässerfunde, in: Rieckhoff-Pauli – Torbrügge, Führer I, S. 212–223; Konrad Spindler, Ein neues Knollenknaufschwert aus der Donau bei Regensburg (Germania 58) 1980, S. 105–116; Dannheimer-Dopsch (Hg.), Die Bajuwaren, S. 431 Nr. R 50. S. Skizze 5.

II. Das römische Regensburg

1. Die römische Okkupation Raetiens

Die ersten Örtlichkeiten, die einen direkten Bezug zur späteren Stadt Regensburg haben, stammen aus der römischen Zeit. Auch wenn hinter der in der älteren Literatur behaupteten Gründung der Stadt durch Kaiser Tiberius im Jahre 14 v. Chr. kein historischer Kern steckt, tritt der Regensburger Raum erst mit dem Anbruch der römischen Epoche als herrschaftlicher Brennpunkt in die Geschichte ein. Er wird um die Zeitenwende in einen politischen Verband einbezogen, innerhalb dessen von ihm herrschaftliche Impulse ausgingen, weil nun hier ein Zentralort aufgebaut wird. Deswegen hat die römische Epoche am Anfang der Behandlung des Raumes innerhalb des Historischen Atlas zu stehen. Damit reicht die Herrschaftsgeschichte hier fast ein Jahrtausend weiter zurück als im Umland. Vergleichbar sind am ehesten die Städte Augsburg, Salzburg, auch Passau und Kempten. Regensburg gehört somit zur ältesten Schicht deutscher Städte, die aus römischer Wurzel erwachsen sind [1]. Es geht im folgenden nicht um eine Geschichte des römischen Regensburg oder auch nur eine detaillierte Topographie des römischen Zentralortes. Beiden Aufgaben sind gerade in jüngster Zeit mehrere Arbeiten gewidmet worden [2]. Es sollen hier lediglich die herrschaftsgeschichtlichen Grundlinien herausgestellt werden.
Mit dem Sommerfeldzug des Jahres 15 v. Chr. wurde das nordalpine Vorland bis zur Donau in das Imperium Romanum einbezogen [3]. Die Gründe für das

[1] Planitz, Stadt des Mittelalters, S. 13, 26f., 32; Ennen, Europäische Stadt, S. 23; Fehn, Frühe Zentren, S. 113f., 157–159; Friedrich Vittinghoff, Die Bedeutung der Legionslager für die Entstehung der römischen Städte an der Donau und in Dakien, in: Studien zur europäischen Vor- und Frühgeschichte, hg. von Martin Claus, Werner Haarnagel und Klaus Raddatz, Neumünster 1968, S. 132–142 (zu Regensburg 132).

[2] Vgl. Alfred Franke, Regina Castra, in: Realencyklopädie der classischen Altertumswissenschaft Suppl.-Bd. VI, Stuttgart 1935, Sp. 1427–1434; Ulbert, Das römische Regensburg; Ulbert, Das römische Regensburg als Forschungsproblem; Heinz Cüppers, Regina Castra, in: Der Kleine Pauly IV, Stuttgart 1972, Sp. 1366; Udo Osterhaus, Zur Vor- und Frühgeschichte Regensburgs (Jahrbuch der Bayerischen Denkmalpflege 36) 1982, S. 29–54; Udo Osterhaus, Das römische Regensburg, in: Führer zu römischen Militäranlagen in Süddeutschland, Stuttgart 1983, S. 107–113; Fischer, Römer und Bajuwaren an der Donau; Fischer, Das Umland des römischen Regensburg; Thomas Fischer, Neues zum römischen Regensburg, in: Forschungen und Berichte zur Vor- und Frühgeschichte in Baden-Württemberg 20, 1986, S. 146–151; maßgebliche Zusammenfassungen: Dietz u. a., Regensburg zur Römerzeit; Pfeiffer – Rieckhoff-Pauli, Castra Regina. Regensburg zur Römerzeit; Udo Osterhaus – Sabine Rieckhoff-Pauli, Die Römer in Regensburg, in: Kraus – Pfeiffer (Hg.), Regensburg, S. 18–26; Gauer, Castra Regina und Rom, S. 1–38.

[3] Vgl. Hans-Jörg Kellner, Die Römer in Bayern, München ^{4}1978, S. 21–51; Hans-Jörg Kellner, Die Zeit der römischen Herrschaft, in: HdbG I^2, S. 65–96; Spindler (Hg.), Bayerischer Geschichtsatlas, Karten 6–7, 8 c-d (Hans-Jörg Kellner).

Unternehmen sind nicht ganz klar. Die Quellen machen nicht deutlich, ob damit Oberitalien gegen weitere Einfälle der Alpenräter geschützt oder aber eine Aufmarschbasis für die geplante Eroberung Germaniens bis zur Elbe geschaffen werden sollte. Der römische Vorstoß stellt einen tiefen Einschnitt in der Geschichte des Donauraumes dar, weil er einen weitgehenden Zivilisationswechsel zur Folge hatte. Dieser ist auch im Gebiet von Regensburg deutlich zu beobachten, wenngleich der in keinen schriftlichen Quellen der Antike festgehaltene, dennoch vermutlich keltische Ortsname *Radasbona* nur von ortsansässiger Bevölkerung überliefert worden sein kann. Es ist mit einer gewissen Besiedlungskontinuität von der Kelten- zur Römerzeit zu rechnen, die aber im Regensburger Raum nach Ausweis der Bodenfunde nur sehr dünn gewesen sein kann[4].

Der Donauraum wurde erst mit zeitlicher Verzögerung von den Römern herrschaftlich erfaßt. Zunächst konzentrierte sich das Interesse der Okkupationsarmee auf die Lechlinie und eine voralpine Querverbindung in Richtung Salzburg und Noricum. Vorort des eroberten Gebietes wurde *Augusta Vindelicum*/Augsburg, das zentral und sicher im rückwärtigen Raum an der Hauptverbindungsstraße nach Italien gelegen war. Dort wurde eine Besatzungsarmee in Stärke von zwei Legionen stationiert, die aber schon kurz nach der Zeitenwende wieder abgezogen wurde, und ein *procurator* eingesetzt, als um die Mitte des ersten Jahrhunderts die Provinz Raetia eingerichtet wurde. Von diesem Zentralort aus wurden die Nachschublinien nach Italien mit kleineren Abteilungen gesichert. Die Donaugrenze wurde zunächst nur im Westen mit einer Kastellreihe befestigt, deren östlichstes bei Oberstimm lag. Lediglich ein Beobachtungsposten scheint in frühkaiserlicher Zeit auf dem Frauenberg bei Weltenburg ostwärts vorgeschoben gewesen zu sein. Anschließend verblieb eine Lücke bis *Lentia*/Linz. Für das erste Jahrhundert nach der Okkupation gibt es keine Hinweise auf eine Präsenz der Römer im Donaubogen. Der Regensburger Raum lag zunächst offensichtlich außerhalb ihres unmittelbaren Interessenbereiches. Eine planvolle Sicherung der gesamten Nordgrenze erschien noch nicht erforderlich. Der Waldgürtel des Bayerischen und des Böhmerwaldes war damals nach Ausweis der Fundlage nur dünn besiedelt und wirkte als natürliche Pufferzone, die von den Germanen trennte. Die dortige Bevölkerung dürfte vertraglich gebunden worden sein. Da sich das Königreich Noricum den Römern kampflos anschloß, schien sich eine verstärkte Präsenz der Römer in diesem Raum zu erübrigen. Bis zum Ende des ersten Jahrhunderts war die Regensburger Bucht eine *von Natur gegebene Kontaktstelle zum freien Germanien*[5].

Diese Verhältnisse änderten sich erst nach dem Tode Kaiser Neros. Die folgenden Unruhen griffen auch auf diese Grenzprovinz über und ließen es nun zweckmäßig erscheinen, eine Verbindung zwischen den Herrschaftsschwerpunkten am Lech und in Noricum herzustellen. Dabei könnte auch die Aufgabe früherer Offensivpläne eine Rolle gespielt haben. Seit Domitian verlagerte

[4] Sabine Rieckhoff-Pauli, Spätkeltische und frühgermanische Funde aus Regensburg (BVgbll 48) 1983, S. 63–128.

[5] Dietz u. a., Regensburg zur Römerzeit, S. 52; vgl. auch Franz Schön, Der Beginn der römischen Herrschaft in Rätien, Sigmaringen 1986.

sich der militärische Schwerpunkt vom Rhein an die Donau. Um die Verteidigungslinie zu verkürzen, wurde im Jahre 74 n. Chr. das Dekumatenland erobert. In diesem politischen Zusammenhang wurde nun die Donaulinie als Grenze ausgebaut. Seit Vespasian wurden etwa gleichzeitig die Truppenlager an der Donau *Guntia*/Günzburg (77/78), *Germanicum*/Kösching (80) und *Abusina*/Eining (79–81) angelegt. Diese Kastellreihe wurde mit ähnlichen Stützpunkten zu Regensburg, Straubing und Passau nach Osten fortgeführt; so wurde die bisher bestehende Lücke im System der Grenzsicherung geschlossen. Erst damit setzte die ständige Präsenz der Römer im Raum Regensburg ein. Ihr Beginn ist wohl ebenfalls in die Regierungszeit Kaiser Vespasians (69–79) und nicht erst Domitians (81–96) zu datieren. Kleinere Stützpunkte wurden bei Alkofen und Mangolding errichtet. Daß eines der Kastelle dieser Sicherungskette gerade in den Donaubogen plaziert wurde, hängt mit dessen exponierter Lage zusammen. Hier erreichte die Flußlinie der Donau, die seit flavischer Zeit bis zu ihrem Unterlauf die Grenze des Imperium Romanum bilden sollte, ihren nördlichsten Punkt. Zudem stießen in diesem Raum mehrere wichtige Straßenzüge, die ins freie Germanien führten, zusammen. Deswegen wurde die Grenzposition nun befestigt. Dennoch aber wurde hier zunächst kein Stützpunkt in der Größenordnung von Augsburg eingerichtet. Selbst die Nachbarkastelle *Sorviodurum* und *Boiodurum* waren vorerst stärker besetzt. Im einzelnen müssen in Regensburg dann aber drei Kastellanlagen unterschieden werden.

2. Das Kumpfmühler Kohortenkastell

Ein erstes römisches Kastell wurde auf dem die gesamte Talsohle beherrschenden Hügelsporn der tertiären Hochterrasse unmittelbar südlich der heutigen Wolfgangskirche postiert[6]. Es wurde wohl bereits unter Kaiser Vespasian, und nicht erst unter Domitian, in den siebziger Jahren des ersten Jahrhunderts errichtet, also in sicherem Abstand zur Flußgrenze in übersichtlicher Beobachtungsposition an der Verbindungsstraße zum Mittelpunkt der Provinz *Augusta Vindelicum*. Von hier aus konnte an der vorgelagerten Grenze im Bedarfsfalle sofort eingegriffen werden. Gefahr mußte am ehesten aus den Tälern der in der Nähe in die Donau mündenden Flüsse drohen. Die geographische Situation deutet auf derartige Defensivaufgaben hin. Das Lager entstand in naturgegebener Zentralität. Der Name des Kastells ist nicht überliefert; ob es die Bezeichnung *Radasbona* führte, ist gänzlich ungewiß.
Seine Lage ist archäologisch gesichert, auch wenn sich heute keine obertägigen Überreste mehr finden. Es handelte sich zunächst um eine Holz-Erde-Kon-

[6] Dietz u.a., Regensburg zur Römerzeit, S. 177–191; Pfeiffer – Rieckhoff-Pauli, Castra Regina, S. 93f.; Thomas Fischer, Ein Keller mit Brandschutt aus der Zeit der Markomannenkriege (170/175 n. Chr.) aus dem Lagerdorf des Kastells Regensburg-Kumpfmühl (Bericht der bayerischen Bodendenkmalpflege 24/25) 1983/84, S. 24–63; Hans Schönberger, Die römischen Truppenlager der frühen und mittleren Kaiserzeit zwischen Nordsee und Alpen (Römisch-Germanische Kommission des Deutschen Archäologischen Instituts, Berichte 66) 1985, S. 457; Faber, Das römische Regensburg-Kumpfmühl.

struktion, die um die Mitte des zweiten Jahrhunderts durch Steinbauten weiter befestigt wurde. Dieses erste Kastell wurde um 1870 entdeckt und in den Jahren 1924/25 ausgegraben. Damals wurden die Umfassungsmauern und ein vorgelagerter Spitzgraben nachgewiesen. Das umbaute Areal hatte die Abmessungen 155 : 143 Meter. Die Binnenbebauung konnte allerdings nicht im Detail aufgedeckt werden. Die Größenverhältnisse deuten auf ein Kohortenkastell mit einer Belegstärke von rund 500 Mann. Durch Ziegelstempel, Militärdiplome und Grabsteine ist die Abfolge der hier stationierten Einheiten bekannt. Die berittene dritte Britannierkohorte hat das Kastell wohl errichtet. Sie wurde von der ersten flavischen Kanathenerkohorte abgelöst, der ebenfalls berittene Bogenschützen angehörten. Als letzte Einheit wird dann die zweite aquitanische Kohorte genannt. In diesem Kastell wurden also Kohorten aus anderen Provinzen stationiert, Auxiliartruppen aus verschiedenen Reichsteilen, und keine römischen Abteilungen.
In unmittelbarer Umgebung des Kastells konnte bei gleicher Gelegenheit ein *vicus* nachgewiesen werden, über den wegen zahlreicher Funde recht genaue Aussagen möglich sind. Er hatte einen Durchmesser von rund 500 Meter. Im einzelnen konnten eine großräumige Badanlage, ein Gasthaus, Kaufhäuser, Werkstätten, Wohngebäude und eine Fülle von Gebrauchsgegenständen des gehobenen Lebensstandards ergraben werden. Diesem *vicus* waren Friedhöfe zugeordnet. Die archäologische Fundlage deutet auf ein recht lebendiges Gemeinwesen, das rege Handelsbeziehungen nach auswärts unterhielt. Neben diesem unmittelbar angrenzenden *vicus* gehörte aber zum Kumpfmühler Kohortenkastell noch ein zweiter, recht ausgedehnter *vicus*, der 1976/77 unerwartet unter dem Bismarckplatz aufgedeckt wurde, die sogenannte „Donausiedlung". Beiderseits des alten Straßenzuges in Richtung Donau wurden mehrere bis zu 20 Meter lange rechteckige Lehmfachwerkbauten aufgefunden. Auch hier konnten Gewerbebetriebe und Lagerhäuser nachgewiesen werden, die ebenfalls auf eine weitreichende Handelstätigkeit schließen lassen. Im Schutz des Höhenlagers entwickelte sich also zu dessen Versorgung an vorgeschobener Position noch eine zweite Zivilsiedlung. Hier wurde das Militärdiplom für den römischen Soldaten Marcus Ulpius Fronto aus dem Jahre 113 n. Chr. gefunden, das älteste erhaltene schriftliche Dokument zur Regensburger Stadtgeschichte[7]. Inwieweit zu dieser zweiten Zivilsiedlung ein eigenes, also zum Kumpfmühler Kastell zeitgleiches Militärlager gehörte, ist eine zwar gestellte, aber derzeit unbeantwortbare Frage.
Das Kumpfmühler Kastell ist zusammen mit seinen beiden *vici* – wie die Nachbarkastelle *Abusina* und *Sorviodurum* – nach der Mitte des zweiten Jahrhunderts zerstört worden. Zahlreiche Einzelheiten, vor allem Brandspuren,

[7] Karlheinz Dietz, M. U. F. und die „Gründungsurkunde", in: Der Bismarck-Platz in Regensburg, hg. vom Forum Regensburg, Regensburg 1978, S. 37–48. Zum Römerhort von Kumpfmühl: Lutz-Michael Dallmeier, Ein römischer Hortfund aus Regensburg-Kumpfmühl (Das Archäologische Jahr in Bayern 10) 1989, S. 120–122; Lutz-Michael Dallmeier, Der römische Hort von Regensburg-Kumpfmühl. Fundumstände und Befund, in: Denkmalpflege in Regensburg. Berichte-Projekte-Aufgaben 1989–1990–1991, Regensburg 1991, S. 44–48. Zum Untergang: Fischer, Ein Keller mit Brandschutt aus der Zeit der Markomannenkriege (170/175 n. Christus) aus dem Lagerdorf des Kastells Regensburg-Kumpfmühl (wie Anm. 6).

deuten auf einen gewaltsamen Untergang hin. Da die Münzreihen 171/2 abbrechen, wird dieser Vorgang mit den Markomanneneinfällen ab 166 n. Chr. in Verbindung gebracht; er wird zwischen 170 und 175 n. Chr. angesetzt. Von der damaligen Katastrophe legt vor allem der 1989 entdeckte Römerhort von Regensburg-Kumpfmühl Zeugnis ab.

3. Das Legionslager Castra Regina

Im Unterschied zu den Nachbarkastellen, die im Zuge der Gegenoffensive Marc Aurels ab 171 n. Chr. in fast gleicher Beschaffenheit erneuert wurden, baute der Kaiser das Regensburger Kohortenkastell nicht mehr in ursprünglicher Größe auf. Vielmehr wurde dieser Stützpunkt angesichts der Germaneneinfälle nun deutlich aufgewertet und verstärkt. Er wird zum wichtigsten Truppenstandort in der Provinz Raetien ausgebaut[8]. Augsburg verliert zugunsten Regensburgs teilweise an Bedeutung[9]; der militärische Schwerpunkt wird an die Grenze nach Regensburg vorgerückt. Ausschlaggebend für diese Aufwertung waren allein strategische Überlegungen. Weil das frühere Kohortenkastell seine Aufgabe an dieser exponierten Stelle nicht erfüllt hatte und dem feindlichen Ansturm so rasch erlegen war, wurde nun ein wesentlich größeres Lager, ein Legionslager, errichtet. Nach eineinhalbjahrhundertjähriger Absenz wurde nämlich wieder eine Legion in der Provinz Raetia stationiert (*legio tertia Italica*) und nach kurzem Aufenthalt in Eining nach Regensburg verlegt. Dabei wird hier der militärische Standort nun direkt an die Donau und damit an die Reichsgrenze vorgeschoben. Dafür dürfte die Wasserstraße der Donau als Verkehrsweg und Grenzlinie ausschlaggebend gewesen sein. Das Lager wurde unmittelbar gegenüber der besonders gefährdeten Regenmündung an wegen der natürlichen Gegebenheiten an sich wenig günstiger Stelle errichtet. Seine Aufgabe war, das Einfallstor des Regentales abzuriegeln. Inwieweit diese Verstärkung der Position aber sogar auf eine neue Offensivkonzeption Marc Aurels schließen läßt, ist fraglich. Zusammen mit dem ähnlich ausgebauten Standort Linz konnte das Regensburger Legionslager Druck auf die Markomannen im böhmischen Kessel ausüben. Diese großen Stützpunkte wurden über ein enges System von kleineren Befestigungen (*burgi*) miteinander verbunden, so daß durchaus eine lineare Grenzsicherung erreicht wurde. Der *legatus*, der militärische und zivile Oberbefehlshaber der Provinz Raetien, scheint seinen Sitz aber im bisherigen Vorort Augsburg behalten zu haben. Welchen Namen der militärische Stützpunkt erhielt, wird aus den Quellen nicht klar. Die Bezeichnungen *Regino, Reginum* und *Castra Regina* sind erst in Staatshandbüchern der aus-

[8] Dietz u. a., Regensburg zur Römerzeit, S. 192–229; Pfeiffer – Rieckhoff-Pauli, Castra Regina, S. 97–102; Adolf Lippold, Regensburg 179 n. Chr. Die Gründung des Lagers der Legio III Italica, in: Albrecht (Hg.), Zwei Jahrtausende Regensburg, S. 21–35; Karlheinz Dietz, Die älteste Weihinschrift aus dem Regensburger Legionslager (BVgbll 49) 1984, S. 79–85; Schönberger, Truppenlager (wie Anm. 6), S. 489.

[9] Lothar Bakker, Augsburg in spätrömischer Zeit, in: Geschichte der Stadt Augsburg von der Römerzeit bis zur Gegenwart, hg. von Gunther Gottlieb u. a., Stuttgart [2]1985, S. 78–87.

gehenden Antike oder noch späteren Quellen belegt[10]. Da die klassischen Autoren den entlegenen Standort nicht erwähnen, wissen wir nicht, ob er einen oder welchen dieser Namen er auch schon in seiner Frühzeit trug. Es hat aber den Anschein, als sei *Castra Regina* die Bezeichnung für das militärische Lager gewesen, *Reginum/Regino* die Bezeichnung des Zivilbezirkes[11].
Über die politischen Umstände und Geschichte des Neubaues unterrichtet eine zum Großteil erhaltene Torinschrift, das einzigartige Dokument einer frühen Stadtgründungsurkunde[12]. Sie besagt, daß unter Kaiser Marc Aurel und seinem Sohn Commodus ein Lager mit Türmen und Toren durch die bisher in Eining stationierte italische Legion unter dem Kommandanten M. Helvius Clemens Dextrianus errichtet wurde. Diese Baumaßnahme wurde im Jahre 179 n. Chr. zum Abschluß gebracht. Demnach ist mit einem Beginn der Arbeiten im Verlauf der siebziger Jahre zu rechnen. Sie zogen sich so lange hin, weil ungünstige Geländevoraussetzungen besondere Schwierigkeiten bereiteten. Es wurde ein wenig vorteilhafter Standort im Osten des zerstörten alten *vicus* an der Donau gewählt, wo zunächst bestehende Niveauunterschiede ausgeglichen und die mit Altwässern durchsetzten Sumpfböden trockengelegt werden mußten.
Der Umfang des Legionslagers, das zunächst wiederum nur in Erde-Holz-Konstruktion aufgeführt und erst später gemauert wurde, zeichnet sich noch heute deutlich im Altstadtbild ab; es besteht eine gewisse bauliche Kontinuität seit der Lagergründung bis in unsere Gegenwart. Teile der Ummauerung haben sich erhalten, wobei nicht gesichert ist, wann sie zeitlich exakt anzusetzen sind. Sie sind vereinzelt obertägig sichtbar und zumindest auf drei Seiten archäologisch genau nachgewiesen. Lediglich der Verlauf der Westmauer kann bauhistorisch nicht so eindeutig gesichert werden, weil sie im 10. Jahrhundert abgetragen wurde; er ist durch andere Kriterien für die Flucht der Wahlenstraße doch sehr wahrscheinlich gemacht. Demnach hatte das Lager einen nicht ganz quadratischen Grundriß von 540 : 450 Meter. Der Umfang mißt knapp 2000 Meter. Der Flächeninhalt von 24,3 Hektar übertraf selbst das Kastell von Straßburg. Das Verhältnis würde sich geringfügig verschieben, wenn die Westmauer erst im Bereich der heutigen Bachgassen zu suchen wäre, wie vereinzelt angenommen wird. Die Mauer war aus gewaltigen Quadern aufgeführt, die in zwei Schichten hintereinander eine Breite von zwei bis drei Metern erreichten[13]. Die Höhe betrug acht Meter. Von der Bewehrung mit 18 Mauertürmen sind drei

[10] *Reginum:* MGH Poetae Latini IV/1, S. 33. *Regino:* Itineraria Antonini Augusti et Burdigalense, hg. von Otto Cuntz (Itineraria Romana 1) Leipzig 1929, S. 36 Nr. 250; Annalina und Mario Levi, Itineraria picta. Contributo allo studio della Tabula Peutingeriana, Rom 1967, S. 231, 243. *Castra Regina:* Notitia dignitatum XXXV, 17, hg. von Otto Seeck, Berlin 1876, S. 200. Vgl. Wolf-Armin Frhr. von Reitzenstein, Untersuchungen zur römischen Ortsnamengebung, Diss. München 1970, S. 8, 80; Reitzenstein, Lexikon, S. 308.

[11] Noch die Westnervorstadt des frühen Mittelalters scheint einen eigenen Namen geführt zu haben: *Regenunto* (MGH DD LD 66); vgl. Kap. III, Anm. 82.

[12] Heute im StMR; Druck: Dietz u.a., Regensburg zur Römerzeit, S. 387f.; Jules E. Bogaers, Regensburger Rätsel, in: Studien zu den Militärgrenzen Roms III. 13. Internationaler Limeskongreß Aalen 1983, Stuttgart 1986, S. 127–134. S. Abb. 1.

[13] Strobel, Stadtbefestigung; Paul Reinecke, Die Porta principalis dextra in Regensburg (Germania 36) 1958, S. 89–96. S. Abb. 2.

noch bekannt. Auch der Standort der Stadttore ist gesichert. Das Nordtor, die Porta praetoria, ist zum Teil noch obertägig erhalten. Castra Regina muß eine gewaltige Festung gewesen sein.
Weniger als über die Befestigung ist über die Binnenbebauung bekannt, die auf einem um 3 bis 5 Meter tieferen Niveau als heute zu suchen ist. Doch haben neuere Grabungen unter dem Niedermünster und in der Grasgasse zusammen mit Einzelbeobachtungen an anderen Stellen zumindest punktuelle Einblicke eröffnet. An der Nordost- und Südostecke konnten die Grundrisse der Legionärsunterkünfte aufgedeckt werden. In streng geometrischer Aufreihung nahmen die Mannschaftsbaracken den Raum unmittelbar an der Lagermauer ein. Im Bereich der Ostmauer wurde eine langgezogene *fabrica* aufgedeckt: eine Werkstätte zur Fertigung und Instandhaltung von Waffen sowie Geräten. Im Bereich der Alten Kapelle wurden bereits im 19. Jahrhundert die Thermen angeschnitten. Die Via principalis folgte dem Verlauf der Gesandtenstraße und Speicher-/Drei-Kronengasse, die Via decumana zeichnet sich ebenfalls in der Fröhliche-Türken-Straße bis heute im Stadtgrundriß ab. Diese beiden Straßenzüge, die Anschluß an das römische Fernstraßennetz in Raetien hatten – die Donausüduferstraße ist als *via iuxta amnem Danuvium* bezeugt[14] –, kreuzten sich im Bereich der *principia*, der Kommandantur, die wohl nur in der Lagermitte gesucht werden darf und sich ebenfalls im ungewöhnlichen Straßenverlauf im Stadtkern bis heute im Umriß erhalten hat[15]. An diesem Viertel hing im späteren Mittelalter die Bezeichnung Latron, die wohl an die römischen *principia* anknüpfte[16]. Weitere Einzelheiten sind kaum bekannt. Wir wissen nicht, wo das *forum*, wo die *scholae*, wo das Lagerheiligtum, das Amphitheater oder das Kasino gelegen waren. In Analogie zu anderen Lagern ist auch in Regensburg mit derartigen Funktionsgebäuden zu rechnen. Unbekannt ist weiterhin die exakte Lage des Hafens, der schon für die Römerzeit vorauszusetzen ist und im Raum zwischen Weißgerbergraben und Steinerner Brücke gelegen haben dürfte; er blieb bis ins frühe Mittelalter in Funktion. Dennoch haben sich bisher noch keine überzeugenden Anhaltspunkte für seine exakte Lokalisierung ergeben. Eine Töpferei wird außerhalb der Südmauer des Legionslagers angenommen.
Castra Regina war nach 179 n. Chr. ein militärischer Stützpunkt: eine Großkaserne, für die Aufenthalte des Kaisers Julian und vielleicht auch Valentinians I. angenommen werden. Die zugehörige Zivilsiedlung entwickelte sich im Westen und knüpfte damit an den dem Kumpfmühler Kastell vorgelagerten zweiten *vicus* an. Eine Kontinuität der Besiedlung ist aber nicht gegeben. Auch hier sind Handwerksbetriebe, Handelshäuser, Wirtschaftsgebäude, Gewerbestätten und Wirtshäuser nachgewiesen. Diese Zivilsiedlung, die einem inschriftlich bezeugten *aedilis* unterstand[17], erstreckte sich von der Westmauer bis in den Bereich des Arnulfs- und Bismarckplatzes und des Weißgerbergrabens; er wurde also durch die Altstraßen begrenzt. Es wird mit einer ähnlichen

[14] Dietz u. a., Regensburg zur Römerzeit, S. 41.
[15] Strobel, Beobachtungen in den principia von Castra Regina.
[16] Strobel-Sydow, Latron.
[17] Corpus Inscriptionum Latinarum III/2, S. 2328[52] Nr. 14370[10]; Vollmer, Inscriptiones Baivariae Romanae, S. 112 Nr. 361. Zum *vicus*: Dietz u. a., Regensburg zur Römerzeit, S. 230–247.

Anzahl von Zivilisten wie Soldaten gerechnet. Diese ausgedehnte Zivilsiedlung war aber nicht mehr als ein Anhängsel des Militärlagers. Regensburg wurde auch in der späteren Antike keine *civitas* im rechtlichen Sinne[18]. Der militärische Beamtentitel *aedilis* belegt die Unterstellung unter den Lagerkommandanten. Die mehrfach angenommene Erhebung zum *municipium* ist unwahrscheinlich, da der *vicus* wohl schon im dritten Jahrhundert seine Bedeutung einbüßte und spätestens nach dem Juthungeneinfall von 357 endgültig aufgegeben wurde. Dementsprechend ist auch wenig wahrscheinlich, daß hier bereits in der Spätantike ein kirchliches Zentrum in Form eines Bischofssitzes aufgebaut worden sein könnte[19]. Die in Quellen des 16. Jahrhunderts genannten spätantiken Bischöfe Lupus und Paulinus sind nicht verifizierbar. Jedenfalls spielt Castra Regina weder in der Vita Severini noch einer anderen Quelle des ausgehenden Altertums als kirchliches Zentrum eine Rolle[20]. Da der Standort nie den Rang einer *civitas* erlangte, hat es hier auch kein spätantikes Bistum gegeben. Entsprechend römischer Praxis wurden drei Friedhöfe entlang den Ausfallstraßen angelegt. Der größte dieser Begräbnisplätze wurde im Bahnhofsbereich ergraben und weist mehr als tausend Gräber auf, die vom ausgehenden zweiten bis zum siebten Jahrhundert mit einer gewissen Fundlücke im späten 5. und frühen 6. Jahrhundert belegt wurden[21]. Ob die spätere St. Georgs-Kirche als spätantike Friedhofskirche mit weiterer Vorgeschichte angesprochen werden darf[22], ist durch die archäologischen Untersuchungen der letzten Jahre sehr fraglich geworden. Die beiden anderen Begräbnisplätze lagen entlang der Augsburger und der Straubinger Straße.

4. Ein Kleinkastell zu Prüfening

Die Verlegung des militärischen Standortes an die Regenmündung machte eine entsprechende Sicherungsanlage für das Pettendorfer Tal und das Naabtal sowie den Donauübergang bei Prüfening erforderlich. Diese wurde erst 1977 entdeckt und 1978 ausgegraben[23]. Sie war in Großprüfening lokalisiert: ein kleines Kastell mit den Abmessungen 80 : 60 Meter, ausreichend für eine Besat-

[18] So Klaus Gamber, Die kirchlichen und politischen Verhältnisse in den oberen Donauprovinzen zur Zeit Severins (VHVO 122) 1982, S. 259–262; Gamber, Sarmannina, S. 125; Gauer, Castra Regina und Rom, S. 37; Vittinghoff, Legionslager (wie Anm. 1), S. 132. Zurückhaltend: Brühl, Palatium und Civitas II, S. 221.

[19] Vgl. Mayer, Tiburnia oder Regensburg und die ältesten Bischöfe in Bayern aus römischer und agilolfingischer Zeit; Heuwieser, Frühmittelalter, S. 140–150; Gamber, Ecclesia Reginensis, S. 10–18; Gamber, Sarmannina, S. 7–13.

[20] Kurt Reindel, Staat und Herrschaft in Raetien und Noricum im 5. und 6. Jahrhundert (VHVO 106) 1966, S. 23–41; Dietz u. a., Regensburg zur Römerzeit, S. 166; Brühl, Palatium und Civitas II, S. 232 f. S. Anm. 53.

[21] Schnurbein, Das römische Gräberfeld von Regensburg.

[22] So vor allem: Klaus Gamber, Zur Frühgeschichte der St. Emmeramskirche in Regensburg (VHVO 119) 1979, S. 225–235. Die archäologischen Befunde reichen nicht über den Anfang des 8. Jahrhunderts zurück. S. Anm. 54.

[23] Dietz u. a., Regensburg zur Römerzeit, S. 248–253; Pfeiffer – Rieckhoff-Pauli, Castra Regina, S. 96 f.; Osterhaus, Zur Vor- und Frühgeschichte Regensburgs (wie Anm. 2), S. 41; Fischer, Umland, S. 162–242 Nr. 12.

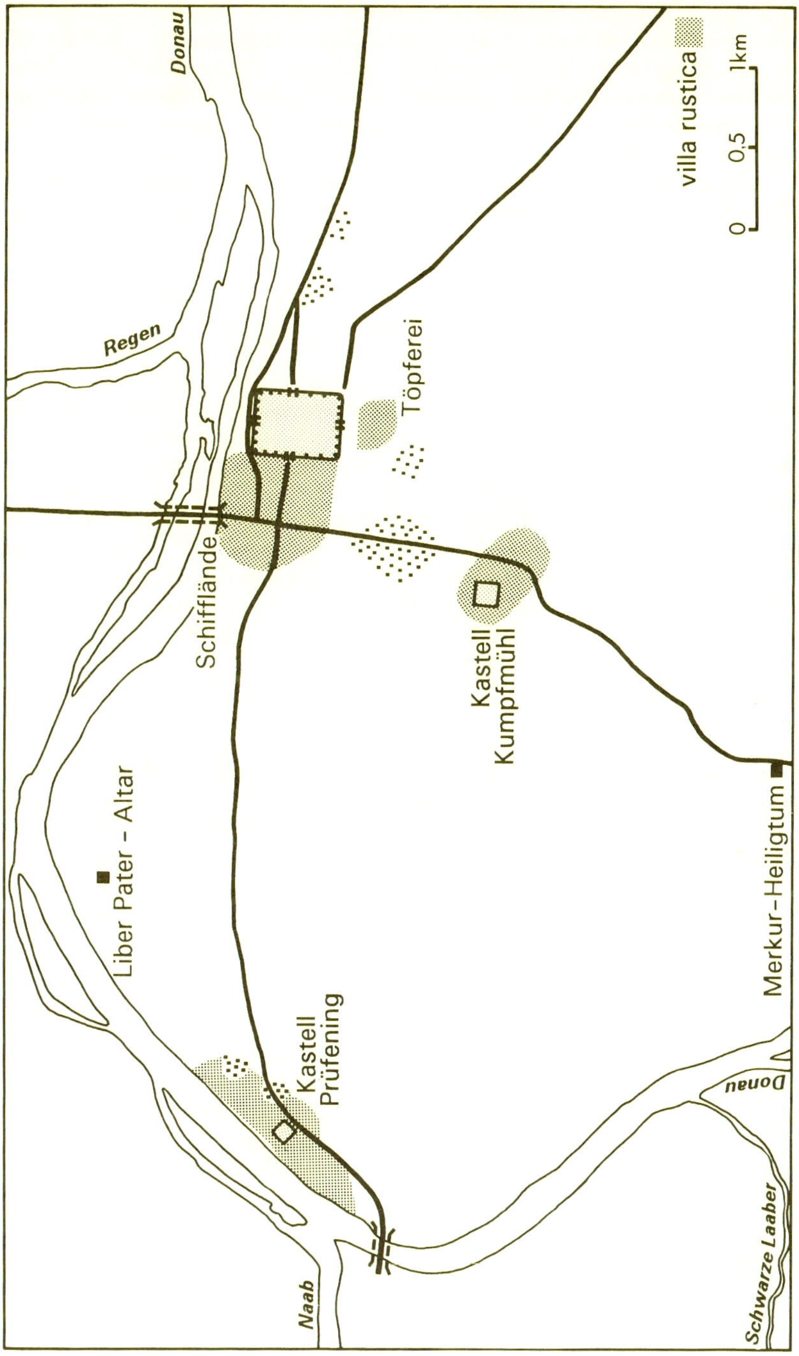

Skizze 4: Der Raum Regensburg in römischer Zeit

zung in der Stärke von rund hundert Mann. Auch hier können zwei Bauabschnitte unterschieden werden. Die ältesten Bebauungsspuren verweisen auf einen Baubeginn nicht lange nach der Errichtung des Legionslagers. Eine zweite Ausbauphase folgte später; sie ist aber vorerst noch nicht genau datierbar. Auch hier wurde eine kleine Festung mit Mauern in einer Höhe von 7 bis 8 Metern errichtet. In Prüfening kann ebenfalls ein *vicus* nachgewiesen werden. Hier sind Zivilbehausungen, Wirtschaftsgebäude und ein eigener Friedhof ergraben worden. Als Besonderheit haben sich die Überreste einer Brauerei erhalten.

5. Das Ende

Das Legionslager gegenüber der Regenmündung einschließlich der Zivilsiedlung hatte ebenso wie das Prüfeninger Kleinkastell etwa ein halbes Jahrhundert lang einen ungefährdeten Bestand. Nach 230 setzten dann aber die Germaneneinfälle ein, die bis zum Untergang des Imperium Romanum nicht mehr abreißen sollten. Ihre Abwehr wurde unter anderem von Regensburg aus organisiert. Deswegen war gerade dieser Stützpunkt eines der wichtigsten Angriffsziele der Germanen. Vom ersten der Alemanneneinfälle 233 n. Chr. war das Lager nicht oder höchstens wenig betroffen. Erste Zerstörungshorizonte lassen sich dann aber schon ins Jahr 244 datieren. Das gesamte Lager, Kastell wie Zivilsiedlung, wurde eingeäschert. Das gleiche Schicksal erlitt das Kleinkastell zu Prüfening, wo die datierbaren Münzreihen 243 abbrechen. Es wurde nicht mehr aufgebaut. Für das spätere dritte und das vierte Jahrhundert ist hier nur mehr mit einem kleinen Stützpunkt in Form eines *burgus* zu rechnen. Dagegen wurde das Legionslager wiederhergestellt. Doch sind die nächsten Zerstörungsspuren an den Mauern schon für die Zeit des Kaisers Probus 278/79 wahrscheinlich gemacht. Damals fiel wohl das gesamte Lager in die Hand der Feinde. Die Folge war eine erneute Verstärkung dieses wichtigen Stützpunktes nach der Rückeroberung. Unter Diokletian und Konstantin wurden die Zerstörungen nicht nur beseitigt, sondern die Festung noch mehr ausgebaut. Zugleich wurde die Verteidigung neu organisiert. Die Legion wurde in sechs Präfekturen aufgeteilt, von denen nur mehr rund tausend Mann einschließlich des militärischen Oberkommandos in der Festung Regensburg verblieben. Die übrigen Abteilungen wurden an anderen besonders gefährdeten Grenzabschnitten postiert[24]. Trotz dieser Dezentralisierung der Grenzverteidigung blieb Regensburg militärischer Vorort der Provinz. Ob nun auch die zivile Provinzleitung von Augsburg hierher transferiert wurde, ist nicht klar[25].

Nach der Verlegung beträchtlicher Truppenteile wurde nicht mehr der gesamte ummauerte Raum für militärische Zwecke benötigt. Es wurde oftmals die Frage gestellt, ob der militärische Bereich nun auf ein Binnenkastell verkleinert und das übrige Kastell-Areal der Zivilbevölkerung überlassen wurde, die unter dem Druck der Germaneneinfälle Vorstadt und Umland räumte[26]. Mit Sicherheit

[24] Notitia dignitatum XXXV, 17, hg. von Seeck (wie Anm. 10), S. 200.
[25] Bakker, Augsburg (wie Anm. 9), S. 78–87.
[26] Die Annahme eines Binnenkastells – mit viel Wahrscheinlichkeit – erstmals bei: Klebel, Regensburg, S. 88; vgl. Dietz u. a., Regensburg zur Römerzeit, S. 134f., 143; Udo Osterhaus, Neuere Grabungen im Römischen Regensburg (VHVO 115) 1975, S. 199. Zurückhaltend: Brühl, Palatium und Civitas II, S. 229f.

wurden Teile wiederaufgebaut; fraglich ist, ob das für den gesamten Lagerbereich gilt. In der Spätantike war jedenfalls das *praetorium* im Bereich des Alten Kornmarktes gelegen. Die Festung machte also einen Funktionswandel durch. Aus der Großkaserne wurde eine befestigte Siedlung mit militärischer Besatzung.

Freilich konnte der Stützpunkt auch nach dieser Neuorganisation nicht auf Dauer gegen die anstürmenden Germanen behauptet werden. Eine weitere vollständige Einnahme ist für die Jahre um 357 bezeugt. Sie dürfte von den Juthungen verursacht worden sein. Erneut scheint das Lager niedergebrannt worden zu sein. Abermals wurde es – allerdings nicht mehr ganz – wiederaufgebaut. Dennoch ist in der Notitia dignitatum um 400 Regensburg noch immer als Standort römischer Truppen bezeugt[27]. Freilich ging damals das Legionslager dem Ende entgegen. Der letzte Truppenteil wurde um 400 nach *Vallatum* (wohl Manching, Lk Ingolstadt) ausgelagert. Mit dem Beginn des fünften Jahrhunderts brechen auch hier die römischen Münzreihen ab[28]. Die letzte datierbare Münze gehört ins Jahr 408. Die Garnison wurde also damals oder bald danach offensichtlich von den Römern geräumt. Freilich wurde sie deswegen nicht aufgegeben. Vielmehr wurden nun Germanen zur Schließung der Lücken im Sicherungssystem herangezogen. Die Donaulinie wurde als Grenze bis in die Mitte des 5. Jahrhunderts aufrecht erhalten. Irgendwann ging die Festung dann ohne großen Bruch gänzlich in die Hände von Germanen über. Ob sie im fünften Jahrhundert vom Alemannenkönig Gibuld oder den Thüringern beherrscht wurde, bleibt ungewiß.

6. Das Umland

Der wichtige militärische Stützpunkt Castra Regina konzentrierte also in den ersten nachchristlichen Jahrhunderten eine beträchtliche Anzahl von Menschen im Donaubogen, Soldaten wie Zivilbevölkerung. Deren Versorgung wurde zum einen durch einen ausgedehnten und regen Fernhandel gewährleistet. Ob daran auch bereits Juden beteiligt waren, muß fraglich bleiben[29]. Er wurde vor allem von Romanen getragen. Die agrarische Nahversorgung oblag Gutshöfen (*villae rusticae*) in der nächsten Umgebung der Stadt. Sie hatten das Getreide, Fleisch und Gemüse zu produzieren, das die Bevölkerung benötigte. Derartige *villae rusticae* sind im näheren Umkreis des Stadtareals nachgewiesen in Burgweinting[30], Barbing, Oberisling, Prüfening, im Bereich des Dörnbergparks

[27] Notitia dignitatum XXXV, 17, hg. von Seeck (wie Anm. 10), S. 200. Zu den Zerstörungen um 357: Hans-Jörg Kellner, Ein Fund spätrömischer Münzen in Regensburg (Germania 36) 1958, S. 96–103.

[28] Die Fundmünzen der römischen Zeit in Deutschland I/3: Oberpfalz, bearb. von Hans-Jörg Kellner und Mechthild Overbeck, Berlin 1978, S. 50–217 mit der ungewöhnlichen Belegdichte von 3060 Münzen.

[29] Schmetzer, Judenstadt, S. 33 f.; Gamber, Sarmannina, S. 7 f. S. S. 169 f.

[30] Dietz u.a., Regensburg zur Römerzeit, S. 259–264; Paul Reinecke, Burgweinting unweit Regensburg. Villa rustica (Römisch-Germanisches Korrespondenzblatt 9) 1916, S. 54–57; Fischer, Römer und Bajuwaren, S. 16f.; Fischer, Das Umland des römischen Regensburg, S. 138–155 Nr. 4.; Spindler (Hg.), Bayerischer Geschichtsatlas, Karte 6 b (Friedrich Wagner).

und der Straubinger Straße. Das waren aber nur die der Stadt nächstgelegenen Betriebe. Bis zu hundert derartiger *villae rusticae* sind in der südlichen und südöstlichen Umgebung vorauszusetzen; ein Schwerpunkt zeichnet sich bei Mintraching ab. Sie sind überwiegend in die Jahrzehnte zwischen 180 und 260 zu datieren und mehr als in der Donauebene im südlich anschließenden Hügelland anzutreffen. Mit dem Einsetzen der Germaneneinfälle ging ihre Anzahl deutlich zurück. Nur ein Zehntel des ursprünglichen Bestandes reicht noch ins vierte Jahrhundert hinein. In dieser Spätzeit waren nur mehr die *villae* an den Fernstraßen in Betrieb. Doch setzte der verheerende Juthungeneinfall von 357 auch dieser Bewirtschaftungsform ein Ende. In der Folgezeit wurde das flache Land gänzlich aufgegeben. Von nun an wurden nur noch die dem Lager nahegelegenen Versorgungsgüter von dort aus bearbeitet. Seitdem konzentrierte sich die Siedlungsaktivität gänzlich auf die Festungsstadt Regensburg. Ein Heilbad der in Raetien stationierten Soldaten befand sich in Bad Gögging mit seinen Schwefelquellen. Es wurde vor allem von den Angehörigen der in unmittelbarer Nähe liegenden 3. Italischen Legion genützt. Eine Ziegelei der Legion wird im benachbarten Abbach vermutet. Auf das Lager hin war also ein weites Umland ausgerichtet. Dessen Anbindung wird auch durch den Nachweis von Heiligtümern an den Ausfallstraßen (Merkur-Heiligtum auf dem Ziegetsberg, *Liber Pater* – Altar im Raum Prüfening bei der Überfuhr nach Winzer) belegt. Allem Anschein nach war dem Römerlager ein geschlossener Landgürtel im Süden zugeordnet, der von der Donau bis hinauf auf den Kamm der Hügelkette von Königswiesen bis Barbing reichte. Er bildete das sogenannte *territorium legionis*, mit dem in Analogie zu anderen vergleichbaren Standorten auch hier zu rechnen ist, obwohl es sich nicht zwingend aus den Quellen ergibt[31]. Es dürfte dem *aedilis* unterstanden haben. Daß sich dieses *territorium legionis* auch auf einen Uferstreifen nördlich der Donau erstreckte, ist ebenfalls nicht mit schriftlichen Quellen zu belegen und wird deswegen in Abrede gestellt[32]. Da der römische Weinbau aber hier überlebt hat, muß zumindest auch der Uferstreifen von Winzer zum Einflußbereich, wenn auch nicht zum eigentlichen Siedlungs- und Herrschaftsraum der Römer gehört haben. In diese Richtung weisen weiterhin die Ortsnamen Kareth, Sallern, Weichs und Schwabelweis, hinter denen eine römische Wurzel vermutet wird[33]. In diesem Bereich muß also die Donau von den Römern überschritten worden sein. Darauf deuten auch vereinzelte römische Streufunde nördlich des Stromes[34]. Die Donau war zumindest in friedlichen Zeiten keine starre Grenze des Imperium Romanum. Herrschaftsgrenze und Zivilisationsgrenze deckten sich nicht gänzlich.

[31] P. Schmid, Regensburg, S. 95f.

[32] Lippold, Regensburg 179 n. Chr. (wie Anm. 8), S. 31; Fischer, Das Umland des römischen Regensburg, S. 16.

[33] Schwarz, Sprache und Siedlung, S. 49–52.

[34] H. Thomas Fischer, Zur Chronologie der römischen Fundstellen um Regensburg (BVgbll 46) 1981, S. 63–104; H. Thomas Fischer, Archäologische Funde der römischen Kaiserzeit und der Völkerwanderungszeit aus der Oberpfalz (nördlich der Donau) (VHVO 121) 1981, S. 349–388.

7. Aspekte der Kontinuität

Zusammen mit Salzburg, Augsburg und Passau ist Regensburg sicherlich der Ort im alten Bayern, der am meisten zur Kontinuitätsfrage aussagen kann[35]. Freilich ist die Diskussion auch hier noch voll im Gang und von einem endgültigen Ergebnis weit entfernt. Bis heute ist die Kontinuität von der Antike zum Mittelalter hier nicht wirklich bewiesen. Das Bild des nahezu ungebrochenen Überganges vom Altertum ins Mittelalter, das Max Heuwieser vor einem halben Jahrhundert gezeichnet[36] und das sich bis in die Gegenwart behauptet hat, ist fragwürdig geworden und durch eine wesentlich stärker differenzierende Betrachtungsweise zu ersetzen.

Als deutlichstes Indiz für den zumindest teilweise unversehrten Übergang des Lagers Castra Regina an die Bajuwaren gilt die vielerörterte Schilderung Arbeos von Freising in seiner Emmeram-Vita, in der er die Stadt als aus behauenen Steinen erbaut schildert, zudem von gewaltigen Türmen und zahlreichen Brunnen berichtet, die diese Festung kennzeichneten. Das heißt, daß neben einer funktionsfähigen Binnenbebauung vor allem die antike Ummauerung noch zur Zeit Arbeos – um 770 – ihr bestimmendes Merkmal war und nicht untergegangen sein kann. Die Schilderung Arbeos legt eine beeindruckende bauliche Kontinuität vor allem bezüglich der Ummauerung nahe[37]. Diese war auch Voraussetzung für die Bildung der deutschen Ortsbezeichnung Regens*burg*. Sie bezieht sich auf die befestigte Position an der Stelle der Regenmündung, wobei allerdings auf das spätantike Toponym *Castra Regina* zurückgegriffen wurde. Es besteht eine begrenzte Namenkontinuität. Der Stadtname Augsburgs stellt eine Parallelbildung dar. Das römische Militärlager hat die Grundlage der mittelalterlichen Stadt Regensburg abgegeben, auch wenn die römerzeitliche Binnenbebauung zum Großteil verschwunden ist. Der *vicus*-Bereich verödete, wie vor allem das Toponym Haidplatz deutlich macht.

Die entscheidende Untersuchungsebene ist angesichts der Dürftigkeit der schriftlichen Quellen aber die der Archäologie. Doch mangelt es auch in Regensburg an ausgedehnteren Flächengrabungen. Es konnten nur punktuelle Untersuchungen durchgeführt werden, deren Ergebnisse sich noch nicht zu einem geschlossenen Bild abrunden. Die ergiebigsten Grabungen wurden in den Jahren 1964 bis 1968 unter dem Niedermünster in der Nordostecke des Römerlagers angestellt[38]. Sie haben gezeigt, daß der Raum, auf dem die Mannschaftsbaracken plaziert waren, auch nach dem Abzug der Römer im fünften

[35] Prinz, Frühes Mönchtum, S. 332f., 336, 380f., 440; Friedrich Prinz, Salzburg zwischen Antike und Mittelalter (Frühmittelalterliche Studien 5) 1971, S. 10–36; Friedrich Prinz, Fragen der Kontinuität zwischen Antike und Mittelalter am Beispiel Bayerns (ZBLG 37) 1974, S. 699–727; Friedrich Prinz, Bayern, Salzburg und die Frage der Kontinuität zwischen Antike und Mittelalter (Mitteilungen der Gesellschaft für Salzburger Landeskunde 115) 1975, S. 19–50.

[36] Heuwieser, Entwicklung der Stadt Regensburg im Frühmittelalter (Kritik vor allem durch Gauer in den im Literaturverzeichnis genannten Arbeiten).

[37] Arbeo von Freising, Vita Haimhrammi, hg. von Krusch, S. 32f., 35f., 92f.; vgl. Kraus, Civitas Regia, S. 7f.

[38] Schwarz, Niedermünster; Klaus Schwarz, Regensburg während des ersten Jahrtausends im Spiegel der Ausgrabungen im Niedermünster (Jahresbericht der bayerischen Bodendenkmalpflege 13/14) 1972/73 (ersch. 1977), S. 20–98.

Jahrhundert instand gehalten und unter vereinfachten Umständen weiterbenutzt wurde, zunächst von als Föderaten angesiedelten germanischen Soldaten, dann aber von germanischer Zivilbevölkerung. Doch bricht diese Benutzung nach einem Jahrhundert ab. Um 500 wurden die Baracken abgetragen; das Gelände wurde planiert. Für ein bis zwei Jahrhunderte überzog eine Humusdecke den Untersuchungsbereich. Er war kein Ruinenfeld, sondern planvoll eingeebnetes Gelände. Im sechsten und siebten Jahrhundert fehlt jede Bebauungsspur, ohne daß daraus aber auf einen Bruch in der Siedlungskontinuität der ganzen Stadt geschlossen werden dürfte. Die gleiche Beobachtung ist bereits in den zwanziger Jahren bei Grabungen im angrenzenden Dombereich gemacht worden[39]. Die Bautätigkeit setzte unter dem Niedermünster wieder um 700 ein, als die erste Kirche am Ort errichtet wurde. Von einer baulichen Kontinuität kann in diesem Raum also nicht gesprochen werden. Wohl aber haben sich deutliche Indizien für eine Siedlungskontinuität ergeben, die durch germanische Föderaten im römischen Heer gewährleistet wurde. Dieser Befund ist vergleichbar den Ergebnissen der Auswertung der Gräber im großen Friedhof. Er wurde auch nach dem Abzug der Römer weiterbenutzt. Die letzten Beigaben gehören ins siebte Jahrhundert. Es fehlt aber für das sechste Jahrhundert eindeutig datierbares Beigabenmaterial. Trotz der Kontinuität zeichnet sich auch hier um 500 ein gewisser Einschnitt ab[40]. Doch ist durch andere kleinere Gräberfelder eine Belegung der Stadt auch für das 6. und 7. Jahrhundert gesichert, etwa am Kohlenmarkt.

Ein anderes Ergebnis haben die jüngeren Untersuchungen in der Grasgasse erbracht, also an der Südmauer[41]. Auch hier haben sich als älteste Bebauungsspuren die Kasernenbauten des zweiten Jahrhunderts für die Centurionen erwiesen. Doch werden diese bis ins siebte Jahrhundert hinein, seit 300 von Zivilisten, ab 400 auch germanischer Herkunft, ständig weiterbenutzt. Sie wurden durch Reparaturen kontinuierlich instand gehalten. Am Fundmaterial läßt sich deutlich zeigen, wie auf die Römer Germanen gefolgt sind. Dabei haben offensichtlich Angehörige beider Völker zumindest vorübergehend geradezu in Symbiose gelebt. Es wurde Töpfermaterial ergraben, das von einem römischen oder zumindest römisch ausgebildeten Handwerker hergestellt wurde, aber nach den Wünschen germanischer Kunden. Hier ist der Übergang des Untersuchungsbereiches ins frühe Mittelalter offensichtlich ohne tieferen Bruch vor sich gegangen. Mit dem Beginn des 8. Jahrhunderts endet hier das Leben in den römischen Ruinen und mündet in den Friedhof.

Die beiden Grabungen unter dem Niedermünster und in der Grasgasse zeigen somit die gegensätzliche Entwicklung, die die einzelnen Lagerbereiche genommen haben. Es ergaben sich nirgends umfassende Zerstörungshorizonte, so daß die gewaltsame Einnahme oder gar Vernichtung des Stützpunktes durch die Germanen ausgeschlossen werden kann. Nach dem Rückzug der Römer ist vielmehr mit einer von diesen gebilligten germanischen Landnahme zu rechnen, die ausgehend von einer Durchdringung des Raumes nördlich der Donau

[39] Zahn, Dom, S. 9–21; Karl Zahn, Die Ausgrabung des romanischen Domes in Regensburg, München 1931, S. 81 f.
[40] Schnurbein, Das römische Gräberfeld von Regensburg, S. 125.
[41] Fischer – Rieckhoff-Pauli, Von den Römern zu den Bajuwaren.

schließlich auch auf das Militärlager übergegriffen hat. Doch hat sich im fünften und sechsten Jahrhundert die Nutzung zumindest einzelner Abschnitte des Lagerareals geändert. Es muß Aufgabe weiterer Grabungen bleiben, dieses Bild im einzelnen zu konkretisieren. Es wird jedenfalls durch den Blick auf den heutigen Stadtgrundriß bestätigt. Denn bestimmende Eigenheiten des Römerlagers wurden nicht nur ins Mittelalter, sondern durchaus in unsere Gegenwart gerettet. Das römische System der sich kreuzförmig schneidenden Hauptstraßen zeichnet sich trotz einzelner Verwerfungen bis heute ab. Am deutlichsten folgt die Fröhliche-Türken-Straße der antiken *Via decumana*. Sie münden in die Lagerkommandantur *(principia)*, die ebenfalls noch heute in der Straßenführung im Herzen der Altstadt deutlich zu erkennen ist[42]. Auch drei der vier Stadttore sind an wichtigen römerzeitlichen Straßenzügen noch in unserer Gegenwart zu lokalisieren. Lediglich der spätere Dombereich hat zu tiefen Eingriffen vor dem Nordtor *(porta praetoria)* geführt. In der Bebauung der einzelnen, durch diese noch heute erkennbaren Hauptstraßen gebildeten Viertel ist der Bezug zu den antiken Anfängen dann aber gänzlich verlorengegangen. Hier zeichnet sich das Bild einer in Jahrhunderten organisch, aber letztlich planlos gewachsenen Stadt ab. Abbrüche römerzeitlicher Bauten zum Zwecke mittelalterlicher Baumaßnahmen sind archäologisch nachgewiesen. Der mittelalterliche Baubestand folgt also nur zum Teil der antiken Bebauung. Eine innerurbane Kontinuität ist höchstens in bezug auf das Grundsystem der Straßen gegeben. Die Archäologie sichert somit eine nie gänzlich abgerissene Bebauung, die aber im einzelnen unter veränderten Bedingungen ihre eigenen Wege ging; sie macht eine nur teilweise, dünne Kontinuität deutlich. Zumindest über Teilen des ummauerten Areals liegt zwischen Antike und Mittelalter aber ein Verödungshorizont, der unterschiedlich lange andauerte.

Die Kontinuitätsfrage ist zum dritten von der Seite der Namenkunde her zu untersuchen[43]. Hier ergibt sich ein in etwa ähnliches Bild. Bei der Untersuchung der Toponyme zeichnet sich ein deutlicher Einschnitt am Ausgang der Antike ab. Die meisten Ortsnamen und topographischen Bezeichnungen des Raumes sind eindeutig germanischer Herkunft; das gilt selbst für den Straßennamen *Am Römling*. Doch begegnen in der Vielzahl germanisch-deutscher Bezeichnungen einzelne Ortsnamen, die mit Sicherheit eine römische Wurzel haben. Das bekannteste Beispiel dafür ist der Ortsname Winzer, der aus lat. *ad vinitores* abzuleiten ist[44]. Entsprechendes wird für die Vororte Weichs und

[42] Strobel, Principia; Strobel-Sydow, Latron. Deswegen bezweifle ich sehr, ob der Verlauf der heutigen Schwarze-Bären-Straße einem frühmittelalterlichen Trampelpfad folgte, der die Ruinen im Stadtzentrum umging (so Stoob, Regensburg; Gauer, Stadtkernforschung, S. 164). Von großflächiger und langandauernder Verödung großer Teile des Stadtgebietes geht auch Pitz, Städtewesen, S. 196–198 aus. Vgl. Gustav Kreuzer, Der Altstadtkern von Regensburg – Seine historisch-geographische Entwicklung, in: Topographischer Atlas Bayern (wie Kap. I, Anm. 1), S. 178 f. mit Karte 84.

[43] Schwarz, Die bairische Landnahme um Regensburg im Spiegel der Völker- und Ortsnamen; Schwarz, Die namenkundlichen Grundlagen der Siedlungsgeschichte des Landkreises Regensburg; Schwarz, Sprache und Siedlung; Robert Schuh, Die Besiedlung der Oberpfalz im Spiegel der Ortsnamen, in: Gustl Lang, Leben für die Heimat, hg. von Konrad Ackermann und Georg Girisch, Weiden 1989, S. 158–184.

[44] Ernst Schwarz, Winzer und der römische Weinbau (Altbayerische Heimat 2) 1949, Nr. 8; Schwarz, Landkreis Regensburg, S. 32; Schwarz, Sprache und Siedlung, S. 49 f.;

Schwabelweis erwogen, deren Namen mit lat. *vicus* in Verbindung gebracht werden. Auch für Sallern und Kareth wird eine vorgermanische Wurzel angenommen. Nicht sofort ist die römische Herkunft in den falschen *-ing*-Orten Prüfening und Barbing zu erkennen. Ersterem liegt der romanische Personenname eines dortigen Grundbesitzers *Probinus* zugrunde, letzterem der des *Barbus*[45]. Auch für (Ober-/Nieder-) Traubling, Massing und Kiefenholz werden derartige römisch-germanische Mischnamen angenommen. Doch ist in diesem Zusammenhang auch auf den Namen der Stadt selber im frühen Mittelalter zu verweisen. Sie erscheint zum einen bei Arbeo von Freising als *Ratispona*[46]. Diese keltische Bezeichnung hat – vielleicht auf dem Umweg als Bezeichnung des Kumpfmühler Kohortenkastells – die römische Epoche überdauert. Häufiger wird die Stadt in dieser Frühzeit als Regensburg bezeichnet. Es handelt sich hier nicht um einen neugebildeten Mündungsnamen, sondern die deutsche Übersetzung der römischen Bezeichnung Castra Regina. Vielleicht deuten diese beiden Namen auf eine romanische und eine germanische Trägerschicht hin, die auch durch Bodenfunde nahegelegt werden. Die Namenskontinuität setzt in jedem Falle eine gewisse Bevölkerungskontinuität voraus, die zudem durch die Gewässernamen belegt ist. Das Flußsystem (Donau[47], Naab, Regen, Laaber[48]) hat auch in diesem Raum eine durchwegs vorbayerische, ja vorrömische Benennung und diese kann nur von einer kontinuierlich hier wohnenden, wenn auch noch so dünnen Bevölkerung überliefert worden sein. Im Raume Regensburg treten Ortsbezeichnungen romanischer Wurzel in bemerkenswerter Dichte auf, die größer als im bayerischen Umland ist. Das deutet auf eine größere Konzentration zurückgebliebener Romanen an diesem Zentralort als im bäuerlichen Umland dieser Grenzzone hin.

Ein ähnliches Bild ergibt der Blick auf den überlieferten Bestand an Personennamen. Vor allem im ältesten urkundlichen Material findet sich eine Reihe von Namen mit römischer Wurzel. Die Regensburger Traditionen belegen bis ins neunte Jahrhundert einen Gregorius, Justus, Dignus, Maurentius, Dominicus, Vitalis, Christan oder Salvantus[49]. Die Salzburger und Freisinger Quellen nennen im Personal des Herzogs Odilo einen Vitalis, Ursus und Fater, die in den Umkreis der herzoglichen Pfalz gehören[50]. Bei Arbeo von Freising ist ein Vitalis bezeugt, der bei der Georgskirche als *interpres* gelebt habe[51]. Insgesamt gesehen ist die Belegdichte der römischen Personennamen gering, viel geringer als in den Freisinger Traditionen oder im Salzburger Raum. Doch ist das für den

P. Schmid, Regensburg, S. 88, 95 f. Zu einem in der Auswertung problematischen römischen Schatzfund in Winzer: Die Fundmünzen der römischen Zeit in Deutschland I/3: Oberpfalz (wie Anm. 28), S. 214 f. Nr. 3087.

45 Reitzenstein, Lexikon, S. 56.

46 Arbeo von Freising, Vita Haimhrammi, hg. von Krusch, S. 32 f., 35 f.; vgl. Hable, Regensburg, S. 14 f.; Reitzenstein, Lexikon, S. 308 f.

47 Lutz Reichardt, Donau (Blätter für oberdeutsche Namenforschung 22) 1985, S. 33–39.

48 Vgl. William H. Snyder, Die rechten Nebenflüsse der Donau von der Quelle bis zur Einmündung des Inn (Hydronymia Germaniae A 3) Wiesbaden 1964.

49 Widemann, Traditionen, Nr. 3, 10, 19, 23, 25, 26, 28, 60, 72, 79, 96.

50 Hauthaler, Salzburger Urkundenbuch I, S. 15, 16, 22, 27–29; Bitterauf (Hg.), Freisinger Traditionen I, S. 65, Nr. 37. S. Kap. III, Anm. 38.

51 Arbeo von Freising, Vita Haimhrammi, hg. von Krusch, S. 31, 53–57.

Grenzraum im Donaubogen keinesfalls ungewöhnlich. Dabei ist zu bedenken, daß nicht von jedem romanischen Namen auf einen zurückgebliebenen Romanen geschlossen werden darf; bekanntlich haben sich auch Germanen romanische Namen zugelegt. Zudem ist angesichts der wesentlich jüngeren Zeugnisse damit zu rechnen, daß es sich nicht um Nachkommen zurückgebliebener, sondern um im Laufe des frühen Mittelalters neu zugewanderte Romanen handeln kann, die gerade für das politische und wirtschaftliche Zentrum Regensburg vorauszusetzen sind. Zu dieser Warnung gibt vor allem die erst um das Jahr 1150 bezeugte älteste Straßenbezeichnung in Deutschland Anlaß: die Straße *inter Latinos*, die Walchenstraße[52]. In ihr wohnten wohl ziemlich geschlossen die erst im Hohen Mittelalter in das Handelszentrum Regensburg zugewanderten Italiener. Auch der überlieferte Bestand an Personennamen legt also eine gewisse Kontinuität nahe, die aber nicht überschätzt werden darf.
Zum vierten ist der Bereich der kulturellen Kontinuität zu betrachten. Zweifellos liegen die Anfänge einer Christengemeinde zu Regensburg in der Spätantike und sie bestand ins Mittelalter hinein weiter. Schon für das sechste Jahrhundert liegen wieder eindeutige und gewichtige Zeugnisse vor. Es besteht also eine gewisse religiöse Kontinuität, die sich aber keinesfalls auf kirchliche Organisationsformen erstreckt. Das Bistum Regensburg hat mit Sicherheit keine antike Wurzel. Die Bischofsliste setzt nicht bereits um 400 ein; alle diesbezüglichen Behauptungen sind Spekulationen[53]. In gleicher Weise ist es nicht zulässig, das Emmeramskloster allein wegen patrozinienkundlicher Schlüsse aus einer spätantiken Friedhofskirche erwachsen zu lassen. Tatsache ist, daß der Erstbeleg der Georgskirche erst bei Arbeo von Freising um 770 liegt. Alle weitergehenden Kombinationen sind gleichermaßen Spekulationen, die durch keine Baubefunde gesichert werden können[54]. Die Archäologie konstatiert statt dessen auch hier eine Fundlücke zwischen Spätantike und der klösterlichen Zeit. Die Bebauungsspuren sind nicht über den Beginn des 8. Jahrhunderts zurückzuverfolgen. Entsprechendes gilt für die italienischen Patrozinien St. Zeno und St. Kassian. Sie sind erst für das Mittelalter belegt und wohl im Zusammenhang mit der vorbonifatianischen Kirchenorganisation nach Bayern gekommen. Wenn für sie antiker Ursprung behauptet werden soll, muß dieser noch überzeugender bewiesen werden[55]. Neben der religiösen Kontinuität ist die rechtliche Kontinuität in die Betrachtung einzubeziehen. Sie ist besonders deutlich greifbar an einem Rechtsbezirk, der im späten Mittelalter als *Latron* erscheint

[52] Widemann, Traditionen, Nr. 849, 944, 973, 1046.
[53] So vor allem Gamber, Ecclesia Reginensis, S. 10–18, 49–59; Gamber, Sarmannina, S. 7–13; auch Rudolf Reiser, Agilolf oder die Herkunft der Bayern, München 1977, S. 26f. Vgl. Dietz u. a., Regensburg zur Römerzeit, S. 376f.; Hausberger, Bistum Regensburg I, S. 17–20. S. Anm. 20.
[54] Gamber, Sarmannina, S. 38–57. Die Quellen: Piendl, Quellen und Forschungen, S. 9f. Nr. 1; vgl. Franz Schwäbl, Die vorkarolingische Basilika St. Emmeram in Regensburg und ihre baulichen Änderungen im ersten Jahrtausend ihres Bestandes 740–1200, Regensburg 1919; Franz Schwäbl, Neue Fragen zur frühen Baugeschichte der Emmeramskirche in Regensburg (VHVO 93) 1952, S. 65–88; Prinz, Frühes Mönchtum, S. 380–385. S. Anm. 22.
[55] Vgl. Gamber, Ecclesia Reginensis, S. 92–113; Prinz, Frühes Mönchtum, S. 340f.

und als Regierungsviertel an die antiken *principia* anknüpft[56]. Stadtherr in der Stadt einschließlich des umgebenden *territorium legionis* ist in der Nachfolge des antiken Lagerkommandanten der bayerische Herzog. Er ist Besitz- und Rechtsnachfolger im römischen Fiskalland. Auch diese Rechtsverhältnisse müssen demnach den Einschnitt des Abzuges der Römer überstanden haben. Das hat erstmals Hans Dachs für eine Reihe von Kastellen entlang der Donau nachgewiesen[57]. Teile des späteren Herzogsgutes – nicht das gesamte – stammen aus römischem Staatsland. Die Fiskalsukzession ist in ihrer Erstreckung sicherlich umstritten, für den Raum Regensburg aber insgesamt so evident, daß ihn Dachs gar nicht eigens untersucht hat.
Ein ähnliches Bild ergibt der Blick in die Agrarverfassung. Die von Gertrud Diepolder im Münchner Raum angestellten Untersuchungen über Flurformen und -größen lassen sich auch auf den Regensburger Bereich übertragen[58]. Von römerzeitlichen Flurmaßen bestimmt scheinen in ähnlicher Weise die Fluren von Burgweinting, Steinweg und Weichs. Daraus hat bereits Diepolder mit viel Wahrscheinlichkeit gefolgert, daß zurückgebliebene Romanen hier den römischen Fuß weitertradiert haben müssen[59]. Diese Erkenntnis bleibt anhand detaillierter Katasteruntersuchungen noch zu untermauern. Von den Flurformen führt eine direkte Verbindungslinie zu den auf diesen Fluren angebauten Produkten. Bereits mehrfach wurde auf die Tradition des bis in die Gegenwart bestehenden Weinbaues am Nordufer der Donau verwiesen, der eine römerzeitliche Grundlegung haben muß; auch er bezeugt eine Kulturkontinuität über den Rückzug der Römer hinweg[60]. Entsprechendes gilt vielleicht für die Rettichkulturen zu Weichs, deren Bezeichnung von lat. *radix* abzuleiten ist.
Zusammenfassend läßt sich zum Problem der Kontinuität sagen, daß sich im Donauraum um Regensburg nicht der tiefe Bruch abzeichnet, den vor allem die ältere Forschung für die Zeit des Übergangs von der Antike zum Mittelalter behauptet und den neuerdings Wilhelm Gauer wieder sehr betont hat. Im Donaubogen ist mit einer gewissen Kontinuität zu rechnen. Diese ist insgesamt gesehen dünn, was für den Grenzraum nicht überraschen darf. Sie ist in den einzelnen Untersuchungsbereichen unterschiedlich anzusetzen. Entscheidend aber war, daß die Ummauerung der antiken Festung erhalten blieb. Die Stadtmauer sollte nämlich die wichtigste Prämisse für die Entwicklung der Stadt in der Folgezeit werden.

[56] Strobel-Sydow, Latron. S. Anm. 16; Kap. III, Anm. 376–381.
[57] Hans Dachs, Römerkastelle und frühmittelalterliches Herzogs- und Königsgut an der Donau, in: Aus Bayerns Frühzeit. Friedrich Wagner zum 75. Geburtstag, hg. von Joachim Werner, München 1962, S. 293–320; wieder in: Bosl (Hg.), Zur Geschichte der Bayern, S. 44–106.
[58] Gertrud Diepolder, Ortsgeschichtliche, siedlungs- und flurgenetische Beobachtungen im Raum Aschheim, in: Aschheim im frühen Mittelalter II, hg. von Hermann Dannheimer, München 1988, S. 159–223.
[59] Diepolder, S. 210.
[60] S. Anm. 44. Wilhelm Volkert, Der frühmittelalterliche Weinbau in Altbayern (Die Oberpfalz 55) 1967, S. 169–175.

III. Metropolis ac sedes ducatus

1. Die Agilolfingerzeit

a) Regensburg und die Bajuwarenfrage

Am Anfang der bayerischen Geschichte steht eines ihrer größten Rätsel: die Frage nach der Herkunft der Bajuwaren. Sie ist seit Jahrhunderten eines der Grundprobleme der bayerischen Landesgeschichte, ohne daß sie zu einem allgemein anerkannten Ergebnis vorgestoßen wäre. Gerade in jüngster Zeit wird die Frage in engstem Zusammenhang mit Regensburg erörtert. Deswegen ist sie auch hier mitzubehandeln. Die heute maßgebliche Theorie geht nicht mehr von der Einwanderung eines geschlossenen Stammes in ein von den Römern vollständig geräumtes Land aus, sondern betrachtet die Bajuwaren als völkisches Konglomerat, das aus Splittern unterschiedlicher ethnischer Provenienz, die seit dem Ende des vierten Jahrhunderts im keineswegs menschen-, aber herrschaftsleeren Raum der Provinz Raetien seßhaft geworden sind, allmählich zusammengewachsen ist. Zu diesen sehr heterogenen Elementen sei die zahlenmäßig nicht zu überschätzende Gruppe der *Bajuvarii* gestoßen, die schließlich dem Land dann offensichtlich seinen Namen gegeben hat, weil sie es verstand, die Vorbevölkerung ihrer Herrschaft zu unterwerfen. *Bajuvarii* ist ein Herkunftsname, der dieser herrschaftsbildenden Schicht von der im Land ansässigen Bevölkerung und außenstehenden Betrachtern gegeben wurde: Männer aus dem Lande *Baja*. Und dieses Land wird mit *Boiohaemum* = Böhmen gleichgesetzt. Die Bajuwaren sind nach heute gültiger Ansicht ein römisch-germanisches Mischvolk mit einem bestimmenden Element aus Böhmen [1].

Diese Theorie wird neuerdings von archäologischer Seite vor allem mit Beobachtungen aus dem Umland von Regensburg untermauert. Daß auch in diesem Raum mit einem begrenzten Fortleben von Romanen zu rechnen ist, wurde bei der Erörterung der Kontinuitätsfrage bereits dargelegt. Sie sind von Ursula Koch in ihrer Auswertung der Grabfunde der Völkerwanderungszeit im Donaubogen auch archäologisch nachgewiesen worden [2]. Sie hat daneben auch Gruppen von Ostgoten, Franken und Langobarden, vor allem Alemannen

[1] Andreas Kraus, Die Herkunft der Bayern. Zu Neuerscheinungen des letzten Jahrzehnts, in: Pankraz Fried (Hg.), Augsburger Beiträge zur Landesgeschichte Bayerisch-Schwabens I, Sigmaringen 1979, S. 27–46; Kurt Reindel, Die Bajuwaren. Quellen, Hypothesen, Tatsachen (Deutsches Archiv 37) 1981, S. 451–473; Herwig Wolfram-Andreas Schwarcz (Hg.), Die Bayern und ihre Nachbarn, Wien 1985; Kurt Reindel, Herkunft und Stammesbildung der Bajuwaren nach den schriftlichen Quellen, in: Dannheimer-Dopsch (Hg.), Die Bajuwaren, S. 56–60; Kurt Reindel, in: HdbG I^2, S. 101–135; Gerhard Waldherr, Castra Regina – Regensburg. Vom römischen Legionslager zur bajuwarischen Herzogsstadt (VHVO 131) 1991, S. 43–56.

[2] Koch, Grabfunde aus dem Donautal um Regensburg.

ermittelt, was nach der Vita Severini nicht überraschen kann. Das ethnische Substrat der im Donaubogen ansässigen Vorbevölkerung war also auch nach den Befunden der Archäologie sehr unterschiedlich.

Diese Vorbevölkerung wurde nun im Rahmen der Aufsiedlung des Donauraumes am Ausgang der Römerzeit auch nach Aussage der Bodenfunde von einer Bevölkerungsgruppe elbgermanischer Herkunft überlagert. Sie drang bereits seit dem ausgehenden vierten Jahrhundert allmählich – wohl auf Föderatenbasis – in den Raum nördlich der Donau ein. Sie ist hier am Nordufer zwischen Neuburg und Straubing nachzuweisen, besonders konzentriert im Donaubogen bei Regensburg, wo – wie auch an anderen Kastellorten – der Strom überschritten wurde. Dabei nimmt die Belegdichte zu, je mehr das romanische Element zurückgeht. Daß vom mittleren Donauraum in der Vita Severini nicht mehr die Rede ist, hängt vielleicht mit der Tatsache zusammen, daß er von den Römern damals bereits aufgegeben und nachrückenden Germanen überlassen worden war. Mit dem Anbruch des 5. Jahrhunderts setzt die Wiederaufsiedlung des Donaubogens außerhalb des ummauerten Bezirks ein. Auf jeden Fall erfolgte die Ablösung der Römer durch Germanen hier auf friedlichem Wege. Der Donaubogen wurde zusammen mit der anschließenden Donauebene, den Flußläufen von Laaber und Isar sowie der Münchner Schotterebene und dem Raum Ingolstadt-Eichstätt einer der Kernräume frühbayerischer Siedlungstätigkeit.

Diese nachrückende herrschaftsbildende Schicht kam aus dem böhmischen Kessel. Das macht vor allem ihr archäologisches Erbe deutlich. Es weist unverkennbare Bezüge zur Keramik aus Přeštovice auf[3]. Das ist bereits anläßlich früherer Grabungen zu Friedenhain bei Straubing und Irlmauth festgestellt worden[4]. Das gleiche Fundmaterial konnte zwischenzeitlich oftmals im Donauraum nachgewiesen werden. Es begegnete wieder in Regensburg-Niedermünster und vor allem in Regensburg-Grasgasse. Diese Keramik Friedenhain/Přeštovice konzentrierte sich in und um Regensburg bis hinunter nach Straubing. Weiter nach Osten hin nimmt sie ebenso wie nach Süden sichtbar ab. Diese archäologische Fundlage wird dahin gedeutet, daß der entscheidende, da herrschaftsbildende Kern der späteren Bajuwaren aus dem böhmischen Kessel kam, daß er sich vornehmlich entlang der Donau als Schwerlinie seßhaft machte, daß er sich aber auch innerhalb der Mauern des alten Römerlagers niederließ. Zumindest ihre Anführer haben also diesen befestigten Ort nicht gemieden, wie das von den Germanenstämmen im übrigen bekannt ist. Vielmehr wird die Konzentration des Fundmaterials um diesen Zentralort gerade mit dessen Befestigung erklärt: Wer diese Festung besaß, der beherrschte die ganze Umgebung. Die Männer aus *Boiohaemum* haben das Römerlager in ihre Gewalt gebracht, es behauptet und sich vielleicht gerade wegen des Besitzes

[3] Fischer – Rieckhoff-Pauli, Von den Römern zu den Bajuwaren, S. 63–72; Fischer, Archäologische Funde (wie Kap. II, Anm. 34), S. 353–355; Fischer, Römer und Bajuwaren an der Donau, S. 47–56; Thomas Fischer, Römer und Germanen an der Donau, in: Dannheimer-Dopsch (Hg.), Die Bajuwaren, S. 39–45; Thomas Fischer - Hans Geisler, Herkunft und Stammesbildung der Baiern aus archäologischer Sicht, ebenda, S. 61–69; Lothar Kolmer, Machtspiele. Bayern im frühen Mittelalter, Regensburg 1990, S. 25 f.

[4] Bedrich Svoboda, Zum Verhältnis frühgeschichtlicher Funde des 4. und 5. Jahrhunderts aus Bayern und Böhmen (BVgbll 28) 1963, S. 97–116.

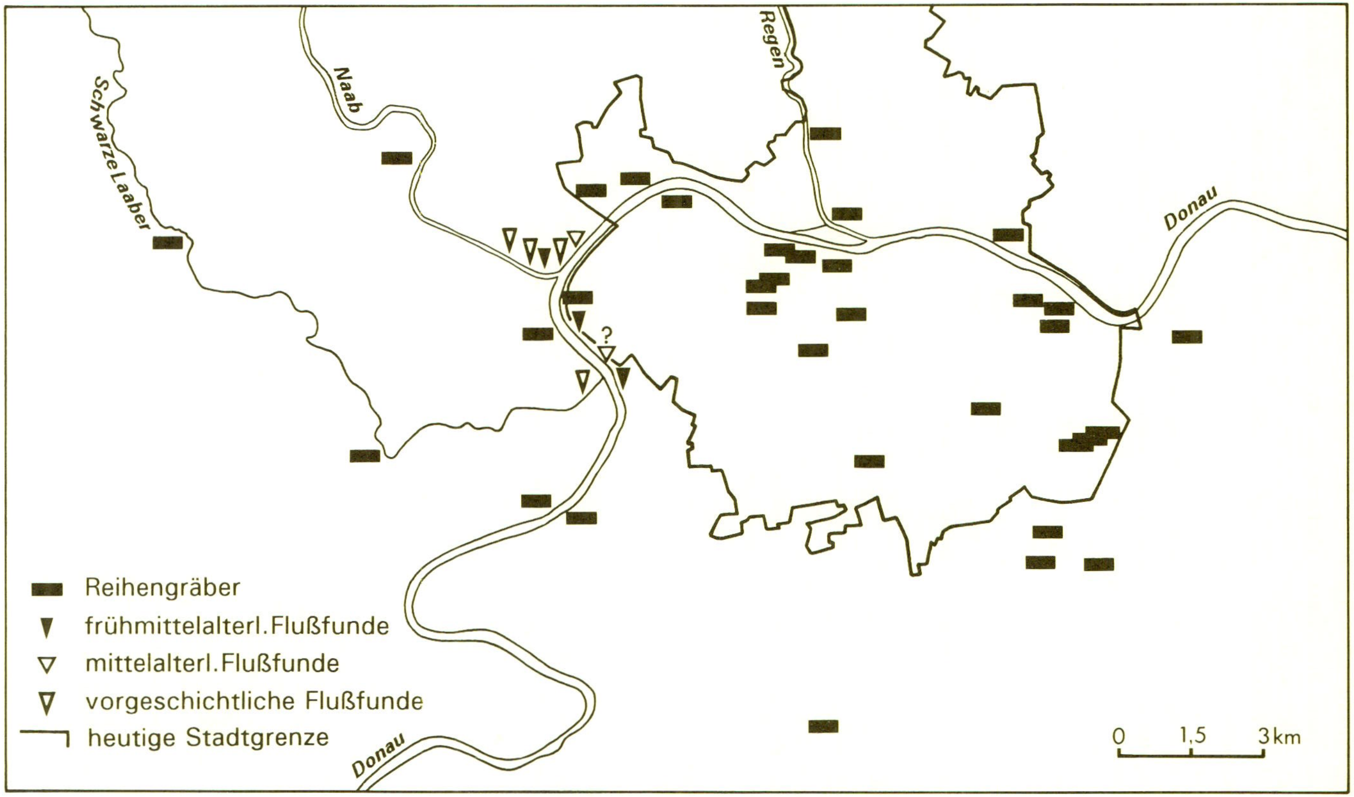

Skizze 5: Reihengräber und Flußfunde um Regensburg

dieses entscheidenden Stützpunktes durchgesetzt. Stammes- und Herrschaftsbildung sind von dieser Festung aus erfolgt, die ja gerade am Austritt des Regens, der natürlichen Verbindungslinie nach Böhmen, ins raetische Voralpenland postiert war und als nächstgelegener Anlaufpunkt in Besitz genommen wurde. Regensburg war demnach Ausgangspunkt und Kristallisationskern der Herrschaftsbildung der Bajuwaren[5].

Von hier aus erfolgte die Wiederaufsiedlung des Donaubogens, die sich bis ins 7. Jahrhundert hinzog. Sie mündete in die Überherrschung des raetischen Raumes unter zunächst ostgotischer, später fränkischer Oberhoheit. Dafür genügte eine zahlenmäßig begrenzte Gruppe. Vielleicht ist auch die Bezeichnung des Donaugaues als *das Gäu*, bayerischer Urgau schlechthin also, ein Indiz dafür, daß der mittlere Donauraum eine derartige zentrale Rolle beim Herrschaftsaufbau spielte. Der vermutlich bestimmende Kern der Bajuwaren ist zudem anhand der herkömmlichen Identifizierungskriterien auch im Regensburger Raum zu verfolgen. Im südlichen und südöstlichen Umland finden sich *-ing*-Orte in besonders dichter Konzentration; sie gehören zur ältesten Schicht von Ortsnamen in Bayern[6]. In gleicher Weise finden sich in diesem Raum überdurchschnittlich viele Reihengräber der frühbajuwarischen Zeit, z. B. in Barbing, Harting, Geisling, Prüfening, Sallern, Sinzing, Winzer, Kumpfmühl, Schwabelweis oder Irlmauth[7]. Sie finden sich aber auch innerhalb des späteren Stadtareals selber auf dem Kohlenmarkt, in Prüfening, am Weinweg oder bei St. Emmeram. Bis ins 7. Jahrhundert wurde auch das große römische Gräberfeld unter dem Bahnhofsgelände weiterbelegt[8]. Die in den böhmischen Kessel nachrückenden Slawen drangen in den oberpfälzischen Raum vor; letzte Ausläufer sind im Naabtal bis vor die Mündung in die Donau festgestellt worden.

b) Hauptpfalz der Agilolfinger

Diese Sicht der bajuwarischen Frühgeschichte erklärt am ehesten einleuchtend, warum gerade Regensburg das herrschaftliche Zentrum des agilolfingischen Bayern wurde. Denn diese Tatsache muß auffallen, wenn man einen Blick auf die geographische Erstreckung des ältesten Stammesherzogtums wirft. Der

[5] Ludwig Pauli, Die Geschichte der Alpen. Die archäologische Entdeckung einer Kulturlandschaft, München[2] 1981, S. 74–77.
[6] Schwarz, Bairische Landnahme, S. 64–71.
[7] Armin Stroh, Die Reihengräber der karolingisch-ottonischen Zeit in der Oberpfalz (MBV 4) Kallmünz 1954, S. 40; Koch, Grabfunde aus dem Donautal um Regensburg, S. 173–222; Osterhaus, Beobachtungen, S. 15; Udo Osterhaus, Ein bemerkenswerter frühmittelalterlicher Fund aus Regensburg-Bismarckplatz (VHVO 117) 1977, S. 177–181; Franz Schopper, Verkehrsgeographische Aspekte der Reihengräber von Prüfening (Das archäologische Jahr in Bayern 10) 1989, S. 152–154; Silvia Codreanu-Windauer, Das bajuwarische Reihengräberfeld aus Geisling / Lkr. Regensburg (Regensburger Almanach 25) 1992, S. 270–278. Zur Konzentration merowingerzeitlicher Gräber im Donaubogen s. die Skizzen von Manfred Menke, Die bairisch besiedelten Landschaften im 6. und 7. Jahrhundert nach den archäologischen Quellen, in: Dannheimer-Dopsch (Hg.), Die Bajuwaren, S. 71, 76; Hubert Koch, Die keltischen Siedlungen vom Frauenberg über Kloster Weltenburg, Stadt Kelheim, und von Harting (Neubaugebiet Süd), Stadt Regensburg (Internationale Archäologie 3) Buch am Erlbach 1991.
[8] Schnurbein, Das römische Gräberfeld von Regensburg; Josef Salzl, Die Slawen im Naabtal, Schwandorf 1990.

Zentralort lag ziemlich peripher in der Nordwestecke des bajuwarischen Siedlungsraumes[9]. Für Paulus Diaconus endete das Stammesherzogtum noch immer an der Donaulinie[10]. Wenn dennoch gerade dieser Eckpunkt zum Zentralort bestimmt wurde, müssen dafür besondere Umstände maßgeblich gewesen sein. Der Festungscharakter, der ihn von allen anderen Punkten des Siedlungsraumes unterschied, sowie der neuerdings angenommene Ablauf der Herrschaftsbildung vom Donaubogen aus erklären diese Tatsache überzeugend. Doch erlangte der Zentralort nun eine ganz andere Beschaffenheit als zur Römerzeit. Aus der Großkaserne wurde eine Pfalzstadt[11], eine Siedlung zivilen Charakters, in deren Zentrum die Herzogspfalz stand. Erst jetzt begab sie sich auf den Weg, eine Stadt zu werden, wenn man unter Stadt eine Ansiedlung versteht, die ihre entscheidende Signatur von der Pfalz erhielt. Diese war die Hauptstadt des agilolfingischen Bayern im Verständnis der Zeit[12]. Dadurch unterschied sie sich von den anderen Städten östlich des Rheins: *Von den fünf alten deutschen Stämmen hatten nur die Baiern eine Hauptstadt*[13]. Die agilolfingische Pfalz hob Regensburg aus dem Netz von etwa zwanzig Orten mit vergleichbaren Zentralfunktionen und römischer Wurzel heraus und verschaffte ihm einen unbestrittenen Vorrang.

Freilich ist diese Hauptstadtfunktion in den schriftlichen Quellen kaum faßbar. Das einzige zeitgenössische schriftliche Zeugnis liefert die Emmeram-Vita Arbeos von Freising, die um 770 verfaßt wurde und Regensburg für das spätere 7. Jahrhundert als *metropolim huius gentis* anspricht[14]. Dabei verweist der Begriff *metropolis* auf diesen Vorortcharakter[15]. Arbeo sagt nicht ausdrücklich, daß diese Vorrangstellung in die bajuwarische Frühzeit zurückreiche. Doch legt die Plusquamperfekt-Formulierung, in die er seine Aussage kleidete, nahe, daß seiner Ansicht nach dieser Vorrang seit alters bestand. Dementsprechend darf Regensburg, das in den Freisinger Traditionen einmal als die *urbs Germanie* schlechthin aufscheint, als Vorort Bayerns seit der Stammesbildung gel-

[9] Spindler (Hg.), Bayerischer Geschichtsatlas, S. 14f. Vgl. Fehn, Frühe Zentren, S. 169.
[10] Paulus Diaconus, Origo gentis Langobardorum III 30, hg. von Georg Waitz, MGH SS rerum Langobardicarum, Hannover 1878, S. 109.
[11] Der Begriff bei: Walter Schlesinger, Bischofssitze, Pfalzen und Städte im deutschen Itinerar Friedrich Barbarossas, in: Ausgewählte Aufsätze von Walter Schlesinger 1965–1979, hg. von Hans Patze und Fred Schwind (Vorträge und Forschungen 34) Sigmaringen 1987, S. 352.
[12] Arbeo von Freising, Vita Haimhrammi, hg. von Krusch, S. 32f., 35f., 55, 74f., 76, 78, 81; vgl. A. Schmid, Regensburg zur Agilolfingerzeit, S. 136–140. – Manche frühe Karte (auch die Tabula Peutingeriana) weist als einzige Stadt in diesem Raum Regensburg aus. – Gauer lehnt es in seinen Arbeiten ab, das agilolfingische Regensburg als Stadt anzusprechen. Er geht für diese Zeit von präurbanen Vorstädten aus. Hier liegt ein Definitionsproblem vor. Dazu grundsätzlich: Walter Schlesinger, Stadt und Burg im Lichte der Wortgeschichte (Studium Generale 16) 1963, S. 433–444.
[13] Hermann Heimpel, Deutsches Mittelalter, Leipzig 1941, S. 152. Ähnlich: Ennen, Europäische Stadt, S. 98f.; Helmut Maurer, Der Herzog von Schwaben, Sigmaringen 1978, S. 20f.
[14] Arbeo von Freising, Vita Haimhrammi, hg. von Krusch, S. 32.
[15] Kraus, Civitas Regia, S. 7f. Gauer, Stadtkernforschung, S. 170 möchte *metropolis* als Residenz verstehen; das ist sicher zu eng. Oftmals kennzeichnet *metropolis* den kirchenorganisatorischen Vorort. Auch das allein kann hier nicht gemeint sein.

ten[16]. Er führte überwiegend den Namen *Reganesburg*, der eine deutsche Übersetzung der römischen Bezeichnung *Castra Regina* darstellt und besonderen Nachdruck auf den Festungscharakter der Ansiedlung legt. Im gelehrten Schrifttum lebte dann aber auch das keltische *Radasbona/Ratispona* wieder auf. Dazu kamen Sonderprägungen wie *Regino, Regina, Reginum;* der Name begegnet in vielen Variationen.

Eine andere Ansicht über die frühmittelalterliche Geschichte der Stadt vertrat auf der Grundlage der geschilderten Überlieferung vor allem Ernst Klebel[17]. Er deutete die Angaben bei Arbeo dahingehend, daß die Stadt erst im ausgehenden 7. Jahrhundert in die Hände der Agilolfinger gelangt sei, nachdem sie bis dahin von einer der frühbayerischen Adelsgenealogien beherrscht gewesen sei. Klebel dachte an die Huahhilinga, weil es im Raume Regensburg einzelne Orte gebe, die mit diesem Geschlecht in Verbindung gebracht werden könnten: Hagelstadt oder Hailing. Derartige Schlüsse sind aber unhaltbar, wie schon Schwarz betont hat[18]. Allein über topographische Bezeichnungen läßt sich kein überzeugender Zusammenhang zwischen den Huahhilinga und der Stadt herstellen. Bezeichnenderweise wurde gerade diese *genealogia* – ebenfalls mit ortsnamenkundlichen Argumenten – auch mit dem Münchner Umland in Verbindung gebracht. Über diese *genealogia* ist ganz einfach zu wenig bekannt, als daß eine eindeutige Zuordnung getroffen werden könnte. In gleicher Weise wurde aus dem Ortsnamen Alteglofsheim auf eine frühe Präsenz des Herzogsgeschlechtes der Agilolfinger im Donaubogen geschlossen[19]. Doch ist diese Argumentation so wenig tragfähig wie jene.

Klebels Zweifel sind im Zusammenhang mit der vom Österreicher Ignaz Zibermayr entwickelten Theorie erwachsen, daß Lorch die älteste Hauptstadt Bayerns gewesen sei und erst nach seinem Niedergang im ausgehenden 7. Jahrhundert von Regensburg abgelöst wurde[20]. Zibermayr gelangte zu dieser Ansicht durch seine Grundthese der Einwanderung der Bajuwaren aus dem Gebiet der Donaumündung am Schwarzen Meer und des folgenden Herrschaftsaufbaues von Osten her. Diese Theorie hat Zöllner modifiziert und ebenfalls Lorch als frühes Zentrum des agilolfingischen Bayern angesprochen, das freilich nicht das einzige gewesen sei[21]. Mit dem Abrücken von der Vorstellung einer Ein-

[16] Bitterauf, Traditionen des Hochstiftes Freising I, S. 33 Nr. 7. Vgl. Kurt Reindel, Regensburg als Sitz der Herrscher bis zum 10. Jahrhundert, in: Rieckhoff-Pauli – Torbrügge (Hg.), Führer zu archäologischen Denkmalen in Deutschland I, S. 243–254; Kurt Reindel, Regensburg als Hauptstadt im frühen und hohen Mittelalter, in: Albrecht (Hg.), Zwei Jahrtausende Regensburg, S. 37–54. In diesem Sinne schon: Fehn, Frühe Zentren, S. 24 f.; P. Schmid, Regensburg, S. 434 f.; Rudolf Reiser, Agilolf oder die Herkunft der Bayern, München 1977, S. 27 f.; Dietz u. a., Regensburg zur Römerzeit, S. 373–384.

[17] Klebel, Regensburg, S. 90 f.; ähnlich: Dietz, in: Dietz u. a., Regensburg zur Römerzeit, S. 168 f.; Ennen, Europäische Stadt, S. 46.

[18] Schwarz, Bairische Landnahme, S. 67.

[19] Klebel, Regensburg, S. 91; Schwarz, Bairische Landnahme, S. 67. Vgl. Dachs, Römerkastelle (wie Kap. II, Anm. 57), S. 79 f.; Reitzenstein, Lexikon, S. 27 f.

[20] Ignaz Zibermayr, Noricum, Baiern und Österreich. Lorch als Hauptstadt und die Einführung des Christentums, Horn ^{2}1956, S. 94–105.

[21] Erich Zöllner, Die Lorcher Tradition im Wandel der Jahrhunderte (MIÖG 71) 1963, S. 221–236, bes. S. 224 ff.

wanderung der Bajuwaren ist diese Annahme aber überholt und wird deswegen in der neueren Literatur nicht mehr vertreten. Statt dessen betont die jüngste österreichische Forschung mit Nachdruck den Hauptstadtcharakter Salzburgs[22]. Zweifellos war diese Stadt einer der herrschaftlichen Kristallisationspunkte im agilolfingischen Bayern, was gerade in der frühen Kirchenorganisation deutlich wird. Doch ist hier genau auf die Zeitstellung zu achten. Salzburg tritt erst in der ausgehenden Agilolfingerzeit nach dem heiligen Rupert in den Vordergrund. Bis ins beginnende 8. Jahrhundert konnte diese Stadt den Vorrang Regensburg keinesfalls streitig machen. Es scheint aber, als hätte der späte Tassilo III. erwogen, das politische Zentrum von Regensburg nach Salzburg zu verlegen. Dazu konnte gerade nach der Angliederung des Karantanenreiches ab 772 Veranlassung bestehen. Denn Salzburg lag innerhalb des Stammesherzogtums nach dieser gewaltigen Ausweitung nach Osten viel zentraler als das periphere Regensburg[23]. Doch ist es zur Ausführung dieses Planes sicher nicht mehr gekommen.

In der Festung Regensburg haben sich die agilolfingischen Herzöge festgesetzt, als sie etwa um die Mitte des 6. Jahrhunderts die Herrschaft über den sich bildenden Stamm der Bajuwaren übernahmen. In diesem Zusammenhang ist unerheblich, ob die Agilolfinger nun ein langobardisches, burgundisches oder – was am wahrscheinlichsten ist – fränkisches Herzogsgeschlecht waren. Sie haben ihre Residenz in Regensburg genommen und vor allem von hier aus das Herzogtum beherrscht. Nebenpfalzen waren Ötting, Ranshofen und Osterhofen[24]. Allerdings muß diese Aussage ebenfalls erschlossen werden. Denn eindeutige Belege für eine gehäufte Präsenz der Agilolfinger in Regensburg stehen nicht zur Verfügung. Am ehesten sind noch bei Ausgrabungen an der Stadtmauer aufgefundene Nischen in diesem Sinne zu deuten. Udo Osterhaus sieht in ihnen die Grabkammern von Herzögen, die schon im 9. Jahrhundert geöffnet und ausgeraubt worden seien, wie Notker von St. Gallen berichtet[25]. Das sind Kombinationen, die eine gewisse Wahrscheinlichkeit beanspruchen dürfen. Tatsache ist jedoch, daß die beiden Agilolfingerherzöge, über deren Bestattungsort wir allein Bescheid wissen, Odilo und Tassilo III., nicht in

[22] Hermann Vetters, Der Dombau des hl. Virgil in Salzburg (Slavistische Forschungen 6) 1964, S. 262–273; Herwig Wolfram, Das Fürstentum Tassilos III., Herzogs der Bayern (Mitteilungen der Gesellschaft für Salzburger Landeskunde 108) 1968, S. 157–179; Hans Sedlmayr, Die politische Bedeutung des Virgildomes (ebenda 115) 1975, S. 145–160; Geschichte Salzburgs. Stadt und Land I, hg. von Heinz Dopsch und Hans Spatzenegger, Salzburg 1981, S. 106–120; Jahn, Ducatus, S. 76–97.

[23] Kurt Reindel, Die Organisation der Salzburger Kirche im Zeitalter des hl. Rupert (Mitteilungen der Gesellschaft für Salzburger Landeskunde 115) 1975, S. 83–98; Kurt Reindel, Salzburg und die Agilolfinger, in: Virgil von Salzburg. Missionar und Gelehrter, hg. von Heinz Dopsch und Roswitha Juffinger, Salzburg 1985, S. 66–74. Vgl. die wenig beachtete Quellenstelle: Notitia Galliarum, hg. von Theodor Mommsen, MGH AA IX, S. 594, wo die *civitas Regino* erst hinter der *metropolis* Salzburg eingereiht wird.

[24] Max Fastlinger, Karolingische Pfalzen in Altbayern (Forschungen zur Geschichte Bayerns 12) 1904, S. 233–269.

[25] Notker der Stammler, Taten Kaiser Karls des Großen, hg. von Hans F. Haefele (MGH SrG NS 12) Berlin 1962, S. 68 f.; vgl. Osterhaus, Beobachtungen, S. 15 f.; Dietz u. a., Regensburg zur Römerzeit, S. 173 f.

Regensburg begraben sind[26]. Doch darf auch diese Feststellung nicht überbewertet werden, da sich für Grablegen erst nach der Jahrtausendwende Traditionen ausbildeten. Bis dahin war das Einzelbegräbnis die vorherrschende Bestattungsform auch in Herrscherdynastien. Sie macht Agilolfingergräber in größerer Anzahl in Regensburg ohnehin wenig wahrscheinlich.
Bis in die Zeit Herzog Theodos war Regensburg der dominierende Zentralort im Herzogtum Bayern. Gerade unter Theodo kommt der Hauptstadtcharakter noch einmal in Deutlichkeit zum Ausdruck. Als Theodo dann sein Herzogtum unter seine Söhne aufteilte, erwuchsen weitere politische Zentren, die aber den Vorrang Regensburgs nie gänzlich zu beseitigen vermochten. Dafür sorgte schon die Ausdehnung des fränkischen Einflusses bis vor die Tore der Stadt durch die zeitweilige Inbesitznahme des Nordgaues seit Karl Martell (wohl 743). Der fränkische Vorstoß wurde von Regensburg aus bekämpft. Regensburg blieb während der gesamten Agilolfingerzeit Vorort, wie hauptsächlich die Vorgänge nach der Absetzung Tassilos deutlich machen. Es hat seinen guten Grund, wenn die karolingische Okkupation Bayerns gerade von Regensburg ihren Ausgang nahm. Noch um 774 wird die Stadt ausdrücklich als *civitas publica* angesprochen[27].

c) Fragen der Topographie

Herrschaftliches Zentrum der agilolfingischen Stadt war die Pfalz. Ihre Existenz ist weder durch schriftliche Quellen noch durch archäologische Befunde gesichert, muß aber dennoch zwingend vorausgesetzt werden. Sie kann indirekt aus dem Aufenthalt Karls des Großen im Herbst 788 in Regensburg erschlossen werden. Allein die kurze seit der Absetzung Tassilos III. verstrichene Zeitspanne schließt den wiederholt erwogenen Gedanken an einen Pfalzneubau durch den Frankenkönig aus. Dieser muß in die agilolfingische Pfalz eingerückt sein, was ein weiteres wichtiges Symbol der Unterwerfung war[28].
Die exakte Lage der Pfalz ist umstritten. Heuwieser schloß aus der geringen Bautätigkeit in Regensburg im 6. und 7. Jahrhundert, daß die Agilolfinger sich keine eigene Pfalz erbaut haben können, sondern römische Bauten übernommen haben müßten[29]. Schon Walderdorff hatte am Alten Kornmarkt ergrabene, auffallend mächtige Bauüberreste als römisches *praetorium* gedeutet; er sah dieses als Vorläufer der agilolfingischen Pfalz an[30]. Diese Ansicht ist nach Strobels Nachweis des *praetorium* an sinnvollerer Stelle zumindest bis zum 3. Jahrhundert problematisch. Ein Zusammenhang zwischen römischem *praetorium* und agilolfingischer Pfalz besteht offensichtlich erst seit der Spätantike[31]. Heuwieser hatte dagegen auf das spätantike Binnenkastell verwiesen, das die Nordostecke des Legionslagers im Viereck vom übrigen Lagerbereich

[26] Für Regensburg ist lediglich ein Aufenthalt Tassilos III. nachzuweisen: Friedrich Hektor Graf von Hundt, Ueber die Bayrischen Urkunden aus der Zeit der Agilolfinger (Abhandlungen der Bayerischen Akademie der Wissenschaften, Hist. Klasse 12,1) München 1872, S. 208 Nr. 95.
[27] Heuwieser (Hg.), Die Traditionen des Hochstifts Passau, S. 7 Nr. 6.
[28] Piendl, Fragen, S. 78.
[29] Heuwieser, Entwicklung, S. 109–128.
[30] Walderdorff, Römerbauten; Walderdorff, Regensburg, S. 252f.
[31] Strobel, Principia; Strobel-Sydow, Latron, S. 9f.

abgetrennt hätte, und in diesem Binnenkastell den Vorläufer der agilolfingischen Pfalz gesehen. Er stellte sich diese als Pfalzburg vor, die den Alten Kornmarkt umschlossen habe. Den Kern der Pfalz, den Festsaal, vermutete er im Bereich der heutigen Mohrenapotheke. Ihm schloß sich Klaus Schwarz an[32]. Udo Osterhaus hat schließlich, ausgehend von den aufgefundenen Herzogsgräbern, das Zentrum der Pfalz weiter südlich, am heutigen Dachau-Platz gesucht[33]; ihm pflichtete Werner Gauer bei[34]. Die Ansichten gehen also weit auseinander. Leider haben auch die Ausgrabungen unter dem Niedermünster nicht die erhoffte diesbezügliche Klärung gebracht.

Der heutige Diskussionsstand ist folgender[35]: Zweifellos muß die agilolfingische Pfalz im Bereich des heutigen Alten Kornmarktes und des Niedermünsterkomplexes gesucht werden. Dieser Bezirk war herzoglich und durch eine ergrabene Palisadenwand offensichtlich vom westlich angrenzenden Stadtgebiet abgetrennt. Seit 700 ist im Niedermünsterbereich eine Kirche nachgewiesen. Sie scheint die Kirche des dem Hof zuzuordnenden Hofbischofs gewesen zu sein. Deswegen ist auch das Erhard-Grab ein gewichtiges Argument bei der Lokalisierung der agilolfingischen Pfalz in diesen Bereich. Die exakte Festlegung muß jedoch vorerst unterbleiben. Diese Pfalz war sicherlich die bauliche und herrschaftliche Dominante in der Stadt, weswegen sie Walter Schlesinger als *Pfalzstadt* ansprechen möchte[36]. Eine Kontinuität zu vergleichbaren Funktionsbauten der Römerzeit läßt sich derzeit nicht beweisen. Weil die agilolfingische Pfalz in karolingischer Zeit den wachsenden Ansprüchen nicht mehr genügte, kann sie nur ein räumlich beschränkter und wohl auch sehr einfach gestalteter Bau gewesen sein. Allein archäologische Untersuchungen können in dieser Frage aber wirklich weiterführen.

Wir kennen einzelne Funktionsträger der agilolfingischen Pfalz. Neben den Hofbischöfen[37] werden als Kapläne ein Ursus und ein Fater genannt[38]. Sie sind der agilolfingischen Hofkapelle zuzuordnen, die allerdings quellenmäßig kaum faßbar ist[39]. Das von Klaus Gamber für sie namhaft gemachte Schriftgut muß zumindest teilweise fraglich bleiben[40]. Ein weiterer Funktionsträger wird im Adelsgrab von etwa 600 auf dem Bismarckplatz vermutet. Seine Aufgabe könnte die Sicherung der Fernstraße zur Donauüberfuhr am Weißgerber-

32 Schwarz, Niedermünster, S. 58.
33 Osterhaus, Beobachtungen, S. 15f.
34 Gauer, Urbs, Arx, Metropolis, S. 41f., 51–54. Vgl. auch Gauer, Stadtkernforschung, S. 167f., 170, dessen Argumentation ich aber im einzelnen nicht zu folgen vermag.
35 P. Schmid, Regensburg, S. 42–47; danach Streich, Burg und Kirche I, S. 106–109; problematisch: Morsak, Zur Rechts- und Sakralkultur bayerischer Pfalzkapellen und Hofkirchen, S. 36–42.
36 S. Anm. 11.
37 S. Abschnitt e.
38 Bernhard Bischoff, Salzburger Formelbücher und Briefe aus Tassilonischer und Karolingischer Zeit (SB der Bayerischen Akademie der Wissenschaften, phil.-hist. Klasse) München 1973, Heft 4, S. 26, 54f. S. Kap. II, Anm. 50.
39 Heinrich Fichtenau, Die Urkunden Herzog Tassilos III. und der „Stiftbrief" von Kremsmünster (MIÖG 71) 1963, S. 1–32.
40 Vgl. Gamber, Ecclesia Reginensis, S. 68f., 135 u. ö.

graben gewesen sein. Der Amtshof wird unter dem Komplex des späteren Schottenklosters St. Jakob gesucht[41].
Über die übrige Bebauung des ummauerten Bereiches wissen wir wenig. Ob der gesamte vom Mauerring gesicherte Raum auch wirklich bewohnt wurde, ist unklar. Verschiedentlich wird für die Westhälfte eine Wiederbesiedlung erst in der Karolingerzeit angenommen. Ein *vicus* außerhalb der Mauerringes ist unwahrscheinlich. Vor allem die Ortsbezeichnung Haidplatz deutet auf eine langzeitige Verödung dieses Raumes nach dem Rückzug der Römer hin.

d) Die Stadtherrschaft

Die Königsgutforschung hat gezeigt, daß frühmittelalterliche Herrschaft im wesentlichen auf der Verfügung über Grund und Boden aufbaute. Herrschaft fußte auf ausgedehntem Fiskalbesitz. Dementsprechend haben die Herzöge den gesamten Bezirk des römischen Legionslagers übernommen und waren die alleinigen Stadtherrn. Darauf verweist die urkundlich belegte Bezeichnung *civitas publica*[42]. Die Herzöge haben die Stadtherrschaft bewußt behauptet und vergleichsweise geringe Schenkungen an die Kirche gemacht. Die Agilolfinger übernahmen von den Römern aber nicht nur das Stadtgebiet, sondern zugleich das *territorium legionis*. Das ist für die Agilolfingerzeit zwar kaum zu belegen, weil aus diesem Raum allein die Schenkung bei Winzer an den Bischof von Salzburg durch Herzog Theudebert bekannt ist[43], aber aus den späteren Königsgutsschenkungen zwingend abzuleiten. Die agilolfingischen Herzöge verfügten zweifellos über einen ausgedehnten Gürtel von Fiskalland im Donaubogen zwischen Königswiesen und Barbing sowie über einen Landstreifen am Nordufer der Donau[44]. Durch diesen Fiskalbesitz hatten sie hier einen der Machtschwerpunkte innerhalb ihres Herzogtums. Doch ist nicht das gesamte Herzogsgut auf dem Wege der Fiskalsukzession an sie gelangt. Die Forste des Vorderen Bayerischen Waldes wurden erst in agilolfingischer Zeit an die Pfalz gebunden, nachdem die Römer den Nordwald geradezu gemieden hatten. Sie dienten nun der Jagd und Tierzucht. Zur Diskussion um die Frage der herrschaftlichen Zweiteilung des agilolfingischen Bayern[45] vermag der Raum Regensburg nur wenig beizutragen, da kaum Schenkungsurkunden vorliegen. Die Tatsache, daß hier nur wenige Herzogsschenkungen nachzuweisen sind, darf aber keinesfalls als Indiz mangelnder herzoglicher Präsenz gewertet werden[46]. Vielmehr ist das Gegenteil der Fall: Eben weil das Interesse der Landesherrn an diesem Zentralraum sehr stark war, finden sich kaum Vergabungen

[41] Udo Osterhaus, Eine Reiterbestattung aus dem frühen Mittelalter aus Regensburg-Bismarckplatz (Jahresbericht der bayerischen Bodendenkmalpflege 21) 1980, S. 182–194; Fischer, Römer und Bajuwaren, S. 90f.
[42] Heuwieser (Hg.), Die Traditionen des Hochstifts Passau, S. 7 Nr. 6.
[43] Hauthaler (Hg.), Salzburger Urkundenbuch I, S. 5.
[44] Schwarz, Sprache und Siedlung, S. 48–51; P. Schmid, Regensburg, S. 93–96.
[45] Andreas Kraus, Zweiteilung des Herzogtums der Agilolfinger? Die Probe aufs Exempel (Blätter für deutsche Landesgeschichte 112) 1976, S. 16–29; Friedrich Prinz, Nochmals zur Zweiteilung des Herzogtums der Agilolfinger (ebenda 113) 1977, S. 19–32; Andreas Kraus, Das Herzogtum Bayern im achten Jahrhundert. Die Grenzen der kartographischen Methode (ebenda), S. 33–43.
[46] So Schwarz, Sprache und Siedlung, S. 47; Klebel, Regensburg, S. 91.

von Herzogsgut. Hier ist das Übergewicht des Landesherrn unbestritten. Mit gutem Grund ist in den fünf erhaltenen Regensburger Traditionsnotizen der Agilolfingerzeit immerhin bei drei der herzogliche Konsens ausdrücklich vermerkt, weil offensichtlich eine Oberhoheit des Landesherrn bestand[47].

e) Kirchliches Zentrum

Als kirchlicher Zentralort knüpfte Regensburg kaum an entsprechende Funktionen in spätrömischer Zeit an. Alle Hinweise auf ein spätantikes Bistum Regensburg beruhen auf unbeweisbaren und unwahrscheinlichen Vermutungen. Weder Bischof Paulinus noch Lupus oder Valentinian können historisch glaubhaft gemacht oder mit der Stadt überzeugend in Zusammenhang gebracht werden[48]. Vielmehr war dieser Raum kirchenorganisatorisch zunächst dem oberitalienischen Bischofssitz Aquileja zugeordnet[49]. Relikte dieser Verbindungen dürften die Patrozinien St. Zeno[50] und St. Kassian[51] sein; auf dem umgekehrten Weg ist die Verehrung des heiligen Erhard in das südalpine Vorland gelangt (z. B. Brixen). Über die weiterhin genannten Bischöfe Wikterp und Ratarius kann ebenfalls nichts Verläßliches gesagt werden. Erst seit dem späten siebten Jahrhundert gewinnen wir mit den Bischöfen Emmeram und Erhard sicheren Boden, auch wenn deren zeitliche Fixierung Schwierigkeiten bereitet. Ihre Funktion ist am ehesten als die von Missions- und Wanderbischöfen anzusprechen, die dem agilolfingischen Hof zuzuordnen sind. Ihnen waren keine abgegrenzten Diözesansprengel unterstellt; sie waren wohl für den Bereich des gesamten Herzogtums zuständig[52]. Als Hofbischof wurde Erhard in der der Pfalz angegliederten Kirche bestattet[53]. Die Streitfrage, ob der merowingerzeitliche Bau von Niedermünster Bischofs- oder Pfalzkirche war, ist deswegen wohl müßig: Er war beides. Die erste Pfalzkirche bei Niedermünster wird auf die Zeit um 700 datiert. Damit gehört zumindest das Christentum am Herzogshof einer sehr frühen Schicht an, die am eindringlichsten die Persönlichkeit Theodelindes bezeugt, die als Christin bereits 589 an den langobardischen Königshof verheiratet wurde.

Mit einem eigenständigen Bistum Regensburg ist frühestens im Zusammenhang mit dem Organisationsentwurf Herzog Theodos von 716 zu rechnen, dem die

[47] Widemann, Traditionen, S. 1–5 Nr. 1–5.

[48] S. Kap. II, Anm. 19. Vgl. A. Schmid, Episcopatus Ratisbonensis; Jahn, Ducatus Baiuvariorum, S. 155–157, 398 f.

[49] Ernst Klebel, Zur Geschichte des Christentums in Bayern vor Bonifatius, in: St. Bonifatius-Gedenkgabe zum 1200. Todestag, Fulda 1954, S. 388–411; Heinrich Berg, Bischöfe und Bischofssitze im Ostalpen- und Donauraum vom 4. bis zum 8. Jahrhundert, in: Die Bayern und ihre Nachbarn I, hg. von Herwig Wolfram und Andreas Schwarcz, Wien 1985, S. 61–108.

[50] Vgl. Gamber, Ecclesia Reginensis, S. 92–113.

[51] Sydow, St. Kassians-Kirche. S. Kap. II, Anm. 55.

[52] Zibermayr, Noricum (wie Anm. 20), S. 112–124, 159–164.

[53] Prinz, Frühes Mönchtum, S. 385 f.; Gisela Koschwitz, Der heilige Bischof Erhard von Regensburg. Legende-Kult-Ikonographie (StMBO 86) 1975, S. 481–644. Zur Funktion der Kirche: Piendl, Stadttopographie, S. 75–77: Pfalzkirche. Dagegen Schwarz, Niedermünster, S. 28–33 und Streich, Burg und Kirche I, S. 109: Bischofskirche. Das Erhardgrab: Abb. 3.

neueste Forschung höhere Relevanz zuzuerkennen bereit ist als die bisherige Literatur[54]. Bis 739 scheint jedoch das gesamte Herzogtum von einem im Gefolge des Herzogs vorauszusetzenden Hofbischof betreut worden zu sein. Die Bistumsorganisation des hl. Bonifatius schuf dann neue Gegebenheiten. Sie ist nicht mit den Verhältnissen der vorausgehenden Zeit in Zusammenhang zu bringen. Erst 739 wurde Regensburg Sitz eines der vier altbayerischen Bistümer[55]. Die Stadt war nun politisches und kirchliches Zentrum zugleich. Dabei ging die herrschaftliche der kirchlichen Zentralität voraus. Regensburg wurde Bischofssitz, weil es Vorort des Herzogtums war; die kirchliche Organisation lehnte sich an die politischen Gegebenheiten an. Der Bistumssprengel erhielt wohl bereits durch den hl. Bonifatius zumindest im Süden den bis heute bestehenden Umfang. Es sind in diesem Abschnitt nur unbeträchtliche territoriale Veränderungen überliefert. Die Erstreckung des Kels- und Donaugaues gab den Rahmen ab. Es besteht hier zweifellos ein Zusammenhang zwischen weltlichen und kirchlichen Grenzen[56]. Dieser Kern des Diözesangebietes wurde durch den folgenden Landesausbau vor allem nach Norden durch die Einbeziehung des Nordgaues ausgeweitet. Die Diözese Regensburg scheint im wesentlichen auf dem Donau-, Kels- und Nordgau aufzubauen.
Mit Bischof Gaubald setzt 739 die Reihe der kanonischen Bischöfe zu Regensburg ein. Er kann genealogisch nicht eindeutig eingeordnet werden. Es werden eine angelsächsische und fränkische Abstammung erwogen. Es sei aber auch auf die Möglichkeit aufmerksam gemacht, daß er in den Umkreis der Agilolfinger gehören könnte, wenn der Name Gaubald mit Garibald in Zusammenhang zu bringen sein sollte. Vielleicht haben die Agilolfinger gerade in der Hauptstadt ein Mitglied ihrer Familie als kirchliches Oberhaupt durchgesetzt. Sein Nachfolger Sigirih ist jedenfalls dem Hochadel der unmittelbaren Umgebung zuzuordnen[57]. Die nachbonifatianischen Bischöfe residierten zunächst in St. Emmeram, weil auch in Regensburg die Bistumsorganisation eng an das wichtige bestehende Kloster angelehnt wurde und so der Abstand zur vorbonifatianischen Kirche betont werden sollte[58]. Die Bischöfe waren zugleich Äbte dieses ihnen unterstellten Eigenklosters, das entweder noch vom hl. Emmeram selber oder wahrscheinlicher um 700 nach der Überführung des Leichnams des ermordeten Hofbischofs in der Hauptstadt gegründet worden war. Dank herzoglicher Unterstützung wurde dieses Kloster einer der frühen Brennpunkte des Christentums in Süddeutschland. Der tassilonische Kirchenbau ist durchaus mit St. Peter in Salzburg vergleichbar. Er lag aber bereits außerhalb des ummauerten Bezirkes und beeinträchtigte die Stadtherrschaft der Herzöge deswegen zunächst nicht. Unmittelbar nach der Bistumserrichtung

[54] Louis Duchesne (Hg.), Le Liber pontificalis I, Paris 1886, S. 398.
[55] Die Briefe des Heiligen Bonifatius und Lullus, hg. von Michael Tangl, MGH Epp. 1, Berlin 1916, S. 71–74 Nr. 45.
[56] Ernst Klebel, Kirchliche und weltliche Grenzen in Baiern, in: Klebel, Probleme, S. 184–256.
[57] Hans Dachs, Germanischer Uradel im frühbairischen Donaugau, in: Bosl (Hg.), Zur Geschichte der Bayern, S. 93f.; Wilhelm Störmer, Adelsgruppen im früh- und hochmittelalterlichen Bayern (Studien zur bayerischen Verfassungs- und Sozialgeschichte 4) München 1972, S. 162.
[58] Prinz, Frühes Mönchtum, S. 255; Gamber, Sarmannina, S. 38–57; Gamber, Ecclesia Reginensis, S. 9–48. Vgl. Kap. V 6.

muß den Bischöfen dann aber von Tassilo III. der Dombezirk übereignet worden sein, auf dem noch unter diesem Herzog mit der Errichtung einer eigenen Bischofskirche begonnen wurde, die durchaus dem Salzburger Dom an die Seite gestellt werden kann. Das Peterspatrozinium bringt die Rombindung der Diözese zum Ausdruck. Der Dombezirk war direkt neben der Herzogspfalz gelegen und räumlich nicht so ausgedehnt wie andernorts[59]. Bezeichnenderweise tradierten die Agilolfinger an den Bischof von Regensburg weit weniger Besitz als etwa an die Bischöfe von Salzburg. Sie waren offensichtlich bestrebt, das Herzogsgut gerade hier zusammenzuhalten und dem Bischof keine allzu breite materielle Ausstattung zu überlassen, die nur auf ihre Kosten gehen konnte[60]. Eine Dominanz des Regensburger Bischofs gegenüber den übrigen bayerischen Bischöfen zeichnet sich nicht ab. Der politische Vorrang der Stadt fand also in der Kirchenorganisation keinen entsprechenden Niederschlag. Doch entspricht das durchaus den Verhältnissen dieser Zeit, die zunächst nur gleichrangige Bischöfe kannte. Innerhalb der Stadt war der Bischof seit 739 der einzige Grundherr, der während der Agilolfingerzeit neben den Herzog trat.

Neben dem bischöflichen Eigenkloster St. Emmeram führten auch die Klöster Ober- und Niedermünster ihre Anfänge in die Agilolfingerzeit zurück[61]. Die Erstbelege stammen freilich erst aus der karolingischen Epoche und dürften damit der Wirklichkeit entsprechen. Ihre Gründung erst im 9. Jahrhundert fügt sich besser in das gewonnene Bild ein: Herzog Tassilo III., der bedeutende Klostergründer der bayerischen Frühzeit, hat diese Bemühungen nicht auch in die Hauptstadt Regensburg hineingetragen und hier wohl keine Klöster errichtet. Er ist lediglich als Förderer des Emmeramskloster bekannt. Offensichtlich hat er Regensburg aus seiner sonstigen Klosterpolitik ausgespart, weil hier infolge des Interesses des Landesherrn besondere Verhältnisse gegeben waren. Das Ober- und Niedermünster sind eher Gründungen der karolingischen Epoche[62].

[59] Nach Gauer, Stadtkernforschung, S. 164 war die Porta praetoria als Stadtburg Ausgangspunkt der Ortswahl, nicht die Herzogspfalz. S. 166 schreibt er den Dombau Karl dem Großen zu. Dafür gibt es aber keinen Anhaltspunkt. Vgl. auch Gertraud Dischinger, Der Vorgängerbau der Stefanskapelle im Domkreuzgang von Regensburg (BGBR 17) 1983, S. 7–38.

[60] Vgl. Gertrud Diepolder, Die Orts- und *in pago*- Nennungen im bayerischen Stammesherzogtum der Agilolfinger (ZBLG 20) 1957, S. 364–436. Diese Tatsache widerspricht dem bei Arbeo von Freising, Vita Haimhrammi, hg. von Krusch, S. 34 überlieferten Versprechen Herzog Theodos, den Bischof dieser Stadt mit reichlichem Besitz auszustatten. Vgl. Streich, Burg und Kirche I, S. 69.

[61] Eine agilolfingische Gründung für das Obermünster nehmen etwa Hiltl, Obermünster, S. 3 und Gauer, Stadtkernforschung, S. 165f. an. S. Kapitel III, 2a; V 15, 16.

[62] Prinz, Frühes Mönchtum, S. 385f. Aus diesem Grunde spielt Regensburg eine sehr untergeordnete Rolle in der maßgeblichen Untersuchung von: Ludwig Holzfurtner, Gründung und Gründungsüberlieferung. Quellenkritische Studien zur Gründungsgeschichte der bayerischen Klöster der Agilolfingerzeit und ihrer hochmittelalterlichen Überlieferung (Münchener Historische Studien, Abt. Bayerische Geschichte 11) Kallmünz 1984.

2. Die Karolingerzeit

a) Die Stadtherrschaft

Mit der Absetzung Herzog Tassilos III. büßte Regensburg seine herkömmliche Vorrangstellung innerhalb des bayerischen Stammesherzogtums nicht ein. Die Stadt blieb Hauptstadt[63] und stieg nun zudem zum Vorort des Ostfränkischen Reichsteiles auf. Der Raum um Regensburg war einer der Kernräume der *Francia orientalis*. Die Stadt durchlebte im 9. Jahrhundert unter den Karolingern wohl den Höhepunkt ihrer gesamten Geschichte überhaupt. Hier sind Ansätze zur Bildung einer Hauptstadt für das Ostfränkische Reich gegeben[64]. Regensburg wurde politisches, wirtschaftliches, kulturelles und kirchliches Zentrum[65]. Die Stadt ging auf dem Wege der Fiskalsukzession an die Karolinger über. Mit dem übrigen Herzogsgut in Bayern wurde sie karolingisches Königsgut. Neue Stadtherren waren somit die karolingischen Könige. Das bringt bereits die erste von Karl dem Großen in Regensburg ausgestellte Urkunde zum Ausdruck, die den Ausstellungsort auffallend nachdrücklich mit *Reganesburch civitate nostra* angibt[66]. Hier werden die neuen Rechts- und Besitzverhältnisse sofort absichtlich hervorgehoben. Nicht minder demonstrativ sprechen die folgenden Urkunden vom *palatium publicum*[67] oder gar *palatium nostrum publicum*[68] in der *civitas* Regensburg oder *civitas nostra* Regensburg[69]. Erst als es nach einiger Zeit nicht mehr notwendig war, den karolingischen Herrschaftsanspruch derart zu betonen, wurde auch für Regensburg die *actum*-Formel ohne den *civitas*-Zusatz üblich, wie sie für die Urkunden Karls des Großen im allgemeinen bezeichnend ist[70]. Dabei verdient die Benennung *civitas* einen näheren Blick. Östlich des Rheins werden allein Worms, Mainz und Regensburg in den Quellen der Zeit als *civitates* bezeichnet. Dieses Attribut wird lediglich Städten mit zentralörtlicher Funktion zuerkannt, die zudem seit der Spätantike über eine Befestigung verfügen und Bischofssitze sind[71]. Da Regensburg das letztgenannte Kriterium nicht erfüllte, fällt der Stadt in dieser

[63] Annales Fuldenses, hg. von Kurze, S. 69, 85. Vgl. Kraus, Civitas Regia, S. 10–20; Gauer, Castra Regina und Rom, S. 38–87; A. Schmid, Regensburg zur Karolingerzeit.

[64] Schulte, Pavia und Regensburg. Vgl. Alois Bernhard, Regensburg im 9. Jahrhundert in England bekannt (VHVO 100) 1959, S. 197–200; P. Schmid, Regensburg, S. 434–442.

[65] Daß Regensburg erst durch Karl den Großen zu einer Stadt geworden sei (so Gauer, Urbs, Arx, Metropolis, S. 69f.; Gauer, Castra Regina und Rom, S. 38–61), ist kaum zu halten. Der Romkult tritt bei Karl dem Großen erst bestimmend in den Vordergrund, als Regensburg bereits wieder an Bedeutung für den Kaiser verliert. Vgl. dazu auch Brühl, Palatium und Civitas II, S. 223f.

[66] MGH DD KdGr. 162.

[67] MGH DD KdGr. 171, 174, 175, 202; zur Formel: Peter Classen, Bemerkungen zur Pfalzenforschung am Mittelrhein, in: Deutsche Königspfalzen, hg. von der Max Planck-Gesellschaft, Göttingen 1963, S. 79–82.

[68] MGH DD KdGr. 173.

[69] MGH DD KdGr. 162.

[70] MGH DD KdGr. 173–175, 202. Vgl. Classen, Pfalzenforschung am Mittelrhein (wie Anm. 67), S. 81.

[71] Siegfried Rietschel, Die Civitas auf deutschem Boden bis zum Ausgange der Karolingerzeit, Leipzig 1894; Planitz, Stadt, S. 232.

Gruppe eine Sonderstellung zu, die sicherlich mit ihrer Hauptstadtfunktion zusammenhängt. Diese kommt deutlicher in einem weiteren Attribut zum Ausdruck: *civitas regia*[72]. Es wird außerdem nur noch der Hauptstadt des Langobardenreiches, Pavia, zuerkannt, und zwar zunächst allein in der Karolingerkanzlei[73]. Deswegen hat es sicherlich verfassungsmäßigen Gehalt; es sollte das politische Zentrum des Ostfränkischen Reiches bezeichnen. Vereinzelt wurde es sogar als Stadtname verwendet[74]. Wiederholt sprechen die Quellen auch von der *urbs regia*[75]. Damit wird die Stadt bezeichnet, die dem König gehört, in der der König residiert und von der aus er sein Herrscheramt ausübt. Als weiterer Name begegnet *Urbs Regensis*[76].
Die Stadtherrschaft der Karolinger wurde mehr als zu den Zeiten der Agilolfinger durch Schenkungen an die Kirche abgebaut. Wohl erst in dieser Epoche werden die Klöster Ober- und Niedermünster gegründet, die sich in merkwürdiger, kaum zufälliger Diagonalrichtung über das Altstadtareal verteilen. Über ihre Funktion wird später zu handeln sein. Diese Klöster stellten weitere kirchliche Bezirke dar, die nun die königliche Stadtherrschaft einschränkten. Inwieweit die Immunitätsverleihung von 853 den Dombezirk aus der königlichen Zuständigkeit befreite, ist umstritten[77]. Vermutlich erhielt er die Exemtion aber erst später. Das Diplom König Ludwigs des Deutschen verfügte wohl nur eine Teilimmunität für die Besitzungen in der Ostmark und bezog sich nicht auf die Stadt. Denn es zeichnet sich auch unter den Karolingern das Bestreben ab, dieser Entwicklung entgegenzuarbeiten. Mehrfach haben sie mit Königsdiplomen versucht, die kirchliche Position innerhalb oder in unmittelbarer Nähe der Stadt einzuschränken[78] und die Kirchen aus der Stadt abzulenken[79], um ihre Stellung als Stadtherrn nicht allzusehr zu beeinträchtigen.
Regensburg wurde schon von Karl dem Großen demonstrativ als Vorort der neuen Provinz des Frankenreiches behandelt[80], stieg vor allem unter Ludwig dem Deutschen seit etwa 830 zu einem der Hauptorte des Ostfrankenreiches auf. Nachdem es diesen Rang unter Karlmann angesichts dessen italienischer Pläne vorübergehend wieder eingebüßt hatte[81], erneuerte Arnulf von Kärnten diese Funktion noch einmal besonders eindrucksvoll. Die Stadt blieb ein bedeutendes Zentrum karolingischer Herrschaft bis in die Mitte der Regierung

[72] MGH DD LdD 40, 48, 62, 87, 88, 100, 101, 110, 111, 112, 113, 119, 161, 165; Karlmann 1; Arn. 117.
[73] Carlrichard Brühl, Zum Hauptstadtproblem im frühen Mittelalter, in: Festschrift für Harald Keller, Darmstadt 1963, S. 50; Carlrichard Brühl, Fodrum, gistum, servitium regis I (Kölner Historische Abhandlungen 14, 1) Köln-Graz 1968, S. 152f.
[74] MGH DD Arn. 117; vgl. MGH LL III, S. 482.
[75] Widukind von Korvey, Sachsengeschichte, hg. von Lohmann und Hirsch, S. 115.
[76] MGH Poetae latini II, S. 173.
[77] MGH DD LD 64. Vgl. Edmund E. Stengel, Diplomatik der deutschen Immunitäts-Privilegien vom 9. bis zum Ende des 11. Jahrhunderts, Innsbruck 1910, S. 76: „Teilimmunität". S. Anm. 206, 207, 265.
[78] MGH DD Arn. 12.
[79] MGH DD LD 174.
[80] P. Schmid, Reichsversammlungen, S. 35f.
[81] Alois Schmid, Bayern und Italien vom 7. bis zum 10. Jahrhundert, in: Die transalpinen Beziehungen der Bayern, Alemannen und Franken bis zum 10. Jahrhundert, hg. von Helmut Beumann und Werner Schröder (Nationes 6) Sigmaringen 1987, S. 78.

Ludwigs des Kindes. Seit 905 etwa verdrängten sie dann aber politische Verschiebungen aus diesem Vorrang.

Dem Stadtherrn unterstand auch der Gürtel von Königsgut rund um die Stadt, den er durch Schenkungen nur wenig schmälerte. Deswegen war der König auch Herr der Zivilstadt, die sich auf dem Boden der römischen *canabae* vor der Westmauer in karolingischer Zeit wieder neu bildete. In ihr wohnte vorwiegend die Kaufmannschaft, die sich zur Versorgung des Hofes hier nun ansiedelte. Dieser zog nämlich eine zahlenmäßig starke Gruppe anspruchsvoller und zahlungskräftiger Konsumenten an. Das Kaufmannsviertel reichte bis auf die Höhe des heutigen Bismarck- und Arnulfsplatzes. Es führte – wie vielleicht früher schon die römische Zivilstadt – wohl einen eigenen Namen: *Regenunto*[82].

b) Königsaufenthalte

Die Hauptstadtfunktion kommt vor allem in den Königsaufenthalten zum Ausdruck. Die Karolinger verweilten oftmals und teilweise lange in ihrer *civitas*. Für einzelne war diese Stadt unverkennbar bevorzugter Aufenthaltsort. Regensburg ist einer der wichtigsten Orte in den Itineraren der ostfränkischen Karolinger geworden[83].

Diese Königsaufenthalte setzen bereits unter Karl dem Großen ein, der noch 788 nach Regensburg kam, um die eroberte Provinz Bayern in Besitz zu nehmen. Vom Herbst 791 bis zum Herbst 793 hielt er sich durchgehend hier auf, um von diesem südöstlichen Eckposten aus die Awarenkriege zu leiten. Karl der Große suchte Regensburg – immer aus militärischen Gründen – insgesamt fünfmal auf. Dabei beging er nachweislich zweimal das Weihnachts- und Osterfest hier. Siebenmal wird Regensburg als Ausstellungsort seiner Urkunden genannt. Während Ludwig der Fromme nicht mit Regensburg in Verbindung gebracht werden kann, rückte die Stadt wieder unter Ludwig dem Deutschen in den Mittelpunkt des Königsitinerars. Nicht weniger als dreiunddreißigmal weilte der Herrscher in Regensburg, ebensooft wie in Frankfurt, der anderen Hauptpfalz, die ab der Mitte des 9. Jahrhunderts mehr in den Vordergrund trat. Hier hat er 38 echte Urkunden ausgestellt. Viermal diente ihm diese Pfalz als Winterresidenz, sechsmal beging er hier das Osterfest. Ludwig der Deutsche hielt sich wiederholt über Monate hinweg in dieser Stadt auf, in die er aber auch ohne erkennbaren Anlaß immer wieder zurückkehrte. Er hat für sie offensichtlich eine besondere Vorliebe entwickelt. Deswegen blieb hier seine Familie zurück, wenn er im Zuge des Reisekönigtums des frühen Mittelalters andere Pfalzen aufsuchte. Vor allem lebte hier seine Gattin Hemma während der Abwesenheit des Königs. In dem von ihr vielleicht gegründeten, jedenfalls sehr geförderten Kloster Obermünster wurde sie nach ihrem Tod wohl auch bestattet. Die Nachfolger Ludwigs des Deutschen haben diese Vorliebe in abgeschwächter Form weitergeführt. Karlmann verlegte vermutlich im Zusammenhang mit seiner Italienpolitik den Schwerpunkt mehr in den Raum Ötting. Doch hat auch er seine erste Urkunde in Regensburg anläßlich einer Huldigungsversammlung ausgestellt[84].

[82] MGH DD LD 66. Vgl. Kap. II, Anm. 11.
[83] Raisch, Königspfalzen, S. 157–163; P. Schmid, Regenburg, S. 457–465; Ennen, Europäische Stadt, S. 50, 90.
[84] MGH DD Karlm. 1.

Schon Ludwig der Jüngere aber suchte Regensburg wieder dreimal auf und stellte hier zwei Urkunden aus[85]. Karl III. kam in den wenigen Jahren seiner Herrschaft viermal hierher und fertigte hier vier Urkunden aus[86]. Die führende Stellung sollte dann aber vor allem von Arnulf von Kärnten wieder ausgebaut werden[87]. In den dreizehn Jahren seines Königtums kam er nicht weniger als zweiundzwanzigmal in die Stadt, in der er viermal lange Winterwochen mit dem Weihnachtsfest verbrachte und fünfmal Ostern feierte. Von den überlieferten 176 echten Diplomen des Kaisers sind nicht weniger als 59 in dieser Stadt ausgestellt. Sie nimmt in seinem Itinerar eindeutig die führende Stelle ein. Unter ihm wird Regensburg die wichtigste Stadt im Osten des Reiches. Es werden Ansätze zu einer Residenzbildung, wie in Frankreich oder England, spürbar. Diese Vorzugsstellung währte bis etwa zur Mitte der Regierungszeit Ludwigs des Kindes, der in seinen ersten Jahren immerhin fünfmal in die Stadt kam und hier von seinen 78 echten Diplomen noch 11 ausstellte[88]. Diese konzentrieren sich deutlich in der ersten Hälfte seiner Regierung. Ab 905 wird die Präsenz des Königtums dann aber unverkennbar vermindert. Es wurde wirksam, daß neue Gewalten in den Vordergrund drängten. 907 nimmt das jüngere Herzogtum der Luitpoldinger seinen Anfang und verschiebt die überkommenen Gewichte. Das Königtum verlagerte den Schwerpunkt seiner Herrschaft unter dem Einfluß Salomos von Konstanz und Hattos von Mainz nun mehr in die Rheinlande.

c) Königsstraßen

Die zentrale Stellung Regensburgs, das eine beliebte Winter- und Festpfalz darstellte, innerhalb des königlichen Itinerars war nur dadurch möglich, daß die Stadt einen Knotenpunkt im System der Königsstraßen bildete, wohl den wichtigsten östlich des Rheins überhaupt[89]. Dieses Straßensystem beruhte noch immer auf den weithin intakten Römerstraßen, die die entscheidenden Verbindungslinien blieben. Die Donausüduferstraße war auch in karolingischer Zeit eine beherrschende Verkehrslinie. Von ihr nahm der Verkehr nach Osten seinen Ausgang, der gerade in Epochen intensiver Ostpolitik – wie unter Karl dem Großen, Ludwig dem Deutschen und Arnulf von Kärnten – auch politisch bedeutend war. Die Donausüduferstraße war für die Awarenkriege Karls des Großen, die Böhmenkriege Ludwigs des Deutschen und die Mährerkriege Kaiser Arnulfs von Kärnten wichtig als Aufmarschlinie, zur Versorgung der Truppen und zur Sicherung der Erfolge einschließlich der Missionierung dieser Gebiete. Regensburg stellte den letzten bedeutenden Stützpunkt des Frankenreiches in Richtung Osten an dieser Verkehrslinie dar. Innerhalb des Stadtgebiets verlief sie entlang des heutigen Straßenzuges Hochweg – Arnulfsplatz – Ludwigstraße – Goliathstraße – Unter den Schwibbögen – Ostengasse. Nach Westen stellte sie die Verbindung zu den Zentralräumen am Bodensee und im Rhein/Main-Gebiet her. Dieser Straßenzug war wohl die wichtigste Fernstraße

85 MGH DD Ld d. J. 13, 21.
86 MGH DD K III. 72, 73, 74, 75.
87 Kraus, Civitas Regia, S. 16–19.
88 MGH DD LK 9, 11, 12, 28–30, 38–42.
89 P. Schmid, Regensburg, S. 16–17.

innerhalb des bayerischen Raumes überhaupt. Die herkömmlichen Südverbindungen sind noch immer in Gebrauch, verlieren aber an Bedeutung. Durch Erweiterung nach Norden wird nun das römische Straßennetz den Erfordernissen der neuen Zeit angepaßt. Besonders frequentiert war die Verbindung zum Zentralraum um Frankfurt. Sie verlief über die Pfalz Forchheim, wo eine weitere wichtige Straße nach Sachsen abzweigte. Vom Verkehrsknoten Regensburg strahlten die Königsstraßen in verschiedene Richtungen aus. Die karolingische Pfalz war von sämtlichen Seiten her gut erreichbar. Vor allem lag sie an einer schiffbaren Wasserstraße, so daß sie auch zu Wasser angefahren werden konnte. Allerdings darf die Bedeutung der Donauschiffahrt in dieser Frühzeit nicht überschätzt werden.

d) Reichsversammlungen

Die vorzügliche Verkehrslage war wichtig, weil diese Stadt bevorzugte Tagungsstätte von Reichsversammlungen war[90]. Vor allem dadurch wurde sie zu einem der entscheidenden politischen Zentren der Karolinger. Diese Tradition begründete bereits Karl der Große, der die Magnaten des Frankenreiches insgesamt viermal nach Regensburg zusammenrief: 788, 791, 792 und 803. Von besonderer Bedeutung war dabei die Versammlung des Jahres 792, als er während seines langen Aufenthaltes in der Stadt unter anderem gegen die Irrlehren des Felix von Urgel vorging. In der ersten Hälfte des 9. Jahrhunderts brach diese Tradition dann vorübergehend ab. Denn für die lange Regierungszeit Ludwigs des Deutschen sind überraschenderweise nur drei Reichsversammlungen in dieser Stadt bezeugt, ungewöhnlich wenige angesichts seiner oftmaligen Aufenthalte. Hier erhielt Frankfurt mit elf Versammlungen eindeutig den Vorrang. Wie Regensburg haben auch Worms und Mainz je drei Versammlungen aufzuweisen. Ludwig der Deutsche berief 853, 861 und 870 Reichsversammlungen nach Regensburg ein, von denen letztere wegen des Prozesses gegen den Slawenapostel Method besonders wichtig war. Für Ludwig den Jüngeren ist nur eine einzige Versammlung von 879 bezeugt, als er nach dem Schlaganfall Karlmanns die bayerischen Großen auf sich verpflichtete. Nicht häufiger versammelte Karl III. die Großen des Reiches in diesem Zentrum. Lediglich im Jahre 883 führte er hier einen Reichstag durch, wo er seinen Romzug vorbereitete, der angesichts des gewaltsamen Todes des Papstes Johannes VIII. notwendig geworden war. Die glanzvollsten Versammlungen berief dann aber Kaiser Arnulf von Kärnten in die Stadt. In den dreizehn Jahren seines Königtums veranstaltete er vier Reichsversammlungen: 887/888, 895, 897 und 899. Die bedeutendste war zweifellos die erste, weil er dort die Huldigung der Vertreter aller Stämme entgegennahm, wodurch seine staatsstreichartige Herrschaftsübernahme rechtskräftig sanktioniert wurde. 895 wurden vorrangig böhmische Probleme behandelt. Arnulf nahm die Huldigung der böhmischen Großen entgegen und vollzog damit die Angliederung Böhmens, die vor allem im kirchlichen Bereich folgenschwer werden sollte. Bis zur Gründung des Bistums Prag 973 wurde nun das

[90] Zu den karolingischen Reichsversammlungen: Heinrich Weber, Die Reichsversammlungen im ostfränkischen Reich 840–918. Eine entwicklungsgeschichtliche Untersuchung vom karolingischen Großreich zum deutschen Reich, Diss. phil. Würzburg 1962; P. Schmid, Reichsversammlungen, S. 45–55; P. Schmid, Regensburg, S. 307–330.

Herzogtum Böhmen von Regensburg aus kirchlich betreut. Die Reihe der karolingischen Reichsversammlungen klingt aus mit einer Versammlung unter Ludwig dem Kind 901, die ebenfalls vorwiegend Fragen der Ostpolitik behandelte, die durch den Zerfall des Mährerreichs in Bewegung gekommen war. Erstmals spielte auch das Problem der Ungarn eine Rolle. In Regensburg wurden also bevorzugt Reichsversammlungen abgehalten, die Ostfragen betrafen. Hier wurde die Politik gegenüber den Awaren, Mährern, Böhmen (Taufe der vierzehn Adeligen 845[91]) und Ungarn festgelegt, während man italienische Fragen vorzugsweise in ähnlicher Weise zu Augsburg abhandelte[92]. Daneben spielt die Stadt als Huldigungsort der Könige eine besondere Rolle.

e) Karolingerpfalzen

Die starke Präsenz des Königtums in Regensburg war nur möglich, weil in dieser Stadt die erforderlichen Baulichkeiten vorhanden waren[93]. Im Unterschied zu anderen Pfalzorten stand dem Königtum hier eine eigene, von der Bischofspfalz getrennte Pfalzanlage zur Verfügung. Karl der Große hatte die agilolfingische Pfalz übernommen, die für seine Bedürfnisse offensichtlich zunächst ausreichte. Die in der älteren Literatur, zuletzt von Schwarz und vor allem von Gauer angenommene umfassende Bautätigkeit des fränkischen Königs in dieser Stadt, die auch einen völligen Neubau des Pfalzkomplexes eingeschlossen habe[94], ist nicht mit Quellen zu belegen. Dafür haben auch die archäologischen Befunde bisher noch keine überzeugenden Anhaltspunkte ergeben. Solange keine beweiskräftigeren Argumente beigebracht werden können, hat die These, daß Karl der Große die agilolfingische Pfalz übernommen hat und diese somit auch die erste karolingische Pfalz in Regensburg geworden ist, mehr Wahrscheinlichkeit für sich. Über das Problem der Lokalisierung wurde bereits gehandelt. Eine derart zentrale Stellung, wie sie für die von Gauer angenommene umfassende Bautätigkeit des Karolingers Voraussetzung wäre, nahm Regensburg im politischen System des Frankenkönigs kaum ein. Er konzentrierte sein Interesse nach Abschluß der Awarenkriege eindeutig auf die Residenz zu Aachen[95]. Schon die Pfalzbauten zu Nimwegen und zu Ingelheim hat er nicht zum Abschluß gebracht. In Regensburg scheint er damit nicht einmal begonnen zu haben.

Die Verhältnisse änderten sich dann aber unter Ludwig dem Deutschen, vor allem seit die Reichsteilungen zur Verselbständigung des Ostfränkischen Reiches führten. Dadurch fielen Regensburg wesentlich ausgeprägtere zentralörtliche Funktionen zu als unter Karl dem Großen. Zum Jahr 850 berichtet

[91] Annales Fuldenses, hg. von Kurze, S. 35. Vgl. Erwin Herrmann, Slawisch-Germanische Beziehungen im südostdeutschen Raum von der Spätantike bis zum Ungarnsturm. Ein Quellenbuch mit Erläuterungen (Veröffentlichungen des Collegium Carolinum 17) München 1965, S. 106f.

[92] Werner Goez, Augsburg und Italien im Mittelalter (Zeitschrift für Stadtgeschichte, Stadtsoziologie und Denkmalpflege 1) 1974, S. 196–220.

[93] Raisch, Königspfalzen; P. Schmid, Regensburg, S. 48–64.

[94] Schwarz, Niedermünster, S. 54, 57; Gauer, Urbs, Arx, Metropolis, S. 52–55; Gauer, Castra Regina und Rom, S. 47f.

[95] Ludwig Falkenstein, Der „Lateran" der karolingischen Pfalz zu Aachen (Kölner Historische Abhandlungen 13) Köln-Graz 1966.

Notker von St. Gallen, daß König Ludwig der Deutsche *oratoria nova ad Franconovurt et Reganesburg admirabili opere* erbaut habe [96]. Heuwieser wollte diesen Eintrag lediglich auf einen Neubau der Pfalzkapelle bezogen wissen [97]. Ihm schloß sich neuerdings Schwarz an [98]. Gauer denkt allein an Reparaturmaßnahmen an der von Karl dem Großen errichteten Pfalzanlage [99]. Diesen Deutungen widerspricht aber die Formulierung *construximus* in einer Königsurkunde Ludwigs des Deutschen [100]. Zudem ist die Angabe Notkers im Zusammenhang mit den gehäuften Aufenthalten des Königs in der Stadt zu sehen. Sie machten eine den deswegen steigenden Bedürfnissen angemessene neue Pfalzanlage erforderlich. Daß der Hinweis Notkers in diesem Sinne zu verstehen ist, legen zudem die Verhältnisse zu Frankfurt nahe, wo sich die Bauarbeiten ebenfalls nicht auf die Kirche beschränkten [101]. Die agilolfingische Pfalz, für die zwischen 803 und 830 kein Königsaufenthalt nachzuweisen ist, entsprach den Anforderungen einer andauernden königlichen Hofhaltung nicht mehr. Als Bauzeit kommt vornehmlich das zweite Viertel des 9. Jahrhunderts in Frage. Ab der Jahrhundertmitte hat König Ludwig dann sein Interesse stärker nach Frankfurt verlagert [102].

Mit dem Problem der Lokalisierung dieser Pfalz hat sich eine umfassende Literatur beschäftigt [103]. Sie ist, anders als für den agilolfingischen Vorgängerbau, zu breit anerkannten Ergebnissen gelangt. Hauptursache dafür ist, daß sie von einem gesicherten Punkt ausgehen kann: der Alten Kapelle. Diese ist unbestritten das Herzstück der Pfalzanlage: die Pfalzkapelle; auf diese stößt wie in mehreren anderen Anlagen mit vergleichbaren Ausmaßen und im rechten Winkel ein Flügel mit dem späteren Herzogshof, in dem das Wohngebäude des Königs mit der *aula regni* gesucht werden muß. Für die gegenüberliegende Ostseite sind in Urkunden der Ottonenzeit weitere Pfalzbauten genannt. Am ehesten ist an Wohn- und Wirtschaftsgebäude für das Königsgefolge zu denken. Auf der Nordseite des von den genannten drei Flügeln umschlossenen Alten Kornmarktes deutet der Niedermünster-Komplex ebenfalls auf Königsbesitz. Die bisherige Kirche war durch den Neubau der Alten Kapelle in ihrer Funktion abgelöst worden und wurde deswegen in ein Frauenstift umgewandelt, das erstmals um das Jahr 890 bezeugt ist [104]. Die topographische Bezeichnung Herzogshof deutet in die gleiche Richtung. Hier könnten auch Funktionsgebäude des Verwaltungspersonals untergebracht gewesen sein. Demnach hat die Pfalzanlage Ludwigs des Deutschen den Alten Kornmarkt mit Sicherheit im Süden und Westen, mit hoher Wahrscheinlichkeit auch im Osten und Norden im Viereck umgeben. Sie bildete einen von der übrigen Stadt abgeschlossenen Bereich, eine

[96] Notker der Stammler, Taten Kaiser Karls des Großen, hg. von Haefele (wie Anm. 25), S. 69.
[97] Heuwieser, Frühmittelalter, S. 104f.
[98] Schwarz, Niedermünster, S. 57f.
[99] Gauer, Urbs, Arx, Metropolis, S. 51–55.
[100] MGH DD LD 161.
[101] Marianne Schalles-Fischer, Pfalz und Fiskus Frankfurt. Eine Untersuchung zur Verfassungsgeschichte des fränkisch-deutschen Königtums (Veröffentlichungen des Max-Planck-Instituts für Geschichte 20) Göttingen 1969, S. 201.
[102] Schalles-Fischer, Frankfurt, S. 253–261.
[103] P. Schmid, Regensburg, S. 48–53.
[104] Widemann, Traditionen, S. 112f. Nr. 140. Vgl. Streich, Burg und Kirche I, S. 109.

Burg innerhalb der Stadt. Der Römerturm dürfte innerhalb dieses Komplexes eine Eckbastion markiert haben, die vielleicht ihre Entsprechung im Campanile bei der Alten Kapelle fand. Für die Richtigkeit dieses Rekonstruktionsversuches sprechen Ähnlichkeiten mit vergleichbaren Pfalzanlagen sowie die ältesten bildlichen Aufnahmen dieses Stadtviertels auf Plänen des 17. Jahrhunderts. Der tödliche Fenstersturz eines karolingischen Prinzen im Jahre 879[105] deutet auf eine mehrgeschossige Anlage. In unmittelbarer Nähe der Ludwigspfalz lag ein erster Versorgungshof, der sich in der Straßenbezeichnung „Am Königshof" noch heute widerspiegelt[106]. Die Regensburger Pfalz diente auch als Winter- und Festpfalz[107].

Diese zweite karolingische Pfalz wurde bereits nach wenigen Jahrzehnten von einer dritten Anlage abgelöst[108]. Dadurch wurde die Ludwigskapelle zur *Alten Kapelle*, die sie bis heute geblieben ist. Arnold von St. Emmeram sichert diesen Pfalzneubau durch Kaiser Arnulf von Kärnten. Daß er durch einen infolge der seltenen Aufenthalte Karlmanns, Ludwigs des Jüngeren und Karls III. verursachten Verfall dazu veranlaßt worden sei, ist angesichts der Kürze der vergangenen Zeit wenig wahrscheinlich. Zudem hatte Karl III. die Alte Kapelle durchaus mit Einsatz gefördert. Grund war sicherlich auch nicht der verheerende Stadtbrand von 891, da die neue Pfalz allem Anschein nach bereits vorher, unmittelbar zu Beginn der Herrschaft Arnulfs von Kärnten, errichtet worden war. Anlaß waren eher die angesichts der sich deutlich verfestigenden Residenz und des Auflebens des Emmeramskultes veränderten Verhältnisse. Arnulf von Kärnten verehrte diesen Heiligen sehr und erhob ihn zum Reichsheiligen; allerdings wird dieser Sachverhalt nur in späteren Quellen des Hauses selber angesprochen. Er wollte demnach seinen Aufenthaltsort in die direkte Nähe des Heiligen verlegen. Damit entsprach er aber auch einer Praxis der Karolinger, die wiederholt Pfalzen in die unmittelbare Umgebung von außerhalb der Städte gelegenen Klöstern plazierten und so Klosterpfalzen schufen. Diesem Typus entspricht auch die Arnulfspfalz zu Regensburg[109]. Die genaue Lage dieser karolingischen Klosterpfalz ist allerdings umstritten. Der Hinweis Propst Arnolds, diese sei *in vicinitate monasterii* gelegen[110], ist nicht hinreichend exakt. Die ältere Forschung hat an den Bereich des Ägidienplatzes gedacht, der aber vor allem wegen des dortigen Kirchenpatroziniums ausscheidet. Die meiste Wahrscheinlichkeit hat der Vorschlag Max Piendls für sich, der den zweigeschossigen und zweischiffigen Festsaal des Königskomplexes in der rechtwinklig auf das Westwerk der Emmeramskirche stoßenden Vorhalle und im Paradies bei St. Emmeram suchte[111]. Weitere Pfalzgebäude sind demnach im Bereich des heutigen Pfarrhofes zu vermuten. Weil auch diesem

105 Reginonis abbatis Prumiensis chronicon cum continuatione Treverensi, hg. von Friedrich Kurze, MGH SrG 50, Hannover 1890, S. 119.
106 P. Schmid, Regensburg, S. 58–60.
107 P. Schmid, Regensburg, S. 60f.
108 P. Schmid, Regensburg, S. 53–58.
109 Carlrichard Brühl, Königspfalz und Bischofsstadt in fränkischer Zeit (Rheinische Vierteljahrsblätter 23) 1958, S. 242–251.
110 Arnold von St. Emmeram, Libri de S. Emmerammo, hg. von Waitz, MGH SS IV, S. 551.
111 Piendl, Die Pfalz Kaiser Arnulfs.

Vorschlag einige Ungereimtheiten im Wege stehen, hat Piendl Widerspruch erfahren. Dieser kam vor allem von seiten der Kunstgeschichte, welche das Doppelnischenportal von St. Emmeram eindeutig als sakralen Architekturteil ansprach und den Gedanken an einen Profanbau verwarf[112]. Die Kunstgeschichte sucht die Arnulfspfalz in Anlehnung an die Ludwigspfalz weiter nördlich, deutlicher vom Kirchenkomplex abgesetzt. Es wird darauf hingewiesen, daß auch diese Pfalz im Quadrat um den Emmeramsplatz angelegt gewesen sein könnte. Das Ergebnis der vergleichenden Pfalzenforschung macht diesen Erklärungsversuch aber weniger wahrscheinlich. Klosterpfalzen sind in der Regel unmittelbar beim Kloster postiert, so daß ein direkter baulicher Zusammenhang besteht. Nicht zuletzt deuten die Niveauverhältnisse im Bereich der Vorhalle von St. Emmeram darauf hin, daß unter der Oberfläche Baureste verborgen liegen könnten. Die Entsprechungen in den Größenverhältnissen bleiben auffällig und dürfen trotz aller Einwände als tragfähiges Indiz gewertet werden. Nach wie vor hat Max Piendls Vorschlag die größte Wahrscheinlichkeit für sich. Die Klosterpfalz bei St. Emmeram ist die letzte Pfalz dieses Typus, die im Frankenreich nachgewiesen werden kann. Im Unterschied zu den vorausgehenden Anlagen wurde sie ohne Beteiligung des Klosters allein vom Kaiser erbaut[113].

Von den Regensburger Pfalzen aus wurde das Ostfränkische Reich weithin regiert. Sie sind als wichtiger Gerichtssitz *(mallum publicum)* bezeugt. Hier waren Organe der Zentralverwaltung angesiedelt. Gerade unter den Königen Ludwig dem Deutschen und Arnulf von Kärnten wurde die Hofkapelle eng mit dieser Stadt verbunden. Sie war teilweise sogar im Kloster St. Emmeram untergebracht, einem der Brennpunkte der frühen Schriftkultur. Zum Teil rekrutierte sie ihr Personal aus diesem Kloster[114]. Mit dem Emmeramer Konvent stehen mehrere Notare in Verbindung (z. B. Adalleod oder Dominicus). In bestimmten Abschnitten wurde die Hofkapelle sogar von den Regensburger Bischöfen geleitet. Als Erzkaplan ist vor allem Abtbischof Baturich bezeugt. In ähnlicher Funktion begegnet sein Nachfolger Erchanfried. Erzkaplan Aspert wurde aus diesem Amt auf den Bischofsstuhl der Stadt berufen. Seit 882 wurden hier die Reichsannalen geführt[115]. Allerdings war Abtbischof Tuto nicht zugleich *secretarius* Arnulfs, wie die spätere Emmeramer Tradition behauptete[116]. Es gibt Hinweise, daß die Hofkapelle ihr Personal auch aus dem

[112] Strobel, Regensburg als Bischofsstadt, S. 66; Günter Lorenz, Das Doppelnischenportal von St. Emmeram in Regensburg. Studien zu den Anfängen des Kirchenportals im 8. bis 11. Jahrhundert, Frankfurt-Bern 1984, S. 110–115.

[113] Brühl, Königspfalz und Bischofsstadt in fränkischer Zeit (wie Anm. 109), S. 242–251; Brühl, Palatium und Civitas II, S. 219-255; Streich, Burg und Kirche I, S. 58f., 613f.

[114] Paul Kehr, Die Kanzlei Ludwigs des Deutschen (Abhandlungen der Preußischen Akademie der Wissenschaften, phil.-hist. Klasse) Berlin 1932, S. 15f.; Bischoff, Schreibschulen I, S. 171–259; Raisch, Königspfalzen, S. 155–157; Fleckenstein, Hofkapelle I, S. 168–170, 219.

[115] Annales Fuldenses, hg. von Kurze. Vgl. Kraus, Civitas Regia, S. 17.

[116] Seit Ostrofrancus gilt Abtbischof Tuto als Kanzler Arnulfs. Doch lassen sich dafür keine tragfähigen Belege beibringen. Er erhält von Kaiser Arnulf nur zwei wenig bedeutsame Begünstigungen (MGH DD Arn. 134, 160). Vgl. Erwin Herrmann, Bischof Tuto von Regensburg (BGBR 6) 1972, S. 21; A. Schmid, Herrschergräber, S. 347f.

Domstift holte. Notar Gundbert wechselte aus bischöflichen Diensten in die Hofkapelle, wobei der Bischofshof mit Besitz um Wörth entschädigt wurde, der Ausgangspunkt des Hochstiftsterritoriums werden sollte[117]. Die karolingische Hofkapelle ist also nicht nur räumlich, sondern durchaus auch personell eng mit dem Pfalzort Regensburg verflochten. Es bestand eine enge Verbindung zu den Abtbischöfen, die in dieser Epoche sehr königstreu waren. Das hängt damit zusammen, daß sie zum Teil von den Königen eingesetzt worden waren. Die Bischöfe Sintpert und Adalwin sind sogar als *missi dominici* bezeugt[118]. Es handelt sich im 9. Jahrhundert um sehr politische Bischöfe, denen mit der Angliederung Böhmens nicht nur die Missionierung, sondern auch die Stabilisierung der Verhältnisse in diesem Grenzraum übertragen wurde[119]. An der von der späteren Emmeramer Geschichtsschreibung auffallend betonten Rolle des Klosters als karolingischer Grablege sind allerdings Abstriche zu machen[120].

Die Versorgung des Königshofes wurde durch den Landgürtel im Süden der Stadt gewährleistet, der aus dem alten *territorium legionis* stammte und über die Agilolfinger, die nur wenig vergeben hatten, an die Karolinger gelangt war. Nicht Streubesitz, sondern ein geschlossener Landstreifen war also – wie in Frankfurt – die entscheidende wirtschaftliche Grundlage der Pfalz. Dieser Gürtel war circa dreizehn Kilometer lang und vier Kilometer breit. Er blieb während der Karolingerzeit erhalten, mit einer Ausnahme. Im Jahre 794 schenkte Karl der Große, wohl um den wichtigen Regensburger Abtbischof an sich zu binden und befürchtete Unruhen im Keim zu ersticken, ein Stück Landes an das Kloster St. Emmeram[121]. Dieses war aber nicht so groß, wie bereits Propst Arnold behauptete. Es reichte nur bis zur Höhe der heutigen Gutenbergstraße. Doch verblieb es nicht auf Dauer beim Kloster. Bereits Ludwig der Deutsche verfügte wieder darüber[122]. Es muß also in der Zwischenzeit an das Königtum zurückgefallen sein. Erneut streckte dann Arnulf von Kärnten die Hand danach aus, als er den Prüll für Bedürfnisse der Pfalz zurückerwarb und das Kloster andernorts dafür entschädigte[123]. Das Königtum hat also dafür Sorge getragen, daß seine beherrschende Position in dieser wichtigen Versorgungszone nicht entscheidend gemindert wurde. Gleiches gilt für den inner-

117 MGH DD LD 152. Vgl. A. Schmid, Zur Interpretation einer Urkunde König Ludwigs des Deutschen für Abtbischof Ambricho von Regensburg.

118 Heuwieser (Hg.), Die Traditionen des Hochstifts Passau, S. 39 Nr. 45 (zum Bezug auf Regensburg: Hausberger, Bistum Regensburg I, S. 33); Bitterauf (Hg.), Die Traditionen des Hochstifts Freising I, S. 174f., 178, 210, 221 Nr. 183, 184, 186, 227, 242. Vgl. Roser, Bischöfe, S. 53–55, 89; Jürgen Hannig, Pauperiores vassi de infra palatio? Zur Entstehung der karolingischen Königsbotenorganisation (MIÖG 91) 1983, S. 322.

119 Joseph Staber, Regensburg und Böhmen bis 870 (BGBR 6) 1972, S. 11–16.

120 A. Schmid, Herrschergräber. S. Kap. V, Anm. 58.

121 MGH DD KdGr. 176; Arnold, Libri de S. Emmerammo, hg. von Waitz, MGH SS IV, S. 550. Zu einer weiteren ähnlich wichtigen, aber quellenmäßig wesentlich schlechter faßbaren Schenkung Karls des Großen an Abtbischof Ambricho zu Wemding 798: Alois Schmid, St. Emmeram im Ries, in: Rieser Kulturtage, Dokumentation VIII, Nördlingen 1990, S. 441–455. Vgl. zu den Fragen der Versorgung: P. Schmid, Regensburg, S. 272–306.

122 MGH DD LD 37.

123 MGH DD Arn. 12.

städtischen Bereich. Auch hier war es Ludwig der Deutsche, der sich gegen eine Beeinträchtigung zur Wehr setzte. Er hat 833 das Obermünster, das ein bischöfliches Eigenkloster geworden war, zugunsten seiner Gemahlin zurückerworben[124] und übergab dafür dem Bischof den materiell viel wertvolleren Besitz des Klosters Mondsee, das von diesem Jahr ab als bischöfliches Eigenkloster begegnet. Ursache für diesen an sich völlig ungleichwertigen Tausch kann nur das Bestreben gewesen sein, die königliche Position in der Stadt aufrechtzuerhalten, auch wenn das einen hohen Preis kostete. In karolingischer Zeit ist innerhalb der Stadt eine einzige Güterschenkung nachweisbar: Abt Richer von Metten erhielt fünf Mansen[125]. Im übrigen wurde das Königsgut hier mit starker Hand zusammengehalten. Vielleicht war auch dieses Bestreben, in der *civitas regia* nur keine nennenswerte konkurrierende Gewalt erwachsen zu lassen, einer der Gründe, warum 798 der Sitz des Erzbischofs der bayerischen Kirchenprovinz nicht nach Regensburg, was nahegelegen hätte, sondern nach Salzburg gelegt wurde.

Ein wichtiger Bestandteil des geschlossenen Fiskallandgürtels im Vorfeld des Zentralortes war der *campus*, ein freies Land in der Verfügung des Königs, der dort politische Versammlungen durchführen oder Heeresaufmärsche anordnen konnte. Derartige *campi* sind auch von anderen Hauptpfalzen bekannt: das Lechfeld südlich von Augsburg, die Rheinauen vor Worms und Mainz. In Regensburg kam diese Aufgabe der Ebene am Südufer der Donau zwischen der Stadt und Barbing zu; sie wurde bis in die Stauferzeit hinein wahrgenommen, wie vor allem der Reichstag von 1156 und der Beginn des Dritten Kreuzzuges 1189 deutlich machen, der von diesem Ort seinen Ausgang nahm. Derartige *campi* sind ein typologisches Merkmal der entscheidenden Zentralorte seit merowingisch-karolingischer Zeit. Die romanische Kreuzhofkapelle bei Irl bewahrt die Erinnerung an diese Funktion bis in die Gegenwart.

Diesem geschlossenen Fiskalgutsbezirk war im Süden eine breite Zone vorgelagert, in der sich Königshöfe und königliche Villikationsbezirke befanden, die aber in Gemengelage mit kirchlichen und adeligen Grundherrschaften lagen. Auch sie waren der Pfalz in Regensburg zugeordnet und sollten zu deren Fernversorgung mit Agrarprodukten beitragen.

Ähnlich liegen die Verhältnisse nördlich der Donau. Hier begegnen ebenfalls derartige königliche Besitzkomplexe, wie am deutlichsten der Ortsname Gonnersdorf, der sich von *Chuningesdorf* (= Königsdorf) herleitet, verrät. Der entscheidende königliche Besitz nördlich der Donau nämlich waren die großen Königsforsten zwischen Donau und Regen, die erst im frühen Mittelalter an die Pfalz gebunden wurden, weil sie vor allem zur Schweinezucht und Jagd sowie als Holzlieferanten benötigt wurden. Der Ort Zeitlarn war eine Ansiedlung von Bienenzüchtern, die in lange nachwirkender Verbindung zur Pfalz standen. Hier waren Königsbauern angesetzt, die das Waldland zu bewirtschaften hatten.

[124] MGH DD LD 174. S. Kap. V 15.

[125] MGH DD Arn. 116. Vgl. Wilhelm Fink, Rechte und Besitzungen Mettens in Regensburg (Ostbairische Grenzmarken 18) 1929, S. 117–120. S. Kap. V, Anm. 275–280.

f) Der Fiscus Regensburg

Dieser ausgedehnte und wichtige Königsgutkomplex um Regensburg wurde von der Pfalz aus verwaltet[126]. Das setzt voraus, daß hier ein größerer Beamtenstab angesiedelt war, der die Interessen des Königtums in diesem Zentralraum vertrat. Mehr als Königsaufenthalte begründet ein derartiger Behördenapparat die Annahme von Hauptstadtfunktionen. Es lassen sich folgende Funktionsträger der karolingischen Zentralverwaltung nachweisen[127]:

- Ein *forestarius* und *princeps super omnes forestes* waren zuständig für die der Pfalz zugeordneten Königsforsten[128].
- Ein *monetarius* stand der Münzstätte vor[129].
- Ein *exactor telonei* leitete die Zollstätte *(ministerium zollenarii)*[130].
- Ein *operarius* und *artifex* waren wohl an der Pfalz eingesetzte Kunsthandwerker[131].
- Ein Jäger *(venator)*[132] gehörte ebenfalls zum Personal der Forstverwaltung.
- Ein *custos*[133] fungierte als Bewahrer des gottesdienstlichen Geräts und Betreuer des Archivs.
- Ein *famulus regis*[134].

Die sicherlich nur teilweise bekannten Beamten waren nicht nur die Vertreter des Königs innerhalb der Stadt, sondern zuständig auch für die Verwaltung des Umlandes bis hinauf an Naab und Vils[135]. Diese Aufgabe oblag zunächst dem Präfekten von Bayern. Nach Gerolds Tod wurde kein solcher mehr ernannt. Wir wissen nicht, wem die Verwaltung des Krongutes in der Folgezeit oblag. Es ist zu vermuten, daß sie einem *vicarius regis* übertragen wurde, der in den Quellen aber nur wenige Male aufscheint[136], ebenso wie sein Stellvertreter, der *subvicarius*[137]. Ein solcher ist innerhalb des Ostfränkischen Reiches allein für den Raum Regensburg bezeugt. Der *vicarius regis* war während des 9. Jahrhunderts der Vertreter des Königs im Zentralraum um Regensburg. Mit dieser Auf-

[126] P. Schmid, Regensburg, S. 82–271.
[127] Vgl. Gauer, Stadtkernforschung, S. 173 f.
[128] MGH DD LD 152; Ko I. 22; Widemann, Traditionen, S. 49, 51 Nr. 44, 47. Zu Zeitlarn: Reitzenstein, Lexikon, S. 417.
[129] Vgl. Wolfgang Hahn, Zur Münzmeisterfrage auf den Münzen des Regensburger Schlages im 10. und 11. Jahrhundert (Geldgeschichtliche Nachrichten 9) 1974, S. 58–60; Hahn, Moneta Radasponensis, S. 31–43. S. Anm. 148.
[130] Widemann, Traditionen, S. 84 Nr. 93; MGH DD Ko I. 29. Vgl. Zeitler, Donaumauten, S. 79–89.
[131] MGH DD Arn. 77, 152.
[132] MGH DD Arn. 148.
[133] MGH DD Arn. 116. Vgl. Fleckenstein, Hofkapelle I, S. 203.
[134] MGH DD Arn. 174; auch Widemann, Traditionen, S. 49 f. Nr. 45.
[135] MGH Capit. I, S. 123; Kraus, Marginalien, S. 175 f.
[136] Widemann, Traditionen, S. 49 f. Nr. 45.
[137] Widemann, Traditionen, S. 84 Nr. 93. Eine andere Deutung des *vicarius* bei Michael Mitterauer, Wirtschaft und Verfassung in der Zollordnung von Raffelstetten (Mitteilungen des Oberösterreichischen Landesarchivs 8) 1964, S. 360 f.; Krug, Amt des „centenarius“ II, S. 103 f.: der *vicarius* als Beamter des Donaugaugrafen.

gabe wurde also hier nicht ein Graf betraut, was nach der Lehre von der Königsgutgrafschaft erwartet werden müßte. Für den Zentralraum um Regensburg läßt sich jedoch während der gesamten früheren Karolingerzeit kein einziger *comes* nachweisen. In gleicher Weise fehlt für den östlich anschließenden Vorwald jeder Beleg bis zur Jahrtausendwende[138]. Erst während der Regierungszeit Karls III. scheint die Krongutsverwaltung in diesem Raum dem mächtigen Grafen Engildeo übertragen worden zu sein. Dieser amtierte in Regensburg von 882 bis 888. Als einziger Graf urkundete er in Regensburg und durchbricht damit die vorherige Organisationsform[139]. Nach seinem Sturz 895 wurden die früheren Verhältnisse aber wiederhergestellt. Schon der Nachfolger Engildeos, Markgraf Luitpold, hat mit Regensburg direkt wohl nichts mehr zu tun[140]. Infolge dieser Quellenaussagen läßt sich im Raum Regensburg die Königsgutgrafschaft nicht verifizieren. Vielmehr wird hier ein anderes Organ der Fiskalverwaltung deutlich faßbar, der *vicarius regis* oder *actor*, der also anstelle der *comites* an herrschaftlichen Brennpunkten eingesetzt wurde. Der *vicarius* war der oberste Gerichtsbeamte, der militärische Stadtkommandant und Verwalter des Kronguts im Raum Regensburg. Dieser war offensichtlich nicht in das reguläre Grafschaftssystem einbezogen, sondern unterstand als *fiscus* einer eigenen Organisation. Ähnliches ist von anderen großen Königsgutlandschaften bekannt, etwa um Frankfurt oder Zürich[141]. Auch der Pfalzgraf spielt als Organ der Königsgutsverwaltung in dieser Epoche keine Rolle. In der Karolingerzeit wird der *comes palatinus* kaum im Zusammenhang mit Regensburg genannt. Sie sind in Bayern nach Aussage der Quellen stark an den Raum Freising gebunden[142].

Dementsprechend gibt es bis zur Jahrtausendwende auch keine einzige Lokalisierung der Stadt Regensburg in eine Grafschaft *(in comitatu)*. In gleicher Weise fehlen für das unmittelbare Stadtgebiet *in pago*-Nennungen. Die Stadt selber wurde offensichtlich weder einem Gau noch einer Grafschaft zugerechnet. Nur für das Umland liegen *pagus*-Belege vor. Diese machen deutlich, daß die Donau den Nordgau und den Donaugau trennte. Letzterer, einer der ältesten und größten, zudem sehr dicht belegten, nach einem Fluß benannten Gaue, dessen Ausnahmestellung noch heute vielleicht im Toponym *das Gäu* durchschimmert, umfaßte ursprünglich das gesamte Altsiedelland in diesem Raum, wurde dann aber durch den Nordgau zurückgedrängt. 981 lag das *praedium Scierstat* schon im Nordgau[143]. Die Lokalisierung Prüfenings in den Nordgau im Jahre 1000 beruht sicherlich auf einem Versehen oder mangelnder Ortskenntnis in der Königskanzlei[144]. Freilich sind diese Zustände das Ergebnis von Entwicklungen, die erst unter Heinrich II. zum Abschluß gekommen sind. Um 800

138 A. Schmid, Gau, Grafschaft und Vogtei im Vorderen Bayerischen Wald, S. 132–138.
139 Widemann, Traditionen, S. 97f. Nr. 113. Vgl. Kraus, Marginalien, S. 176.
140 P. Schmid, Regensburg, S. 260.
141 Schalles-Fischer, Pfalz und Fiskus Frankfurt (wie Anm. 101), S. 338–346; P. Schmid, Regensburg, S. 238f.; Michael Borgolte, Geschichte der Grafschaften Alamanniens in fränkischer Zeit, Sigmaringen 1984, S. 78–86.
142 P. Schmid, Regensburg, S. 243f.
143 MGH DD O II. 247.
144 MGH DD O III. 351.

reichte der Donaugau noch bis auf die Höhe Ambergs. Erst im Zuge des fortschreitenden Landesausbaues schob sich der Nordgau aus dem Ingolstadt-Eichstätter Raum in die spätere Oberpfalz hinein nord- bzw. ostwärts vor und beschränkte den Donaugau auf den Raum südlich der Donau. Nur im Vorderen Bayerischen Wald griff er weiterhin bis zum Regen aus. Noch im Jahre 1000 wird Regensburg nicht in den Donaugau, sondern in *provintia Bawoariorum* lokalisiert[145]. Vermutlich ist die Zugehörigkeit des Raumes bis ins Regental zum Donaugau ein Hinweis darauf, daß der Vorwald vom Donaugau als einem der Urgaue aus erschlossen wurde.

Diese Beobachtungen beruhen vor allem auf der Auswertung der Königsdiplome. Denn in den Regensburger Traditionen finden sich ebenso wie im übrigen örtlichen Urkundenmaterial kaum *pagus*- oder *comes*-Belege[146]. Kanzleieigenheiten spielen bei der Formulierung des Urkundentextes offensichtlich eine große Rolle.

Im Westen der Stadt ist als verfassungsgeschichtlich singuläres Phänomen eine Westermannmark mehrfach belegt[147]. Sie stellt wohl eine Sonderorganisation des späteren 8. und dann des 9. Jahrhunderts gegen den Vorstoß der Franken ins Zentrum Bayerns nach der Abtrennung des Nordgaues, die vermutlich 743 anzusetzen ist, dar. In diesem Zusammenhang ist vor allem die Benennung wichtig. Die Richtungsangabe Westen kann sich nur auf Regensburg beziehen, dessen Zentralität auch durch dieses auffallende Gebilde unterstrichen wird. Die Abwehr der fränkischen Expansion sollte demnach vor allem von Regensburg aus erfolgen.

Trotz des Fehlens unmittelbarer *pagus*-Belege ergibt sich bei dieser Stadt noch eine weitere Beobachtung zur Gauproblematik. Für das frühmittelalterliche Herzogtum Bayern sind ein Nord-, ein West(er)- und ein Sundergau (der wohl als Südgau zu deuten ist) belegt. Das Korrelat des Ostgaues scheint im späteren Österreich aufgegangen zu sein. Es spricht vieles dafür, daß mit diesen an die vier Himmelsrichtungen angelehnten Einheiten auf eine sehr frühe Schicht von Gauen verwiesen ist, die später von anderen Gaubildungen teilweise überlagert wurde. Gemeinsamer Bezugspunkt war offensichtlich Regensburg, dessen Zentralität auch dadurch zum Ausdruck gebracht wird. Wie die Westermannmark so gehen auch diese vermutlichen Urgaue von der *metropolis* Regensburg als Bezugspunkt aus.

Eine letzte Beobachtung betrifft die Funktionsbestimmung von Gau und Grafschaft, über die sich die jüngste Forschung viele Gedanken gemacht hat, ohne zu anerkannten Ergebnissen zu gelangen. Da also für den sehr ausgedehnten und wichtigen Regensburger Königsgutsbezirk sowohl *comes*- als auch *pagus*-Nennungen fehlen, kann sich die Gau- und Grafschaftsorganisation nicht nur auf die Verwaltung von Königsgut beziehen. Denn in diesem Falle müßten angesichts der Massierung von Königsgut im Donaubogen derartige Funktionsträger gerade hier begegnen. Das aber ist nicht der Fall. Doch besagt andererseits das gemeinsame Fehlen der *in comitatu*- und *in pago*-Nennungen

145 MGH DD O III. 370. Vgl. Kraus, Marginalien, S. 183f.; A. Schmid, Untersuchungen zu Gau, Grafschaft und Vogtei im Vorderen Bayerischen Wald, S. 123–131.

146 Widemann, Traditionen, Reg. s. v. *comes, pagus*.

147 MGH DD LK 11; Widemann, Traditionen, S. 119f. Nr. 153. Vgl. Kraus, Marginalien, S. 178f.

– wie umgekehrt auch das häufige gemeinsame Vorkommen beider Begriffe –, daß zwischen Gau und Grafschaft ein gewisser Zusammenhang bestehen muß. Sonst wäre das zu konstatierende auffallende gemeinsame Fehlen schwerlich erklärbar. Obwohl hier also keine unmittelbaren Belege vorliegen, ist der Raum Regensburg ein recht aufschlußreicher Bereich für die Untersuchung der Probleme von Gau und Grafschaft, indem er seine eigene Organisationsform hatte. Die Verhältnisse sollten sich erst unter Kaiser Heinrich II. ändern.

g) Die Münzstätte

Von den an der Pfalz Regensburg tätigen Organen der karolingischen Reichsverwaltung ist am deutlichsten greifbar der Bereich des Münzwesens[148]. Die Münzstätte ist gut belegt. In Regensburg war die einzige Münzprägestätte des Ostfränkischen Reiches installiert. Wer sie einrichtete und wann sie ihre Arbeit aufnahm, ist unbekannt. Der älteste karolingische Denar Regensburger Prägung ist aus der Zeit Ludwigs des Deutschen überliefert und läßt sich ungefähr ins Jahr 834 datieren. Es sind – neben einzelnen Dubiosa – insgesamt vier sichere Prägungen der karolingischen Epoche bekannt.

3. Von den Ottonen zu Friedrich Barbarossa

a) Auseinandersetzungen um die Stadtherrschaft: Das Zeitalter der Luitpoldinger

Die enge Verbindung zwischen der auch im Hochmittelalter noch immer von den antiken Gegebenheiten geprägten *civitas regia*[149] und dem Königtum endete bereits vor dem Aussterben der ostfränkischen Karolinger wenige Jahre nach dem Anbruch des 10. Jahrhunderts[150]. Im Jahre 901 hielt Ludwig das Kind seine letzte Reichsversammlung in dieser Stadt ab. 906 hat er sie ein letztes Mal aufgesucht. Seit dieser Zeit verschwindet Abtbischof Tuto, der bisher zu den wichtigsten Männern im Gefolge des Königs gehört hatte, aus den Königsdiplomen. Auch im Raume Regensburg wurde spürbar, wie sich die politischen Gewichte nun verschoben. Ursache dafür war der Aufstieg neuer Gewalten. Das „jüngere Stammesherzogtum“ der Luitpoldinger drängte das immer schwächer werdende Königtum in diesem Kernraum zurück. Die Rivalität zwischen Königtum und der aufstrebenden Herzogsgewalt kam zum Ausbruch, als nach dem Tode Ludwigs des Kindes 911 der Franke Konrad I. dieser Ent-

[148] Die Originale: StMR; Staatliche Münzsammlung, München; Bodemuseum Berlin. Vgl. Sperl, Münzgeschichte Regensburgs, S. 16f.; Arthur Suhle, Deutsche Münz- und Geldgeschichte von den Anfängen bis zum 15. Jahrhundert, München [4]1970, S. 36; Hable, Regensburg, S. 65; Hahn, Moneta Radasponensis, S. 77f.; Wolfgang Hahn, König Arnulfs Italienzüge und die ersten Regensburger Denare vom Typ Kreuz/Letternkirche (Mitteilungen der Österreichischen Numismatischen Gesellschaft 18) 1973/74, S. 14–19. S. Anm. 129.

[149] Erich Herzog, Die ottonische Stadt. Die Anfänge der mittelalterlichen Stadtbaukunst in Deutschland (Frankfurter Forschungen zur Architekturgeschichte 2) Berlin 1964, S. 219f.

[150] A. Schmid, Herrschergräber, S. 354.

wicklung nicht länger zuzusehen bereit war. 914 nahm er den Kampf gegen den Luitpoldinger Arnulf I. auf. Diese Auseinandersetzungen spielten sich im wesentlichen vor Regensburg ab. Die Stadt war für die Luitpoldinger wichtig, weil sie als Grafen im Donaugau und auf dem Nordgau hier den Schwerpunkt ihrer Macht hatten[151]. Gerade der Krieg der Luitpoldinger mit dem frühdeutschen Königtum zeigt, daß das Herzogtum Bayern beherrschte, wer Regensburg in seiner Gewalt hatte[152].

Der Krieg wurde mit der Vertreibung Herzog Arnulfs 914 zu den Ungarn durch Konrad I. eröffnet[153]. Der König versuchte, seine neu errungene Position zu dokumentieren, indem er die Stadt demonstrativ in Besitz nahm und hier Hoheitsrechte ausübte. Er konnte sich aber nicht lange behaupten; Herzog Arnulf eroberte die Stadt bald zurück. Aber schon 916 wagte Konrad I. einen weiteren Angriff, um seinen Herrschaftsanspruch erneut durchzusetzen. Abermals dokumentierte er die wiedererrungene Oberhoheit durch Hoheitsakte; er stellte eine Urkunde aus[154] und ließ Münzen prägen. Durch Schenkungen versuchte er den Bischof der Stadt an sich zu binden. Demonstrativ nahm er von der Klosterpfalz bei St. Emmeram und den dort aufbewahrten Reichssymbolen Besitz. Ob er hier auch eine Kirchensynode, wie Aventin behauptet, abhielt, ist ungewiß. Doch gelang dem Herzog die abermalige Rückeroberung der Stadt. Bei diesen Auseinandersetzungen zog sich Konrad I. eine tödliche Verwundung zu, an der er 918 starb.

Sein Nachfolger Heinrich I. nahm den Krieg gegen den Herzog, der eigene Königspläne verfolgte, sofort auf und begab sich ebenfalls schon wenige Monate nach seiner Wahl vor die Tore Regensburgs. Er verwüstete die westliche Vorstadt, konnte Regensburg aber dennoch nicht einnehmen. Aus diesen erfolglosen Vorstößen zog er die Folgerung, daß er letztlich zu schwach war, um sich militärisch durchzusetzen. Er bot dem Herzog im Regensburger Vertrag von 921 den Kompromiß an, daß er ihm weitgehende Selbständigkeit überlasse, wenn er ihn als König anerkenne. Diese Regelung erwies sich als tragfähig bis zum Tode Arnulfs. Doch sollte es unter seinen Nachkommen zu einem mehrmaligen Aufflackern des luitpoldingischen Widerstandes kommen; dieser spielte sich abermals weithin vor den Toren Regensburgs ab. Auch die Auseinandersetzungen von 953 bis 955 konzentrierten sich auf diese Stadt, die Otto I. über Monate hinweg belagerte, aber dennoch nur zum Teil, unter abermaliger Zerstörung, erobern konnte[155]. Bei diesen Kämpfen ist der luitpoldingische Pfalzgraf Arnulf vor dem Osttor 954 gefallen. Ein letztes Mal spielte Regensburg als Ausgangspunkt und Zentrum des luitpoldingischen Widerstandes unter Heinrich dem Zänker 976 eine Rolle. Abermals wurde die Stadt von Otto II.

[151] Vgl. Fehn, Frühe Zentren, S. 47; Goetz, Dux und ducatus, S. 320–325.

[152] Reindel, Luitpoldinger, S. 111–131; Kraus, Marginalien, S. 180–182; Goetz, Dux und ducatus, S. 301 f.

[153] Die Einzelbelege für das Folgende bei: Reindel, Luitpoldinger, S. 71–181. Vgl. Kurt Reindel, Herzog Arnulf und das Regnum Bavariae, in: Die Entstehung des Deutschen Reiches. Deutschland um 900, hg. von Hellmut Kämpf (Wege der Forschung 1) Darmstadt [3]1971, S. 213–288.

[154] MGH DD Ko I. 29; Arnold von St. Emmeram, Libri de S. Emmerammo, hg. von Georg Waitz, MGH SS IV, S. 551.

[155] Gerhardi Vita Oudalrici, hg. von Georg Waitz, MGH SS IV, S. 398–402. Vgl. Reindel, Luitpoldinger, S. 204–221.

erobert[156]. Damit wurde ein Schlußpunkt unter ein sehr unruhiges Kapitel in der Geschichte gerade dieser Stadt gesetzt. Die Auseinandersetzungen drehten sich um die Frage, ob Regensburg eine Stadt der Könige, wie demonstrativ Widukind von Korvey feststellte[157], blieb oder eine Stadt der Herzöge wurde. Regensburg ist in diesen Auseinandersetzungen sehr in Mitleidenschaft gezogen worden. Teile der Stadt wurden wiederholt zerstört. Deswegen ging schon Herzog Arnulf daran, die Festung weiter auszubauen. Besonders gefährdet war offensichtlich die außerhalb der Mauern wohnende Zivilbevölkerung, die den Angriffen vor allem König Heinrichs I. schutzlos ausgesetzt gewesen ist[158]. Deswegen errichtete Herzog Arnulf eine Mauer um diese *civitas nova*[159]. Ihr Verlauf ist archäologisch gesichert. Sie bezog den Klosterkomplex von St. Emmeram und die westliche Vorstadt in die Ummauerung ein und führte über den Bismarck- und Arnulfsplatz sowie den Weißgerbergraben auf die Donau zu. Es handelte sich um eine Steinmauer mit zwei vorgelagerten Spitzgräben, wie jüngste Grabungen ergeben haben[160]. Zu diesem Zweck wurde die Westmauer des Römerlagers abgetragen, so daß sie heute an keiner Stelle mehr obertägig sichtbar ist und ihr Verlauf nicht mit letzter Sicherheit nachgewiesen werden kann. Zu diesem Mauerbau wurde der bayerische Adel herangezogen; auch darin kommt die Hauptstadtfunktion der Stadt zum Ausdruck. Arnold von St. Emmeram spricht von einem *inter optimates opus divisum*. Hier kommen vielleicht überkommene Rechtsvorstellungen zur Anwendung; schon die *Lex Baiuvariorum* (Tit. I 13, XI 10) spricht bei Einfriedungsarbeiten von der Zuweisung von Teilen an einzelne Mitglieder des grundherrschaftlichen Verbandes. Als Zeitpunkt dieser Baumaßnahme sind am ehesten die Jahre zwischen 917 und 920 in Betracht zu ziehen, in denen der Herzog die Stadt in der Hand hatte und die Konfrontation am größten war. Dieses Werk steht in seiner Zeit isoliert. Einen vergleichbaren Mauerbau gibt es vor der Jahrtausendwende in keiner anderen europäischen Stadt[161]. Auch darin kommt die Sonderstellung des wichtigen militärischen Stützpunktes zum Ausdruck.

b) Geteilte Stadtherrschaft

Ergebnis dieses ersten Jahrzehnts der Auseinandersetzungen zwischen dem Königtum und dem „jüngeren" Stammesherzogtum war eine breite Interessenabgrenzung, die auch für den Zentralort Regensburg galt. Seit dem Regensburger Vertrag von 921 ist die bisher in der Hand eines Stadtherrn vereinigte Stadtherrschaft meist geteilt, wobei sich die Gewichte immer wieder verschoben.

[156] Reindel, Luitpoldinger, S. 232f.

[157] Widukind von Korvey, Sachsengeschichte, hg. von Lohmann-Hirsch, S. 115: *urbs regia* (zu 953); Ruotgeri Vita Brunonis archiepiscopi Colonienses, hg. von Georg H. Pertz, MGH SrG 52, Hannover 1841, S. 20: *urbs praeclara.*

[158] Fragmentum de Arnulfo duce, hg. von Philipp Jaffé, MGH SS XVII, S. 570.

[159] Arnold von St. Emmeram, Libri de S. Emmerammo, hg. von Georg Waitz, MGH SS IV, S. 551. S. Kap. IV, Anm. 218, 219.

[160] Nach Walter Boll, Das Runtingerhaus in Regensburg (VHVO 120) 1980, S. 29f. bestand die Befestigung allein aus Wall und Palisade, nicht dagegen einer Mauer. Das ist wenig wahrscheinlich.

[161] Planitz, Stadt, S. 38f.; Ennen, Frühgeschichte, S. 156f., die *optimates* allerdings als Fernkaufleute deutet.

Regensburg zerfällt in einen königlichen und einen herzoglichen Bezirk, die freilich nicht exakt gegeneinander abgegrenzt werden können. Seit 921 haben wir mit dem Königtum und dem Herzogtum als entscheidenden politischen Faktoren in diesem Raum, der ein Kernraum auch des hochmittelalterlichen Reiches blieb, zu rechnen. Regensburg hatte nun nicht mehr nur einen, sondern auf Jahrhunderte hin immer mehrere Stadtherrn.

Das Königtum: Königsaufenthalte – Reichsversammlungen – Königsgut

Die Bedeutung Regensburgs für das Königtum spiegelt sich zum ersten weiterhin im Königsitinerar wider[162]. Die Könige haben sich in keiner oberdeutschen Stadt häufiger aufgehalten als in Regensburg. Diese Entwicklung setzt nach der Beendigung des luitpoldingischen Interims mit Otto I. ein und zwar bezeichnenderweise bereits im Jahre 940 (oder 942). Die Präsenz des Königtums bleibt zunächst dünn; die Verlagerung des politischen Schwergewichtes des Reiches nach Sachsen kommt auch hier angemessen zum Ausdruck. Insgesamt lassen sich folgende Aufenthalte der Ottonen, Salier und Staufer ermitteln: Otto I.: 8; Otto II.: 3; Otto III.: 3; Heinrich II.: 12; Konrad II.: 5; Heinrich III.: 18; Heinrich IV.: 47; Heinrich V.: 6; Lothar III.: 3; Konrad III.: 12; Friedrich I.: 16; damit enden die gehäuften Aufenthalte des Königtums in der Stadt. Die Könige der späteren Staufer- und der Folgezeit suchten sie bei weitem nicht mehr in gleichem Ausmaß auf: Heinrich VI.: 3; Philipp von Schwaben: 1; Otto IV.: 0; Friedrich II.: 4; Konrad IV.: 1; Rudolf I.: 3; Adolf von Nassau: 1; Albrecht I.: 1; Heinrich VII.: 2. Innerhalb des bayerischen Raumes steht damit Regensburg bei weitem an der Spitze der als Aufenthaltsorte des Königtums belegten Pfalzen. Regensburg ist durchaus den rheinischen Städten vergleichbar. „Zusammen mit Mainz, Goslar und Worms nahm Regensburg mit etwa 120 Königsaufenthalten in der Zeit von 911 bis 1250 die führende Stellung in der Reihe der vom König besuchten Orte ein“ (Peter Schmid).
Die politische Bedeutung der Stadt für das Königtum verdeutlichen abermals am eindringlichsten die hier abgehaltenen Reichsversammlungen bzw. Hoftage. Häufiger als in jeder anderen deutschen Stadt haben die Könige die Großen aus Bayern, Österreich, Kärnten, der Steiermark, Ostfranken und Böhmen hierher zusammengerufen[163]. Die vom Königtum anberaumten Zusammenkünfte des hohen Mittelalters setzen unter Otto I. 960 ein. Bis 1295 werden in dieser Stadt insgesamt 42 Reichsversammlungen abgehalten, womit Regensburg an der Spitze aller Tagungsorte liegt. Das gilt vor allem für den südostdeutschen Raum, in dem nur ausnahmsweise Reichsversammlungen an andere Orte gelegt wurden. War Augsburg Ausgangspunkt der deutschen Italienpolitik, so blieb Regensburg Ausgangspunkt der deutschen Ostpolitik. Insgesamt sind folgende Reichsversammlungen belegt: Otto I.: 1; Otto II.:1; Heinrich II.: 3; Konrad II.: 3; Heinrich III.: 4; Heinrich IV.: 5; Heinrich V.: 3; Lo-

[162] P. Schmid, Regensburg, S. 491–505; Spindler (Hg.), Bayerischer Geschichtsatlas, Karte 17 c (Gertrud Diepolder). Vgl. Opll, Stadt und Reich im 12. Jahrhundert, S. 135–142; Brühl, Palatium und Civitas II, S. 226–229.
[163] P. Schmid, Reichsversammlungen, S. 55–119; P. Schmid, Regensburg, S. 330–414 (dort auch die Einzelnachweise).

thar III.: 2; Konrad III.: 6; Friedrich I.: 9; Heinrich VI.: 1; Friedrich II.: 2; Rudolf von Habsburg: 1; Adolf von Nassau: 1. Für die lange Regierungszeit Friedrich Barbarossas rechnet die neueste Forschung darüber hinaus mit mehreren Hoftagen (insgesamt 12 Tage), wobei allerdings die Definitions- und Abgrenzungsprobleme zu berücksichtigen sind; die Stadt gehörte noch immer zu den bevorzugten Versammlungsorten des Königs und seines Gefolges. Herausragende Entscheidungen, die auf diesen Reichsversammlungen zu Regensburg gefällt wurden, waren 976 die Absetzung Heinrichs des Zänkers und die Einrichtung des Herzogtums Kärnten. 966 soll in Regensburg Herzog Mieszko I. von Polen die Taufe erhalten haben; das Ereignis gilt als Beginn der polnischen Geschichte, die demnach ebenfalls mit Regensburg in Verbindung steht. 1027 leitete Konrad II. in dieser Stadt seine Revindikationspolitik ein. 1041 unterwarf sich hier Herzog Bretislav von Böhmen Kaiser Heinrich III. In Regensburg konnte der Salier Bischof Gebhard von Eichstätt endgültig dazu bewegen, als Viktor II. den Papstthron zu besteigen. In dieser Stadt fand 1052 eine Begegnung zwischen Heinrich III. und Papst Leo IX., 1056/57 zwischen Heinrich IV. und Papst Urban II. statt. 1089 belehnte Heinrich IV. die Wettiner mit der Markgrafschaft Meißen. 1104 nahm von hier der Aufstand Heinrichs V. gegen seinen Vater seinen Ausgang, der zu dessen Absetzung führte. Die Entwicklung hält in der Folgezeit an. 1138 unterwarf sich hier Heinrich der Stolze Konrad III. 1156 erhielt auf einer Reichsversammlung in Regensburg Heinrich der Löwe das Herzogtum Bayern, wobei die alte Ostmark zum Herzogtum Österreich erhoben wurde. 1158 verlieh Barbarossa dem Böhmenherzog Wladislaw den Königstitel. 1180 wurde hier die Absetzung Heinrichs des Löwen vollzogen und die Gründung Münchens endgültig bestätigt. 1193 führte Herzog Leopold von Österreich den englischen König Richard Löwenherz als Gefangenen vor Heinrich VI. Regensburg blieb also bis in die Stauferzeit hinein politisches Zentrum nicht nur der *terra Bavarica,* sondern des Reiches. Die Doppelfunktion kommt zum Ausdruck im Attribut *metropolis ac sedes ducatus*[164]. In gleicher Weise nahmen von dieser Stadt die Kreuzzüge von 1147 und 1189 ihren Ausgang. 1137 fiel Bischof Heinrich I. noch einmal für kurze Zeit das Amt des Erzkanzlers für Italien zu[165].

Der ursprünglich geschlossene Fiskallandgürtel um die Stadt war ziemlich vollständig an Heinrich II. gekommen, nachdem Agilolfinger und Karolinger hier nur wenige Schenkungen gemacht hatten, um ihre Position in diesem Zentralraum nicht allzusehr zu beschränken. Das gilt bis in die Ottonenzeit, da die Ottonen den Schwerpunkt ihrer Herrschaft in Sachsen hatten. Dabei ist in der Forschung umstritten, wer diesen wichtigen Königsgutkomplex im 10. Jahrhundert verwaltete. Auf jeden Fall ist gegenüber der Karolingerzeit eine Verschiebung festzustellen. Die Frage ist, ob die Verfügung über das Reichsgut in Bayern beim Königtum verblieb oder dem Herzog – vielleicht auf der Grundlage des Vertrages von 921 – übertragen wurde. Die gängige Theorie, vertreten vor allem von Hans Constantin Faussner, besagt letzteres[166]. Peter Schmid hat

[164] Otto von Freising, Chronica, hg. von Hofmeister, S. 349.

[165] MGH DD Lo III. 118, 119, 120, 124; Annalista Saxo, hg. von Georg Waitz, MGH SS VI, S. 774. Vgl. Hausberger, Bistum Regensburg I, S. 109.

[166] Hans Constantin Faussner, Herzog und Reichsgut im bairisch-österreichischen Rechtsgebiet im 12. Jahrhundert (ZRG GA 85) 1968, S. 1–58; Hans Constantin Fauss-

sich dagegen für erstere Möglichkeit ausgesprochen[167]; tatsächlich paßt das problemlose Nebeneinander von Herzog Arnulf und Königtum gut in das bekannte Bild der tragfähigen Interessenabgrenzung. Es gab nach 921 keine Übergriffe dieses Herzogs auf Königskompetenzen mehr. Da die frühen Ottonen in diesem Raum nur wenig präsent waren, erleichterten sie dem Herzog das Zusammenwirken vielleicht auch im Bereich der Krongutverwaltung. Letztlich ist das Problem aber bis zur Mitte des 10. Jahrhunderts auf der Grundlage der vorliegenden Quellen nicht zu klären. Sicherheit gewinnen wir erst, als sich das Königsgut dann unter den Herzögen Heinrich I. und Heinrich II. in deren Händen befand. In dieser Zeit war das eine der Kompetenzen, mit denen der König den Bruder bzw. Neffen ausstattete und ihnen so zu ihrer vizeköniglichen Stellung verhalf[168]. Unter Herzog Heinrich I. ist also das Königsgut mit Gewißheit in die Zuständigkeit des Herzogtums übergegangen. Es gibt jedenfalls keine Zeugnisse, die von der Verfügung der früheren Ottonen über das hiesige Reichsgut sprechen. Dieser Übergang zielte natürlich nicht auf eine Stärkung der Herzogsgewalt, sondern eine effizientere Verwaltung des Königsgutes durch Familienangehörige, also eine Stärkung des Königtums unter Einbindung der Herzöge. Das Königsgut wird dann aber auch hier vor allem unter Heinrich II. stark abgebaut. Das Bistum Bamberg erhält aus dem hiesigen Reichsgut einen ansehnlichen Teil seiner Grundausstattung. Im 12. Jahrhundert sind deswegen nur noch spärliche Reste nachzuweisen. Zum neuen Zentrum des Königtums im süddeutschen Raum steigt nun Nürnberg auf. In unmittelbarer Nähe der Stadt bleiben aber auch weiterhin gewisse Königsrechte auf einzelnen Gütern faßbar.

Das Herzogtum: Herzogsaufenthalte – Herzogsgut – Landtage – das Münzrecht

Neben dem Königtum steht als Herrschaftsträger in der Stadt das Herzogtum. Regensburg war die Hauptstadt auch des „jüngeren" Stammesherzogtums in Bayern, wie vor allem die Kämpfe des 10. Jahrhunderts mit dem Königtum zeigen. Ein weiteres Zeugnis hierfür ist die Synode der bayerischen Kirche von 932 in der Domkirche, die bei dieser Gelegenheit als *mater ecclesiarum* bezeichnet wird. In Regensburg werden 955 nach der Schlacht auf dem Lechfeld zwei ungarische Heerführer hingerichtet. Thietmar von Merseburg spricht von der Stadt ausdrücklich als *Bawarii caput regni*[169], in der die Herzöge ihre Stellung durch die Umwandlung des Ober- und Niedermünsters in Herzogsklöster zu festigen suchten[170]. Das Herzogtum Bayern wurde bis ins 12. Jahrhundert von

ner, Die Verfügungsgewalt des deutschen Königs über weltliches Reichsgut im Hochmittelalter (Deutsches Archiv 29) 1973, S. 345–449; Hans Constantin Faussner, Zum Regnum Bavariae Herzog Arnulfs (907–938), Wien 1984, S. 15–17.

167 P. Schmid, Regensburg, S. 146.

168 Auer, Die baierischen Pfalzen in ottonisch-frühsalischer Zeit, S. 180; P. Schmid, Regensburg, S. 150.

169 Thietmar von Merseburg, Chronik, hg. von Holtzmann, S. 44. Ähnlich Otto von Freising, Chronica, hg. von Hofmeister, S. 319: *Norici ducatus metropolim;* S. 349: *sedes ducatus;* S. 269, 272: *Baioariae metropolis.*

170 Otloh, Vita S. Wolfkangi episcopi, hg. von Georg Waitz, MGH SS IV, S. 534; P. Schmid, Regensburg, S. 160 f., 163.

Regensburg aus regiert. Nachdem während des 11. Jahrhunderts das Königtum dominiert hatte, tritt im 12. Jahrhundert das Herzogtum wieder stärker als Machtfaktor in den Vordergrund. Die Stadt wurde Zentrum auch des welfischen und babenbergischen Bayern, wenngleich an der behaupteten[171] kulturellen Bedeutung des Welfenhofes Abstriche zu machen sind. Vor allem Heinrich der Stolze vermochte im Rahmen des staufisch-welfischen Gegensatzes die herzogliche Position noch einmal auszubauen. Wie Kaiser Heinrich IV. erhob auch er 1126 eine Stadtsteuer und versuchte verstärkten Einfluß auf den Bischofsstuhl und die Domvogtei zu erlangen[172]. Auch der Bau der Steinernen Brücke ist wohl Zeugnis des gewachsenen herzoglichen Einflusses in der Stadt, die auf dem Weg zu einer Herzogsstadt war. Das Königtum hat diesen Prozeß nicht behindert, nachdem Lothar von Supplinburg an einer starken Stellung des Schwiegersohnes interessiert sein mußte. Deswegen konnten sich die Babenberger hier nur langsam durchsetzen. Leopold IV. mußte die Stadt im Jahre 1141 militärisch belagern[173]. Damit steht der Aufstieg Wiens als eigener Zentralort der Ostmark in Zusammenhang. Zumindest in seiner Anfangsphase suchte auch Heinrich der Löwe die Stadt wiederholt auf[174], um zunächst einmal an diesem Vorort Fuß zu fassen. Die Bürger mußten ihm 1156 huldigen und ihren Treueid durch die Stellung von Bürgen bekräftigen. 1161 beanspruchte er sogar die Gerichtshoheit in der Stadt und reaktivierte alte Herzogsrechte in der Umgebung[175]. Doch endete diese Phase starker Präsenz der Herzöge um 1160. In der Folgezeit wird der Welfe hier kaum noch aktiv; er suchte die Stadt nur mehr dann auf, wenn sich der Kaiser in ihr aufhielt. Die herzoglichen Bemühungen um Regensburg brechen zu Beginn der sechziger Jahre weithin zusammen. Deswegen stellen diese Jahre eine wichtige Zäsur in der Entwicklung der Stadt dar[176]. Entweder bereits damals, oder aber in den anbrechenden achtziger Jahren stellte Friedrich Barbarossa sein Privileg für die Bürgerschaft aus und setzte damit einen Markstein, der in ein neues Kapitel überleitet, das unter den Vorzeichen des Königtums und des Bürgertum stehen sollte.

171 Hermann Menhardt, Regensburg, ein Mittelpunkt der deutschen Epik des 12. Jahrhunderts (Zeitschrift für deutsches Altertum 89) 1958/59, S. 271–274; Hermann Menhardt, Regensburg, ein Mittelpunkt der deutschen Epik des 12. Jahrhunderts (VHVO 101) 1960/61, S. 193–202; Romuald Bauerreiss, Honorius von Canterbury (Augustodunensis) und Kuno I., der Raitenbucher, Bischof von Regensburg (1126–1132) (StMBO 67) 1956, S. 306–313; Romuald Bauerreiss, Die Siegburger Klosterreform in Regensburg, die Kaiserchronik, das Rolandslied und der Pfaffe Konrad (StMBO 82) 1971, S. 334–343. Zu Recht sehr kritisch: Albert Lehner, War Regensburg im 12. Jahrhundert ein literarisches Zentrum? (VHVO 127) 1987, S. 139–148.

172 P. Schmid, Regensburg, S. 174–176 mit Einzelbelegen.

173 Otto von Freising, Chronica, hg. von Hofmeister, S. 349 f. Vgl. Karl Lechner, Die Babenberger, Wien-Köln-Weimar [4]1992, S. 144–153.

174 Jordan (Hg.), Die Urkunden Heinrichs des Löwen, S. 66–68 Nr. 47. Vgl. Johannes Heydel, Das Itinerar Heinrichs des Löwen (Niedersächsisches Jahrbuch 6) 1929, S. 43, 74, 129, 137.

175 Ebenda, S. 66–68, 147 f. Nr. 47, 97; Acht, Unbekannte Fragmente Prüfeninger Traditionen des 12. Jahrhunderts.

176 Ruth Hildebrand, Studien über die Monarchie Heinrichs des Löwen, Diss. phil. Berlin 1931, S. 45–53; Klebel, Landeshoheit, S. 585; Andreas Kraus, Heinrich der Löwe und Bayern, in: Wolf-Dieter Mohrmann (Hg.), Heinrich der Löwe, Göttingen 1980, S. 178, 182 f.; Karl Jordan, Heinrich der Löwe. Eine Biographie, München 1979, S. 156.

Daß Regensburg noch immer Zentrum der *terra Bavarica* war, kommt vor allem in den hier abgehaltenen Landtagen zum Ausdruck[177]. Über sie ist zwar weit weniger bekannt als über die Reichsversammlungen. Doch ist sicher, daß Regensburg im hohen Mittelalter der bevorzugte Tagungsort der bayerischen Landtage war[178]. Mehrere Quellen deuten sogar an, daß diese Stadt als der gewöhnliche Tagungsort betrachtet wurde, an dem der Landtag vielleicht sogar institutionalisiert werden sollte[179]. Außerdem ist vor allem noch Ranshofen als Tagungsort bezeugt. Während der Landtage versammelten sich die weltlichen und bayerischen Großen in der Stadt. In Fortführung der agilolfingischen Tradition werden diese Landtage, die oftmals in Verbindung mit Reichsversammlungen abgehalten werden, in der Ludwigspfalz am Alten Kornmarkt durchgeführt[180]. Die Reihe setzt mit dem nur schlecht bezeugten Landtag von 951 ein und wird 995 mit dem wichtigen Huldigungslandtag für Heinrich II. fortgeführt. Für das 11. Jahrhundert fehlen dann Einzelnachweise; doch belegt die Translatio S. Dionysii Areopagitae II zumindest so viel, daß man sich der Tradition bewußt war[181], auch wenn sie unterbrochen gewesen sein sollte. Sie lebte im 12. Jahrhundert wieder breit auf; 1126, 1139, 1157, 1161, 1172, 1180 und 1209 wurden in Regensburg weitere Landtage durchgeführt. Die Tradition klingt aus mit den bedeutenden Landtagen von 1233 und 1244. Wichtige politische Entscheidungen wurden gefällt. Vor allem übte der Herzog hier sein Amt als oberster Friedenswahrer. Gerade in diesen Landtagen kommt der Hauptstadtcharakter der Stadt innerhalb der *terra Bavarica* zum Ausdruck.

Im Vergleich mit dem Königtum war das Herzogtum zunächst wohl die schwächere Potenz. Nachdem das ursprünglich reiche Fiskalgut auf dem Wege der Fiskalsukzession an das Königtum gekommen war, verfügte das Herzogtum hier lediglich über wenig Amtsgut. Besitzmäßig waren die Herzöge im Raum Regensburg nur mehr schwach verankert. Herzogliches Kammergut läßt sich im Raum Regensburg angesichts einer Fülle von Königsgut kaum ermitteln. Diese schwache Verwurzelung wird vor allem unter den Welfen greifbar, die den Schwerpunkt ihrer Macht immer in ihren schwäbischen Kernlanden und im 12. Jahrhundert in Sachsen hatten. Deswegen bemühten sie sich mehrfach auch unter dem Einsatz militärischer Mittel (1126, 1141, 1161) um den Ausbau ihrer schmalen Position[182] – allerdings ohne Erfolg. Im einzelnen läßt sich als Herzogsgut in diesem Raum das Gut Buch (Lk Kelheim) namhaft machen, das 1140 von den Herzögen an die Burggrafen ausgegeben worden war. Es wurde an das

177 Kolomann Sanftl, Von denen Land- und Hoftagen in Baiern, in: Neue Historische Abhandlungen der Bayerischen Akademie der Wissenschaften 4, 1792, S. 387–548; P. Schmid, Regensburg, S. 415–433.

178 Jordan (Hg.), Die Urkunden Heinrichs des Löwen, S. 66–68, 147 f. Nr. 47, 97. Vgl. Heydel, Itinerar (wie Anm. 174), S. 155.

179 MB XXXI/1, S. 544: *dux, quando sollempnem curiam habuerit in ciuitate Ratisponensi solito more;* MB XXXVI/1, S. 529: *Der hertzog sol seinen hof ze Regenspurch haben;* Die Tegernseer Briefsammlung (Froumund), hg. von Karl Strecker, MGH Epp. sel. 3, Berlin 1925, S. 20 Nr. 20.

180 P. Schmid, Regensburg, S. 429.

181 MGH SS XI, S. 353. Vgl. Riezler, Geschichte Baierns II, S. 11 f.

182 König (Hg.), Historia Welforum, S. 30, 32; Gemeiner, Chronik I, S. 237. Vgl. Elmar Roeder, Heinrich der Stolze und die Kirche (ZBLG 55) 1992, S. 8–10; A. Schmid, Gau, Grafschaft und Vogtei im Vorderen Bayerischen Wald, S. 151–154.

Kloster Prüfening geschenkt, das dafür aber als Ersatz ein Gut zu Mangolding *in jus et potestatem ducatus Bawarorum* zu geben hatte[183]. Um Mangolding wurde ein neuer herzoglicher Stützpunkt aufgebaut. Schenkungen der frühen Wittelsbacher an das Minoritenkloster in der Ostnervorstadt setzen auch dort Herzogsbesitz voraus. Des weiteren verfügte der Herzog über *predia* zu Matting und zu Königswiesen[184]. Er war weiterhin im Besitz von Reichslehen zu Prüfening[185]. Hier im Westen der Stadt lag ein gewisser Schwerpunkt der herzoglichen Position. Weil sie schwach war, ist ihm offensichtlich zur Festigung Reichsgut überlassen worden. Unmittelbarer Zweck dieser Güter war die wirtschaftliche Nahversorgung der Pfalz im Herzogshof, der Zentrum der herzoglichen Position in diesem Raum blieb[186]. An Rechten wuchs dem Herzog weiterhin ein Anteil am Brückenzoll auf der Steinernen Brücke zu[187].

Regensburg hatte als *metropolis ac sedes ducatus*[188] also eine Doppelfunktion. Diese spricht auch die Deutsche Kaiserchronik mit dem sehr betonten Attribut *houbetstat* an. Die Stadt war eine Stadt der Könige und Herzöge zugleich. Das machte die Betrachtung ihrer politischen Bedeutung, aber auch der Besitzverhältnisse deutlich. Königtum und Herzogtum grenzten ihre Interessen im Regensburger Vertrag von 921 gegeneinander ab[189] und diese Einigung hat sich als tragfähiger Kompromiß erwiesen. Unter den damals von Heinrich I. auf Arnulf übertragenen Rechten sollte das Münzrecht besondere Bedeutung erlangen. Regensburg wurde im Hohen Mittelalter die wichtigste Prägestätte bayerischer Münzen[190]. Die Regensburger Pfennige waren das gängige Zahlungsmittel im südostdeutschen Raum, eine Art Leitwährung, die aber darüber hinaus bis weit nach Nord- und Ostdeutschland Verbreitung fand. Selbst in Venedig wurde nach dem Regensburger Schlag geprägt. Die Regensburger Münze war unter den Münzstätten des bayerischen Raumes (Nabburg, Cham, Neunburg oder Neuburg, Salzburg, Eichstätt, Freising und Augsburg) die wichtigste. Es sind die Namen von 36 Münzmeistern bekannt. Die landesherrlichen Prägungen setzen unter Herzog Arnulf ein und dauern das ganze 10. Jahrhundert über an[191]. Seit Heinrich I. ist keine ottonische Münze aus

183 MGH DD Ko III. 49. Vgl. Heigel-Riezler, Herzogthum Bayern, S. 180f., 293–296.

184 QuE AF V, S. 25f. Nr. 9; Hilz, Minderbrüder, S. 102f.

185 Jordan (Hg.), Die Urkunden Heinrichs des Löwen, S. 147f. Nr. 97.

186 Ottl, Herzogshof; Heigel-Riezler, Herzogthum Bayern, S. 180f.

187 MGH DD F I. 831.

188 Otto von Freising, Chronica, hg. von Hofmeister, S. 349; Deutsche Kaiserchronik, hg. von Schröder, S. 384 V. 16822. Vgl. Kraus, Civitas Regia, S. 47f., 68–72.

189 Widukind von Korvey, Sachsengeschichte, hg. von Lohmann und Hirsch, S. 40; Liutprand von Cremona, Werke, hg. von Becker, S. 47f. Vgl. Reindel, Luitpoldinger, S. 119–131; A. Schmid, Regensburger Vertrag von 921, in: Lexikon des Mittelalters VII, 1994, Sp. 570.

190 MGH DD O III. 197, 208. Vgl. Sperl, Münzgeschichte, S. 17–27; Hahn, Moneta Radasponensis, S. 78; Peter Volz, Königliche Münzhoheit und Münzprivilegien im Karolingischen Reich und die Entwicklung in der sächsischen und fränkischen Zeit, Diss. phil. Heidelberg 1967, S. 4–60; Norbert Kamp, Probleme des Münzrechts und der Münzprägung in salischer Zeit, in: Bernhard Diestelkamp (Hg.), Beiträge zum hochmittelalterlichen Städtewesen (Städteforschung A 11) Köln – Wien 1982, S. 95, 107f., 112f.

191 Dannenberg, Münzen I, S. 403–423; Wolfgang Hahn, Die Regensburger Münzprägung unter Herzog Otto von Schwaben und Bayern (976–982) (Beiträge zur süd-

Regensburg mehr bekannt. Erst unter Heinrich II. begegnet wieder ein König als Prägeherr, wobei aber nicht klar wird, ob es sich um herzogliche oder königliche Münzen handelt. Um die Jahrtausendwende erhält dann auch der Bischof Anteil an der Münze, so daß während des 11. und 12. Jahrhunderts in Regensburg eine herzoglich-bischöfliche Gemeinschaftsmünze arbeitete[192]. Sie stellte herzogliche und bischöfliche, aber auch gemeinsame Münzen her. Aus dem 12. Jahrhundert ist keine königliche Münze aus Regensburg mehr bekannt. Daß die Burggrafen im Auftrag des Königs münzten, ist wenig wahrscheinlich[193].

Die Bischöfe

Neben dem Königtum und dem Herzogtum gewann im Hohen Mittelalter die Kirche als Herrschaftsträger vergrößerte Bedeutung. Der dritte politische Faktor wurde der Bischof, der natürlich in die Auseinandersetzungen zwischen Königtum und Herzogtum einbezogen wurde. Beide Gewalten versuchten, ihre Position mit der Hilfe des Bischofs auszubauen. In den Kämpfen des Luitpoldingers Arnulf mit dem Königtum stand Abtbischof Tuto keineswegs auf der Seite des Herzogs, sondern war – wie der übrige Episkopat – ein treuer und wohl auch entscheidender Anhänger des Königtums[194]. Ob die Tatsache, daß von allen bayerischen Bischöfen allein der Regensburger Tuto die Schlacht bei Preßburg 907 überlebt hat, vielleicht so zu deuten ist, daß er als einziger daran nicht teilgenommen haben könnte, sei lediglich als Frage angemerkt. Konrad I. hat während seiner Aufenthalte in Regensburg sicher in der Emmeramer Klosterpfalz residiert[195]. Ihm ging es dabei darum, auch auf diesem Wege Kontinuität zum karolingischen Königtum zu demonstrieren. Freilich kam es dabei zum Konflikt zwischen dem Abtbischof und dem König, als ihm ersterer die Herausgabe wichtiger Reichssymbole verweigerte. Die wiederholten Schenkungen Konrads I. an Bischof Tuto[196] sind sicherlich als Maßnahmen zu verstehen, gerade in der kritischen Phase zwischen 914 und 916 diesen wichtigsten Parteigänger innerhalb der Stadt auf der eigenen Seite zu halten. Konrad I. hat dem Bischof Anteile an den Regensburger Zolleinnahmen und den Sulzbacher Forst übereignet, der Grundstock des Regensburger Hochstiftsterritoriums werden sollte. Wegen dieser engen Verbindung zwischen dem Abtbischof und dem König scheint es ausgeschlossen zu sein, daß das Fragmentum de Arnulfo duce im Domkloster St. Emmeram entstanden sein könnte[197]; es ist hier lediglich überliefert. Es gibt aber keinen Beleg dafür, daß Arnulf sein 921 errungenes

deutschen Münzgeschichte) Stuttgart 1976, S. 58–72; Wolfgang Hahn, Beiträge zu einem Stempelcorpus der bayerischen Münzen des 10. und 11. Jahrhunderts (Jahrbuch für Numismatik und Geldgeschichte 27) 1977, S. 79–92; (28/29) 1978/79, S. 53–64.

[192] Sperl, Münzgeschichte, S. 27–55.

[193] Mayer, Burggrafen, S. 20–22; Dannenberg, Münzen I, S. 421, 425. S. Anm. 243.

[194] MGH DD Ko I. 30; A. Schmid, Herrschergräber, S. 362; Goetz, Dux und ducatus, S. 369–371.

[195] Arnold von St. Emmeram, Libri de S. Emmerammo, hg. von Waitz, MGH SS IV, S. 551.

[196] MGH DD Ko I. 20, 21, 22, 29.

[197] MGH SS XVII, S. 570. Die Entstehung dieses ungewöhnlichen Dokuments bedarf weiterer Klärung. Den Überlieferungsort selbstverständlich als Entstehungsort vorauszusetzen, geht nicht an.

Mitspracherecht bei der Bischofsernennung in dieser Stadt wirklich hätte durchsetzen können. Seit Otto dem Großen haben wir es in Regensburg mit sehr königstreuen Bischöfen zu tun, die wichtige Träger der königlichen Politik und typische Repräsentanten des ottonisch-salischen Reichskirchensystems wurden[198]. Das gilt für die Bischöfe des späteren 10. Jahrhunderts ebenso wie die Bischöfe des 11. Jahrhunderts. Mit Einsatz beteiligten sie sich an den kriegerischen Unternehmungen des Königtums mit den schuldigen Kontingenten. Bischof Michael hat in den Ungarnkriegen sogar ein Ohr eingebüßt. Bischof Wolfgang war der Erzieher Heinrichs II., Gebhard III. Schwager Kaiser Konrads II. Vor allem während des Investiturstreites saßen auf dem Regensburger Bischofsstuhl sehr weltliche Gestalten, die aber eine der Hauptstützen Heinrichs IV. wurden. Lothar von Supplinburg ernannte Bischof Heinrich I. 1137 noch einmal für kurze Zeit zu seinem Erzkanzler für Italien. Bis ins 12. Jahrhundert hinein wirkten also in Regensburg sehr politische Bischöfe. Erst in der Folgezeit gerieten sie dann in den Wirkkreis von Reformgedanken.

Trotz ihrer Kaisertreue hat sich die herrschaftliche Position der Bischöfe in der Stadt im Vergleich zur Frühzeit nur wenig verändert. Sie erhielten innerhalb der Mauern keine territoriale Vergrößerung ihres Herrschaftsbereiches mehr. Der Dombezirk behielt den geringen Umfang, den ihm vermutlich schon Tassilo III. gegeben hatte. Allerdings erfuhren die Bischöfe eine rechtliche Besserstellung, indem ihnen weitere Herrschaftsrechte überlassen wurden. Zu einem nicht bestimmbaren Zeitpunkt wohl während des 10. Jahrhunderts erlangten auch sie für ihren Bereich Immunität. 916 erhielten sie zudem einen Anteil am Zoll[199]. Um 1000 kamen Münzrechte hinzu[200]. Seit dieser Zeit übten Herzog und Bischof das Münzrecht gemeinsam in der herzoglich-bischöflichen Gemeinschaftsmünze[201]. Mit der Immunität und diesen Anteilen am Zoll sowie am Münzrecht waren wichtige Ansatzpunkte zum Herrschaftsausbau in der Stadt gegeben[202]. Außerhalb der Stadt gelang es ihnen, ein vergleichsweise beschränktes Hochstift mit den Zentren Donaustauf, Wörth und Hohenburg aufzubauen. Seit Heinrich IV. war ihnen auch die Grafschaft im Oberinntal um Kufstein unterstellt. Dagegen wurde der übrige in Streulage befindliche Fernbesitz weithin abgestoßen oder auf anderen Wegen verloren. Als weltlicher Herrschaftsträger konnte der Bischof mit den großen Bischofsfürsten an Rhein und Main in keiner Weise in Konkurrenz treten.

[198] Die Beteiligung des Bischofs am Italienzug 982/983: MGH Const. I, S. 632f. Nr. 436. Vgl. Herbert Zielinski, Der Reichsepiskopat in spätottonischer und salischer Zeit (1002–1125), Stuttgart 1984; Hausberger, Bistum Regensburg I, S. 64–154; Egon Boshof, Bischöfe und Bischofskirchen von Passau und Regensburg, in: Stefan Weinfurter (Hg.), Die Salier und das Reich II, Sigmaringen 1991, S. 113–154; A. Schmid, Episcopatus Ratisbonensis.

[199] MGH DD Ko I. 29.

[200] Vgl. Volz, Münzprivilegien (wie Anm. 190), S. 85f.; Heinrich Buchenau, Die Anfänge der Regensburger Bischofsmünzung (Blätter für Münzfreunde 62) 1927, S. 74–80.

[201] Sperl, Münzgeschichte, S. 27–55.

[202] Hoffmann, Immunität in Bischofsstädten; Marianne Kollmann, Die Immunitätsurkunden von König Pippin bis Kaiser Otto III. für die Metropolen Mainz, Köln, Trier, Salzburg, Hamburg-Bremen, Magdeburg, Diss. phil. masch. Wien 1972, S. 246.

In Regensburg ist es also dem Bischof nicht gelungen, die ganze Stadt unter seine Herrschaft zu bringen. Die Stadt war nur Sitz, nicht dagegen auch Besitz der Bischöfe. Das unterscheidet diese Bischofsstadt von den anderen drei altbayerischen Bischofssitzen Salzburg, Freising und Passau, auch vom nahen Eichstätt, Würzburg oder Bamberg. Am ehesten ist die Entwicklung in Augsburg zu vergleichen. In Regensburg verteilten sich die Herrschaftsrechte auf drei Potenzen, unter denen der Bischof zunächst die schwächste Stellung hatte. Bis zum Eintritt ins 13. Jahrhundert aber war auch er in diesem Spannungsfeld zu einer gleichgewichtigen Macht herangewachsen.

c) Die Pfalzenfrage

Regensburg war also seit dem beginnenden 10. Jahrhundert ein herrschaftlich sehr kompliziertes Gebilde, in dem drei Potenzen Herrschaftsrechte ausübten. Sie alle waren besitzmäßig durch Pfalzen in der Stadt verankert. Doch kam es dadurch nicht zu einer förmlichen Dreiteilung der Stadt in streng voneinander getrennte Bezirke oder gar Gaue, wie die Translatio S. Dionysii Areopagitae II um 1080 wahrscheinlich machen möchte[203]. Ihre Einteilung der Stadt in einen *pagus regius,* einen *pagus cleri* und einen *pagus mercatorum* überträgt einen literarischen Topos auf Regensburg, den Hilduin für Paris gebraucht hatte[204]. Hier werden keinesfalls scharf voneinander abgegrenzte Bezirke angesprochen, sondern Herrschaftsschwerpunkte gekennzeichnet, die aber durchaus den realen Gegebenheiten entsprachen. Im *pagus mercatorum* lagen tatsächlich der erstmals 934 bezeugte Markt sowie die gerade für diese Stadt so bezeichnenden Patrizierburgen.

Am einfachsten ist das Pfalzenproblem beim Bischof zu lösen. Der wohl von Tassilo III. übereignete Dombezirk wurde räumlich nicht mehr vergrößert. Er erfuhr trotz reger Dombautätigkeit gerade im hohen Mittelalter keine Ausdehnung mehr. Zwischen Dom und Stadtmauer wurde der Bischofshof errichtet, der erstmals im Jahre 889 urkundlich nachweisbar ist[205]. Nachdem während der Karolingerzeit für den bischöflichen Bezirk noch keine Immunität anzunehmen ist[206], muß er im Laufe der Zeit diese aber erhalten haben. Am ehesten ist der Vorgang ins 10. Jahrhundert zu setzen, als die Bischöfe auch andere Hoheitsrechte bekamen. Damit wurde der bischöfliche Bezirk herrschaftlich aus der Stadt herausgeschnitten. In der bischöflichen Immunität übte der Domvogt die Herrschaftsrechte bis zum Blutgericht[207]. Im Vergleich mit anderen Bischofsstädten fällt auf, daß sich in Regensburg keine Festung wie Obernburg in Passau, die Willibaldsburg in Eichstätt, Hohensalzburg oder auch die Hofburg zu Brixen und der Domberg in Freising ausbildete; hier spiegelt sich neben der andersgearteten topographischen Situation auch die ungleich schwächere Position des Bischofs in dieser Stadt wider.

[203] MGH SS XI, S. 352f. Vgl. Kraus, Civitas Regia, S. 37–42; Kraus, Die Translatio S. Dionysii.

[204] Deswegen wird die Stelle sicher überinterpretiert von Gauer, Stadtkernforschung, S. 165; Gauer, Castra Regina und Rom, S. 80f.

[205] MGH DD Arn. 63; Stauffer, Der Bischofshof zu Regensburg; Streich, Burg und Kirche I, S. 250f. S. Kap. V 4.

[206] MGH DD LD 64. S. Anm. 77, 265.

[207] Gfrörer, Verfassungsgeschichte, S. 21f.; Mayer, Burggrafen, S. 16f.

Stützpunkt des Königtums blieb die Klosterpfalz bei St. Emmeram[208]. Hier stiegen die Könige vorzugsweise ab, wenn sie sich in Regensburg aufhielten. Auch baulich wurde also die Kontinuität zu den Karolingern gesucht. Diese Entwicklung setzte bereits unter Konrad I. ein und währte bis zum Ausgang der Stauferzeit. Die Klosterpfalz bei St. Emmeram wird 1251 nach einem Mordanschlag auf Konrad IV. schließlich zerstört. Die heutige Eingangsmauer zum Kirchenkomplex von St. Emmeram scheint der einzige Überrest dieser Königspfalz zu sein. Freilich war diese Tradition bereits gelegentlich zwischen Heinrich II. und Friedrich Barbarossa unterbrochen. Während dieser eineinhalb Jahrhunderte diente auch die alte Ludwigspfalz am Kornmarkt wieder als Königspfalz, obwohl Heinrich II. die Pfalzkirche 1009 an das Bistum Bamberg geschenkt hatte. Ob im früheren oder mittleren 12. Jahrhundert Baumaßnahmen an der Pfalz durchgeführt wurden, ist nicht hinreichend klar[209].

Die alte Ludwigspfalz wurde unter den Luitpoldingern die Herzogspfalz. Auch hier zeigt sich, wie die Luitpoldinger in ihrer Herrschaft an Agilolfinger und Karolinger anzuknüpfen versuchten, um sich mit der Aura von Kontinuität zu umgeben. Das angebliche Begräbnis Herzog Arnulfs bei St. Emmeram paßt auch aus diesem Grund nicht in diesen Kirchenbau. Seine Pfalz ist am Alten Kornmarkt anzunehmen. Im benachbarten Dom hielt er 932 die Synode von Regensburg ab, die Ausdruck seines Landeskirchentums war. Das angrenzende Niedermünster erhielt nach dem Bau der Alten Kapelle als Pfalzkirche die Funktion eines Pfalzstifts, in dem mehrere Mitglieder der Herzogsfamilie (Heinrich I., Judith, Gisela, zwei Unbekannte) zur letzten Ruhe gebettet wurden. Bis ins welfische Zeitalter diente die alte Ludwigspfalz nicht nur, aber vorwiegend als Herzogsresidenz. Freilich wurde sie in ihrem räumlichen Bestand durch Vergabungen des Königtums deutlich beschränkt. In dieser Ludwigspfalz residierten während des 11. und 12. Jahrhunderts aber auch wiederholt die Könige, wenn sie sich in Regensburg aufhielten. Dabei wird aus den Quellen nicht ersichtlich, wie diese gemeinsame Nutzung der gleichen Pfalz durch Könige und Herzöge konkret realisiert wurde. Es bleibt unklar, ob sie jemals in der Pfalz zusammenwohnten oder ob sich der Herzog aus der Stadt zurückzog, wenn der König anrückte[210], oder im Falle eines gemeinsamen Aufenthaltes der König nach St. Emmeram ging[211]. Für Heinrich Jasomirgott sind jedenfalls nur gleichzeitige Aufenthalte von König und Herzog in der Stadt bezeugt[212]. Doch gibt es auch ein Einquartierungsrecht des Königs in Räumlichkeiten des bischöflichen Bereiches[213]. Eine andere Erklärungsmöglichkeit bietet die

[208] P. Schmid, Regensburg, S. 74–81; Streich, Burg und Kirche I, S. 250–253; Walter Schlesinger, Bischofssitze, Pfalzen und Städte im deutschen Itinerar Friedrich Barbarossas, in: Ausgewählte Aufsätze von Walter Schlesinger 1965–1979, hg. von Hans Patze und Fred Schwind (Vorträge und Forschungen 34) Sigmaringen 1987, S. 351–353; Brühl, Palatium und Civitas II, S. 219–255.

[209] Paulus, Der Herzogshof in Regensburg, S. 45 f.

[210] Koller, Königspfalzen und Reichsstädte im südostdeutschen Raum, S. 64–67.

[211] Ferdinand Opll, Das Itinerar Kaiser Friedrich Barababarossas (1152–1190) (Forschungen zur Kaiser- und Papstgeschichte des Mittelalters. Beihefte zu J. F. Boehmer, Regesta Imperii 1) Wien-Köln-Graz 1978, S. 145 f.

[212] Fichtenau-Zöllner (Hg.), Urkundenbuch der Babenberger IV/1, S. 121 f. Nr. 753; S. 123 f. Nr. 756, 757.

[213] Brackmann, Germania Pontificia I, S. 276 Nr. 3.

Translatio Sancti Dionysii Areopagitae II mit ihrer detaillierten Schilderung des Pfalzkomplexes. Sie lokalisiert die Wohnräume des Kaisers (*sedes augustorum*) mit dem Reichssaal (*aula regni*) in den Osten der Ludwigspfalz, in den Westen dagegen die Unterkunft des Herzogs[214]. Ob aus dieser literarisch geschönten Schilderung allerdings Rückschlüsse auf die konkrete Nutzung der Pfalz gezogen werden dürfen, erscheint doch fraglich. Dennoch weist gerade sie den Pfalzkomplex sehr eindrucksvoll als bauliche und herrschaftliche Dominante der Stadt aus.

d) Hauptstadtfunktion von Heinrich II. bis Heinrich IV.

Regensburg war also im 10. Jahrhundert nach wie vor einer der Brennpunkte königlicher Politik, zugleich aber Hauptstadt der *terra Bavarica*. Diese Spannungen wurden gegenstandslos, als der bayerische Herzog Heinrich IV. als Heinrich II. 1002 zum deutschen König gewählt wurde. Damit entfiel die während des Hochmittelalters schwierige Trennung zwischen herzoglichem und königlichem Anteil an der Stadt wieder. Heinrich II. versuchte zunächst, sein Herrscheramt von Regensburg aus auszuüben. Abermals werden unter Heinrich II. Anläufe zu einer Hauptstadtbildung im Reich ohne Hauptstadt unternommen[215]. Die Bedeutung der Stadt für das Königtum wuchs unter Heinrich II. wieder deutlich an. Das kommt etwa in der Zusammensetzung seiner Königskanzlei zum Ausdruck. In ihr begegnet zu Beginn seiner Regierung wiederholt Personal aus dem Regensburger Raum[216]. Von den ersten 60 seiner Königsdiplome sind immerhin 12 – ein Fünftel – allein in Regensburg ausgestellt. Heinrich II. beschenkte die Alte Kapelle mehrfach[217]. Er ging erneut daran, die Stadt zur Hauptstadt auszubauen und hier einen Mittelpunkt zur Institutionalisierung der Reichsverwaltung zu schaffen[218]. In dieser Phase wurden die Alte Kapelle und das Niedermünster zu Reichsstiften erhoben[219]; das Obermünster folgte wohl erst unter Konrad II., der den Kanonissen sogar sein Zepter überlassen hat, um seine besondere Verbundenheit zum Ausdruck zu bringen. Er wurde mit Frau und Sohn in die Fraternität des Stiftes aufgenommen[220].

Die erneuerte Hauptstadtfunktion fand ihren deutlichsten Ausdruck im Bemühen Heinrichs II., den Pfalzbereich neu zu organisieren. Um den hoffahrtspflichtigen Großen den Aufenthalt in der geplanten Hauptstadt zu erleichtern, übergab er einzelnen Absteigequartiere in der unmittelbaren Umgebung der Pfalz. Die Anfänge dieser Bemühungen reichen noch in die Zeit Kaiser Arnulfs zurück. Sie werden unter Otto III. aufgegriffen und dann vor allem von Hein-

[214] MGH SS XI, S. 352f.; verbesserter Text: Kraus, Civitas Regia, S. 111f.

[215] P. Schmid, Regensburg, S. 164f., 447f.; Kolmer, Regensburg in der Salierzeit.

[216] Fleckenstein, Hofkapelle II, S. 178f., 215f.

[217] MGH DD H II. 26, 28, 61.

[218] Heidingsfelder, Heinrichs II. Beziehungen zu Regensburg; Hartmut Hoffmann, Buchkunst und Königtum im ottonischen und frühsalischen Reich I (MGH Schriften 30,1) Stuttgart 1986, S. 276–303.

[219] MGH DD H II. 26, 29.

[220] MGH DD Ko II. 139. Vgl. Boockmann, Eine Urkunde Konrads II. für das Damenstift Obermünster.

rich II. konzentriert fortgeführt. Derartige Absteigequartiere sind weiterhin nur für die langobardische Hauptstadt Pavia oder für die großen Metropolen des mittelalterlichen Europa bezeugt: für Aachen, Paris und London. Als Empfänger solcher Höfe sind in Regensburg nachzuweisen zum einen die Bischöfe von Salzburg, Brixen, Freising, Augsburg, Bamberg, Eichstätt und Passau, also alle nach Bayern hoffahrtspflichtigen Bischöfe[221]. Solche Höfe wurden aber auch an weltliche Große übertragen. Sie sind bezeugt für die Markgrafen Berthold und Adalbero sowie die Diepoldinger[222]. Schließlich erhielt eine lange Reihe von Klöstern derartige Höfe: Metten, Ebersberg, Niederaltaich, Tegernsee, Seeon; später sind belegt Höfe für Rebdorf, Prüll, Prüfening, St. Walburg/ Eichstätt, Berchtesgaden, Weihenstephan, Rohr, Walderbach, Oberaltaich, Frauenchiemsee, Kastl, Pielenhofen, Rott, Scheyern und Wessobrunn. Neuestes Urkundenmaterial schließt auch Paring an diese Reihe an[223]. Sicherlich ist die Liste noch immer nicht vollständig. Mit diesen Höfen waren in der Regel Zubehörsgüter in der näheren Umgebung der Stadt verbunden. Wir kennen solche Versorgungshöfe für Salzburg, Brixen oder Eichstätt[224]. Vor allem erhielten auf diesem Wege die bayerischen Bischöfe und Klöster Anteil an den Weinbergen entlang des Nordufers der Donau. Heinrich II. stattete also eine Reihe von Großen seines Reiches in der geplanten Hauptstadt mit Quartieren und Besitz aus und leitete so nachhaltige Verschiebungen bezüglich des Königsguts ein, die im nächsten Abschnitt im Zusammenhang behandelt werden sollen. Unter Heinrich II. gewann also die Stadt wieder deutlich an Gewicht für das Königtum; gerade diese Hofschenkungen sind wichtiges Indiz der Hauptstadtfunktion. Der Raum Regensburg war einer der Kernräume des Reiches, ganz im Sinne der Königslandpolitik Heinrichs II., der das Reich von zentralen Königslandschaften aus regieren wollte. Und eine dieser Königslandschaften sollte zu Beginn seiner Herrschaft offensichtlich auch der Raum Regensburg werden[225].

Doch enden die Aktivitäten des Königs mit dem Jahr 1007. Dieses Jahr markiert eine Zäsur in der Königslandpolitik Heinrichs II., der sich nun plötzlich vom bisher so geförderten Raum Regensburg entfernte. Ursache dafür ist seine wachsende Vorliebe für Bamberg. Je mehr Heinrich II. Bamberg zuneigte, in gleichem Ausmaße wandte er sich von Regensburg ab. Bamberg wurde der neue wichtigste Zentralraum seines Reiches. Deutlichstes Zeichen dafür war, daß Heinrich II. selbst die Alte Kapelle 1009 an Bamberg verschenkte[226]. Damit gab er eine wichtige Position des Königtums in der Stadt auf, Symbol des

[221] P. Schmid, Regensburg, S. 442–446 mit Belegen; Zaisberger, Salzburger Hof; Sigmund Benker, Der Freisinger Hof in Regensburg und sein Umbau durch Johann Lorenz Hierschstötter (Sammelblatt des Historischen Vereins Freising 32) 1990, S. 407–415.

[222] MGH DD O II. 134; Mohr, Oberalteich, S. 193–196 Nr. 96.

[223] Liste bei P. Schmid, Regensburg, S. 443f. Zu Paring: Thiel (Hg.), St. Johann, S. 489f. Nr. 420.

[224] MGH DD H II. 31 (vgl. Otto Fürnrohr, Der Stein- oder Panhof in Teugn. Ein vormals fürstbischöflich Brixener Lehenshof, VHVO 112, 1972, S. 299–304); 151.

[225] Stefan Weinfurter, Die Zentralisierung der Herrschaftsgewalt im Reich durch Kaiser Heinrich II. (HJb 106) 1986, S. 241–297, bes. 261f.

[226] MGH DD H II. 196.

Rückzuges. Während der zweiten Hälfte seiner Regierung hat Heinrich II. wesentlich weniger für Regensburger Empfänger geurkundet. In gleicher Weise verschenkte er nun den ziemlich geschlossen auf ihn gekommenen Königsgutgürtel rund um die Stadt. Er gab ihn an mehrere Empfänger; besonders reich wurde seine Lieblingsstiftung Bamberg bedacht, die in Bad Abbach oder Prüfening als Grundherr konkret nachgewiesen werden kann. Im Rahmen seines Rückzugs vergab Heinrich II. fast alles Königsgut. In der unmittelbaren Umgebung der Stadt verblieben nur mehr spärliche Reste: die *villa* Genstal bei Kumpfmühl[227], das Gut Königswiesen[228] und die Donauauen bei Barbing, auf denen sich der Reichstag 1156 versammelte[229]. Streubesitz ist in Prüfening und Winzer faßbar[230]. Freilich ist die Vergabung des Königsgutes nicht nur Anzeichen des Rückzuges des Königtums, sie ist auch im Rahmen der Umorganisation der Königsgastung zu sehen. Der König stützte sich künftig verstärkt auf die Reichskirche. Deswegen stattete er sie mit Besitz aus, um in Zukunft von ihr durch Servitienleistungen unterhalten zu werden[231].

In eine ähnliche Funktion rückte die Stadt ein letztes Mal unter Heinrich IV. ein, ohne jedoch eine Bedeutung wie unter Heinrich II. zurückzuerlangen[232]. Denn in der Auseinandersetzung zwischen Kaisertum und Papsttum wurde Regensburg einer der wichtigsten Stützpunkte des Saliers. Die besondere Stellung fand ihren ausgeprägtesten literarischen Niederschlag in der Translatio Sancti Dionysii Areopagitae II. Die Bischöfe Otto und Gebhard IV. waren treue Gefolgsleute des Kaisers. Auch das Kloster St. Emmeram stand entschieden auf seiner Seite. Die Bürgerschaft unterstützte ihn mit Geld, er hat sie sehr gefördert und ihren Aufstieg entscheidend begünstigt; aus dieser Zeit stammt der erste Hinweis auf eine Stadtsteuer[233]. In diesem Rahmen ist auch die Ansiedlung des ersten Schottenklosters in Deutschland zu sehen. Heinrich IV. zog die Vorgängereinrichtung, das Priorat bei Weih St. Peter, an das Reich und begabte es mit der Reichsunmittelbarkeit. Der Kaiser führte bauliche Veränderungen an der Ludwigspfalz durch, die er noch einmal als Festung stark ausbaute. Dennoch nahm das Schicksal Heinrichs IV. gerade von dieser Stadt seinen Ausgang. Heinrich V. machte sie zum Widerstandszentrum gegen den Vater. Dabei wurde das nahe Kloster Prüfening eine wichtige Bastion gegen Heinrich IV.[234]. Am unteren Regen standen sich schließlich im Herbst 1104 die

[227] MGH DD H II. 192; DD Ko II. 225.
[228] QuE AF V, S. 25 Nr. 9.
[229] P. Schmid, Regensburg, S. 102f.
[230] MB XIII, S. 187–189; Acht, Unbekannte Prüfeninger Traditionen des 12. Jahrhunderts, S. 244f.; Schwarz, Prüfening, S. 146f. Nr. 186, S. 184 Nr. 232.
[231] MGH DD H IV. 264, 265.
[232] Kraus, Civitas Regia, S. 56–61; P. Schmid, Regensburg, S. 169–172; Märtl, Regensburg im Investiturstreit; Raymund Kottje, Zur Bedeutung der Bischofsstädte für Heinrich IV. (HJb 97/98) 1978, S. 145–147; Hubertus Seibert, Libertas und Reichsabtei. Zur Klosterpolitik der salischen Herrscher, in: Stefan Weinfurter (Hg.), Die Salier und das Reich II, Sigmaringen 1991, S. 503–569.
[233] Klebel, Landeshoheit, S. 585 Anm. 45; Berent Schwineköper, Königtum und Städte bis zum Ende des Investiturstreits (Vorträge und Forschungen Sonderband 11) Sigmaringen 1977, S. 152. S. Kap. IV 2 l.
[234] Annalista Saxo, hg. von Georg Waitz, MGH SS VI, S. 738. Vgl. Heidrun Stein, Die romanischen Wandmalereien in der Klosterkirche Prüfening (Studien und Quellen zur Kunstgeschichte Regensburgs 1) Regensburg 1987.

Heere beider Kontrahenten gegenüber, wo die Entscheidung dann zugunsten Heinrichs V. fiel. Der Sieger bestrafte die Stadt wegen der Unterstützung des Vaters und band sie durch einen neuen Vertrag an sich. Dadurch wurde die Position des Königtums wieder gestärkt.
Dennoch ging die Stadt in der Folgezeit ihrer bisherigen herrschaftlichen Zentralität verlustig. Zu den neuen Vororten im süddeutschen Raum stiegen im Rahmen politischer und wirtschaftlicher Schwerpunktverlagerungen im Laufe des Spätmittelalters Nürnberg und Augsburg auf. Die Stadt Regensburg pflegte die Reminiszenz an ihre große Zeit in Literatur und Historiographie weiter. In der Quaternionentheorie, die ihre eindrucksvollste Ausprägung in der Schottenlegende fand, wurde sie zusammen mit Rom, Aachen und Trier zu den vier Hauptstädten der Christenheit gerechnet.

e) *Fiscus – pagus – comitatus: die Burggrafen; die Pfalzgrafen; die Domvögte*

Bis zur Jahrtausendwende war der umfängliche Königsgutsbezirk um Regensburg nicht in die Grafschaftsorganisation einbezogen gewesen, sondern hatte als *fiscus* seine eigene Verwaltungsform. Noch im Jahre 1000 wird die Stadt in einem Königsdiplom nicht in einen Gau lokalisiert, sondern *in provintia Bawoariorum*[235]. Für das Jahr 1009 sind dann aber die ersten Nennungen Regensburgs im Donaugau und in der Grafschaft des Grafen Ruprecht belegt[236]. Erst jetzt wurde also – ungewöhnlich spät – das im übrigen Bayern seit eineinhalb Jahrhunderten übliche System der Ortsangabe auch auf diese Stadt übertragen. Dabei muß auffallen, daß *pagus*- und *comitatus*-Angabe immer gemeinsame Verwendung erfahren; auch dieser Befund legt einen Zusammenhang zwischen Gau- und Grafschaftsorganisation nahe. Um die Jahrtausendwende begann offensichtlich die Auflösung der überkommenen Verwaltungsstrukturen des Donaugaues und des *fiscus* Regensburg. Dieser Vorgang setzte sich unter Heinrich II. fort. Die Verschiebung ist in Zusammenhang mit der Aufgabe des Königsgutes zu sehen. Im Rahmen einer umfassenden Neuorganisation der Königsgastung wird nun also auch Regensburg in die Grafschaftsorganisation einbezogen. Mit der Preisgabe des Großteils des Königsgutes war hier keine eigene Organisationsform mehr erforderlich. Jetzt konnte der reguläre Verwalter des Königsgutes, der Graf, auch diese Aufgabe zu seinen anderen Kompetenzen übernehmen. Erst seit dieser Zeit erscheint Regensburg im Donaugau in der Zuständigkeit eines Grafen[237]. Allerdings handelt es sich bei diesem Grafen um keinen üblichen Amtsträger, sondern einen besonderen Grafen: den Burggrafen[238]. Die Lokalisierung in den Donaugau verliert aber noch im 11. Jahrhundert an Bedeutung und wird durch allgemeinere Ortsangaben ersetzt.

235 MGH DD O III. 370. S. Absch. 2f.
236 MGH DD H II. 192, 196.
237 P. Schmid, Regensburg, S. 267–269. Zum Abbau der *pagus*-Organisation in diesem Raum auch: MGH DD F I. 565; Schwarz, Prüfening, S. 146 Nr. 186: *in territorio Ratisponensi.*
238 Mayer, Burggrafen; Mayer, Regesten der Burggrafen; P. Schmid, Regensburg, S. 260f.

Die Burggrafen von Regensburg sind nicht erst seit dieser Zeit festzustellen; ihre Anfänge reichen ins mittlere 10. Jahrhundert zurück. Eine der Maßnahmen, mit denen Otto I. das aufrührerische Herzogtum Bayern nach der Niederwerfung des Pfalzgrafen Arnulf befrieden wollte, war die Einsetzung eines Burggrafen von Regensburg *(praefectus urbis)*. Der Regensburger Burggraf ist der erste nachweisbare diesbezügliche Funktionsträger in Deutschland[239]. In keiner anderen Stadt ist der Burggraf so weit zurückzuverfolgen. Dabei ist nicht sicher, daß das Amt erst damals geschaffen wurde. Die alte rechtshistorische Diskussion, ob der Burggraf der Befehlshaber in einem Burgbereich oder aber der oberste Gerichtsbeamte in einer Stadt, also Stadtgraf, war, ist wegen dieser frühen Anfänge nicht in vollem Umfang auf Regensburg zu übertragen. Der Burggraf war der Interessenvertreter des Königs im Zentralraum um Regensburg und erhielt hier somit eine höhere und umfassendere Zuständigkeit als spätere Burggrafen. Das neue Amt, eines der wichtigsten Reichsämter in Bayern, knüpfte wohl an die Tradition des karolingischen *vicarius regis* an, in dem man vermutlich den obersten Richter, militärischen Kommandanten und Krongutsverwalter sehen darf. Wie im Südosten des Reiches üblich, war es hohen Adeligen anvertraut. Der erste Inhaber des Amtes wurde ein Burchardus, der genealogisch nicht eingeordnet werden kann, weil er einem unbedeutenden Adelsgeschlecht entstammte[240]. Doch stieg er durch seine Heirat mit einer Tochter des Herzogs Arnulf und einer Schwester der Herzogin Judith in die Verwandtschaft des Königs- und Herzogshauses auf. Diese Verbindung scheint ihm zum einen die Markgrafschaft in der Ostmark, zum anderen die Burggrafschaft Regensburg eingebracht zu haben. Burchard betreute beide Ämter in Personalunion. Da er aber in den Aufstand Heinrichs des Zänkers verwickelt war, büßte er sie 976 ein. Daraufhin wurde wegen der zu großen Machtkonzentration diese Personalunion gelöst. Die Ostmark kam an die Babenberger, die Burggrafschaft an einen genealogisch ebenfalls nicht einzuordnenden Papo, den Stammvater der Paponen[241]. Dieses Geschlecht behielt das Amt bis zu seinem Aussterben um 1185. Als Wappen führte es drei Rosen in einem Schrägbalken. 1143 hatte es seinen Herrschaftsbereich, zu dem auch Teile des Nordgaus gehörten, in die Burg- und Landgrafschaft geteilt, wobei der Landgrafentitel nach Sigmund von Riezler lediglich den Gegensatz zur Burggrafschaft zum Ausdruck bringen soll. Nach dem letzten Paponen ist noch

[239] Riezler, Geschichte Baierns I/1, S. 562–564; Rietschel, Burggrafenamt, S. 83–101; Streich, Burg und Kirche II, S. 618; Krug, Amt des „centenarius" II, S. 100–106.

[240] Arnold von St. Emmeram, Libri de S. Emmerammo, hg. von Waitz, MGH SS IV, S. 553; Widukind von Korvey, Res gestae Saxonicae, hg. von Lohmann und Hirsch, S. 97. Eine Traditionsnotiz des Klosters Ebersberg deutet einen Zusammenhang mit dem dortigen Grafengeschlecht an: Codex traditionum Eberspergensium, in: Oefele, Scriptores II, S. 37 Nr. CLXXVIII.

[241] Widemann, Traditionen, S. 192f. Nr. 212. Michael Mitterauer, Karolingische Markgrafen im Südosten. Fränkische Reichsaristokratie und bayerischer Stammesadel im österreichischen Raum (Archiv für österreichische Geschichte 123) 1963, S. 187 zieht einen Zusammenhang mit den Wilhelminern in Erwägung. Wilhelm Störmer, Babonen, in: Lexikon des Mittelalters I, München - Zürich 1980, Sp. 1322 denkt an Verbindungen zu den Liudolfingern.

ein Burggraf namens Albert aus anderem Geschlecht belegt[242], von dem das Amt dann an die Wittelsbacher überging.
Der Burggraf war hauptsächlich militärischer Kommandant der Festung Regensburg. Ihm unterstand auch das in der Folgezeit deutlich schmäler werdende Königsgut. Des weiteren war er zuständig für die Gerichtsbarkeit bis hinauf zur Hochgerichtsbarkeit und sämtliche militärischen Belange, vor allem die Instandhaltung der Stadtmauer, vielleicht auch das Münzwesen[243]. Diese Kompetenzen oblagen ihm innerhalb der Stadt. Doch wurde er nach der Absetzung Burchards zugleich Graf im westlichen Donaugau. Der Donaugau scheint zu eben dieser Zeit in einen westlichen und östlichen Teil zergliedert worden zu sein. Damit kamen zu den burggräflichen Kompetenzen innerhalb der Stadt nun gaugräfliche Funktionen in deren Umland. Beide Zuständigkeitsbereiche unterschieden sich lediglich räumlich, nicht jedoch inhaltlich. Sie wurden nur in der Anfangszeit auseinandergehalten und wuchsen im Laufe der Zeit infolge der Personalunion zusammen; sie wurden immer gemeinsam weitervererbt. Doch erwies sich der neue Zuständigkeitsbereich bald als unzweckmäßig groß. Aus diesem Grunde wurde er im Jahre 1143 geteilt in die Burggrafschaft Regensburg und die Landgrafschaft Stefling.
Die Burggrafschaft war erbliches Reichslehen. Der Burggraf war der mächtige Stellvertreter des Kaisers im Zentralraum um Regensburg. Er war hier der wichtigste Herrschaftsträger. Nach Ausweis der Zeugenreihen von Urkunden kam ihm innerhalb der bayerischen Grafen ein Vorrang zu. Er umgab sich seit etwa 1130 mit Ministerialen[244]. Seine Stammburg befand sich im Umkreis der Kirche St. Ägidius, in deren Vorhalle er 1183 eine vom Ritual her gesehen sehr bezeichnende Gerichtssitzung hielt[245]. Das Burggrafenthing fand in erster Linie hier statt. Über diesen wichtigsten Tätigkeitsbereich liegt auch eine vorzügliche bildliche Darstellung in der Manessischen Liederhandschrift vor, der das Stadtwappen beigegeben ist[246]. Das Geschlecht war nämlich literarisch beachtlich aktiv. Des weiteren übten die Burggrafen die Vogtei über eine Reihe von Klöstern: St. Emmeram, Prüfening, Prüll, St. Jakob, außerhalb der Stadt in ihren Stiftungen Walderbach und Altmühlmünster[247]. Die Familiengrablege befand sich zu St. Emmeram in Regensburg, bis 1143 Walderbach als neues

[242] Manfred Mayer, Albert, Burggraf von Regensburg (VHVO 51) 1899, S. 101–106. Vgl. Moser, Teutsches Staatsrecht XLII, S. 119: „Nichts anders, dann eine Reichs-Vogtey"; Wilhelm Volkert, Von Adel bis Zunft, München 1991, S. 42f., 145f.; Hans Schneider, Grafschaft und Landgericht auf dem Nordgau, in: Dieter Albrecht – Dirk Götschmann (Hg.), Forschungen zur bayerischen Geschichte. Festschrift für Wilhelm Volkert zum 65. Geburtstag, Frankfurt a. M. - Bern 1993, S. 22–27.
[243] Mayer, Burggrafen, S. 20–22. Vgl. Anm. 193.
[244] Der Erstbeleg: Widemann, Traditionen, S. 368 Nr. 788. Vgl. Mayer, Burggrafen, S. 59f.
[245] Widemann, Traditionen, S. 492 Nr. 973. Vgl. auch S. 438f. Nr. 897. S. Anm. 331.
[246] Kraus – Pfeiffer (Hg.), Regensburg, Abb. 48; Minnesänger. 24 farbige Wiedergaben aus der Manessischen Liederhandschrift III, hg. von Kurt Martin, Aachen 1972, Tafel 16; Ursula Schulze, Burggraf von Regensburg, in: Lexikon des Mittelalters II, München – Zürich 1982, Sp. 1050f.; Regensburger Buchmalerei, hg. von Mütherich und Dachs, S. 72–74, 78. S. Abb. 4.
[247] Mayer, Burggrafen, S. 56.

Hauskloster errichtet wurde, wo ihnen natürlich ebenfalls die Stiftervogtei zukam.

Die Burggrafschaft erhielt zum letzten Mal unter Friedrich I. Barbarossa große Bedeutung. Als dieser in den sechziger Jahren des 12. Jahrhunderts im Raum Regensburg besondere herrschaftliche Aktivitäten entwickelte, stützte er sich hauptsächlich auf die Burggrafen, deren Herrschaftsgebiet sich damals bis an die untere Altmühl weitete. Dieser im einzelnen noch ungeklärte Vorgang dürfte mit der zielstrebigen Territorialpolitik Barbarossas im Umfeld der Stadt Regensburg zusammenhängen, um die er im Norden und Westen die erdrükkende Klammer der übermächtigen Burggrafschaft legen wollte. In diesem Zusammenhang versuchte er 1161 auch in Kelheim Fuß zu fassen. Das baldige Ende des Geschlechtes unterband aber, daß diese Ansätze voll zum Tragen hätten kommen können. Die burggräfliche Linie starb um 1185 aus, die landgräfliche 1196. Ihr Erbe kam auf unterschiedlichen Wegen an die Wittelsbacher.

Die Pfalzgrafen

Die Auseinandersetzungen Ottos I. mit dem luitpoldingischen Pfalzgrafen Arnulf belegen zum ersten Mal die Tätigkeit eines Pfalzgrafen im Raum Regensburg. Pfalzgrafen sind bereits für das karolingische Bayern belegt und für die späte Agilolfingerzeit zu erschließen; ihr damaliges Wirken hatte seinen Schwerpunkt unverkennbar in Freising und Umgebung[248]. Ein Bezug dieser Funktionsträger zu Regensburg zeichnet sich aber bereits auch für diese Frühzeit ab. Er wurde mit der Übertragung des Amtes an die Luitpoldinger deutlich verstärkt[249]. Damals erscheint der Pfalzgraf als der Stellvertreter des Herzogs, dessen Wirken sich besonders auf das heiß umkämpfte Regensburg konzentrierte[250]. Er scheint vor der Einrichtung des Burggrafenamtes die nach dem Herzog entscheidende Potenz in diesem Raum gewesen zu sein. Ob er hier auch das Königsgut verwaltete, wie angenommen wird[251], muß offenbleiben. Zumindest im Raum Regensburg scheint diese Aufgabe auf den Burggrafen als entscheidenden Sachwalter des Königtums übergegangen zu sein. Als weitere wichtige Kompetenz ist für das hohe Mittelalter die Überwachung des Herzogs im Auftrag des Königs gesichert. Dieser Pflicht oblag er im Pfalzgrafengericht, das im Regensburger *Latron* installiert war; an diesem Ort wirkten Rechtsver-

[248] Doch kann das natürlich auch ein Problem der Quellenüberlieferung sein. Uns liegen mit den Freisinger Traditionen vorzugsweise Urkunden aus diesem Raum vor. Vgl. Wilhelm Störmer, Die Wittelsbacher als Pfalzgrafen von Bayern, in: Die Wittelsbacher im Aichacher Land, hg. von Toni Grad, Aichach 1980, S. 63–69; Joachim Jahn, Bayerische ‚Pfalzgrafen' im 8. Jahrhundert? Studien zu den Anfängen Tassilos (III.) und zur Praxis der fränkischen Regentschaft im agilolfingischen Bayern (Regio. Forschungen zur schwäbischen Regionalgeschichte 1) 1988, S. 80–114.

[249] Pius Wittmann, Die Pfalzgrafen von Baiern, München 1877. Eine moderne Aufarbeitung dieser Thematik ist ein Desiderat. Zu den Anfängen: Martin Lintzel, Der Ursprung der deutschen Pfalzgrafschaften (ZRG GA 49) 1929, S. 233–263; Jahn, Ducatus Baiuvariorum, S. 37.

[250] Gerhardi Vita Oudalrici, hg. von Georg Waitz, MGH SS IV, S. 398–400.

[251] Hans Constantin Faussner, Herzog und Reichsgut im bairisch-österreichischen Rechtsgebiet im 12. Jahrhundert (ZRG GA 85) 1968, S. 1–58. S. Anm. 166, 167. Ein Beleg hierfür: Schwarz, Prüfening, S. 146 Nr. 186.

hältnisse des Altertums bis ins hohe Mittelalter nach. Dadurch wurde der Pfalzgraf nun sehr an Regensburg gebunden[252]. Für die Stadt hatten die Pfalzgrafen unmittelbare Bedeutung, weil sie sich im späteren 11. Jahrhundert mit Nachdruck in den Kampf um Klostervogteien einschalteten. Sie begegnen mehrfach als *advocati*, ohne die Ämter dann aber auf Dauer behaupten zu können. Heinrich IV. scheint hier mit dem Mittel der Vogtei seine Position ausgebaut zu haben. In diesem Zusammenhang werden die Pfalzgrafen im Umkreis der Klöster St. Paul[253] und St. Emmeram[254] tätig. Auch die wittelsbachischen Vogteirechte in den Stiften Niedermünster und Obermünster könnten mit der Pfalzgrafschaft zusammenhängen. Auch sie fiel schließlich im frühen 13. Jahrhundert an die Wittelsbacher.

Die Domvögte

Die Herrschaftsrechte in der bischöflichen Immunität hatten die Domvögte[255]. Ihre Frühgeschichte ist wenig geklärt. Der erste Inhaber eines derartigen Amtes, das Karl der Große durch das Capitulare missorum generale (802) in der Reichsverfassung verankert hatte, ist – im Vergleich zu den Nachbardiözesen spät – zum Jahr 810 bezeugt[256]. Auf ihn folgten bis ins 10. Jahrhundert hinein auffallend zahlreiche Funktionsträger, die aber offensichtlich nur Teilvogteien ausübten[257]. Sie wurden vom Bischof ernannt und hatten nur regionale Zuständigkeit. Allein für die Amtszeit Bischof Ambrichos (863–891) sind nicht weniger als 31 Vögte belegt. Seit der Mitte des 10. Jahrhunderts kam es dann aber zur Ausbildung eines vom König eingesetzten hochadeligen Hauptvogtes. Als solcher wird für 1028 Timo von Formbach genannt. Diese Edelvogtei verfestigte sich auf dem Wege der Erblichwerdung im weiteren 11. Jahrhundert in den Händen des Geschlechts, das sie dann als erbliches Lehen bis zu seinem frühen Aussterben 1148 behauptete. Es wurde immer als Nebenlinie der Grafen von Bogen angesehen[258]; erst in jüngster Zeit ist diese Zuordnung in Frage gestellt worden[259]. Doch sind die Einwände nicht hinreichend beweiskräftig, so daß auch in Zukunft von einem Zusammenhang mit den Grafen von Bogen auszugehen ist. Die Bedenken gegen die bisherige Zuordnung konnten nur deswegen entstehen, weil sich das Geschlecht merkwürdigerweise nie – wie üblich – mit

[252] MB XXXVI/1, S. 529 f.; Vinzenz von Prag, Annales, hg. von Wilhelm Wattenbach, MGH SS XVII, S. 672: *Otto palatinus comes ... de Ratisbona*. Zum Latron: Anm. 377–381.

[253] Geier, St. Paul, S. 15* f.

[254] Widemann, Traditionen S. 423–446 Nr. 876, 877, 880, 885, 899, 903, 906.

[255] Hausberger, Bistum Regensburg I, S. 35.

[256] Widemann, Traditionen, S. 9 f. Nr. 11.

[257] Hans Starflinger, Die Entwickelung der Domvogtei in den altbayerischen Bistümern, Diss. München (Druck: Ludwigshafen) 1908, S. 21–25, 81–83; Ernst Klebel, Eigenklosterrechte und Vogteien in Baiern und Deutschösterreich, in: Klebel, Gesammelte Aufsätze, S. 260–262.

[258] Kamillo Trotter, Die Domvögte von Regensburg und die Grafen von Bogen (VHVN 64) 1931, S. 101–112; Franz Tyroller, Genealogie des altbayerischen Adels im Hochmittelalter, in: Wilhelm Wegener (Hg.), Genealogische Tafeln zur mitteleuropäischen Geschichte, Göttingen 1962–1969, S. 234–245 Tafel 17; Piendl, Grafen von Bogen, 1952, S. 35–52.

[259] Mohr, Die Traditionen des Klosters Oberalteich, S. 110*–133*.

einer genauen Herkunftsbezeichnung benannt hat, sondern in den Quellen – sowohl als Selbstaussage wie auch in Fremdbezeichnungen – immer nur als Geschlecht der Domvögte von Regensburg aufscheint[260]. Bei ihm ist die Funktionsbezeichnung zum Standesattribut und Namen geworden. Den Grafentitel hat es nie geführt, obwohl Cosmas von Prag die Familie ausdrücklich zu den vornehmsten im Herzogtum rechnete[261]. Dieser Fall ist in Bayern singulär, ohne daß gesagt werden könnte, warum die Entwicklung hier anders verlaufen ist als bei den übrigen Hochstiftsvögten. Als Erklärungsmöglichkeit bietet sich die Tatsache an, daß dieses Geschlecht immer auffallend stark auf die Domvogtei konzentriert war. Es verdankte seinen Aufstieg diesem Amt, mit dem es sich dann weithin begnügte. Es hat nur zwei weitere Kirchenvogteien (Oberaltaich, Mallersdorf) an sich gebracht. Dadurch unterscheidet es sich von den übrigen bayerischen Hochadelsgeschlechtern, die gerade in der Akkumulation von Vogteien das wichtigste Mittel und vornehmlichste Ziel ihrer Territorialpolitik sahen. Das Geschlecht der Domvögte von Regensburg hat sich in für die Zeit ungewöhnlicher Weise mit diesem Amt identifiziert. Es wurde wohl die entscheidende Grundlage des Aufstieges auch der Hauptlinie der Bogener, für die das *comes*-Attribut erstmals zum Jahre 1104 nachgewiesen werden kann. Auch in Regensburg ist somit der Fall gegeben, daß die Domvogtei nicht an die mächtigste Adelsfamilie der unmittelbaren Umgebung, sondern an ein ferneres Geschlecht fiel, für dessen Aufstieg in den Grafenstand dieses Amt große Bedeutung erlangte. An den anderen bayerischen Bischofssitzen ist die Entwicklung in vergleichbaren Bahnen verlaufen. Deswegen ist hier mit Sicherheit nicht die Identität von Graf im nächstgelegenen Gau und Vogt gegeben. Die Domvögte sahen sich scharfen Angriffen von seiten der Herzöge in Bayern ausgesetzt, als die Welfen versuchten, gerade über dieses Amt ihre schwache Verankerung im Herzogtum zu verbessern. Doch starben sie sehr früh schon im Jahre 1148 aus. Nun ging die Domvogtei auf dem Erbwege an die verwandten Grafen von Sulzbach über, die sie bis 1188 innehatten. Auf sie folgte dann bis etwa 1235 als Erbe der sulzbachischen Reichslehen das ferne niederösterreichische Geschlecht der Herren von Lengenbach[262]. Es gelang weder Staufern noch Wittelsbachern, das äußerst begehrte Amt an sich zu bringen. Nach den Lengenbachern, die aber lediglich den Titel geführt haben und kaum mehr als Vögte in der Stadt tätig geworden sind, ist als letzter Inhaber ein Konrad bezeugt, der jedoch genealogisch nicht einzuordnen ist[263]. Nach dessen Tod 1245 wurde das Amt nicht mehr besetzt. Der Bischof benützte die Sonderlage des Jahres 1245, um die Domvogtei nicht mehr auszugeben. Er zog sie ein und legte damit den entscheidenden Grundstein zur eigenen Landeshoheit in seinem Hochstift.

[260] Piendl, Grafen von Bogen, 1954, S. 27; Max Piendl, Grafen von Bogen, in: Lexikon des Mittelalters II, München-Zürich 1981, Sp. 317.
[261] Cosmas von Prag, Die Chronik der Böhmen, hg. von Bertold Bretholz (MGH SrG NS 2) Berlin 1923, S. 231: *inter Bavaricos primates famosissimo viro.*
[262] Öllerer-Büttner, Domvogt von Regensburg; Tyroller, Genealogie des altbayerischen Adels (wie Anm. 258), S. 214 f. Zu den Sulzbachern: Andreas Kraus, Die Grafschaft Sulzbach. Ergebnisse und Probleme der Forschungen zum Historischen Atlas von Bayern (Jahrbuch für fränkische Landesforschung 52) 1992, S. 195–207.
[263] Ried, Codex diplomaticus I, S. 404–406, 408 Nr. 418, 422. Vgl. Starflinger, Domvogtei (wie Anm. 257), S. 69; Rietschel, Burggrafenamt, S. 95. S. Anm. 394.

Die Domvögte nahmen also innerhalb der Stadt die Herrschaftsrechte des Bischofs, aber weithin auch aller anderen kirchlichen Institutionen wahr. Über die Kompetenzen der Domvögte innerhalb der Stadt gewährt ein Vogtweistum des späteren Propstgerichtes Auskunft, das Rückschlüsse ermöglicht[264]. Demnach unterstanden dem Domvogt alle Eigen- und Zinsleute des Hochstifts einschließlich der Besitzungen und Herrschaften innerhalb Bayerns, weiterhin innerhalb der Stadt alle Eigenleute des Erzstifts Salzburg, der Hochstifte Bamberg, Eichstätt und Freising sowie aller Eigenstifte und -klöster des Hochstifts Regensburg, nämlich St. Emmeram, St. Paul, St. Mang, Prüll, Paring und Prüfening. Eine spätere Fassung dieses Weistums fügt sogar noch die Eigenleute sämtlicher in den genannten Diözesen gelegenen Klöster, die Bewohner des Oberen und Unteren Wöhrds sowie alle Häuser hinzu, die in der Stadt dem Klerus gehörten. Unklar ist jedoch der Beginn dieser Sonderentwicklung des kirchlichen Besitzes. Da das Immunitätsprivileg von 853 lediglich eine Teilimmunität für die niederösterreichischen Besitzungen verfügt, spricht alles dafür, daß innerhalb der Stadt in karolingischer Zeit die königliche Verwaltung die Zuständigkeit noch nicht aus der Hand gegeben hat. Hier scheint sich im Gegensatz zu Salzburg oder Passau die Immunität erst in nachkarolingischer Zeit ausgebildet zu haben. Seither bevogteten die Domvögte wohl den gesamten Kirchenbesitz innerhalb sowie den Regensburger Kirchenbesitz auch außerhalb der Stadt[265]. Denn auswärtige Vögte wurden innerhalb der Stadt vermutlich wohl nicht aktiv[266]. Außerhalb der Stadt waren sie natürlich in besonderem Maße für die bischöflichen Herrschaften Donaustauf, Wörth und Hohenburg zuständig. Zur Entwicklung der Kirchenvogtei liegt gerade aus Regensburg ein sehr aufschlußreiches Vogtweistum aus dem Jahre 1104 vor, in dem Einkünfte und Pflichten der Vögte vor dem Kaiser festgelegt werden[267]. Es sagt jedoch nichts über die Rechtsverhältnisse. Neben dem Burggrafen waren die vom Königtum ebenfalls sehr geförderten Domvögte während des 11. und frühen 12. Jahrhunderts die entscheidende herrschaftliche Kraft in der Stadt.

Es gab neben den Burg- und Pfalzgrafen sowie den Domvögten in Regensburg noch die weitere Sonderart des Hansgrafen, die aber bereits in eine spätere Epoche gehört und deswegen unten an sachgerechter Stelle behandelt werden wird (Kap. IV 2f).

4. Der Aufstieg zur Reichsstadt

Für die ältere Geschichtsschreibung stellte sich der Aufstieg Regensburgs zur Reichsstadt sehr einfach und klar dar. Sie entwickelte zwei Theorien. Die eine ging von einer rechtlichen Sonderstellung der Stadt bereits in römischer Zeit

264 Klebel, Landeshohheit, S. 604f., 637–642.

265 Ried, Codex diplomaticus I, S. 250f. Nr. 272. Vgl. Wohlhaupter, Gerichtsverfassung, S. 241f.

266 Mai, Traditionen des Stiftes Rohr, S. 41f. Nr. 35: Eine Schenkung zu Regensburg geht *in manum Gebehardi advocati coram Hainrico prefecto urbis;* ähnlich S. 42f. Nr. 36.

267 MGH LL Const. I, hg. von Ludwig Weiland, S. 126f. Nr. 75. Ein Förderprivileg Heinrichs IV. 1089: MGH DD H IV. 389.

aus, die dann durch alle folgenden Epochen behauptet und im 13. Jahrhundert schließlich voll institutionalisiert worden sei[268]. Demgegenüber meinten andere, daß Kaiser Friedrich Barbarossa, als er 1180 den wittelsbachischen Pfalzgrafen Otto V. mit dem Herzogtum Bayern belehnte, dieses in seinem territorialen Bestand beschnitten sowie im Rechtsstatus geschmälert habe. Eine seiner Maßnahmen sei die Erhebung Regensburgs zur Reichsstadt gewesen. Letztere Theorie geht von einer förmlichen Erhebung durch Kaiser Friedrich I. aus, die aber als Willkürakt gegenüber den bayerischen Herzögen gedeutet wurde[269]. Erst die jüngste Forschung hat erkannt, daß der Übergang von der Hauptstadt Bayerns während des frühen und hohen Mittelalters zur einzigen Reichsstadt im Südosten des Reiches viel komplizierter verlaufen ist. An diesem Vorgang, der sich im wesentlichen im Jahrhundert zwischen 1160 und 1260 vollzog, waren mehrere Potenzen beteiligt: das Königtum, das Herzogtum, der Bischof der Stadt und das aufstrebende Bürgertum[270].

a) Königtum, Herzogtum und Bischof im Kampf um die Stadtherrschaft

Das Ringen um die Stadtherrschaft wurde mit dem Zusammenbruch der welfischen Position im Raum Regensburg während der frühen sechziger Jahre des 12. Jahrhunderts eingeleitet. Dadurch wurde erweiterter Platz für das staufische Königtum und die Bischöfe, die neue territorialpolitische Aktivitäten entwickelten. Sie füllten das entstehende Machtvakuum sofort. Die veränderten Verhältnisse fanden ihren augenfälligen Ausdruck in einer Regensburger Privaturkunde vom November 1180, die nach Friedrich Barbarossa und dem Bischof als entscheidenden Herrschaftsträgern datiert ist[271]. Nach der Absetzung Heinrichs des Löwen 1180 führte der Kaiser die Entwicklung in ihr entscheidendes Stadium. Ausgangspunkt waren seine Bemühungen um die Stärkung des Königtums durch eine gezielte Reichslandpolitik. Er wollte als neue Grundlage des Königtums einen territorialen Gürtel aufbauen, der von den staufischen Stammlanden im Schwäbischen über Franken, den Donauraum und den Nordgau einschließlich des Egerlandes nach Mitteldeutschland

[268] Gemeiner, Ursprung der Stadt Regensburg; Carl Hegel, Geschichte der Städteverfassung von Italien II, Leipzig 1847, S. 391 f.; Arnold, Freistädte I, S. 372–398; Langoth, Entwicklungsgeschichte Regensburgs; von Maurer, Städteverfassung in Deutschland I, S. 211–214; Georg Waitz, Deutsche Verfassungsgeschichte VII, Kiel 1876, S. 409; Gfrörer, Verfassungsgeschichte.

[269] Aventinus, Sämmtliche Werke I, S. 257–297: *Von dem herkomen der statt Regenspurg;* III, S. 236; V, S. 346; Moser, Teutsches Staatsrecht XL, S. 35; Zedler, Lexikon XXX, Sp. 1761. Dazu Roman Zirngibl, Bedenken über Aventins Vorgeben, daß die Stadt Regensburg Anno 1180 der baierischen Landeshoheit entzogen und zu einer Reichsstadt erhoben worden sey, in: Historische Abhandlungen der K. B. Akademie der Wissenschaften IV, München 1818, S. 65–112.

[270] Maßgebliche Literatur: Klebel, Landeshoheit; Bosl, Sozialstruktur; Ambronn, Verwaltung, Kanzlei und Urkundenwesen der Reichsstadt Regensburg; P. Schmid, Anfänge der Regensburger Bürgerschaft; Peter Schmid, Das Ringen der Regensburger Bürger um die Stadtherrschaft, in: Studien und Quellen zur Geschichte Regensburgs III, Regensburg 1985, S. 7–22; A. Schmid, Territorialpolitik der frühen Wittelsbacher; Kraus, Stadtentwicklung; Hagen, Hochstift Regensburg.

[271] Widemann, Traditionen, S. 475 Nr. 945. Zum Ausbau der staufischen Position im Raum Regensburg aus dem Besitz der Sulzbacher: MGH DD F I. 625 (1174).

reichte. Im Rahmen dieser Konzeption erhielt der mittlere Donauraum für das staufische Königtum neue Bedeutung. Deshalb wurde Friedrich Barbarossa hier auf breiter Front aktiv, beginnend bei Kelheim. Er bemühte sich, die *metropolis* Regensburg wieder in die verstärkte Verfügungsgewalt des Königtums zurückzuführen. In diesem Sinne wollte er auch die herrschaftliche Zäsur des Jahres 1180 nützen. Seine Bemühungen werden vor allem in einem recht geschlossenen Urkundenpaket aus dem Jahre 1182 faßbar, mit dem er die herrschaftliche Entwicklung in diesem Raum zu seinen Gunsten zu verändern suchte.

Diese Aktivitäten waren vor allem gegen das neue Herzogsgeschlecht in Bayern, die Wittelsbacher, gerichtet, aus deren Zuständigkeitsbereich gleich zu Beginn ihrer Herrschaft ein tragender Baustein herausgebrochen werden sollte. Deswegen lösten sie eine Gegenbewegung aus. Die Wittelsbacher betrieben bis über die Mitte des 13. Jahrhunderts hinaus gerade im Zentralraum Regensburg eine äußerst zielstrebige Territorialpolitik, deren Grundziel die Behauptung der bisherigen *metropolis Bavariae* war.

Diese setzte bereits mit Herzog *Otto I. (1180–1183)* ein, der sich bemühte, gerade in diesem Zentralraum Fuß zu fassen. Dabei war seine Ausgangsbasis wenig günstig. Denn er verfügte hier kaum über Besitz und Herrschaftsrechte. Die gewichtigste wittelsbachische Position war das im Norden gelegene, bis zum Abfall der Jurahügel in die Donauebene sich erstreckende Erbe der Herren von Pettendorf-Lengenfeld-Hopfenohe, das nach deren Aussterben um 1115 auf dem Wege der Heirat an seine Familie gekommen war. Der nächstgelegene Stützpunkt war die auf dem beherrschenden Geländepunkt des nördlichen Umlandes gelegene Burg Pettendorf, die allerdings in ein dynastisches Kloster umgewandelt worden war[272]. Im unmittelbaren Umkreis der Stadt selbst vermerkt das älteste wittelsbachische Herzogsurbar von circa 1230 nicht mehr als vier Besitztitel[273]. Deren wichtigster war ein Landgut, das erst im Jahre 1181 von Herzog Otto I. im Tausch von Kloster Prüfening gegen ein diesem näher gelegenes herzogliches Gut erworben wurde. Der Vorgang ist durch die Bestätigungsurkunde Friedrich Barbarossas von 1181 bezeugt[274]. Spätere Beschreibungen geben einen guten Einblick in die Zusammensetzung dieses Besitzes[275]. Es handelt sich um den sogenannten Prebrunn, der bis ins 18. Jahrhundert ein Zankapfel zwischen Regensburg und der bayerischen Landesverwaltung werden sollte. Dieses Landgut bestand aus einem Schlößchen, dem insgesamt siebzehn Hofstätten zugeordnet waren. Außerdem wurden hier qualitätsvolle Töpferarbeiten hergestellt[276]. Dieser Prebrunn lag an verkehrsmäßig bedeutsamer

[272] Alois Schmid, Die Anfänge des Klosters Pettendorf (BGBR 19) 1985, S. 285–301, bes. 290–294.

[273] Heeg-Engelhart, Herzogsurbar, S. 226 f. Nr. 1559. S. Kap. V, 4.

[274] MB XIII, S. 187–189 Nr. XX; MGH DD F I. 804.

[275] BayHStA Rst. Regensburg Lit. 208; Ges. Wien 835; StAR Hist. III Nr. 10–12; AHVR MS R 71, 236/1. Ein Plan: Germanisches Nationalmuseum Nürnberg SP 10 459.

[276] Heinrich J. Th. von Boesner, Der Prebrunn bei Regensburg (VHVO 4) 1839, S. 446–460 (auch als Monographie: Sulzbach 1831; [2]1838); Hausenstein, Die Wiedervereinigung Regensburgs mit Bayern, S. 29–39; Bauer, Regensburg, S. 449–451; Werner Endres – Veit Loers, Spätmittelalterliche Keramik aus Regensburg. Neufunde in Prebrunn, Regensburg 1981.

Stelle am Rande des damals bewohnten Areals der Westnervorstadt an den entscheidenden Ausfallstraßen nach Westen. Denn die Straße nach Nürnberg führte bis ins späte 15. Jahrhundert am Südufer der Donau bis Prüfening und überquerte den Fluß erst dort in Richtung Winzer. Zugleich konnte hier die Donau überwacht werden. Der herzogliche Besitz Prebrunn wird als *castrum* angesprochen; er muß also zumindest leicht befestigt gewesen sein. Die kaiserliche Bestätigungsurkunde nennt keine Motive, die den Herzog zum Tausch veranlaßten. Die Lage des Objektes läßt aber nur den Schluß zu, daß es Otto I. darum ging, sich in unmittelbarer Umgebung der Stadt an verkehrsmäßig zweckgerechter Stelle eine wirkungsvolle Position aufzubauen. Er gab entlegeneren Besitz auf, um sich direkt an die Stadtmauer heranzuschieben und wichtige Verkehrswege unter seine Kontrolle zu bekommen.

In der Stadt selber wurden um 1180 umfassende wittelsbachische Baumaßnahmen in Angriff genommen. Initiator war zum einen der Herzog selber, der bezeichnenderweise eine Otto-Kapelle errichtete[277], zum anderen dessen Bruder, Kardinal Konrad III. von Salzburg (1177–1183), der den Salzburger Hof, das alte Absteigequartier der Erzbischöfe in der Hauptstadt des Herzogtums, baulich von Grund auf erneuerte und repräsentativ umgestaltet hat. Er errichtete eine residenzartige Vierflügelanlage[278]. Diese Baumaßnahmen sind sehr ungewöhnlich, nachdem die übrigen vergleichbaren Absteigequartiere zu dieser Zeit ihre Funktion einbüßten, deswegen verfielen und allmählich veräußert wurden. Es kann hier nur um die Dokumentation des wittelsbachischen Anspruches gegangen sein, Regensburg durch Repräsentationsbauten als Hauptstadt auch des wittelsbachischen Herzogtums weiter auszugestalten.

Das erschien erforderlich, weil die Stadt einen wichtigen Stellenwert im Itinerar Herzog Ottos I. erhielt. Aus den wenigen Jahren seiner Herrschaft sind insgesamt vier Aufenthalte in Regensburg belegt: 1180, 1181, 1182, 1183[279]. Herzog Otto I. kam also jedes Jahr nach Regensburg. Das läßt sich in seinem Itinerar für keinen anderen Ort nachweisen. Dabei benützte er die Regensburger Herzogspfalz als Festpfalz[280]. Er benützte sie aber auch als wichtigen Herrschaftsstützpunkt. 1180 nahm er hier die Huldigung der bayerischen Großen entgegen. 1181 hielt er in ihr einen Gerichtstag ab[281]. Gerade die Tatsache, daß er gleich am Beginn seiner zunächst angefochtenen Regierung die bayerischen Großen gerade in Regensburg versammelte, zeigt, daß Otto I. im Bestreben, seine Stellung weiter auszubauen, sich sofort des wichtigsten Ortes versichern wollte. Die herkömmliche Hauptstadt sollte ihm zusätzliche Legitimität ver-

[277] Gemeiner, Chronik I, S. 276; II, S. 89; vgl. Oefele, Scriptores II, S. 503 (a. a. 1181); Busch, Regensburger Kirchenbaukunst, S. 159.

[278] Carl Theodor Pohlig, Eine verschwundene Bischofspfalz (Zeitschrift für Bildende Kunst 31) 1896, S. 145–152, 179–182; Strobel, Romanische Architektur in Regensburg, S. 174–177; Glaser (Hg.), Wittelsbach und Bayern I/2, S. 58 f. Nr. 63; Richard Strobel, Zur Baugeschichte des Salzburger Hofes in Regensburg (Mitteilungen der Gesellschaft für Salzburger Landeskunde 122) 1982, S. 241–252. S. Kap. V, 3.

[279] Heigel-Riezler, Das Herzogthum Bayern, S. 121–134.

[280] Annales Augustani minores, hg. von Georg Heinrich Pertz, MGH SS X, S. 9; Heigel-Riezler, Das Herzogthum Bayern, S. 134 Nr. 140.

[281] Widemann, Traditionen, S. 475 Nr. 945; Heigel-Riezler, Das Herzogthum Bayern, S. 132 Nr. 118; S. 133 Nr. 129, 134. Vgl. P. Schmid, Regensburg, S. 423 f.

schaffen und seine Herrschaft an eine Tradition anbinden sowie mit der Aura von Kontinuität umgeben, um die sich die frühen Wittelsbacher auch mit anderen Mitteln bemühten, vor allem mit der Historiographie.
Der baldige Tod Herzog Ottos I. im Jahre 1183 hat diesen Bestrebungen ein rasches Ende bereitet. Die Nachfolge seines kindlichen Sohnes *Ludwig des Kelheimers* (1183–1231) brachte sie für fast eineinhalb Jahrzehnte zum Erliegen. Von 1183 bis 1196 sind keine herzoglichen Aktivitäten in diesem Raume mehr festzustellen. Friedrich Barbarossa nützte die Phase der Schwäche der Wittelsbacher zielstrebig zum weiteren Ausbau der Position des Königtums. Es wurde die bestimmende Potenz in den achtziger Jahren. In Quellen dieser Zeit erscheint die Stadt als *civitas sua* oder *civitas publica*[282]. Das Königtum blieb aber auch unter Heinrich VI. bestimmend, der hier die Politik des Vaters fortführte. Er suchte die Stadt selber dreimal (1190, 1192, 1193) auf und hielt hier 1193 eine Reichsversammlung ab[283]. Auch er hat die Bürgerschaft 1192 durch ein Privileg gefördert, das allerdings nicht erhalten ist[284]. Welch tiefes Katastrophenjahr das Jahr 1197 für Deutschland darstellt, wird auch im Raume Regensburg spürbar. Schlagartig brach die Position des Königtums zusammen. Das Bürgertum verlor damit seinen bisher wirkungsvollsten Förderer.
In dieses herrschaftliche Vakuum rückte die zwischenzeitlich wiedererstarkte Herzogsgewalt nach. Ludwig der Kelheimer war volljährig geworden und begann, ein recht kraftvolles Herzogsregiment auszuüben. Allenthalben im Lande machte er sich zielstrebig an den Ausbau der herzoglichen Positionen. Und dafür boten sich auch in Regensburg Ansatzpunkte, weil sich hier gerade im ausgehenden 12. Jahrhundert politische Verschiebungen von Gewicht ergaben. 1185 war das Geschlecht der Burggrafen von Regensburg ausgestorben, die Paponen[285]. Deren Allode waren an die landgräfliche Linie der Familie gefallen. Die bischöflichen Lehen waren dagegen an den Bischof zurückgegangen, der sie an Friedrich Barbarossa weitergab. Dieser hatte ohnehin die Reichslehen der Burggrafen zurückerhalten und auf diesem Wege die Burggrafschaft eingezogen. Auch darin spiegelt sich die Vorherrschaft des Kaisers in diesen Jahren wieder. Er setzte einen Albert als Burggrafen ein[286]. Wenige Jahre später waren dann 1188 die Grafen von Sulzbach ausgestorben. Dadurch war ebenfalls eine gewaltige Gütermasse im Donauraum frei geworden. Und auch dieses Ereignis hatten die Wittelsbacher nicht zu ihren Gunsten zu nutzen vermocht[287]. Statt dessen festigte das Königtum durch die Übernahme der bambergischen Lehen seine Position noch einmal kurzfristig. Die Domvogtei, das wichtigste Recht der Sulzbacher in Regensburg, war an das entfernte österreichische Herrengeschlecht der Lengenbacher gekommen, das aber keine

[282] Ex Rogeri de Hoveden chronica, hg. von F. Liebermann, MGH SS XXVII, S. 149; Bitterauf (Hg.), Traditionen des Hochstift Freising II, S. 396 Nr. 1563a.
[283] RI IV/3, S. 45, 111–114, Nr. 98, 271a–275, 277–278. Vgl. P. Schmid, Regensburg, S. 398–400, 484, 504.
[284] Das ergibt sich aus Hinweisen im Philippinum von 1207 und im Fridericianum von 1230 (allerdings kein Hinweis in RI VI/1). S. unten Anm. 438, 446, 457.
[285] Mayer, Burggrafen, S. 43 f.; Mayer, Regesten, S. 50 f.
[286] Manfred Mayer, Albert, Burggraf von Regensburg (VHVO 51) 1899, S. 101–106. S. Anm. 242.
[287] Spindler, Landesfürstentum, S. 16 f.

besonderen Aktivitäten mehr entfaltete. 1196 sind schließlich die Landgrafen von Stefling ausgestorben. Deren Grafschaft ging nun aber plötzlich an den Herzog von Bayern. Der Weg wird nicht hinreichend klar. Ludwig der Kelheimer sei noch von Heinrich VI. damit belehnt worden – so nimmt die Forschung seit Muffat allein aufgrund des zeitlichen Ablaufes der Ereignisse an[288]. Doch ergibt sich dieser nicht zwingend aus den Quellen. Wer die starken Aktivitäten Heinrichs VI. in diesem Raum in Rechnung stellt, wird auch mit den Jahren nach dessen Tod rechnen müssen[289]. Vielleicht gelangte das landgräfliche Erbe erst unter König Philipp von Schwaben an Ludwig den Kelheimer. Denn die reichspolitische Lage zwang Philipp von Schwaben, die Bemühungen seiner Vorgänger im Regensburger Raum aufzugeben. Die Überlassung des Erbes der Paponen an den Wittelsbacher könnte die Gegenleistung für entscheidende Unterstützung bei der Wahl 1198 gewesen sein. Ludwig der Kelheimer vermochte jedenfalls die Umbruchsjahre nach 1197 zu einer bedeutenden Verstärkung seiner Position zu nutzen. In diesen Jahren muß nun auch die Burggrafschaft als königliches Lehen an den bayerischen Herzog gekommen sein. Damit wurden die Wittelsbacher Inhaber der gräflichen Rechte innerhalb der Stadt, aber zugleich im westlichen Donaugau. Ludwig der Kelheimer erhielt so eine weitere territoriale Position innerhalb des Stadtareals: die am Rande gelegene Burggrafenpfalz bei St. Ägidius[290]. Damit hatten sich um 1200 die Gewichte im Raum Regensburg deutlich zugunsten des Landesherrn von Bayern verschoben, der nun durchaus auf dem Wege war, die Stadtherrschaft zu erringen. Doch erfuhr Ludwig der Kelheimer in diesen territorialpolitischen Bestrebungen ab 1203 den entschlossenen Widerstand des Bischofs, der dem Herzog weiterhin die bischöflichen Lehen der Burggrafen vorenthielt, obwohl dieser nach seiner Belehnung durch den König darauf Anspruch erhob. Es kam zu kriegerischen Auseinandersetzungen, weil der Herzog seine Forderung mit Waffengewalt durchsetzen wollte. Der Konflikt verschärfte sich, als nach dem Tode Bischof Konrads III. (1186–1204) mit dem Grafen Konrad IV. von Frontenhausen (1204–1226) eine territorialpolitisch äußerst aktive Persönlichkeit auf den Stuhl des heiligen Wolfgang erhoben wurde. Die Auseinandersetzung zog weitere Kreise, der Erzbischof von Salzburg griff ein[291]. Dieser Krieg wurde 1205 durch einen Vergleich beendet, in dem Herzog und Bischof ihre Kompetenzen gegenseitig abgrenzten. Doch wurde dabei ersterem ausdrücklich noch einmal die Burggrafschaft zugesprochen. Im übrigen wurden alle Zuständigkeiten geteilt. Die Stadt erhielt zwei Herren, Herzog und Bischof, die gleiche Anteile an allen wichtigen Herrschaftsrechten bekamen. Im Falle seines söhne-

[288] Karl August Muffat, Beiträge zur Lebensgeschichte des Herzogs Ludwig I. von Bayern (Abhandlungen der Bayerischen Akademie der Wissenschaften VII/2) München 1855, S. 424; Mayer, Burggrafen, S. 49; Spindler, Landesfürstentum, S. 17f.; Schwertl, Beziehungen, S. 144.

[289] Rietschel, Burggrafenamt, S. 89: „um 1200".

[290] Widemann, Traditionen, S. 492 Nr. 973.

[291] Annales S. Rudberti Salisburgenses, hg. von Wilhelm Wattenbach, MGH SS IX, S. 779; Annales Scheftlarienses maiores, hg. von Philipp Jaffé, MGH SS XVII, S. 337; Hermann von Niederaltaich, Annales, hg. von Philipp Jaffé, MGH SS XVII, S. 386; Continuatio Magni Reichersbergensis, hg. von Philipp Jaffé, MGH SS XVII, S. 525. Vgl. Schwertl, Beziehungen, S. 92, 144.

losen Todes setzte Ludwig I. sogar den Bischof als Erben im Herzogsamt ein[292]. Dieser Vertrag war ein nicht zu unterschätzender Erfolg des Herzogs, der sich nach zwei Jahrzehnten der Zurückhaltung in diesem Raum wesentliche Hoheitsrechte erkämpfte. Sein Erfolg wurde durch eine Notlage der Gegenseite ermöglicht. König Philipp hatte soeben im Januar 1205 mit der zweiten Krönung einen entscheidenden Vorteil gegenüber dem Thronrivalen Otto IV. errungen und Bischof Konrad von Regensburg zu seinem Kanzler ernannt. Dieser sollte in der neuen Funktion sofort eine Romreise antreten, um als Reichslegat Verhandlungen an der Kurie zu führen. Die Situation duldete keinen Aufschub, und damit der Kanzler diesen ersten Auftrag im Dienste des Königs ausführen konnte, wurde auf Vermittlung Philipps von Schwaben zwischen Herzog und Bischof sehr rasch Friede geschlossen, den der König noch einmal bestätigte[293]. Diese Umstände erklären den für den Herzog erfolgreichen Vertrag.
Trotz seiner Bestätigung des Vertrages von 1205 hat König Philipp im Jahre 1207 selber der Regensburger Bürgerschaft ein Privileg ausgestellt; es faßte deren Rechte zusammen auf der Grundlage des Vertrages von 1205. Dabei muß aber allein die Tatsache der Privilegienerteilung für die *cives* gegen die Vertragspartner von 1205 gerichtet gewesen sein, da der König nun diejenigen, über die Bischof und Herzog 1205 noch eindeutig gemeinsam bestimmt hatten, förderte. Das Philippinum hat deswegen eine Spitze gegen die Stadtherren von 1205. Ausdrücklich betonte es, daß es sich bei den geteilten Rechten an sich um Königsrechte handelt. Ein Blick in die Reichsgeschichte erhellt die Hintergründe. König Philipp war mit den Ergebnissen der Mission seines Kanzlers so wenig zufrieden, daß er ihn bald nicht mehr einsetzte. Und diese Unzufriedenheit des Königs kommt im Philippinum zum Ausdruck, das in einer Phase der Konsolidierung die königliche Position auch in Regensburg wieder verstärkt zur Geltung bringen wollte[294]. Doch verhinderten der Fortgang des Thronkampfes und dann schließlich die Bamberger Bluttat von 1208 eine wirkliche Erneuerung der früheren Stellung des Königtums. Deswegen blieben Herzog und Bischof die bestimmenden Potenzen, deren Rivalität freilich auch nach dem Vergleich von 1205 andauerte[295]. Dabei errang zunächst der Herzog deutliche Vorteile. Denn ihm gelang es, die Bürgerschaft auf seine Seite zu ziehen und eidlich auf sich zu verpflichten. Sicherlich zur Demonstration dieser Position hielt er im Jahre 1209, also unmittelbar nach dem Tode Philipps von Schwaben, wieder einen Landtag in Regensburg ab, während dessen er sein altes Recht als oberster Friedenswahrer im Herzogtum Bayern ausübte[296].
Freilich konnte der Herzog diesen Druck auf die Stadt nicht auf Dauer aufrecht erhalten. Seit 1212 kämpfte er um die Pfalzgrafschaft am Rhein. Zur selben Zeit trat seine Auseinandersetzung mit den Grafen von Andechs in ihr entscheiden-

[292] BayHStA Hst. Regensburg Urk. 10. Druck: QuE AF V, S. 4–9 Nr. 2; Dokumente zur Geschichte von Staat und Gesellschaft in Bayern I/2, bearb. von Ay, S. 319f. Nr. 209.
[293] MB XXIX/1, S. 524–528 Nr. 582.
[294] S. Anm. 446.
[295] Thiel, St. Johann, S. 27–29 Nr. 15: *ad reparationem sartatectorum, que duris bellorum eventibus tunc fuerant redacta in cineres.*
[296] MB XI, S. 181–184. Vgl. P. Schmid, Regensburg, S. 424f.

des Stadium. Weiterhin entbrannten schwere Kämpfe mit dem Erzbischof von Salzburg im wichtigen Reichenhaller Raum. Und diese übergeordneten Ziele der herzoglichen Politik verschafften dem konkurrierenden Bischof von Regensburg im Kampf um die Stadtherrschaft wieder Luft. Nun gelang es ihm, die Bürgerschaft für sich zu gewinnen. In einem Vertrag mußte sich der Herzog 1213 mit einer veränderten Machtverteilung einverstanden erklären[297]. Ludwig I. wurde aus seinen bisherigen Rechten weithin verdrängt. Er wurde aus der Stadt abgelenkt. Von einem Anteil an der Stadtsteuer ist nicht mehr die Rede. Er mußte sogar die Bürgerschaft aus dem Eid, den sie ihm geleistet hatte, entlassen.

Die Phase der anderweitigen Bindung des Herzogs benützte der Bischof zum weiteren Ausbau seiner Stellung. Dabei konnte er bald wieder auf die Unterstützung des Königtums rechnen. Denn Friedrich II. wollte seinen ersten Aufenthalt in Deutschland mit der erfolgreichen Wahl seines Sohnes zum König abschließen. Dieses Ziel hoffte er vor allem mit der Unterstützung der Bischöfe zu erreichen. Angesichts dieser Notlage setzte der Regensburger Bischof Konrad IV. bei Friedrich II. Privilegien durch, die seine Position festigten. 1219 übertrug ihm der Staufer das Bergregal[298]. Entscheidend war die der Urkunde vorangestellte Bestimmung, die auf Drängen des Bischofs diesem in sehr allgemeiner Form seine Rechte bestätigte, ihm aber auch die von den Bürgern erworbenen *consuetudines* übertrug, die zu Lasten des Reiches gingen. Der Bischof wurde beauftragt, die alten Rechtsverhältnisse in der Stadt aufrecht zu erhalten und so die Stadt dem Reich zu erhalten. Ausdrücklich wird die Oberhoheit des Königs festgestellt, indem auch hier die bischöflichen Rechte vom Reich abgeleitet werden. Der Bischof wird also zum Wahrer der königlichen Kompetenzen eingesetzt, seine Stadtherrschaft befestigt. Auf der anderen Seite werden bei gleicher Gelegenheit die Münzrechte der Regensburger Bürgerschaft eingeschränkt. Die bürgerliche Bewegung erhielt dadurch einen Rückschlag, indem in kaschierter Form alle den *cives* früher verliehenen Privilegien im Grunde wieder aufgehoben wurden. Ähnliches tat Friedrich II. in anderen Städten[299].

Diese Aufwertung der Position des Bischofs stieß notwendigerweise auf den Widerstand des anderen Stadtherrn, des Herzogs von Bayern. Deswegen ist es sicherlich kein Zufall, wenn Ludwig der Kelheimer, obwohl im königlichen Gefolge nachweisbar, nicht unter den Zeugen der Urkunde von 1219 erscheint. Er bemühte sich auch weiterhin um die Behauptung der wittelsbachischen Position. Das zeigt sich etwa darin, daß er Hoheitsrechte ausübte, wo immer sich ein Ansatzpunkt dazu bot. Schon zum Jahr 1225 ist wieder eine Bestätigungsurkunde überliefert, in der Ludwig der Kelheimer – und nicht der König oder der Bischof – ein Rechtsgeschäft in Kraft setzte[300]. Seit Beginn der zwanziger Jahre ist offensichtlich wieder mit wesentlich verstärkten herzoglichen Aktivitäten zu rechnen.

[297] BayHStA Hst. Regensburg Urk. 25. Druck: QuE AF V, S. 14–19 Nr. 5. Vgl. Schwertl, Beziehungen, S. 146f.
[298] Huillard-Bréholles, Historia diplomatica Friderici secundi I/2, S. 706f.
[299] Huillard-Bréholles, Historia diplomatica Friderici secundi I/2, S. 769f.; vgl. auch 700–703.
[300] RUB I, S. 20 Nr. 52.

Diese zeigen sich am deutlichsten in einer äußerst zielstrebigen Territorialpolitik im Raum Regensburg. Ludwig der Kelheimer legte einen regelrechten Ring von Stützpunkten rund um die Stadt, um seinen Ansprüchen Nachdruck zu verleihen.

Der erste Stützpunkt liegt im Nordwesten der Stadt an verkehrsmäßig bedeutsamer Stelle. Die Westverbindung in Richtung Nürnberg verließ die Stadt beim *castrum* Prebrunn und überquerte die Donau auf der Höhe von Winzer. Im weiteren folgte die Straße dann aber nicht dem Donau- und Naabtal, sondern führte ab Kneiting über die letzten Jurahügel bis Etterzhausen. Und dieser Straßenzug wurde von der Burg Pettendorf aus überwacht. Der sehr frühe wittelsbachische Stützpunkt war nach dem Aussterben des Herrengeschlechtes in ein Dynastenkloster umgewandelt worden. Dennoch aber begegnet in den Jahren zwischen 1197 und 1199 in den Schäftlarner Traditionen ein *Eckebreht de Pettendorf* als wittelsbachischer Ministeriale, dessen Herkunftsbezeichnung nur auf diesen Ort bezogen werden kann[301]. Offensichtlich hat also hier Herzog Ludwig der Kelheimer die alte wittelsbachische Position erneuert, frühere Rechte seiner Familie reaktiviert und das Dynastenkloster in einen Ministerialensitz umgewandelt. Er hat auf Kosten der Kirche die herzogliche Stellung ausgebaut. Sehr bezeichnend ist das Jahr, in das die Traditionsnotiz datiert ist. Unmittelbar nach dem Katastrophenjahr 1197 mit dem Tod Heinrichs VI. festigte der Herzog seine Position durch diese ungewöhnliche Maßnahme. Der Stützpunkt wird behauptet. 1209 ist dann in einer Scheyerer Urkunde ein *Perichtoldus* von Pettendorf bezeugt, der in einem Güterstreit des Klosters tätig wurde. Bei ihm kann es sich um keinen weiteren wittelsbachischen Ministerialen handeln, da er als *decanus* vorgestellt wird. Perchtold von Pettendorf war ein höherrangiger Geistlicher, der aber ebenfalls dem Umkreis der Wittelsbacher zuzurechnen ist, weil er sonst nicht zu diesem Rechtsgeschäft beigezogen worden wäre. Er belegt, daß an diesem Ministerialensitz auch ein kirchliches Zentrum eingerichtet wurde, daß die Wittelsbacher also besonderes Interesse an diesem Raum hatten[302]. Die Position wird in der Folgezeit ausgebaut. Im ältesten bayerischen Herzogsurbar erscheint dann die Burg Pettendorf als Urbarssitz, zuständig für ein Gebiet von ungewöhnlich weiter Ausdehnung bis hinauf in die nördliche Oberpfalz[303]. Dabei ist die Lage dieses Urbarssitzes auffallend, der sehr peripher gelegen und von den nördlichen Besitzungen nicht weniger als hundert Kilometer entfernt war. Sie ist vornehmlich mit einer deutlichen Stoßrichtung gegen die Stadt Regensburg zu erklären. Denn Zentrum der wittelsbachischen Besitzungen nördlich der Donau war von Anfang an der Bereich Burglengenfeld, Amberg und Ensdorf.

Der zweite Stützpunkt, der aufgebaut wird, ist Burg Regenstauf[304]. Sie war aus dem Erbe der Burggrafen von Regensburg nach 1196 an die Wittelsbacher

301 Alois Weissthanner (Bearb.), Die Traditionen des Kloster Schäftlarn 760–1305 I (QuE NF 10, 1) München 1953, S. 329 Nr. 328.

302 BayHStA KU Scheyern 13, 15. Druck: Michael Stephan, Die Urkunden und die ältesten Urbare des Klosters Scheyern (QuE NF 36/2) München 1988, S. 43, 45 Nr. 18, 19. Vgl. Schwertl, Beziehungen, S. 282.

303 Heeg-Engelhart, Herzogsurbar, S. 254–271 Nr. 1729–1838. Vgl. Curt Tillmann, Lexikon der deutschen Burgen und Schlösser II, Stuttgart 1959, S. 796.

304 1000 Jahre Regenstauf 970–1970, Regensburg 1970; Tillmann, Burgen II, S. 855.

gekommen. Auch auf ihr wird in der Folgezeit ein Ministeriale angesetzt. Gemäß dem Vertrag von 1205 sollte sie aber im Falle des erbenlosen Todes des Herzogs an den Bischof fallen[305]. Wie Burg Pettendorf erscheint Regenstauf im ältesten Herzogsurbar als Urbarssitz[306]. Auch diese Burg lag an verkehrsmäßig äußerst bedeutsamer Stelle. Auf einem beherrschenden Bergkegel überwachte sie die Straße von Regensburg entlang des Regens in Richtung Cham-Further Senke und weiter nach Böhmen gerade am Ausgang der Zeitlarner Bucht. Wie aber die Straße nach Nürnberg durch einen unmittelbar am Stadtrand liegenden Stützpunkt, das *castrum* Prebrunn, und eine Burg in größerer Entfernung, Burg Pettendorf, kontrolliert wurde, so haben sich auch hier die Wittelsbacher zudem unmittelbar am Nordrand der Stadt, am Kopf der Steinernen Brücke, festgesetzt. Sie haben sich Mitspracherechte am eben damals gegründeten Katharinenspital gesichert[307]. In diesem Bereich ist dann 1216 der erste *iudex ante urbem* bezeugt, der wohl als landesherrlicher Beamter angesprochen werden muß[308]. Und die starken wittelsbachischen Interessen kommen schließlich auch darin zum Ausdruck, daß sich Ludwig der Kelheimer 1219 von Friedrich II. Vogteirechte über Obermünsterer Besitz zu Pielenhofen und Tegernheim übertragen ließ[309].

Den beiden genannten Burgen und Stützpunkten im Norden stehen südlich der Donau zwei ähnliche Positionen gegenüber. Im Südwesten ist es die Burg Abbach. Nachdem hier noch um 1190 Graf Altmann von Abensberg als Gerichtsherr nachweisbar ist[310], muß der Ort unmittelbar darauf in herzoglichen Besitz gekommen sein. Ab 1200 ist mit wittelsbachischer Präsenz zu rechnen[311]. Ursache dafür war wiederum die ausnehmend günstige Verkehrslage. In diesem Raum stößt die Straße von Regensburg in Richtung Augsburg und Oberrhein auf die Donau. Hier konnten sowohl die Donau flußaufwärts als auch die wichtige Donausüduferstraße kontrolliert werden. Auch auf diesem Bergkegel errichtete Ludwig der Kelheimer eine Burg. Die erste Bezeugung stammt aus dem Jahre 1224. Dabei ist der Vorgang hier quellenmäßig gut faßbar, obwohl die entsprechende Urkunde diplomatische Probleme aufgibt. Sie ist aber nur verunechtet und nicht gefälscht. Am Kern der mitgeteilten Fakten ist nicht zu zweifeln. Demnach gab der Herzog einen weniger günstig gelegenen Besitztitel zu Königswiesen auf, den er als königliches Lehen innehatte, und errichtete in Abbach, das damals Prüfeninger Klostergrund war, seine Burg, die 1224 fertiggestellt wurde[312]. Im Schatten der Burg wurde zugleich

[305] QuE AF V, S. 5, 30.
[306] Heeg-Engelhart, Herzogsurbar, S. 249–253 Nr. 1693–1728.
[307] Regensburg, Archiv des Katharinenspitals Urk. 38: 7.–19. II. 1224. Vgl. Schwertl, Beziehungen, S. 414; Strobel, Romanische Architektur, S. 200–203. S. Kap. V 22.
[308] RB II, S. 158; Hardo-Paul Mai (Bearb.), Die Traditionen, die Urkunden und das älteste Urbarfragment des Stiftes Rohr 1133–1332 (QuE NF 21) München 1966, S. 160 Nr. 13.
[309] MB XXX/1, S. 79f.; RB II, S. 94. Vgl. D. Schmid, HAB Regensburg I, S. 53, 88.
[310] Widemann, Traditionen, S. 504f. Nr. 991.
[311] Annales Ensdorfenses, hg. von Georg Heinrich Pertz, MGH SS X, S. 5: *Abach erigitur*. Vgl. Schwertl, Beziehungen, S. 302f.; Tillmann, Burgen I (wie Anm. 303), S. 1; Günther Pölsterl, Mallersdorf. Das Landgericht Kirchberg, die Pfleggerichte Eggmühl und Abbach (HAB Altbayern 53) München 1979, S. 75–107.
[312] QuE AF V, S. 25–28 Nr. 9; RB II, S. 140. Zur Kritik der Urkunde: Hans Hirsch, Die Urkundenfälschungen des Klosters Prüfening (MIÖG 29) 1908, S. 8.

eine Siedlung angelegt, die schon 1224 als *forum* angesprochen wird. Deswegen ist Abbach ein aussagekräftiges Beispiel für die wittelsbachische Burgen- und Städtepolitik zugleich. Freilich konnte sich das *forum* im Schatten der nahen Großstadt nie zu einer Stadt auswachsen, Abbach blieb immer Markt. Aber das ist das Ergebnis späterer Entwicklungen. Von der Konzeption her ist Abbach nichts anderes als Landshut oder Dingolfing: eine vor allem gegen den Bischof von Regensburg gerichtete Herrschaftsposition. Auch diese wurde zu einem Urbarssitz ausgebaut[313]. Die Wichtigkeit Abbachs für die Herzogsfamilie ergibt sich zudem aus dem Hinweis, daß sich der wittelsbachische Königsmörder Otto 1208 nach der Bamberger Bluttat gerade hierher zurückgezogen hat und im nahen Oberndorf 1209 aufgegriffen und getötet worden sein soll[314].
Der zweite Stützpunkt südlich der Donau liegt im Ort Mintraching. Auch er erscheint im ältesten Herzogsurbar als Amtssitz[315], ohne daß hier eine vergleichbar günstige Verkehrslage wie bei den bisher genannten Burgen ersichtlich wäre. Mintraching liegt an keinem wichtigen Straßenzug, vielmehr etwa in der Mitte zwischen der entscheidenden Ostverbindung in Richtung Straubing und der Südstraße nach Landshut. Für die Wahl des Stützpunktes können also keine sich aus der Verkehrslage ergebenden Gründe maßgeblich gewesen sein. Sie waren vielmehr fiskalischer Natur. Schon in der späten Antike war hier ein wichtiger Fiskalland-Schwerpunkt gewesen[316]. Und dieser scheint an die bayerischen Herzöge gekommen zu sein, die ihn ausbauten, wie eine Königsurkunde Konrads III. belegt[317]. Darauf verweist auch das Toponym *Herzogsmühle.*
Ludwig der Kelheimer legte also planvoll einen Ring von vier Stützpunkten rund um die Stadt. Dabei knüpfte er in allen vier Fällen an ältere Herrschaftspunkte an und baute sie aus. Sie lagen überwiegend an geographisch bestimmender Stelle. Das gilt lediglich nicht für den Amtssitz Mintraching; für die Wahl dieses Stützpunktes muß außerdem das Bestreben maßgeblich gewesen sein, auch den östlichen Raum zu erfassen. Diese vier Positionen werden zu Urbarssitzen ausgebaut, so daß im Raum Regensburg in einem Umkreis bis zu zwölf Kilometer Luftlinie rund um die Stadt nicht weniger als vier Urbarssitze anzutreffen sind. Eine vergleichbare Konzentration läßt sich im übrigen im gesamten Herzogtum nicht mehr beobachten. Dabei fällt auf, daß die vier Urbarssitze eine gewisse Entfernung zur Stadt einhielten und nicht so nah an deren Mauern gelegen sind wie das ältere *castrum Prebrunn* oder der Stützpunkt am Kopf der Steinernen Brücke. Die Wittelsbacher kreisten Regensburg förmlich ein durch einen Kranz von Burgen und Amtssitzen, die sie unter keinen Umständen aus der Hand geben wollten. Es ist gewiß kein Zufall, wenn in

313 Heeg-Engelhart, Herzogsurbar, S. 216–225 Nr. 1501–1554.
314 Annales Chounradi Schirensis, hg. von Philipp Jaffé, MGH SS XVII, S. 632; Die Chronik des Propstes Burchard von Ursberg, hg. von Oswald Holder-Egger und Bernhard von Simson, MGH SrG 16, Hannover – Leipzig ²1916, S. 91. Vgl. Bernd Ulrich Hucker, Kaiser Otto IV. (MGH Schriften 34) Hannover 1990, S. 109.
315 Heeg-Engelhart, Herzogsurbar, S. 225–228 Nr. 1555–1563.
316 Fischer, Römer und Bajuwaren, S. 16 f.; Fischer, Umland, S. 278–282 Nr. 22. S. Kap. II, Anm. 30.
317 MGH DD Ko III. 49; vgl. 284.

der Reihe der Burgen, die der Herzog im Falle seines erbenlosen Todes durch den Vertrag von 1205 dem Regensburger Bischof überlassen wollte, neben in größerer Entfernung gelegenen Burgen nur Regenstauf genannt wird[318]. Vor allem das Fehlen von Pettendorf, Abbach und Mintraching verlangt eine Erklärung. Die Wittelsbacher waren offensichtlich unter keinen Umständen zum gänzlichen Rückzug aus dem Raum Regensburg bereit. Deswegen wurde er auch mit landesherrlicher Ministerialität gesichert, die ein Gegengewicht gegen die bischöfliche Ministerialität bilden sollte. Sie wird in mehreren Urkunden angesprochen[319], wobei aber unter Ludwig dem Kelheimer kaum Namen greifbar sind. Die Wittelsbacher haben zweifellos ihre äußerst zielstrebige Ministerialenpolitik auch in diesem Raum getragen, wenngleich sie sich hier nicht so deutlich fassen läßt wie etwa im Freisinger Umland.
Mit Burgen, Ministerialen und Urbarssitzen wurden also im Grunde in unterschiedlicher Entfernung zwei Ringe von Stützpunkten um die Stadt gelegt. Ein dritter Gürtel wurden dann in wesentlich größerem Abstand mit Hilfe von Städten aufgebaut. Ludwig der Kelheimer ist der erste bedeutende wittelsbachische Städtegründer in Bayern und hat mehrere derartige neue Herrschaftspunkte eingerichtet. Vor allem Kelheim, Landshut, Landau an der Isar, Straubing und Cham werden mit ihm in Verbindung gebracht. Wenn auch die Anfänge dieser Städte sicherlich verwickelter sind, als die ältere Forschung annahm, weil sich hinter dem Begriff „Stadtgründung“ ein im einzelnen sehr unterschiedlich verlaufender, in jedem Fall auf präurbanen Kernen aufbauender Vorgang verbirgt, wenn auch beim Ausbau eines jeden dieser Siedlungszentren nicht nur ein, sondern mehrere Motive wirksam wurden, allein ihre Lage ist vielsagend. Diese Orte konzentrieren sich in auffallender Weise in der nördlichen Hälfte des Territoriums und bilden im Grunde einen Kreis um Regensburg. Sie liegen überwiegend an den großen Fernverbindungen, die in der damals führenden Handelsstadt Oberdeutschlands zusammenliefen. Kelheim und Straubing sind wichtige Stützpunkte an der Donausüduferstraße, Cham an der Böhmenroute und Landshut an der entscheidenden Südverbindung. Auch die Städtepolitik Ludwigs des Kelheimers hat wohl eine Stoßrichtung gegen die bisherige Hauptstadt. Mit ihrer Hilfe wird die frühere *metropolis Bavariae* förmlich eingekreist[320].
Burgenpolitik, Ministerialenpolitik und Städtepolitik waren also wichtige Hilfsmittel der landesherrlichen Territorialpolitik auch in diesem Raum. Sie wurden ergänzt durch eine nicht minder zielstrebige Bistumspolitik. Ludwig der Kelheimer versuchte, Einfluß auf die Domkirche zu Regensburg zu gewin-

318 QuE AF V, S. 5. Genannt werden weiterhin: Kelheim, Burglengenfeld, Stefling, Wolfring, Parsberg, *Durchelenburch* (bei Laaber) und Landshut. Die der Stadt nächstgelegenen Stützpunkte fehlen.
319 QuE AF V, S. 7, 15, 16, 57f.
320 Ludwig Rothenfelder, Die Wittelsbacher als Städtegründer in Bayern von Otto I. dem Großen bis auf Ludwig IV. den Bayern (1180–1347) (VHVN 47) 1911, S. 10–38; Ernst Klebel, Die Städte und Märkte des baierischen Siedlungsgebietes in der Siedlungsgeschichte (ZBLG 12) 1939/40, S. 37–93; Klaus Kratzsch, Wittelsbachische Gründungsstädte. Die frühen Stadtanlagen und ihre Entstehungsbedingungen, in: Glaser (Hg.), Wittelsbach und Bayern I/1, S. 318–337. Die Stoßrichtung gegen Regensburg spricht auch an: Fehn, Frühe Zentren, S. 83–91.

nen, um seine Position auch auf diesem Weg auszubauen. Diese Bistumspolitik beginnt mit dem Erwerb der Vogtei über die Besitzungen des Domkapitels. In dieser Funktion ist seit 1221 Eckbert von Eggmühl nachzuweisen, der durch andere Urkunden als herzoglicher Ministeriale zu identifizieren ist[321]. Von entscheidender Bedeutung war aber der Bischofsstuhl selber. Deswegen versuchte Ludwig der Kelheimer Einfluß auf die Bischofswahl zu nehmen, als im Jahre 1226 Konrad IV. von Frontenhausen starb[322]. Der Herzog übte Druck auf das Domkapitel aus, den von ihm vorgeschlagenen Kandidaten, den greisen Dompropst Gottfried, zu wählen, und begründete dieses Mitspracherecht mit einzelnen Bestimmungen der Verträge von 1205 und 1213. Ludwig der Kelheimer erwartete sich von diesem altersschwachen Mann eine Erweiterung seiner Möglichkeiten in Regensburg. Er konnte sich aber nicht durchsetzen. Die Kurie erkannte die Wahl Gottfrieds nicht an. Ein erneuter Wahlakt brachte dann den aus Mainz kommenden *cantor* Siegfried (1226–1246) auf den Bischofsthron[323], der der Kandidat Friedrichs II. war, dessen Kanzler er auch sofort wurde. Damit meldete sich das Königtum als Mitkämpfer im Ringen um die Stadtherrschaft zurück. Natürlich sah sich Siegfried bald scharfen Angriffen des bayerischen Herzogs gegenüber. Es kam zu militärischen Auseinandersetzungen zwischen herzoglichen und bischöflichen Ministerialen, die erst durch einen Vertrag im Jahre 1229 beendet wurden[324]. Ludwig der Kelheimer bemühte sich also auch über den Umweg der Einflußnahme auf die Bischofswahl, seine Stellung in Regensburg auszubauen. Er wollte die Stadtherrschaft, um die alte Hauptstadt Bayerns auch zur Hauptstadt des wittelsbachischen Bayern zu machen. Die nunmehrigen Herzöge hielten am herkömmlichen Vorort auch über die Zäsur des Jahres 1180 hinweg fest.

Dieses Ziel wird in den schriftlichen Quellen nirgends direkt angesprochen. Es ergibt sich aber zwingend aus der Interpretation der historischen Fakten auf der Grundlage der topographischen Gegebenheiten. Es ergibt sich weiterhin aus Baubefunden am Pfalzkomplex am Alten Kornmarkt. Dessen Zentrum, der Herzogshof, wurde unter Ludwig dem Kelheimer baulich umfassend erneuert und repräsentativ ausgestattet[325]. Damals hat der noch heute bestehende Festsaal sein jetziges Aussehen erhalten. Offensichtlich wollte Ludwig der Kelheimer hier sein Herrschaftszentrum einrichten. In diesem Sinne gab er wohl schon 1210 den peripher gelegenen Bereich um die Burggrafenburg bei St. Ägidius auf und überließ ihn dem Deutschen Orden[326]. Ludwig der Kel-

[321] Ried, Codex diplomaticus I, S. 334f. Nr. 352, 359 Nr. 376. S. Anm. 386.

[322] Notae S. Emmerammi, hg. von Philipp Jaffé, MGH SS XV/1, S. 574. Vgl. Janner, Bischöfe II, S. 330–335; Staber, Regensburg, S. 42f.; Schwertl, Beziehungen, S. 147f.; Hausberger, Bistum Regensburg I, S. 117–120.

[323] Hausberger, Bistum Regensburg I, S. 121–123.

[324] BayHStA Hst. Regensburg Urk. 60. Druck: Ried, Codex diplomaticus I, S. 358f. Nr. 376.

[325] KDB Regensburg III, bearb. von Mader, S. 124–129; Rudolf Freytag, Der Herzogshof in Regensburg, o. O. 1949, S. 24–46; Strobel, Romanische Architektur, S. 177–180; Paulus, Herzogshof; Helmut-Eberhard Paulus, Der bayerische Herzogshof in Regensburg (Die Oberpfalz 73) 1985, S. 33–39; Baualterspläne zur Stadtsanierung V, bearb. von Paulus, S. 61–69. S. Abb. 5.

[326] BayHStA Ritterorden Urk. 4877a. Druck: Ried, Codex diplomaticus I, S. 299f. Nr. 318. Vgl. Schwertl, Beziehungen, S. 405.

heimer wollte seine Interessen statt dessen auf das Herz der Stadt konzentrieren und führte Baumaßnahmen an der alten Pfalz durch. Diese erstreckten sich auch auf den angrenzenden sog. Römerturm, dessen Funktion am ehesten als Eckbastion des Pfalzkomplexes verständlich ist, sowie auf den Salzburger Hof[327]. Der Herzog setzte also die von seinem Onkel zu Zeiten der Regierung seines Vaters hier begonnene Bautätigkeit im Pfalzbereich fort. Die Wittelsbacher unterstrichen ihre Bemühungen um Regensburg mit umfangreichen Baumaßnahmen im Zentrum der Stadt. Sie schufen Repräsentationsbauten, die unverkennbar in Zusammenhang mit deren Hauptstadtfunktionen stehen. Gerade Ludwig der Kelheimer bemühte sich, die Stadt auch baulich als Herrschaftszentrum auszustatten[328].
In diesem Rahmen gewinnt nun das Problem der Ulrichskirche Bedeutung. Sie ist seit etwa 1280 als Kirche der Dompfarrei bezeugt[329]. Erstmals Achim Hubel hat aufgrund der ungewöhnlichen Baugeschichte und der Bauformen gefolgert, daß sie kaum als solche von Anfang an geplant war[330]. Der Ulrichskirche fehlen in der ursprünglichen Konzeption wichtige Attribute einer Pfarrkirche, etwa der Glockenturm. Zum anderen deuten die Zweigeschossigkeit des Baues und seine Galerien mehr auf den Typus der Palastkapelle, deren Unterbau als Gerichtsstätte gedient haben könnte. Die enge Verbindung von Palastkapelle und Gerichtsort ist in St. Ägidius durch ein sehr eindringliches Beispiel belegt[331]. Hubel geht deswegen von einem konzeptionellen Bruch beim Bau der Ulrichskirche aus. Bevor sie als Pfarrkirche zu Ende gebaut wurde, sei sie als Herrschaftskirche geplant gewesen. Und diese könne nur mit dem angrenzenden Pfalzbereich in Verbindung stehen. St. Ulrich sei ursprünglich als Hofkirche angelegt worden. Diese Neudeutung Hubels fügt sich bestens in das aus der Interpretation der historischen Fakten gewonnene Bild ein. Gerade in dieser Kirche kommt der Versuch Ludwigs des Kelheimers zum Ausdruck, seine Position in der Stadt zu behaupten, ja wieder zu verstärken, und an deren Hauptstadtfunktion festzuhalten. Der Herzog bemühte sich offensichtlich, den Pfalzkomplex sehr umfassend baulich zu erneuern.

[327] Strobel, Romanische Architektur, S. 174–181; Gauer, Stadtkernforschung, S. 172f.
[328] Es ist aber nicht möglich, diesen Zusammenhang mit heraldischen Argumenten zu stützen. In der älteren Literatur ist der für Ludwig den Kelheimer als Wappen nachgewiesene Adler als Erbe der Burggrafen von Regensburg gedeutet worden. Es handelt sich aber um den Königsadler, den die frühen Wittelsbacher als Pfalzgrafen führten: Wilhelm Volkert, Die Bilder in den Wappen der Wittelsbacher, in: Glaser (Hg.), Wittelsbach und Bayern I/1, S. 13.
[329] Ried, Codex diplomaticus I, S. 468f. Nr. 495. Dazu die wichtige Ergänzung von Thiel, St. Johann, S. 69–71 Nr. 41: St. Ulrich ist erst seit 1280 als Dompfarrkirche belegt. S. Anm. 413.
[330] Achim Hubel, Die Ulrichskirche in Regensburg. Gestalt – Geschichte – Funktion (Regensburger Almanach 18) 1985, S. 59–74. Die maßgebliche ältere Literatur: Busch, Regensburger Kirchenbaukunst, S. 107–120; Strobel, Romanische Architektur, S. 192–199 (hier werden bauliche Verbindungen der Kirche zur Herzogspfalz und zum Salzburger Hof herausgestellt: S. 176, 180, 184; alle diese Bauten stehen also auch in stilistischen Bezügen zueinander); Baualterspläne zur Stadtsanierung IV, bearb. von Betz und Hufnagl, S. 60f.; Walter Haas, Zur Regensburger Dompfarrkirche St. Ulrich (BGBR 17) 1983, S. 95–112.
[331] Widemann, Traditionen, S. 492 Nr. 973. S. Anm. 245.

Das war notwendig, weil diese Pfalz, die spätestens seit den Karolingern Zentrum politischer Macht gewesen war, der Verfügungsgewalt der Herzöge weithin entglitten war. Teile waren an verschiedene kirchliche und weltliche Würdenträger übergegangen. Sogar die ursprüngliche Pfalzkapelle, die Alte Kapelle, war 1009 dem neugegründeten Bistum Bamberg geschenkt worden[332]. Im 12. Jahrhundert hatte dann das staufische Königtum die Ludwigspfalz mehrmals für seine Aufenthalte herangezogen[333]. Sie muß aber unter Ludwig dem Kelheimer wieder in die weitgehende Verfügungsgewalt des Herzogs zurückgelangt sein. Wenn dieser Herzog dem alten Pfalzbereich seine frühere Bedeutung wiedergeben wollte, war er gezwungen, sich auch eine neue Kirche zu bauen und diese neue Pfalzkirche kann nur die St. Ulrichs-Kirche gewesen sein. Der Herzog errichtete sie an der Nahtstelle zwischen dem herzoglichen und dem bischöflichen Bereich unmittelbar neben dem Dom. Der Dom war damals noch nicht der heutige, das Stadtbild beherrschende gotische Dom, sondern dessen Vorgänger, der wesentlich kleiner dimensionierte romanische Dom, der weiter östlich gelegen war, also weit mehr auf einer Höhe mit der herzoglichen Hofkirche. Dieser romanische Dom war damals wohl mehr als zwei Jahrhunderte alt[334]. Und neben diese alte, in einer Zeit sich wandelnden Stilempfindens offensichtlich auch als veraltet betrachtete Bischofskirche setzte nun der Herzog seine nach neuesten Einflüssen aus Frankreich entworfene Hofkirche. Die Konkurrenz zur Bischofskirche ist unverkennbar. Dabei wurde die Hofkirche vielleicht sogar auf Gelände aufgeführt, das nicht dem Herzog, sondern dem Bischof gehörte. Sie ragt jedenfalls westlich über die deutliche Trennungslinie zwischen herzoglichem und bischöflichem Bereich hinaus, die Max Piendl herausgearbeitet hat[335]. Trifft diese Annahme zu, dann hätte der Herzog hier nicht anders gehandelt als in vielen anderen Fällen. Ludwig der Kelheimer hat seine Stellung gern auf Kosten der Kirche gestärkt. Es kann dem Herzog mit diesem Kirchenbau nur darum gegangen sein, seine angestrebte Position mitten in der Stadt durch einen Repräsentationsbau deutlich sichtbar zum Ausdruck zu bringen, seine Ansprüche auch architektonisch zu dokumentieren. St. Ulrich neben St. Peter: Das ist das bauliche Symbol der Rivalität zwischen Herzog und Bischof um die Stadtherrschaft unter Ludwig dem Kelheimer.
Baugeschichtliche Beobachtungen haben zur Datierung des Anfangs des Kirchenbaues in die zwanziger Jahre geführt[336]. Das heißt, die Hofkirche wurde nicht in der Phase des herzoglichen Übergewichtes vor 1213 errichtet, der

[332] MGH DD H II. 196.

[333] Zur Bedeutung der Alten Kapelle für das staufische Königtum: P. Schmid, Regensburg, S. 79f.; Opll, Stadt, S. 139f.; Ferdinand Opll, Das Itinerar Kaiser Friedrich Barbarossas (1152–1190) (Forschungen zur Kaiser- und Papstgeschichte des Mittelalters. Beihefte zu J. F. Boehmer, Regesta Imperii 1) Wien-Graz 1978, S. 145f. S. Anm. 210–214.

[334] Zahn, Dom zu Regensburg, S. 9–21; Klaus Schwarz, Archäologische Geschichtsforschung in frühen Regensburger Kirchen (BGBR 10) 1976, S. 33–38; Silvia Codreanu, Die Ausgrabung im Regensburger Dom (Das Archäologische Jahr in Bayern 5) 1984, S. 160–163.

[335] Piendl, Stadttopographie, S. 77.

[336] Josef Anton Endres, Die Erbauungszeit der „Alten Pfarre“ St. Ulrich in Regensburg, in: Endres, Beiträge, S. 44–51; Hubel, Ulrichskirche (wie Anm. 330), S. 60f.

Herzog hat mit ihrem Bau vielmehr erst später begonnen. Auch hier zeigt sich, daß Ludwig der Kelheimer in Regensburg nach 1213 das Feld keineswegs geräumt hat. Durch seine Baumaßnahmen setzte er Bischof und Bürgerschaft unter Zugzwang. Das Konkurrenzunternehmen veranlaßte zunächst kleinere Baumaßnahmen am Dom[337], schließlich aber den Neubau des Domes ab 1250, um die herzoglichen Ansprüche auch baulich zu übertrumpfen. Und es bleibt weiterhin auf die gleichzeitigen Baumaßnahmen am Nordflügel des Kreuzganges zu St. Emmeram zu verweisen[338]. Sie wurden keineswegs durch eine Brandkatastrophe verursacht, wie man früher annahm. Es handelt sich auch hier um einen Repräsentationsbau in einem Kloster, das seit spätkarolingischer Zeit als Klosterpfalz des Königtums diente und gerade am Ausgang der Stauferzeit noch einmal in dieser Funktion in Anspruch genommen wurde[339], nachdem der Herzogshof in wittelsbachische Verfügungsgewalt zurückgekehrt war. Diese drei kunstgeschichtlich vielbeachteten Baumaßnahmen des 13. Jahrhunderts im Sakralbereich stehen gewiß in mehr als einem zufälligen zeitlichen Zusammenhang. Auch hier spiegelt sich – ganz im Sinne der politischen Religiosität des Mittelalters – das Ringen zwischen Königtum, Herzog, Bischof und Bürgertum um die Stadtherrschaft wider. Diese Auseinandersetzung wirkt deutlich in den Bereich der Architektur hinein. Sie wurde aber auch mit dem Hilfsmittel der Historiographie geführt, wie noch ein Jahrhundert später Konrad von Megenberg deutlich macht[340].

Es ist leider nicht möglich, diese Interpretation mit dem Artikel 10 des Vertrages zwischen Herzog und Bischof 1213[341] weiter zu untermauern, der nach mehrmals vertretener Ansicht auch urkundlich Baumaßnahmen des Herzogs in der Stadt unter finanzieller Beteiligung der Bürgerschaft sichert, die den Bischof so sehr erzürnten, daß er nun die weitere Mitarbeit der Bürgerschaft verbot. So sehr diese Deutung die bisherigen Überlegungen und Beobachtungen bestätigen könnte, sie ist nicht haltbar, weil hier ein Übersetzungsfehler vorliegt. Abgesehen von Datierungsproblemen, die sich ergeben müßten, werden hier umgekehrt Baumaßnahmen der Bürgerschaft angesprochen, die sich mit herzoglicher Förderung ein Rathaus zu errichten begann[342]. Deswegen kann die Quellenstelle nicht für diesen Zusammenhang herangezogen werden. Dennoch läßt sich ein weiteres gewichtiges Argument beibringen, das die Patrozinienkunde bereitstellt. St. Ulrich ist ein Patrozinium, das in Regensburg für diese Zeit auffallen muß. Es begegnet mehrmals in der Oberpfalz, wohin es die Diepoldinger als Markgrafen ab 1073 gebracht haben. Ulrich ist ein politischer Patron, der häufig in Pfalzkapellen begegnet und unverkennbar den Herrschaftsbereich dieses aus dem Schwäbischen in den Nordgau verpflanzten

337 Strobel, Romanische Architektur, S. 202f.

338 Strobel, Romanische Architektur, S. 184–192; Max Piendl, St. Emmeram in Regensburg. Die Baugeschichte seiner Klostergebäude (Thurn und Taxis-Studien 15) 1986, S. 232.

339 P. Schmid, Regensburg, S. 79f. S. Anm. 208, 209.

340 Schneider (Hg.), Konrads von Megenberg Traktat „De limitibus parochiarum civitatis Ratisbonensis".

341 QuE AF V, S. 15 Nr. 5. Vgl. Kap. IV, Anm. 51.

342 So zu Recht: P. Schmid, Das Ringen der Regensburger Bürger (wie Anm. 270), S. 9.

Grafengeschlechtes absteckt[343]. Entsprechendes gilt sicher auch für Regensburg. St. Ulrich spielt in der Geschichte der frühen Wittelsbacher eine bedeutende Rolle[344], und deswegen hat die Erklärung, daß es das bayerische Herzogsgeschlecht war, das dieses auffallende Patrozinium nach Regensburg getragen hat, am meisten Wahrscheinlichkeit für sich[345]. Eine andere Begründung ist nicht ersichtlich[346]. Sofern man dem Patrozinium Aussagekraft zugestehen will, bestätigt es das von der Interpretation der politischen Geschichte und den Baubefunden her gewonnene Bild. Die Hofkapelle am Pfalzkomplex, der das Herrschaftszentrum auch des wittelsbachischen Bayerns werden sollte, wurde einem Heiligen geweiht, der für die Religiosität der Herzogsfamilie seit langem von Bedeutung war.

Daß Ludwig der Kelheimer sein Herzogtum wirklich wie sein Vater von Regensburg aus regieren wollte, bestätigt auch der Blick auf die aussagekräftigsten Äußerungen seiner Herrschaft: die Urkunden. Leider steht keine zuverlässige Sammlung und Edition der bayerischen Herzogsurkunden zur Verfügung. Aber schon die erste Bestandsaufnahme und die diplomatische Untersuchung durch Siegfried Hofmann haben das für unseren Zusammenhang äußerst wichtige Ergebnis erbracht, daß der zentrale Regierungsapparat Ludwigs des Kelheimers deutlich mit der Alten Kapelle zu Regensburg in Verbindung stand. Gerade die Ergebnisse von Hofmanns Urkundenanalysen sind geeignet, die bisherigen Feststellungen voll abzustützen. Von den vier Mitgliedern des zentralen Regierungsapparates Herzog Ludwigs, die urkundlich faßbar sind, wird der erste, der *vicedominus* Ulrich, ausdrücklich einmal 1213 als Ulrich von St. Kassian bezeichnet[347]. Diese Kirche war seit alters Eigenkirche der Alten Kapelle, der sie zu eben dieser Zeit, im Jahre 1224, inkorporiert wurde[348]. Die

343 Adolf Layer, Heiliger und Adelssippe. Zur Ausbreitung des hochmittelalterlichen Ulrichskultes, in: Land und Reich – Stamm und Nation. Probleme und Perspektiven bayerischer Geschichte. Festgabe für Max Spindler zum 90. Geburtstag I, hg. von Andreas Kraus (SchbLG 78) München 1984, S. 366f.

344 Hermann Endrös, Reichsunmittelbarkeit und Schutzverhältnisse des Benediktinerstifts St. Ulrich und Afra in Augsburg vom 11. bis zum 17. Jahrhundert, Diss. München (Druck Augsburg) 1934, S. 60–65; Wilhelm Liebhart, Die Reichsabtei Sankt Ulrich und Afra zu Augsburg. Studien zu Besitz und Herrschaft (1006–1803) (HAB Schwaben II/2) München 1982, S. 78f.; Die Traditionen und das älteste Urbar des Klosters St. Ulrich und Afra in Augsburg, bearb. von Robert Müntefering (QuE NF 35) München 1986, S. 81*.

345 Unwahrscheinlich ist die These, daß das Patrozinium sich nicht auf Ulrich von Augsburg, sondern den gebürtigen Regensburger Ulrich von Zell beziehen soll: Franz Hiltl, Die Regensburger Dompfarrei im Wandel der Jahrhunderte, Erolzheim 1956, S. 5f.; Busch, Kirchenbaukunst, S. 108. Dagegen schon Lehner, Kirchenpatrozinien S. 55: „Mit dem sel. Ulrich von Zell († 1093) hat diese Kapelle nichts zu tun". Die Frage wird nicht berührt in: Matrikel der Diözese Regensburg 1916, S. 82, 669.

346 Der Hinweis, daß das Patrozinium von einem Vorgängerbau übernommen wurde, findet sich erst in der Stadtgeschichtsschreibung der Barockzeit: BayHStA Rst. Regensburg Lit. 304: Johann Georg Gölgel, Beschreibung der Haus- und anderen Kapellen in Regensburg (1724), fol. 63^r.

347 BayHStA Hst. Regensburg Urk. 25. Druck: QuE AF V, S. 18 Nr. 5. Vgl. Riezler, Geschichte Baierns II, S. 172; Hofmann, Urkundenwesen, S. 27f., 222 Nr. 28; Alfons Sprinkart, Die Kanzlei der Pfalzgrafen bei Rhein und Herzöge von Bayern 1180 bis 1314 bzw. 1317 (ZBLG 55) 1992, S. 38.

348 J. Schmid, Urkunden-Regesten, S. 4 Nr. 9.

Maßnahme kann nur als Versuch der weiteren wirtschaftlichen Absicherung der Pfalzkapelle verstanden werden. Dazu war nach kirchenrechtlichem Herkommen die Zustimmung des Landesherrn erforderlich, auch wenn sie hier nicht ausdrücklich vermerkt ist. Die Alte Kapelle stand also bereits unter Ludwig dem Kelheimer in Zusammenhang mit dem sich ausbildenden zentralen Regierungsapparat der Wittelsbacher. Die Anfänge einer bayerischen Zentralverwaltung werden unter anderem auch an die alte Herzogspfalz zu Regensburg gebunden. Diese Beobachtung bestätigt der Blick auf die Hofämter, die ebenfalls in frühwittelsbachischer Zeit auf diese Stadt fixiert sind. Wenn der *pincerna* Luitold aus der Au ein *praedium*, das offensichtlich dem Herzog gehörte, zu Matting (Lk Regensburg) verwaltete, war dieses wohl nichts anderes als eine Pfründe für seine Funktion, durch die er ebenfalls im Raum Regensburg verwurzelt war[349]. Wie dieser Schenk so werden auch die herzoglichen Truchsessen auffallend oft in und um Regensburg faßbar[350]. Vor allem die Eggmühler weisen eine enge Bindung an Regensburg auf.
Dieser *vicedominus* Ulrich von St. Kassian, der am Anfang der Behördenbildung im wittelsbachischen Bayern steht[351] und somit ein über lange Jahre hin für vieles zuständiger Vertreter des Landesherrn gewesen sein muß, bestätigt also weiter, was die Betrachtung der politischen Geschichte und der Baubefunde ergeben hat: Die frühen Wittelsbacher wollten die traditionsbeladene Ludwigspfalz wieder zu einem Verwaltungsmittelpunkt ausbauen. Sie wollten ihr Herzogtum von hier aus regieren, wie das einst die Agilolfinger getan hatten, wie das dann die Karolinger, aber auch Luitpoldinger und spätere Herzöge bis hin zu den Welfen getan hatten. Die Ludwigspfalz sollte offensichtlich ihre ursprüngliche Funktion zurückerhalten und wiederbelebt werden. Vor allem Herzog Ludwig I. wollte hier an eine Tradition anknüpfen und auch durch diese örtliche Kontinuität betonen, daß seine Herrschaft eine alte Linie fortsetzte, die lediglich vorübergehend unterbrochen gewesen sei. Die Wittelsbacher selber betrachteten sich als Nachfolger der Agilolfinger, Karolinger und Luitpoldinger, die nun 1180 in ihr altes Amt zurückgekehrt seien. Ihr Versuch der Erneuerung des alten Pfalzkomplexes am Alten Kornmarkt entspricht gänzlich der wittelsbachischen Familientradition. Diesen Regensburger Befunden sind vergleichbar ähnliche Feststellungen am Pfalzkomplex zu Altötting.

349 QuE AF V, S. 25 f. Nr. 9. Zu diesem Funktionsträger: Hofmann, Urkundenwesen, S. 34 f., 70 f.

350 MB XXXVI/1, S. 529 f. Vgl. Eberhard Klafki, Die kurpfälzischen Erbhofämter. Mit einem Überblick über die bayrischen Erbhofämter unter den wittelsbachischen Herzögen bis zur Trennung der Pfalz von Bayern 1329, Stuttgart 1966, S. 19 f., 32–35.

351 In einer Urkunde Ludwigs I. von 1224 (BayHStA KU Prüfening 44; QuE AF V, S. 26 Nr. 9) wird behauptet, daß der Abt von Prüfening vom Herzog als *summus capellanorum nostrorum haberetur*, daß er also einen besonderen Ehrenvorrang unter allen Hofgeistlichen erhalten sollte (vgl. Riezler, Geschichte Baiern II, S. 172). Doch ist die Urkunde verunechtet und in diesem Punkt unglaubwürdig: Hofmann, Urkundenwesen, S. 28 f. Ein besonders enges Verhältnis des Abtes von Prüfening zu Ludwig dem Kelheimer zeichnet sich in den Quellen nicht ab. Vgl. Schwertl, Beziehungen, S. 302–308.

Auch hier versuchte Ludwig der Kehlheimer die karolingische Pfalz seit 1228 in baulicher Hinsicht zu erneuern[352].

Es gelang Ludwig dem Kelheimer nicht, diese Pläne zu verwirklichen. Er scheiterte in Regensburg – wie zur gleichen Zeit auch in Freising, wo er ebenfalls die Bischofsstadt seinem Regiment unterordnen wollte[353]. Die Ursache dafür liegt in einer abermaligen Verdrängung aus der Stadt durch das staufische Königtum, in der großen Politik also. Denn die Jahre zwischen 1228 und 1231 sind gekennzeichnet von scharfen inneren Auseinandersetzungen mit den Andechsern, in die dann entscheidend das Königtum eingriff, das Ludwig den Kelheimer schließlich auf breiter Front zurückdrängte. Dieser Vorgang wird auch in Regensburg spürbar. Gerade in der Stadt, in der der wittelsbachische Herzog sich festsetzen wollte, traf der päpstliche Legat, der den Kampf der Kurie gegen die staufische Partei organisieren sollte, mit Ludwig dem Kelheimer zusammen. Die beiden suchten auch den Bischof Siegfried zu gewinnen. Doch dürfte vor allem das Freisinger Beispiel diesen veranlaßt haben, auf die staufische Karte zu setzen. Und sie sollte sich für ihn tatsächlich als vorteilhafter erweisen. Mit Beteiligung des Bischofs Siegfried von Regensburg wurde Ludwig I. in einem Sommerfeldzug 1229 niedergeworfen. Friedrich II. erteilte ausgerechnet im Jahre 1230, einem Krisenjahr des Herzogs also, das sogenannte Fridericianum, einen weiteren Markstein auf dem Weg der Regensburger Bürgerschaft zur Stadtfreiheit[354]. Der Staufer nutzte zielsicher die entscheidende Phase der Schwäche seines Kontrahenten, um die Stadt noch weiter aus dessen Herrschaft herauszubrechen. Eine der vielen Maßnahmen, mit denen Friedrich II. seine wittelsbachischen Verwandten bekämpfte, war – ganz im Sinne seiner planvollen Städtepolitik[355] –, den Herzog auch aus dem geplanten Zentralort Regensburg zu verdrängen. Das Fridericianum von 1230 schränkte die herzoglichen Befugnisse in Regensburg in einer Phase wittelsbachischer Schwäche zwar ein, beseitigte sie aber keinesfalls gänzlich. Dem Herzog verblieben wichtige Kompetenzen. Doch setzte schon im folgenden Jahr die Bluttat auf der Kelheimer Donaubrücke dem Leben Ludwigs I. ein unerwartetes Ende. Dieses war von der insgesamt gesehen äußerst zielstrebigen Territorialpolitik des Herzogs im Raum Regensburg mitverursacht, sofern der Stauferkönig hinter dem Meuchelmord steht. Denn gerade in dieser Stadt stießen wittelsbachische und staufische Interessen in dieser Phase scharf aufeinander.

Die sehr ausgeprägten Bemühungen Ottos I. und Ludwigs I. um Regensburg waren in den Jahren nach 1229 nur unterbrochen, nicht jedoch abgebrochen worden. Denn Herzog *Otto II. (1231–1253)*, von dem bekannt ist, daß er eine noch zielstrebigere Städtepolitik als sein Vater betrieben hat[356], setzte die Akti-

[352] Josef Pfennigmann, Studien zur Geschichte Altöttings im Früh- und Hochmittelalter. Beitrag zur Geschichte des Reichsgutes und der Pfalzen in Altbayern, Diss. masch. München 1952, S. 195–201.

[353] QuE AF V, S. 46–48 Nr. 18. Vgl. Schwertl, Beziehungen, S. 129–131; Helmuth Stahleder, Hochstift Freising (HAB Altbayern 33) München 1974, S. 15, 157.

[354] S. Anm. 457.

[355] Bernhard Diestelkamp, König und Städte in Salischer und Staufischer Zeit – Regnum Teutonicum, in: Stadt und Herrschaft. Römische Kaiserzeit und Hohes Mittelalter, hg. von Friedrich Vittinghoff (Historische Zeitschrift Beiheft 7) München 1982, S. 247–297.

[356] Rothenfelder, Städtegründer (wie Anm. 320), S. 39–73.

vitäten seiner Vorgänger im Regensburger Raum fort, sobald ihm das möglich war. Schon 1233 berief er wieder einen Landtag nach Regensburg ein, um gleich beim Regierungsantritt Akzente in diesem Sinne zu setzen und zu dokumentieren, daß auch er hier Ansprüche stellte. Und wirklich kam es im Zusammenhang mit diesem Landtag von 1233 sofort zu einer sehr bezeichnenden Auseinandersetzung mit dem Königtum, das ihm in scharfer Form entgegentrat. Heinrich (VII.), sehr um die Reaktivierung der königlichen Position bemüht, konnte die Abhaltung des Landtages gerade in Regensburg unterbinden. Deswegen versammelte sich dieser zu Landshut. Es ging vornehmlich um die Stellung des bayerischen Episkopats in diesem Konflikt. Sobald es aber die Lage zuließ, verlegte sich der Landtag sofort nach Regensburg und wiederholte dort seine Beschlüsse noch einmal. Es kam dem Herzog also vornehmlich auf den rechten Ort an. Gerade diese Vorgänge im Zusammenhang mit dem Landtag von 1233 belegen, wie auch Otto II. versuchte, die herzogliche Position in der alten Hauptstadt Bayerns zu behaupten[357]. Das gleiche Ziel verfolgte eine Gerichtssitzung des Jahres 1237 zu *Niunhusen prope Ratisponam*[358].

Freilich stieß auch Herzog Otto II. mit diesem Ziel auf den Widerstand Bischof Siegfrieds. Er war der Kanzler Friedrichs II. und übte mit königlicher Unterstützung die Stadtherrschaft aus[359]. Deswegen setzte er auch dem Vorgehen Ottos II. Widerstand entgegen. Schon 1235 kam es zum Konflikt zwischen Herzog und Bischof, der in einen regelrechten Kleinkrieg mündete. Gerade diese Auseinandersetzung macht deutlich, daß sie vorwiegend mit dem Mittel der Ministerialität geführt worden ist. Denn in diesem Zusammenhang kam es zum Vertrag von 1229, in dem mehrere herzogliche Ministerialen namentlich angeführt werden, die den Kampf getragen haben[360]. Es werden genannt: Luitold aus der Au (Lk Schrobenhausen), Siegfried von Frauenhofen auf Haag (Lk Mühldorf), Eberhardt von Hof (Lk Schwandorf), Konrad von Stauf (Regenstauf, Lk Regensburg, oder Stoffersberg, Lk Landsberg), Heinrich von Ergol-

[357] Annales S. Rudberti Salisburgenses, hg. von Wilhelm Wattenbach MGH SS IX, S. 785: *Otto dux Bawariae curiam Ratispone celebrandam indixit, quam propter indignationem regis et aliorum quorundam principum sibi non faventium aput Lantshuot celebravit. Sed postmodum rex cum multis principibus et magno exercitu Bawariam intravit, ducem destructurus, sed mediante archiepiscopo Salzpurgensi in gratiam eum recepit, et filium eius puerulum in obsidem regni dedit, et tandem curiam sollempnem Ratispone dux celebravit, cui archiepiscopus Salzpurgensis et omnes episcopi Bawarie interfuerunt;* Hermann von Niederaltaich, Annales, hg. von Philipp Jaffé, MGH SS XVII, S. 392; MGH Const. II, S. 570–579 Nr. 427; vgl. P. Schmid, Regensburg, S. 425 f.

[358] QuE AF V, S. 65 f. Nr. 27. Gemeint ist der Vorort Pürkelgut. Dieser führte ursprünglich den Namen Neuhausen. Das Landgut war während des frühen und hohen Mittelalters eines der Versorgungsgüter im Vorfeld der Pfalz und in der Folgezeit wegen seiner Grenzlage lange zwischen der Stadt und dem Herzogtum Bayern umstritten. Der moderne Name rührt von der Familie Pürkel her, die es im 18. Jahrhundert erwarb und nach den Zerstörungen während des Dreißigjährigen Krieges wiederaufbaute. Vgl. AHVR MS O 872, p. 55–63; Bauer, Regensburg, S. 594–598.

[359] MB XXX/1, S. 202–204 Nr. 713, 714.

[360] Ried, Codex diplomaticus, S. 358 f. Nr. 376; Annales S. Rudberti Salisburgenses, hg. von Wilhelm Wattenbach, MGH SS IX, S. 789. Vgl. Janner, Bischöfe II, S. 416–418; Schwertl, Beziehungen, S. 149 f.; Hausberger, Bistum Regensburg I, S. 123–127.

ding (Lk Landshut), Eckbert von Eggmühl (Lk Regensburg) und Eberhardt von Kläham (Lk Landshut). Es handelt sich also kaum um im Raum Regensburg ansässige Ministerialität, sie hatte ihre Stammsitze vielmehr überwiegend in anderen Teilen des Herzogtums. Wittelsbachische Ministerialität ist also im Raum Regensburg auch jetzt nur spärlich konkret nachzuweisen, obwohl sie den Kleinkrieg mit dem Bischof getragen hat. Ein besonders wichtiger herzoglicher Dienstmannensitz in der näheren Umgebung war Burg Hof am Regen, Stammsitz der Hofer *(de Curia)*. Die bischöfliche Ministerialität saß vor allem im Osten der Stadt.

Natürlich versuchte Otto II. nach dem Tod Bischof Siegfrieds Einfluß auf die Wahl des Nachfolgers zu gewinnen. Auch sie war umstritten. Die einen unterstützten den Speyerer Kanoniker Berthold von Eberstein, andere den Halberstädter Kanoniker Albert, Graf im Pietengau. Durchgesetzt hat sich mit kurialer Unterstützung letzterer. Auch Otto II. hatte aus den Verträgen von 1205 und 1213 ein Mitspracherecht abgeleitet und auf dieser Grundlage den unterlegenen Berthold unterstützt. Somit stand er von Anfang an in einem scharfen Gegensatz zum neu gewählten Bischof. Dieser hatte den päpstlichen Bann über den Herzog 1249 auszusprechen und zu überwachen[361]. Natürlich stellte sich der Herzog angesichts dieser Vorgänge beim Konflikt zwischen Bischof und Bürgern, der noch in diesem Jahr ausbrach, auf die Seite der Bürger, die Albert I. daraufhin aus der Stadt vertrieben[362]. Der Herzog vermochte sogar einen Teil des Domkapitels auf seine Seite zu ziehen. Bischof Albert I. konnte zwar bald wieder in die Stadt zurückkehren. Doch als er nun am 30. September 1250 45 angesehene Bürger festnehmen ließ, zogen Otto II. und sein Schwiegersohn König Konrad IV. mit starker Heeresmacht vor der Stadt auf und zwangen den Bischof mit seinen Anhängern zur abermaligen Flucht, den anderen Teil der Bevölkerung aber zur Unterwerfung. Dieser Kleinkrieg zwischen Herzog und Bischof zog sich bis zum Tode Ottos II. 1253 hin[363]. Erst danach kam es zum Ausgleich mit den Nachfolgern[364].

Vor allem dieser starke Druck auf den bischöflichen Stadtherrn macht deutlich, daß auch Herzog Otto II. sehr am Raum Regensburg interessiert war. Deswegen hat er sich um den weiteren Ausbau der landesherrlichen Position bemüht[365]. Dabei konzentrierte er sein Interesse auf den Norden. Es gelang ihm, die herzogliche Stellung am Kopf der Steinernen Brücke deutlich zu festigen. In diesem aus dem burggräflichen Erbe stammenden Raum scheint die wittelsbachische Herrschaft erst unter Otto II. wirklich durchgesetzt worden zu sein. Nun wird die *vorstadt enhalb der prukk* angelegt. Dabei verdient der Ortsname eine nähere Betrachtung. Die älteste hier belegte topographische Bezeichnung ist *Scierstat*[366]. Sie wird aber von der wittelsbachischen Siedlung

361 MGH Epp. saeculi XIII e regestis pontificum Romanorum selectae II, hg. von Karl Rodenberg, S. 469f. Vgl. Schwertl, Beziehungen, S. 41, 150.

362 BayHStA Kurbayern Äußeres Archiv 1569, fol. 54r. Vgl. Schwertl, Beziehungen, S. 150.

363 Hermann von Niederaltaich, Annales, hg. von Philipp Jaffé, MGH SS XVII, S. 396.

364 BayHStA Hst. Regensburg Urk. 117; Kurbaiern Urkunden 13185. Druck: QuE AF V, S. 118–123 Nr. 52; Dokumente zur Geschichte von Staat und Gesellschaft in Bayern I/2, bearb. von Ay, S. 323–325 Nr. 213.

365 Vgl. Fehn, Frühe Zentren, S. 82f.; D. Schmid, HAB Regensburg I, S. 50.

366 MGH DD O II. 247. Vgl. Schwarz, Namenkundliche Grundlagen, S. 35; Bauer, Regensburg, S. 393.

nicht übernommen; für sie wird der neue Name *Am Hof* gebildet[367]. Welcher Hof kann als Bezugspunkt gemeint sein? Man denkt zunächst natürlich an das *praedium Scierstat:* Die Siedlung *Am Hof* liegt neben diesem *praedium.* Doch gibt der enge Zusammenhang der Ortsgründung mit den Bemühungen der wittelsbachischen Herzöge um Regensburg zur Vermutung Grund, daß mit dem *Hof* die Burg Landeskron angesprochen sein könnte, auf die unten ausführlicher zurückzukommen sein wird. Zu dieser Deutung ist vor allem ein paralleles Toponym zu Wien Anlaß, wo auf ähnlichem Wege die landesherrliche Burg *Am Hof* ein wichtiger Fixpunkt der weiteren Stadtentwicklung wurde; auch sie konnte archäologisch noch nicht gefaßt werden, war aber in gleicher Weise die bauliche Dokumentation der Herrschaftsansprüche des babenbergischen Landesherrn. Bezeichnenderweise tritt der Name Stadtamhof erst nach der Jahrhundertmitte auf, nachdem sie anfangs wechselnde andere Namen geführt hatte. Am Anfang der Stadt Stadtamhof steht mehr als das Gut Schierstatt diese Befestigungsanlage, die auch ihrem Namen zugrunde liegt. Entsprechendes wie für den Stadtamhofer Raum dürfte für den beträchtlichen Herzogsbesitz in Mariaort gelten. Da er im ersten Herzogsurbar nicht aufscheint, kann er kaum direkt aus dem burggräflichen Erbe an die Wittelsbacher gekommen sein. Er war aber so ausgedehnt, daß er nun von einem landesherrlichen *praepositus* verwaltet werden mußte. Ein solcher ist erstmals für 1252 bezeugt[368]. Auch in Mariaort wurde nun also ein wittelsbachischer Ministeriale angesetzt. *Praepositi* sind besonders wichtige Ministerialen, die an Brennpunkten der Güterverwaltung eingesetzt werden[369]. Deswegen muß der neuaufgebaute Herzogsbesitz in Mariaort ein bedeutender Komplex gewesen sein. Er ist ein wichtiger Ausgangspunkt für die Errichtung des bayerischen Landgerichtes Stadtamhof geworden[370]. In ähnlicher Weise wurde der Stützpunkt Abbach damals durch die Anlage einer Zollstätte für den Verkehr zu Land und zu Wasser weiter ausgebaut[371].

Auch Otto II. versuchte, die Stadt Regensburg über das Mittel der Burgenpolitik unter Druck zu setzen. Allerdings ist diese wesentlich weniger als bei seinem Vater greifbar. Mit Herzog Otto dem Erlauchten wird aber die Ruine Schwarzenfels, gegenüber Matting am Steilufer der Donau gelegen, in Verbindung gebracht, deren Ausbau er begonnen, infolge lokaler Widerstände aber nicht abgeschlossen habe. Auch dieser Stützpunkt war natürlich gegen Regensburg gerichtet[372]. In früheren Jahren waren noch weitere ähnliche Befestigungs-

367 RUB I, S. 479 Nr. 874. Vgl. Schwäbl, Regensburgs Orts- und Straßennamen I, S. 78–82; Diethard Schmid, Stadtamhof als Typus und Sonderfall wittelsbachischer Städtepolitik (VHVO 121) 1981, S. 405–424. Zu Burg Landeskron: Anm. 402. Zur babenbergischen Burg *Am Hof* in Wien: Lechner, Die Babenberger (wie Anm. 173), S. 152, 245, 248, 389.

368 RB IV, S. 752: *Ahardus Praepositus Domini Ducis in Orte.* Eine herzogliche Schenkung zu Mariaort an die Regensburger Deutschordens-Kommende 1210: RB IV, S. 740.

369 Günther Flohrschütz, Machtgrundlage und Herrschaftspolitik der ersten Pfalzgrafen aus dem Haus Wittelsbach, in: Glaser (Hg.), Wittelsbach und Bayern I/1, S. 53.

370 D. Schmid, HAB Regensburg I, S. 63 f.

371 Zeitler, Donaumauten, S. 72–78.

372 Joseph Rudolf Schuegraf, Kurze geschichtliche Nachricht über die gänzlich unbekannte Burgruine Schwarzenfels (AHVR MS O 749); Johann Spörl, Die Veste und Wüstung Schwarzenfels (VHVN 2) 1851, S. 5–8; Walderdorff, Regensburg in Ge-

anlagen im Westen von Regensburg bekannt, deren Spuren in jüngster Zeit gänzlich verwischt wurden und die in keinen schriftlichen Quellen Niederschlag gefunden haben. Vielleicht gehörten sie in einen ähnlichen Zusammenhang wie die heute ebenfalls verschwundene Ruine Schwarzenfels.

Otto II. hat also die territorialpolitische Position des Herzogshauses am Nordufer der Donau zweifellos verstärkt. Er hat sich aber auch im Inneren der Stadt nicht minder entschlossen als sein Vater bemüht. Gerade unter Otto dem Erlauchten wird das Bestreben spürbar, die Ludwigspfalz weiter zum Regierungszentrum auszubauen. Der Herzog hat die Herzogskanzlei, die unter ihm deutlichere Umrisse annimmt, unübersehbar an diese Pfalz gebunden. Er hat die Alte Kapelle ausdrücklich durch eine Urkunde gefördert[373]. Eine Reihe von Protonotaren, Notaren und Schreibern der Kanzlei Ottos des Erlauchten gehört in den Umkreis der Alten Kapelle. Siegfried Hofmann hat diese Zusammenhänge im einzelnen nachgewiesen für die Notare Aerbo, Friedrich von Stauf, Heinrich, Rapoto, Richper, Swiker und Eberhard[374]. Mit Ausnahme des Notars Ulrich stehen alle Angehörigen der Kanzlei Ottos des Erlauchten in Verbindung mit Regensburg und der Alten Kapelle. Die Verbindungen zu diesem Stift sind enger als zu den anderen Versorgungsstiften Altötting, Ilmmünster, Pfaffmünster und St. Andreas/Freising. Auch vom Personal der herzoglichen Kapelle stehen zwei der bekannten fünf Kapläne (Hugo und Markward) in Verbindung zu Regensburg. Vor allem Otto II. hat also offensichtlich seinen zentralen Regierungsapparat stark an diese Stadt gebunden. Hofmann deutet die Tendenz an, daß die Alte Kapelle geradezu in die Funktion einer „Schule“ für die herzoglichen Notare hineinwachsen sollte: „Die Schreiber sind zum überwiegenden Teil in Regensburg im Bereich der Schreiber bzw. Kanoniker des Hochstifts und vor allem der Alten Kapelle zu vermuten. Ob diese Mundatoren jeweils im Dienstverhältnis zum bayerischen Herzog standen, auch welchen Platz sie im Regensburger Urkundenwesen einnahmen, muß hier offen bleiben“ – so faßt Hofmann sehr vorsichtig seine Ergebnisse zusammen[375]. Diese Rolle der Alten Kapelle dürfte mehr als mit ihren Verbindungen zu den Erzbischöfen von Bamberg, die im 11. und 12. Jahrhundert die fortschrittlichste Kanzlei im süddeutschen Raum aufgebaut hatten, mit der Tradition dieser geistlichen Institution in karolingischer Zeit zusammenhängen. Die Zustände bleiben bis in die Anfangsjahre Herzog Ludwigs II. unverändert.

In diesem Zusammenhang gewinnt nun auch die merkwürdige Bezeichnung *Latron* für den Bereich im Südwesten der Alten Kapelle neue Bedeutung[376]. Sie

schichte und Gegenwart, S. 618; Die Kunstdenkmäler von Bayern: Stadtamhof, bearb. von Hans Karlinger – Georg Hager – Georg Lill, München 1914, S. 263; Tillmann, Burgen II (wie Anm. 303), S. 967. Vgl. auch Melchior Weixer, Fontilegium sacrum sive Fundatio insignis Monasterii S. Georgii Martyris OSB vulgo Prifling dicti, Ingolstadt 1626, 113 f.; Stroh, Geländedenkmäler der Oberpfalz, S. 237–280.

[373] BZAR, Archiv der Alten Kapelle U 19 (5. V. 1235). Druck: J. Schmid, Urkunden-Regesten I, S. 7 Nr. 19; Hofmann, Urkundenwesen, S. 229 Nr. 134.

[374] Hofmann, Urkundenwesen, S. 55–82 (mit Hinweis auf Albert Beheims Klage über den großen Einfluß Regensburger Kleriker auf den Herzog); Sprinkart, Kanzlei (wie Anm. 347), S. 38 f.

[375] Hofmann, Urkundenwesen, S. 56, 142 f. Das Zitat S. 75.

[376] Strobel – Sydow, Latron; P. Schmid, Regensburg, S. 449–451. S. Kap. II, Anm. 16, 56.

ist erstmals um das Jahr 1250 belegt und vielleicht unter Ludwig dem Kelheimer oder wirklich erst Otto II. unter Berufung auf damals noch bekannte Kontinuitäten entstanden[377]. *Latron* ist sicherlich ein sehr gewählter, hochtrabender Begriff[378], mit dem die Wichtigkeit dieses Raumes als „Regierungsviertel" herausgehoben werden sollte – vielleicht in Konkurrenz zu der gerade von den letzten Staufern wieder neubelebten Klosterpfalz der Kaiser bei St. Emmeram[379]. Als der Pfalzkomplex am Alten Kornmarkt neue Bedeutung erhält, wird er mit dieser auffallenden Bezeichnung belegt, um auch seinen Vorrang vor allen anderen geistlichen Institutionen in der Stadt zu betonen. Hier schimmert der Kampf um das größere Renommee deutlich durch, der also auch mit literarischen Stilmitteln und historischen Argumenten geführt wurde. Wie der Lateran in Rom behauptete, die Mutter aller abendländischen Kirchen zu sein, so beanspruchte nun die Alte Kapelle zu Regensburg, der Lateran für Bayern zu sein[380]. Sie brauchte dazu nur an einen vergleichbaren Titel anzuknüpfen, der ihr zu Zeiten Kaiser Heinrichs II. zuerkannt worden war, und zwar unter ganz ähnlichen Umständen: *mater ecclesia*[381]. Die landesherrliche Kanzlei hat hier auf ein Stilmittel der spätottonischen Kaiserkanzlei zurückgegriffen, das im Hause offensichtlich noch bekannt war. Schon hier hatte der römische Lateran Pate gestanden. Daß die Bezeichnung *Latron* gerade zu der Zeit entstand, als der Pfalzkomplex seine frühere Funktion als Regierungszentrum zurückerhalten sollte, als er als solches auch baulich ausgestattet zu werden begann, als eine Reihe von Mitgliedern der landesherrlichen Kanzlei hier ihre Pfründen erhielt, ist sicherlich kein Zufall. Der Begriff *Latron* bringt die wittelsbachischen Bemühungen um eine Erneuerung der Alten Kapelle im 13. Jahrhundert angemessen zum Ausdruck. Die Bezeichung findet sich zur gleichen Zeit für die Pfalz Ötting.

[377] Die ältesten Belege: AHVR MS R 421/3 (Joseph Rudolf Schuegraf, Notizen zur Häusergeschichte und zu Straßennamen Regensburgs): *vicus qui dicitur Lateran* (ca. 1250; da Schuegraf seine Quelle nicht angibt, ist der Hinweis allerdings unüberprüfbar); Thiel, St. Johann, S. 64 Nr. 37: *aream quandam sitam in Laterano* (1262); S. 76 Nr. 44: *in vico, qui vulgariter denominatur Latran* (1265); MB XXXVI/1, S. 530: *in dem Latran* (ca. 1300). Weitere Belege bei Strobel-Sydow, Latron, S. 3f.; Gauer, Castra Regina und Rom, S. 57–61.

[378] In der Belegsammlung des Mittellateinischen Wörterbuches (Bayerische Akademie der Wissenschaften, München) findet sich der Begriff nicht. Für die Einsichtnahme danke ich der Redaktion sehr herzlich.

[379] P. Schmid, Regensburg, S. 80f. S. Anm. 208, 209, 339.

[380] Zu einem ähnlichen Vorgang im karolingischen Aachen: Ludwig Falkenstein, Der „Lateran" der karolingischen Pfalz zu Aachen (Kölner Historische Abhandlungen 13) Köln – Graz 1966.

[381] Romuald Bauerreiss, „Caput, matrix, magistra omnium ecclesiarum". Der römische Lateran in Deutschland (Münchener Theologische Zeitschrift 13) 1962, S. 202–206; Romuald Bauerreiss, Ein „Lateranpalast" in Altbayern (Regensburg) (Beiträge zur altbayerischen Kirchengeschichte 23) 1963, S. 101–108; Romuald Bauerreiss, Ein mittelalterlicher „Lateranpalast" in Regensburg (Der Zwiebelturm 19) 1964, S. 200–203. – Den Titel *mater ecclesiarum* hatte in Regensburg als erste die Domkirche geführt, für die er anläßlich der Synode von 932 bezeugt ist: MGH LL in folio III, S. 482. Aber selbst das kleine Kloster St. Paul nahm ihn für sich in Anspruch: Geier, St. Paul, S. 50 Nr. 4 a. a. 1210–1215: *ad iam dictam matricem ecclesiam sancti Pauli.*

Eine wesentliche Veränderung der wittelsbachischen Position in und um Regensburg brachte dann noch einmal das Aussterben der Grafen von Bogen 1242 mit sich. Damit fiel auch die Grafschaft im östlichen Donaugau an die Landesherrn[382]. In der Stadt gingen nun weitere Herrschaftsrechte an sie über, vornehmlich Vogteirechte. Die Wittelsbacher verfügten bereits früher über Vogteirechte der Klöster Obermünster[383], Niedermünster[384] und St. Paul[385]. Sie begegnen seit 1221 zudem als Vögte des Domkapitels[386]. In der unmittelbaren Umgebung der Stadt waren sie Vögte des Klosters St. Mang am Nordufer der Donau[387]. Sie bevogteten weiterhin den Kastler Klosterbesitz zu Kager[388]. Unter Otto II. wurden sie aus dem Bogener Erbe nun auch noch Vögte des Stiftes an der Alten Kapelle[389] und des Klosters Prüfening[390] sowie Teilvögte von Prüll[391]. Damit waren die meisten der Klostervogteien in der Stadt und um die Stadt in landesherrlicher Hand. Die Herzöge nahmen diese Rechte betont wahr[392]. Sie versuchten weiterhin Einfluß zu nehmen auf die übrigen Klöster und Stifte: St. Johann, St. Jakob, das Minoritenkloster[393]. Keinen Zugang erlangten die Wittelsbacher allerdings zur wichtigsten Vogtei, der Domvogtei, die ihnen auch nach dem Aussterben der Herren von Lengenbach 1235 nicht zufiel, weil sie der Bischof zunächst an einen nicht identifizierbaren Konrad vergab und 1245 schließlich einzog. Damit tat er den entscheidenden Schritt zur Ausbildung seiner eigenen Landesherrschaft[394]. Keinen Zugang erhielten die

382 Piendl, Grafen von Bogen, 1954, S. 65–71.

383 Wittmann, Schenkungsbuch des Stiftes Obermünster, S. 209, 212, 213 Nr. 116, 119, 122. Vgl. Piendl, Grafen von Bogen, 1954, S. 33; Franz Genzinger, Grafschaft und Vogtei der Wittelsbacher vor 1180, in: Glaser (Hg.), Wittelsbach und Bayern I/1, S. 121; D. Schmid, Landesherrschaft, S. 319.

384 MB XV, S. 264 Nr. 1. Vgl. Schönberger, Niedermünster, S. 118–140.

385 Die Vogtei war in den Händen der Pfalzgrafen: Piendl, Grafen von Bogen, 1954, S. 33; Geier, St. Paul, S. 15*. S. Anm. 253.

386 Bei Thiel, St. Johann, S. 29–31 Nr. 16 ist für das frühe 13. Jahrhundert Eberhard von Dornberg als Vogt genannt. 1221 erscheint dann Eckbert von Eggmühl in dieser Funktion: Ried, Codex diplomaticus I, S. 334f. Nr. 352. Er war herzoglicher Ministeriale (Ried I, S. 359 Nr. 376). Vgl. Bruno Fleischer, Das Verhältnis der geistlichen Stifte Oberbayerns zur entstehenden Landesherrschaft, Diss. Berlin 1934, S. 15.

387 Heeg – Engelhart, Herzogsurbar, S. 226f. Nr. 1559; D. Schmid, HAB Regensburg I, S. 50; Diethard Schmid, Stadtamhof, ein Gang durch die Geschichte, in: Karl Bauer (Hg.), Stadtamhof, Regensburg 1981, S. 15.

388 Karl Bosl, Das Nordgaukloster Kastl. Gründung, Gründer, Wirtschafts- und Geistesgeschichte (VHVO 89) 1939, S. 68f.

389 Piendl, Grafen von Bogen, 1954, S. 44f.

390 Rupert Scheucher, Die Privilegierung und die davon berührten Rechtsbeziehungen des Benediktinerklosters Prüfening, Diss. masch. München 1924, S. 53–99; Piendl, Grafen von Bogen, 1954, S. 43f.; Schwertl, Beziehungen, S. 303f.; Hans-Georg Schmitz, Kloster Prüfening im 12. Jahrhundert (MBM 49) München 1975, S. 15–19.

391 BayHStA Hst. Regensburg Urk. 74. Druck: QuE AF V, S. 59 Nr. 25. Vgl. Schwertl, Beziehungen, S. 149.

392 Schwertl, Beziehungen, S. 304. Zur schwierigen Frage der Vogteiverhältnisse in Regensburg weiterhin: Heigel – Riezler, Herzogthum Bayern, S. 294; Spindler, Landesfürstentum, S. 87.

393 Schwertl, Beziehungen, S. 411–414; Hilz, Minderbrüder, S. 102f.

394 Ried, Codex diplomaticus I, S. 404–406, 408 Nr. 418, 422; QuE AF V, S. 59 Nr. 25; August Potthast, Regesta pontificum Romanorum inde ab anno 1198 ad annum 1304 II, Berlin 1875, S. 1005 Nr. 11 837. S. Kap. III, 3 e.

Wittelsbacher weiterhin zur Vogtei des Klosters St. Emmeram in dieser Frühzeit[395].

Die gerade durch das Bogener Erbe noch einmal verbesserte Position des Herzogs kommt dann eindrucksvoll auf dem Landtag von 1244 zum Ausdruck[396]. Er ist der letzte Landtag älterer Ordnung in Bayern und wurde von Otto II. bewußt in diese Stadt einberufen. Zahlreiche Grafen und Bischöfe folgten seiner Einladung. Diese Versammlung muß eine bemerkenswerte Demonstration herzoglicher Macht inmitten einer Stadt gewesen sein, die sich im übrigen fast schon als Reichsstadt betrachten durfte. Und sie hatte sich mit einer angemessenen Thematik zu beschäftigen. Auf diesem Regensburger Landtag von 1244 wurde der erste bayerische Landfriede erlassen, das wichtigste Landesgesetz seit den Ranshofener Bestimmungen von 995. Noch einmal stellte Otto II. seine Überordnung über Bischöfe und Grafen unter Beweis, die er in eben der Stadt versammelte, in der sie von seinen Vorgängern so oft zusammengerufen worden waren. Ein letztes Mal genügten sie hier ihrer Hoftagspflicht. Ein letztes Mal übte der Herzog sein altes Hauptrecht als oberster Wahrer des Landfriedens. Die Tradition der alten bayerischen Landtage klingt also ganz bezeichnend aus in Regensburg, und zwar *in veteri Capella*[397]. Die Landtage wurden auch in dieser Spätzeit noch im Bereich der Alten Kapelle abgehalten, deren Zentralortfunktion hier erneut deutlich zum Vorschein kommt. Gerade an diesem geschichtsträchtigen Ort hat der Herzog seine überkommene Aufgabe als Friedenswahrer noch einmal ausgeübt.

Die neue Stellung, die sich der Herzog Otto II. aufbaute, kommt weiterhin eindrucksvoll zum Ausdruck in der Schuhmacherordnung von 1244[398]. Sie ist eine bemerkenswerte Demonstration herzoglicher Bemühungen um die Stadt vor allem durch die Tatsache, daß hier der Schultheiß mit Nachdruck als Vornehmster unter allen *cives* vorgestellt wird. Er führt die Zeugenliste dieser von der *universitas civium* ausgestellten Urkunde an. Er steht selbst vor dem *magister civium*, dem Bürgermeister, der ausdrücklich in diesem Dokument genannt wird. Die Schultheißen werden noch einmal als für das Rechtsleben der Stadt maßgebliche Persönlichkeiten herausgehoben. Ihnen sind alle anderen Organe untergeordnet. Weiterhin werden die städtischen *iudices* ausdrücklich als herzogliche Beamte angesprochen. Gerade nach dem Anfall des Bogener Erbes konnte Otto II. seine Stellung in Regensburg noch einmal spürbar ausbauen.

Dennoch aber unterlag der Herzog im Kampf um die Stadtherrschaft. Bereits im folgenden Jahr 1245 stellte Friedrich II. dann bei veränderter Konstellation das entscheidende Privileg aus. Die Lage hatte sich durch die Bannung des Königs schlagartig gewandelt. Aus Verstimmung über den nun auf die Seite der Gegner tretenden Bischof von Regensburg entzog er diesem die bisher geübte Stadt-

395 Schwertl, Beziehungen, S. 412. S. Kap V, 6.

396 Annales St. Rudberti Salisburgenses, hg. von Wilhelm Wattenbach, MGH SS IX, S. 788: *Dominus dux Bawarie curiam Ratispone, presentibus Eberhardo Salzpurgensi archiepiscopo et aliis principibus, celebravit; ubi pro reformatione status terre aliqua instituta edita fuerunt;* QuE AF V, S. 77–91 Nr. 36; vgl. Schnelbögl, Die innere Entwicklung der bayerischen Landfrieden des 13. Jahrhunderts, S. 248f.; P. Schmid, Regensburg, S. 426–429. S. Anm. 177–181.

397 P. Schmid, Regensburg, S. 432.

398 RUB I, S. 32f. Nr. 69; Hable, Regensburg, S. 217f.

herrschaft und übertrug der Bürgerschaft das Recht der Selbstverwaltung mit der Befugnis, einen Stadtrat einzusetzen. Der Herzog, obwohl damals Parteigänger des Königs, konnte aus dieser Entwicklung keinen Gewinn ziehen. Ihm verblieben aber die überkommenen burggräflichen Rechte einschließlich der Gerichtsbarkeit. An den herzoglichen Gerichtsbefugnissen änderte die Urkunde von 1245 nichts. Gerade hier wird ersichtlich, daß die Stadtfreiheit in Regensburg nicht auf der Gerichtshoheit aufruht. Dennoch war das Privileg von 1245 natürlich ein entscheidender Schlag gegen die Bemühungen Ottos II.; auch er wurde nun förmlich aus der Stadt hinausgedrängt. Das zeigt sich am deutlichsten auf dem Gebiet des Münzwesens. Die herzogliche Münze wurde 1253 von Regensburg in das neugegründete aufstrebende Landshut verlegt[399]. Kurz darauf verstarb Herzog Otto II.

Auch nach dieser entscheidenden Entwicklungsstufe waren die Wittelsbacher noch immer nicht zum Rückzug bereit. Herzog *Ludwig der Strenge (1253–1294)* versuchte vor allem in seinen Anfangsjahren, die Politik seiner Vorgänger in diesem Raum fortzuführen. Und es bot sich ihm sofort ein erfolgversprechender Ansatzpunkt, als 1254 mit dem Tod Konrads IV. das staufische Königtum in Deutschland zusammenbrach. In der Folgezeit ist die Königsherrschaft im bayerischen Raum kaum noch präsent. Die Bürgerschaft hatte damit ihren entscheidenden Förderer und Schutzherrn verloren. Die kaiserlose Zeit des Interregnums wird auch auf dieser Ebene wirksam. Schon 1255 erkannte die Stadt Herzog und Bischof in einer Urkunde wieder ausdrücklich als *principes nostri* an[400]. Und noch in diesem Jahr wurde die herzogliche Münze wieder von Landshut nach Regensburg zurückverlegt. Denn sofort witterten die Wittelsbacher ihre neue Chance. Das kommt am deutlichsten zum Ausdruck im Schutzprivileg, das Ludwig der Strenge demonstrativ der von niemand außer ihm bedrohten Bürgerschaft am 7. November 1256 gewährte[401]. Darin wird besonders auffällig auf seine burggräflichen Befugnisse Bezug genommen. Der Herzog versuchte, sich der nun schutzbedürftigen Bürgerschaft als Stadtherr geradezu aufzudrängen. Und er beließ es nicht bei diesem Schriftstück. In einem regelrechten Krieg bemühte er sich ab 1256, die Stadt unter den gänzlich unerwartet wieder besonders günstig gewordenen Umständen unter seine Oberhoheit zurückzuzwingen.

Vor allem setzte Ludwig der Strenge die Stadt durch die Wiederaufnahme der sehr zielstrebigen Burgenpolitik seines Großvaters unter Druck. Zum einen errichtete er auf dem Geiersberg, dem der Stadt nächstgelegenen Jurasporn gerade vor dem Kopf der Steinernen Brücke, die Burg Landeskron[402]; sie

[399] Hermann von Niederaltaich, Annales, hg. von Philipp Jaffé, MGH SS XVII, S. 395. Vgl. Hans-Jörg Kellner, Die Münzen der niederbayerischen Münzstätten (Bayerische Münzkataloge 2) Grünwald 1958, S. 13f.; Beckenbauer, Münzen der Reichsstadt Regensburg, S. 10f.; Dokumente zur Geschichte von Staat und Gesellschaft in Bayern I/2, bearb. von Ay, S. 239, 415 Nr. 325.

[400] RUB I, S. 44 Nr. 86. – Vielleicht ist auch schon die herzogliche Bestätigung der Schenkung von zwei Häusern an das Kloster Prüfening am 7. VI. 1246 (BayHStA KU Prüfening 51) unter dem Aspekt der Behauptung der bisherigen Position zu sehen.

[401] QuE AF V S. 153f. Nr. 61; RUB I, S. 47 Nr. 91.

[402] Hermann von Niederaltaich, Annales, hg. von Philipp Jaffé, MGH SS XVII, S. 400: *Dominus Ludwicus construxit castrum Geirsperch contra Ratisponenses;* Oefele, Scriptores I, S. 655. Die exakte Lage ist noch nicht geklärt.

erhielt einen sprechenden Namen, der damals in Mode war, wie Vergleichsfestungen in der Pfalzgrafschaft am Rhein oder Tirol belegen. An ihr führten ebenfalls bedeutende Straßenzüge vorbei. Die wichtigste Nordverbindung nach Mittel- und Norddeutschland folgte nämlich damals zunächst nicht den Flußtälern, sondern führte über den Schelmengraben auf die Jurahöhen und stieß erst bei Kallmünz auf die Naab. Zugleich aber konnte von Burg Landeskron aus die Regentalroute nach Böhmen kontrolliert werden. Sie sollte ein besonders markanter Herrschaftspunkt der Wittelsbacher vor den Toren Regensburgs werden, an den die „Gegenstadt" Stadtamhof angelehnt wurde. Eine ähnliche Bastion errichtete Ludwig der Strenge im Süden mit dem *castrum* Höfling, das die vom Urbarssitz Mintraching aus kaum zu überwachende Straße nach Landshut von einer sehr gedeckten Stellung aus sicherte[403]. Ludwig der Strenge hat also den Ring von Burgen rund um die Stadt weiter ausgebaut, wobei er seine Stützpunkte unmittelbar an den Stadtrand heranrückte. Doch gelang es auch Ludwig dem Strengen nicht, den Kreis gänzlich zu schließen. Dieser war vor allem nach Osten offen. Keiner der Herzöge vermochte im 13. Jahrhundert auch die Verbindung nach Straubing seiner Herrschaft in ähnlicher Weise zu unterwerfen. Der Grund dafür kann nur sein, daß im Osten der Bischof der Stadt den Schwerpunkt seiner weltlichen Macht mit den Zentren Donaustauf und Wörth hatte, die es den Herzögen nicht erlaubten, sich auch hier festzusetzen[404]. Im übrigen aber waren nun alle wichtigen Verkehrslinien nach Regensburg fest in herzoglicher Hand. Wie es in Österreich gelang, das seit 1237 königsunmittelbare Wien zu einer landsässigen Stadt herabzudrükken, so schien auch Ludwig der Strenge auf dem Wege, die Reichsstadt Regensburg seinem Territorium wieder einzugliedern.

Doch verlief die Entwicklung hier anders als in Wien. Das hat mehrschichtige Ursachen. Sie liegen zum einen im Gang der militärischen Ereignisse begründet. Ludwig II. verlor den 1256 mit der Reichsstadt begonnenen Krieg. Diese war sofort bei der Gründung dem Rheinischen Städtebund beigetreten, der ihr wirkungsvolle Unterstützung gewährte[405]. Der Versuch des Herzogs, das Ergebnis der politischen Entwicklung eines halben Jahrhunderts in Regensburg nun mit militärischen Mitteln rückgängig zu machen, scheiterte. Die Stadt zwang ihn 1259 zu einem demütigenden Frieden[406]. Er mußte sich verpflich-

[403] Ob hier die Wittelsbacher an einen älteren Stützpunkt anknüpfen konnten, wird nicht klar. Der in den Traditionen des Hochstifts Regensburg, hg. von Widemann, S. 450 Nr. 912 genannte *Megingoz de Hovelin* ist nicht weiter einzuordnen. Die Vermutung, daß er herzoglicher Ministeriale gewesen sein könnte, läßt sich nicht erhärten. Das *castrum* wirkt im Zusatz Burg zum aus einem Personennamen gebildeten Toponym Weinting nach: Schwarz, Sprache und Siedlung in Nordostbayern, S. 57, 104, 392, 394. Zum Interesse der Wittelsbacher an diesem Raum auch: Johann B. Lehner – Anton Stiegler, Burgweinting. Beiträge zur Geschichte eines Besitzes am Stadtrand von Regensburg, Regensburg 1936, S. 14f.

[404] D. Schmid, HAB Regensburg I, S. 108–160; Zeitler, Donaumauten, S. 90–100.

[405] RUB I, S. 46 Nr. 88; Ruser, Städtebünde I, S. 227 Nr. 267, 268, 269.

[406] BayHStA Rst. Regensburg Urk. 57; QuE AF V, S. 164–167 Nr. 69; RUB I, S. 47 Nr. 93; Hermann von Niederaltaich, Annales, hg. von Philipp Jaffé, MGH SS XVII, S. 400: *quod postea destrui permisit magne pecunie interventu.* Vgl. Riezler, Geschichte Baierns II, S. 125; Janner, Bischöfe II, S. 457; Schwertl, Beziehungen, S. 401; D. Schmid, HAB Regensburg I, S. 172f.

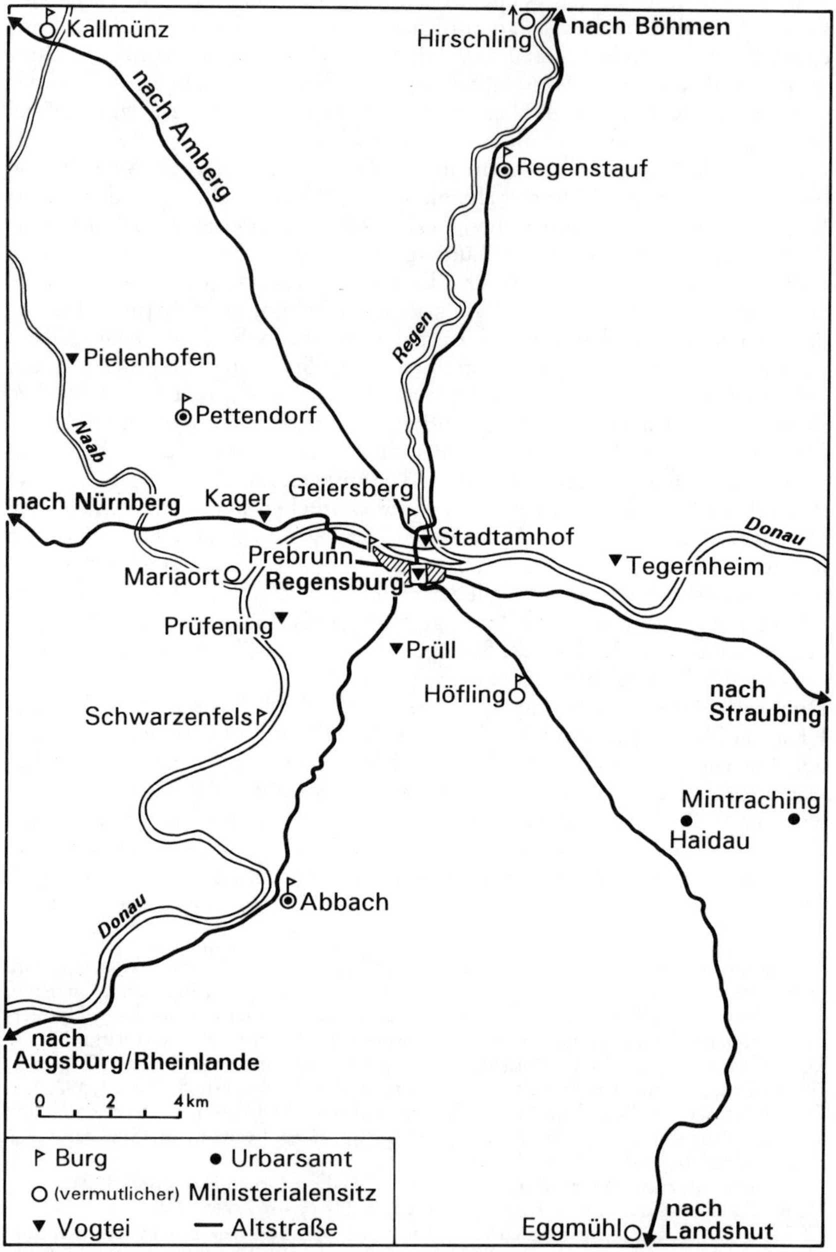

Skizze 6: Wittelsbachische Territorialpolitik im Raum Regensburg

ten, der Schleifung der beiden neuerrichteten Burgen Landeskron und Höfling durch die Regensburger Bürgerschaft keinen Widerstand entgegenzusetzen. Burg Schwarzenfels wurde aufgegeben. Vielleicht sind Zerstörungshorizonte auf Burg Abbach ebenfalls in diese Zeit zu datieren. Damals muß jedenfalls auch Burg Pettendorf geschleift worden sein, wie zufällig ergrabene umfangreiche Mauerfundamente im Friedhofsbereich und ungefähr datierbare Baubefunde an der Pfarrkirche wahrscheinlich machen. Die Burg wurde nun ein zweites Mal in ein Dynastenkloster umgewandelt. Die der Stadt nächstgelegenen Stützpunkte mußten also geräumt werden. Der Prebrunn kommt in bürgerliche Hände. Der herzogliche Besitz zu Mintraching wird abgebaut[407]. Es bleiben nur die in größerer Entfernung zur Stadt gelegenen Positionen. Mit der militärischen Niederlage von 1259 brach die wittelsbachische Stellung im Raum Regensburg weithin zusammen.

Das machen vor allem die nun folgenden Veränderungen in der Organisation der Urbarsämter deutlich. Der enge Ring von Stützpunkten, den das älteste Urbar von circa 1230 belegt hatte, wird gesprengt. Pettendorf verliert seinen Amtssitz und wird zum Schergenamt abgewertet[408]. Regenstauf behauptet lediglich ein kleines Nebengericht[409]. Der neue Zentralort im Norden wird nun wirklich Burglengenfeld, das in wesentlich größerer Entfernung zur Reichsstadt gelegen war als die bisherigen Urbarsämter, vor allem aber in zentralerer Lage für die wittelsbachischen Besitzungen auf dem Nordgau[410]. Gerade diese Verschiebungen in der Ämterorganisation vom ersten zum zweiten Herzogsurbar im Norden von Regensburg zeigen, wie die Wittelsbacher zurückgedrängt wurden. Mit Abstrichen läßt sich ein ähnlicher Vorgang im Süd-Westen verfolgen. Hier behauptete zwar Abbach seinen Gerichtssitz. Doch blieb auch das Gericht Abbach immer klein und unbedeutend. Der neue Zentralort im Westen wird Kelheim, das im ältesten Urbar noch dem Amt Abbach unterstellt gewesen war, nun aber zum wichtigeren Gerichtssitz aufsteigt[411], der ebenfalls in größerer Entfernung zu Regensburg gelegen war als der ältere Amtssitz Abbach. Auch hier spiegelt sich die Abdrängung des Herzogs wider. Eine Verschiebung ergab sich schließlich auch im vierten Urbarsamt im Raum Regensburg, das von Mintraching ins benachbarte Haidau verlegt wurde[412], das näher an der Straße in Richtung Landshut lag als der ursprüngliche Amtssitz und dort

[407] MB XI, S. 217–219 Nr. 76: 2 *curiae* mit 13 *hubae* und 1 Mühle werden an das Kloster Niederaltaich verkauft; BayHStA KL Niederaltaich 39, fol. 99r–100r; vgl. Adolf Hochholzer, Grundherrschaftliche Fronhöfe und Ämterverfassung im niederbayerischen Raum (ZBLG 31) 1968, S. 53 Anm. 10.

[408] MB XXXVI/1, S. 375, 553.

[409] MB XXXVI/1, S. 366–369, 560–564.

[410] MB XXXVI/1, S. 537–650: *Urbarium Vicedominatus Lengenvelt.* Vgl. Hans Schneider, Burglengenfeld – alter Herrschaftsmittelpunkt der Wittelsbacher in der heutigen Oberpfalz, in: Edda Preissl (Red.), Festschrift 26. Bayerischer Nordgautag Burglengenfeld, Kallmünz 1986, S. 35–37.

[411] Karl Bosl, Die historische Funktion der Stadt Kelheim im frühen Aufbau der wittelsbachischen Landesherrschaft (Veröffentlichungen der Weltenburger Akademie 1) Weltenburg 1979; Rudibert Ettelt, Geschichte der Stadt Kelheim, Kelheim 1983, S. 52–76.

[412] MB XXXVI/1, S. 510–512. Vgl. D. Schmid, Wittelsbachische Landesherrschaft, S. 321–325.

die Funktion zu übernehmen hatte, die bisher dem 1259 zerstörten *castrum* Höfling zugedacht gewesen war. Wenn sich in Zukunft das bayerische Landgericht Haidau wie eine Klammer im Süden um das reichsstädtische Territorium legte, wird auch hier deutlich, daß der Herzog einen günstiger gelegenen Stützpunkt nicht halten konnte, daß er abgedrängt wurde. Der Vergleich der Ämterorganisation in den beiden ältesten wittelsbachischen Urbaren läßt also deutlich einen Rückzug der Herzöge aus dem Zentralraum Regensburg erkennen. Und es ist gewiß kein Zufall, wenn bald nach diesem verlorenen Krieg von 1259 die Ulrichskirche in Regensburg als Dompfarrkirche in den Quellen erscheint und durch die Anfügung eines Turmes als solche baulich ausgestaltet wird[413]. Auch hier spiegelt sich der Rückzug der Wittelsbacher wider, die den Bau unter ganz anderen Vorzeichen und in anderer Absicht begonnen hatten. Im Zuge der fortschreitenden Pfarreiorganisation erhielt die Kirche nun eine neue Funktion, die dem ursprünglich bischöflichen Grund, auf dem sie steht, mehr entsprach. Die Bürger begannen, sich in die Burgen der Umgebung einzukaufen. Die wittelsbachische Förderung der Klöster in der Stadt (z.B. des Minoritenklosters) endet. In der Folgezeit wird die bisherige Bindung der Zentralbehörden an Regensburg gelöst. Nun steigen München und Landshut zu neuen Hauptstädten auf.
Daß die militärische Entscheidung von 1259 zuungunsten des Herzogsgeschlechtes ausfiel, hat vornehmlich innerfamiliäre Gründe. Kurz vor dem Ausbruch des Krieges hatten die beiden Herzöge Ludwig II. und Heinrich XIII. das bayerische Territorium geteilt und damit das Zeitalter der spätmittelalterlichen Landesteilungen eingeleitet. Es ist von Anfang an von scharfen Auseinandersetzungen zwischen den Brüdern gekennzeichnet. Eine deutliche Minderung der Zentralisierungstendenzen im Inneren, aber auch der Stoßkraft nach außen war die Folge. Das wurde auch im Raume Regensburg wirksam. Selbst in dieser Stadt wurden die herzoglichen Rechte geteilt. Ludwig der Strenge erhielt die burggräflichen Kompetenzen neben der Herrschaft im nördlichen Umland, Heinrich von Niederbayern dagegen die Herzogsrechte in der gerade an der Schnittstelle der beiden Teilherzogtümer gelegenen Stadt wie Münze, Zoll und Geleit[414]. Auch durch diese Teilung verringerte sich der wittelsbachische Druck auf die Stadt. In Zukunft hoben sich die beiden Teilherzöge als Machtfaktoren im Grunde auf. Durch ihre Rivalität wurden den wittelsbachischen Herzögen gerade in der an sich für ihre Ziele sehr günstigen Lage nach 1254 hier die Hände gebunden. Als sich nach dem Tode Konrads IV. wirklich die Möglichkeit eröffnete, Regensburg wieder unter landesherrliche Oberhoheit zurückzuzwingen, konnten sie deswegen nicht zugreifen. Vornehmlich diesen familieninternen Auseinandersetzungen ab 1255 verdankt die Regensburger Bürgerschaft die Behauptung ihrer Reichsfreiheit.

b) Der Aufstieg des Bürgertums: die entscheidenden Urkunden

Sieger in der über fast ein Jahrhundert hinweg mit Einsatz und wechselvollem Geschick geführten Auseinandersetzung war keine der bisher bestimmenden

413 Ried, Codex diplomaticus I, S.468f. Nr.495; Thiel, St.Johann, S.69–71 Nr.41. S.Anm. 329–331.
414 Hermann von Niederaltaich, Annales, hg. von Philipp Jaffé, MGH SS XVII, S.397.

Potenzen Königtum, Herzogtum oder Bischof, sondern das Bürgertum. Durch die entscheidende Förderung König Friedrichs II. gelang es ihm, die bisherigen Stadtherren abzuschütteln. Es errang die Selbstverwaltung und setzte den Aufstieg der Stadt zur Reichsstadt durch. Das glückte im südostdeutschen Raum keiner anderen Stadt mehr. Hauptursache dieses Sonderweges war das ungewöhnlich starke Interesse verschiedener Gewalten an dieser Stadt, die sich im Grunde gegenseitig aufhoben und so Raum für das aufstrebende Bürgertum schufen, das die Chance nutzte[415].

Dieses Bürgertum ist in den Quellen faßbar seit der späten Karolingerzeit. *Cives* erscheinen erstmals in einer Urkunde der Jahre 880–885, als sie in der Zeugenreihe genannt werden[416]. Sie waren Mitglieder des bereits damals bedeutenden Kaufmannsstandes, der Hauptnutznießer des wirtschaftlichen Aufschwunges war, den die gehäufte Präsenz der Könige auslöste. Doch handelt es sich bei ihnen noch nicht um Bürger im späteren Verständnis; *cives* sind damals diejenigen, die in der Stadt wohnen und Hausbesitz haben. Von Bürgern kann allmählich erst nach der Jahrtausendwende gesprochen werden, als der Begriff einen rechtlichen Gehalt erhielt. *Civis* ist nun derjenige, der über einen entsprechenden Rechtsstatus verfügt. Um 980 erscheint der *predives negotiator* Adalhart als *centurio,* sodann begegnen in den Quellen *senatores*[417], *urbani*[418]und *burgenses*[419], die von der übrigen Stadtbevölkerung abgehoben werden. Selbstbewußt treten sie 1010–1020 als *cives Ratisponenses* auf[420]. Ab 1037 tätigen *urbani* Schenkungen an das Kloster St. Emmeram[421]. Das Schottenkloster St. Jakob wurde die erste bürgerliche Klostergründung in der Stadt. In den – nachgetragenen – Zeugenreihen der entscheidenden Diplome von 1089 und 1112 für dieses Kloster begegnen zahlreiche Namen, die aus anderen Urkunden als Wegbereiter der bürgerlichen Bewegung bekannt sind[422]. Seit 1080 ist dann bereits von einer *lex urbana*[423], einem *ius urbanum*[424], einem *ius*

[415] P. Schmid, Das Ringen der Regensburger Bürger um die Stadtherrschaft (wie Anm. 270); P. Schmid, Die Anfänge der Regensburger Bürgerschaft.

[416] Widemann, Traditionen, S. 84 Nr. 93 a. a. 880–885: *cives urbis regie Radasponensis.* Zum Begriff: Gerhard Köbler, Civis und ius civile im deutschen Frühmittelalter, Diss. jur. Göttingen 1965, S. 11–13; Gerhard Köbler, Civis und ius civile. Untersuchungen zur Geschichte zweier Rechtswörter im frühen deutschen Mittelalter (ZRG GA 83) 1966, S. 35–62.

[417] Widemann, Traditionen, S. 193 Nr. 212 b; S. 200 Nr. 223; S. 300 Nr. 576 (1060–68). Vgl. auch Translatio S. Dionysii Areopagitae II, hg. von Rudolf Köpke, MGH SS XI, S. 354: *senatus.*

[418] Widemann, Traditionen, S. 329 Nr. 683.

[419] QuE AF V, S. 15 Nr. 5. – Karl Bosl, Sozialstruktur, S. 17–40 hebt das „personenrechtlich unfreie Bürgertum", das im älteren Kaufmannstypus des 10. und 11. Jahrhunderts auftrete, vom freien, bürgerlichen Kaufmann neuen Typs, der seit dem 11. Jahrhundert mit den handwerklichen Zunftbürgern eine bürgerliche Oberschicht ausbildete, ab; der Vorgang spiegele sich in der Begrifflichkeit durch den Wechsel von *cives* zu *urbani* wider. Doch sind derartig weitgehende Rückschlüsse allein aus der Terminologie wohl nicht ableitbar.

[420] Widemann, Traditionen, S. 231 Nr. 288; S. 245 Nr. 322–324.

[421] Widemann, Traditionen, S. 272 Nr. 435; S. 273 Nr. 446, 447; S. 278 Nr. 475.

[422] MGH DD H IV. 403; Stumpf, Reichskanzler II, S. 261 Nr. 3084. Zur Interpretation: Flachenecker, Schottenklöster, S. 81 f. S. Kap. V, 7.

[423] Widemann, Traditionen, S. 329 Nr. 683.

[424] Widemann, Traditionen, S. 320 Nr. 654.

civile[425] die Rede. Kaiser Heinrich IV. hat diese Entwicklung sehr gefördert. Im 12. und 13. Jahrhundert ist dieses *ius Ratisponensium* im gesamten süddeutschen Raum eine bekannte Größe[426]; noch 1280 verlieh König Rudolf von Habsburg den Münchnern dieselben Rechte im Reich, wie sie die Regensburger innehatten. Darüber kam es mit dem babenbergischen Stadtherrn 1141 zum Konflikt[427]. Die Herkunft und der genaue Inhalt dieser Bürgerrechte sind unklar. Doch war Hausbesitz innerhalb der Stadtmauern die entscheidende Voraussetzung für den Erwerb dieses *ius civile*. Es hängt vor allem mit der wirtschaftlichen Potenz zusammen, über die diese Schicht verfügte und die aus ihren erfolgreichen Handelsaktivitäten herrührte. Der früher vom Königtum organisierte Handel ging in die Hände von gildemäßig organisierten bürgerlichen Fernhandelsgeschlechtern über.

Die Bürger verschafften sich also einen besonderen Rechtsstatus. Die Regensburger Belege sind die frühesten im gesamten deutschen Rechtsgebiet[428]. Diese privilegierte Gruppe setzte sich hauptsächlich aus den Kaufleuten, aber auch aus Handwerkern, kirchlichen Ministerialen und Inhabern burggräflicher Ämter zusammen; besonderes Gewicht erlangte auch die Gruppe der Zensualen, deren Rechtsstatus 1083/84 geradezu als Stadtrecht (*ius urbanum*) angesehen wurde. Sie verband sich zunächst zu einer eigenständigen Korporation, deren Entstehung quellenmäßig nicht faßbar ist. Eine Schwureinung ist in Regensburg nicht bezeugt[429]. Am Anfang steht hier die Steuergemeinde, die aber noch über keine Selbstverwaltungsorgane verfügte. Welches Amt der um 1100 bezeugte *rector urbis*[430] bekleidete, muß offen bleiben. Es kam also im 11. und 12. Jahrhundert zu einer immer stärkeren gesellschaftlichen Differenzierung. Gerhoh von Reichersberg stellt 1146 die *honorabiliores illius urbis cives* der *maxima populi multitudo* gegenüber[431]. Diese Bürgerschaft zeigt sich im ausgehenden 12. Jahrhundert gewillt, ihre Interessen eigenverantwortlich wahrzunehmen.

Die aufstrebende Bürgerschaft fand in Friedrich Barbarossa schließlich den Förderer, der sie als rechtsfähige Körperschaft anerkannte. Dieser Kaiser hat erstmals eine Reihe von drei Urkunden für die *cives Ratisponenses* ausgestellt. Ihr zeitlicher Ansatz ist zum Teil umstritten, doch gehören sie vermutlich alle ins Jahr 1182[432]. Ein erstes Privileg, mit dem die Bürgerschaft rechtlich besser gestellt wurde, ist nicht erhalten, ergibt sich aber zwingend aus der ausdrück-

425 Otto von Freising, Chronica, hg. von Hofmeister, S. 350: *civilia iura*.

426 RUB I, S. 8, 32 Nr. 34, 68; RI VI/1, S. 297 Nr. 1188. Vgl. Fridolin Solleder, München im Mittelalter, München 1938, S. 184.

427 Otto von Freising, Chronica, hg. von Hofmeister, S. 350.

428 Planitz, Die deutsche Stadtgemeinde; Gerhard Köbler, Zur Entstehung des mittelalterlichen Stadtrechtes (ZRG GA 86) 1969, S. 177–198.

429 Gfrörer, Verfassungsgeschichte, S. 70; Ambronn, Verwaltung, S. 13–16 gegen Planitz, Deutsche Stadt, S. 108, der Regensburg als Muster einer Schwureinung in den Donaustädten ansieht. Ebenso Wilhelm Ebel, Der Bürgereid als Geltungsgrund und Gestaltungsprinzip des deutschen mittelalterlichen Stadtrechts, Weimar 1958, S. 13. Zum *ius urbanum* 1083/84: Widemann, Traditionen, S. 320 Nr. 654.

430 Widemann, Traditionen, S. 337 Nr. 704.

431 Ried, Codex diplomaticus I, S. 216 Nr. 229. Vgl. Hans Planitz, Zur Geschichte des städtischen Meliorats (ZRG GA 67) 1950, S. 141–175.

432 Die Diplome MGH DD F I. 831–833 und *1235 bilden eine Einheit.

lichen Bezugnahme in zwei wichtigen Nachurkunden, dem Philippinum von 1207 und dem Fridericianum von 1230[433]. Mit viel Scharfsinn vermochte Ernst Klebel die Bestimmungen aus dem Fridericianum von 1230 herauszulösen; denn sie scheinen in die Paragraphen 1 bis 10 und 13 dieser Nachurkunde übernommen worden zu sein. Demnach gewährte Friedrich I. der Regensburger Bürgerschaft eine Reihe wichtiger wirtschaftlicher und rechtlicher Begünstigungen. In die gleiche Richtung verweist das ebenfalls nur aus einem späteren Urkundeninsert bekannte Diplom Friedrich Barbarossas für die Regensburger Judenschaft, die innerhalb der Kaufmannschaft eine wichtige Teilgruppe darstellte. Der Kaiser hat auch deren Rechte umfassend bestätigt[434].
Von den drei Barbarossadiplomen für die Regensburger Bürgerschaft ist allein das Brückenprivileg von 1182 original überliefert[435]. In dieser formal sehr bemüht gestalteten Urkunde wird mit Zustimmung von Bischof und Herzog auf Bitten der *cives Ratisponenses* der freie Zugang zur Steinernen Brücke, dem wichtigsten Übergang über die mittlere Donau, festgelegt. Abgaben sollen nur als freiwillige Zuwendung zum Zwecke der Erhaltung der Brücke erhoben werden; diese Bestimmung beinhaltet eine Beschränkung der Zollrechte von Bischof und Herzog sowie eine Stärkung der Position der Bürgerschaft. Der Brückenfuß wurde auf beiden Seiten mit einem Bebauungsverbot belegt. Die Hälfte der eingehenden Gefälle für Straftaten im Umkreis der Brücke sollte den *procuratores pontis* zugeführt werden, Beamten, die in enger Verbindung mit der Bürgerschaft gestanden haben müssen. Der oberste dieser *procuratores,* der Brückenmeister, wird erstmals hier faßbar und war ein sehr früher Funktionsträger der Bürgerschaft. Das Besondere an diesem Brückenprivileg ist die Tatsache, daß es auf Intervention der Bürgerschaft erlassen wurde, die erstmals hier nachweisbar in einem Königsdiplom als politische Körperschaft auftritt und andererseits vom König als solche anerkannt wurde. Die Bürgerschaft hatte sich Rechtsfähigkeit erkämpft.
Diese Entwicklung wurde in den folgenden Jahren fortgesetzt. Sie ist zum nächsten Mal im Ennser Marktprivileg von 1191/92 festzustellen, das eine sechsköpfige Delegation unter der Leitung des Hansgrafen bei Herzog Ottokar von der Steiermark durchsetzte[436]. 1192 gewährte Herzog Leopold von Österreich den Regensburger Kaufleuten in ähnlicher Weise erhöhte Rechtssicherheit sowie Handels- und Zollfreiheit in Österreich; er stellte sie den einheimischen Händlern gleich[437]. Ebenfalls auf Betreiben der Regensburger Bürger wurden 1201 durch die Bischöfe von Regensburg und Passau für sie die Donauzölle beseitigt[438]. Auch Kaiser Heinrich VI. scheint ein Privileg erteilt zu haben, das aber nicht erhalten ist. Die Regensburger Bürgerschaft entfaltete also seit 1180 eine auffallende Aktivität. Sie tritt als rechtsfähige Genossenschaft auf, deren Hauptziel die Wahrung ihrer Handelsinteressen war.

[433] S. Anm. 446, 457. MGH DD F I. *1235. Vgl. Klebel, Landeshoheit, S. 579–584. Riezler, Geschichte Baierns I/1, S. 198 nimmt weiterhin ein Gerichtsprivileg an.
[434] MGH DD F I. 833.
[435] MGH DD F I. 831.
[436] RUB I, S. 12–14 Nr. 43; Urkundenbuch des Landes ob der Enns II, Wien 1856, S. 431–433 Nr. CCXCVI.
[437] RUB I, S. 14–16 Nr. 44; Fichtenau-Zöllner (Hg.), Urkundenbuch zur Geschichte der Babenberger I, S. 116–119 Nr. 86.
[438] RUB I, S. 17 Nr. 47. Zum Deperditum Heinrichs VI. Anm. 284.

Das wachsende Selbstbewußtsein fand in der Ausbildung erster bürgerlicher Beamter seinen sachgerechten Niederschlag. Vom erstmals 1182 nachweisbaren Brückenmeister war schon die Rede. Dieser stand offensichtlich einer eigenen Behörde vor, die sich um die Belange der Steinernen Brücke zu kümmern hatte; auch darin kommt die große Bedeutung dieses Bauwerks für das Mittelalter zum Ausdruck. Der Brückenmeister vertrat die Behörde nach außen hin. Er verfügte über ein Amtssiegel und führte auch die Verhandlungen mit dem Kaiser anläßlich der Privilegierung[439]. Zwei Jahre nach dem Brückenmeister wird mit dem Hansgrafen eine weitere bürgerliche Einrichtung quellenmäßig faßbar. Das Amt scheint in etwa zur nämlichen Zeit im gleichen Kontext entstanden zu sein. Es bleibt unklar, wer diesen Hansgrafen einsetzte. Karl Bosl sieht in ihm einen anfänglich königlichen Beamten, der aus dem Geleitsrecht abzuleiten ist[440]. Karl-Otto Ambronn stellt ihn dagegen mit viel Wahrscheinlichkeit in den Zusammenhang der entstehenden bürgerlichen Selbstverwaltung[441]. Seine Aufgabe war ganz allgemein die Förderung der Handelsinteressen der Regensburger Kaufleute. In dieser Funktion begleitete er ihre Züge zu den ausländischen Märkten und Messen, wo er sie vertrat. Der Hansgraf scheint vor allem nach außen gewirkt zu haben. Innerhalb der Stadt hatte er zunächst keine Befugnisse[442].

Das nächste wichtige erhaltene Verfassungsdokument stellt dann der Vertrag zwischen Herzog und Bischof von 1205 dar[443]. Obwohl die Bürgerschaft darin nicht ausdrücklich angesprochen ist, hatte er für sie große Bedeutung, weil hier der Rahmen für ihre weitere Entwicklung abgesteckt wurde. Er traf folgende Bestimmungen: Herzog und Bischof üben gemeinsam die Gerichtshoheit in der Stadt. Sie teilen die Abgaben unter sich, die den Stadtherrn aus der Stadt zufließen; es handelt sich vorwiegend um Zölle und Leistungen der Handwerker. Sie nehmen gemeinsam die Marktrechte wahr. Die Regensburger Münze, außer der keine andere in Bayern geschlagen werden darf, bleibt unverändert. Dieser Vertrag erkennt also die Stadtherrschaft dem Bischof und dem Herzog zu; diese üben alle wichtigen Rechte in der Stadt gemeinsam. 1213 wurde dieser Vertrag in allerdings modifizierter Form noch einmal erneuert[444].

Das Königtum hat diese Machtverhältnisse zunächst anerkannt[445]. Doch versuchte Philipp von Schwaben in einer Phase der Konsolidierung seiner Position gegenzusteuern. Das Philippinum vom 9. März 1207 für die erstmals hier ausdrücklich bezeugte *universitas civium* stellt das erste große Freiheitsprivileg für die Regensburger Bürgerschaft dar[446]. Dabei legt die hier verwendete, sehr

[439] MGH DD F I. 831. Das älteste Brückenmeistersiegel (um 1300): Kraus – Pfeiffer (Hg.), Regensburg, Abb. 108.
[440] Bosl, Sozialstruktur, S. 17–20.
[441] Ambronn, Hansgrafenamt.
[442] Zum Hansgrafen: S. Kapitel IV 1 f bei Anm. 69–74.
[443] QuE AF V, S. 4–9 Nr. 2; Ried, Codex diplomaticus I, S. 289–291 Nr. 307; Dokumente zur Geschichte von Staat und Gesellschaft in Bayern I/2, bearb. von Ay, S. 319 f. Nr. 209.
[444] BayHStA Hst. Regensburg Urk. 20; QuE AF V, S. 14–19 Nr. 5.
[445] MB XXIX/1, S. 524–528 Nr. 582.
[446] MB XXIX/1, S. 532–534, Nr. 586; Gengler, Quellen, S. 16–19; Keutgen, Urkunden, S. 196 f. Nr. 159.

ausgefallene Formulierung *universitas civium* nahe, daß die Bürgerschaft in irgendeiner Form kooperativ zusammengeschlossen war. Es sollte durch dieses Privileg wirtschaftlich weiter gefördert werden, aber im Rahmen der 1205 geschaffenen Rechtsverhältnisse, die nicht geändert wurden. Von einem Ausbau der Selbstverwaltungskompetenzen in der Stadt ist nicht die Rede. Dabei ist unsicher und umstritten, ob es sich um Neuverleihungen handelt oder aber nur um eine Bestätigung älterer Rechte, die schon Friedrich Barbarossa oder Heinrich VI. verliehen hatten. Weil die Rechtsverleihungen der Vorgänger in § 7 generell bestätigt werden, hat Ernst Klebels Analyse dieses Grunddokuments der Regensburger Verfassungsgeschichte, das er auf Vorurkunden zurückführt, viel Wahrscheinlichkeit für sich, obwohl die Urkunde in Präsensformulierungen von Neuverleihungen spricht[447]. Im einzelnen wird verfügt:

1) Die Nichtpfändbarkeit der Regensburger Bürger für Schulden der Stadtherrn. Die Bürger sind also personenrechtlich keine Leibeigenen der Stadtherrn mehr, sondern haften allein für die *concives* gemäß selbst festgelegter Normen *(consuetudines)*, deren wichtigste die erstmals hier belegte Steuer der Bürger an die Stadt ist. Die Bestimmung geht davon aus, daß die *cives* in erster Linie Kaufleute sind, deren Gut geschützt werden muß. Die Rechtssicherheit von Person und Ware wird erhöht.

2) Der Reinigungseid wird für die *cives* während oder außerhalb eines gebotenen Stadtfriedens für jene Verbrechensfälle zugelassen, die sonst die Zerstörung des Hauses zur Folge haben. Das Gerichtsverfahren wird gegenüber den *cives* modernisiert, indem ihre personenrechtliche Stellung verbessert und ihre Habe gesichert wird. Qualifizierte Eidhelfer *(denominati)* können zugunsten beklagter Bürger tätig werden.

3) Die Handelsware wird bei Schiffbruch gesichert und dadurch die Rechtssicherheit der *cives* weiter verbessert. Wer sich Handelsgut unter dem Vorwand der Grundruhr aneignet, soll wie ein Geächteter behandelt werden.

4) Jeder, der innerhalb wie außerhalb der Stadt Handel treibt, sei er Kleriker, Laie oder Jude, ist steuerpflichtig. Die Kaufmannschaft wird insgesamt der gleichen Steuerpflicht unterworfen; der Bürgerschaft wird die Steuerhoheit zuerkannt.

5) Wer innerhalb der Stadt ein Spielhaus errichtet, soll zusammen mit dem Haus der Acht verfallen. Durch dieses Verbot soll die Arbeitsmoral in der Stadt gefördert werden.

6) Die Bürger sollen das Recht haben, die Hansgrafen aufgrund freier Wahl einzusetzen, die ihre Rechte und satzunggemäßen Normen auf allen Märkten zu sichern haben.

7) Alle älteren Privilegien des Vaters und Bruders des Königs für die Regensburger *cives* werden bestätigt.

Das Philippinum von 1207 ist weithin ein Wirtschaftsprivileg, das der König im Rahmen gezielter Städtepolitik[448] zugunsten der im Thronkampf auf seiner

[447] Klebel, Landeshoheit, S. 580–584.

[448] Bernhard Töpfer, Stellung und Aktivitäten der Bürgerschaft von Bischofsstädten während des staufisch-welfischen Thronstreites, in: ders., Stadt und Stadtbürgertum in

Seite stehenden Stadt erließ. Neben der Lütticher Bürgerschaft haben allein die *cives Ratisponenses* eine derartige Urkunde erhalten. Diese Privilegierung beinhaltet eine Spitze gegen die Stadtherrn von 1205, denen gegenüber die Ansprüche des Königtums in einer Zeit der Stabilisierung wieder verstärkt zur Geltung gebracht werden sollten. Die Selbstverwaltungskompetenzen der Bürgerschaft wurden durch das Philippinum nicht eigentlich ausgebaut, sondern nur festgeschrieben und damit vom Königtum anerkannt. Gerade wegen der Zementierung des erreichten Zustandes stellt das Philippinum von 1207 einen wichtigen Markstein in der Entwicklung der Bürgerschaft dar.

Das Philippinum erzielte die erhoffte Wirkung. Das Selbstbewußtsein der Bürgerschaft wuchs weiter an. Sie baute ihren organisatorischen Zusammenschluß aus. Aus dem Jahr 1213 ist die erste Urkunde mit einem städtischen Siegel überliefert[449]. Die dadurch begründeten Spannungen mit dem Bischof weiteten sich zum offenen Konflikt. 1216 konnte dieser nicht zu einer Synode reisen, weil er in diesem Fall um sein Leben hätte bangen müssen[450].

In eben dieser Zeit ging der erste Aufenthalt des jungen Königs Friedrich II. in Deutschland zu Ende. Er wollte seine Position durch die Wahl seines Sohnes zum König absichern. Dieses Ziel hoffte er vor allem mit Hilfe der Bischöfe zu erreichen. Diese Bedingungen brachten Bischof und Königtum wieder näher zusammen. In dieser Lage erteilte Friedrich II. dem Bischof am 25. November 1219 das Bergregal, das einen Tag später auch der Herzog von Bayern erhielt. Infolge des kleinen und unergiebigen Hochstiftsterritoriums war der reale Gewinn aus diesem Privileg unerheblich. Wichtiger war die der Verfügung vorangestellte Bestimmung, in der in allgemeiner Form die Rechte des Bischofs in der Stadt umfassend bestätigt werden. Des weiteren wurde der Bischof damit beauftragt, dafür Sorge zu tragen, daß die Stadt dem Reich erhalten bleibe[451]. Der Bischof wird damit zum Wahrer der königlichen Rechte eingesetzt. Seine Stadtherrschaft wird bestätigt und erweitert. In kaschierter Form werden damit die den *cives* bisher verliehenen Rechte wieder beseitigt[452]. Dadurch erhielt die bürgerliche Bewegung einen deutlichen Rückschlag. Die Urkunde steht in Zusammenhang mit der städtefeindlichen Politik des jungen Friedrich II., der in gleicher Weise in anderen Städten Bürgerrechte wieder aufgehoben hat. Das erfolgreiche Bündnis des Königtums mit dem Episkopat ging zu Lasten des Bürgertums.

In die gleiche Richtung weist eine Urkunde Friedrichs II. aus dem Jahre 1220, mit der der König den Nürnbergern das Recht zuerkennt, Münzprägungen nach Regensburger Schlag vorzunehmen[453]. Damit verschaffte er ihnen Zugang zum weiten Verbreitungsgebiet der Regensburger Münzung und vor allem zu den Märkten im Osten. Der König begünstigte die Nürnberger auf Kosten der Regensburger *cives*. Diese setzten sich gegen diese Benachteiligung zur Wehr

der deutschen Geschichte des 13. Jahrhunderts (Forschungen zur mittelalterlichen Geschichte 24) Berlin 1976, S. 34f.

449 Ambronn, Urkundenwesen, S. 26–29, 109f. Nr. 2.

450 Janner, Bischöfe II, S. 289f.

451 Huillard-Bréholles, Historia diplomatica Friderici secundi I/2, S. 706f.

452 Vgl. Ambronn, Urkundenwesen, S. 19. S. Anm. 298, 299.

453 Huillard-Bréholles, Historia diplomatica Friderici secundi I/2, S. 769f.

und erhoben über Bischof und Herzog, die auch hier als Stadtherrn fungierten, Einspruch, über den auf der Reichsversammlung zu Frankfurt 1220 dergestalt entschieden wurde, daß den Nürnbergern die Nachmünzung wieder untersagt wurde[454]. Vermutlich ist dieser Vorgang der konkrete Anlaß für ein entsprechendes Verbot in der Confoederatio cum principibus ecclesiasticis des gleichen Reichstages geworden[455]. Die Bestimmung scheint auf Drängen Bischof Konrads in dieses grundlegende Reichsgesetz gekommen zu sein[456].
Den nächsten wichtigen Entwicklungsschritt bringt dann das Fridericianum vom 4. September 1230[457]. Es stellt ebenfalls eine Zusammenfassung aller bis dahin verliehenen Privilegien dar, an die dann aber Neuverleihungen angeschlossen werden[458]. Im ersten Teil der Urkunde, der in den Paragraphen 1–15 die Bestätigung älterer Bestimmungen bringt, kann keine zeitliche Ordnung festgestellt werden. Es ist nicht möglich, die einzelnen Bestimmungen auf erkennbare Vorlagen zurückzuführen, da keine Reihenfolge ersichtlich ist und auch neue textliche Fassungen gesucht wurden. Überholte Angaben wie § 5 des Philippinums wurden gänzlich weggelassen. Eine zuverlässige Rekonstruktion der Vorurkunden aus dem Fridericianum ist deswegen nicht möglich.

Im einzelnen bietet das Fridericianum von 1230 folgende Bestimmungen:

1) Das Privileg wird mit Verfügungen zum Landfrieden eingeleitet. Zunächst werden die Bürger vom gerichtlichen Zweikampf befreit, der besonders von der Kaufmannschaft als drückend empfunden wurde. Statt dessen wird der Reinigungseid mit Hilfe von zwölf *honestae personae* als Ersatz anerkannt. Allem Anschein nach mußten diese keine Genannten sein.

2) Dieser Artikel entpricht § 2 des Philippinums: Bei Anklage des Totschlages und der Heimung eines Geächteten, die die Zerstörung des Hauses zur Folge haben müßten, genügt zur Abwendung in Zeiten außerhalb des gebotenen Landfriedens der einfache Reinigungseid, bei beschworenem Landfrieden der Reinigungseid zu drei Händen, wobei zwei Genannte erforderlich waren. Die Anzahl der *denominati* ist also gegenüber dem Philippinum vermindert. Dadurch erhielten die Bürger eine spürbare Erleichterung im Strafprozeß. Der dritte Eidhelfer konnte frei gewählt werden. Dadurch wurde die Rechtssicherheit der Bürger erhöht. Im Unterschied zum Philippinum wird der Friede hier nicht mehr einfach gesetzt *(statuta)*, sondern beschworen *(iurata)*. Daraus muß aber nicht abgeleitet werden, daß hiermit eine *coniuratio* der Regensburger

454 Sperl, Münzgeschichte Regensburgs, S. 36; Norbert Kamp, Moneta regis. Beiträge zur Geschichte der königlichen Münzstätte und der königlichen Münzpolitik der Stauferzeit, Diss. masch. Göttingen 1957, S. 110–126.
455 Huillard-Bréholles, Historia diplomatica Friderici secundi I/2, S. 765–768; MGH Const. II, S. 86–91 Nr. 73.
456 Erich Klingelhöfer, Die Reichsgesetze von 1200, 1231/32 und 1235, Weimar 1955, S. 28.
457 MB XXXI/1, S. 542–546 Nr. 285; Huillard-Bréholles, Historia diplomatica Friderici secundi III, S. 232–236; RUB I, S. 24–27 Nr. 57; Gengler, Quellen, S. 20–27; Gengler, Deutsche Stadtrechte, S. 372–376; Gaupp, Deutsche Stadtrechte, S. 167–171 Nr. 2; Keutgen, Urkunden, S. 197–199 Nr. 160
458 Zur Analyse noch immer grundlegend Klebel, Landeshoheit, S. 579–584.

Bürgerschaft angesprochen sei. Vielmehr handelt es sich wohl um eine Schwurbeteiligung der Regensburger *cives* an einem verordneten Stadtfrieden.

3) Nur das Stadtgericht kann Haus und Gut eines Bürgers beschlagnahmen und Außenstehenden zugänglich machen. Hier taucht zum ersten Mal das *iudicium civitatis* auf, das die Forschung ausgiebig beschäftigt hat. Es hat also außer dem Schultheißen- und dem Propstgericht noch ein drittes Gericht gegeben, das vor allem für Friedbruchsachen zuständig war. Es handelt sich wohl um das städtische Friedgericht[459]. Für außerhalb der Stadtmauern gelegene Güter gilt der Rechtsgrundsatz des *forum rei sitae.*

4) Weder der Herzog noch ein sonstiger Machthaber darf sich das Haus eines Bürgers oder dessen Habe sowohl inner- wie außerhalb der Stadt aneignen, sondern muß es den Erben überlassen. Widerspruch gegen diese Bestimmung ist nur auf gerichtlichem Wege über das Schultheißen- und das Propstgericht möglich. Die Leibeigenschaft der *cives* wird also eingeschränkt. Das Spolienrecht wird abgeschafft.

5) Nun folgen Bestimmungen, die das Zivilrecht betreffen. Bei gegenseitigen Angriffen von Regensburger Bürgern außerhalb der Stadt auf Person oder Eigentum eines Mitbürgers wird Bußpflicht an Bischof, Herzog und Gemeinde verfügt. Nach Gengler sind hier zu unterscheiden: a) Klageerhebung wegen wirklicher oder vermeintlicher Rechtsverletzung vor dem Stadtgericht *(iudicium civitatis)* und b) Beschwerdeführung wegen verweigertem Rechtsschutz.

6) Stadtluft macht nach zehn Jahren frei. Der Satz „Stadtluft macht frei" erscheint erstmals im Prager Stadtrecht, dann in den Rechten der von Heinrich dem Löwen gegründeten Städte. Doch war hier überall die Jahr und Tag-Frist üblich. Regensburg ist die einzige Stadt, in der ein derart langer Zeitraum gefordert wurde. Nach Gengler entstammt diese Bestimmung dem Römischen Recht[460]. Sie ist ausgesprochen städtefeindlich.

7) Wer zehnjährigen ungestörten Besitz an Häusern, Weingärten, Hofstätten und anderem liegenden Gut innerhalb des Burgfriedens der Stadt durch Siebenereid nachweist, ist rechtmäßiger Besitzer. Auch hier werden als Eidhelfer keine Genannten gefordert, die allem Anschein nach nur für Friedbruchsachen zuständig waren. Die in diesem Paragraphen genannte Zehnjahresfrist ist ebenfalls ausgesprochen städtefeindlich.

8) Es folgen Verfügungen über das Gerichtswesen. Für den Hausbau an Stadtmauer und -graben werden besondere Bedingungen erlassen. Alle Gebäude müssen einen Abstand von 12 Fuß einhalten. Bei Zuwiderhandlungen kann das *iudicium civitatis* den Abbruch anordnen. Diese Bestimmung dient der Sicherheit der Stadt. Den nämlichen Abstand von 12 Fuß hatte das Brückenprivileg von 1182 für die Bauten im Umkreis der Steinernen Brücke gefordert. Die *universitas civium* besaß also allem Anschein nach das Aufsichtsrecht über die Stadtverteidigung und übte hier sogar Exekutivbefugnisse aus.

[459] Gengler, Quellen, S. 21; Hans Schlosser, Spätmittelalterlicher Zivilprozeß nach bayerischen Quellen. Gerichtsverfassung und Rechtsgang (Forschungen zur deutschen Rechtsgeschichte 8) Köln – Wien 1971, S. 24f.

[460] Gengler, Quellen, S. 22.

9) Der Herzog darf auf einem ordnungsgemäß einberufenen Land- oder Gerichtstag in Regensburg über die Dienstmannen des Hochstifts und die Bürger erst am dritten Tag Gericht halten. Dazu müssen Bürger als Schöffen beigezogen werden. Der Einfluß des Herzogs wird also innerhalb der Stadt eingeschränkt. Als Stadtherr tritt er nicht weiter in Erscheinung. Er hat vor allem keine Steuerrechte mehr.

10) Domvogt und Burggraf können Bürger nur im offenen Gericht nach altem Brauch ächten. Dieses Gericht dürfen sie nur dreimal im Jahr abhalten. Die Bürger werden dadurch gegen willkürliche Achtklage geschützt. Daß diese Bestimmung aus einer älteren Urkunde übernommen ist, verrät die Angabe *ex antiquo statu*.

11) Den *cives* wird eine gewisse Kontrollfunktion über die Münze eingeräumt. Sie sollten das Recht haben, dreimal mit Zustimmung von Bischof und Herzog die Münze auf Echtheit ihrer Prägungen zu prüfen. Über Münzbeanstandungen urteilten das bischöfliche und herzogliche Gericht. Das *iudicium civitatis* ist hier nicht zuständig[461].

12) Die freie Wahl des Hansgrafen wird aus dem Philippinum übernommen. Seine Tätigkeit wird auf die Jahrmärkte außerhalb der Stadt beschränkt. Sie ist noch mehr eingeengt als im Philippinum. Seine Wahl wird im Fridericianum als *potestas*, nicht mehr als *facultas* angesprochen. Das könnte darauf hinweisen, daß sie nun ein fester Bestandteil der Stadtverfassung geworden war.

13) Das Nichtpfändbarkeitsprivileg des Philippinums (§ 1) wird erneuert. Bürgergut wird vor fremder Pfandschaft geschützt. In Einschränkung gegenüber dem Philippinum durfte Bürgergut erst beschlagnahmt werden, wenn die zuständigen Gerichte das Recht verweigerten.

14) Diese Bestimmung schützt Leibgeding und Leibrechtsgüter der Bürger. Zu Leibgeding auf eine oder mehrere Personen erworbene Güter verbleiben dem bürgerlichen Erwerber, wenn er den Zins bezahlt, auch wenn der Besitzer (Kloster oder Laie) sie verkauft.

15) Die Sicherung gegen Grundruhr wird aus dem Philippinum übernommen (§ 3).

16) Die Besteuerungspflicht wird aus dem Philippinum übernommen (§ 4). Jeder Handeltreibende soll wie alle Bürger Steuern zahlen; ausgenommen sind die Kleriker, bei denen dies dem Bischof anheim gestellt werden soll. Hier liegt also eine Abschwächung oder gar Aufhebung der Steuerpflicht für handeltreibende Kleriker gegenüber dem Philippinum vor. Geistliche und Kleriker werden aus dem Handel verdrängt, die Herrschaft des Bischofs wird aufgewertet. Eine ähnliche Verfügung findet sich in einer Urkunde Friedrichs II. für die Bürger von Verdun[462].

17) *Potentes*, die sich Vasallen als Muntmannen halten, um den Frieden in der Stadt zu stören, sollen zur Befestigung der Stadt zehn Pfund geben. Nichts-

[461] Friedrich Knöpp, Die Stellung Friedrichs II. und seiner beiden Söhne zu den deutschen Städten (Historische Studien 181) Berlin 1928, S. 69 (mit Hinweisen auf ähnliche Vorgänge zu Worms).

[462] Eduard Winkelmann, Acta Imperii inedita I, Innsbruck 1880–85, S. 110 Nr. 130.

destoweniger sollen die Vasallen von ihrem Treueid entbunden sein. Diejenigen, die für sie eintreten, sollen der Acht verfallen.

18) Die Bürgerschaft erhält das *Privilegium de non evocando* bestätigt, das ihr altes Recht sei. Von diesem Privileg sollen nur die Fälle ausgenommen sein, bei denen es sich um auswärtige Besitzungen (Landgüter) handelt.

19) Jeder Bürger hat das Recht, für den Eigenbedarf Bier zu brauen. Dieses Vorrecht schränkt das Privileg der bisher mit der Braugerechtigkeit Begabten ein.

20) Der Reichszoll, der von alters bei Kallmünz erhoben wurde, soll auch in Zukunft dort entrichtet werden.

21) Vogtmannen sollen von den ihnen seit alters obliegenden Diensten nicht befreit werden, doch können diese nicht mehr erhöht werden. Sie sollen aber wie Bürger Steuern zahlen.

22) Auch der Zensuale, der die *iura civitatis* beachtet, indem er Steuern zahlt und die übrigen bürgerlichen Leistungen erbringt, ist wie der Vogtholde von den *servicia per exactionem* an den Leibherrn befreit und nur zum Jahreszins verpflichtet.

Das Fridericianum führt die Begünstigungen des Philippinums von 1207 einen deutlichen Schritt weiter, indem es dessen Bestimmungen zum Teil bestätigt, zum Teil den veränderten Gegebenheiten anpaßt, vor allem aber erweitert. Personen und Sachen der Regensburger Bürger werden einem wesentlich erhöhten königlichen Schutz unterstellt, ihre Rechtssicherheit wird erheblich verbessert. Die meisten Begünstigungen betreffen auch hier wirtschaftliche Aspekte. Außer dem Hansgrafen und dem Stadtgericht werden aber noch immer keine weiteren bürgerlichen Verfassungsorgane genannt. Deswegen wird das Verfassungsleben auch durch diese Urkunde nicht grundlegend verändert. Die dominierende herrschaftliche Kraft bleibt der Bischof, dem gegenüber der Herzog nur mehr deutlich geminderte Rechte hat. Die Bürgerschaft wird verstärkt am Verfassungsleben beteiligt. Vor allem hat sie die Verteidigungshoheit an sich gebracht.
Den nächsten wichtigen Markstein der Entwicklung stellt dann nach kleineren königlichen Bestätigungen der Jahre 1230 bis 1239[463] das zweite Fridericianum von 1245 dar[464]. Es ist abermals Ergebnis der herrschaftlichen Entwicklung. Im Frühjahr 1240 hatte Friedrich II. wieder Verbindungen zur Kurie aufgenommen, um sich mit dem Papst auszusöhnen. Doch scheiterten die Verhandlungen, als Papst Gregor IX. darauf bestand, in einen künftigen Friedensschluß

[463] Privileg Heinrichs (VII.) für die Juden 30. VI. 1230: Gengler, Quellen, S. 29f.; Privileg Friedrichs II. –. IX. 1230 betr. die sechsjährige Einhebung eines Zolls für die Stadtbefestigung: MB XXX, S. 164f. Nr. 694; Privileg Konrads IV. –. VI. 1239: betr. die beschränkte Pfandhaftung der Bürger für fremde Schulden: MB XXX, S. 273f. Nr. 763; MGH Const. II, S. 191–194 Nr. 156.

[464] MB XXXI/1, S. 582f. Nr. 310; RUB I, S. 34 Nr. 70. Das Orginal ist nicht erhalten. Wegen seiner entscheidenden Förderung der Bürgerschaft wurde Kaiser Friedrich II. in einer großen Skulptur an der Steinernen Brücke auch bildlich in den Vordergrund gerückt: Helmut-Eberhard Paulus, „Der Brück' gleicht keine ...“ (Regensburger Taschenbücher 2) Regensburg 1993, S. 34f.

auch die Lombarden einzubeziehen. Sein Nachfolger Innozenz IV. führte dann noch einige Zeit Scheinverhandlungen, entzog sich schließlich aber durch eine Übersiedlung nach Lyon dem Machtbereich des Kaisers. Jetzt formierte sich auch in Deutschland die Opposition der Kirchenfürsten. Schon 1241, während der Sedisvakanz in Rom, schlossen die Erzbischöfe von Köln und Mainz ein Bündnis gegen den Kaiser. Zahlreiche Suffragane folgten bald nach: die Bischöfe von Metz, Würzburg, Speyer, Straßburg, Verdun und Eichstätt. Dagegen warteten die bayerischen Bischöfe noch ab. Auf einer Synode zu Lyon erklärte nun Papst Innozenz IV. 1245 den Staufer, dessen Vernichtung er beschlossen hatte, für abgesetzt. An dieser Synode nahmen auch die bayerischen Bischöfe von Salzburg, Freising und Regensburg teil. Unmittelbar nach diesem Spruch verließ auch der Regensburger Bischof Siegfried die Partei des Kaisers. Er war nun von der Aussichtslosigkeit einer Aussöhnung zwischen Kaiser und Papst überzeugt. Diese Erkenntnis hat ihn zu seinem Parteiwechsel veranlaßt. Bischof Siegfried hatte die Zeichen der Zeit erkannt. Andere Bischöfe handelten in ähnlicher Weise. Dieser Verrat seines langjährigen Kanzlers hat Friedrich II. tief getroffen. Er rächte sich an ihm, indem er ihm das Amt des Kanzlers entzog. Weiterhin hat er ihn mit einer Maßnahme bestraft, die er sonst nie einem Bischof gegenüber angewandt hat. Er ließ ihn seinen besonderen Zorn spüren. Am 10. November 1245 stellte er für die Bürger der Stadt Regensburg ein Privileg aus, dessen zentrale Bestimmung die Widerrufung seines Privilegs von Ravenna (Januar 1232) war, das in allen Bischofsstädten Räte, Bürgermeister und andere Amtleute abgeschafft hatte, soweit diese gegen den Willen der Bischöfe aufgestellt worden waren[465]. Nachdem Bischof Siegfried, hier bereits als *quondam cancellarius* bezeichnet, sich zum Vergehen des Treuebruchs habe hinreißen lassen, sei er jenes Privilegs unwürdig geworden. Statt dessen erlaubte der Kaiser den Bürgern, wegen ihrer erprobten Treue einen Bürgermeister, Rat und sonstige Beamte einzusetzen. Diese Urkunde ist der entscheidende Markstein zur Ausbildung der Ratsverfassung geworden.
Abgeschlossen wird diese Entwicklung dann aber erst durch das Privileg Konrads IV. vom 20. Januar 1251[466], durch das alle Stadtbewohner auf die von der Bürgerschaft erlassenen Verordnungen verpflichtet werden. Dadurch wurde der Bürgerschaft innerhalb der Stadtmauern auch kraft königlichen Privilegs die Satzungshoheit zuerkannt, die sicher nicht nur für den Bereich der Stadtverteidigung Gültigkeit hatte. Die Entwicklung war damit an ein vorläufiges Ende gekommen.
Das Regensburger Stadtrecht beruhte also nicht auf einer einzigen, umfassend alle Selbstverwaltungskompetenzen festhaltenden Stadtrechtsurkunde, wie sie für die jüngeren Gründungsstädte kennzeichnend ist. Es wurde nicht von einem, sondern einer Reihe von Königen, von Friedrich Barbarossa bis Konrad IV., schrittweise nach und nach verliehen. Die einzelnen Verfügungen wurden zunächst nicht in einem großen Stadtfreiheitsprivileg zusammengefaßt. Erst im Verlaufe des Spätmittelalters wurden dann mehrfach Generalkonfirmationen *aller rechte, eren, freyheiten und guten gewonheiten* vorgenommen, so durch Karl IV. 1347 und 1360, Wenzel 1382, Ruprecht 1401, Sigmund 1414 und

[465] Gaupp, Deutsche Stadtrechte, S. 32–35 Nr. 5.
[466] RUB I, S. 39 Nr. 78. Vgl. Ambronn, Verwaltung, S. 81 f.

1433, Albrecht II. 1439, Friedrich III. 1442 und Maximilian I. 1495[467]. Dementsprechend war das Regensburger Stadtrecht sehr kompliziert, wohl eines der kompliziertesten in Deutschland überhaupt. Dem Regensburger Stadtrecht liegt eine Reihe von königlichen Einzelprivilegien zugrunde, die jeweils punktuelle Vergünstigungen gewährten. Deswegen entspricht es keinem der anderen bekannten Stadtrechte in jeder Hinsicht; es kann auch keiner Stadtrechtsfamilie zugeordnet werden. Ein unmittelbares Vorbild ist nicht ersichtlich; am ehesten ist es mit den rheinischen Städten in Zusammenhang zu bringen. Doch hat das Regensburger Stadtrecht seinerseits vor allem auf die österreichischen Städte – vermutlich sogar Wien – ausgestrahlt, wie schon das Regensburger Marktrecht im hohen Mittelalter für andere süddeutsche Orte vorbildlich wurde. Mehrere Städte haben sich an ihm ausgerichtet. Es war Zentrum der süddeutschen Marktrechtsfamilie[468]. Regensburg war deswegen wirklich in mancher Hinsicht die *mueterstat* des Städtewesens im südostdeutschen Raum, wie Aventin formulierte[469].

Nun hatte sich die Stadt endgültig aus dem Herrschaftsverband des Herzogtums Bayern gelöst. Sie schied damit aus einem Territorium aus, in dem sie über Jahrhunderte hinweg Vorortfunktionen innegehabt hatte. Regensburg wurde sehr zum Leidwesen der neuen Landesherrn im Herzogtum „die verlorene Hauptstadt“[470]. Natürlich war dieser Sonderweg kein Einzelfall. Das Ausscheren Regensburgs aus dem Herzogtum Bayern knüpfte an Vorgänge an, die sich in anderen Teilen des Reiches schon früher vollzogen hatten. Regensburg gehört keineswegs zu den ältesten Reichsstädten. Im übrigen konnte diese Bewegung von der starken Herzogsgewalt aus Bayern aber ferngehalten werden. Regensburg wurde die einzige Reichsstadt innerhalb des bayerischen Territoriums und war damit die einzige Reichsstadt im Südosten des Reiches. Sie lag abseits der übrigen Reichsstädte und wurde deswegen zunächst weniger in die Politik dieser Gruppierung einbezogen als andere vergleichbare Kommunen.

Nicht nur die Bürgerschaft erlangte die Reichsstandschaft. Neben der Reichsstadt stiegen weitere vier innerhalb ihrer Mauern ansässige Institutionen zur Reichsunmittelbarkeit auf: der Bischofshof, das Benediktinerkloster St. Emmeram sowie die adeligen Damenstifte Ober- und Niedermünster. Diese Entwicklung wird im einzelnen in den entsprechenden Abschnitten des Kapitels V zu verfolgen sein. Sie machte Regensburg zu einem herrschaftlich ungewöhnlich komplizierten Gebilde. Vermutlich gab es in Deutschland keine andere Stadt, deren innere Verhältnisse derart verwickelt waren[471].

[467] RI VIII, S. 36 Nr. 376, 377; S. 285, 287 Nr. 3500, 3520; XI, S. 65 Nr. 1107, 1108, 1109, 1110; S. 262 Nr. 9902–9906; XII, S. 188 Nr. 729; XIV, S. 198 Nr. 1807. Vgl. Gemeiner, Chronik II, S. 49, 120, 204, 353, 406f.; III, S. 40, 93, 124, 848.

[468] MGH DD Ko II. 144; Elenchus fontium historiae urbanae, hg. van de Kieft und Niermeijer, S. 62 Nr. 34; S. 66 Nr. 39. Vgl. Hertha Borchers, Beiträge zur rheinischen Wirtschaftsgeschichte (Hessisches Jahrbuch für Landesgeschichte 4) 1954, S. 73; Ennen, Europäische Stadt, S. 81.

[469] Aventin, Sämmtliche Werke I, S. 257: *metropolis, das ist die mueterstat, darauß al ander stet in disem land geporn und geschloffen sein.*

[470] Karl-Otto Ambronn, Regensburg – die verlorene Hauptstadt, in: Glaser (Hg.), Wittelsbach und Bayern I/1, S. 285–294; I/2, S. 56–64.

[471] Moser, Teutsches Staatsrecht XL, S. 35; XLII, S. 539; Köbler, Territorien, S. 437–439.

IV. Die Reichsstadt

1. Eigenart und Größe

Die Stadt Regensburg wurde, als sie im mittleren 13. Jahrhundert aus dem Verband des Herzogtums Bayern ausschied, noch immer auf drei Seiten von dem Mauerring umschlossen, den die römischen Legionäre um Castra Regina gezogen hatten. Lediglich im Westen war im beginnenden 10. Jahrhundert eine Stadterweiterung erfolgt. Allerdings wurde dieser ummauerte Bezirk nach der Jahrtausendwende doch allmählich zu eng. Im 11. Jahrhundert setzte die Bebauung des Raumes vor den Stadttoren vor allem im Osten und Westen, zaghafter im Süden ein. Doch verblieben diese Neubauten zunächst außerhalb des Mauergürtels, der eine bewohnte Fläche von circa 160 Hektar umschloß. Die Binnenbebauung war von der gewachsenen Stadtstruktur bestimmt, der Planung weithin fehlte. Kennzeichnend für den Regensburger Stadtgrundriß ist bis heute das ungeordnete Gewirr von engen, oftmals sehr verwinkelten Straßen und Gassen sowie eine ungewohnte Vielzahl von Plätzen anstelle des im allgemeinen üblichen beherrschenden Stadtplatzes. Regensburg ist eine ausgesprochene Vielplätzestadt mit dezentralisierter Raumgliederung. Eine Reihe von Gewerben konzentrierte sich jeweils um einen dieser Plätze, wie die topographischen Bezeichnungen Watmarkt, Fischmarkt, Kohlenmarkt, Kornmarkt oder Krauterermarkt noch heute deutlich machen. Sie reihen sich hauptsächlich entlang der bestimmenden von West nach Ost verlaufenden Hauptverkehrsachse, die durch die Abfolge von Jakobstor, Bismarckplatz, Ludwigstraße, Haidplatz, Schwibbogenstraße und Ostentor gekennzeichnet ist und parallel zur Donau als Entwicklungsdominante nicht zentral, sondern in merkwürdiger azentrischer Versetzung nach Norden in betonter Flußnähe als Uferstraße durch das Stadtareal führt. Im 14. und beginnenden 15. Jahrhundert erfolgte die Pflasterung der Wege, die um 1420 vorläufig abgeschlossen war. Der Häuserbestand ist bis heute stark mittelalterlich geprägt. Von der Bausubstanz dieser Epoche ist hier mehr erhalten als in jeder anderen deutschen Stadt. Deshalb wird derzeit ihre Einstufung als Weltkulturdenkmal in Betracht gezogen. Der Altstadtkern Regensburgs ist eine romanische Stadt, bestimmt von hohen Gebäuden und deswegen finsteren Gassenfluchten sowie einer auffallend starken Stadtbefestigung. Diese Charakteristika werden in zahlreichen Berichten der Frühen Neuzeit hervorgehoben. Wilhelm Ludwig Wekhrlin beschrieb Regensburg 1778 in seinem unter dem Pseudonym Anselm Rabiosus veröffentlichten Bericht über seine Reise durch Oberdeutschland als eine *finstere, melancholische, in sich selbst vertiefte Stadt,* ein bezeichnendes Abbild des *schwermüthigen Reichsverfassungskörpers.*

Ein weiteres bauliches Merkmal der Stadt waren die vielen Türme, die schon in der Stadtbeschreibung des Arbeo von Freising *(turrium exaltata magnitudine)*

herausgestellt werden und noch in den ältesten bildlichen Aufnahmen (z. B. Schedelsche Weltchronik, 1493; Michael Ostendorfer, 1563; Braun-Hogenberg, 1574) das Stadtbild prägen. Sie waren zu einem beträchtlichen Teil das Werk des Stadtpatriziats, das seine Stadtburgen mit derartigen baulichen Attributen ausstattete. Die Patriziertürme waren mehrfunktional als Prunk-, Wehr- und Zweckbauten konzipiert. Weiterhin hob die Steinerne Brücke die Stadt aus der Reihe der anderen Donaustädte heraus. Sie war der einzige Übergang über die mittlere Donau und deswegen nicht nur eine technische Meisterleistung des Mittelalters, sondern von großer Bedeutung für die Führung der Verkehrs- und Handelswege im süddeutschen Raum. Sie zog aber zugleich die Armeen an und machte deswegen Regensburg zu einem Schlüsselpunkt aller strategischen Planungen in Süddeutschland bis ins 19. Jahrhundert hinein.
Diese baulichen Gegebenheiten unterschieden Regensburg von sämtlichen Städten des bayerischen Umlandes, die überwiegend Gründungsstädte des späten Mittelalters sind, und rückten es in die Nähe der norditalienischen Kommunen. Schon von ihrem äußeren Erscheinungsbild her machte die Stadt deutlich, daß sie einer anderen Schicht angehörte als ihr urbanes Umfeld. „Regensburg ist eine Schwester des romanischen Ravenna“ urteilte völlig zu Recht Wilhelm Hausenstein.
Über die Einwohnerzahl während des Mittelalters sind nur grobe Schätzungen möglich, die allerdings stark differieren. Sie haben von der Angabe der Vita des Salzburger Erzbischofs Eberhard I. auszugehen, die um 1160 Regensburg als *populosissima urbs* bezeichnete, die an Größe und Einwohnerzahl alle anderen deutschen Städte übertreffe. Man hat mit etwa 15 000 Menschen in der Blütezeit des hohen Mittelalters zu rechnen. Die Stadt war damit sicher sehr dicht bewohnt. Es ist von einer Siedlungsdichte von etwa 100 Menschen pro Hektar auszugehen. Die Bevölkerung stammte nicht nur aus ortsansässigen Familien. Dazu kamen im hohen Mittelalter Zuzügler aus der näheren und ferneren Umgebung, aber auch aus vielen anderen Ländern; in den Quellen werden Italiener, Franzosen, Iren, Griechen oder Slawen faßbar. Besonders zahlreich und auffällig scheint das romanische Bevölkerungselement gewesen zu sein, das in der erstmals um 1150 bezeugten Wahlenstraße *(inter Latinos)* weithin geschlossen zusammenlebte. Regensburg war eine sehr internationale Stadt mit einem gesellschaftlichen Leben von multikulturellem Zuschnitt. Allerdings ging ihre Einwohnerzahl im Verlaufe des Spätmittelalters auf etwa 12 000 Menschen zurück. Damit trat Regensburg an der Schwelle zur Neuzeit deutlich in den Schatten Nürnbergs, dessen Einwohnerzahl um 1500 mit etwa 25 000 Menschen anzusetzen ist, und vor allem Augsburgs, das um 1550 sogar 40 000 Einwohner gezählt hat. Selbst die Hauptstadt des Herzogtums Bayern München hatte um 1500 schon circa 15 000 Einwohner. In der Folgezeit bis zum Anbruch der neuesten Zeit ist die Einwohnerzahl Regensburgs wieder auf etwa 20 000 Einwohner angestiegen. Die ersten exakten Zahlenangaben um 1800 nennen 22 000 Menschen.

2. Die Organisation des innerstädtischen Lebens

Die Stadt Regensburg hatte sich in einem Kampf, der sich über fast ein Jahrhundert hinzog und angesichts der günstigen Rahmenbedingungen der spätstaufischen Zeit erfolgreich beendet werden konnte, aus dem Verband des Herzogtums Bayern gelöst und war zur Reichsstadt aufgestiegen. Für fünfeinhalb Jahrhunderte ging sie nun ihren eigenen Weg und konnte von den Herzögen trotz größter Anstrengungen nicht in den entstehenden bayerischen Territorialstaat eingebaut werden. Dieser Sonderweg hatte Folgen für die Entwicklung in nahezu allen Lebensbereichen. Er bestimmte die kirchliche, wirtschaftliche, soziale, kulturelle und künstlerische Physiognomie der Stadt, die einen ganz anderen Zuschnitt zeigt als das umgebende Altbayern. Die Insellage spiegelt sich sogar in der hier gesprochenen Mundart wider, die – trotz der Zugehörigkeit zum Mittelbairischen – ihre eigene Ausprägung zeigt. Darin wirkt die frühere politische Eigenständigkeit der Stadt bis heute nach [1]. Das wichtigste Vorrecht der Bürgerschaft war das Privileg der Selbstverwaltung. Sie setzt im wesentlichen mit dem Diplom Friedrichs II. von 1245 ein; es ist die entscheidende Grundlage der Stadtfreiheit. Im folgenden werden die wichtigsten Ämter und Einrichtungen kurz vorgestellt, welche die Stadt im Rahmen der Verwirklichung ihrer Eigenständigkeit ausbildete. Es wird ein Blick in die Bereiche geworfen, auf die sich die Königsunmittelbarkeit auswirkte. In einem nächsten Abschnitt sollen dann die Außenbeziehungen der Reichsstadt zum Herzogtum Bayern und zum Reich behandelt werden. Im Spannungsfeld zwischen diesen beiden Polen mußte die Königsunmittelbarkeit umgesetzt, ja in einem beständigen Kampf behauptet werden [2].

a) Der Bürgermeister

Das wichtigste Amt der bürgerlichen Autonomie war der selbstgesetzte Bürgermeister. Ein solcher taucht in den Quellen erstmals zum Jahre 1243 auf: Otto Prager [3]. Wie die folgenden Inhaber des Amtes war er bischöflicher Ministeriale. Hierin kommt der Kompromiß zum Ausdruck, die sich verselbständigende Bürgerschaft durch dieses Amt zumindest noch teilweise an den bisherigen Stadtherrn zu binden. Es wird nirgends gesagt, wie Prager in sein Amt gelangte. Es ist unbekannt, ob er gewählt oder von wem er eingesetzt wurde. Das neue Amt des Vorstandes der Stadtgemeinde wurde durch das Fridericianum von 1245 anerkannt. Diese Urkunde gestand der Bürgerschaft das Vorrecht der Wahl des Bürgermeisters zu. Doch sollte sie nicht durch den Rat, sondern das größere Gremium der Gemeindevertretung erfolgen [4]. Der Bürger-

[1] Keller, The City Dialect of Regensburg. Zur Kunstgeschichte: Wolfgang Braunfels, Die Kunst im Heiligen Römischen Reich Deutscher Nation III, München 1981, S. 24–45.
[2] Dieses sehr wechselvolle Beziehungsgeflecht ist noch nicht im Zusammenhang dargestellt. Erste Überblicke: Maier, Regensburg und Bayern; A. Schmid, Regensburg und Bayern; A. Schmid, Absolutistischer Territorialstaat und Reichsstadt.
[3] BayHStA KU Regensburg Dominikanerkloster St. Blasius 14 (jetzt Rst. Regensburg Urk. 27); vgl. Hable, Regensburg, S. 46f.; Ambronn, Verwaltung, S. 118f. Nr. 18.
[4] Ried, Codex diplomaticus I, S. 409 Nr. 423.

meister durfte nicht zugleich Mitglied des Rates werden, sondern sollte als oberster Repräsentant der Bürgerschaft vor allem für die Friedenswahrung in der Stadt und deren Verteidigung nach außen verantwortlich sein. Das Amt war zunächst stark auf die militärische und polizeiliche Sicherung der Stadt hin ausgerichtet[5]. Es ist aus diesem Aufgabengebiet erwachsen. Ambronn hat zu Recht auf Gozwin de Porta verwiesen, der zu Zeiten Bischof Siegfrieds als Vorläufer des späteren Bürgermeisters zu gelten habe, weil er ab 1219 oftmals an herausragender Stelle auftaucht[6]. Deswegen ist die Ansicht Klebels, daß das Bürgermeisteramt eine gänzlich neue Einführung des Fridericianums von 1245 gewesen sei, wenig wahrscheinlich[7]. Mit Sicherheit ist das Bürgermeisteramt älter als der Stadtrat. Die ersten Inhaber wurden vom Stadtherrn gesetzt, ehe sich die freie Wahl durchsetzte. Das Amt erfuhr im Verlaufe der Verfassungskämpfe des 13. Jahrhunderts einen deutlichen Wandel. Die Titulatur war *magister civitatis* oder *magister civium.*

Natürlich kam es bei der Besetzung dieses wichtigsten Amtes sehr rasch zu Auseinandersetzungen unter den Führungsgruppen in der Stadt. Auch weiterhin wurde es vornehmlich bischöflichen Ministerialen anvertraut[8]. Doch wurde schon 1287 verfügt, daß kein Bürgermeister länger als ein Jahr auf der Stelle verbleiben solle[9]. Jeder bedurfte der Bestätigung des bischöflichen Propstrichters. Durch diese Bestimmungen sollte der Verfestigung des Führungsamtes in der Hand bestimmter städtischer Gruppen entgegengearbeitet werden. Sie gingen weithin zu Lasten des Handelspatriziates, das seine Position auch gerne mit diesem wichtigen Funktionsbereich ausgebaut hätte. Die Spannungen entluden sich dann im sogenannten Aueraufstand 1330 bis 1334, der wohl am ehesten als Verfassungskampf zwischen den um die Stadtherrschaft rivalisierenden Gruppen zu verstehen ist. Seit 1334 durften daraufhin nur mehr Auswärtige gewählt werden[10]. Die Patrizier sahen sich in der Folgezeit in diesem Führungsamt zu wenig vertreten und setzten deswegen durch, daß es zwischen 1367 und 1375 gänzlich unbesetzt blieb. Ab 1429 wurden in Regensburg dann keine Bürgermeister mehr gewählt. Deren Kompetenzen gingen nun an die Stadtkämmerer über, die sich seit 1525 in raschem Wechsel alle drei Monate ablösten[11]. Damit war zwar einerseits die Führung der Stadt de facto in den Händen der Patrizier, andererseits aber der übermäßigen Machtkonzentration in den Händen einzelner, von Familien oder Gruppierungen ein Riegel vorgeschoben. Eine Wahlordnung liegt aus dem 18. Jahrhundert vor[12].

[5] Ambronn, Verwaltung, S. 42–45, 103 f.; Ritscher, Ratsverfassung I, S. 35–67.
[6] Ambronn, Verwaltung, S. 38–45.
[7] Klebel, Landeshoheit, S. 592.
[8] Listen bei: Morré, Ratsverfassung, S. 107–109; Hable, Regensburg, S. 183 f.; Ritscher, Ratsverfassung I, S. 59–66.
[9] RUB I, S. 74 f. Nr. 144.
[10] RUB I, S. 410 Nr. 733.
[11] StAR Historica II Nr. 9: Plato-Wild, Liste der Kämmerer; BayHStA Man. 274 (Liste); Moser, Teutsches Staatsrecht XLII, S. 377.
[12] StAAm Reichsstadt Regensburg 1.

b) Der Stadtrat – das Stadtpatriziat

Eine zweite wichtige Einrichtung zur Umsetzung der bürgerlichen Selbstverwaltung war der Stadtrat [13]. Wann und nach welchem Vorbild er in Regensburg eingeführt wurde, kann nicht ermittelt werden. Urkundlich ist er erstmals durch zwei Dokumente der Jahre 1227 [14] und 1232 [15] zu fassen. Ob die hier genannten Räte allerdings schon auf ein institutionalisiertes Selbstverwaltungsgremium verweisen, muß offenbleiben. Erst das Fridericianum von 1245 spricht den Bürgern die Befugnis zur Einrichtung eines Rates (*consilium*) offiziell zu [16]. Es ist aber nicht auszuschließen, daß auch hier nur bereits bestehende Fakten anerkannt werden. Vorstufen des Rates sind im Stadtmeliorat des 11. und 12. Jahrhunderts zu sehen [17]. Sofern es Bürgerausschüsse bereits in der ersten Hälfte des 13. Jahrhunderts gegeben hat, standen auch sie unter dem bestimmenden Einfluß des Stadtherrn und waren hauptsächlich für Fragen der Stadtverteidigung zuständig. Am ehesten wird man das Vorbild für Regensburg in den rheinischen Städten zu suchen haben. Wenn der Rat in Regensburg erstmals 1245 urkundlich faßbar ist, liegt das Datum vergleichsweise spät. Bis zur Jahrhundertmitte hatten bereits mehr als eineinhalbhundert Städte in Deutschland die Ratsverfassung angenommen [18]. Für 1255 überliefert eine Urkunde erstmals die Namen mehrerer *consules* [19]. Die älteste Ratsliste stammt aus dem Jahr 1258 und belegt, daß sich das Gremium vorwiegend aus bischöflichen Ministerialen und dem Handelspatriziat zusammensetzte [20]. Die deutsche Bezeichnung *Rat* taucht erstmals 1259 auf [21]. Auffallend ist die Mitgliederzahl von 16, die in keiner anderen denkbaren Vergleichsstadt begegnet. Darunter kam dem Ratsältesten ein Vorrang zu.

Das Aufgabenfeld des Stadtrates war breit gefächert. Da er jünger als das Bürgermeisteramt ist, kann dessen Wahl nicht von Anfang an zu seinen Kompetenzen gehört haben. Vielmehr war er für die Wahrnehmung der Beziehungen zu den auswärtigen Höfen oder Mächten, die Friedenswahrung in der Stadt, die Verteidigung nach außen und den Erlaß von Verordnungen sowie Gesetzen, die Aufsicht über Handel und Gewerbe sowie die Regelung des Justiz-, Steuer- und Finanzwesens zuständig. Dazu kam die Aufsicht über das Bauwesen, Wege und Brücken, die Vergabe des Bürgerrechtes und die Einstellung von Beamten. Als entscheidende Aufsichtsinstanz war er im Grunde für das

[13] Hable, Regensburg, S. 45f.; Ambronn, Verwaltung, S. 63–65; Ritscher, Ratsverfassung I, S. 68–126.
[14] RUB I, S. 21 Nr. 53.
[15] RUB I, S. 28 Nr. 61: *consilio*. Vgl. Horst Rabe, Frühe Stadien der Ratsverfassung in den Reichslandstädten bzw. Reichsstädten Oberdeutschlands, in: Bernhard Diestelkamp (Hg.), Beiträge zum spätmittelalterlichen Städtewesen (Städteforschung A 12) Köln–Wien 1982, S. 11.
[16] RUB I, S. 34 Nr. 70.
[17] Planitz, Meliorat (wie Kap. III, Anm. 431); P. Schmid, Anfänge der Bürgerschaft, S. 483–496; Wilhelm Störmer, Vergesellschaftungsformen des Meliorats und des Handwerks in den Städten des bayerisch-österreichischen Raumes, in: Berent Schwineköper (Hg.), Gilden und Zünfte. Kaufmännische und gewerbliche Genossenschaften im frühen und hohen Mittelalter (Vorträge und Forschungen 29) Sigmaringen 1985, S. 337–375.
[18] Planitz, Die deutsche Stadt, S. 302f.; Isenmann, Spätmittelalter S. 133f.
[19] RUB I, S. 44 Nr. 85; Gengler, Quellen, S. 80.
[20] Morré, Ratsverfassung, S. 105.
[21] RUB I, S. 49f. Nr. 95.

gesamte Geschehen in der Stadt zuständig. Die erste Ratsordnung ist für das Jahr 1455 belegt[22].

Die Mitglieder des Rates kamen aus der bischöflichen Ministerialität und den Handelsfamilien. Der Ratssitz verfestigte sich im Laufe der Zeit vor allem bei letzteren, während die Zünfte in Regensburg keinen Einfluß auf das Gremium gewannen. Auf diesem Wege erfolgte schon im Spätmittelalter die Ausbildung eines Stadtpatriziates. Bis 1400 sind es rund sechzig Familien, die im wesentlichen über die Ratssitze verfügten. Diese großen Handelsgeschlechter behaupteten sie über Generationen hinweg. Das mittelalterliche Stadtpatriziat war ein Handelspatriziat[23]. Als Prototyp der Regensburger Kaufmannschaft darf das Geschlecht der Runtinger gelten, das sogar für die Einführung der Fronleichnamsprozession sorgte. Das Stadtpatriziat war der entscheidende Träger der Bürgerkultur. Von seiner Zusammensetzung und der verfassungsmäßigen Zuständigkeit her war der Innere Rat recht stabil. Doch ist nicht zu übersehen, daß nach 1250 auch einige vorher führende Familien die Stadt verlassen haben. Sie gehörten offensichtlich zu den Anhängern der bayerischen Partei, weil sie rasch in der entstehenden herzoglichen Landesverwaltung Verwendung fanden. Eine dieser Familien waren die Kärgel[24]. In gleicher Weise begegnen die Zanner, die Sinnwell, die *bi der Wer,* die Weichser, die Gran oder die Haid nicht mehr in den Ratslisten nach 1250. Auch sie haben anscheinend der Stadt den Rücken gekehrt. Die Stadt-Umland-Beziehungen erhielten durch diese Verflechtungen eine neue und besondere Note. Es bestanden vereinzelt aber auch Verbindungen zum Patriziat in anderen Städten[25].

Die bemerkenswerteste organisatorische Neuerung war, daß sich zu diesem zentralen Gremium der kommunalen Selbstverwaltung zu Beginn des 14. Jahrhunderts angesichts der wachsenden Zuständigkeiten ein vergrößertes Gremium ausbildete, der Äußere Rat[26]. Eine analoge Entwicklung vollzog sich in den meisten vergleichbaren Städten. Er bestand während des Mittelalters aus etwa 45 Mitgliedern[27]. Die Regimentsordnung von 1500 beschränkte ihn dann auf 36 Personen. Nach den Ratswahlbüchern gehörten ihm 1540 34 Mitglieder, im Jahre 1558 32 Mitglieder an[28]. Seine Zuständigkeit wurde in der Regimentsordnung von 1514 endgültig geregelt. Er sollte bei sämtlichen Fragen von Belang, welche die Stadt betrafen, gehört werden. Vor allem hatte er bei Steuersowie bei weiteren Geldangelegenheiten und bei militärischen Fragen ein Mit-

[22] Gemeiner, Chronik III, S. 242. Weitere Ordnungen: StAR A f 11; BayHStA Rst. Regensburg Lit. 384, fol. 1–64. Diese wichtige Ratsordnung aus der Mitte des 16. Jahrhunderts wurde soeben ediert von Werner Fees, Eine Ratsordnung für den Inneren Rat der Reichsstadt Regensburg aus der Zeit vor der Mitte des 16. Jahrhunderts, in: Quellen zur Verfassungs-, Sozial- und Wirtschaftsgeschichte bayerischer Städte in Spätmittelalter und Früher Neuzeit. Festgabe für Wilhelm Störmer zum 65. Geburtstag, hg. von Elisabeth Lukas-Götz, Ferdinand Kramer und Johannes Merz (Materialien zur bayerischen Landesgeschichte 11) München 1993, S. 169–196.

[23] Morré, Ratsverfassung.

[24] Morré, Ratsverfassung, S. 24 f., 122.

[25] Z. B. Pütrich, München; Löbel, Prag; Stromer, Nürnberg. Vgl. Kellenbenz, Bürgertum, S. 110.

[26] Kayser, Beschreibung, S. 15; Klebel, Landeshoheit, S. 591–593.

[27] Morré, Ratsverfassung, S. 71 f.

[28] StAR Ratswahlbücher.

spracherecht. Tatsächlich wurde er auch vor der Einführung der Reformation konsultiert[29]. Im Grunde beschickten den Äußeren Rat, der mehrfach mit den Landständen in den Territorialstaaten verglichen wurde und als *mitregierendes Korps* (A. Ch. Kayser) anzusehen ist, die gleichen Familien wie den Inneren Rat[30]. Eine Wahlordnung liegt aber erst aus dem 18. Jahrhundert vor[31]. Bis ins 18. Jahrhundert trat er nur auf Initiative des Inneren Rates zusammen. Erst 1794 erhielt er das Recht der Selbsteinberufung. Von den Mitgliedern des Inneren und Äußeren Rates sind zu unterscheiden die sog. Genannten, unter denen man in Regensburg qualifizierte Eidhelfer bei Friedbruchsachen zu verstehen hat. Sie wurden ebenfalls aus der bürgerlichen Oberschicht genommen und begegnen deswegen zu drei Vierteln wieder in den Ratsgremien. Für das halbe Jahrhundert von 1314 bis 1360 sind sie durch eine Liste namentlich bekannt. Der konkrete Einfluß des Äußeren Rates blieb immer begrenzt.

Wie in anderen Städten konstituierte sich im 16. Jahrhundert auch in Regensburg innerhalb des Inneren Rates ein Geheimer Rat oder Geheimer Ausschuß, der jedoch immer auf informeller Grundlage arbeitete. In ihn wurden nur mehr die Direktoren der wichtigsten Ämter aufgenommen, aus diesem Kreis wurde das Stadtoberhaupt erwählt. Damit gliederte sich aus dem städtischen Spitzengremium des Inneren Rates noch einmal ein engster Kreis von einflußreichen Herrn aus, deren Aufgabe Gumpelzhaimer (II, S. 650) folgendermaßen beschreibt: *Sechs des Raths, welche Kammerer waren, sollten in dringenden Fällen zusammentreten und über das allgemeine Beste entscheiden dürfen. Man nannte sie Geheime des innern Raths.* Die Maßnahme zielte also auf eine Erhöhung der Effektivität der Spitze der Stadtverwaltung.

Im Zusammenhang mit dem Aueraufstand (1330–1334) erfuhr die städtische Führungsschicht eine deutliche Umgestaltung. Die bisher starke Gruppe der grundbesitzenden Familien wurde durch die Kaufmannschaft weiter in den Hintergrund gedrängt. Diese hatte fast bis zum Ausgang des Mittelalters das Sagen in der Stadt. Das Kaufmannspatriziat erlebte aber im 15. Jahrhundert einen jähen Niedergang, der die bisher blühende Handelsmetropole innerhalb weniger Jahrzehnte an den Rand des Bankrottes führte. Die Gründe für diese Entwicklung sind mehrschichtig. Sie hängen zum einen mit innerstädtischen Faktoren wie der einseitigen Ausrichtung des Wirtschaftslebens auf den Fern- und Transithandel bei gleichzeitiger Vernachlässigung des Qualitätsartikel produzierenden Eigengewerbes zusammen. Dazu kamen aber Schwerpunktverlagerungen im europäischen Handels- und Verkehrsnetz, die am Ende des Mittelalters die süddeutschen Hauptrouten an Regensburg vorbeileiteten und die Reichsstadt ins Abseits rutschen ließen. Am Ende steht die Aufgabe der Reichsfreiheit in den Jahren 1486 bis 1492 durch die freiwillige Unterstellung unter wittelsbachische Herrschaft.

Das Stadtpatriziat erlebte im ausgehenden 15. Jahrhundert durch das bayerische Interim einen tiefen Einbruch. In Regensburg führt im Gegensatz zu den meisten anderen Städten kein Weg vom Patriziat des Mittelalters zum Patriziat

[29] StAR Eccl. I Nr. 3 a.

[30] Ratslisten: AHVR AA R 34; MS R 100 (Johann Georg Gölgel, Lebensbeschreibung aller Herren Räthe und Konsulenten). S. Abb. 7 (Ratssitzung).

[31] StAAm Reichsstadt Regensburg 1.

der Neuzeit. Lediglich die Familie der Portner überstand diese tiefe Zäsur. Im übrigen wird während des 16. Jahrhunderts allmählich eine gänzlich neue Führungsschicht aufgebaut, die sich aus Zuzüglern von außen rekrutierte, die dann meist innerhalb kurzer Zeit im städtischen Dienst aufstiegen. Während des 16. Jahrhunderts ist die Besetzung der Führungspositionen in der Stadt Regensburg deswegen einem im Vergleich zu den umliegenden Städten auffallenden Wechsel unterworfen[32]. Erst während des 17. und 18. Jahrhunderts kristallisierte sich wieder eine homogenere neue Führungsgruppe heraus, die dann abermals die entscheidenden Positionen über Generationen hinweg in ihren Geschlechtern behauptete[33]. Nun handelt es sich aber nicht mehr um die wirtschaftlich führenden Familien, sondern um Beamtendynastien, die sich durch Studium und Leistung im Dienste der Verwaltung der Stadt oder des Immerwährenden Reichstages emporgearbeitet hatten. Aus dem Handelspatriziat ist in der frühen Neuzeit ein Juristenpatriziat geworden[34], das die Stadt in gleicher Weise oligarchisch beherrschte. Im Unterschied zu den urbanen Zentren der Umgebung, München, Nürnberg oder Augsburg, in denen sich das Stadtpatriziat recht kontinuierlich über Jahrhunderte hinweg behauptet hat, ist in Regensburg von einem tiefen Bruch an der Schwelle vom Mittelalter zur Neuzeit auszugehen.
Vom Stadtrat zu unterscheiden sind die für das mittlere 13. Jahrhundert bezeugten *consiliarii;* dieses Gremium bestand aus 24 Mitgliedern[35]. Doch war es vermutlich kein Organ der bürgerlichen Selbstverwaltung, sondern der berufsständische Zusammenschluß von Kaufleuten, wie er in ähnlicher Form in Wien begegnet.

c) Die Stadtverwaltung: Kanzlei – Beamtenschaft – Rathaus

Zur Erledigung der praktischen Verwaltungsarbeit benötigten Bürgermeister und Stadträte die Unterstützung einer ausführenden Behörde: der Stadtkanzlei. Auch deren Spuren führen in die Mitte des 13. Jahrhunderts zurück. Der älteste Beleg datiert aus dem Jahr 1242[36]. Vorher sind bereits als erste städtische Beamte

[32] Ein sehr bezeichnendes Beispiel dafür ist Albrecht Altdorfer: Bernhard Saran, Der Maler Albrecht Altdorfer als Humanist in seiner reichsstädtischen Umwelt, in: Die Humanisten in ihrer politischen und sozialen Umwelt, hg. von Otto Herding und Robert Stupperich (Kommission für Humanismusforschung der DFG, Mitteilungen 3) Boppard 1976, S. 131–139; Werner Fees, Die besondere Struktur des Regensburger Patriziats im 16. Jahrhundert, Magisterarbeit masch. München 1988; Klaus Fischer, Der Regensburger Fernhandel und der Kaufmannsstand im 15. Jahrhundert, Diss. phil. Erlangen 1990.

[33] Fürnrohr, Patriziat; Otto Fürnrohr, Das Patriziergeschlecht Schiltl in Regensburg. Eine genealogische Studie (VHVO 97) 1956, S. 377–392; Ernst Ritter, Juristen im Dienst der Reichsstadt Regensburg in den Jahren 1524–1708 (Blätter des Bayerischen Landesvereins für Familienkunde 36) 1973, S. 107–117; Otto Fürnrohr, Weitere Juristen im Dienste der Reichsstadt Regensburg (bis 1778) (ebenda), S. 117–122.

[34] StAR Hist. II Nr. 4, 9, 10 (Listen von Johann Georg Gölgel und Georg Gottlieb Plato-Wild); Moser, Teutsches Staatsrecht XLII, S. 377: *Oligarchie.*

[35] Ambronn, Verwaltung, S. 65–68; Hable, Regensburg, S. 46.

[36] Ambronn, Verwaltung, S. 46–54.

einzelne Schreiber und Notare festzustellen. Sie verfestigten sich um die Jahrhundertmitte zur Stadtkanzlei[37]. Erste Merkmale der Institutionalisierung sind ihre Unterbringung an einem festgelegten amtlichen Ort, ihr personeller Ausbau[38], der auch Stadtboten als wichtige Verbindungsglieder nach außen einschloß, und die Ausbildung einer Hierarchie unter den Beamten.
Die Arbeit der Stadtkanzlei wird vor allem in ihren Urkunden greifbar. Sie gebrauchen zunächst die lateinische, aber sehr früh – seit 1259 – auch die deutsche Sprache. Es zeichnet sich ein verbindliches Urkundenformular ab, das sich bemerkenswerterweise an das vorbildlich entwickelte Emmeramer Formular anlehnte. Aussteller der Urkunden ist die *universitas civium,* die damit als juristische Person auftritt[39]. Ihre älteste Urkunde datiert aus dem Jahre 1229, die nächste folgte 1236[40]. Doch handelt es sich in beiden Fällen noch nicht um frühe Äußerungen der Stadtkanzlei, sondern um Empfängerausfertigungen. Auf diesem Wege wurde das Fehlen einer funktionierenden Verwaltungseinrichtung zunächst umgangen. Die eigene Urkundenausfertigung der städtischen Kanzlei setzt 1242 ein. Als Mitsiegler tritt die *universitas civium* zwischen 1237 und 1254 insgesamt neunmal auf[41].
Neben Urkunden fertigte die Stadtverwaltung als Dokumente von grundlegender Bedeutung Ordnungen für das innerstädtische Leben aus. Die erste diesbezügliche Maßnahme ist die Schuhmacherordnung von 1244, die beginnt, das gewerbliche Leben administrativ zu durchdringen. Es folgte 1259 eine Tuchmacherordnung[42]. Die Reihe der Regelungen für die verschiedenen Gewerbezweige reißt bis zum Ende der reichsstädtischen Zeit nicht mehr ab.
Die entscheidende Grundlage eines geordneten Rechtslebens war die Zusammenstellung des disparaten und komplizierten Stadtrechtes. Aus diesem Grunde wurden mehrere Rechtsbücher erarbeitet; das war Aufgabe der Stadt-

[37] Ambronn, Verwaltung, S. 118–126 Nr. 17, 20, 22, 23, 30, 31, 32.
[38] Ambronn, Verwaltung, S. 94–98.
[39] Ambronn, Verwaltung, S. 114 Nr. 10. Zur Regensburger Urkundensprache: Emil Skála, Das Regensburger und das Prager Deutsch (ZBLG 31) 1968, S. 84–103; Ingo Reiffenstein, Sprachschichten in der Regensburger Urkundensprache des 13. Jahrhunderts, in: Peter Wiesinger (Hg.), Sprache und Name in Österreich. Festschrift für Walter Steinhauser zum 95. Geburtstag (Schriften zur deutschen Sprache in Österreich 6) Wien 1980, S. 203–225; Karl-Rüdiger Harnisch, Zur Frage der Kontinuität des vokalischen Zeichensystems im späten 13. Jahrhundert am Beispiel des Regensburger Stadtschreibers Ulrich Saller (Sprachwissenschaft 5) 1980, S. 116–124, 338.
[40] Ambronn, Verwaltung, S. 34–37, 116 Nr. 14.
[41] Die Wendung ist gewählt und nicht allzu häufig, wie die Belegsammlung des Mittellateinischen Wörterbuches München ausweist. Ich danke der Redaktion für die Erlaubnis zur Einsicht. Zur Rechtskörperschaft: Wilfried Ehbrecht, Universitas civium. Ländliche und städtische Genossenschaftsformen im mittelalterlichen Nordseeküstenraum, in: Civitatum communitas. Studien zum europäischen Städtewesen. Festschrift Heinz Stoob zum 65. Geburtstag I, hg. vom Helmut Jäger, Franz Petri und Heinz Quirin, Köln-Wien 1984, S. 115–145.
[42] RUB I, S. 32f. Nr. 69; Ambronn, Verwaltung, S. 136 Nr. 51. Zum Apothekenwesen, dessen administrative Ordnung 1397 einsetzt: Christa Habich, Apothekengeschichte Regensburgs in reichsstädtischer Zeit (Neue Münchner Beiträge zur Geschichte der Medizin und Naturwissenschaften 1) München 1970.

kanzlei unter der Leitung des Stadtschreibers[43]. Die bedeutendsten Rechtsbücher waren:

- Das Stadtbuch I[44]: Die Pergamenthandschrift enthält vor allem wichtige Ratsverordnungen von 1306 an sowie Urkundenabschriften und weitere die Bürgerschaft betreffende Notizen. Sie wurde in den dreißiger Jahren des 14. Jahrhunderts begonnen und in den neunziger Jahre abgeschlossen.
- Das Stadtbuch II[45]: Es ähnelt in der formalen Anlage dem Stadtbuch I und wurde in etwa zur selben Zeit angefertigt. Aufgenommen wurden weitere wichtige Ratsverordnungen. Der Großteil der Handschrift bietet eine Abschrift des Stadtbuches I. Dazu kommen einzelne Notizen zur bayerischen Phase unter Herzog Albrecht IV., die nachträglich angebracht wurden.
- Das Schwarze Stadtbuch[46]: Die ursprüngliche Loseblattsammlung wurde erst nachträglich in schwarzem Leder gebunden. Die Handschrift enthält im ersten Teil fast nur Kopien von Kaiser- und Fürstenurkunden des 14. und 15. Jahrhunderts, im zweiten Teil überwiegend Privaturkunden und wichtige Briefe. Entscheidende Teile stammen von Stadtschreiber Ulrich. Die Entstehungszeit ist im wesentlichen in die Regierungszeit Kaiser Ludwigs des Bayern zu setzen. Doch betreffen die letzten Notizen auch noch die Epoche Karls IV. Zweck dieser Urkunden- und Briefsammlung war die Anlage eines Stilmusters in Art eines Formelbuches für den kanzleiinternen Gebrauch.
- Das Rote Stadtbuch[47]: Die gegen Ende des 15. Jahrhunderts angelegte und wegen ihrer roten Bindung so bezeichnete Handschrift bietet Abschriften der kaiserlichen und fürstlichen Privilegien für die Stadt und ist mit den kolorierten Bildnissen der betreffenden Herrscher illustriert. Die lateinischen Urkunden sind zudem in deutscher Übersetzung wiedergegeben.
- Das Stadtfreiheitenbuch (StAR I Ab2) bietet ebenfalls Abschriften der entscheidenden Urkunden zur Stadtfreiheit in besonders prächtiger formaler Gestaltung.
- Das Wundenbuch (German. Nationalmuseum Nürnberg: Rst. Rgbg. 196): Es enthält Aufzeichnungen über die zwischen 1325 und 1350 verhängten Strafen wegen Totschlags, Körperverletzung und Hausfriedensbruchs.

An der Spitze der Stadtkanzlei stand der erste und auf Jahrhunderte hin wichtigste städtische Beamte: der Stadtschreiber[48]. Die Reihe der Regensburger Stadtschreiber des späten Mittelalters läßt sich vorerst nur lückenhaft vorstel-

[43] RUB I, S. IV–VII. Vgl. Klebel, Landeshohcit, S. 576f.
[44] BayHStA Rst. Regensburg Lit. 371. Vgl. RUB I, S. 715–730 Beilage 1; Freyberg, Urkunden V, S. 7–29.
[45] BayHStA Rst. Regensburg Lit. 372. Druck: Freyberg, Urkunden V, S. 30–64.
[46] BayHStA Rst. Regensburg Lit. 296.
[47] BayHStA Rst. Regensburg Lit. 363. Zu einem weiteren nach der Farbe des Einbandes bezeichneten Rechtsbuch (BayHStA Rst. Regensburg Lit. 297) nunmehr: Thomas Engelke, Enstehung und Struktur des „Gelben Stadtbuches" der Reichsstadt Regensburg, Diss. phil. masch. München 1993.
[48] Zum Folgenden: A. Schmid, Stadtschreiber (mit Belegen).

len. Sie setzt – nicht nur für bayerische Verhältnisse – ausgesprochen früh ein. Weiter läßt sich das Amt nur in wenigen deutschen Städten zurückverfolgen. Den ersten Beleg liefert eine Urkunde des Jahres 1233, deren Zeugenreihe beschlossen wird von einen *Fridericus notarius civium*. Er begegnet ein zweites Mal 1236 bei der Beurkundung eines Rechtsgeschäftes[49]. Auch in dieser Reichsstadt gehört der Stadtschreiber somit zu den ersten Funktionsträgern der Kommune; er wird bereits vor der Einrichtung einer städtischen Kanzlei und dem Bau des Rathauses faßbar. In der erstmals 1242 genannten Stadtkanzlei verfestigte sich das Amt dann zur Behörde, an deren Spitze noch 1242 Aezelin als *notarius civium* gestellt wurde. Er ist in insgesamt elf Urkunden nachzuweisen und gilt als von außen in die Stadt geholter Kleriker. Alle Nennungen erfolgen in Urkunden, die für Ausbildung der Stadtfreiheit von Bedeutung sind; in diesem Rahmen ist die Entwicklung des Amtes zu sehen. Der Stadtschreiber war die notwendige Ergänzung der Ratsverfassung. Erst durch ihn wurde die Bürgerschaft politisch handlungsfähig. Die Reihe der Stadtschreiber ist bislang nur für das 13. Jahrhundert gesichert. Die für das spätere Mittelalter aus dem Aktenmaterial ermittelten Funktionsträger machen deutlich, daß in Regensburg dieses kommunale Spitzenamt nicht mit Persönlichkeiten besetzt war, die über die von der Reformatio Sigismundi geforderten besonderen Qualifikationen verfügten: eine universitäre Ausbildung als Jurist. Das Stadtschreiberamt wurde statt dessen oftmals mit Klerikern besetzt, weil keine geeigneten Laien zur Verfügung standen. Ein besonders bezeichnendes Beispiel hierfür ist der auch als Geschichtsschreiber bekannte Leonhard Heff. Aus diesem Grunde wurde das Amt in die politischen Wirren und die konfessionellen Auseinandersetzungen des späteren 15. und frühen 16. Jahrhunderts einbezogen und vorzugsweise nach parteilichen Gesichtspunkten besetzt. Dementsprechend häufig wurden die Amtsträger abgelöst. Auch in der auffallenden Fluktuation auf dieser Stelle kommen die herrschaftlich instabilen Verhältnisse in der Stadt zum Ausdruck.

Erst im Jahre 1542 begann die Reichsstadt, nur noch studierte Juristen, die zumindest den Magistergrad erworben hatten, auf die Stelle zu berufen. Diese entstammten weithin Familien, die von außen in die Stadt kamen und sich in deren Verwaltungsdienst emporarbeiteten. Nun wurde die Stadtschreiberstelle oftmals Sprungbrett für den Aufstieg in den Inneren Rat. Sie war in der Regel nur Durchgangsstation auf der Karriereleiter. Deswegen blieben die Amtszeiten im allgemeinen kurz. Dabei fällt der häufige Wechsel der Familiennamen auf. Beamtendynastien, wie sie für die landesherrlichen Verwaltungen der Zeit, aber auch andere Reichsstädte typisch sind, bildeten sich hier nicht aus. Die direkte Vater/Sohn-Nachfolge kommt überhaupt nicht vor, die Nachfolge von Verwandten bleibt die Ausnahme. Bei der Besetzung des Postens spielte fachliche Qualifikation eine unerwartet große Rolle. Die fähigsten Vertreter waren die beiden letzten Inhaber: Georg Gottlieb Plato-Wild und Carl Theodor Gemeiner, beide zugleich hochrangige Wissenschaftler. Hauptaufgaben der Stadtschreiber waren die Leitung der städtischen Verwaltung und die Führung der Amtsbücher. Außerdem vertraten sie die Stadt auch nach außen hin bei den vielen Streitigkeiten mit den Fürsten der umliegenden Territorien, auf

[49] Ambronn, Verwaltung, S. 46–54.

Reichstagen oder sonstigen Kongressen. Sie waren zugleich die amtlichen Geschichtsschreiber der Stadt, die sich vorzugsweise der noch wenig erforschten historiographischen Gattung der Stadtbuchchronistik widmeten. Als kommunale Spitzenbeamte umgaben sie sich mit bezeichnenden Standesattributen. Vor allem auf den Einfluß dieser Humanisten ist zurückzuführen, wenn im Verwaltungsschrifttum der Stadtkanzlei im 16. Jahrhundert mehrfach die selbstbewußte Sigle SPQR *(senatus populusque Ratisbonensis)* Verwendung fand.
Im Verlauf des 16. Jahrhunderts wurde dann aber die Verwaltungsspitze ausgebaut. Dem Stadtschreiber werden Syndici und Konsulenten an die Seite gestellt. Die Verwendung der Titulaturen ist nicht eindeutig. Sie verweisen in jedem Fall auf rechtskundige Spitzenbeamte, die *eigentlich die Actuarii* sind und deren Anzahl variierte. Meist handelte es sich um 4 bis 5 Syndici, von denen einer – der höchste – den Titel Stadtschreiber behielt, der andere fungierte als Archivar, der dritte als Registrator, die restlichen führten abwechselnd das Ratsprotokoll. Nach Kayser besteht kein nennenswerter Unterschied zum Konsulenten. In jedem Fall handelte es sich um ausgebildete Juristen. Im Gegensatz zu den territorialen Verwaltungen wurden keine Adeligen an die Spitze der städtischen Beamtenschaft berufen. Hier kam dem Kriterium der Qualifikation größeres Gewicht als der Geburt zu; es waren ganz andere Verhältnisse als in der Beamtenschaft der Territorien gegeben. Eine Durchlässigkeit zu diesen bestand bezeichnenderweise nicht.
Diesen Spitzenbeamten unterstand das Kanzleipersonal, das schon im 13. Jahrhundert zahlenmäßig ausgebaut wurde. Bis zum Ende des Jahrhunderts können insgesamt 12 Schreiber nachgewiesen werden. Deren Zahl wurde in der Folgezeit weiter vermehrt. Da über die Entwicklung der Stadtverwaltung noch keine Detailuntersuchungen vorliegen, kann lediglich festgestellt werden, daß sie entsprechend den zunehmenden Anforderungen ausgebaut wurde. Die Hauptsorge galt dem Aufbau einer leistungsfähigen Finanzverwaltung. Zu diesem Zweck wurden gebildet

- das Steueramt: Wahlamt mit einem Direktor und zwei Assessoren. Es ist zuständig für die Einhebung der Steuern und Abgaben sowie die Führung der städtischen Hauptrechnung. In seiner Verwaltung steht auch das Schuldenwesen.
- das Ungeldamt: Wahlamt mit einem Direktor und zwei Assessoren. Es hat das Ungeldwesen, die Mühlenpacht und den Brückenzoll zu verwalten.
- das Rechenamt: Wahlamt, das mit drei Mitgliedern des Inneren Rates, die Kämmererfunktion haben, und sechs Assessoren besetzt ist, die aus anderen Ämtern abgeordnet werden. Es revidiert die Jahresabrechnungen der einzelnen Ämter und Gerichte, ausgenommen die städtische Hauptrechnung.
- das Mautamt: Kein Wahlamt. Es ist zuständig für die Verwaltung der Handelsmauten und der Zölle.
- das Salzamt: Kein Wahlamt. Es ist zuständig für den Salzhandel der Stadt.
- das Pfandamt: Kein Wahlamt. Es wird mit sieben Beamten einschlägiger Ämter besetzt und verwaltet alle Pfandgeschäfte.

Ein weiterer wichtiger Verwaltungsbereich war die Ordnung des Bauwesens, die im städtischen Bauamt erfolgte. Dieses war mit einem Direktor und drei

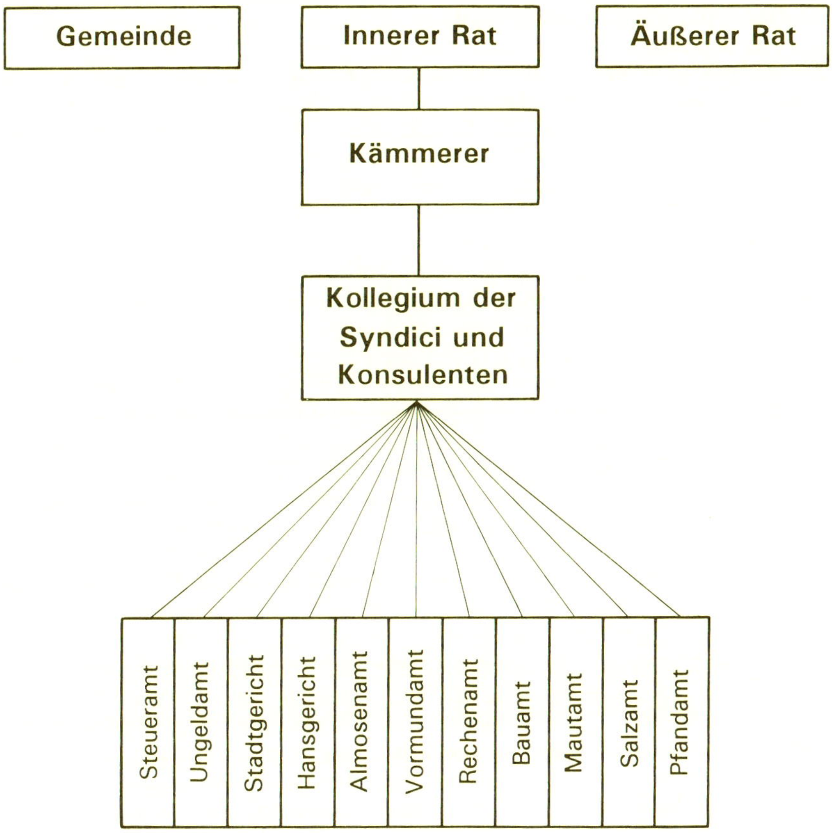

Grundlage: A.Chr.Kayser,Versuch einer kurzen Beschreibung der kaiserlichen freyen Reichsstadt Regensburg,1797.

Skizze 7: Die Verwaltung der Reichsstadt im 18.Jahrhundert

Assessoren besetzt und zuständig für das gesamte innerstädtische Bauwesen. Ihm unterstanden auch die städtischen Bauten wie die Mühlen (einschließlich der Papiermühle) sowie die Ziegel- und Kalkbrennerei.
Im späten 18. Jahrhundert stellt sich der Aufbau der Stadtverwaltung nach dem in Skizze Nr. 7 gebotenen Schema dar.
Rat und Stadtverwaltung wurden im Rathaus untergebracht. Dieses war bauliches Symbol der bürgerlichen Autonomie. Es steht in Regensburg aber nicht – wie andernorts – im Zentrum der Stadt, sondern ist deutlich versetzt. Die Lage erklärt sich allein aus der Sozialtopographie von Regensburg, wo die Kaufmannschaft herkömmlicherweise im Westen der Altstadt angesiedelt war. Hier – im Herzen der Kaufmannstadt – wurde das Rathaus an einer Abfolge von mehreren Plätzen an der Hauptdurchgangsstraße plaziert. Das Regensburger Rathaus ist eines der geschichtsträchtigsten in Deutschland. Der bedeutende Profanbau der Gotik stellt sich heute als sehr verworrener Baukomplex dar, dem keine einheitliche Konzeption zugrunde liegt, der vielmehr im Laufe von Jahrzehnten nach und nach erwachsen ist[50].
Die Anfänge des Rathauses führen in die Frühzeit der Bürgerschaft zurück. Bereits im Frühstadium ihres Kampfes um die Stadtherrschaft begann sie mit dem Bau des Rathauses. Der Erstbeleg liegt im Jahre 1213, als von Baumaßnahmen der Bürger berichtet wird, die der Herzog unterstützt hat; doch habe der Bischof diesen Bau wieder abreißen lassen[51]. Das Rathaus geriet also in den Wirkungskreis der herrschaftlichen Auseinandersetzungen in der Stadt, die den Bau verhinderten, solange sie nicht zum Ende gekommen waren. Wo dieser erste Bau aufgeführt werden sollte, ist unbekannt. Denn der spätere Standort kam erst um 1240 in städtischen Besitz. Der erste Hinweis auf Bauten an diesem Ort fällt ins Jahr 1244[52]. Mit dem Bau des bis heute bestehenden Komplexes wurde im 14. Jahrhundert begonnen, wobei der Rathausturm vermutlich zu den ältesten Teilen gehört. Er ist auch als Repräsentationsturm in Zusammenhang mit den Patriziertürmen zu sehen und steht an der Stelle einer früheren, schon 1002 bezeugten Ahakirche[53], die im Rathaus aufgegangen sein muß. Sie war die Kirche der Marktbesucher. Alle folgenden Jahrhunderte haben am Komplex weitergebaut. Vor allem der Ostflügel des Neuen Rathauses wurde erst in den Jahrzehnten zwischen 1660 und 1720 angefügt, als das Rathaus auch Tagungsort des Immerwährenden Reichstages geworden war und vergrößerter Raumbedarf bestand. Aus diesem Grunde wurde der Erweiterungsbau notwendig. Er beherbergte bis weit ins 20. Jahrhundert herein die Stadtverwaltung. Erst in den dreißiger Jahren wurde der Komplex des Neuen Rathauses am Minoritenweg aufgeführt.

[50] Walderdorff, Regensburg, S. 505–518; Heinisch, Rathaus; [Hupp u. a.,] Das Rathaus zu Regensburg; KDB Regensburg III, S. 83–109; Bauer, Regensburg, S. 226–246; Baualterspläne I, hg. von Strobel, S. 84 f.; Martin Angerer - Konrad M. Färber - Helmut E. Paulus, Altes Rathaus und Reichstagsmuseum (Regensburger Taschenbücher 1) Regensburg 1992. Historische Abbildungen: German. Nationalmuseum Nürnberg, SP 9578, 11158.
[51] QuE AF V, S. 15 Nr. 5.
[52] Ambronn, Verwaltung, S. 51, 119 f., Urkunde 20.
[53] MGH DD H II. 23.

d) Die Stadtsymbole: Siegel – Wappen – Flagge

Die Stadt legte sich die üblichen hoheitlichen Symbole zu. Am weitesten zurückzuverfolgen ist das Stadtsiegel. Es begegnet in unterschiedlichen Typaren[54]. Typar 1 ist erstmals zum Jahre 1211 auf einer Urkunde des Katharinenspitals bezeugt[55]. Doch deuten verschiedene Indizien auf ein höheres Alter. Das Siegelbild zeigt den Dompatron, den thronenden heiligen Petrus mit Mitra, der in den Händen einen Schlüssel und ein Evangelienbuch hält. Die Umschrift lautet: *P[er] claves celi rata s[unt] insignia Petri.* Mit der Erteilung der Selbstverwaltung wurde die Umschrift geändert: *Sigillum civium Ratisponensium*[56]; sie ist erstmals für 1250 belegt. Dadurch wurde dem neuen Rechtsstatus Rechnung getragen. Ein drittes Typar begegnet dann an einer Urkunde des Jahres 1248. Es zeigt abermals den heiligen Petrus, der als Patron des Domes als wichtigster Stadtheiliger betrachtet wurde und auch hier Schlüssel und Evangelienbuch in Händen hält[57]. Dieses Typar war dann mit geringfügigen Abweichungen in der Folgezeit über Jahrhunderte hinweg in Gebrauch. Im ältesten Sekretsiegel wird Petrus als Halbfigur mit Tiara (vor 1323), im zweiten (1395) ebenso, aber mit Schlüssel im Schild, dargestellt. Als Rückensiegel wurde seit der Mitte des 14. Jahrhunderts die Initiale *R* verwendet[58]. Die Gestaltung des Stadtsiegels verweist auf die Epoche starken bischöflichen Einflusses als Entstehungszeit.

Ein Stadtwappen tritt erst nach dem Stadtsiegel auf. Es nimmt aber Bezug auf die Siegeltypare, indem sich auch hier allmählich das Schlüsselwappen durchsetzte. Es begegnet erstmals in der Manessischen Liederhandschrift um 1305, die den Burggrafen von Regensburg mit dem Schlüsselwappen zeigt[59]. Um 1320 ist es dann durch eine Mauerinschrift belegt, die hoheitlichen Charakter hat. Die Stadt scheint demnach um 1300 das Schlüsselwappen offiziell angenommen zu haben. Es begegnet im 14. Jahrhundert auch auf den Münzprägungen und um 1400 auf dem Sekretsiegel. In der Frühen Neuzeit wurde das Doppelschlüsselwappen auch auf dem Brustfeld des Reichsadlers, dem heraldischen Symbol der Reichsstadt, abgebildet.

Eine Stadtflagge ist nach Gemeiner erstmals für das Jahr 1355 nachgewiesen; dabei wird die Quelle dieser Angabe nicht deutlich. Frühe bildliche Darstellungen fehlen. Doch hat sich keine einheitliche Stadtfahne herausgebildet. Meistens wählte man die Schlüsselsymbole auf weiß-rotem Hintergrund[60]. Die Stadtfarben waren bereits in reichsstädtischer Zeit Weiß und Rot.

[54] Joseph Anton Endres, Die alten Siegel und das Wappen der Stadt Regensburg, in: Endres, Beiträge, S. 205–209; Hable, Regensburg, S. 17f.; Ambronn, Verwaltung, S. 26–29, 83f.; Wilhelm Volkert, Die älteren Regensburger Stadtsiegel (Regensburger Almanach 24) 1991, S. 36–43.

[55] Archiv des Katharinenspitals Regensburg, Urkunde 1410; Druck: RUB I, S. 19, 32f. Nr. 49, 69; Siegeltafel Nr. 1.

[56] RUB I, Siegeltafel Nr. 2.

[57] RUB I, S. 35f., 42f. Nr. 73, 81 usw.; Siegeltafel Nr. 3.

[58] Ambronn, Verwaltung, S. 83f.

[59] Hable, Regensburg, S. 16f.; Bauer, Regensburg, S. 13f.; Abbildung bei: Kraus-Pfeiffer (Hg.), Regensburg, Nr. 48. S. auch Kap. III, Anm. 246. Oberpfälzisches Wappenbuch. Öffentliche Wappen der Oberpfalz, hg. von der Regierung der Oberpfalz und dem Bezirk Oberpfalz, Regensburg 1991, S. 20f. S. Abb. Nr. 4.

[60] Gemeiner, Chronik II, S. 87; Hable, Regensburg, S. 17.

e) Die Bürgerschaft

Die Bürgerschaft war der entscheidende Träger des städtischen Verfassungslebens. Sie nahm ihre Kompetenzen auf den Bürgerversammlungen wahr. Versammlungen der gesamten Bürgerschaft, Burggedinge genannt, fanden während des Mittelalters regelmäßig statt. Sie waren die Fortsetzung der echten Dinge der Gerichtsgemeinde des frühen Mittelalters. Hier wurden in der Anfangszeit der Bürgermeister gewählt, der Stadtfriede beschworen sowie sonstige wichtige Entscheidungen getroffen. Neben diesem Burggeding bestand das Wachtgeding, auf dem die Einwohnerschaft eines Wachtbezirks zusammengerufen wurde. In der Praxis freilich kam die Vollversammlung der Bürgerschaft immer mehr außer Übung. Man begnügte sich mit einer Vertretung. Seit wann mit *Gemein* nicht mehr die Gesamtheit der Bürger, sondern deren Vertretung gemeint ist, bleibt unklar. Erst durch die Regimentsordnung von 1514 wurden eindeutige Verhältnisse geschaffen. Mit ihr wird der Ausschuß der Vierziger als Gremium der Bürger rechtlich verankert. Die wichtigste Vertretung der Bürgerschaft war seitdem der Rat der Vierziger, der Gemeindeausschuß. Er setzte sich aus je fünf Vertretern der acht Wachten zusammen[61] und sollte bei allen wichtigen Angelegenheiten zusammengerufen werden[62], vor allem bei Fragen des Stadthaushaltes. Freilich nahm dessen politische Bedeutung im Laufe der Frühen Neuzeit ab.

An der Selbstverwaltung durften nur Bürger mitarbeiten. Bürger war der Inhaber des Bürgerrechtes, das formell verliehen werden mußte[63]. Es verschaffte einen rechtlichen Sonderstatus nach außen hin und im Innern Teilhabe an der kommunalen Selbstverwaltung. Im späten Mittelalter bildete sich angesichts der Vermehrung der Bürger durch die Vergabe der Rechte auch an Handwerker[64] eine Unterscheidung zwischen Vollbürger mit dem großen und Beisitzer mit dem kleinen Bürgerrecht heraus. In den beiden letzten Jahrhunderten der reichsstädtischen Zeit berechtigte das große Bürgerrecht zu folgenden Vorrechten:

- Übernahme eines städtischen Amtes
- Eröffnung eines Handwerksbetriebes
- Teilnahme am Burggeding
- unbegrenzter Aufenthalt in der Stadt
- Vererbung des Bürgerrechtes auf die Nachkommen
- Hauserwerb von Mitbürgern
- Führung eines eigenen Siegels[65].

Die Beisitzer verfügten über diese besonderen Vorrechte nicht. Sie setzten sich im Mittelalter aus den Bewohnern der Häuser unter geistlicher Gerichtsbarkeit

[61] Kayser, Beschreibung, S. 15f.
[62] Gumpelzhaimer, Regensburg's Geschichte II, S. 649f.; Hahn, Ratisbona Politica, 1985, S. 80–83.
[63] Kayser, Beschreibung, S. 13f.; Huber, Bürgerrecht.
[64] RUB I, S. 74f. Nr. 144.
[65] Peter Urbanek, Wappen und Siegel Regensburger Bürger und Bürgerinnen im Mittelalter (bis 1486), Diss. phil. masch. Regensburg 1988; Peter Urbanek, Die Kennzeichnung von Wappenfarben auf Siegeln Regensburger Bürger im Mittelalter (VHVO 130) 1990, S. 171–184.

und aus Juden zusammen. In der Neuzeit wurde der Beisitz gerne Katholiken zugesprochen, die seit dem Dreißigjährigen Krieg vom vollen Bürgerrecht ausgeschlossen waren, sowie Exulanten, unselbständigen Handwerkern und alleinstehenden Frauen. Seit 1651 wurde das Bürgerrecht nur noch an Evangelische vergeben. Doch war es üblich, daß drei Bürgersfamilien der Stadt weiter dem katholischen Glauben angehörten[66]. Am Ende der reichsstädtischen Zeit bestand die Bürgerschaft aus rund 1200 Mitgliedern[67].
Das Bürgertum war der entscheidende Träger der Stadtkultur und machte Regensburg zu einem der Brennpunkte der Urbanität im oberdeutschen Raum. Von der Jahrtausendwende an kam der Stadt für rund vier Jahrhunderte die führende Stellung zu, aus der sie im 15. Jahrhundert schließlich von Nürnberg und Augsburg verdrängt wurde. Die Grundlage ihres Vorranges war im Mittelalter die weitgespannte und erfolgreiche Handelstätigkeit, in der Neuzeit dann eine nicht minder qualitätsvolle Aktivität im Verwaltungsbereich. Die hochrangige Bürgerkultur manifestierte sich vornehmlich auf dem Sektor der Bautätigkeit in eindrucksvollen Stadtpalais; das Runtingerhaus, das Zanthaus oder das Heuporthaus gehören bis heute zu den herausragenden Architekturdenkmalen der Stadt. Eine städtebauliche Besonderheit nördlich der Alpen sind die auffallend zahlreichen Patriziertürme, die neben praktischen Zwecken als Kontore und Wehrbauten auch repräsentative Zielsetzungen verfolgten und die Finanzkraft der jeweiligen Familien zum Ausdruck bringen sollten. Diese Standesbauten wurden mit einem angemessenen gesellschaftlichen Leben gefüllt, das alle Bereiche bürgerlicher Lebenskultur bis hin zum Mäzenatentum und zur Anlage von Schausammlungen einschloß, wofür die Schiltl ein besonders bezeichnendes Beispiel sind.

f) Berufsständische Organisationsformen: der Hansgraf – die Zünfte – Bruderschaften

Die wichtigste Gruppe unter den Bürgern waren während des Hohen Mittelalters die Kaufleute. Sie haben den Aufstieg der Stadt zur Reichsstadt im wesentlichen getragen. Aus ihrer Organisation hat sich die Stadtverfassung zu einem beträchtlichen Anteil entwickelt. Sie waren sehr früh in Form einer Hanse (= Fahrtgenossenschaft der fernhandeltreibenden Kaufleute[68]) zusammengeschlossen, die im Hohen Mittelalter an die Stelle des früheren Karawanenhandels in königlicher Regie trat. An ihrer Spitze stand der Hansgraf, der erstmals 1184 nachweisbar ist, aber durchaus in frühere Jahre zurückreichen kann

[66] StAR Pol. V Nr. 2. Vgl. Moser, Teutsches Staatsrecht XLI, S. 461; Nemitz, Bürgerrecht und Konfession.
[67] Kayser, Beschreibung, S. 26. Zur bürgerlichen Stadtkultur: Eikenberg, Runtinger; Walter Hofmeister, Das Steuersche Haus, ehemaliger Ostteil des Goliath-Hauses (Oberpfälzer Heimat 37) 1993, S. 141–148; Walter Hartinger, Patrizische Frömmigkeit. Aufgrund von Testamenten der Reichsstadt Regensburg im 14. Jahrhundert, in: Lenz Kriss-Rettenbeck zum 70. Geburtstag (Forschungshefte des Bayerischen Nationalmuseums München 13) Berlin 1993, S. 45–72. In allgemeinem Rahmen: Bernd Roeck, Lebenswelt und Kultur des Bürgertums in der frühen Neuzeit (Enzyklopädie Deutscher Geschichte 9) München 1991, S. 10.
[68] Planitz, Die deutsche Stadt, S. 284f.; Volkert, Adel bis Zunft (wie Kap. III, Anm. 242), S. 100f.

und seine Entsprechung in norddeutschen und flandrischen Städten findet[69]. Das Amt wird üblicherweise aus dem königlichen Geleitregal abgeleitet. Dementsprechend wäre der Hansgraf zunächst ein stadtherrlicher Beamter gewesen, der den Schutz der Handelskarawanen gewährleisten sollte. Ambronn dagegen sieht im Hansgrafen eine neue Einrichtung Friedrich Barbarossas, der auch auf diesem Wege verstärkten Einfluß auf die Stadt gewinnen wollte[70]. Das Philippinum von 1207 verlieh dann der Bürgerschaft das Recht der freien Wahl des Hansgrafen. Er war nun allein für berufsständische Angelegenheiten zuständig und somit keine Einrichtung der Stadtverwaltung mehr. Ihm oblag vor allem die Organisation und Oberaufsicht über Handel und Gewerbe. Der Hansgraf vertrat die Kaufmannschaft vor fremden Gerichten und überwachte die Verzollung ihrer Frachten. Er begleitete die Unternehmen auch auf ihren Reisen zumindest bis zum Ende des 14. Jahrhunderts. Der Schwerpunkt der Tätigkeit des Hansgrafen lag also zunächst eindeutig außerhalb der Stadt. Infolge der beherrschenden Position der Regensburger auf dem süddeutschen Handelsmarkt erwuchs aus der Funktion die Stellung *eines Generalaufsehers über den gesammten südöstlich-deutschen Donauhandel*[71]. Angesichts des Rückganges der Bedeutung des Handels verengte sich im 14. Jahrhundert das Tätigkeitsfeld und verlagerte sich immer mehr in die Stadt hinein. Der Hansgraf wurde erst jetzt zum Vorsteher eines städtischen Amtes, das vor allem für den innerstädtischen Handel und auch für das Handwerk zuständig wurde. In der späten reichsstädtischen Zeit war die Kontrolle des Gewerbes der wichtigste Funktionsbereich. Von ihm wurden etwa Handwerksordnungen erlassen. Dem Hansgrafen war ein Gremium von anfangs drei, dann sechs und seit 1336 zwölf Mitgliedern beigegeben, das ihn als Beisitzerkollegium in seinen Aufgaben zunächst beratend unterstützte. Daraus entwikkelte sich das spätere Hansgrafenamt[72]. Der Hansgraf war zugleich Vorstand einer Sondergerichtsbarkeit der Kaufleute und des Gewerbes. Neben dem Bürgermeister war der Hansgraf der wichtigste Mann in der Stadt. Eine Ordnung für dieses Amt liegt aus dem 18. Jahrhundert vor[73]. Das Amt war natürlich fest in der Hand des Stadtpatriziats[74], das zudem bis ins ausgehende Mittelalter die deutsche Kaufmannschaft im *Fondaco dei Tedeschi* zu Venedig repräsentierte.
Eine zweite berufsständische Organisation in Regensburg war die Kramerinnung. In ihr war der innerstädtische Handel zusammengeschlossen, der in der städtischen Frühzeit organisatorisch zu den Handwerkern gerechnet wurde. Die älteste Ordnung der Kramerinnung stammt aus dem Jahre 1392.
Im Unterschied zu anderen Städten konnten sich die Zünfte in Regensburg keinen nennenswerten Anteil an der Stadtherrschaft verschaffen. Ihre Bedeutung

[69] Planitz, S. 58; Bosl, Sozialstruktur, S. 17–20. Vgl. Moser, Teutsches Staatsrecht, XLII, S. 377. S. Kap. III, Anm. 440–442.
[70] Löbl, Hansgrafenamt; Ambronn, Hansgrafenamt.
[71] Heinrich G. Ph. Gengler, Deutsche Stadtrechts-Altertümer, Nürnberg 1882 (ND Aalen 1964), S. 463.
[72] Ambronn, Verwaltung, S. 65–68. S. oben Anm. 35.
[73] StAR A f 51.
[74] Liste bei: Morré, Ratsverfassung, S. 116f.; Ritscher, Ratsverfassung II, S. 15–21; AHVR AA R 37. Vgl. Henry Simonsfeld, Der Fondaco dei Tedeschi in Venedig und die deutsch-venetianischen Handelsbeziehungen I, Stuttgart 1887, S. 86.

beschränkte sich deswegen weithin auf den Bereich des Wirtschaftslebens, kaum dagegen auf das Stadtregiment[75]. Ihre Anfänge sind in Handwerkerverbänden zu suchen, die in die stadtherrliche Zeit zurückgehen. Sie waren an Bischof und Herzog abgabepflichtig. Urkundlich nachweisbar sind die Zünfte erst seit der Mitte des 13. Jahrhunderts. Sie gerieten in der Folgezeit in den Einflußbereich der Bürgerschaft. 1384 und 1388 mußten Herzog und Bischof ihre Zunftbefugnisse an die Stadt verpfänden und damit ihre Einkünfte und Rechte über die Handwerkerschaft an den Rat abgeben. Der Stadt gelang es auf diesem Wege, die Handwerkerschaft unter ihr Regiment zu bringen, nachdem sie bereits vorher eigene Zünfte neben die stadtherrlichen Verbände gestellt hatte. Während der Auer-Unruhen versuchte die Handwerkerschaft Mitspracherechte zu gewinnen. Sie erreichte tatsächlich eine gewisse Verbesserung ihrer Position, indem sie sich mit den Auern verbündete. Die Gegenleistung bestand in einer Zulassung der Handwerker zur Bürgermeisterwahl und zur Prüfung der Stadtrechnung. Seit 1334 erscheinen die Zünfte als Teil der Gemeinde[76]. Vermutlich noch im 14. Jahrhundert werden sie dann aber dem Hansgrafenamt unterstellt.
Der Bestand an Zünften war schon während des Spätmittelalters uneinheitlich und schwankte. Es sind nachweisbar rund ein Dutzend für: Steinmetze, Maurer, Dachdecker, Metaller, Goldschmiede, Brauer[77] usw., doch vergrößerte sich ihre Zahl rasch. Um 1800 wurden nicht weniger als 56 Zünfte gezählt[78]. Die Zünfte regelten die Arbeitsverhältnisse der Handwerker, die Wahl der Zunftvorstände, das Qualifikationswesen, das Verkaufswesen, die Sozialfürsorge sowie das gesellschaftliche Leben der jeweiligen Gruppe[79]. Ihre Ordnungen bedurften allerdings der Genehmigung der Stadtgemeinde. Sie wurde zunächst vom Stadtrat selber ausgesprochen; die Bäckerordnung von 1351 gilt als die älteste Handwerksordnung in Deutschland. Später erteilte die Genehmigung das Hansgrafenamt.
Von den Zünften zu unterscheiden sind die Bruderschaften. Sie stellten in Weiterentwicklung der Gebetsverbrüderungen des Frühen Mittelalters zunächst berufsständisch ausgerichtete Gruppierungen des innerstädtischen Lebens vor allem im religiösen Bereich dar. Doch fallen in Regensburg Innung und Bruderschaft nicht durchwegs zusammen. Die wichtigste Bruderschaft war die seit dem 14. Jahrhundert belegte Wolfgangsbruderschaft als Gesamtbruderschaft. Sie war beruflich nicht spezialisiert und in acht Unterabteilungen gegliedert, die sich an den Wachten orientierten[80]. Sie wurde vielleicht schon vor der Jahr-

75 Heimpel, Gewerbe, auch für das Folgende.
76 RUB I, S. 411–413 Nr. 737.
77 Henke, Brauergewerbe.
78 StAR Hist. II Nr. 2 B.
79 StAR Hist. II Nr. 2 B.
80 BayHStA Man. 276; BStB clm 28266. Vgl. Jürgen Sydow, Ein Bruderschaftsbuch der Regensburger Wolfgangsbruderschaften (Ostbairische Grenzmarken 9) 1967, S. 174–182; Paul Mai, Die acht Regensburger Bruderschaften zum hl. Wolfgang (BGBR 6) 1972, S. 105–117; Paul Mai, Bruderschaften und Benefizien am Regensburger Dom (BGBR 10) 1976, S. 399–418; Thomas Finkenstaedt-Josef Krettner, Erster Katalog von Bruderschaften in Bayern (Veröffentlichungen zur Volkskunde und Kulturgeschichte 6) München-Würzburg 1980, S. 161, 162, 174.

tausendwende gegründet und durchlebte den Höhepunkt ihrer Bedeutung im ausgehenden Mittelalter. Neben ihr wirkte eine wechselnde Anzahl kleinerer Bruderschaften. Noch im 18. Jahrhundert wurden Bruderschaften zum heiligen Michael und Johann Nepomuk gegründet.

g) Städtische Einrichtungen: Schulen – Bibliotheken – Archiv – Almosenamt

Die Stadt trug Sorge für den Aufbau eines Schulwesens, das das kirchliche Bildungsmonopol zurückdrängen sollte. Es erfaßte zunächst den Bereich des Elementarschulwesens [81]. Erste städtische Schulmeister sind bereits für das 14. Jahrhundert nachgewiesen; sie lassen sich kontinuierlich weiterverfolgen [82]. Im 16. Jahrhundert standen vier Schulmeister unter der Aufsicht des Rates, der 1558 ein Gebäude für die deutsche Schule ankaufte. Im Jahre 1572 wurde der getrennte Unterricht für Knaben und Mädchen eingeführt. Eine erste *Teutsche Schulordnung* liegt aus dem Jahre 1582 vor [83]. Das Elementarschulwesen wurde nach dem Dreißigjährigen Krieg durch eine *Teutsche Ordinari Schulordnung* [84] neu organisiert, indem nun in jeder Wacht eine eigene *Extraordinari*-Schule aufgebaut wurde, die als Vorstufe der fünf regulären deutschen Schulen gedacht waren. Sie hatten bis in die Dalbergzeit hinein Bestand.
Ein städtisches Ratsgymnasium wurde im beginnenden 16. Jahrhundert eingerichtet [85]. An seinem Anfang steht der kaiserliche Rat Joseph Grimpeck, der 1505 mit Billigung und Unterstützung des Rates, aber letztlich als Privatmann eine derartige Bildungseinrichtung begründete, wie sie andere Städte zu dieser Zeit bereits hatten. Sie wurde im Jahre 1521 in das Gebäude Wahlenstraße 24 (Lit. E 6) gelegt, 1524 dann aber ins Augustinerkloster am Neupfarrplatz, über das der Stadt die Hoheit zufiel. Sie nahm also das Gymnasium mehr und mehr in ihre Obhut [86]. Dieses Bestreben führte 1537 schließlich zum Rückzug aus dem Kloster. Das Gymnasium Poeticum wurde nun im angekauften Gebäude Lit. C 14/15 in der heutigen Gesandtenstraße untergebracht. Der ursprüngliche Baubestand ist durch eine Abbildung des Jahres 1551 bekannt. 1728 erfolgte ein Neubau. Eine erste Schulordnung wurde 1542 erlassen, weitere folgten in dichter Reihe [87]. Sie strahlten auf andere Schulen aus. Das Regensburger Gymnasium war im Zeitalter des Humanismus eine der bedeutendsten Gründungen im süddeutschen Raum. Der Rat stellte das Lehrpersonal an. Es setzte sich aus dem Rektor, seit 1561 einem Konrektor, den Kollaboratoren, Kantoren, dem

[81] Soß, Elementarschulwesen; Hable, Regensburg, S. 129–131.
[82] BayHStA Rst. Regensburg Lit. 501. Vgl. Soß, Elementarschulwesen, S. 10–15.
[83] StAR A f 58; Eccl. III Nr. 1; BayHStA Rst. Regensburg Lit. 502; LKAR Archivakten Fasz. 178.
[84] BayHStA Rst. Regensburg Lit. 503, 504; StAR A f 58.
[85] Kleinstäuber, Studienanstalten; Bauer, Regensburg, S. 307–309; A. Schmid, Gymnasium Poeticum.
[86] StAR Eccl. III Nr. 2. Es ist also gewiß nicht so, daß erst die protestantische Reichsstadt in Ausführung von Luthers Mahnschrift von 1524 ein Ratsgymnasium eingerichtet hat. Auch in Regensburg hat das Ratsgymnasium eine vorreformatorische, bürgerlich-humanistische Wurzel.
[87] StAR A f 64; BayHStA Rst. Regensburg Lit. 501, 502; Georg Lurz, Mittelschulgeschichtliche Dokumente Altbayerns, einschließlich Regensburgs II (Monumenta Germaniae Paedagogica 42) Berlin 1908, S. 332 f.

Alumnen-Inspektor und Adjunkten zusammen. Sie wurden von der Stadt besoldet, die als Aufsichtsbehörde schon 1541 das sogenannte Scholarchat einrichtete, ein aus einer wechselnden Anzahl von Mitgliedern – meist drei – des Inneren Rats, der Geistlichkeit und der Stadtverwaltung bestehendes Gremium[88]. Zum Unterhalt standen im Burgfriedensbezirk immerhin 19 Flurparzellen zur Verfügung. Weil in Regensburg aber im Unterschied zu anderen Städten keine Vermögenswerte aufgehobener Klöster greifbar wurden, war die materielle Ausstattung des Poetengymnasiums schmal. Doch stellte der Rat für Bedürftige eine Reihe von Stipendien bereit[89]. Zur Unterbringung der Schüler wurde unmittelbar neben dem Gymnasium das protestantische Alumneum eingerichtet[90]. 1664 erfolgte eine Erweiterung des schulischen Angebots durch die Einrichtung eines zweijährigen öffentlichen Auditoriums. Trotz dieser vielfältigen Förderungsmaßnahmen trat das Ratsgymnasium nach der Gründung des Jesuitenkollegs[91] bei St. Paul im Jahre 1589 bald deutlich in dessen Schatten[92]. 1811 wurden schließlich die beiden konkurrierenden Schulen miteinander vereinigt.

Anders als in Straßburg, Augsburg oder Nürnberg wurde in Regensburg das Gymnasium Poeticum nicht zur Akademie ausgebaut. Deswegen blieb die Reichsstadt ohne universitäre Bildungseinrichtung. Wiederholt wurden Anläufe zur Universitätsgründung unternommen. Doch scheiterten die Bemühungen Herzog Albrechts IV. 1487[93] ebenso wie die Bernhards von Weimar 1633. Der Versuch, die Universität Jena an die Donau zu verpflanzen, den Flacius Illyricus während seiner Regensburger Jahre 1562 bis 1566 unternahm[94], prallte am Widerstand des Rates ab. Die Stadt vermochte dem Lyzeum, das die Jesuiten ab 1615 an ihrem Kolleg unterhielten[95], keine gleichrangige Bildungseinrichtung an die Seite zu stellen. Auch Überlegungen zur Zeit König Maximilians I., die Landesuniversität von Landshut nach Regensburg zu verlegen, wurden zugunsten Münchens rasch aufgegeben. Die Stadt wurde erst im 20. Jahrhundert zur Universitätsstadt.

Als weitere zeittypische Bildungseinrichtung baute die Reichsstadt eine Stadtbibliothek auf[96]. Deren Anfänge reichen ungewöhnlich weit zurück, wenn die Erstbelege ins ausgehende 14. Jahrhundert fallen. Für 1430 ist eine wichtige

[88] LKAR Archivakten Fasz. 182, 183, 184.
[89] StAR Eccl. III Nr. 5, 6, 7, 8, 9.
[90] StAR Eccl. III Nr. 3. Vgl. Max Sack, Das Protestantische Alumneum Regensburg. Entstehung und Geschichte, Regensburg 1980; Gernot Sack, Das Protestantische Alumneum und das Albertus-Magnus-Gymnasium, in: Albertus-Magnus-Gymnasium Regensburg. Festschrift zum Schuljubiläum 1988, Regensburg 1988, S. 309–311.
[91] BayHStA Jesuitica 2503, 2504, 2505.
[92] StBR Rat. civ. 422, 423; LKAR Archivakten Fasz. 189. S. Kap. V, Anm. 241, 242.
[93] Weißthanner, Stiftungsbrief. S. Anm. 304.
[94] StAR Eccl. I 17/6. Druck: Hable, Regensburg, S. 240.
[95] BayHStA Jesuitica 2506, 2507, 2508.
[96] Paul Kaegbein, Deutsche Ratsbüchereien bis zur Reformation, Leipzig 1950, S. 18–20; Bernd Moeller, Die Anfänge kommunaler Bibliotheken in Deutschland, in: Studien zum städtischen Bildungswesen des späten Mittelalters und der frühen Neuzeit, hg. von Bernd Moeller, Hans Patze und Karl Stackmann, Göttingen 1983, S. 141; Ladislaus Buzas, Deutsche Bibliotheksgeschichte des Mittelalters, Wiesbaden 1975, S. 113.

Schenkung des Rechtsgelehrten Konrad von Hildesheim bezeugt[97]. Damit gehört Regensburg zu den ersten Reichsstädten, die eine Kommunalbibliothek aufgebaut haben. Ihr Charakter als öffentliche Bibliothek ist durch Ausleihregister verbürgt. Sie wurde durch Ankäufe und Schenkungen kontinuierlich erweitert. Vor allem im Zeitalter der Reformation erfuhr sie durch Schriftgut aus den Klöstern der Stadt wertvolle Bereicherung. Sie wurde ab 1654 im Rathausturm untergebracht. 1772 erfolgte die erste Katalogisierung durch Stadtschreiber Gemeiner. Der thematische Schwerpunkt der Bestände lag auf juristisch-administrativem Gebiet. Neben der Ratsbibliothek richtete die Stadt 1547/48 für ihr Gymnasium Poeticum eine eigene wissenschaftliche Bibliothek ein, die vor allem mit humanistisch-philologischem, aber auch naturwissenschaftlichem Schrifttum ausgestattet wurde. 1783 umfaßte sie immerhin um die 9300 Bände. Eine dritte kommunale Bibliothek wurde dann 1698 für die evangelische Geistlichkeit eingerichtet. Natürlich lag ihr Schwerpunkt auf theologischem Gebiet. Diese drei städtischen Büchersammlungen wurden im Jahre 1783 im Gebäude Neue Waag (Lit. B 61)[98] zusammengelegt, um eine gezieltere Verwaltung und Benutzung durchzusetzen. Die vereinigte reichsstädtische Bibliothek genoß bei den Zeitgenossen ein hohes Ansehen[99]. An ihrer Spitze stand mit Gemeiner eine der herausragenden Gelehrtenpersönlichkeiten der Zeit[100]. Sie ist nach der Mediatisierung der Stadt der Grundstock der Staatlichen Bibliothek geworden, wobei allerdings die herausragenden Bände nach München abgegeben werden mußten[101].

Regensburg war auch eine bedeutende Buchdruckerstadt[102], da der Rat das

[97] Mittelalterliche Bibliothekskataloge IV/1, S. 471–480.

[98] StBR Rat. civ. 576; Bauer, Regensburg, S. 260, 308f.

[99] Friedrich Karl Gottlob Hirsching, Versuch einer Beschreibung sehenswürdiger Bibliotheken Teutschlands III, Erlangen 1788, S. 625–649; Georg Wilhelm Zapf, Ueber meine literarische Reise in einen Theil von Baiern, Franken und Schwaben im Jahre 1782, Augsburg 1783, S. 16–20; Philipp Wilhelm Gercken, Reisen durch Schwaben, Baiern, die angränzende Schweiz, Franken ... II, Stendal 1784, S. 109–114.

[100] StBR Rat. civ. 3, 282a, b, 561; Carl Theodor Gemeiner, Nachrichten von den in der Regensburgischen Stadtbibliothek befindlichen merkwuerdigen und seltenen Buechern aus dem 15. Jahrhundert, Regensburg 1785; Carl Theodor Gemeiner, Kurze Beschreibung der Handschriften in der Stadtbibliothek der K. Freien Regensburg, Ingolstadt 1791. Zu Karl Theodor Gemeiner (1756–1823): Andreas Kraus, Die Historische Forschung an der Churbayerischen Akademie der Wissenschaften 1759–1806 (SchbLG 59) München 1959, S. 139–149; Heinz Angermeier, Einleitung, in: Gemeiner, Chronik I, S. 11*–39*; Edmund Neubauer, Königtum und Reichsstadt im 14. Jahrhundert im Spiegel der Reichsstadt Regensburgischen Chronik. Carl Theodor von Gemeiner – der Geschichtsschreiber der Reichsstadt (VHVO 117) 1977, S. 239–258; Edmund Neubauer, Das geistig-kulturelle Leben der Reichsstadt Regensburg (1750-1806) (MBM 84) München 1979, S. 108–122; Hermann Hage, Der Regensburger Historiker und Archivar Carl Theodor Gemeiner (1756–1823). Leben, Werk und Bedeutung für die Geschichtsschreibung des späten 18. und frühen 19. Jahrhunderts (VHVO 123) 1983, S. 171–234.

[101] Wissenschaftliche Bibliotheken in Regensburg. Geschichte und Gegenwart, hg. von Hans-Joachim Genge und Max Pauer, Wiesbaden 1981, S. 77–104 (Gisela Urbanek).

[102] Joseph Anselm Pangkofer - Joseph Rudolph Schuegraf, Geschichte der Buchdruckkunst in Regensburg, Regensburg 1840; Schottenloher, Regensburger Buchgewerbe; Jürgen Sydow, Regensburger Buchdruckerkunst aus sechs Jahrhunderten, München 1956.

neue Medium sehr förderte. Doch übte er zugleich scharfe Aufsicht und verwies Buchdrucker, die gegen seine Bestimmungen verstießen, ohne Ansehen ihrer Person – wie den berühmten Hans Kohl – der Stadt[103]. Angesichts dieser Voraussetzungen gab es um die Mitte des 16. Jahrhunderts Pläne, Regensburg zur bedeutendsten, ja einzigen Buchdruckerstadt im Reich auszubauen, in der die gesamte Buchproduktion konzentriert werden sollte. Dadurch wäre vor allem die Überwachung des Buchmarktes erleichtert worden[104]. Doch war dieser Vorschlag zu wirklichkeitsfern, um ausgeführt werden zu können.

Die Stadt verwahrte die wichtigsten Dokumente und Schriftstücke in einem Archiv, über dessen Entwicklung aber noch wenig bekannt ist[105]. Es war zunächst im Rathausturm untergebracht, wurde aber bei einem Brand 1706 und den folgenden Baumaßnahmen in Mitleidenschaft gezogen. Als Stadtarchivar fungierte immer einer der Stadtschreiber; der namhafteste war der letzte: Carl Theodor Gemeiner. Ihn unterstützte ein Registrator. Dennoch befand sich am Ausgang der reichsstädtischen Zeit das Archiv in großer Unordnung. Es war in folgende Abteilungen gegliedert: das Urkundenarchiv, die Geheime Registratur, die magistratische Kanzleiregistratur und die verschiedenen Amtsregistraturen. Allein das Urkundenarchiv war einigermaßen geordnet und durch ein Repertorium des 18. Jahrhunderts erschlossen. Die übrigen Abteilungen waren kaum benützbar, weil sie auf mehrere Räume im Rathaus verteilt wurden. Die Akten waren *gleich Getreidehaufen aufeinandergeschichtet*[106]. Sie wurden nach dem Ende der reichsstädtischen Zeit zwar weiterhin vom nun bayerischen Beamten Gemeiner betreut, aber dennoch mehrfach umgelagert, um für die neuen Verwaltungsbehörden Platz zu bekommen. Aus diesem Grunde wurden schließlich in bayerischer Zeit beträchtliche Bestände vernichtet. Nur die als besonders wertvoll eingestuften Teile wurden nach München überführt. Von den Altbeständen sind am Ort lediglich Fragmente verblieben.

Neben den genannten Einrichtungen, die schwerpunktmäßig in den Bildungsbereich verweisen, sei noch besonders hingewiesen auf das Almosenamt, da es das besondere Interesse des Rates an der sozialen Frage zum Ausdruck bringt. Das Almosenamt wurde noch vor dem Übertritt der Stadt zum Protestantismus im Jahre 1531 eingerichtet. Seine Hauptaufgabe war der Aufbau einer kommunalen Fürsorge- und Wohlfahrtspflege, die vorher fast ausschließlich in kirchlicher Hand gelegen hatte. Diese kirchlichen Einrichtungen wurden nach der

[103] Schottenloher, Regensburger Buchgewerbe, S. 17–27; Josef Benzing, Die Buchdrucker des 16. und 17. Jahrhunderts im deutschen Sprachgebiet, Wiesbaden ^{2}1982, S. 386–388.

[104] So der Humanist Jakob Ziegler in seinem Plan zur Umgestaltung Deutschlands und der Christenheit: Karl Schottenloher, Jakob Ziegler aus Landau an der Isar. Ein Gelehrtenleben aus der Zeit des Humanismus und der Reformation (Reformationsgeschichtliche Studien und Texte 8–10) Münster 1910, S. 262.

[105] Wilhelm Fürst, Die reichsstädtischen Archive Bayerns im Zeitpunkt der Mediatisierung, mit besonderer Berücksichtigung des Regensburger Archivs (Korrespondenzblatt des Gesamtvereins der deutschen Geschichts- und Altertumsvereine 73) 1925, Sp. 235–248; Jürgen Sydow, Das Stadtarchiv Regensburg (Mitteilungen für die Archivpflege in Bayern 4) 1958, S. 57–61; Heribert Sturm, Archive in Regensburg (Archivalische Zeitschrift 58) 1962, S. 95–118; Bauer, Regensburg, S. 237 f.

[106] StAAm Reg. KdI 5985: Bericht von Gemeiner 20. X. 1813; Teildruck bei Fürst, Reichsstädtische Archive, Sp. 245.

Reformation in die Verfügungsgewalt der Stadt überführt. Gleiches geschah mit bürgerlichen Stiftungen beim Erlöschen der Stifterfamilien. Das Armenwesen erlebte also nach 1500 im Rahmen einer Um- und Aufwertung einen deutlichen Kommunalisierungsschub, der in ähnlicher Weise in anderen Städten festzustellen ist; dabei gingen die protestantischen Reichsstädte wohl wegweisend voran. Das Almosenamt erlangte für die innere Geschichte der Stadt bis ins 19. Jahrhundert hinein eine hohe Bedeutung. Seine Leitung gehörte zu den städtischen Wahlämtern, das in den Ratswahlbüchern erstmals 1547 Berücksichtigung erfuhr. Sie setzte sich aus sechs Mitgliedern (zwei Direktoren, vier Assessoren) zusammen, den sogenannten Almosenpflegern, die zu gleichen Anteilen vom Inneren und Äußeren Rat sowie der Gemeinde bestimmt wurden. Die Führung kam den zwei Inneren Räten als den beiden Direktoren zu. Als Verwaltungspersonal standen ihnen ein oder zwei Schreiber zur Verfügung. Grundlage der Arbeit der Behörde war eine Amtsordnung, die zusammen mit der Bettelordnung in Abständen öffentlich verlesen wurde. Für die praktische Arbeit unterhielt die Stadt einen besoldeten Arzt oder Bader; die Betreuung der Bedürftigen erfolgte in ambulanter oder stationärer Form. Die Überleitung in städtische Zuständigkeit führte zu einer engen Verquickung kommunaler und konfessioneller Aspekte, die Anlaß zu Schwierigkeiten bei ihrer Verwaltung in der neuesten Zeit geben sollten. Andererseits war sie die Voraussetzung dafür, daß viele der zahlreichen Stiftungen bis in die Gegenwart überlebt haben.

h) Die Wachten

Das Stadtgebiet war seit dem Mittelalter in acht Wachten eingeteilt, die bis an die Schwelle des 20. Jahrhunderts das entscheidende Organisationsprinzip der innerstädtischen Verwaltung blieben[107]. Es steht im gesamten deutschen Rechtsgebiet vorerst isoliert im Raum. Für altbayerische Städte ist im übrigen die Einteilung in Viertel kennzeichnend. Die Wachten lassen sich bis ins 13. Jahrhundert zurückverfolgen; der Erstbeleg für einen Wachtmeister liegt um 1200, für die Wacht 1251 vor. Doch sind der genaue Zeitpunkt und die näheren Umstände ihres Entstehens nicht weiter aufzuhellen. Vermutlich ist mit einer sehr verworrenen Entwicklungsgeschichte zu rechnen. Doch sei auf die Parallele Venedig aufmerksam gemacht, wo der Altstadtbereich ebenfalls in sechs Sestieri eingeteilt ist; die intensiven Beziehungen zwischen den beiden Städten sind vor allem von der Wirtschaftsgeschichte her gut bekannt. Das Einteilungsschema in zwei Vorstadtwachten, drei Neustadtwachten auf dem Gebiet der arnulfinischen Stadterweiterung und drei Wachten auf dem Areal des alten römischen Legionslagers spiegelt die Verhältnisse des Hohen Mittelalters wider. Das bekannte Organisationsmuster mit schließlich acht Einheiten dürfte auf eine Reform der Wachten um 1280 angesichts des Einbaues der Vorstädte zurückgehen. Alle acht Wachten werden erstmals in einer Ratsverordnung von 1307 genannt[108].

[107] Vgl. Bauer, Regensburg, S. 16f.; Strobel, Bürgerhaus, S. 13–29; Ritscher, Ratsverfassung II, S. 28–40; Helmut-Eberhard Paulus, Zehn Jahre Baualtersplan in der Oberpfalz (Die Oberpfalz 71) 1983, S. 130–132.

[108] RUB I, S. 119f. Nr. 234. Zu parallelen Verfassungsentwicklungen in Regensburg und Venedig weiterhin: Drüppel, Iudex civitatis, S. 190f.

Die Bezeichnung Wachten ist ungeklärt, legt aber Rückschlüsse auf die Funktion der Einrichtung nahe. Gewiß erscheint sie in den frühen Quellen des 14. Jahrhunderts überwiegend im Zusammenhang mit Bausachen[109]; das hängt aber mit der Struktur des Quellenmaterials zusammen. Der Begriff verweist mehr in den polizeilich-militärischen Bereich und wird besonders im Rahmen des Auer-Aufstandes faßbar[110]. Der Wacht stand ein Wachtmeister vor[111], der mit recht weitgehenden Vollmachten ausgestattet war. Denn er konnte sogar entsprechende Bestimmungen gegenüber kirchlichen Einrichtungen und Juden durchsetzen. Der Wachtmeister führte das Wachtaufgebot an, das sich bei Bedarf, etwa im Falle von äußerer Bedrohung, inneren Tumulten oder von Feuersbrünsten, an festgelegten Plätzen zu versammeln hatte. Der Wachtmeister hatte weiterhin gerichtliche Kompetenzen, wenn er dem jährlich einmal zusammentretenden Wachtgeding vorstand, das den Bewohnern die wichtigsten Ratsbeschlüsse bekannt machte und sie neu auf den Rat verpflichtete. Er war für die Steuereintreibung, notarielle Aufgaben und vor allem Bausachen zuständig. Auf dieser Ebene wurde nach dem Dreißigjährigen Krieg auch das Elementarschulwesen neu organisiert. Dem Wachtmeister stand der Wachtschreiber zur Seite sowie ein Wachtrat, der aus acht ehrbaren Bürgern, den sogenannten Achtern, bestand. Die älteste Wachtordnung liegt aus dem Jahre 1545 vor, auf die eine Reihe von Ergänzungen und Neufassungen folgte[112], von denen die *Revidirte Wachtgedingsordnung* von 1657 besonders wichtig ist[113].
Der Benennung der Wachten mit teilweise ungewöhnlichen Namen liegt kein vorerst einsichtiges einheitliches Prinzip zugrunde. Vermutlich deuten die Namen auch auf unterschiedliche Entstehungsschichten. Die sechs Altstadtwachten sind sicherlich die älteren. Sie leiten ihre Namen von zwei Voraussetzungen her. Zum einen sind sie nach geographischen Fixpunkten benannt: die Pauluserwacht nach dem dominanten Stift St. Paul; die Donauwacht nach der Donau; die Wahlenwacht nach der in mehrfacher Hinsicht bemerkenswerten Wahlenstraße. Zum anderen werden die Bezeichnungen für Wirtschaftsbereiche zugrunde gelegt, die hier schwerpunktmäßig angesiedelt waren: die Wildwercherwacht nach den Kürschnern oder Pelzbearbeitern, die Schererwacht nach den Tuchscherern, die Witwangerwacht nach der Holzverarbeitung. Freilich lassen sich diese beiden Gruppen nicht auch geschlossenen Räumen zuweisen. Die entsprechenden Namenbildungen kommen sowohl in der früheren Römerstadt als auch der Neustadt vor. An diese sechs Altstadtwachten wurden im Zuge der spätmittelalterlichen Stadterweiterung die Westner- und Ostnerwacht angeschlossen, deren Entstehung erst mit der Einbeziehung in den Mauerring in Zusammenhang stehen kann. Jeder dieser Wachten wurde im Jahre 1794 zur Kennzeichnung im Rahmen der im Zusammenhang mit der Statistik in Kapitel VI zu behandelnden Litera-Einteilung ein Großbuchstabe zugeordnet (A–H).

[109] RUB I, S. 262, 398f., 450f., 451, 541, 661, 670 Nr. 473, 712, 816, 818, 985, 1219, 1245.
[110] RUB I, S. 386 Anm.
[111] RUB I, S. 17, 42f., 222 Nr. 46, 81, 398; Gemeiner, Chronik I, S. 226.
[112] StAR Pol. IV Nr. 40, 41.
[113] BStB cgm 3023; StAR Pol. IV Nr. 1, 2; StAAm Rst. Regensburg 2, 3; StBR Rat. civ. 40 a, b, 279, 327.

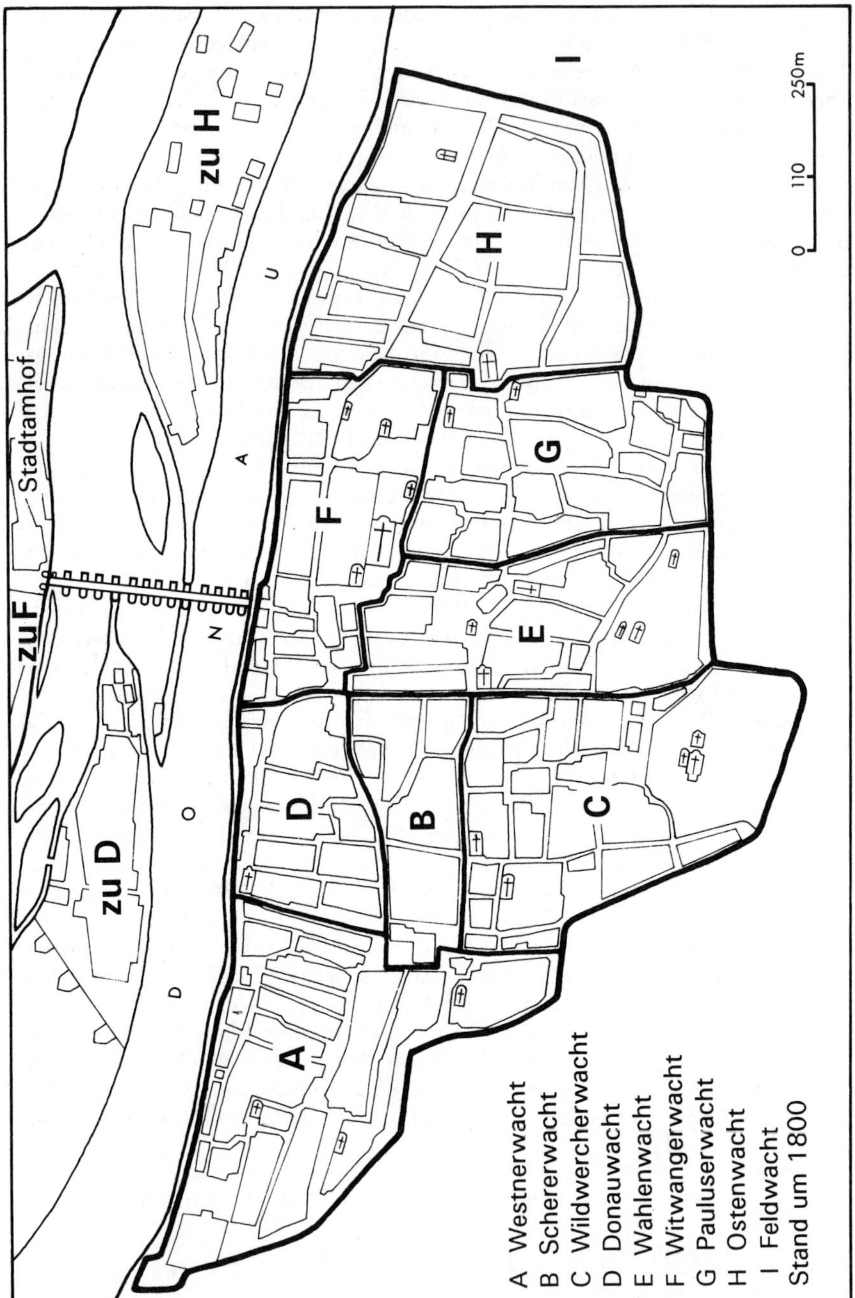

Skizze 8: Die Wachten

Die Wachten waren in ihrer räumlichen Erstreckung[114] keine gleich großen, sondern sehr unterschiedliche, auch keine stabilen, sondern dynamische Gebilde. Der Vergleich eines Wachtenverzeichnisses von 1471 mit dem neuzeitlichen Organisationsstand läßt Grenzverschiebungen deutlich werden, die sich aber auf Randbereiche beschränken[115]. Das Grundgerüst der Organisation blieb erhalten. Eine letzte Grenzberichtigung erfolgte 1803 unter Fürstprimas Dalberg, der auch die außerhalb der Ummauerung entstandenen Häuser in der neugeschaffenen Feldwacht (I) erfassen ließ. Damals wurden der Obere Wöhrd der Donauwacht (Lit. D) und der Untere Wöhrd der Ostnerwacht (Lit. H) zugerechnet, während das St. Katharinen-Spital zur Witwangerwacht (Lit. F) zählte. 1868 wurde der Ort Kumpfmühl als Litera K in dieses System der Ortskennzeichnung einbezogen.

Neben den Wachten gab es eine weitere Einteilung des Stadtgebietes in Obere und Untere Stadt. Sie ging vom Verlauf des Vitusbaches entlang den beiden Bachgassen aus, der bis 1837 ein offener Gewässerlauf war und erst in diesem Jahre gefaßt wurde. An diesem Gliederungsprinzip orientierte sich vor allem die Kirchenorganisation sowohl auf katholischer wie auf evangelischer Seite, die in beiden Fällen zwischen Oberer und Unterer Pfarrei unterschied. Auf diesem Einteilungschema baute aber auch die Schulorganisation auf. Die katholische Kirche machte im Jahre 1456 den Anfang. Die evangelische Kirche folgte diesem Beispiel 1814 nach. Es schimmert in der Bezeichnung der katholischen Friedhöfe noch in der Gegenwart durch. Aber auch die Wachteneinteilung nahm auf die Trennlinie des Vitusbaches Bezug, indem er die drei Altstadtwachten von den Neustadtwachten abgrenzte. Die Wassergrenze wurde an keiner Stelle übersprungen. Es spricht vieles dafür, daß dieses Gliederungsprinzip das ältere ist, auf dem dann die Wachteneinteilung mit ihren weiteren Unterteilungen aufbaute.

i) Der Burgfrieden

Seit die Stadt als Reichsstadt ihren eigenen Weg ging, mußte sie daran interessiert sein, einen Landgürtel außerhalb ihrer Mauern unter ihre Zuständigkeit zu bringen, um auch im Falle von Konflikten zumindest ihre agrarische Nahversorgung zu sichern. Wie jede Stadt hat sie sich im späten Mittelalter um den Aufbau eines Burgfriedens bemüht[116]. In diesen sollten hauptsächlich die seit der Jahrtausendwende allmählich bebauten Zonen im Westen und Osten der Stadt an der Donau einbezogen werden, vor allem aber das fruchtbare Ackerland im Donaubogen südlich der Stadt. Über den Umfang dieses Burgfriedens wurde das gesamte späte Mittelalter über erbittert mit den Herzögen von Bayern gerungen. Diese verwehrten ihm eine größere Ausdehnung. Er umfaßte keine Wälder, so daß die Stadt ihr Brenn- und Bauholz ständig einführen mußte, und auch kein einziges Dorf. Kumpfmühl lag auf Grund des Klosters Prüll und konnte nie einbezogen werden[117].

[114] Wachtpläne: StAR G 13–42; StMR (zahlreiche Pläne); Germanisches Nationalmuseum Nürnberg SP 5115.
[115] Wolff, Regensburgs Häuserbestand im späten Mittelalter.
[116] Scherer, Burgfrieden; Rainer Schmeissner, Der Burgfrieden der freien Reichsstadt Regensburg (Die Oberpfalz 62) 1974, S. 1–9; Schmeissner, Burgfrieden; Bauer, Regensburg, S. 537–542.
[117] Freytag, Kumpfmühl. S. Kap. VI, Abschn. 2. S. Skizze Nr. 1.

Der erste Hinweis auf den Burgfrieden findet sich in einer Urkunde des Stiftes Obermünster von 1253, die von einer *curia in campo civium* spricht. 1286 ist dann die Rede von *quorundam agrorum situorum in dem Burgfeld*[118]. Von dieser Zeit an laufen die Belege kontinuierlich weiter, weil die Ausdehnung des Burgfriedens ein ständiger Zankapfel mit den Herzögen von Bayern war[119]. Dabei war zunächst die Reichsstadt die dominierende Seite. Vor allem im 14. Jahrhundert hat sie eine sehr zielstrebige Burgenpolitik betrieben und sich auf diesem Wege die Möglichkeit eröffnet, die Grenzen ihres Territoriums vor allem in den Vorderen Bayerischen Wald hinein vorzuschieben. Sie zielte auf den Aufbau eines wirtschaftlich wie militärisch gleichermaßen nutzbaren Vorlandes auch nördlich der Donau. In diesem Rahmen erfolgte 1385 die Erwerbung von Donaustauf und 1408 von Stadtamhof auf dem Pfandwege. Diesen kraftvollen Expansionsbestrebungen traten vor allem die wittelsbachischen Herzöge entgegen, die hier die Entstehung eines ähnlich gewaltigen Reichsstadtterritoriums wie im herrschaftlich allerdings gänzlich anders eingebetteten Nürnberg befürchteten[120]. Diese Auseinandersetzungen wurden erst 1496 im Straubinger Vertrag beigelegt. Damals erhielt der Burgfrieden im wesentlichen seine während der gesamten frühen Neuzeit gültige Erstreckung und wurde im Gelände abgemarkt. Er spannte einen Halbkreis im Süden um die Stadt von Kneiting bis Schwabelweis, ohne daß jedoch der Umfang des früheren *territorium legionis* erreicht worden wäre. Damit steht der Burgfrieden in keinem tatsächlichen Zusammenhang, auch wenn die Stadt dahingehende Forderungen geltend gemacht hat. Die Grenzen, die auch keinen Bezug zum westlichen Donaugau haben, sind das Ergebnis herrschaftlicher Auseinandersetzungen, ohne daß die merkwürdige Einbuchtung bei Kumpfmühl überzeugend erklärt werden könnte[121]. Die bemerkenswerteste Grenzverschiebung erfolgte durch den Erwerb des Gutes Königswiesen vom Kloster Prüfening 1663, wozu der Kurfürst von Bayern die erforderliche Zustimmung nur zögernd gab.
In diesem Gebiet beanspruchte die Stadt die Landeshoheit, die aber vom Herzog bzw. Kurfürsten von Bayern kontinuierlich bestritten wurde[122]. Er reklamierte die Landeshoheit außerhalb der Mauern für sein Herzogtum und gestattete der Stadt lediglich die Verwaltung. Der Münchner Hof versuchte aber nicht nur den Rechtsstatus, sondern auch das Territorium der Reichsstadt zu beschränken. Dafür boten sich verschiedene Ansatzpunkte. Umstritten waren zum einen die an der Grenze des Burgfriedens gelegenen Besitzkomplexe Pürkelgut, Prebrunn und Königswiesen. Die Stadt beanspruchte hier die Landeshoheit einschließlich der hohen und niederen Gerichtsbarkeit wie in der Stadt. Sie wollte dort ebenso Steuern erheben und Musterungen durchführen wie innerhalb ihrer Mauern. Damit stieß sie jedoch auf den Widerstand der bayerischen Landesverwaltung, die hier ihrerseits die Landeshoheit geltend machte. Sie versuchte vor allem das Geleitrecht auf den Straßen durch den Burgfrieden bis an die Stadtmauer durchzusetzen; darin fand sie die Unterstützung der

[118] Die Belege gesammelt im Akt: StAR Hist. III Nr. 1.
[119] D. Schmid, HAB Regensburg I, S. 174 f.; D. Schmid, Stadtregion.
[120] Heinrich Dannenbauer, Die Entstehung des Territoriums der Reichsstadt Nürnberg (Arbeiten zur deutschen Rechts- und Verfassungsgeschichte 7) Stuttgart 1928.
[121] Sie hängt wohl mit den Besitzrechten des Klosters Prüll zusammen. Vgl. P. Schmid, Regensburg, S. 103 f.
[122] Die Streitunterlagen: StAR Hist. III Nr. 1. S. Abb. 10.

pfalz-neuburgischen Behörden[123]. Ein weiterer Streitpunkt war das Bergregal, das Herzog Albrecht IV. 1477 den bayerischen Untertanen auch im Burgfriedensbezirk zuerkannte. Aufgrund dessen waren sie befugt, auch hier nach Erz zu suchen. Die hier ansässigen Bauern wurden mehrfach zu Steuern veranlagt. Die dadurch begründeten Streitigkeiten ziehen sich kontinuierlich bis ins ausgehende 18. Jahrhundert hin. Es kam zu oftmaligen Lokalterminen und Grenzbegehungen. In einer Reihe von Verträgen (1558, 1574, 1610, 1703) wurde versucht, die Streitpunkte aus der Welt zu schaffen, was aber immer nur auf begrenzte Zeit gelang.
Angesichts der starken Münchner Repressalien im Burgfrieden benützte die Stadt die Ächtung Max Emanuels im Jahre 1706 zu einem Gegenvorstoß. Während der österreichischen Administration in Kurbayern schob sie in dieser günstigen Phase die Grenze des Burgfriedens weiter auf bayerisches Gebiet vor. Die Reichsstadt nützte also die Notlage der Gegenseite zur Erfüllung eines lange gehegten Wunsches. Doch konnte sie diesen Erfolg auf Dauer nicht behaupten. In den Friedensverträgen, die den Spanischen Erbfolgekrieg abschlossen, mußte sie die Grenze wieder auf den ursprünglichen Verlauf zurücknehmen. Im Jahre 1714/15 erhielt der Burgfrieden abermals den früheren Umfang[124].
Um in Zukunft derartige Vorstöße zu unterbinden, sicherte daraufhin Max Emanuel die bayerische Grenze durch die Anlage von neuen Ortschaften. Er ließ 1725 die Niedergebrachinger Heide, damals noch Ödland, kolonisieren und die Dörfer Seedorf und Neudorf sowie die Einöde Nußhof mit dem Nußgarten anlegen. Diese vier Ansiedlungen sind sehr späte Zeugen des bayerischen Landesausbaues in diesem Raum. Ihre Gründung 1725 steht unter eindeutig herrschaftlichen Vorzeichen. Dementsprechend kamen die Kolonisten aus den bayerischen Dörfern der Umgebung und nicht aus der Stadt[125].
Gerade diese neu angelegten Dörfer zeigen, wie gespannt das Verhältnis zwischen der Reichsstadt und Bayern wegen des Burgfriedens war. Dennoch gingen die Auseinandersetzungen weiter[126]. Diese abermaligen Grenzstreitigkeiten lebten vor allem unter Max III. Joseph wieder auf, als Grenzsteine versetzt wurden. Sie wurden erst im Jahre 1772 endgültig bereinigt. Damals wurde der Burgfriedensbezirk mit 21 Säulen neu im Gelände abgemarkt und blieb in dieser Form bis zum Ende des Alten Reiches bestehen[127].
Der Burgfrieden der Reichsstadt Regensburg umfaßte am Ausgang des Alten Reiches eine Fläche von nahezu 17 qkm und war damit spürbar kleiner als der Augsburgs. Er konnte in keiner Weise konkurrieren mit den reichsstädtischen Territorien in Schwaben oder Franken. Rothenburg verfügte über einen Burgfrieden von 388 qkm, Ulm von 830 qkm. Das ausgedehnteste Territorium hatte die Reichsstadt Nürnberg mit 1200 qkm.

[123] BayHStA Rst. Regensburg Lit. 74; Otto Rieder, Das pfalz-neuburgische Geleite nach Regensburg und in das Kloster Prüfening (VHVO 59) 1907, S. 1–288.
[124] HHStAW Kleinere Reichsstände 418. Vgl. Wankerl-Hinterhofer, Regensburg, S. 93–102.
[125] Josef Deml, Die Besiedlung der Hohengebrachinger Heide (VHVO 78) 1928, S. 107–180; Georg Völkl, Planmäßig errichtet wurden um 1725 die Reihendörfer Seedorf und Neudorf (Die Oberpfalz 61) 1973, S. 205–208.
[126] StAR Hist. III Nr. 1.
[127] BayHStA Pls. 8432, 8435, 8439, 8440, 8442, 8443–8464. Plan von Jakob Sebastian Püchler 1765: StMR. Druck: Regensburger Almanach 20, 1987, S. 45. Vgl. Moser, Teutsches Staatsrecht XLII, S. 539.

Im Burgfrieden befanden sich 1662 2440 Flurparzellen[128]. Um 1800 wurden 2571 Nummern gezählt[129]. Die geringfügige Verschiebung ist wohl durch Teilung großer Felder, aber auch geringfügige Grenzkorrekturen zu erklären. Besitzer waren vor allem die Klöster in der Stadt, die Stadt selber und die Bürger. Die Flur war in zwei Korngedinge unterteilt. Das Obere Feld umfaßte den Raum zwischen Weinweg und Brunnleite bis hin zum Prüfeninger Weg. Es war wiederum in drei Zellen zergliedert, deren erste vom Weinweg zum Brunnweg, die zweite vom Brunnweg zum Hochweg, die dritte vom Hochweg bis zum Prüfeninger Weg reichte. Das Untere Feld umfaßte den Raum vom Prüfeninger Weg bis an die Donau bei Schwabelweis. Der Grund für die Ungleichheit der beiden Felder bleibt unklar. Auch das Untere Feld war in drei Zellen unterteilt, deren erste vom Prüfeninger Weg bis zum Kumpfmühler Weg, die zweite vom Kumpfmühler Weg bis zum Weintinger Weg und die dritte dann bis an das Donauufer reichte. Der Grund für die Dreiteilung beider Feldgedinge ist in der Dreifelderwirtschaft zu suchen. Jedes der Drittel wurde im Turnus mit Sommer- bzw. Wintergetreide bebaut und dann brach liegen gelassen. Die Bebauung wurde auf dem Wege des Flurzwanges obrigkeitlich geregelt. Aus ihm war allein der schmale Streifen zwischen Weinweg und Donauufer ausgenommen, der nach Belieben von den Grundherren bewirtschaftet werden konnte[130].

Für die Leitung der Arbeiten im Burgfriedens war die sogenannte Baumannschaft zuständig[131]. In ihr waren alle hier begüterten Grundherrn organisiert. Die Baumannschaft war eine Korporation, in die alle Grundherrn nach Entrichtung einer Gebühr Aufnahme fanden. Die Baumannschaft erließ Flurordnungen. Die erste stammt aus dem Jahre 1550[132]. Sie wurde 1587 überarbeitet und 1660 abermals durch eine Neufassung ersetzt, die dann bis in die Dalbergzeit hinein Gültigkeit behielt. Nach diesen Ordnungen wurden für jedes der beiden Korngedinge ein Kornpropst aufgestellt, der dann vom Magistrat der Stadt ernannt wurde. Ihm unterstand eine wechselnde Anzahl von Egscheiden. Zuständig waren diese Verwaltungsorgane für die Aufrechterhaltung der Ordnung innerhalb des Burgfriedens: für die Vermessung, die Vermarkung, den Flurzwang, die Instandhaltung von Wegen und Stegen, den Viehtrieb und die Weide, die Allmende. Kornpropst und Egscheide wurden von der Korngedingsversammlung kontrolliert. In ihr vereinigte sich die Baumannschaft einmal jährlich. Zum Besuch war jeder Berechtigte in würdiger Kleidung verpflichtet. Hier wurden auch unerledigte Streitfälle entschieden. Die Baumannschaft hatte zudem rechtliche Kompetenzen und Strafgewalt. Über ihre Tätigkeit wurde Protokoll geführt[133]. Der Burgfriedensbezirk wurde also sehr gezielt verwaltet. Hier spiegelt sich die besondere Bedeutung der Ackergründe

[128] StAR I AH 3.
[129] StAR Hist. III Nr. 2, 3. Siehe Statistik Teil 2.
[130] StAR AH 3; StAAm Kataster Regensburg I 222, p. 44.
[131] Vgl. die gründliche Untersuchung von Pawliska, Baumannschaft.
[132] BayHStA Rst. Regensburg Lit. 384, fol. 298ʳ–301ʳ. Druck: Claudia Erdenreich, Die Korngedingordnung der Reichsstadt Regensburg aus dem Jahre 1550, in: Quellen zur Verfassungs-, Sozial- und Wirtschaftsgeschichte bayerischer Städte (wie Anm. 22), S. 197–205.
[133] StAR Baumannschaft Nr. 1: Protokolle 1624–1806. Nr. 2–41: Nachlaß der Behörde. S. Anm. 159.

für die Stadt wider. Eine derartige Organisationsform ist aus dem bayerisch-österreichischen Rechtsgebiet im übrigen nicht bekannt. Die Baumannschaft ist aber entfernt doch vergleichbar der altbayerischen Dorfgemeinde. Die Burgfriedensordnungen sind den Ehaftordnungen und Weistümern an die Seite zu stellen. Die Reichsstifte fügten sich nur widerwillig in die Genossenschaft, weil sie sich von der Reichsstadt nur ungern derart weit gehende Vorschriften machen ließen.
Die Stadt hat mehrfach versucht, ihr Territorium auch nach Norden auszuweiten und jenseits der Donau Fuß zu fassen (1486, 1706–14). Doch ist es hier allein zur Ausbildung eines kleinen Brückenkopfes am Fuß der Steinernen Brücke einschließlich des St. Katharinen-Spitals im 14. Jahrhundert gekommen. Der beabsichtigte Erwerb des Gebietes von Stadtamhof glückte nicht. Allerdings vermochte sie die Wöhrde zu behaupten, die sich 1304 durch die Umorientierung des Flußsystems bildeten und auf die auch der Herzog von Bayern Ansprüche erhob[134]. Sie waren zunächst umstritten. In den Auseinandersetzungen setzte sich die Stadt durch. Die Wöhrde wurden städtisch und die Donau- bzw. Ostnerwacht zugeschlagen. Sie wurden genutzt durch Sandgruben und Weiden. Zudem wurden dort Mühlen, Lagerhäuser und Kalköfen angelegt. Die Insel diente aber auch mit Parkanlagen der Erholung. Der Anschluß der Wöhrde an das Stadtgebiet durch den Brückenbau war immer ein Politikum. Albrecht IV. hat während der bayerischen Jahre 1486 bis 1492 eine Brücke nach Stadtamhof anlegen lassen, die die Reichsstadt nach 1492 aber sofort wieder abriß und durch eine Brücke nach Osten zur Steineren Brücke ersetzte.
Außerhalb des Burgfriedensgebietes vermochte die Stadt ein einziges Landgut zu erwerben: Seppenhausen bei Pfatter. Es war ein stattliches Bauernanwesen und umfaßte 165 Tagwerk. Die Verwaltung oblag der Stadtkämmerei[135]. Doch gelang es der Stadt nicht, es auch unter ihre Hoheit zu bringen, sie verblieb beim Herzog. Das Gut fiel 1810 an Bayern und wurde im Folgejahr an seinen bisherigen Bearbeiter Nikolaus Heinrich für 8300 Gulden verkauft.

k) Das Gerichtswesen

Die Organisation des Gerichtswesens in Regensburg unterscheidet sich sehr stark von den Verhältnissen im übrigen bayerisch-österreichischen Rechtsgebiet und zeigt eigene Züge, die sicher aus einer älteren zeitlichen Schicht als in den Gründungsstädten des Hoch- und Spätmittelalters stammen. Das wichtigste Gericht in der Stadt war während des Hohen Mittelalters das Schultheißengericht. Bei ihm lag die Hochgerichtsbarkeit, die sich aus der königlichen Gerichtsbarkeit im *fiscus* Regensburg herleitete, die für die Epoche Ludwigs des Deutschen ausdrücklich durch ein *mallum publicum* bezeugt ist. Sie lag in den Händen des königlichen *vicarius* und kam im 10. Jahrhundert an die

[134] Es gab ursprünglich noch mehr Wöhrde, als heute geblieben sind, z. B. den Bruderwöhrd. Sie sind auf dem Merianstich von 1644 noch erkennbar. S. Kap. I, Anm. 2.
[135] StAR Cam. 35–39, 86; Rainer H. Schmeissner, Grenzsteine mit Regensburger Wappen beim Gut Seppenhausen (Pfatter) (Monographien zur Oberpfälzer Flur- und Kleindenkmalforschung 7) Niedergebraching 1980.

Paponen, die auf dieser Rechtsgrundlage oberste Gerichtsherrn der Stadt wurden[136]. Der Schultheiß war der Unterbeamte des Burggrafen[137]. Schultheißen gibt es im übrigen Süddeutschland nicht, sie kommen aus der rheinischen Rechtspraxis[138]. Sie sind in Regensburg seit 1157 nachweisbar, doch ist mit diesem Amt seit der Einsetzung der Burggrafen zu rechnen. Mit dem burggräflichen Erbe kam die Gerichtshoheit über die Stadt um 1186 an die Wittelsbacher; nach der Landesteilung von 1255 fiel sie an die niederbayerische Teillinie[139]. Doch wurde diese infolge Geldmangels rasch gezwungen, ihre Rechte an die Bürgerschaft weiterzuverpfänden, die dadurch weiteren Zugang zum Stadtgericht erhielt, nachdem bereits im Fridericianum von 1230 von einem *iudicium civitatis* die Rede war, das der Bürgerschaft ersten Anteil an der Rechtsprechung zuerkannte. Während des früheren 14. Jahrhunderts war das Schultheißengericht hauptsächlich in Händen der Zant[140]. Endgültig brachte die Stadt dieses wichtigste Gericht in der sogenannten Schultheißenfehde 1360 an sich[141]. Ausgenommen blieb allerdings auch damals noch der Blutbann, den sich die Wittelsbacher weiterhin vorbehielten. Bis 1486 mußten die städtischen Schultheißen um ihre Belehnung am Herzogshof nachsuchen[142]. Die Stadt vermochte während des Mittelalters trotz intensiver Bemühungen nicht die Gerichtshoheit über das gesamte städtische Areal zu erringen.

Dem Schultheiß oblag der Vorsitz im Rechtsverfahren, vor allem wenn sie zum Tode führten. An der Urteilsfindung waren weiterhin Assessoren beteiligt. Schwere Kriminaldelikte, Streitigkeiten über Liegenschaften und Ewiggeldsachen konnten nur in Zusammenarbeit mit ihnen entschieden werden[143]. Ihre Anzahl umfaßte insgesamt 12; sie wurden auch von der Regimentsordnung 1514 beibehalten. Seitdem verdrängte die Bezeichnung Stadtgericht den älteren Namen. Der Schultheiß war auch an den anderen Gerichten beteiligt.

Die Stadthoheit schloß also zunächst nicht die volle Gerichtshoheit ein. Deswegen versuchte die Bürgerschaft beharrlich, ihre jurisdiktionellen Zuständigkeiten auszubauen. Sie bemühte sich bei den Königen um entsprechende Privilegien. Das bemerkenswerteste war die Bestätigung des *ius de non evocando* durch Heinrich VII. am 5. Juli 1309[144] sowie die Ermächtigung durch denselben Kaiser, Verbrecher außerhalb ihres Territoriums gefangenzunehmen

[136] MGH Formulae, S. 463: *in illa civitate, in mallo publico ante illo vicario.* Ein aussagekräftiges Bilddokument für die burggräfliche Gerichtsbarkeit in der Manessischen Liederhandschrift: Kraus-Pfeiffer (Hg.), Regensburg, Nr. 48. Kap. III, Anm. 246.

[137] Kayser, Regensburg, S. 18f.; Mayer, Burggrafen; Klebel, Landeshoheit, S. 594–617.

[138] Drüppel, Iudex civitatis, S. 11–13; Hans Schlosser, Spätmittelalterlicher Zivilprozeß nach bayerischen Quellen. Gerichtsverfassung und Rechtsgang (Forschungen zur deutschen Rechtsgeschichte 8) Köln-Wien 1971, S. 121; Krug, Untersuchungen zum Amt des „centenarius" – Schultheiß, S. 100–106.

[139] MB XXXVI/1, S. 529.

[140] Eine Liste bei: Morré, Ratsverfassung, S. 109–111.

[141] RUB II, S. 170–172 Nr. 360, 361.

[142] BayHStA Rst. Regensburg Lit. 78; StAR Hist. II Nr. 8: Gölgel, Verzeichnis der Stadtschultheißen 1298–1787.

[143] RUB II, S. 160f. Nr. 342.

[144] RUB I, S. 127f. Nr. 248; Germanisches Nationalmuseum Nürnberg, Reichsstadt Regensburg 208.

und abzuurteilen (7. Mai 1310)[145]. Am 16. Mai 1315 vervollständigte König Ludwig der Bayer die Rechtsfähigkeit der Stadt durch die Verleihung des *ius de non appellando*[146]. Der Appellationszug der Bürger endete für Urteile, die eine Strafe bis zur Höhe von 400 Rheinischen Gulden verhängten, damit vor dem Rat. Eine Appellation gegen die Sprüche der Stadtgerichte an außerstädtische Instanzen wurde für unzulässig erklärt. 1331 sprach Ludwig der Bayer eine förmliche Bestätigung der Gerichtsrechte in einer Prunkurkunde aus. Dennoch erfolgte auch weiterhin die Appellation gegen Urteile des Stadtgerichts, weil die Bürger ihr Recht jeweils dort suchten, wo sie sich größere Vorteile erwarteten; die Verfassungswirklichkeit deckte sich hier nicht allenthalben mit den Normen. Dennoch waren diese Privilegierungen wichtige Schritte in Richtung Gerichtshoheit. Für außerhalb der Stadt lokalisierte Streitgegenstände galt der Rechtsgrundsatz des *forum rei sitae*.

Das Schultheißengericht war auch für den Burgfriedensbezirk zuständig. Rechtsstreitigkeiten über Grund und Boden im Burgfrieden wurden – wie für den eigentlichen Stadtbezirk – vor diesem Gericht abgewickelt[147]. Alle Veränderungen in den Besitzverhältnissen wurden in Form von Siegelprotokollen niedergelegt, deren Überlieferung 1508 einsetzt. Bei Streitigkeiten, die erstinstanzlich in die Zuständigkeit der Baumannschaft fielen, war das Schultheißengericht zweite Instanz.

Die Schultheißengerichtsbarkeit erstreckte sich zunächst nur auf den bürgerlichen Teil der Stadt. In den kirchlichen Immunitäten oblag die Rechtssprechung den Domvögten und Propstrichtern[148]. Solche sind für das Obermünster von 1170 bis 1328 und Niedermünster von 1237 bis 1332 sowie das Stift St. Johann zwischen 1302 und 1316 nachzuweisen. Wie weit ihre Anfänge zurückreichen, ist unklar. Bei der Domvogtei ist durchaus mit einem Beginn der Rechtsprechung in der Domimmunität im 10. Jahrhundert zu rechnen, während die Propstgerichte wohl jüngeren Datums sind. Doch treten diese Propstrichter immer mehr hinter dem Domvogt zurück. Sie verschwinden dann endgültig während der ersten Hälfte des 14. Jahrhunderts. Sie werden vom bischöflichen Propstgericht absorbiert, das in die Mitte des 12. Jahrhunderts zurückzuverfolgen ist. Die kirchlichen Gerichte verfügten über keine festgelegten Zuständigkeitssprengel, sondern waren personenverbandlich ausgerichtet. Die Propstgerichte gingen schließlich in der Domvogtei auf, die seit 1245 auch förmlich mit dem Blutbann begabt war[149]. Nach dem Einzug der Domvogtei wurde das bischöfliche Propstgericht mehr und mehr mit Mitgliedern des Patriziats besetzt, so daß auch dieses zweite Stadtgericht in den Zuständigkeitsbereich der Bürgerschaft geriet. So büßte es mit dem Eintritt ins 15. Jahrhundert sehr an

[145] RUB I, S. 134 Nr. 259.

[146] RUB I, S. 164–166 Nr. 307; Battenberg, Gerichtsstandprivilegien I, S. 273f. Nr. 477–479, 328–330 Nr. 598–603, 555–557 Nr. 1051–1056, 716–718 Nr. 1331–1334; Gemeiner, Chronik I, S. 492. Vgl. Krieger, Lehnshoheit, S. 564 (demnach war Regensburg die einzige Reichsstadt, die während des 13. und 14. Jahrhunderts über dieses Privileg verfügte); Heinig, Reichsstädte, S. 280 Anm. 254; Glaser, Wittelsbach und Bayern I/2, S. 225f. Nr. 340.

[147] Löbl, Grundverkehr, S. 11–13.

[148] StBR Rat. ep. 72: Bericht von dem Propstgericht. Vgl. Martin, Probstgericht. Eine Liste: Morré, Ratsverfassung, S. 111f.

[149] Starflinger, Domvogtei (wie Kap. III, Anm. 257), S. 44f.

Bedeutung ein. Mit dem Vertrag von 1484 versuchte der Bischofshof noch einmal, seinen Gerichtsrechten Nachdruck zu verleihen, und betonte seine Zuständigkeit für den geistlichen Besitz in Stadt und Burgfrieden[150]. Doch verstärkte die Stadt den Druck in der Folgezeit und veranlaßte den Bischof schließlich zu einem Vertrag, in dem er 1571 der Vereinigung des Propstgerichtes mit dem Stadtgericht zustimmte[151]. Dieser Vertrag stellt aber nichts anderes dar als die Anerkennung einer in der Praxis längst vollzogenen Entwicklung. Das kirchliche Propstgericht wurde vom Stadtgericht förmlich aufgesogen, das damit einen sehr entscheidenden Schritt zur Durchsetzung der bürgerlichen Gerichtshoheit tat. Mit diesem Vertrag ging die Hochgerichtsbarkeit auch im kirchlichen Bereich an die Stadt über. In der Folgezeit verfügten noch folgende geistliche Einrichtungen über Niedergerichtsbefugnisse: Hochstift, Domkapitel, St. Emmeram, Obermünster, Niedermünster, Alte Kapelle, St. Johann, St. Ägidius, St. Paul, Heilig Kreuz, St. Klara, St. Jakob, Dominikanerkloster, Augustinerkloster, Karmelitenkloster, Minoritenkloster, Kapuzinerkloster.

Doch gingen die Auseinandersetzungen zwischen Stadt und Klerus wegen der geistlichen Immunität weiter. Ein nächster Vertrag vom 30. Dezember 1654 legte die Zuständigkeiten der Stadt erneut fest[152]. Er betonte einleitend, daß die Klöster und Kirchen einschließlich ihres Hausbesitzes nicht der städtischen Jurisdiktion unterstünden, daß dennoch aber die städtischen Brandschutzvorschriften uneingeschränkt auch auf diese Bauten zu übertragen seien. Bei Baustreitigkeiten ist für geistliche Kläger zunächst allein das geistliche Gericht zuständig. Bei Streitfällen zwischen Bürgern und Geistlichen kann der Bürger dagegen nur beim weltlichen Gericht Anzeige einreichen. Die Wachtherren dürfen bei kirchlichen Bauten kein Recht auf Augenschein geltend machen, doch kann die kirchliche Seite jederzeit den Rat des Bauamts in Anspruch nehmen. Die Stadt kann der Kirche bei ihren Bauten bezüglich der Höhe keine Vorschriften machen, sofern den Nachbarn kein Nachteil entsteht. Eine ähnliche Vereinbarung folgte im Jahre 1709, die abermals die prinzipielle Immunität des Klerus anerkannte[153]. Die Frage der geistlichen Immunität war ein fortwährender Stein des Anstoßes im Verhältnis zwischen Stadt und Klerus[154].

Neben dem Klerus erhielt im späteren 17. und während des 18. Jahrhunderts der Reichstag rechtliche Exemtion. Das Reichstagspersonal einschließlich des Hofes der Fürsten von Thurn und Taxis unterstand dem Reichserbmarschall, so daß das Stadtgebiet in der späten reichsstädtischen Zeit im wesentlichen in drei Rechtskreise zerfiel, die wiederum die Lebensformen ihrer Angehörigen

[150] Gemeiner, Chronik III, S. 668–678. – Daß die bischöfliche Gerichtsbarkeit in geistlichen Sachen auch in dieser Zeit noch funktionierte, macht deutlich: Rudolf Weigand, Die Rechtssprechung des Regensburger Gerichts in Ehesachen unter besonderer Berücksichtigung der bedingten Eheschließung nach Gerichtsbüchern aus dem Ende des 15. Jahrhunderts (Archiv für katholisches Kirchenrecht 137) 1968, S. 403–463.
[151] Martin, Probstgericht.
[152] AHVR AA R 143: Abtruckh Der Zwischen gemainer Löbl. Geistlichkeit und des H. Reichs Freyen Statt Regenspurg in Anno 1654 auffgerichteten, auch von der Röm. Kayserl. Mayestät allergnädigst confirmirten und verpönten Haupt- und Nebenrecessen, sambt darzu gehörigen alten Vergleichen als Beylagen, auff welche sich obige Recess referirn, Regensburg (bei Christoph Fischer) 1656; StBR Rat. ep. 120 (Kop.); Rat. civ. 64, 278, 391. Vgl. Liegel, Klerus, S. 143–146.
[153] StBR Rat. civ. 359.
[154] StBR Rat. ep. 61, 75, 81, 155.

bestimmten: *Jeder dieser Hauptkreise bildet nach seinem Verhältnisse, Rang und Standeswürde kleinere und zum Teil ausschließende Zirkel, und jeder dieser Zirkel hat, im ganzen genommen, seinen eigenen Grad von Aufklärung und seinen eigenen Lebenston* (Albrecht Christoph Kayser).

Das Schultheißengericht wurde durch die Ausbildung einer Reihe von Sondergerichten während des 13. und 14. Jahrhunderts in seiner Wirksamkeit immer mehr eingeschränkt. Es bildeten sich folgende Sondergerichte:

1) Das Friedgericht: Es hatte seinen Ursprung in der Landfriedensbewegung des 12. Jahrhunderts und scheint um 1200 entstanden zu sein. Im 13. Jahrhundert werden ein bischöfliches und ein herzogliches Friedgericht genannt; es wird nicht deutlich, ob es sich um ein gemeinsames Gericht oder zwei getrennte Einrichtungen handelt. Es war in der Hand des Patriziates, das 1388 auch den bischöflichen Anteil an sich brachte[155].

2) Das Hansgericht[156]: Der Hansgraf war ursprünglich der Begleiter der Regensburger Kaufleute auf ihren Geschäftsreisen. Der Erstbeleg liegt im Jahr 1184. Aus dieser Funktion entwickelte sich eine eigene Gerichtsbarkeit der Kaufmannschaft, die zuständig war für Lohnstreitigkeiten, Marktstreitigkeiten, das Meßwesen und alle weiteren Angelegenheiten des Handels und Gewerbes. Es bestand aus dem Vorsitzenden und bis zu zwölf Beisitzern.

3) Das Wachtgeding: Innerhalb der Wachten wurden geringfügige Streitfälle, besonders Nachbarschaftsstreitigkeiten, selbstverantwortlich entschieden. Die Wachtordnung von 1657 bestimmte die Zusammensetzung des Wachtgedings. Es bestand aus dem Wachtmeister und acht Beisitzern, den sogenannten Achtern. Wachtgerichtsordnungen liegen aus den Jahren 1594[157] und 1657 vor. Appellationsinstanz gegen Sprüche des Wachtgerichts war das Schultheißenbzw. Stadtgericht.

4) Das Zollgericht: Es ist allein im 14. Jahrhundert nachweisbar und war für Streitigkeiten bezüglich des Zollrechts zuständig[158].

5) Das Korngeding[159]: Dieses Sondergericht regelte Streitfragen bezüglich des landwirtschaftlichen Besitzes im Burgfrieden. Den Vorsitz hatte der Kornpropst. Es ist seit 1438 belegt.

6) Das Münzgericht: Es war das Gericht der Münzerhausgenossenschaft und regelte alle Streitfragen bezüglich des Münzwesens.

7) Das Judengericht: Hier wurden Streitfälle unter den oder mit Juden abgehandelt. Es tagte unter Vorsitz eines christlichen Richters in der Judenschule und wurde nach altmosaischem Ritual durchgeführt[160].

8) Das Fünfergericht: Es verhandelte vor fünf Ratsherrn Beleidigungsklagen.

[155] Das Friedgerichtsbuch ediert bei: Freyberg, Sammlung V, S. 65–88: *Daz ist dy Abschrift des Fridgerichts – Puechs, daz ayn yeder Frid-Richter der Stat Regenspurg Inn hat;* die folgende Übersicht nach: Hable, Regensburg, S. 56–59; Knapp, Alt-Regensburgs Gerichtsverfassung; Klebel, Landeshoheit, S. 610–617.

[156] Löbl, Hansgrafenamt. S. Anm. 68–73.

[157] StAR MS Ratisbonensia I a f Nr. 8.

[158] RUB I, S. 243 f. Nr. 433, S. 656 f. Nr. 1209.

[159] Pawliska, Baumannschaft.

[160] MGH DD F I. 833. S. Anm. 257. Zur Verlegung des Reichskammergerichts nach Regensburg 1503–1507: Anm. 326, 327.

Die Entwicklung tendierte zur Aufhebung der Sondergerichte und damit zur Vereinheitlichung des Gerichtswesens. Ziel des Rates war die Erringung der vollen Gerichtsbarkeit im gesamten Stadtbereich und Burgfriedensbezirk. Doch stieß hier die Stadt auf den Widerstand der bayerischen Behörden, die ihrerseits die bayerische Rechtsprechung durchsetzen wollten. Gleiches gilt für die Steinerne Brücke, auf der die Zuständigkeiten immer umstritten waren; sie wurden mit einem Kompromiß geklärt. Die Stadt hat ihr Rechtsleben in einer Reihe von Gerichtsordnungen geregelt, deren wichtigste aus den Jahren 1646 und 1663 [161] stammen.

Die Rechtsprechung in der Reichsstadt entsprach im allgemeinen den zeitüblichen Normen und war dementsprechend hart. Die entscheidenden rechtsarchäologischen Örtlichkeiten waren bis zum Beginn der Dalberg-Zeit die Folterkammer im Rathauskomplex, wo die Rechtsfindung und -sprechung sowie die Verwahrung der Angeklagten erfolgte. Todesurteile wurden auf dem Galgenberg vor dem südlichen Stadttor vollstreckt. Das bayerische Gegenstück nördlich der Donau war der Galgenberg bei Reinhausen. Neben dem Hängen war während des Mittelalters das Ertränken von Delinquenten gebräuchlich, das von der Mitte der Steinernen Brücke aus erfolgte. Enthauptungen wurden auf der Köpfstatt vor dem Jakobstor vollzogen. Als Gefängnisse dienten Räume in den Türmen der Stadtbefestigung. Im übrigen gab es eine breite Skala abgestufter Strafen für eine Vielzahl möglicher Delikte. In Einzelpunkten aber war sie für zeitgemäße Übersteigerungen weniger anfällig als in den umliegenden Territorialstaaten. Das zeigt besonders der Blick auf die Hexenverfolgungen, bei denen sich die Reichsstadt Regensburg eine bemerkenswerte Zurückhaltung auferlegte, die sie schon von der Rechtspflege in ihrer unmittelbaren Umgebung unterschied. Der erste Hexenprozeß wurde 1371 durchgeführt, der letzte 1746. Insgesamt sind aber nicht mehr als zwanzig Verfolgungsfälle aktenkundig geworden, die ihre zeitlichen Schwerpunkte eindeutig im späteren 14./15. Jahrhundert und noch einmal kurzfristig um 1600 hatten. Zur Hinrichtung führten nach dem derzeitigen Forschungsstand nicht mehr als zwei Prozesse. Damit bewies die Reichsstadt eine bemerkenswerte Eigenständigkeit und Pragmatik in ihrer Rechtspflege, die aber in gleicher Weise für die übrigen süddeutschen Reichsstädte kennzeichnend ist [162].

Am Ende des 18. Jahrhunderts standen unter reichsstädtischer Jurisdiktion insgesamt 1087 Hausstätten, die 1794 durch die Einführung der Litera-Zählung auch administrativ exakt erfaßt wurden. In diese Zahl waren nicht eingeschlossen die exemten Hausstätten, die man nach den Ergebnissen der Statistik dieses Bandes mit etwa zweihundert Nummern ansetzen muß. Damit verblieb ein beträchtlicher Teil des Hausbestandes außerhalb der Jurisdiktion der Stadt, die aber dennoch auch über diese ihre Gerichtshoheit auszudehnen bestrebt war. Diese Bemühungen werden etwa an der Geschichte des Prüfeninger Freihofes (Lit. B 8) exemplarisch deutlich. Die Exemtion der geistlichen Häuser wurde aber de facto immer mehr ausgehöhlt, so daß sie im 18. Jahrhundert weithin der städtischen Jurisdiktion unterstanden.

[161] StAR Nr. f 8; Kleinheyer, Peinliche Gerichtsordnung.

[162] Wolfgang Behringer, Hexenverfolgung in Bayern. Volksmagie, Glaubenseifer und Staatsräson in der Frühen Neuzeit, München 1988, S. 156, 159, 322, 431–469.

l) Das Steuerwesen

Eine erste Abgabe der Einwohner der Stadt Regensburg an den Kaiser ist für das Jahr 1084 zugunsten Heinrichs IV. bezeugt[163]. Eine ähnliche Steuer ließ sich Herzog Heinrich der Stolze von Bayern 1126 aushändigen[164]. In beiden Fällen handelte es sich um einmalige außerordentliche Abgaben. Denn reguläre beständige Stadtsteuern zugunsten des Stadtherrn, die von allen Bürgern eingefordert wurden und von denen ein Teil an den Stadtherrn zu entrichten war, wurden erst im beginnenden 13. Jahrhundert eingeführt. *Collectae generales*, zu der alle Bürger veranschlagt wurden, sind erstmals im Vertrag zwischen Bischof und Herzog von 1205 belegt[165]. Sie wurden von ihnen gemeinsam erhoben, verwaltet und ausgegeben. Die Stadtsteuer taucht auch im Philippinum von 1207 auf, wo sie als für alle Stadtbewohner verbindlich bezeichnet wird: *Sive clericus sive laicus seu etiam iudeus* habe sie zu entrichten[166]. Sie wurde von Herzog und Bischof erhoben und taucht dann auch in den Privilegien Friedrichs II. auf[167]. Doch gelingt es der Bürgerschaft noch im 13. Jahrhundert, die Abführung der Abgabe an den Stadtherrn seit der Regierungszeit Rudolfs I. abzuschütteln und die Einnahme gänzlich in ihre Zuständigkeit zu bringen. Die Steuerhoheit wurde wesentlicher Bestandteil der bürgerlichen Selbstverwaltung. Von 1279 an taucht Regensburg in den Steuerverzeichnissen des Reiches nicht mehr auf. Als Freistadt hatte sie keine Abgaben an den König oder das Reich zu erbringen. Seit dem 14. Jahrhundert kommt es zur Differenzierung des Besteuerungswesens. Die wichtigste Abgabe bleibt die Steuer, also eine Art Vermögenssteuer, die *von allem irem guot, daz si habent, innerthalben und auzzerthalben der stat*[168], zu entrichten war. Die Festsetzung dieser Vermögensabgabe erfolgte nach Selbsteinschätzung und Steuereid. Der zu entrichtende Betrag belief sich zwischen drei und acht Pfennigen pro Pfund Pfennige; damit war die steuerliche Belastung hier höher als andernorts[169]. Die Steuer wurde von der Kämmerei eingehoben, die allerdings seit 1333 von einem Bürgerausschuß kontrolliert wurde[170].
Neben dieser direkten Vermögensabgabe wurden im 15. Jahrhundert noch einzelne Sonderformen eingeführt: die angesichts der hussitischen Bedrohung erhobene Hussitensteuer[171], eine 1484 beschlossene Haussteuer[172], die jeden Haushalt mit einem halben Gulden belegte, und die 1483 von Friedrich III. bestätigte Nachsteuer[173].

[163] Annalium Ratisbonensium maiorum fragmentum, hg. von Georg Waitz, MGH SS XIII, S. 48 f.: *Maximam etiam pecuniam de Ratisponensibus ... adquisivit civibus urbanis.*
[164] König (Hg.), Historia Welforum, S. 28 f.
[165] QuE AF V, S. 6 Nr. 2 §7.
[166] RUB I, S. 18 Nr. 48.
[167] RUB I, S. 24–27 Nr. 57. Vgl. Hable, Regensburg, S. 67–72.
[168] RUB I, S. 216 Nr. 388.
[169] Vgl. Bastian, Runtingerbuch II, S. 17.
[170] RUB I, S. 392 f. Nr. 701.
[171] Gemeiner, Chronik II, S. 465.
[172] Striedinger, Kampf um Regensburg, S. 37.
[173] Gemeiner, Chronik III, S. 662.

Während der frühen Neuzeit waren Grundlagen der Besteuerung die Regimentsordnung von 1514 und die Steuerordnung von 1651. Demzufolge blieben die herkömmlichen Vermögenssteuern erhalten. Sie wurden auf Immobilien, Bargeld, Schmuck, Geräte, Wein und Getreide erhoben. Güter außerhalb des städtischen Territoriums wurden mit 1 Gulden pro 150 Gulden Wert belegt. 1784 wurde der Satz um ein Drittel erhöht. Neben den Vermögenssteuern gab es Personalsteuern: das Bürgerkopfgeld, das Beisitzgeld, das Judenkopfgeld und das Wachtgeld[174].

Zu den genannten direkten Steuern kam als indirekte Steuer das Ungeld, Abgaben auf bestimmte Verbrauchsgüter. Seine Einhebung bewilligte erstmals 1310 Kaiser Heinrich VII. *super vino, medone, pannis et aliis mercimoniis siccis* zur Deckung des ansteigenden Finanzbedarfes, vor allem zur Finanzierung von Befestigungsmaßnahmen[175]. 1317 wurde für alle nach Österreich exportierten Waren ein Ungeld erhoben, um Gesandtschaftskosten bestreiten zu können[176]. Im Jahre 1331 belegte der Rat sämtliche Produkte der Bäcker, Müller, Wollwirker und Barchenter mit einer entsprechenden Abgabe[177]. Sie wurde nach und nach auf fast alle Waren des täglichen Bedarfs ausgedehnt. Umfassende Handelsungeldregister liegen aus den Jahren 1340/41[178] und 1411[179] vor. Nach 1500 wurde Ungeld gelegt auf Getreide, Honig, Schankwein, importierten Wein, Branntwein und Lebensmittel, auch Bier. Seine Erhebung war im Mittelalter den Ungeltern anvertraut, die aber auch für andere Bereiche der Finanzverwaltung zuständig waren. In der Neuzeit bildete sich ein eigenes Ungeldamt. Das Ungeld machte immer einen spürbaren Anteil am reichsstädtischen Finanzhaushalt aus[180].

Der umfassende Steueranspruch der Stadt gegenüber allen Bewohnern, der bereits im Philippinum von 1207 angesprochen ist, konnte von der Bürgerschaft nicht auf Dauer durchgesetzt werden. Vor allem sperrte sich der Klerus gegen die Einbeziehung in die allgemeine Veranlagung. Die Auseinandersetzungen um diese Frage setzten im Jahre 1259 ein, als sich das Domkapitel, die drei Reichsstifte und selbst die stets zu Bayern gehörigen Klöster Prüll und Prüfening gegen die Ansprüche der Stadt verbündeten. Ein ähnlicher Zusammenschluß im Jahre 1293 bezeugt, daß diese Auseinandersetzungen weitergingen und sich nun auch auf das Schottenkloster, St. Paul und St. Johann erstreckten. Doch konnte sich die Stadt nicht durchsetzen. Sie mußte ihre Bemühungen einstellen. Seit der Wende zum 14. Jahrhundert gibt es keine Versuche der Stadt mehr, die Kirchen, vor allem die Reichsstifte, in ihr Besteuerungssystem einzubeziehen. Die Reichsstifte verwehrten sich gegen die Ansprüche der Stadt mit der Begründung, daß sie an das Reich abgabepflichtig wären. Tatsächlich waren ihre alten Königsservitien zwischenzeitlich in Geldreichnisse umgewandelt worden, wie 1235 für das Ober- und Niedermünster ausdrücklich belegt ist.

[174] Meierhofer, Finanzwirtschaftliche Zustände, S. 55–66.
[175] RUB I, S. 133, 145–149 Nr. 258, 278.
[176] RUB I, S. 192 Nr. 345.
[177] RUB I, S. 354f. Nr. 632.
[178] RUB I, S. 763–777, Beilage 4.
[179] Gemeiner, Chronik II, S. 395–397; Bastian, Runtingerbuch III, S. 297f.
[180] Meierhofer, Finanzwirtschaftliche Zustände, S. 66–75. Vgl. Utschig, Ungeldamt.

Die Kämpfe wurden 1484 in einem Abkommen über die Ungeldfreiheit der Kleriker beigelegt. 1528 wurde die Steuerpflicht der Geistlichkeit mit einer Pauschalsumme von 200 Pfund Pfennigen jährlich abgelöst. In ähnlicher Weise wurde den in der Stadt ansässigen Adeligen Steuerfreiheit 1323 bewilligt. Die nämliche Exemtion von der regulären Besteuerung erhielt ab 1663 das Personal des Immerwährenden Reichstages. Die notwendige Folgerung aus den vielfältigen Befreiungen auf städtischer Seite war, daß die Kommune den Häuserverkauf nur mehr an steuerpflichtige Einwohner zuließ.

m) Das Münzwesen

Regensburg war die erste und zunächst einzige Münzstätte im Ostfränkischen Reich gewesen. Hier hatten Karolinger, Ottonen und die bayerischen Herzöge ihre Münzen im 9. und 10. Jahrhundert geprägt[181]. Nach Regensburger Schlag wurden aber auch Prägungen in Böhmen und Ungarn durchgeführt. Das zur Münzherstellung benötigte Edelmetall wurde aus dem Osten eingeführt. In spätottonischer Zeit erhielt das Münzrecht dann als Regal auch der Bischof übertragen; allerdings ist das königliche Privileg im Unterschied zu anderen Bistümern hier nicht erhalten[182]. Die bischöfliche Prägung beginnt wohl 1047 und läuft dann kontinuierlich das ganze 11. und 12. Jahrhundert weiter. Daneben gab es aber auch eine herzogliche Münze[183].
Um 1200 begannen der Bischof von Regensburg und der wittelsbachische Herzog von Bayern gemeinsam Münzen zu prägen[184]. Hier fand der Kampf um die Stadtherrschaft seinen Niederschlag. Diese bischöflich-herzogliche Gemeinschaftsmünze wird im Vertrag von 1205 ausdrücklich angesprochen[185]. 1230 erhielt die Bürgerschaft das Privileg, die Münzstätte dreimal jährlich zu inspizieren[186]. Während der Auseinandersetzungen zwischen Herzog Otto II. und dem Bischof von Regensburg stellte ersterer die gemeinsame Münzprägung ein

[181] Grundlegend: Georg Gottlieb Plato, Regensburgisches Münz-Kabinett oder Verzeichniß der des H. R. R. freien Stadt Kurrent- und Schau-Münzen nebst einem Anhang von bischöflich-regensburgischen Münzen, Regensburg [2]1779 (Neudruck Berlin 1921) (vgl. Wilhelm Schratz, Ueber Plato-Wild und die regensburgische Münzkunde, Numismatische Zeitschrift 13, 1881, S. 330–358); Sperl, Münzgeschichte, S. 17–27; Hable, Regensburg, S. 65–67; Hahn, Moneta Radasponensis. S. Kap. III 2 g, 3 b; Günther von Probszt, Arabisches und ungarisches Silber für Regensburg (Ostdeutsche Wissenschaft 11) 1964, S. 209–263.

[182] Abzuleiten aus MGH DD O III. 197, 208. Vgl. Heinrich Buchenau, Die Anfänge der Regensburger Bischofsmünzung (Blätter für Münzfreunde 62) 1927, S. 74–76.

[183] Die Fundmünzen der römischen Zeit in Deutschland I/3: Bayern, Oberpfalz, bearb. von Hans-Jörg Kellner, Berlin 1978, S. 98.

[184] Schratz, Conventionsmünzen; Hubert Emmerig, Die Verwaltung der Münzstätte Regensburg im 13. und 14. Jahrhundert, Magisterarbeit masch. München 1988; Hubert Emmerig, Das Münzwesen der Regensburger Bischöfe im Mittelalter, in: Das Bistum Regensburg im Spiegel von Münzen und Medaillen (Bischöfliches Zentralarchiv und Bischöfliche Zentralbibliothek Regensburg. Kataloge und Schriften 2) München-Zürich 1989, S. 11–20.

[185] QuE AF V, S. 4–9 Nr. 2 § 13.

[186] RUB I, S. 24–27 Nr. 57 § 11; Johann Georg Lori, Sammlung des bairischen Münzrechts, München [1764], S. 9f.

und errichtete 1253 in Landshut eine eigene Prägestätte[187]. Doch gelang es Regensburger Bürgern 1255, den Streit zu schlichten und die Herstellung der Konventionsmünzen in ihrer Stadt aufrechtzuerhalten. Nach der Landesteilung von 1255 fiel das Münzrecht an die niederbayerische Linie. Noch einmal versuchten beide Parteien, ihre Anteile auszuweiten und sogar neue Prägestätten in Wörth und Straubing aufzubauen. Doch gelang dies auch damals nicht. Mit dem Vertrag von 1287 wurde die gemeinsame Münzherstellung in Regensburg erneut begonnen[188].
Seit ungefähr 1280 waren die Regensburger Münzer in der sogenannten Münzerhausgenossenschaft organisiert. Sie verfügte über eine eigene Standesgerichtsbarkeit. Ihre Mitglieder zählten zu den vornehmsten Bürgern der Stadt[189]. Im 14. Jahrhundert wurden die Münzmeister durchaus zu den Patriziern gezählt, die die Arbeiten auf eigenes Risiko und eigene Rechnung durchführen ließen.
Die Regensburger Konventionsmünzen zeigten auf der einen Seite das Bild des Herzogs, auf der anderen das des Bischofs. Sie erlangten im 14. Jahrhundert weite Verbreitung, besonders im fränkischen Raum[190]. Seit etwa 1380 wurde diese bisherige Leitwährung im süddeutschen Raum durch andere Pfennige verdrängt. Deswegen mußte 1391 die Regensburger Münzergenossenschaft ihren Betrieb einstellen, zumal die hohen Rohstoffpreise eine rentable Weiterarbeit nicht mehr ermöglichten. Nun übernahm die Stadt die Herstellung wieder selber[191]. Ein Vertrag von 1395 zwischen Herzog, Bischof und Stadt legte noch einmal die Einzelheiten fest[192]. Dennoch mußte sich die Stadt 1409 von diesem Sektor zurückziehen.
Seit dem beginnenden 16. Jahrhundert baute die Reichsstadt dann ihr eigenes Münzwesen auf, das sich weithin am bayerischen Beispiel orientierte[193]. Ab 1509 ist Münzmeister Martin Lerch nachzuweisen. Mit Privileg von 1512 gestattete Kaiser Maximilian I. die Prägung nach bayerischem Fuß in Regensburg. Sie läuft bis ins 18. Jahrhundert kontinuierlich durch. Neben der Reichsstadt prägte aber auch der Bischof von Regensburg seit 1523 nach kurzer Unterbrechung wieder eigene Münzen[194]. Diese Praxis währte zunächst bis 1575 und

[187] Hans-Jörg Kellner, Die Münzen der niederbayerischen Münzstätten (Bayerische Münzkataloge 2) Grünwald 1958, S. 13f.
[188] RUB I, S. 73 Nr. 141.
[189] RUB I, S. 66f. Nr. 128; Morré, Patriziat, S. 116; Hubert Emmerig, Die Regensburger Münzerhausgenossenschaft im 13. und 14. Jahrhundert (VHVO 130) 1990, S. 7–170. S. Abschn. k über das Münzgericht.
[190] Spindler (Hg.), Bayerischer Geschichtsatlas, Karte 23 a (Hans-Jörg Kellner); Dirk Steinhilber, Die Pfennige des Regensburger Schlages (Jahrbuch für Numismatik und Geldgeschichte 8) 1957, S. 121–186.
[191] Gemeiner, Chronik II, S. 278f.
[192] Gemeiner, Chronik II, S. 323f.
[193] Beckenbauer, Münzen der Reichsstadt Regensburg.
[194] Franz Drescher, Die Münzen des Bistums Regensburg 1520–1810 (Dreschers Münzkataloge des Deutschen Reiches ab der Neuzeit von 1500–1800 6) Bad Reichenhall 1982. Die umfassende Aufarbeitung des Materials für die Reihe Bayerische Münzkataloge ist derzeit im Gang. Vgl. Otto Kozinowski, Das Münzwesen der Regensburger Bischöfe in der Neuzeit (1523–1809), in: Das Bistum Regensburg im Spiegel von Münzen und Medaillen (wie Anm. 184), S. 21–33. – Es sei auf den parallelen Vorgang

wurde dann abermals eingestellt. Sie erfuhr lediglich in den Jahren 1786 bis 1790 noch einmal eine bescheidene Fortsetzung. Der Bischof unterhielt im 16. Jahrhundert zunächst sein eigenes Münzpersonal. Seit 1571 ließ aber auch der Bischof seine Münzen in der städtischen Münze anfertigen, die in folgenden Gebäuden untergebracht war: seit 1512 in der Neuen Waag, ab 1621 im Haus Glockengasse 16 (Lit. B 28) *(Alte Münz)*[195]. Im Jahr 1571 wurde Regensburg zudem Kreismünzstätte.

Mit dem Ende der Reichsstadt erlosch auch ihre Münzhoheit. Doch wurden in der Folgezeit hier auch die fürstprimatischen Münzen geprägt. Erst 1810 nach dem Übergang an Bayern endete die Münzprägung in Regensburg endgültig.

n) Das Zollwesen

Die Stadt Regensburg dürfte für den Osthandel bereits in karolingischer Zeit eine wichtige Kontroll- und Zollstation gewesen sein[196]. Sie behauptete diese Funktion in der Folgezeit. Zum Personal der Pfalz gehörten auch Zolleinnehmer. Ein *exactor telonei Adalpero* ist erstmals für die Jahre 880/85 bezeugt[197]. Ein Königsdiplom Konrads I. spricht 916 vom *ministerium zollenarii*[198]. Dieses Amt und der genannte Funktionsträger stehen sicherlich miteinander in Zusammenhang. Die Zölle gingen in dieser Frühzeit an das Königtum, das allerdings im Rahmen des Kampfes um die Stadtherrschaft einen kleinen Anteil an Bischof Tuto abtrat, um ihn politisch auf der eigenen Seite zu halten. Der Zoll war Pertinenz des *fiscus* Regensburg und fiel nach dessen Auflösung an die Burggrafen. Nach deren Aussterben gelangte er an Herzog und Bischof, die als Stadtherrn darüber verfügten[199]. 1182 verbot Friedrich I. das Verzollen auf der Steinernen Brücke[200], um den Handel der Bürgerschaft zu befördern, die ihrerseits außerhalb der Stadt in vielen Städten der Umgebung und in den umliegenden Territorien weitere Zollprivilegien erhielt[201].

Im späten Mittelalter kam es zur Ausbildung des großen Zolls (Pfundzoll), der bei der Durchfahrt oder beim Verkauf von Waren entsprechend ihrem Wert erhoben wurde. Die Höhe bewegte sich um 4 bis 6 Pfennige pro Pfund Pfennige, wobei aber die Güter aus verschiedenen Gegenden unterschiedlich veranlagt wurden. Der kleine Zoll wurde auf Salz, Eisen, Korn, Kupfer und andere Handelsgüter gelegt. Es gelang der Stadt, diese beiden Zollarten weithin in ihre Verfügung zu bringen. Der bischöfliche Anteil am großen Zoll war seit 1255,

zu Eichstätt aufmerksam gemacht, wo 1512 Bischof Gabriel von Eyb die alten Münzrechte erneuerte: Theodor Neuhofer, Gabriel von Eyb, Fürstbischof von Eichstätt (1455–1535), Eichstätt 1934, S. 80.

[195] Walderdorff, Regensburg, S. 544; Bauer, Regensburg, S. 277f.

[196] MGH Capit. I, S. 123 Nr. 44; Elenchus fontium historiae urbanae, hg. van de Kieft-Niermeijer, S. 41 Nr. 4. Vgl. Hable, Regensburg, S. 70–72; Zeitler, Donaumauten, S. 79–89.

[197] Widemann, Traditionen, S. 84 Nr. 93. S. Kap. III, Anm. 130.

[198] MGH DD Ko I. 29. Vgl. P. Schmid, Regensburg, S. 145.

[199] RUB II, S. 407f. Nr. 1028, 1029.

[200] MGH DD F I. 831.

[201] Fichtenau – Zöllner (Hg.), Urkundenbuch zur Geschichte der Babenberger I, S. 116–119 Nr. 86.

der herzogliche seit 1294 an Bürger verpfändet[202] und ging von ihnen 1368 schließlich an die Stadt über[203], die dafür ein eigenes Maut- und Zollamt ausbildete. Dessen wichtigste Einnahmequelle war der Pflasterzoll, der von jedem durchfahrenden Wagen im 18. Jahrhundert 4 Kreuzer und vom kleinen Wagen 2 Kreuzer brachte. Er wurde seit der Befestigung der Wege im frühen 15. Jahrhundert erhoben. Die entscheidenden Privilegien gewährte König Sigmund in den Jahren 1414 und 1437. Dennoch behaupteten die Herzöge Anteile sowohl am großen als auch kleinen Zoll, vor allem die einträglichen Salz- und Eisenzölle[204]. Die Stadt versuchte immer wieder, auch diese an sich zu bringen und zahlte für Verpfändungen hohe Summen; daraus ist der Gewinn ersichtlich, den die Zölle abwarfen[205]. Zur Verwaltung dieses letzten wichtigen Rechtes von Belang in der Stadt unterhielt der Herzog in Regensburg eine eigene Verwaltungsstelle[206], die in seinem Hof am Alten Kornmarkt untergebracht war[207].
Die bischöflichen Zollrechte in der Stadt gingen 1572 an die Stadt, so daß in der frühen Neuzeit nur noch die Reichsstadt und der Herzog im Besitz von Anteilen waren, die sie zäh behaupteten. Sie waren in vielen Einzelpunkten umstritten, die in mehreren Verträgen (1558, 1574, 1610, 1649, 1693, 1772) nur teilweise geklärt wurden[208]. Denn gerade die Zollpolitik wurde wichtigstes Mittel der herzoglich/kurfürstlichen Repressionspolitik gegen die Reichsstadt. Sie hat im Rahmen der kameralistischen Bedrückung der Enklave Regensburg einen engen Ring von Zollstätten um die Reichsstadt gelegt und sowohl die Warenzufuhr als auch den Export der Gewerbeartikel behindert. Besonders spürbar wurde die 1748 erzwungene Niederlagspflicht für Holz im neugeschaffenen Holzgarten, die zur beträchtlichen Verteuerung von Bau- und Brennholz führte. Im besonderen waren die Geistlichkeit, die Regensburger Reichsstifte, die Kurfürsten und Fürsten sowie der Kaiserhof von sämtlichen Zollabgaben befreit. Das wurde vor allem zur Zeit des Immerwährenden Reichstages von 1663 bis 1806 spürbar, weil nun ein beträchtlicher Teil der Güterimporte unverzollt bleiben mußte. Gerade die sehr gezielte Zollpolitik des Herzogtums Bayern trug zum wirtschaftlichen Niedergang Regensburgs bei[209]. Dennoch konnte die Stadt nie gänzlich in die bayerische Zollpolitik einbezogen werden, die auf die Herstellung eines einheitlichen Zollgebietes abzielte und so die politische Integration vorbereiten wollte[210].

[202] RUB I, S. 47, 86 Nr. 92, 163.
[203] RUB II, S. 324 Nr. 785. Vgl. Kayser, Regensburg, S. 21f.
[204] RUB I, S. 560f. Nr. 1015.
[205] RB XIII, S. 182. Vgl. Zugschwert, Wirtschaftliche Beziehungen, S. 14.
[206] RUB II, S. 406f. Nr. 1025. Vgl. Walter Ziegler, Studien zum Staatshaushalt in der zweiten Hälfte des 15. Jahrhunderts. Die regulären Kammereinkünfte des Herzogtums Niederbayern 1450–1500, München 1981, S. 23.
[207] Ottl, Alter Kornmarkt.
[208] Einzelheiten bei Zugschwert, Wirtschaftliche Beziehungen. Die Verträge: Aretin, Staatsverträge, S. 18, 24, 29f., 43, 54, 73; Stefan Rudolf Mayer, Das bayerisch-regensburgische Abkommen von 1558, in: Quellen zur Verfassungs-, Sozial- und Wirtschaftsgeschichte bayerischer Städte (wie Anm. 22), S. 207–224.
[209] Vgl. Wilhelm Kaltenstadler, Bayerische Zollverfassung und Zollpolitik 1769–77. Beiträge zur bayerisch-österreichischen Handelspolitik (ZBLG 30) 1967, S. 654–730; A. Schmid, Absolutistischer Territorialstaat und Reichsstadt.
[210] Häberle, Zollpolitik und Integration, S. 167–181. In diesem Zusammenhang wurde

o) Das Wehrwesen

Die Stadt verfügte seit der Erhebung zur Reichsstadt über die Wehrhoheit und war damit für ihre Sicherheit selber verantwortlich. Sie begriff sich zuallererst als Wehrverband unter Führung des Bürgermeisters. Er stand dem Bürgeraufgebot vor, das die Aufrechterhaltung von Ruhe und Ordnung innerhalb der Mauern sowie die Verteidigung nach außen zu gewährleisten hatte. Zu diesem Zwecke war die Stadt in Wachten eingeteilt worden. Vor allem militärisch-polizeiliche Ziele dürften hinter diesem Organisationsprinzip stehen. Jede Wacht hatte bei Bedarf eine Bürgerkompanie unter dem Kommando des Wachtmeisters aufzustellen. Auf diesem Wege konnte die Reichsstadt allezeit rund 1200 Mann mobilisieren[211]. Denn jeder Bürger war wehrpflichtig; lediglich bestimmte Magistratsbeamte blieben davon ausgenommen.

In der Praxis wurde die allgemeine Wehrpflicht der Bürger aber sehr früh durch angeworbene Soldaten ersetzt. 1337 ist erstmals eine Abteilung Söldner im Dienst der Stadt belegt[212]. Sie wurden bei Bedarf angeworben und unter das Kommando eines Stadthauptmannes gestellt, der erstmals 1417 nachgewiesen werden kann[213]. Diese Aufgabe ging gegen Ende des 15. Jahrhunderts vorübergehend an den Reichshauptmann über. Seit dem Jahr 1663 unterhielt die Stadt dann aber eine stehende Truppe, deren Stärke sich um die zweihundert Mann bewegte. Diese Stadtgarnison war in der Hauptwache (Lit. E 69) kaserniert[214]. Zur Versorgung hatte die Stadt schon 1530 einen Büchsenstadel als Magazin eingerichtet. Aus dieser Abteilung wurde auch das Kontingent aufgestellt, das die Stadt als Reichsstand im Falle eines Reichskrieges auszurüsten hatte. Nach der Reichsmatrikel von 1521 bestand es aus 112 Infanteristen und 20 Berittenen oder 120 Gulden in Geld; seit 1545 wurde der Anschlag abgeändert in 10 Berittene, 50 Infanteristen oder eine Geldsumme in Höhe von 320 Gulden[215]. Diese Leistungen waren an den Bayerischen Reichskreis abzuführen, in dem die Reichsstadt als Kreisstand vertreten war[216]. Sie wurden während des 17. Jahrhunderts dann aber verändert. 1692/93 wurde ihr Matrikelansatz auf ein Moderationsersuchen hin auf 150 fl. gesenkt[217].

Für ihren unmittelbaren Schutz unterhielt die Stadt eine Stadtmauer. Diese war in jedem Fall eines der konstitutiven Attribute einer Stadt und hatte in Regensburg ein deutlich höheres Alter als in den übrigen Städten des süddeutschen Umlandes. In Regensburg konnte die Stadtmauer der Antike unzerstört im

die ausführliche Denkschrift veröffentlicht: Gründlicher Bericht, die Churbaierische Mauth- und Polizey-Verordnungen und die hierüber zu Regensburg entstandene Beschwerden betreffend. Mit 143 Belegen verfaßt und zusammengestellt von Johann Baptist Fichtl, München 1771. S. unten Anm. 356, 372.

[211] Kayser, Regensburg, S. 26, 31; zum Wehrwesen: Hable, Regensburg, S. 94.

[212] RUB I, S. 435f. Nr. 788. Ein späterer Beleg: Ruser, Städtebünde II/2, S. 1292 Nr. 1378.

[213] Gemeiner, Chronik II, S. 421.

[214] Bauer, Regensburg, S. 130f.

[215] RTA JR II, S. 440; Zeumer, Reichsverfassung, S. 317; Richard Wiedamann, Die Reichskreisordnung und das Regensburger Reichskontingent, MS StAR (1963).

[216] Conrad, Der Bayerische Reichskreis, S. 16, 18.

[217] [Heinrich Sigmund Georg Gumpelzhaimer,] Die Reichs-Matrikel aller Kreise, Ulm 1796, S. 50f. S. unten Anm. 350–355.

Mittelalter übernommen werden[218]. Gerade wegen der besonderen fortifikatorischen Gegebenheiten wurde sie zum Vorort des Herzogtums im frühen und hohen Mittelalter. Die Stadtmauer wurde zielstrebig instand gehalten und laufend den sich wandelnden Erfordernissen angepaßt. Herzog Arnulf I. von Bayern ließ zwischen 917 und 920 die neugebildete Kaufmannsstadt im Westen in den Mauerring einbeziehen und durch ein ausgeklügeltes Befestigungssystem mit Wall und Doppelgraben zusätzlich sichern[219]. Die arnulfinische Erweiterungsmauer gilt als frühester nachantiker Mauerbau nördlich der Alpen. Die aus militärischen Gründen über Jahrhunderte hin von Bebauung frei gehaltenen Plätze vor den Ausfalltoren nach Osten und Westen (Dachauplatz, Bismarck- und Arnulfsplatz) haben sich als städtebauliche kontrapunktische Dominanten bis in die unmittelbare Gegenwart erhalten. Die großen Stadtrechtsprivilegien des 13. Jahrhunderts statteten die Bürgerschaft auch mit Kompetenzen bezüglich der Stadtmauer aus. Im Fridericianum von 1230 sind vor allem dafür ausdrückliche Abgaben vorgesehen und weitere Anordnungen getroffen[220]. Im Jahre 1284 wurde dann mit der Ummauerung der Westner- und Ostnervorstadt begonnen. Gerade sie wurden mit gewaltigen Toranlagen gesichert (Prebrunntor, um 1290; Ostentor, um 1300). Damit war der Umfang der Ummauerung erreicht, der bis zum Ausgang der reichsstädtischen Zeit nicht mehr überschritten werden sollte[221]. An ihrem Ausbau wurde beständig weitergearbeitet. Im Laufe des 14. Jahrhunderts wurden die Ufermauern an der Donau erbaut und andere Abschnitte modernisiert. Im Vorfeld wurde ein aus Gräben, Zwingern und Zwingermauern bestehendes zusätzliches Sicherungssystem errichtet. Während der Türkenjahre 1529/30 wurden Basteien zur Postierung von Geschützen eingerichtet. Weitere Ausbaumaßnahmen erfolgten während des Schmalkaldischen Krieges 1546, der sich gerade entlang der Donaulinie abspielte. Vor allem auf dem Höhepunkt des Dreißigjährigen Krieges in den Jahren 1632 bis 1634 wurden mit Vorwerken noch einmal zusätzliche Sicherungsbauten angefügt[222]. In diesem Aufbau blieb die Ummauerung bis

[218] Planitz, Stadt im Mittelalter, S. 37f. (die beigegebene Skizze ist allerdings unzutreffend).

[219] Diesen Aufbau haben die Grabungen am Bismarckplatz 1978–1979 ergeben. Somit ist die Auffassung von Walter Boll, Das Runtingerhaus in Regensburg (VHVO 120) 1980, S. 29f. widerlegt, die Befestigungsmaßnahmen Arnulfs hätten allein in einem Wall mit Palisaden bestanden und keine Ummauerung umfaßt. Der Mauerbau zu Regensburg ist für die Zeit bezeichnend: Kurt-Ulrich Jäschke, Burgenbau und Landesverteidigung um 900 (Vorträge und Forschungen, Sonderband 116) Sigmaringen 1975. Otto von Freising, Chronica, hg. von Hofmeister, S. 272 bezeichnet Kaiser Arnulf als Bauherrn. Das ist unglaubwürdig. S. Kap. III, Anm. 158–161.

[220] Keutgen, Urkunden, S. 199; H. U. Schmid, Inschriften, S. 13f. Nr. 9.

[221] Bauer, Regensburg, S. 459–478; Konrad Spindler, Die Römermauer in Regensburg, in: Strobel (Hg.), Die Altstadt als Denkmal, S. 113–117; H.U. Schmid, Inschriften, S. 56 Nr. 95; Udo Osterhaus, Regensburg Am Singrün. Zur Frühgeschichte des westlichen Altstadtbereiches, in: Ausgrabungen und Funde in Altbayern 1989–1991, Straubing 1991, S. 98–101. S. Abb. Nr. 2.

[222] Dazu detaillierte punktuelle Beobachtungen von archäologischer Seite bei: Strobel, Stadtbefestigung. Vgl. auch Kraus-Pfeiffer (Hg.), Regensburg, Nr. 101–105. Diese Ausbauphase dokumentiert in Eindringlichkeit der Stich von Matthäus Merian, Topographia Bavariae, Frankfurt 1644, nach S. 70.

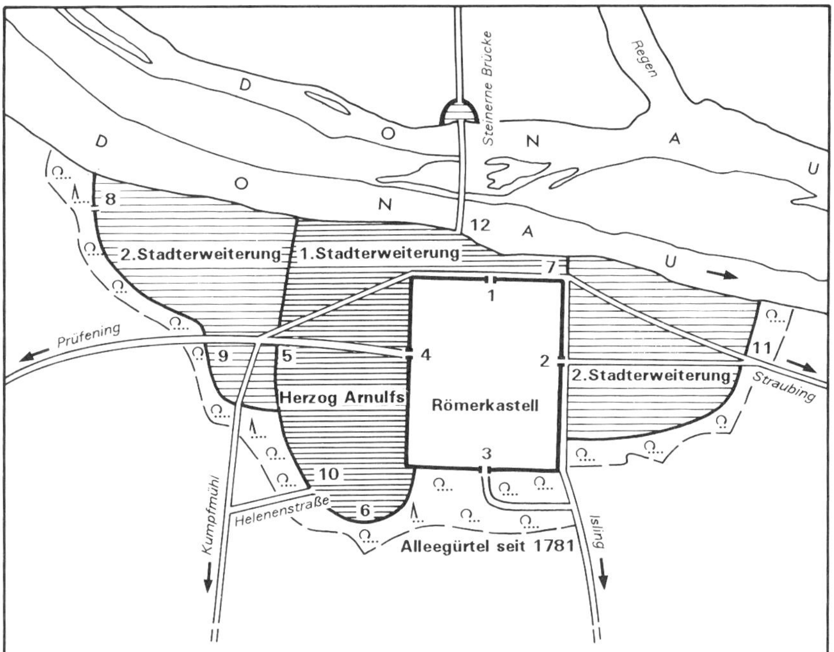

Tore des Römerkastells

1 Porta Praetoria
2 Porta Principalis Dextra (später "Schwarzes Burgtor")
3 Porta Decumana (später Peterstor)
4 Porta Principalis Sinistra (nach 920 funktionslos)

Tore der 1.Stadterweiterung unter Herzog Arnulf von Bayern

5 Ruozanburgtor (später "Neue Uhr")
6 Altes Emmeramer Tor (nicht erhalten)
7 Hallertor

Tore der 2.Stadterweiterung um 1320

8 Prebrunntor
9 Jakobstor
10 Emmeramer Tor
11 Ostentor
12 Brücktor

0 200 400m

Skizze 9: Die Stadtmauern

zum Ende des Alten Reiches erhalten. Die vorgelagerten Wöhrde waren nur mit Palisaden bewehrt, weil ihnen die Insellage bereits einen gewissen Schutz verschaffte.

p) Das Gesandtschaftswesen

Die Reichsstadt Regensburg war befugt, Gesandtschaften in andere Städte oder an auswärtige Höfe zu entsenden. Von dieser Kompetenz hat sie in Weiterentwicklung des mittelalterlichen Botenwesens oftmals, freilich weniger als andere Reichsstädte, Gebrauch gemacht. Das hängt in erster Linie mit finanziellen Erwägungen zusammen. Während des Mittelalters begnügte sie sich durchwegs mit bei Bedarf abgeordneten Gesandtschaften. Sie hatten Streitigkeiten mit anderen Städten oder Territorialfürsten zu regeln[223], die Vertretung auf den Reichstagen[224] oder anderen großen Kongressen[225] wahrzunehmen. In der Regel bestand die Abordnung aus einem repräsentierenden Mitglied des Rates und dem Stadtschreiber als größtem Sachkenner im Verwaltungsbereich. Erst seit dem 17. Jahrhundert unterhielt die Stadt dann einzelne ständige Gesandtschaften. Auf diese Weise war sie dauernd aber nur am Immerwährenden Reichstag von 1663 bis 1806 vertreten[226] und während des 18. Jahrhunderts am Kaiserhof, wo es wegen der anstehenden Prozesse vor allem am Reichshofrat präsent zu sein galt[227]. Der ständige Charakter dieser Gesandtschaft wurde durch den Stadtschreiber Johann Jakob Wolf von und zu Todtenwart vorbereitet, der rund ein Drittel seiner fast vier Jahrzehnte währenden Dienstzeit zu Wien verbrachte[228]. Weiterhin unterhielt die Reichsstadt einen ständigen Agenten am Reichskammergericht zu Wetzlar. Im übrigen begnügte sie sich mit außerordentlichen Vertretern, die nur erforderlichenfalls entsandt wurden[229].

Umgekehrt wurde auch die Reichsstadt Regensburg nur bei Bedarf mit Gesandten beschickt[230]. Ständige auswärtige Gesandte gab es hier nicht. Auch darin spiegelt sich die sinkende Bedeutung der Reichsstadt wider. Ständige

223 Dafür viele Einzelnachweise bei Gemeiner, Chronik, z. B. I, S. 388; IV, S. 226.

224 RTA MR V, S. 1114, 1173; JR II, S. 743, 753, 835.

225 Z. B. Reichstag 1640/41: Georg Gewolf; Westfälische Friedenskongresse 1648: Johann Jakob Wolf von und zu Todtenwart.

226 Die Einzelnachweise für die Zeit zwischen 1745 und 1765 bei: Christian G. Oertel, Reichstagsdiarium 1745–1765, Regensburg 1766; vgl. Repertorium der diplomatischen Vertreter aller Länder seit dem Westfälischen Frieden I, bearb. von Ludwig Bittner und Lothar Groß, Oldenburg 1936, S. 161; II, bearb. von Friedrich Hausmann, Zürich 1950, S. 311–313; III, bearb. von Otto Friedrich Winter, Graz-Köln 1965, S. 345 f.

227 Einzelnachweise: HHStAW Staatsschematismus.

228 Albrecht Christoph Kayser, Leben des Herrn Johann Jacob Wolff von und zu Todtenwart, Regensburg 1789; Arthur Wyß, in: Allgemeine Deutsche Biographie XLIV, Leipzig 1898, S. 58 f.

229 Repertorium der diplomatischen Vertreter III, bearb. von Winter (wie Anm. 226), S. 346: Syndicus Heinrich Johann Thomas Bösner 1801 nach Frankreich.

230 Repertorium der diplomatischen Vertreter aller Länder seit dem Westfälischen Frieden I, bearb. von Bittner und Groß (wie Anm. 226), S. 101: Bremen (1668). Zur bayerischen Gesandtschaft in Regensburg: BayHStA Kasten schwarz 4177–4181.

Gesandte in der Reichsstadt waren auch deswegen entbehrlich, weil über die Reichstagsgesandtschaften ohnehin alle namhaften Staaten am Ort präsent waren.

q) Die Pfarreienorganisation

An dieser Stelle sei auch ein kurzer Blick auf die kirchliche Organisation geworfen, weil sie in mancher Hinsicht Folge und somit bezeichnender Ausdruck der herrschaftlichen Verhältnisse ist[231]. Schon daß die Stadt seit dem frühen Mittelalter Bischofssitz war und diesen durch die Jahre behauptete, war Ergebnis ihrer Rolle im politischen Leben. Die herrschaftliche Zentralität hatte eine kirchliche Zentralität zur Folge. Das Bistum war dem Erzbischof von Salzburg seit 798 als Metropoliten zugeordnet. Bestrebungen zur Zeit Kaiser Karls IV., Regensburg unter die Hoheit des Erzbischofs von Prag zu bringen, hatten ebensowenig Erfolg wie die Exemtionsbemühungen des 17. und 18. Jahrhunderts[232]. Die Domkirche war die erste und bis ins hohe Mittelalter für das gesamte Stadtareal zuständige Kirche auch in pfarrlicher Hinsicht. Im 12. Jahrhundert erfolgte dann aber die Abtrennung der seelsorgerlichen Funktionen vom Kathedraldienst. 1193 ist der erste *plebanus maioris ecclesiae* belegt[233]. Er ist dann auch in den ältesten Pfarreienverzeichnissen nachzuweisen[234], in denen er an der Spitze des Diözesanpfarrklerus steht. Die Stadt war in einem Stadtdekanat zusammengefaßt, zu dem außerhalb die Pfarrstellen zu Kirchberg, Zeitlarn und Sallern gehörten. Um 1280 wird dann erstmals die Ulrichskirche als Pfarrkirche der Dompfarrei genannt[235]. Doch ist diese sicher nicht als solche erbaut worden, sie erhielt die Funktion erst nach dem erzwungenen Rückzug der Wittelsbacher aus der hochmittelalterlichen Stadt. Das Herzogsgeschlecht hatte hier zunächst eine Pfalzkirche mit bezeichnendem Patrozinium erbaut, die angesichts der gewandelten Verhältnisse im späteren 13. Jahrhundert eine neue Aufgabe erhielt[236]. Seit 1330 war die Dompfarrei dem Domkapitel inkorporiert[237]. Ihr Pfarrsprengel umfaßte zunächst ebenfalls den gesamten Stadtbereich[238]. Im Jahre 1456 wurde er geteilt[239]. Trennlinie war der Verlauf der

[231] Vgl. Janner, Bischöfe; Bauerreiss, Kirchengeschichte Bayerns III, S. 100; Staber, Kirchengeschichte; Hable, Regensburg, S. 120–122; Hausberger, Bistum Regensburg.
[232] Josef Staber, Die Oberpfalz und Niederbayern im Kulturprogramm Kaiser Karls IV. (VHVO 109) 1969, S. 56–59; Dominikus Lindner, Der Steit um die Exemtion des Bistums Regensburg vom Salzburger Metropolitanverband (1645–1796) (Jahrbuch für altbayerische Kirchengeschichte 23) 1964, S. 94–113; Bauerreiss, Kirchengeschichte Bayerns VII, S. 222–224.
[233] Ried, Codex diplomaticus I, S. 276 Nr. 292.
[234] Paul Mai, Die Pfarreienverzeichnisse des Bistums Regensburg aus dem 14. Jahrhundert (VHVO 110) 1970, S. 14; StBR Rat. ep. 163, 371.
[235] Ried, Codex diplomaticus I, S. 468 f. Nr. 495; dazu die wichtige Richtigstellung von Thiel, St. Johann, S. 69–71 Nr. 41; StBR Rat. ep. 472: Pfarrgrenzen St. Rupert. Vgl. Franz Hiltl, Die Regensburger Dompfarrei im Wandel der Zeiten, Erolzheim 1956.
[236] Endres, Beiträge, S. 44–51; Achim Hubel, Die Ulrichskirche in Regensburg. Gestalt – Geschichte – Funktion (Regensburger Almanach 18) 1985, S. 59–74; Walter Haas, Zur Regensburger Dompfarrkirche St. Ulrich (BGBR 17) 1983, S. 95–112; A. Schmid, Territorialpolitik, S. 383–386.
[237] Matrikel 1916, S. 82.
[238] Kayser, Regensburg, S. 59 f.
[239] Das Jahr nach: StBR Rat. ep. 472.

beiden Bachgassen, die zugleich eine wichtige innerstädtische Verwaltungsgrenze waren. Die östlichen Stadtteile verblieben bei der Dompfarrei, die von 1595 bis 1804 von den Minoriten betreut wurde[240]. Die westlichen Teile bildeten die neue Obere Pfarrei und wurden seit dem beginnenden 16. Jahrhundert vom Benediktinerkloster St. Emmeram von St. Rupert aus pastorisiert[241]. Diese Organisation hatte bis ins 20. Jahrhundert herein Bestand und wurde erst in jüngster Zeit auf derzeit 23 Pfarreien weiter ausgebaut.
Im Laufe des hohen Mittelalters bildeten sich bei den größeren Klöstern zudem Personalpfarreien aus. Diese Durchbrechung des territorialen Gliederungsprinzips in der Pfarreiorganisation war nach dem Kirchenrecht mit päpstlicher Zustimmung möglich. Die urkundlichen Belege reichen kaum über das 12. Jahrhundert zurück. Dadurch wurde die Dompfarrei in ihrem Zuständigkeitsbereich stark eingeschränkt. Die durch diesen Vorgang ausgelösten innerkirchlichen Auseinandersetzungen werden vor allem in Konrads von Megenberg Traktat *De limitibus parochiarum civitatis Ratisbonensis* deutlich[242]. Ziel dieser kirchenrechtlichen Abhandlung war, den Primat der Dompfarrei zu betonen: Nur sie sei wegen ihrer räumlichen Abgegrenztheit als wirkliche Pfarrei anzusprechen. Ihr gehörten deswegen ohne Ausnahme auch sämtliche Fremden an. Allein die Pfarrer seien für die Seelsorge zuständig. Konrad von Megenberg wandte sich in Schärfe gegen die Exemtion der Klöster. Der Traktat erlangte beachtliche Verbreitung. Die älteste dieser Personalpfarreien war wohl St. Kassian; sie war für das Personal im Umkreis der Pfalz zuständig. St. Kassian wurde 1224 der Alten Kapelle inkorporiert und war seitdem Pfarrkirche für die zu diesem Gotteshaus gehörigen Gebäude[243]. St. Rupert war zunächst Personalpfarrei für die *familia* von St. Emmeram und dem Stift seit 1266 inkorporiert. Die Einverleibung wurde im Jahre 1500 erneuert. In eben dieser Zeit wurde die Kirche Sitz der Pfarrei in der Oberen Stadt[244]. Die Personalpfarreien für Obermünster, Niedermünster und Mittelmünster waren St. Dionys, St. Peter und Paul[245] sowie St. Thomas. Weitere Personalpfarreien bildeten sich beim Stift St. Johann, beim Schottenkloster St. Jakob (St. Nikolaus), bei St. Ägidius, beim Leprosenhaus St. Nikolaus und beim Katharinenspital. Die Personalpfarreien wurden im beginnenden 19. Jahrhundert im Zuge der Neuorganisation des Niederkirchenwesens nach dem Flächenprinzip aufgelöst.
Die evangelische Pfarrei wurde bald nach dem Übertritt der Reichsstadt zur Reformation 1542 eingerichtet[246]. Ihre Hauptkirche wurde die Neupfarr-

[240] Bavaria Franciscana Antiqua II, München 1954, S. 36; Hilz, Minderbrüder, S. 91–97.
[241] Ziegler, St. Emmeram, S. 41 f.; Greipl, Kraus, S. 101.
[242] Schneider (Hg.), Konrad von Megenberg. Vgl. Margit Weber, Konrad von Megenberg. Leben und Werk (BGBR 20) 1986, S. 304–306.
[243] StBR Rat. ep. 400; J. Schmid, Urkunden-Regesten I, S. 4 Nr. 9; J. Schmid, Alte Kapelle, S. 243–262. Vgl. Mettenleiter, Mitteilungen über St. Cassian.
[244] Matrikel 1916, S. 85. S. Anm. 239.
[245] Ried, Codex diplomaticus I, S. 582 Nr. 612; S. 355 Nr. 372; II, S. 1012 Nr. 1057; S. 1033 Nr. 1088.
[246] Dollinger, Evangelium in Regensburg, S. 173–175; Das Evangelische Regensburg, Regensburg 1958; Vierhundertfünfzig Jahre Evangelische Kirche in Regensburg, 265–285.

kirche, an der hochbedeutende Pastoren wirkten. Von hier aus erfuhr der Protestantismus im gesamten südostdeutschen Raum bis hinunter auf den Balkan wirkungsvolle Unterstützung[247]. Tochterkirchen der Pfarrei waren die Bruderhauskirche seit 1542 und die Oswaldkirche seit 1553, vorübergehend auch die Dominikanerkirche mit Ausnahme ihres Chores 1563 bis 1626 und die Dreieinigkeitskirche seit 1631[248]. Die evangelische Gemeinde erhielt durch die Kirchenregimentsordnung von 1572 und 1588 ihre rechtliche und durch die Konkordienformel 1577 ihre dogmatische Ordnung. An der Spitze stand das Konsistorium mit dem Superintendenten. In der Nähe dieses wichtigen Stützpunktes des Protestantismus sollte im Jahre 1619 in Zeitlarn eine neue protestantische Exulantenstadt für die aus dem rekatholisierten Fürstentum Pfalz-Neuburg vertriebenen Lutheraner errichtet werden[249]. Die Neue Pfarre war in reichsstädtischer Zeit die einzige evangelische Pfarrei der Stadt. Doch vollzog auch die protestantische Seite 1814 die Unterteilung in zwei Pfarreien für die Untere und die Obere Stadt nach. Dadurch wurde die Dreieinigkeitskirche zur Pfarrkirche aufgewertet. Im 20. Jahrhundert erfolgte der weitere Ausbau auf heute sechs evangelische Pfarreien.

r) Die Judengemeinde

Die Anfänge der jüdischen Gemeinde in der Stadt reichen, auch wenn die Belege fehlen, wahrscheinlich in die karolingische Epoche zurück. Wichtigstes Indiz dafür ist die Lage des mittelalterlichen Judenghettos am Westrand der Altstadt, die erst damals wiederbesiedelt wurde. Die Regensburger Gemeinde war damit eine der frühesten auf deutschem Boden; hier spiegelt sich die herausragende Bedeutung der Handelsstadt wider[250]. Sie war aber zugleich immer eine der zahlenmäßig stärksten in Deutschland während des Mittelalters.
Der erste urkundliche Nachweis stammt aus dem Jahr 981, als der Jude Samuel

[247] Eduard Böhl, Beiträge zur Geschichte der Reformation in Österreich. Hauptsächlich nach den bisher unbenutzten Aktenstücken des Regensburger Stadtarchivs, Jena 1902; Werner W. Schnabel, Oberösterreichische Protestanten in Regensburg. Materialien zur bürgerlichen Immigration im ersten Drittel des 17. Jahrhunderts (Mitteilungen des Oberösterreichischen Landesarchivs 16) 1990, S. 65–133; Werner W. Schnabel, Österreichische Exulanten in oberdeutschen Reichsstädten. Zur Migration von Führungsschichten im 17. Jahrhundert (SchbLG 101) München 1992, S. 85–89.

[248] StAR Eccl. I Nr. 4.

[249] Achim Fuchs, Ein Stadtprojekt für pfalz-neuburgische Emigranten auf dem Nordgau von 1619 (Neuburger Kollektaneenblatt 133) 1980, S. 250–254.

[250] Zur Judengemeinde: Straus, Aktenstücke; Straus, Judengemeinde; Straus, Regensburg and Augsburg; Isaak Meyer, Zur Geschichte der Juden in Regensburg, Berlin 1913; Bromberger, Juden in Regensburg; Germania Iudaica I, S. 285–305; II, S. 679–691; Hable, Regensburg, S. 123–126; Glaser (Hg.), Wittelsbach und Bayern I/2, S. 63f. Nr. 69, 70, 71; Ennen, Europäische Stadt, S. 249f.; Andreas Angerstorfer, Von der Judensiedlung zum Ghetto in der mittelalterlichen Reichsstadt Regensburg (bis 1519), in: Geschichte und Kultur der Juden in Bayern I, hg. von Manfred Treml und Josef Kirmeier (Veröffentlichungen zur bayerischen Geschichte und Kultur 17) München 1988, S. 161–172; Stadt und Mutter in Israel. Jüdische Geschichte und Kultur in Regensburg (Ausstellungskataloge zur Regensburger Geschichte 2) Regensburg 1989; Hausberger, Bistum Regensburg I, S. 257–266; Israel Schwierz, Steinerne Zeugen jüdischen Lebens in Bayern. Eine Dokumentation, München [2]1992, S. 291–295.

als Besitzer des *praedium Scierstat* in einer Kaiserurkunde Ottos II. genannt wird[251]. Er muß ein bedeutender Handelsmann gewesen sein. Das ist bezeichnend für die wichtige Rolle, die die Juden innerhalb der Kaufmannschaft der Stadt spielten. Ihre Domäne war der Fernhandel mit Sklaven, Gold, Silber, Wertmetallen und anderen gewinnbringenden Artikeln des gehobenen Bedarfes. Im Hochmittelalter verlagerte sich der Schwerpunkt ihrer Tätigkeit auf den Geldhandel. Im 13. und 14. Jahrhundert waren selbst Könige und Herzöge Schuldner Regensburger Unternehmen[252]. Die Gemeinde zu Regensburg war fest organisiert und stellte als Rechtskörperschaft Urkunden aus; das ist für Reichsstädte üblich. Regensburg war auch kultureller Mittelpunkt des Judentums im gesamten süddeutschen Raum. Sie wurde von den Ausschreitungen im Umfeld des ersten Kreuzzuges 1096 erfaßt; damals wurde eine Zwangstaufe durchgeführt. Doch gestattete ihnen Kaiser Heinrich IV. 1097 ausdrücklich, an ihren überkommenen Gebräuchen festzuhalten[253]. Sie genossen den Schutz des Königtums und hatten dafür ein Schutzgeld zu entrichten. Kaiser Friedrich I. nahm sie als Protektor 1182 erneut in seinen besonderen Schutz[254], bestätigte alle ihre Rechte einschließlich der eigenen Gerichtsbarkeit und den Besitz. Er stützte sich beim Kampf um die Stadtherrschaft auch auf diese Minderheit, die den Status von Kammerknechten erhielt. Das Philippinum von 1207 gewährte im Artikel 4 der Bürgerschaft ausdrücklich ein Besteuerungsrecht. Seitdem tritt auch der Rat als wirkungsvoller Schutzherr auf. So ist es in Regensburg während des Mittelalters kaum zu den für andere Städte typischen Ausschreitungen gekommen. Das Verhältnis zwischen Stadt und Judenschaft war meist gut, selbst in den Jahren des Höhepunktes der Ausschreitungen während der Pestzeit nach 1348. Alle Konflikte wurden – wie 1374 oder 1385 – friedlich beigelegt[255]. 1210 wurde in der Nähe des Peterstores ein eigener Judenfriedhof angelegt, wo auch die Mitglieder der Gemeinden des Umlandes zur letzten Ruhe gebettet wurden. Im beginnenden 13. Jahrhundert konnte die erste Synagoge errichtet werden. Die Regensburger Gemeinde übte Zentralortfunktionen für das Judentum im gesamten bayerischen Raum aus.
Die Juden lebten wohl von Anfang an in einem eigenen Viertel zusammen. Schon für das frühere 11. Jahrhundert sind die *iudeorum habitacula* bezeugt. Das Judenghetto[256] bestand aus rund 40 Wohneinheiten und umfaßte in etwa ein Quadrat von 150 Meter Seitenlänge; es war im Bereich des nunmehrigen Neupfarrplatzes gelegen und seit dem Hochmittelalter vom übrigen Stadtgebiet durch eine Mauer abgeschirmt. Es war ein richtiges Ghetto, auch wenn es laufend zum Austausch mit der Stadtbevölkerung gekommen ist, und unterstand dem Rat, der die Polizeigewalt ausübte, beim Zuzug mitredete und für das gesamte Handels- und Zunftwesen zuständig war. Im Rahmen dieser Oberaufsicht verwaltete sich die Gemeinde dann aber weithin selbständig. 1230 be-

[251] MGH DD O II. 247.
[252] Bosl, Sozialstruktur, S. 78–86.
[253] Gemeiner, Chronik I, S. 193; Gemeiner, Judengeschichte: StBR Rat. civ. 310.
[254] MGH DD F I. 833.
[255] RUB II, S. 411 f. Nr. 1038. Vgl. A. Schmid, Judenpolitik.
[256] Widemann, Traditionen, S. 245 Nr. 324; Schmetzer, Die Regensburger Judenstadt; Volkert, Spätmittelalterliche Judengemeinde; Volkert, Regensburger Judenregister.

stätigte Heinrich (VII.) ihr die eigene Gerichtsbarkeit[257]. Das Verfahren wurde nach altmosaischem Ritual durchgeführt. Bei Auseinandersetzungen mit Christen haben zeitweise Christen den Vorsitz geführt, die der Herzog von Bayern bestimmte. In diesen Fällen wurden Beisitzer beigezogen. Im übrigen wurde die Gemeinde von einem Rat geleitet, dem ein Judenmeister und sechs Beisitzer angehörten. Als Symbol der weitgehenden rechtlichen Selbständigkeit führte die Gemeinde als Korporation ein Siegel. Vereinzelt wurde das kleine Bürgerrecht auch Juden verliehen, die aber von städtischen Ämtern und den Bürgerversammlungen ausgesperrt blieben. Verschiedentlich wurden sie auch zu besonderen Steuerzahlungen veranlagt. Außer an die Stadt und an den Kaiser hatten die Juden Abgaben an den Herzog von Bayern zu entrichten. Diese wurden 1322 von Ludwig dem Bayern an die Herzöge von Niederbayern verpfändet. Die Pfandschaft ging im 16. Jahrhundert an das Haus Habsburg über. Die Judensteuer erreichte im 14. Jahrhundert den Betrag von 200 Pfund Regensburger Pfennigen[258].
Die sich verstärkenden Ausschreitungen gegen die Juden griffen erst im ausgehenden 15. Jahrhundert – also vergleichsweise spät – auf die Reichsstadt über[259]. Der Vorgang ist im Zusammenhang mit ihrem wirtschaftlichen Niedergang zu sehen. Er ist weiterhin von der Entwicklung in den umliegenden Reichsstädten und Territorien abhängig. Die Stimmung wurde von der Geistlichkeit angeheizt. Ein Bekehrungsversuch durch die Dominikaner 1474/75 blieb erfolglos. Doch verhinderte zunächst Kaiser Friedrich III. jegliches feindliche Vorgehen gegen die Gemeinde. Nach dessen Tod wurde dann aber 1501 eine verschärfte Judenordnung erlassen[260]. 1516 schalteten sich schließlich die Zünfte in die Auseinandersetzungen ein. Doch unterband auch Maximilian I. weitergehende ernsthafte Maßnahmen gegen die Juden und zog den Judenschutz an sich[261]. Erst als er gestorben war, benützte der Rat die kaiserlose Zeit des Frühjahres 1519 zum Handeln. Nun wurde die gesamte Gemeinde in einem regelrechten Pogrom vertrieben[262]. Kaiser Karl V. hat die Ausschreitungen nachträglich anerkannt[263]. Zum Zeitpunkt der Zerschlagung umfaßte die Gemeinde rund 500 Mitglieder zuzüglich 80 Besucher der Talmudschule. Sie machte damit etwa 5 Prozent der Stadtbevölkerung aus, die in recht beengten Verhältnissen zusammengewohnt hatten.

[257] RUB I, S. 24 Nr. 56; Bestätigung: S. 150 Nr. 280. Vgl. Rolf Schmidt, Judeneide in Augsburg und Regensburg (ZRG GA 93) 1976, S. 322–339. S. o. Anm. 160.
[258] RUB II, S. 411 f. Nr. 1038. Das Siegel: Kraus - Pfeiffer (Hg.), Regensburg, Nr. 152.
[259] Peter Herde, Gestaltung und Krisis des christlich-jüdischen Verhältnisses in Regensburg am Ende des Mittelalters (ZBLG 22) 1959, S. 359–395.
[260] Straus, Judengemeinde, S. 89.
[261] Erna Tschech, Maximilian I. und sein Verhältnis zu den Juden 1490–1519, Diss. phil. masch. Graz 1971, S. 92 f.
[262] Christophorus Hoffmann, De Ratisbona metropoli Boioariae et subita ibidem Iudaeorum proscriptione, Augsburg 1519. Vgl. Wilhelm Volkert, Die Regensburger Juden im Spätmittelalter und das Ende der Judengemeinde (1519), in: DuBruck - Göller (Hg.), Regensburg, S. 139–171; Markus J. Wenninger, *Man bedarf keiner Juden mehr.* Ursachen und Hintergründe ihrer Vertreibung aus den deutschen Reichsstädten im 15. Jahrhundert (Beihefte zum Archiv für Kulturgeschichte 14) Wien-Köln-Graz 1981, S. 165–183.
[263] Straus, Aktenstücke, S. 417 Nr. 1113; auch S. 431 Nr. 1161.

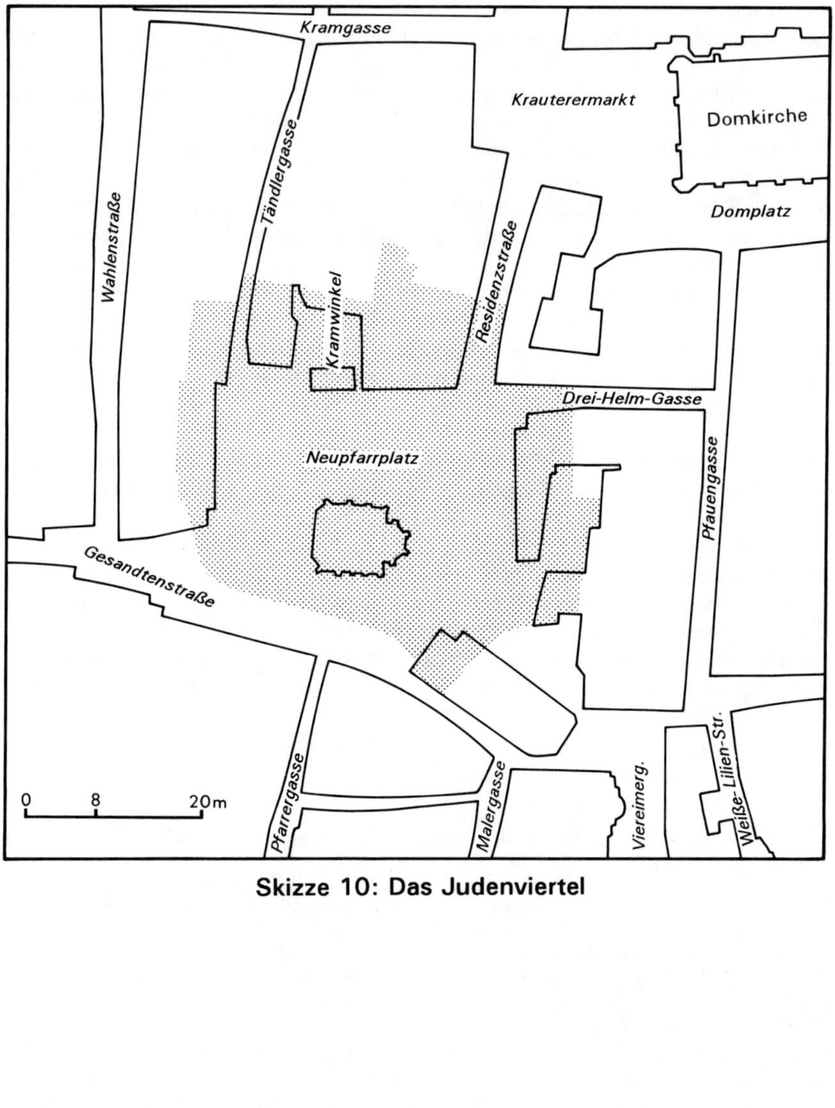

Skizze 10: Das Judenviertel

Über den Vorgang der Vertreibung ist im einzelnen noch immer wenig bekannt. Ein Teil der Vertriebenen fand im bayerischen Sallern oder in Städten der Umgebung Unterschlupf. Vor allem das Schicksal des Ghettos bleibt weithin im dunkeln. Was mit dem jüdischen Besitz, im besonderen den Gebäuden, geschah, wird vorerst nicht deutlich[264]. Lediglich das Schicksal der Synagoge ist bekannt. Der kunstgeschichtlich bedeutende hochromanische Bau wurde niedergerissen und durch den Neubau der Wallfahrtskirche zur Schönen Maria ersetzt[265]. Sie wurde das Zentrum einer zwar kurzlebigen, aber sehr frequentierten Wallfahrt. 1545 bestätigte Kaiser Karl V. der Stadt noch einmal ausdrücklich, daß sie keine Juden mehr aufzunehmen hätte. Für den Rest des 16. und das 17. Jahrhundert war Regensburg eine Stadt ohne ständig hier wohnende Juden, die erst im Rahmen des Immerwährenden Reichstages ab 1669 zurückkehrten. Sie standen unter dem besonderen Schutz der Reichserbmarschälle von Pappenheim und gehörten fast zum Reichstagspersonal[266]. Allerdings blieb ihre Anzahl auf vier Großfamilien begrenzt, die aber die Formen des jüdischen Lebens bewußt pflegten[267]. Nach einer nochmaligen vorübergehenden Vertreibung 1712 wurde die Zahl der Familien auf sechs erhöht. Doch erreichte das Judentum des 18. Jahrhunderts nie mehr die Bedeutung der mittelalterlichen Gemeinde. Ihr Weiterbestand wurde erst durch die an aufgeklärten Prinzipien orientierte Judenpolitik des Fürstprimas Dalberg gesichert.

3. Das Verhältnis zum Reich

a) Freistadt

1245 hatte sich die Stadt Regensburg endgültig aus dem Verband des Herzogtums Bayern gelöst und war zur Reichsstadt aufgestiegen, zur einzigen im südostdeutschen Raum. Doch waren die wittelsbachischen Herzöge von Bayern auch nach dem verlorenen Krieg von 1259 noch immer nicht bereit, sich mit dem Verlust der alten Hauptstadt abzufinden. Herzog Ludwig der Strenge und sein Bruder Heinrich XIII., die meist ein gespanntes Verhältnis zueinander hatten, suchten die Stadt weiterhin auf, vor allem dann, wenn sie sich für kurze Zeit aussöhnten[268]. Auch nach 1259 ist eine lange Reihe ihrer Urkunden in der

[264] Die exakte topographische Untersuchung des Judenviertels am Ende seines Bestehens ist ein Desiderat.

[265] Gerlinde Stahl, Die Wallfahrt zur Schönen Maria in Regensburg (BGBR 2) 1968, S. 35–282. Die Synagoge: Abb. Nr. 8.

[266] Wilhelm Kraft, Das Reichsmarschallamt in seiner geschichtlichen Entwicklung (Jahrbuch des Historischen Vereins für Mittelfranken 78) 1959, S. 1–36.

[267] Lutz Dallmeier, Die Entdeckung eines jüdischen Ritualbades in der Altstadt von Regensburg (Oberpfalz) (Das archäologische Jahr in Bayern 8) 1988, S. 171–172; Silvia Codreanu-Windauer - Lutz M. Dallmeier - Werner Endres - Helmut-E. Paulus - Siegfried Wittmer, Ein jüdisches Ritualbad an der Holzlände in Regensburg (VHVO 129) 1989, S. 139–197.

[268] QuE AF V, S. 271–278 Nr. 114, 115; S. 291–305 Nr. 120–123; S. 308–312 Nr. 126, 127; S. 314 Nr. 129; S. 319–324 Nr. 131, 132; S. 328–332 Nr. 135; S. 335–349 Nr. 138, 139, 140; S. 350 Nr. 142; S. 357–360 Nr. 147; S. 368–376 Nr. 149; S. 389 Nr. 157; S. 396–398 Nr. 160, 161; S. 408 f. Nr. 166; S. 413–423 Nr. 168; S. 436–438 Nr. 174; S. 447 Nr. 176; S. 453–459 Nr. 178, 179; S. 473–476 Nr. 186.

nunmehrigen Reichsstadt ausgestellt[269]. In diesen kurzen Phasen der Zusammenarbeit bemühten sie sich, den alten wittelsbachischen Anspruch auf Regensburg mit Nachdruck zu dokumentieren[270]. Der bisherige Vorort des Herzogtums galt geradezu als Manifestation der Einheit des Landes; wenn sie betont werden sollte, rückte sofort Regensburg wieder in den Mittelpunkt. Noch im Jahre 1287 stellte Ludwig der Strenge die Stadt ein weiteres Mal demonstrativ unter seinen besonderen Schutz[271]. 1294 wurde gerade hier eine Hof- und Regierungsordnung für das Herzogtum von den Herzögen Otto, Ludwig und Stephan erlassen. Im Verwaltungsschrifttum der herzoglichen Kanzlei wird um 1300 noch einmal das Bild Regensburgs als der alten Hauptstadt des Landes beschworen, gerade so, wie man das am Herzogshof erträumte. Es heißt im Urbar von circa 1300: *Der hertzog sol seinen hof ze Regenspurch haben vnd sol den suochen der bischolf von Pabenberch, der bischolf von Saltzpurch, der bischolf von Freysing, der bischolf von Aychstet, der bischolf von Auspurch, der bischolf von Regenspurch, der bischolf von Pazzawe, der bischolf von Prichsen. Den sol der hertzog da rihten, swaz si ze chlagen habent. Er sol auch hintz in rihten allev dev reht, di der chvench von Rom gewalt hat ze rihten hintz andern bischoelven ... Ez sol auch der pfallentzgraf von dem Rottal an dez hertzogen stat sitzen in dem Latran, vnd sol rihten veber dem hertzogen*[272]. Von einer derartigen Funktion kann zum Zeitpunkt der Anlage des Urbars keine Rede mehr sein. Es gab keine Hoffahrtspflicht der Bischöfe nach Regensburg mehr. Der neue Landtag hatte mit der nunmehrigen Reichsstadt natürlich nichts mehr zu tun. Deswegen büßten die Absteigequartiere auswärtiger Bischöfe ihre bisherige Funktion ein und wurden aufgegeben wie der Freisinger und Augsburger Hof[273] oder aus dem Zentrum in die Vorstadt verlegt wie der Passauer Hof[274]. Um 1300 bestand auch keine pfalzgräfliche Gerichtsbarkeit in dieser Stadt an des Herzogs Stelle mehr. Deswegen handelt es sich bei diesen Angaben des Urbars um eine rückblickende Reminis-

[269] Hofmann, Urkundenwesen, S. 243–284 Nr. 339, 371, 420, 432, 434, 445, 466, 466a, 470, 521, 526, 544, 545, 546, 547, 573, 579, 590, 595, 597, 599, 600, 601, 602, 603, 604, 612, 619, 620, 621, 622, 623, 625, 637, 638, 663, 671, 673, 695, 705, 706, 725, 730, 734, 756, 757, 758, 759, 765, 766, 775, 788, 789, 796, 798, 799, 801, 826, 857, 858, 859, 871, 872.

[270] QuE AF V, S. 389 Nr. 157.

[271] RUB I, S. 72 f. Nr. 140; QuE AF VI, S. 52–60 Nr. 198.

[272] MB XXXVI/1, S. 529.

[273] RUB I, S. 56 Nr. 108 (1273). – Der Freisingerhof war ursprünglich im Bereich des Ostflügels der karolingischen Ludwigspfalz gelegen. Er wurde 1641 an die Karmeliten zum Klosterbau abgegeben. In diesem Zusammenhang wurde versucht, ihn in die Schäffnerstraße zu verlegen. Wegen der dortigen beengten Verhältnisse erwarb schließlich Bischof Albert Sigismund das entwicklungsfähigere Grundstück mit Hof an der Nordseite des Emmeramsplatzes, das sehr repräsentativ ausgebaut wurde: Sigmund Benker, Der Freisinger Hof in Regensburg und sein Umbau durch Johann Lorenz Hierschstötter (Sammelblatt des Historischen Vereins Freising 32) 1990, S. 407–415. Es diente von 1748 bis zum Brandunglück von 1792 als Absteigequartier des Prinzipalkommissars: Archiv der Erzdiözese München und Freising, Heckenstaller 481. Vgl. Freising. 1250 Jahre Geistliche Stadt. Ausstellungskatalog, München 1989, S. 439 Nr. VII 21.

[274] Ried, Codex diplomaticus I, S. 454 Nr. 476. Zum Brixener Hof: BayHStA Kasten schwarz 1199.

zenz, als eben diese – vielleicht auf der Grundlage älterer Vorlagen[275] – noch einmal eindrucksvoll beschworene Hauptstadtfunktion Regensburgs bereits der Vergangenheit angehörte. Hier wird kein Abbild der Wirklichkeit mehr geboten, sondern in der Herzogskanzlei ein Anspruch bezeichnet. Die Wittelsbacher haben diesen Verlust nie verschmerzt und sich gemäß dem im Herzogsurbar formulierten Programm bemüht, an den ihnen verbliebenen Rechten möglichst festzuhalten. 1310 haben sie in einem Vertrag diese noch einmal ausdrücklich betont[276]. Dennoch blieb Regensburg die verlorene Hauptstadt[277]. Diese Tatsache war die entscheidende Voraussetzung für den Aufstieg Landshuts und Münchens zu den künftigen Vororten des Herzogtums. Die Herzöge von Bayern verfügten in der verlorenen Hauptstadt nur mehr über wenige Rechte im jurisdiktionellen und fiskalischen Bereich. Diese sollten, um ihre schwindende Position nicht noch weiter zu beeinträchtigen, in Zukunft nicht mehr geteilt, sondern so weit wie möglich gemeinsam verwaltet werden, obwohl sie sich aus herzoglichen und burggräflichen Kompetenzen zusammensetzten. Entsprechende Verfügungen sind in die Hausverträge von 1310 und 1329 eingebaut. Ludwig der Bayer hat dann aber die Reichspfandschaft des Judenschutzes 1322 der niederbayerischen Linie überlassen. 1392 wurden die herzoglichen Rechte dem Teilfürstentum Straubing, die burggräflichen dem Teilfürstentum München vorbehalten[277a]. Nach dem Ende der Straubinger Linie 1429 wurden die wittelsbachischen Kompetenzen wieder in München vereinigt, was einen ersten bemerkenswerten Schritt zur Konzentration der Kräfte am Ausgang des Zeitalters der Landesteilungen darstellt. Lediglich der Judenschutz verblieb bei der Landshuter Teillinie.
Die weitere Entwicklung der Stadt vollzog sich über fünfeinhalb Jahrhunderte hin im Spannungsfeld zwischen Herzogtum und Königtum[278]. Regensburg war einer der Brennpunkte, auf die sich die entstehende habsburgisch-wittelsbachische Rivalität besonders konzentrierte. Dabei war die Stadt, die man zu den zehn bedeutendsten Städten innerhalb des Reiches, in der Literatur der Zeit (z. B. Schottenlegende) sogar zu den vier Hauptstädten der Christenheit zählte, während des späten Mittelalters zunächst im Vorteil, weil sie den Herzögen machtmäßig überlegen war. Voraussetzung dafür war ihre außergewöhnliche Finanzkraft, die von zahlreichen weltlichen Herrschern in Anspruch genommen wurde. Davon machten vor allem die Herzöge von Bayern Gebrauch. Kapitalien aus Regensburg waren eine wichtige Stütze der entstehenden Landesherrschaft im wittelsbachischen Territorialstaat[279]. Im Abrechnungsbuch

[275] Wilhelm Volkert, Die älteren bayerischen Herzogsurbare (Blätter für oberdeutsche Namenforschung 7) 1966, S. 24–26.
[276] Sprinkart, Urkundenwesen, S. 30, 512 Nr. 1010.
[277] Karl-Otto Ambronn, Regensburg – die verlorene Hauptstadt, in: Glaser (Hg.), Wittelsbach und Bayern I/1, S. 285–294; I/2, S. 56–64.
[277a] Hans Rall, Wittelsbacher Hausverträge des späten Mittelalters (SchbLG 71) München 1987, S. 89, 139, 192.
[278] A. Schmid, Regensburg und Bayern; Maier, Regensburg und Bayern; Rall, Zeittafeln, S. 110–112; Köbler, Lexikon, S. 437 f.
[279] RUB I, S. 58 Nr. 112; S. 65 Nr. 125; S. 67 Nr. 130; S. 81 f. Nr. 156. Vgl. Margarete Gschosmann, Die finanziellen Beziehungen des Regensburger bürgerlichen Kapitals zu den bayerischen Landesherrn im späten Mittelalter, Zul.-Arb. masch. München 1966; Bosl, Sozialstruktur, S. 78–86.

des Viztums sind für die Jahre zwischen 1291 und 1293 mannigfache Kredite der Herzöge vor allem bei den Familien Zant, Gumprecht oder Thundorfer nachgewiesen. Nicht einmal die Rechnungen bei Bäckern, Metzgern, Krämern und Apothekern, die bei Aufenthalten in der Reichsstadt anfielen, wurden unverzüglich beglichen. Der geballten Potenz der Regensburger Hochfinanz hatten die durch die Landesteilungen geschwächten Herzöge von Bayern lange nichts entgegenzusetzen.

Die Reichsstadt vermochte alle wittelsbachischen Versuche, sie unter ihre Landeshoheit zurückzuzwingen, abzuwehren. Die gezieltesten wurden in den Jahren 1337 von Kaiser Ludwig dem Bayern[280] und 1388 während des Städtekrieges von Herzog Albrecht I. von Niederbayern-Straubing[281] vorgetragen; sie veranlaßten die Stadt 1381 zum Beitritt zum Schwäbischen Städtebund. Grundziel der Herzöge blieb die Rückgewinnung der Stadt. Die eingesetzten Mittel waren sogar militärischer Natur. Doch war der Münchner Hof damals zu schwach, um die Stadt in die Knie zu zwingen, wie sich vor allem 1388 zeigte. Deswegen griff der Herzogshof lieber zu weniger spektakulären Wirtschaftsrepressalien. Unter Ludwig dem Bayern, der die Stadt zwischen 1322 und 1324 noch mehrfach mit Privilegien begabt hatte, setzen die Handelsblockaden ein, deren Grundziel war, die Lebensfähigkeit Regensburgs zu untergraben, um auf diesem Wege die Rückkehr nach Bayern zu befördern. Dieses Mittel wurde bis ins ausgehende 18. Jahrhundert beibehalten und erwies sich letztlich als erfolgreich. Doch vermochte es am Kurs der Stadt zunächst nichts zu ändern. Sie beharrte auf ihrem Reichsstadtstatus, den Karl IV. trotz intensiver Bemühungen um die Stadt – sie war am Rande durchaus von seiner Expansionspolitik in der Oberpfalz betroffen – ausdrücklich anerkannte[282]. Als solche wurde sie nach 1245 sofort zu Abgaben an das Reich veranlagt, auch wenn sie in den diesbezüglichen Aufstellungen nicht erscheint. Sie trat 1256 dem Rheinischen Städtebund bei, der sich zur Verteidigung der Städte gegen die Übergriffe der Territorialherrn bildete[283]. Das war ihre erste eigenständige politische Stellungnahme gegen die Herzöge von Bayern.

[280] Georg Leidinger (Hg.), Bayerische Chroniken des XIV. Jahrhunderts, SrG, Hannover 1918, S. 166; Gemeiner, Chronik II, S. 9–11; H. U. Schmid, Inschriften, S. 11f. Nr. 5.

[281] Gemeiner, Chronik II, S. 245–256. Jacob Twinger von Königshofen beurteilt den Sieg der Reichsstadt über die Herzöge von Bayern als *das gröste nyderlygen das den herren in disem kriege geschach,* in: Die Chroniken der deutschen Städte vom 14. bis ins 16. Jahrhundert IX, hg. von der Historischen Kommission, Göttingen [2]1961, S. 846. Zur Politik der Stadt in der Folgezeit: Milo Kearney, Regensburg Burgher Factions and the Failure of the Swabian Town League in 1389 (Viator 6) 1975, S. 275–294.

[282] RI VIII, S. 285, 287 Nr. 3500, 3520. Es scheint, als hätte Karl IV. Regensburg seinem böhmischen Königreich angliedern wollen; der Erwerb von Donaustauf hatte natürlich eine Spitze gegen Regensburg. Zu seinen Bemühungen um Regensburg: Ruser, Städtebünde II/2, S. 1213f. Nr. 1237; S. 1219 Nr. 1242, 1243; S. 1223f. Nr. 1248; Ruser, Städtepolitik, S. 17f.

[283] RUB I, S. 46 Nr. 88; Ruser, Städtebünde I, S. 227 Nr. 267-269; Gemeiner, Chronik I, S. 376-378. Vgl. Isenmann, Spätmittelalter, S. 125f. – Zur Frage der Veranlagung zur Reichssteuer: Karl Zeumer, Zur Geschichte der Reichssteuern im früheren Mittelalter (Libelli 23) Darmstadt 1955, S. 15, 18. Das Befreiungsprivileg Rudolfs von Habsburg: RUB I, S. 62f. Nr. 121.

Doch enden diese Abgaben an das Reich mit dem Jahr 1279. Seit dieser Zeit zahlte die Stadt selber – anders als die Reichsstifte Ober- und Niedermünster – keine Steuern mehr an das Reich und erbrachte auch keine weiteren Leistungen, nicht einmal die Huldigung, obwohl sie von Rudolf von Habsburg 1281 noch einmal als Tagungsort einer wichtigen Reichsversammlung in Anspruch genommen wurde; hier wurde das bedeutende Landfriedensgesetz dieses Jahres erlassen. Regensburg wurde zur Freistadt und gehörte damit zur kleinen Gruppe der sieben Städte, die während des Spätmittelalters diesen besonderen Verfassungsrang für sich beanspruchten: Basel, Worms, Speyer, Straßburg, Mainz und Köln. Alle diese Städte waren ursprünglich unter der Hoheit des Bischofs gestanden, hatten diese aber abgeschüttelt; sie wurden späterhin nicht zum Reichsgut gezählt und deswegen auch nicht zu Leistungen an das Reich herangezogen[284]. Die Stadt Regensburg – die einzige abseits der rheinischen Bischofssitze – legte auf diesen Sonderstatus großen Wert und betonte bei allen notwendigen Gelegenheiten, daß sie *dem Reich nie kain pflicht getan noch tribut geben* hat[285]. Es liegt ein Gutachten vor, in dem dieser Status in Ausführlichkeit analysiert wird; der Verfasser ist nicht zu ermitteln[286]. Darin hat die Stadt im ausgehenden 15. Jahrhundert ihre Sicht des Rechtsstatus folgendermaßen umschrieben. Es werden zunächst fünf Gründe vorgestellt, warum sie eine Freistadt sei:

- Alle Rechtsstreitigkeiten in Regensburg gehörten erstinstanzlich unmittelbar an das Stadtgericht; höchstens die Appellation gehe an kaiserliche oder königliche Gerichte.
- Regensburg sei dem Reich weder zins-, steuer- noch sonst irgendwie dienstbar.
- Die Stadt huldige weder Königen noch Kaisern.
- Das Reich verfüge in Regensburg über keine Zollrechte.
- Es gebe keinen Beamten, der von seiten des Reiches Obrigkeitsrechte über die Stadt besitze; die Stadt habe derartige Rechte nie vom Reich erworben.

Diesen fünf Punkten werden anschließend sieben Argumente gegenübergestellt, die Regensburg als Reichsstadt erscheinen lassen könnten:

- Die Stadt liege innerhalb des Reiches und der Kaiser werde als der natürliche Herr des ganzen Reiches bezeichnet.
- Regensburg habe vom Reich das Recht erhalten, Ungeld und Pflasterzoll zu erheben.
- Regensburg habe beständig die Reichstage beschickt.

[284] Zur Diskussion um die Freistädte: Arno M. Ehrentraut, Untersuchungen über die Frage der Frei- und Reichsstädte (Leipziger Studien auf dem Gebiet der Geschichte 9/2) Leipzig 1902; Gisela Möncke, Zur Problematik des Terminus „Freie Stadt“ im 14. und 15. Jahrhundert, in: Franz Petri (Hg.), Bischofs- und Kathedralstädte des Mittelalters und der frühen Neuzeit (Städteforschung A 1) Köln-Wien 1976, S. 84-94; Ennen, Europäische Stadt, S. 216; Fahlbusch, Städte, S. 224; Heinig, Reichsstädte, Freie Städte und Königtum, S. 364; G. Schmidt, Städtetag, S. 80–86; Isenmann, Spätmittelalter, S. 110f.

[285] RTA MR III, S. 753 Nr. 195.

[286] BayHStA Rst. Regensburg Lit. 305 1/2, fol. 89^r–90^v.

- Der Kaiser habe vielfach an die Stadt Mandate gesandt.
- Der Kaiser habe die Stadt oftmals um Hilfe gebeten und sie auch unter Androhung von Strafe dazu gebracht, Geld zu geben.
- Regensburg werde oft vor das Reichskammergericht geladen.
- König Heinrich habe von der Stadt und ihren Bürgern Steuern eingezogen, wie aus einem Mahnschreiben hervorgehe.

Bei der Abwägung dieser Gegenüberstellung kommt der Verfasser zum abschließenden Ergebnis, daß Regensburg eine Freistadt sein müsse. König Wenzel hat 1397 diesen Status ausdrücklich anerkannt[287]. Unter Hinweis darauf hat die Stadt 1401 gegenüber König Ruprecht I. finanzielle Zuwendungen zum Romzug verweigert, obwohl man dafür auch Freistädte als abgabepflichtig ansah[288]. Das Königtum war aus diesem Grunde für die Entwicklung Regensburgs im 14. und frühen 15. Jahrhundert ein nur wenig bedeutender Faktor. Es war lediglich sehr schwach präsent. Die Zeit der glanzvollen Hoftage des Frühen und Hohen Mittelalters war vorbei und erstreckte sich nur mehr in Ausläufern ins späte Mittelalter hinein. An ihrem Ende steht Kaiser Ludwig der Bayer (1314–1347), der die Stadt vor allem in seiner Frühzeit noch mehrfach privilegierte, der sie mehrfach persönlich aufsuchte und dabei bei Bürgern (z. B. Gumprecht 1322) Quartier bezog, der hier unmittelbar nach dem glanzvollen Sieg zu Mühldorf im September 1322 noch einmal einen Hoftag abhielt und mit Friedrich von Regensburg einen Notar gerade aus dieser Reichsstadt zu einer der führenden Persönlichkeiten seiner Kanzlei erhob. Regensburg war eine der Stützen des wittelsbachischen Kaisertums. Hier hat 1324 Ludwig der Bayer sogar eine Heiltumsweisung unter Einbeziehung der Reichskleinodien durchgeführt. Doch ging diese enge Bindung an das Königtum in der Folgezeit rasch verloren[289]. Auf den königlichen Hoftagen zwischen 1314 und 1410 war sie insgesamt nicht häufiger als zweimal (1338, 1389) vertreten, obwohl sie beständig dazu geladen wurde. Auch in Regensburg wurde wirksam, daß eine Freistadt im Grunde eine Kommune war, in der sich das Königtum, geistliche und andere weltliche Gewalten gegenseitig aufhoben.

Unter König Sigmund beginnt 1422 aber wieder die verstärkte Inanspruchnahme der Stadt für das Königtum; Albrecht II. setzte diese neue Praxis fort. Sie ist zunächst in Zusammenhang mit den Hussitenkriegen zu sehen; nach der Jahrhundertmitte führte die entstehende Türkengefahr zu ähnlichen Konse-

[287] Gemeiner, Chronik II, S. 331 f.; auch III, S. 298; Möncke, Freie Stadt, S. 88 f.

[288] RTA ÄR V, S. 46 Nr. 16. Vgl. Heinig, Reichsstädte, Freie Städte und Königtum, S. 52; Eberhard Isenmann, Reichsstadt und Reich an der Wende vom späten Mittelalter zur frühen Neuzeit, in: Josef Engel (Hg.), Mittel und Wege früher Verfassungspolitik (Spätmittelalter und Frühe Neuzeit 9) Stuttgart 1979, S. 25 f.

[289] Gemeiner, Chronik I, S. 523, 530 f. Zur Privilegierung: MGH Const. V, S. 242 f. Nr. 282, 283; S. 306 f. Nr. 366, 367; S. 490 Nr. 616; S. 583 f. Nr. 746. Peter Moser, Das Kanzleipersonal Kaiser Ludwigs des Bayern in den Jahren 1330–1347 (Münchner Beiträge zur Mediävistik und Renaissance-Forschung 37) München 1985, S. 68–74, 242. Zum Itinerar Ludwigs des Bayern: Glaser (Hg.), Wittelsbach und Bayern I/2, S. 258. – Die nachlassende Präsenz des Königtums wird aussagekräftig dokumentiert bei: Heinig, Reichsstädte; Martin, Auf dem Weg zum Reichsstag 1314–1410, S. 340, 360, 365, Beilage.

quenzen. Durch diese äußeren Bedrohungen wurde das nun auf Dauer habsburgische Kaisertum veranlaßt, die verschiedenen Glieder des Reiches verstärkt zu aktivieren. In mehreren Dokumenten werden das Besteuerungsrecht und andere Rechte des Königs ausdrücklich betont[290]. Albrecht II. belegte die Stadt weiterhin mit einer Abgabe[291] und bestätigte ihr wieder alle Rechte und Privilegien[292]. Während des frühen 15. Jahrhunderts deutet sich also bereits die Abwendung von der bisherigen Praxis und eine weitergehende Inpflichtnahme dieser Stadt für das Königtum an. Auch hier wird die fortschreitende Verdichtung der Reichsverfassung spürbar. Unter dem frühen Friedrich III. tritt diese Tendenz zunächst wieder in den Hintergrund[293]. Doch knüpfte auch er mit Anbruch der siebziger Jahre wieder an diese Bemühungen des Vorgängers an. 1471 ist dann in einer Urkunde programmatisch von *unser und des Reichs stat zu Regenspurg* die Rede[294]. Er verhängte 1476 eine Geldbuße von 8000 Gulden wegen Vergehen gegen die Juden über die Stadt. Vor allem aber veranlagte er sie 1483 unter Androhung der Acht mit 6000 Gulden zur Reichshilfe gegen Ungarn[295]. Die Stadt war angesichts ihrer wirtschaftlichen Nöte nicht mehr in der Lage, diese Summe aufzubringen[296]. Sie stand vor dem Bankrott.

b) Bayerische Landstadt 1486–1492

Diese Entwicklung nahm Albrecht IV. von Bayern-München, der politisch aktivere unter den Herzögen dieser Generation aus dem wiedererstarkenden Haus Wittelsbach, zum Anlaß, sich in Regensburg verstärkt zu engagieren[297]. Seit dem Anbruch der siebziger Jahre betrieb er im Rahmen seiner gerade im mittleren Donauraum sehr rührigen Territorialpolitik, die vor allem auf die früher zum Herzogtum gehörigen Gebiete als weitere Bausteine des angestrebten süddeutschen Reiches der Wittelsbacher ausgerichtet war, das Ziel der Rückgewinnung der alten Hauptstadt. Als Anknüpfungspunkt dienten ihm die wenigen verbliebenen herzoglichen Rechte. Er zwang die Reichsstifte für ihren Besitz im Herzogtum zur Landsässigkeit. 1479 verpfändete er seine burggräflichen Kompetenzen gegen die gewaltige Summe von 11000 ungarischen und

[290] Die Veranlagung von 1422: RTA ÄR VIII, S. 164; Hödl, Albrecht II., S. 43, 104f., 189, 190 Nr. 202, 425, 733, 736, 737.
[291] Hödl, Albrecht II., S. 33 Nr. 121.
[292] Hödl, Albrecht II., S. 188 Nr. 729; Gemeiner, Chronik III, S. 93.
[293] Koller (Hg.), Regesten Friedrichs III.
[294] Koller (Hg.), Regesten Friedrichs III. Heft 3, bearb. v. Heinig, S. 82 Nr. 109.
[295] Gemeiner, Chronik III, S. 660–665; vgl. Striedinger, Kampf um Regensburg, S. 36.
[296] StAR A 1941 35a.
[297] Zum Folgenden: o. V., Versuch einer Geschichte der Unterwerfung der Reichsstadt Regensburg unter die Herrschaft der Herzoge in Baiern (1486– 1492), [Nürnberg] 1796. – StAR Cameralia 66: Historischer Entwurf der Stadt Regensburgischen Begebenheiten in den Jahren 1486 bis 1496 (Verfasser Christian G. Gumpelzhaimer). Vgl. Striedinger, Kampf um Regensburg 1486–1492; Alois Schmid, „Besser ein Herzog als ein Kaiser!" Albrecht IV. von Oberbayern und die Reichsstadt Regensburg 1486 bis 1492 (Regensburger Almanach 20) 1987, S. 36–47. – Zum allgemeinen Rahmen der bayerischen Politik: Volker Press, Bayern, Österreich und das Reich in der frühen Neuzeit (VHVO 120) 1980, S. 496f.

7700 rheinischen Gulden an die Reichsstadt. Diese war zur Zahlung eines derart hohen Preises bereit, um die Wittelsbacher endlich aus der Stadt hinauszukaufen. Doch erkannte sie nicht die hier ausgelegte Fußangel. Denn als sie nach der Forderung des Kaisers von 1483 zahlungsunfähig war, bot Albrecht IV. 1485 der von dieser Notlage bedrängten und von schweren bürgerlichen Protesten erschütterten Stadt die Einlösung des Pfandes an. Dadurch wurde diese in die Lage versetzt, nicht nur die ihr auferlegten Abgaben zu bezahlen, sondern erhielt darüber hinaus eine Geldsumme, die ihre finanziellen Nöte zumindest fürs erste spürbar linderte. Der Zeitpunkt war natürlich absichtlich und geschickt gewählt. Gezwungenermaßen ging der Rat auf das Angebot ein. Das durfte Albrecht IV. auch erwarten, nachdem ihm innerhalb der Stadt eine einflußreiche Anhängerschar zuarbeitete. Sie wurde angeführt von Domdekan Dr. Johannes Neuhauser, einem Nachkömmling seines Vaters Albrecht III. und seit 1473 zugleich herzoglicher Rat, sowie dem seit 1474 in städtischen Diensten stehenden Hans von Fuchsstein[298]. Vor allem diese beiden Parteigänger hatten seit Jahren Stimmung für den Herzog gemacht mit der Begründung, daß allein durch eine Überstellung der Stadt an Bayern eine Besserung ihrer Lage herbeizuführen sei. Tatsächlich löste der Herzog daraufhin das Pfand ein. Er rettete damit die Stadt vor der Zahlungsunfähigkeit, wurde aber zugleich wieder ihr oberster Gerichtsherr. Und Albrecht IV. nahm die Gunst der Stunde wahr, um sie am 16. Oktober 1485 auf 15 Jahre ausdrücklich seinem Schutz zu unterstellen, was schon ein Jahrzehnt vorher auch Herzog Ludwig der Reiche von Niederbayern getan hatte. Dafür sollte er ein jährliches Schutzgeld in der erträglichen Höhe von 300 Gulden erhalten. Doch sollten diese Maßnahmen nur Ausgangspunkt einer weiteren Annäherung in der Folgezeit sein. Neuhauser und Fuchsstein sorgten dafür, daß der Rat der bayerisch bestimmten Gemeinde, der Versammlung der Bürgerschaft, den Antrag vorlegte, die Stadt gänzlich dem Herzog zu überstellen, weil sich nur auf diesem Wege ihre aussichtslose wirtschaftliche Lage bessern ließe. Tatsächlich konnten die Parteigänger des Herzogs auch in der Gemeinde eine entsprechende Mehrheit herbeiführen. Sie brauchten dazu den Blick der Regensburger nur auf die aufblühenden Städte München, Landshut, Straubing, Burghausen oder Ingolstadt zu lenken, um die Bürger geradezu mit Neid zu erfüllen. Und sie versprachen, daß die Rückkehr nach Bayern eine ähnliche herzogliche Förderung auch für Regensburg, vor allem die Öffnung des bayerischen Marktes, bewirken werde. *Besser ein Herzog als ein Kaiser! Der Herzog macht reich, das Reich macht arm*, wurde die Losung. Ohne jeden militärischen Druck, allein durch die Kraft der Argumente und einer schlechten Wirtschaftslage beantragte die Reichsstadt Regensburg die Unterstellung unter das landesherrliche Regiment. Das war ein in der Geschichte des Reiches bis ins 18. Jahrhundert hinein einmaliger Vorgang. Keine andere Reichsstadt hat jemals einen vergleichbaren Schritt gewagt[299].

[298] Die Herzöge Albrecht IV. und Ludwig der Reiche nahmen mehrere Regensburger Kleriker in den landesherrlichen Ratsdienst auf; weitere Beispiele sind Weihbischof Johannes Ludovici oder Domherr Johann Goldner: Janner, Bischöfe III, S. 594; Heinz Lieberich, Die gelehrten Räte. Staat und Juristen in der Frühzeit der Rezeption (ZBLG 27) 1964, S. 120–189. Die Quellen: BayHStA Rst. Regensburg Lit. 412, fol. 5^v–6^v; Kschw. 5301.

[299] Rochus von Liliencron, Die historischen Volkslieder der Deutschen vom 13. bis 16. Jahrhundert II, Leipzig 1866, S. 179–210 Nr. 163.

Noch am 16. Oktober 1485 ging eine städtische Gesandtschaft nach München. Sie wurde angeführt von Hans von Fuchsstein und bot dem Herzog die Unterwerfung an, weil sie davon eine wirtschaftliche Gesundung der Stadt erwarte. Über diese Fragen wurden nun Verhandlungen aufgenommen, die sich über Monate hinzogen. Natürlich konnten sie nicht geheim gehalten werden. Der Kaiser warnte den Rat vor der Ausführung seiner Pläne. Doch war dieser nach den Geldforderungen Friedrichs III. viel zu sehr verstimmt, als daß er der Drohung Beachtung geschenkt hätte. Die Stadt blieb bei ihrem Antrag an Herzog Albrecht IV., so daß am 26. Juli 1486 der Übergabevertrag unterzeichnet werden konnte: Mit Wirkung dieses Tages wurde Regensburg eine bayerische Stadt[300]. Das neue Herrschaftsverhältnis sollte vornehmlich in einer Stadtsteuer zum Ausdruck kommen, die für den Zeitraum von 15 Jahren auf 800 Gulden festgesetzt wurde und sich in der Folgezeit auf 1200 Gulden erhöht hätte; erstmals seit zwei Jahrhunderten hatte die bisherige Freistadt wieder eine Abgabe an einen Stadtherrn abzuführen. Die städtischen Beamten sollten zwar vom Rat ernannt, aber vom Herzog bestätigt werden. Im übrigen erkannte Albrecht IV. sämtliche Rechte der Stadt an und sagte ihr sogar eine Vergrößerung ihres Territoriums zu. Durch den Ankauf der vom Bischof an die Stadt verpfändeten Herrschaft Donaustauf wollte er ihr zu weiterem Geld verhelfen. Nachdem mit diesem Vertrag die rechtlichen Grundlagen für ein neues Kapitel in der Geschichte Regensburgs gelegt worden waren, nahm der Herzog unverzüglich Besitz von seiner Erwerbung. Am 6. August 1486 hielt er prunkvollen Einzug, von der Bevölkerung begeistert empfangen. Der Rat huldigte ihm. Regensburg war eine bayerische Landstadt geworden. Albrecht IV. hatte eine weitere Enklave innerhalb des herzoglichen Territoriums beseitigt und damit einen alten Wunsch der wittelsbachischen Herzöge von Bayern erfüllt.

Albrecht IV. machte sich zu allererst daran, das bayerische Regiment abzusichern, indem er seine Parteigänger in die entscheidenden Funktionen brachte. Das Hansgrafenamt wurde einem Anhänger zugesprochen. Den wichtigsten Posten des Schultheißen erhielt Fuchsstein. Der Rat wurde in herzoglichem Sinne umbesetzt. Doch wurde dieses Gremium zugunsten des Äußeren Rates und der Gemeinde in seinen Kompetenzen beschnitten, um die günstige Stimmung in der Stadtbevölkerung auch weiterhin auszunützen. Hinter allen diesen Maßnahmen stand der Herzog selber, wie seine autographen Marginalien in den einschlägigen Akten belegen. Er nahm die Angelegenheit in seine eigenen Hände. Mindestens einmal pro Monat ließ er sich aus der Stadt direkt Bericht erstatten. Er suchte sie aber auch persönlich wiederholt auf: im Februar 1487, im Januar 1488, von Dezember 1491 bis Februar 1492.

Die Hauptsorge Albrechts IV. galt tatsächlich, wie zugesagt, der Stärkung ihrer Wirtschaftskraft. Darüber stellte der Hofrat zu München bereits im Dezember 1486 ausgedehnte Überlegungen an. Manche Pläne wurden zur Entschuldung der Stadt durch Erhöhung ihrer Einkünfte ausgearbeitet und erörtert[301]. Sie zielten vornehmlich auf eine allgemeine Besteuerung der Bevölkerung unter Umgehung aller Privilegien. Albrecht IV. ließ eine umfassende Steuer- und Finanzreform in Angriff nehmen[302]. Ungeld und Zölle wurden neu festgesetzt.

300 BayHStA Rst. Regensburg Lit. 1, fol. 302–311; 596, fol. 377r–381v.
301 BayHStA Rst. Regensburg Lit. 2.
302 RTA MR III, S. 1383 Nr. 353.

Die alte Salzniederlage, jahrhundertelang von den Herzögen bekämpft, wurde nun sogar unter landesherrlichen Schutz gestellt. Albrecht IV. verlieh Stapelrechte und ließ mehrere Stadtordnungen neu fassen[303]. Schon 1477 hatte er den Bürgern das Graben nach Erz im Umkreis von drei Meilen erlaubt. Vor allem wollte er die Stadt wieder zu einem Zentrum machen, das von Auswärtigen gerne aufgesucht wurde, die wie früher Geld bringen sollten. In diesem Zusammenhang wurde das Projekt einer Universitätsgründung geboren. Wie Ingolstadt wenige Jahre vorher durch die Errichtung der ersten bayerischen Landesuniversität für den Verlust der Residenzfunktion entschädigt worden war, sollte nun auch Regensburg durch die Gründung einer solchen Hohen Schule Ersatz für die verlorene frühere Bedeutung erhalten. Die Stadt sollte ein weiteres kulturelles Zentrum innerhalb des Herzogtums werden. Unverzüglich ließ Albrecht IV. darüber in Rom Verhandlungen aufnehmen, die 1487 dann in die erforderliche päpstliche Bestätigungsbulle mündeten[304]. Auch diese geplante Universität sollte wieder Fremde in die Stadt führen. Dem gleichen Ziel diente der Vorschlag, die Regensburger Kirchen sollten ihre Reliquien und sonstigen Heiltümer Jahr für Jahr öffentlich zur Schau stellen. Noch 1487 wurde mit Erfolg die erste Heiltumsweisung durchgeführt, nachdem der Herzog die dafür benötigte päpstliche Genehmigung durchgesetzt hatte. Im Februar 1487 veranstaltete er auf dem Platz vor dem Herzogshof, dem heutigen Alten Kornmarkt, ein prächtiges Ritterturnier[305]. Seit einem halben Jahrhundert hatte Regensburg derartiges nicht mehr erlebt. Mit dieser glanzvollen Veranstaltung klingt die Tradition der mittelalterlichen Turniere hier aus.
Albrecht IV. wollte Regensburg wohl nie zur Hauptstadt seines Territoriums machen, wie man in der Stadt gehofft hatte. So weit ging seine Begeisterung für die Vergangenheit nicht, daß er sich deswegen von München, wo er eine prunkvolle Hofhaltung pflegte, hätte trennen wollen. Er stellte zweifellos allenthalben seine eigenen Interessen über die der Stadt. Dennoch war er bereit, Regensburg zentralörtliche Funktionen zurückzugeben. In dieser Absicht verlegte er den Sitz des Viztumsamtes Straubing, dem die neuerworbene Stadt zunächst eingegliedert worden war, aus der niederbayerischen Residenzstadt in die frühere Reichsstadt. Seit 1488 sind hier Viztum und Rentmeister bezeugt. Auch das Hofgericht sollte nun hier installiert werden. Um die Voraussetzungen dafür zu schaffen, begann Albrecht IV. umfangreiche Baumaßnahmen. Er plante die Errichtung einer Herzogsresidenz. Doch verspürte er erstmals hier Widerstand aus der Bürgerschaft, die das Gebäude nicht im Zentrum der Stadt dulden wollte. Albrecht IV. mußte es außerhalb der Stadtmauer errichten. Er begann mit dem Ausbau des alten wittelsbachischen Besitzes vor

303 Lori, Bergrecht, S. XXXII f. Nr. XIX; Otto Gönnenwein, Das Stapel- und Niederlagsrecht (Quellen und Darstellungen zur hansischen Geschichte NF 11) Weimar 1939, S. 418 f. Nr. 140: Privileg des ausschließlichen Donauübergangs zwischen Kelheim und Straubing; Schremmer, Die Wirtschaft Bayerns, S. 24 f. – Albrecht IV. erließ eine Mühlenordnung (StAR I A f 36), eine Weinordnung (StAR I A f 44), eine Feuer- und Wachtordnung (BayHStA Gemeiner-Nachlaß Fasz. 18).
304 Weißthanner, Stiftungsbrief. S. Anm. 93.
305 Gemeiner, Chronik III, S. 749–754. Nach Bosl, Sozialstruktur, S. 92 plante der Herzog sogar die Verlegung der Hauptstadt hierher.

dem Prebrunntor. Der dortige ausgedehnte Komplex sollte das herzogliche Schloß werden[306].

Neben diesem Residenzbau leitete Albrecht IV. weitere Baumaßnahmen ein, die auf eine Förderung des städtischen Handels abzielten. Er ließ einen Salzstadel errichten, einen Weinstadel, ein Lagerhaus für Eisen, in dem das oberpfälzische Eisen umgeschlagen wurde[307]. Durch eigene Brauhäuser sollte eine Erhöhung des Ungeldaufkommens in die Wege geleitet werden. Der herkömmlichen Klage über die Abschnürung der Stadt versuchte der Landesherr durch den Verzicht auf alle Ansprüche auf den Oberen Wöhrd abzuhelfen, der für die Bürger wegen der Wiesen und der Sandgruben wichtig war und durch eine Brücke mit dem Nordufer der Donau verbunden wurde. In der gleichen Absicht wurden mehrere dortige Ortschaften am Nordufer der Donau angegliedert: die Siedlungen *Am Hof* vor der Steinernen Brücke, Steinweg, Pfaffenstein, Winzer, Reinhausen und Kareth. Das auf diese Weise vergrößerte Stadtgebiet wurde durch eine Einteilung in dreizehn Bezirke verwaltungsmäßig neu geordnet. Um diese Orte besser an das Stadtzentrum anzuschließen, wurde die Straße nach Westen in Richtung Nürnberg, die bisher durch das Prebrunntor bis Prüfening geführt hatte und erst dort die Donau überquerte, nun über die Steinerne Brücke nach Steinweg verlegt, von wo aus der Herzog entlang der Donau eine neue Trasse bis Winzer anfertigen ließ und damit den bis heute bestehenden Straßenverlauf begründete. Albrecht IV. machte sich also unverzüglich an die Einlösung seiner Zusagen gegenüber der Regensburger Bürgerschaft. Er hat eine Reihe von Maßnahmen eingeleitet, die den Wohlstand der Stadt wieder heben sollten.

Dennoch fand seine Herrschaft nicht ungeteilten Beifall. Es gab von Anfang an auch spürbaren Widerstand, der erstmals anläßlich des Residenzbaues deutlich wurde. Er regte sich gerade in den neu eingegliederten Orten, die nun von der Stadt zur Stadtsteuer veranlagt wurden, womit sie nicht einverstanden waren. Härterer Widerstand kam von den bisher privilegierten Gruppen, die nun tatsächlich zu Abgaben herangezogen wurden: Juden und Klerus. Vor allem die Geistlichkeit hat sich allem Anschein nach nie mit dem neuen Stadtherrn abgefunden, sondern ihn mit sehr scharfen Spottgedichten verfolgt. Sie richteten sich gegen die starke Einmischung des Herzogs vor allem in Angelegenheiten des Bischofsstuhles, den Albrecht IV. ebenfalls in seine Verfügungsgewalt bringen wollte. Schon ließ er in Rom über ein herzogliches Nominations- und Präsentationsrecht verhandeln. Letztlich wollte er Regensburg zum Sitz eines bayerischen Landesbistums machen, das erstmals in dieser Zeit projektiert wurde. Auf dieses Ziel hat er durch sehr umstrittene herzogliche Visitationen in den drei Regensburger Reichsstiften sowie die Übernahme mehrerer bischöf-

[306] Bösner, Prebrunn. Eine bildliche Darstellung: StMR (um 1653); Druck: Regensburger Almanach 20, 1987, S. 41; Bauer, Regensburg, S. 404; Karl Schnieringer, Der Turm am Singrün. Forschungen im Umfeld des Schlosses Herzog Albrechts IV. am Herrenplatz, in: Denkmalpflege in Regensburg. Berichte – Projekte – Aufgaben 1991, 1992, Regensburg 1992, S. 59–64.

[307] Baualterspläne IV, bearb. von Betz und Hufnagl, S. 45 f.; Karl-Otto Ambronn, Regensburg und Amberg – zwei Hauptstädte der Oberpfalz (Regensburger Almanach 20) 1987, S. 29.

licher Funktionsträger in seinen Ratsdienst zielstrebig hingearbeitet[308]. Diese unverkennbaren Übergriffe Albrechts IV. in den kirchlichen Bereich drängten Bischof Heinrich IV. zusammen mit seinem Klerus in eine oppositionelle Haltung. Aber auch unter den Bürgern gab es neben der nun tonangebenden bayerischen Partei nach wie vor zahlreiche Anhänger des Kaisers. Zwei Jahrhunderte als Reichsstadt ließen sich eben nicht durch einen Vertrag plötzlich gegenstandslos machen. Eine Reihe von Familien verließ aus Protest die Stadt. Auch bei den zurückbleibenden Geschlechtern kehrte nach und nach Ernüchterung ein. Sie hatten alle auf eine rasche Besserung der Verhältnisse gehofft. Und als diese nicht eintrat, sahen sie sich in ihren Erwartungen getäuscht und gingen allmählich wieder auf größere Distanz zum Herzog. Für diese sorgte zudem dessen wichtigster Parteigänger, der Schultheiß Fuchsstein. Er übte anstelle des bisherigen strengen Ratsregiments ein nicht minder strenges herzogliches Regiment, das auf wenig Gegenliebe stieß.
Die Unterstellung der Reichsstadt Regensburg unter bayerische Oberhoheit im Juli 1486 war rasch in ganz Deutschland bekannt geworden. Die Stadt selber hatte ihre Entscheidung durch Kuriere den anderen Reichsständen melden lassen. In einem Schriftsatz, den sie zudem durch die junge Kunst des Buchdrukkes verbreiten ließ, hatte sie der Öffentlichkeit ihre Gründe vorgelegt. Dieses Druckwerk wurde auch dem Kaiser, ihrem bisherigen Herrn, zugestellt: Friedrich III. Der Abfall der Stadt vom Reich hatte ihn tief erzürnt. Schon 1487 soll er auf dem Reichstag zu Nürnberg ausdrücklich verkündet haben, er sei gewillt, *sich ee deß landes Osterich zu verzihen, dan Regenßpurg dem riche nochzulassen*[309]. Friedrich III. war von Anfang an fest entschlossen, die Stadt unter seine Herrschaft zurückzuzwingen. Bot sich doch gerade hier die Möglichkeit, von Reichs wegen gegen den wittelsbachischen Konkurrenten vorzugehen. Und auf dieses Ziel arbeitete der Kaiser mit unverkennbarer Zähigkeit hin. Das begann damit, daß er Regensburg wie jede andere Reichsstadt auch weiterhin zu Diensten und Abgaben an das Reich heranzuziehen suchte. Als die Stadt seinen Aufforderungen nicht nachkam, konnte er aber zunächst nichts unternehmen, weil ihm andere Aufgaben die Hände banden, vor allem das ungarische Problem. König Matthias Corvinus hatte ihm Teile seiner Erblande einschließlich der Residenzstadt Wien weggenommen. Die Rückgewinnung dieses Gebietes mußte die vordringlichste Hauptaufgabe sein. Deswegen hatte Albrecht IV. in Regensburg über Jahre hinweg ziemlich freie Hand. Doch förderte der Kaiser die Gründung des Schwäbischen Bundes, der 1488 zur Eindämmung der wittelsbachischen Expansionspolitik ins Leben gerufen wurde. In gleicher Weise unterstützte er den 1489 zu Cham gegründeten Löwlerbund, einen ebenfalls gegen die herzogliche Politik gerichteten Zusammenschluß zahlreicher

[308] Helmut Rankl, Das vorreformatorische landesherrliche Kirchenregiment in Bayern (1378–1526) (MBM 34) München 1971, S. 85–95, 199–207; Reinhard Stauber, Herzog Georg von Bayern-Landshut und seine Reichspolitik. Möglichkeiten und Grenzen reichsfürstlicher Politik im wittelsbachisch-habsburgischen Spannungsfeld zwischen 1470 und 1505 (Münchener Historische Studien, Abt. Bayerische Geschichte 15) Kallmünz 1993, S. 304–313. S. Anm. 298.
[309] Johannes Janssen, Frankfurts Reichscorrespondenz nebst andern verwandten Aktenstücken von 1376–1519 II, Freiburg 1872, S. 452.

Ritter des Vorderen Bayerischen Waldes. Mit diesen Maßnahmen bereitete Friedrich III. seinen Gegenschlag vor, den er sofort führte, als ihm der Tod von Matthias Corvinus und die Rückeroberung Niederösterreichs 1490 die Möglichkeit dazu boten. Am 13. Dezember 1489 war das Rechtsverfahren gegen die Stadt eröffnet worden, in dem sie zur unverzüglichen Rückkehr ans Reich angehalten wurde. Als sie auf diese wie weitere ähnliche Aufforderungen nicht reagierte, leitete der Kaiser einen förmlichen Prozeß vor dem Reichskammergericht ein, das dann am 1. Oktober 1491 die Reichsacht über die Stadt verhängte[310]. Die Exekution wurde den Löwlern übertragen, die freilich zu schwach waren, um sich gegen den Verurteilten zu behaupten. Aus dem in der Umgebung von Regensburg geführten Kleinkrieg ging der Herzog als Sieger hervor. Weil sich Albrecht IV. damit einem Kammergerichtsspruch widersetzt hatte, wurde auch über ihn die Reichsacht verhängt (23. Januar 1492). Nun wurde die Exekution dem ungleich mächtigeren Schwäbischen Bund übertragen, dem der von Georg dem Reichen damals nicht unterstützte Albrecht IV. nicht mehr gewachsen war. Deswegen schaltete er als Vermittler die Kurie ein. Die Fronten verhärteten sich also zusehends. Die Affäre um Regensburg zog immer weitere Kreise. Es war zu erwarten, daß die Waffen die Entscheidung bringen mußten. Schon marschierten am Lech die Truppen des Schwäbischen Bundes und des Herzogs auf, um die Kraftprobe militärisch zu beenden. Daß es nicht dazu kam, war einem Mann zu danken, der sich auf Anregung der Kurie nun erstmals in die Affäre einschaltete: König Maximilian I. Der Sohn des Kaisers, seit 1486 Mitregent und Schwager des Herzogs, vermittelte. Er führte die beiden Kontrahenten an den Verhandlungstisch. Ergebnis war der Schiedsspruch zu Augsburg vom 25. Mai 1492. Darin wurde der Herzog verpflichtet, zusammen mit der Reichsgrafschaft Abensberg auch Regensburg zurückzugeben, unter Wahrung seiner Rechte und Ansprüche[311]. Albrecht IV. fügte sich diesem Spruch, wenn auch nur widerstrebend. Er mußte erkennen, daß er den Höhepunkt seiner Machtausweitung überschritten hatte. Er hatte den Bogen überspannt und so Gegenkräfte mobilisiert, denen er nicht mehr gewachsen war und die ihn nun zum Einlenken zwangen. Diese Einsicht des Herzogs verhinderte Schlimmeres. Kaiser Friedrich III., obwohl zwischenzeitlich auf dem Sterbebett zu Linz liegend, hatte sich auch in Regensburg nach langem Zusehen und sehr zielgerichtetem Zupacken im entscheidenden Moment doch noch durchgesetzt.

Die Rückgabe Regensburgs an das Reich war ausschließlich Ergebnis der machtpolitischen Auseinandersetzung zwischen Kaiser und Herzog. Die Stadt selber hatte darauf keinen Einfluß. Sie hatte allerdings die Folgen zu tragen. Nach ganzen sechs Jahren erlebte Regensburg nun einen zweiten Herrschaftswechsel. Schon am 1. Juni 1492 übernahmen Markgraf Friedrich von Brandenburg und Eitelfritz von Zollern als kaiserliche Kommissare die Stadt wieder in die Pflicht des Reiches.

[310] Die Urkunde konnte bisher nicht aufgefunden werden, ergibt sich aber zwingend aus Nachurkunden: HHStAW Fridericiana 9, fol. 260r–262r. Vgl. Koller (Hg.), Regesten Friedrichs III., Heft 7, bearbeitet von Kraus, S. 400 Nr. 813, 814; Mayer, Regensburg, Quellenanhang, Nr. 1.

[311] Franz von Krenner, Baierische Landtags-Handlungen in den Jahren 1429 bis 1513 X, München 1804, S. 585–598. – BayHStA Rst. Regensburg Lit. 305 ½.

c) Reichsstadt 1492–1803

Die Stadt erhielt nach ihrer Rückkehr unter die Hoheit des Reiches nicht mehr ihren früheren Status als Freistadt zurück, sondern wurde zur Reichsstadt. Sie vertauschte die bisherige Abhängigkeit der Landstadt mit der keinesfalls schwächeren Inpflichtnahme durch den Kaiser. Somit wurde auch in Regensburg der frühere Unterschied zwischen Freien und Reichsstädten belanglos. Wenn sie sich selber künftig oftmals als Freie Reichsstadt titulierte, hatte das verfassungsrechtlich nicht allzuviel zu besagen. Im Zuge des Ausbaues der Reichsverwaltung gab es nun nur mehr einen Typus von Reichsstädten. Seit dem Ausgang der Regierungszeit Friedrichs III. und dann vor allem unter Maximilian I. wurde auch Regensburg viel mehr in die Pflicht des Reiches genommen als früher. Die Entwicklung ist eingebunden in einen breiten Verfassungswandel, der mit der Formel *Verdichtung der Reichsverfassung* umschrieben wird. In diesem Rahmen wurden die überkommenen Privilegien bekämpft und wurde versucht, eine neue, vereinheitlichte Form der Reichsuntertänigkeit zu schaffen, in der die früheren Unterschiede zwischen den Städten belanglos waren.
In diese allgemeine Entwicklung ist auch der neue Rechtsstatus eingebettet, den Regensburg nach der Rückkehr an das Reich erhielt. Die Stadt bemühte sich zwar mit Einsatz um die Wiederherstellung der früheren Zustände, doch wurde das nicht bewilligt. Sie kam statt dessen unter verschärfte königliche Aufsicht. Friedrich III. wollte die abtrünnige Stadt in unmittelbare königliche Verwaltung nehmen. Deswegen zog er vorübergehend sogar das Schultheißenamt ein. Deutlichstes Merkmal des neuen Zustandes, den die kaiserlich ausgerichtete Historiographie gerne mit der Formel *civitas imperialis* umschrieb[312], waren die beiden Kommissare, die in ihr nun Einzug hielten. Ihre Hauptaufgabe war, eine Wiederholung der Vorgänge ab 1486 zu unterbinden. Die Stadt hatte sogar für deren Unterhalt aufzukommen. Erste Amtstätigkeit der Kommissare war die Entgegennahme der Huldigung der Reichsstadt bei gleichzeitiger Auflösung der dem Herzog von Bayern geleisteten Eide. Das war die erste Huldigung gegenüber einem Kaiser, welche die Reichsstadt vornahm. Zugleich wurde eine Steuer eingeführt, die die Stadt nun wieder an das Reich abzuführen hatte. Auch Regensburg wurde in die Erhebung des Gemeinen Pfennigs einbezogen. Um den bisherigen Druck aufrecht zu erhalten, verblieb sie bis 1495 in der Reichsacht. Noch auf dem Wormser Reichstag wurde die Frage rege behandelt. Andererseits bestätigte ihr König Maximilian I., der den rigoroseren Kurs des Vaters nur in abgeschwächter Form fortführte, am 28. Mai 1495[313] alle Frei-

[312] Vgl. BStB cgm 1502: Joseph Grimpeck: Judicium über die Stat Regenspurg (1511). Vgl. Herbert W. Wurster, Johann Beers „Beschreibung der Statt Regensburg". Ein wiedergefundenes barockes Lobgedicht (VHVO 118) 1978, S. 242: *du große Kaysers braut.* Weiterhin: Johannes Cochläus, Brevis Germaniae Descriptio (1512), hg. von Karl Langosch, Darmstadt 1960, S. 102: *civitas episcopalis simul et imperialis, urbs olim prepotens hodieque egregiis adhuc edificiis decorata, divitiis vero funditus exhausta;* Riccardo Bartolini, Odeporicon, Wien 1515, S. A IIIv: *Reginonem, quam nunc Regenspurg i[d est] regiam civitatem dicunt.*

[313] BayHStA Rst. Regensburg Urkunden 1495 V 28; Gemeiner-Nachlaß 21; RI XIV, S. 198 Nr. 1807. Das Urteil Maximilians I. über die Stadt: Gemeiner, Chronik IV, S. 308. – Peter Schmid, Der Gemeine Pfennig von 1495. Vorgeschichte und Entstehung, verfassungsgeschichtliche, politische und finanzielle Bedeutung (Schriftenreihe der

heiten und Privilegien, die die Stadt von Kaisern und Königen erhalten hatte. Auch diese Maßnahme war natürlich ein Mittel der Disziplinierung[314]. Mit den Anhängern des Herzogs wurde scharf abgerechnet. Sie haben die Stadt offensichtlich zum Teil verlassen, nachdem sie aus München keine Unterstützung mehr erfuhren. Einzelne Familien führte ihr Weg in weit entfernte Orte. Die Trainer etwa begegnen wieder im sächsischen Freiberg.
Herzog Albrecht IV. begnügte sich in der Folgezeit mit der Aufrechterhaltung der herzoglichen Rechte und unternahm keine Bemühungen um die Rückgewinnung der Stadt mehr. Sein Verhältnis zu dieser regelte er im Vertrag von Straubing (23. August 1496). In ihm wurden die Territorien genau gegeneinander abgegrenzt. Gegen eine Ablösung von 400 Gulden pro Jahr machte der Herzog die eingeleitete Vergrößerung des städtischen Territoriums wieder rückgängig. Er gestand auf dem Südufer der Donau einen im Vergleich zu früher zwar vergrößerten, aber immer noch recht beengten Burgfrieden zu. Dagegen blieb das Gebiet nördlich der Donau, abgesehen vom kleinen Brückenkopf am Fuß der Steinernen Brücke, bayerisch. Schon das städtische Katharinenspital wurde nicht voll integriert. Die Siedlung *Am Hof* wurde nun zur Stadt erhoben und damit ein sehr später Vertreter wittelsbachischer Städtepolitik[315]. Stadtamhof ist das Musterbeispiel einer landesherrlichen „Gegenstadt" gegen eine Reichsstadt. Doch sollte diese Handel und Wandel der Regensburger Bürger nicht mehr beeinträchtigen. Donaustauf blieb in bayerischer Pfandschaft. Dagegen überließ der Herzog der Stadt nun endgültig das ihm vorher zurückgegebene Schultheißenamt, das Friedgericht und das Kammeramt, also hohe und niedere Gerichtsbarkeit samt allen Einkünften, ausgenommen allein die Verleihung des Blutbannes. Diese Formalie wurde der kümmerliche Rest der ursprünglich viel umfassenderen Herrschaftsrechte des Herzogs in der Reichsstadt, der nun auch die beiden Wöhrde endgültig zugesprochen wurden. Die als Gegenleistung bewilligte jährliche Zuzahlung von 400 Gulden war wenig bedeutungsvoll. Albrecht IV. gab die herzogliche Position in der Stadt doch weithin preis, weil er sich neuen Zielen zuwandte. Der Straubinger Vertrag von 1496 sollte die entscheidende Grundlage der Beziehungen zwischen der Reichsstadt und dem Herzogtum Bayern während der gesamten frühen Neuzeit werden[316]. Er schuf eine insgesamt gesehen tragfähige Abgrenzung der Herrschaftszonen, auch wenn im Laufe der folgenden drei Jahrhunderte immer wieder von bayerischer Seite her versucht werden sollte, deren Grenzen zu verschieben. Trotz des Ausgleiches von 1496 blieb das Verhältnis auf Dauer gespannt. Und es verschärfte sich, als der Übertritt der Reichsstadt zum Protestantismus 1542 die bisherigen herrschaftlichen Streitpunkte durch konfessio-

Historischen Kommission bei der Bayerischen Akademie der Wissenschaften 34) Göttingen 1989, S. 537, 543, 560; G. Schmidt, Städtetag, S. 335.

[314] P. Schmid, Herzog Albrecht IV. von Oberbayern und Regensburg. Vom Augsburger Schiedsspruch zum Straubinger Vertrag (dort auch Belege und Literatur). Zur Behandlung der Frage auf dem Wormser Reichstag 1495: Heinz Angermeier, Bayern und der Reichstag von 1495 (Historische Zeitschrift 224) 1977, S. 604–607.

[315] BayHStA Kurbaiern Urk. 12924; Rst. Regensburg Urk. 1496 VIII 23. D. Schmid, Stadtamhof als Typus und Sonderfall wittelsbachischer Städtepolitik (VHVO 21) 1981, S. 405–424; D. Schmid, HAB Regensburg I, S. 104–108.

[316] Mayer, Regensburg, Bayern und das Reich am Übergang zur Neuzeit.

nelle Differenzen verschärfte[317]. Die wichtigsten Ebenen, auf denen sich die Auseinandersetzungen vollzogen, waren die der Religions- und Wirtschaftspolitik; vor allem die Frage der Zollpolitik gewann im Zeitalter des Kameralismus an Bedeutung. In einer langen Reihe von Staatsverträgen wurde versucht, diese Streitpunkte abzustellen[318]: 1497, 1539[319], 1558, 1574, 1610, 1615, 1631, 1649, 1693, 1703, 1704, 1715, 1772. Doch vermochten sie das Verhältnis höchstens für kurze Zeit zu bessern. Es blieb im allgemeinen gespannt und verschärfte sich noch mehr mit dem Eintritt ins Zeitalter des Absolutismus[320].
Um eine Wiederholung der Vorgänge ab 1486 auszuschalten, entschloß sich Maximilian I., einen königlichen Statthalter in Regensburg zu belassen. Solche hatte es seit dem Aussterben der Burggrafen nicht mehr gegeben. Seit August 1493 wurde über die Einsetzung eines Reichshauptmannes verhandelt, der die Oberhoheit des Königs über die Stadt mit Nachdruck zum Ausdruck bringen sollte. Die Bürgerschaft versuchte verzweifelt, die Maßnahme abzuwenden. Doch gelang ihr allein ein Aufschub[321]. Schließlich setzte Maximilian I. 1499 die Ernennung eines Reichshauptmannes auch für Regensburg durch. Ähnliche Kommissare führte er in anderen Reichsstädten ein (Boppard, Weißenburg)[322]. Auf diesem Wege wurde das neue Rechtsverhältnis institutionalisiert. Gerade diese ungeliebte Maßnahme hat sicherlich dazu beigetragen, die Verhältnisse nach außen gegenüber dem Reich und Bayern zu stabilisieren. Andererseits verschärfte sie das ohnehin sehr gereizte Klima in der Stadt, das sich in eben diesen Jahren in einer Kette von Unruhen entlud. Die Regierungszeit Kaiser Maximilians I. ist auch für Regensburg zu einer sehr spannungsgeladenen Phase geworden[323].
Erster Reichshauptmann wurde Sigmund von Rohrbach; er kam aus bayerischen Diensten und amtete von 1499 bis 1514[324]. Seine Instruktion trug ihm auf, alle politischen Agenden in der Stadt im Sinne des Kaisers zu lenken. Damit erhielt er natürlich eine schwierige Mission in diesen aufgewühlten Jahren. Sein Stand wurde auch nicht erleichtert, als der Kaiser die Besoldung übernahm und

[317] Dollinger, Regensburg und Baiern.
[318] Aretin, Chronologisches Verzeichniss der bayerischen Staatsverträge, S. 18, 24, 29f., 31, 37, 43, 54, 56f., 58, 73. Vgl. BStB cgm 2020 (Abschriften).
[319] Diese Verträge fehlen im Repertorium von Aretin. Sie finden sich in: BStB cgm 2020 und cgm 3184 (Kop.).
[320] A. Schmid, Absolutistischer Territorialstaat und Reichsstadt.
[321] HHStAW Kleinere Reichsstände 416, fol. 28–252.
[322] HHStAW Reichsregister BB, fol. 279^{v}. Vgl. Heinz Gollwitzer, Capitaneus imperii imperatorio nomine. Reichshauptleute in Städten und reichsstädtische Schicksale im Zeitalter Maximilians I., in: Aus Reichstagen des 15. und 16. Jahrhunderts (Schriftenreihe der Historischen Kommission bei der Bayerischen Akademie der Wissenschaften 5) Göttingen 1958, S. 248–282.
[323] Ludwig Schwab, Regensburg im Aufruhr. Der Freiheitskampf einer Stadt 1485–1521. Ereignisse und Merkwürdigkeiten, Regensburg 1956; Panzer, Sozialer Protest in süddeutschen Reichsstädten, S. 39–127.
[324] Einsetzungsurkunde: BayHStA Rst. Regensburg Urk. 1499 –.–. Rst. Regensburg Lit. 305. Die entscheidenden Dokumente zur Reichshauptmannschaft von kaiserlicher Seite: HHStAW Kleinere Reichsstände 417. Vgl. H. Schmid, Regensburg in der Zeit der Reichshauptleute; Heinz Gollwitzer, Bemerkungen über Reichsstädte und Reichspolitik auf der Wende vom 15. zum 16. Jahrhundert, in: Civitatum communitas. Festschrift Heinz Stoob, hg. von Jäger, Petri und Quirin (wie Anm. 41), S. 494f.

der Kommissar dadurch der Stadt zumindest finanziell nicht mehr zur Last fiel. Allein über die Leitung der Wahlen konnte der Stadthauptmann großen Einfluß auf die Führung der Stadt nehmen.
Wichtigstes Ergebnis der frühen Tätigkeit des Reichshauptmanns Rohrbach war die *Kayserliche Regimentsordnung* von 1500[325]. Mit ihr wurde die Verwaltung der Stadt neu geregelt. Sie ist Ausdruck der Machtverhältnisse um 1500 und fiel dementsprechend ganz im Sinne des Königs aus. Ihre wichtigsten Bestimmungen sind die Einrichtung eines Inneren Rates mit 12 und eines Äußeren Rates mit 36 Mitgliedern. Als weiteres Amtspersonal werden Ungeldherrn, Stadtschreiber, Wachtmeister, Hansgraf, Schultheiß und Propstrichter festgeschrieben; sie müssen nach einem vorgegebenen Ritual vereidigt werden. Für die Wahl von Räten, Kämmerern, Steuerherren und Stadtschreibern werden geregelte Verfahren für verbindlich erklärt. Alle Streitigkeiten zwischen Anhängern von altem und neuem Rat werden verboten und unter Strafe gestellt. Jeder Bürger wird zur fristgerechten Steuerzahlung verpflichtet. Andernfalls ist er aus der Stadt zu verweisen. Für die Handwerkerzünfte werden Ordnungen erlassen. Die notariellen Befugnisse werden vom Schultheiß auf den Rat überführt. Bei allen diesen Bestimmungen bleibt dem König über den Reichshauptmann maßgeblicher Einfluß gewahrt. Herzog und Bischof werden als Machtfaktoren weithin eliminiert. Die bestimmende Potenz war eindeutig das Königtum.
Dieser Tendenz entspricht auch die Verlegung des Reichskammergerichtes von Wetzlar nach Regensburg in den Jahren zwischen 1503 und 1507 mit einer Unterbrechung 1504/05 auf dem Höhepunkt des Landshuter Erbfolgekrieges[326]. Diese Verfügung war von Maximilian I. zum einen als wirtschaftliches Stimulans gedacht; zum andern sollte auch auf diesem Wege das neue Herrschaftsverhältnis ausgebaut werden. Gerade diese Maßnahme läßt erkennen, daß Maximilian mit der Reichsstadt Regensburg weitergehende Pläne verfolgte, die wohl noch nicht hinreichend erhellt sind[327].
Nachfolger Rohrbachs als Reichshauptmann wurde Thomas Fuchs von Schneeberg. War die Tätigkeit des Vorgängers unter dem Leitstern der Verhinderung der Vorgänge von 1485/86 gestanden, so setzte er neue Akzente, indem er sich um den weiteren Ausbau der Verfassung im Sinne des Kaisers bemühte. Von dieser Grundtendenz ist die Neufassung der Regimentsordnung von 1514[328] getragen. Sie stellt in einer Reihe von Punkten eine Wiederholung der Erstfassung von 1500 dar. Die wichtigsten Änderungen betreffen die Erhöhung der Anzahl der Inneren Räte von 12 auf 16 und die Besetzung der einflußreichen Ämter des Kämmerers und Schultheißen für vier Jahre. Die Erledigungsfrist für Ratsangelegenheiten wird von sechs Wochen auf drei Monate verdoppelt. Nun

[325] BayHStA Rst. Regensburg Lit. 376a; StAR I A f 5. Ungedruckt.
[326] RTA MR V, S. 1102 Nr. 1522. Vgl. Rudolf Smend, Das Reichskammergericht I: Geschichte und Verfassung (Quellen und Studien zur Verfassungsgeschichte des Deutschen Reiches IV/5) Weimar 1911, S. 102.
[327] Hölbling, Maximilian I. und die Reichsstädte, S. 265–276; Hermann Wiesflecker, Kaiser Maximilian I. Das Reich, Österreich und Europa an der Wende zur Neuzeit V, München 1986, S. 108.
[328] BayHStA Rst. Regensburg Lit. 380; StAR I A f 4a. Ungedruckt. Regest: Hable, Regensburg, S. 238.

wird auch die Gemeinde als Verfassungsinstitution verankert. Die Ordnung betont sehr den Charakter der Stadt als einer königlichen Stadt. Er kommt auch darin zum Ausdruck, daß Maximilian I. die Juden in seinen besonderen Schutz nimmt. Am 2. März 1521 unterstellte auch Karl V. die Reichsstadt förmlich seinem kaiserlichen Schirm.

Thomas Fuchs bekleidete das Amt des Reichshauptmannes bis 1526. Auf ihn folgte für vier Jahre sein Sohn Hans Fuchs[329]. Nach dessen Abtritt 1530 verhinderte die Stadt für vier Jahre die Neubesetzung. Sie erfolgte erst 1535 mit Hans von Damis. Von diesem Zeitpunkt an wird die Reihe unklar. Ob und wie lange Franz von Hemste und Georg von Loxau in diesem Amt waren, ist unsicher. Schon diese verbleibenden Fragen lassen erkennen, daß die Einrichtung des Reichshauptmanns nun an Bedeutung verlor. Sie wurde schließlich 1555 in einer Phase der Notlage des Kaisertums aufgehoben. Der Stadt gelang es, die Bedrängung des alten Karl V. für sich auszunützen und ein lange verfolgtes Ziel nun endlich durchzusetzen. Am 3. Oktober 1555 wurde die Aufhebung der Reichshauptmannschaft verfügt. Damit wurde ein Schlußpunkt hinter lange Jahre der Vorherrschaft des Kaisers gesetzt. Aus der kaiserlichen wurde nun eine gemeine Reichsstadt. Doch wurde sie auch jetzt nicht in den früheren Zustand zurückgeführt. Es gelang Herzog und Bischof nicht mehr, sich als Machtfaktoren wieder in den Vordergrund zu schieben.

Der seit dem Beginn des 16. Jahrhunderts deutlich verstärkte Druck des Königtums auf die Reichsstädte veranlaßte diese zu Gegenmaßnahmen. Sie begannen, sich korporativ zu organisieren, um so ein Gegengewicht aufzubauen. Der Städtetag wurde gebildet. Da der Vorgang gerade in die unruhigen Jahre des letzten Viertels des 15. Jahrhunderts fällt, spielte Regensburg dabei gewiß keine bestimmende Rolle. Die Stadt blieb statt dessen dem sich formierenden Corpus auffallend lange fern. Sie trat erst seit dem Jahre 1522 zu diesem in eine engere und dauerhafte Verbindung, als die inneren Wirren zu einem ersten Abschluß gebracht worden waren und wohl auch die Verstimmung bei den anderen Städten wegen der Unterstellung unter den Herzog abgeklungen war[330]. Mit der regelmäßigen Beteiligung an der Arbeit des Städtecorpus war die Konsolidierungsphase unter Maximilian I. abgeschlossen. Sie beschickte in der Folgezeit die meisten Reichstage; zwischen 1495 und 1545 war sie insgesamt auf drei Viertel der Versammlungen vertreten. Regensburg erhielt zunächst den zweiten Platz auf der schwäbischen Bank des Gremiums hinter Augsburg, aber vor Nürnberg. Ihre frühere Führungsfunktion bekam die Reichsstadt erst mit dem Immerwährenden Reichstag zurück.

Das enge Verhältnis der Stadt zum Reich kommt in einer Reihe von bezeichnenden Rechtsvorgängen zum Ausdruck. Sie haben sich im 16. Jahrhundert ausgebildet und während des 17. und 18. Jahrhunderts nur mehr wenig gewan-

[329] HHStAW Kleinere Reichsstände 417.

[330] G. Schmidt, Städtetag, S. 56–58; Günter Buchstab, Reichsstädte, Städtekurie und Westfälischer Friedenskongreß. Zusammenhänge von Sozialstruktur, Rechtsstatus und Wirtschaftskraft (Schriften der Vereinigung für Neuere Geschichte 7) Münster 1976, S. 207f.; Helmut Neuhaus, Reichsständische Repräsentationsformen. Reichstag – Reichskreistag – Reichsdeputationstag (Schriften zur Verfassungsgeschichte 33) Berlin 1982, S. 75, 366, 375, 505, 533, 538, 544.

delt. Unmittelbar nach dem Regierungsantritt eines Kaisers gratulierte ihm die Stadt und verband mit ihren Glückwünschen immer sofort die Bitte um Erneuerung ihrer Privilegien durch den obersten Lehenherren. Dieser entsprach ihr meist nach kurzer Zeit. Derartige Privilegienbestätigungen liegen vor aus den Jahren 1521, 1556, 1576, 1613, 1620, 1637, 1659, 1706 und 1712[331]. Mit Karl VI. bricht die Reihe dann aber ab. Seit Karl VII. ist offensichtlich keine Privilegienbestätigung mehr erfolgt. Das ist auffallend, da sowohl dieser Kaiser als auch sein Nachfolger Franz I. Stephan im übrigen mit Nachdruck für die Aufrechterhaltung der Lehenverfassung eingetreten sind.

Der Kern dieser Rechte stammt von Kaiser Karl V., der schon auf dem Wormser Reichstag von 1521 eine erste Urkunde für die Reichsstadt Regensburg ausstellte[332]. Deren in 24 Punkten zusammengefaßte Begünstigungen wurden 1541 durch ein Zusatzprivileg erweitert, das in vier Punkten weitere Gerichtsrechte erbrachte. Dieser Zustand wurde dann im großen Stadtrecht vom 31. Januar 1556 zusammengefaßt[333]. Nachdem unter Ferdinand I. in der Weiterentwicklung des Stadtrechts fast ein Stillstand eingetreten war, setzte die Stadt bei den Kaisern Maximilian II. und Rudolf II. noch einmal einzelne weitere Vergünstigungen durch. In der Folgezeit sind dann aber keine zusätzlichen Privilegien mehr erteilt worden. Das ausgehende 16. Jahrhundert setzte einen Schlußpunkt hinter die Entwicklung der Stadtfreiheit in Regensburg.

Das Formular der Bestätigungsurkunde ist seit Rudolf II. jeweils identisch. Es wird *ad verbum* abgeschrieben, lediglich die Namen werden ersetzt. Die Artikel 1 bis 4 fixieren die Bürgerrechte. Die Bürger können nur vom Rat der Stadt gerichtlich belangt werden. In gleicher Weise steht keinem anderen Herrschaftsträger ein Pfändungsrecht über Hab und Gut der Bürger zu. Auch die Artikel 5 bis 12, 14, 18, 19 und 24 befassen sich mit Eigentumsangelegenheiten der Bürger, der Gewerbeausübung und der Gerichtsbarkeit über Bürger und Fremde, die sich in der Stadt etwas zuschulden kommen lassen. Die Artikel 20, 25 und 26 regeln Erbschaftsfragen, vor allem bezüglich des besonderen Regensburger Testamentes, nach dem schon zwei Zeugen für ein gültiges Testament genügen. Artikel 21 bestimmt, daß weder *der Bischoff zu Regenspurg, noch auch jemandts sonsten der ainigerley Obrigkeiten, Gerichtsbarkeit, Herrlichkeit oder andere Gerechtigkeiten in der Stadt Regenspurg und derselben Burggeding* hat, diese einem anderen als dem Rat verkaufen dürfe; könne man sich über die Kaufsumme nicht einigen, entscheide den Streit der Kaiser. Artikel 13 verbürgt das Recht, daß die Regensburger allenthalben im Reich Zollfreiheit genießen sollen, außer es sei seit alters anders üblich. Salz, steirisches Eisen und steirischer Stahl unterliegen der Niederlagspflicht in Regensburg (Art. 16, 17). Erst nach Deckung des Eigenbedarfs könne der Rat den Weiterverkauf genehmigen. Von den Weinen, die auf der Donau transportiert würden, dürfe der Rat Zölle erheben. Gegen die bayerischen Wirtschaftsrepressalien war Artikel 27 gerichtet, der bestimmte, daß keine benachbarte Herrschaft, aus der oder durch deren Herrschaftsgebiet die Stadt mit Lebensmitteln versorgt wird, Maßnahmen zum Nachteil Regensburgs unternehmen dürfe[334].

[331] HHStAW Confirmatio Privilegiorum 168.
[332] HHStAW Kleinere Reichsstände 417.
[333] AHVR MS R 66, p. 73^r–89^v.
[334] Vgl. Wankerl-Hinterhofer, Beziehungen, S. 14–22.

Außer der großen Privilegienbestätigung wurden bis zu Joseph I. mehrere Nebenprivilegien ausgestellt, die folgende Einzelrechte fixierten: das Verbot der Nachsteuer, Vergünstigungen im Salzhandel und Landrecht sowie beim Pflaster- und Brückenzoll, bezüglich des sogenannten Visierguldens. Diese besonderen Vergünstigungen wurden ebenfalls seit Rudolf II. in identischen Privilegien niedergelegt, die aber schon nach Joseph I. nicht mehr eigens erneuert wurden, obwohl sie natürlich weiterhin Gültigkeit hatten. In dieser Zeit bricht auch die Reihe der Konfirmationsurkunden ab.

Mit Joseph I. wurde noch einmal über eine spürbare Ausweitung der städtischen Freiheiten verhandelt. Er stellte 1710 ein diesbezügliches Privileg aus, das nach Beendigung des bayerischen Interims 1703/04 die Rechtsstellung der Bürger noch einmal ausgebaut hätte. Ziel war die Unterstützung der Stadt in ihrem Kampf gegen die bayerischen Ansprüche. Doch ist dieses Privileg nie in Kraft getreten und auch im Original nicht auffindbar. Es ist lediglich aus späteren Verhandlungsunterlagen bekannt, in denen es eine Rolle spielte[335]. Es handelt sich um eine besonders weit gehende Erneuerung des Rechtsstatus der Stadt. In allen Streitmaterien mit Bayern wird zugunsten der Stadt entschieden. Die kurfürstlichen Rechte werden geradezu geleugnet. Warum das Diplom nicht in Kraft trat, wird nicht klar. Die antibayerische Grundtendenz legt aber nahe, daß dies vielleicht mit der baldigen Aussöhnung der Höfe zu Wien und zu München unter dem späten Max Emanuel und dem frühen Karl Albrecht zusammenhängt. Die Reichsstadt hat aus dieser Annäherung Nachteile gezogen. Sie verschwindet nun für ein halbes Jahrhundert gänzlich aus dem Gesichtskreis der Reichskanzlei. Von 1712 bis 1751 findet sich in den *Reichsregistern* keine einzige Nennung mehr.

Die Reichsstadt antwortete auf die förmliche Privilegienbestätigung mit ihrer Huldigung. Diese erfolgte nach 1492 nur ausnahmsweise vor dem Kaiser persönlich, wenn dieser gerade in der Stadt weilte, so z. B. 1613 vor Matthias I. oder 1664 vor Leopold I. Im übrigen nahm die in zwei Abschnitten geleistete Huldigung von Magistrat und Bürgerschaft ein Vertreter entgegen, seit 1663 der Prinzipalkommissar. In den Ablauf der Zeremonie eröffnet ein Ratsdekret von 1705 Einblick[336]. Das Eidformular von Rat und Bürgerschaft ist überliefert[337]. Dabei vergingen zwischen Regierungsantritt und Huldigung oft mehrere Jahre, z. B. bei Franz I.[338]. Es sind während der Neuzeit förmliche Huldigungen für folgende Kaiser faßbar: Matthias 1613; Ferdinand II. 1622; Ferdinand III. 1640; Leopold I. 1664; Joseph I. 1705; Karl VI. 1718; Franz I. 1750[339]; Joseph II. 1766; Leopold II. 1791[340]; Franz II. 1793[341]. Im Gegen-

[335] BayHStA Rst. Regensburg Lit. 367 (1779). Vgl. Wankerl-Hinterhofer, Beziehungen, S. 17 f.; P. Schmid, Regensburg im Bayerischen Erbfolgestreit.

[336] Kayser, Sammlung, S. 452 f.; weiterhin S. 523–526 (Karl VI.).

[337] HHStAW MEA Wahl- und Krönungsakten Karton 25, fol. 157–160, 165–178 (a. a. 1636). Vgl. Wankerl-Hinterhofer, Beziehungen, S. 51 Anm. 2.

[338] Österreich zur Zeit Kaiser Josephs II. Ausstellungskatalog, Melk 1980, S. 403 Nr. 398.

[339] Kurtze Beschreibung der Huldigung, Welche In allerhöchstem Nahmen Ihre Römisch-Kayserl. Majestät, Herrn Francisci ..., den 2. April 1750 eingenommen worden, Regensburg 1750; StBR Rat. civ. 82, 188; Kayser, Sammlung, S. 657–659.

[340] Johann Christoph Kayser, Beschreibung der im allerhöchsten Namen Ihro Römisch-

satz zu den Privilegienbestätigungen laufen also die Huldigungen bis zum Ende des Alten Reiches durch. Die Stadt erfüllte diese Pflicht auch dann noch, als ihre Privilegien nicht mehr förmlich bestätigt wurden und sie aus dem Gesichtskreis der Reichskanzlei weithin entschwand[342]. Anläßlich der Huldigung wurden meist Gedenkmünzen geprägt und Stiche angefertigt. Die Huldigungsakte waren echt barocke Feste, welche die Stadt zur eindrucksvollen Manifestation ihres Sonderstatus nutzte[343].

Zunächst als kaiserliche Stadt, dann als bevorzugte Tagungsstätte des Reichstages und schließlich als Stadt des Immerwährenden Reichstages war Regensburg immer eng mit der regierenden Dynastie des Hauses Habsburg verbunden. Sie förderte deren Aufenthalte innerhalb ihrer Mauern in jedem Fall und erlebte so eine Reihe wichtiger Stationen der habsburgischen Familiengeschichte[344]. Hier fanden mehrmals Königswahlen (Rudolf II. 1575; Ferdinand III. 1636) und festliche Krönungen (Rudolf II. 1575; Eleonore 1630; Ferdinand III. 1636; Maria Anna 1637; Ferdinand IV. 1653; Eleonora 1653) statt. Die Abweichungen von der Norm beschworen jedesmal den Widerstand der ordnungsgemäßen Wahlstadt Frankfurt herauf, die sich aus diesem Anlaß ihre überkommenen Rechte mehrfach bestätigen ließ. Gerade im späteren 16. und vor allem im 17. Jahrhundert suchten aus diesen Anlässen die Monarchen die Stadt oftmals persönlich auf. Ihr Einzug wurde 1594, 1640 und 1652 sehr prunkvoll durchgeführt nach einem Zeremoniell, das sich an der Tradition des Herrscheradventus ausrichtete. Besonders prächtig wurden die letzten Einzüge der Kaiser Leopold I. 1663 und Franz II. 1792 begangen. Als Absteigequartier stellte ihnen der Bischof seinen Bischofshof zur Verfügung und bezog selber vereinzelt für diese Zeit Ersatzunterkunft im Freisingerhof. Maximilian II. ist 1576 während eines Aufenthaltes im Bischofshof zu Regensburg verstorben; seine Eingeweide wurden im Dom beigesetzt[345]. Doch hat die Stadt auch an den übrigen Ereignissen im Familienleben der Habsburger regen Anteil genommen und zu Geburten, Hochzeiten sowie Todesfällen zumindest die zeitübliche Zeremonialkorrespondenz geführt; oftmals hat sie aber auch eigene Feierlichkeiten angesetzt. Jede erfolgreiche Königswahl wurde festlich begangen. In ihrem zeremoniellen und gesellschaftlichen Leben fand der Reichsstadtcharakter seinen angemessenen Niederschlag. Die Regensburger Gürtlerstochter

Kaiserlichen Majestät Herrn Leopold II. ... eingenommenen Huldigung, 1791: FZAR HFS 913; StBR Rat. civ. 41, 82, 124, 125.

341 Johann Christoph Keyser, Beschreibung der im Namen ... Franz II. eingenommen Huldigung: FZAR HFS 922; StBR Rat. civ. 399.

342 HHStAW Reichsregister. Auch für die Folgezeit finden sich nur noch sporadische Nennungen: Franz I.: 1; Joseph II.: 4; Leopold II.: 1; Franz II.: 1.

343 Möseneder (Hg.), Feste in Regensburg. Hier werden gerade dieses dokumentarische Material und die Sachüberlieferung vorbildlich ausgewertet. Auch: Reiser, Adeliges Stadtleben, S. 27–30.

344 StBR Rat. ep. 122, 154, 193. Einzelnachweise bei: Kayser, Sammlung; Möseneder (Hg.), Feste in Regensburg.

345 AHVR MS R 105; BayHStA Fürstensachen 139, fol. 38^r–63^r. Vgl. Rosemarie Vocelka, Die Begräbnisfeierlichkeiten für Kaiser Maximilian II. 1576/77 (MIÖG 84) 1976, S. 105–136. Zahlreiche Einzelnachweise: Susanne Schlösser, Wahl- und Krönungsakten des Mainzer Reichserzkanzlerarchivs 1486–1711 (Geschichtliche Landeskunde 39) Stuttgart 1993.

Barbara Blomberg wurde 1547 als Folge des gesellschaftlichen Beiprogramms, das mit jedem Reichstag verbunden war, die Mutter des illegitimen Sohnes Karls V. Don Juan d'Austria, des Türkensiegers von Lepanto 1571.
Die Reichsstadt hatte unmittelbare Verbindung zu den wichtigsten Organen der Rechtssprechung im Reich. Wegen der komplizierten Rechtsverhältnisse in ihr und der gespannten Beziehungen zum bayerischen Umland waren an den obersten Reichsgerichten zahlreiche Verfahren anhängig, die allesamt sehr lange dauerten. Eine Reihe von Prozessen ist nie zur Entscheidung gekommen. Sie wurden von eigenen städtischen Beamten an den obersten Reichsgerichten betrieben.
Am Reichskammergericht war die Reichsstadt durch einen eigenen Agenten vertreten, der allerdings meist noch weitere Kreditive in Händen hatte. Er hatte eine lange Reihe von Prozessen zu betreuen. Allerdings gelang es der Stadt nicht, vor diesem ständisch dominierten Gericht ihre Interessen hinlänglich zur Geltung zu bringen. Die Verfahren verliefen oftmals zu ihrer Unzufriedenheit. Um 1770 waren am Reichskammergericht Prozesse wegen der Jurisdiktion auf der Donau und den Wöhrden, wegen der bayerischen Zollrechte und der Hoheit über das St. Katharinenspital anhängig[346]. Prozeßgegner war in den meisten Fällen das Kurfürstentum Bayern.
Weil am Reichskammergericht die politischen Machtverhältnisse zu sehr zum Tragen kamen, suchte die Stadt lieber am Reichshofrat ihr Recht, der sich seit dem frühen 17. Jahrhundert als konkurrierendes Appellationsorgan immer mehr in den Vordergrund schob. Hier hoffte sie eher zu ihrem Recht zu kommen, da die Rechtssprechung wesentlich stärker als am Kammergericht unter kaiserlich-reichischen Vorzeichen erfolgte. Vor allem kam es hier rascher zu einer Entscheidung. Deswegen gewann der Reichshofrat zunehmend an Bedeutung für die Reichsstadt Regensburg, zumal diese Behörde noch die Funktion eines obersten Lehenhofes ausübte. Auch hier handelt es sich bei den ausgetragenen Streitfällen überwiegend um Auseinandersetzungen mit Bayern und wirklich stellten die Entscheidungen die Stadt mehr zufrieden als am Reichskammergericht[347]. Dementsprechend unterhielt sie auch hier einen ständigen Vertreter, den sog. Reichshofratsagenten, einen besonders im Reichsrecht ausgebildeten Juristen, der höher besoldet wurde als der Vertreter am Reichskammergericht[348]. Vor dem Reichshofrat prozessierten überwiegend der Rat, aber auch die Reichsstifte Obermünster, Niedermünster und St. Emmeram, ebenfalls überwiegend gegen den kurfürstlichen Hof zu München meist wegen *turbatio possessionum*, aber durchaus auch einzelne Bürger gegen den Rat oder Magistrat der Stadt.

[346] BayHStA Reichskammergericht: Regensburg; Kasten schwarz 9702, 9705; Kreittmayr, Staatsrecht, S. 336–339. Der Reichskammergerichtsagent ist einschließlich seiner Kosten nachgewiesen: HHStAW Kleinere Reichsstände 423.
[347] HHStAW Reichshofrat: Regensburg; BayHStA Reichshofrat Nr. 180, 349, 359, 360, 514, 634, 709–719. Zur Problematik: Hans-Joachim Hecker, Die Reichsstädte und die beiden obersten Reichsgerichte, in: Rainer A. Müller (Hg.), Reichsstädte in Franken I: Verfassung und Verwaltung (Veröffentlichungen zur Bayerischen Geschichte und Kultur 15, 1) München 1987, S. 169–182.
[348] S. Abschnitt IV p: Gesandtschaftswesen.

Schließlich kommt der Reichsstadtcharakter in Abgaben an das Reich zum Ausdruck. Sie bestanden in regelmäßigen und außerordentlichen Abgaben. Die regelmäßigen Abgaben waren die sporadisch ab 1500 und kontinuierlich ab 1548 an das Reichskammergericht abzuführenden Kammerzieler. Der Ansatz für die Stadt bestand in 185 Reichstalern und 84 ½ Kreuzern pro Jahr. Allerdings blieben die tatsächlich überwiesenen Summen oft weit dahinter zurück; sie variieren auffallend stark[349]. Regensburg rangiert unter den Reichsstädten bezüglich der Höhe des bezahlten Kammerzielers erst auf Platz 40.

Drückender waren die besonderen Abgaben, die im Falle von Reichskriegen anfielen. Sie waren in den Reichsmatrikeln festgelegt. Die für die Reichsstände innerhalb der Stadt Regensburg nachgewiesenen Leistungen sind aus der beigegebenen Tabelle ersichtlich. Der Ansatz von 1521 belastete die Stadt innerhalb des Bayerischen Kreises nach dem Kurfürsten von Bayern und dem Erzbischof von Salzburg am meisten[350]. Er stellte eine spürbare Bedrückung dar. Deswegen setzte die Stadt schon anläßlich der Matrikelmoderation von 1545 bis 1551 eine Senkung auf die Hälfte durch. Sie rangierte innerhalb des Städtecorpus auf den Plätzen 9 bis 16[351]. Als nach dem Dreißigjährigen Krieg erneut über die Reichsmatrikel beraten wurde, stellte sie 1687 ein zweites Moderationsbegehren, dem 1692/93 entsprochen wurde[352]. Da aber auch dieser erneut reduzierte Ansatz noch immer als Belastung empfunden wurde, trat sie zu Beginn der Napoleonischen Kriege 1794 mit einem letzten Moderationsersuchen an den Reichshofrat heran, dem abermals stattgegeben wurde[353]. Doch verhinderte die effektive Zahlungsunfähigkeit der Stadt, daß sie ihren Verpflichtungen auch in dieser reduzierten Form noch hätte nachkommen können. Gerade

	1507	1521			1551			1796	Kammerzieler 1766	
Reichsstand	G	I	K	G	I	K	G	G	Taler	Kreuzer
Reichsstadt	870	112	20	120	50	10	320	150	185	84 ½
Bischofshof	220	31	9	70	30	8	216	116	92	87 ½
St. Emmeram	340	45	4	160	18	2	96	32	109	82
Obermünster	150	13	1	90	6			10	63	39 ½
Niedermünster	150	18	2	90	6	2	24	10	63	39 ½

I = Infanterie; K = Kavallerie; G = Geldbetrag in Gulden.

Grundlage: [Heinrich S. G. Gumpelzhaimer,] Die Reichs-Matrikel aller Kreise Ulm 1796, S. 41–51; RTA.

Tabelle 1: Matrikelansatz der Regensburger Reichsstände

349 HHStAW Kleinere Reichsstände 423. Vgl. [Heinrich Sigmund Georg Gumpelzhaimer,] Die Reichs-Matrikel aller Kreise, Ulm 1796, S. 50f.; G. Schmidt, Städtetag, S. 413.
350 RTA JR II, S. 440.
351 BayHStA Staatsurkunden 279. Vgl. die Tabellen bei G. Schmidt, Städtetag, S. 404f.
352 Oertel, Reichstagsdiarium II, S. 274.
353 BayHStA Staatsurkunden 334.

in Kriegsfällen stellten die Einquartierungs- und die Rekrutierungspflichten drückende zusätzliche Belastungen dar.
Die Reichskriegsverfassung ordnete die Reichsstadt Regensburg dem Bayerischen Reichskreis zu[354]. Sie war die einzige Reichsstadt innerhalb des Kreises und versah auf den Kreistagen das Amt des Adjunkten. Während des 16. Jahrhunderts war die Reichsstadt ein beliebter Tagungsort, an dem eine lange Reihe von Kreistagen abgehalten wurde: 1531, 1538, 1542, 1549, 1552, 1553, 1554, 1555, 1556, 1557, 1560, 1564, 1567, 1569, 1571, 1590, 1594, 1595, 1598. Damit war Regensburg weit vor Passau, Ingolstadt, Landshut, Mühldorf und Straubing der beliebteste Tagungsort. Er tritt dann aber schon im 17. Jahrhundert zurück. Während des Dreißigjährigen Krieges folgte ein einziger Kreistag 1626, im späteren 17. Jahrhundert noch drei 1664, 1693 und 1697. Der letzte Kreisrezeß wurde zu Regensburg 1705 verabschiedet[355]. Die Stadt büßte, seitdem sie den Immerwährenden Reichstag beherbergte, diese Funktion ein. Während des 18. Jahrhunderts trat der Bayerische Kreistag vorzugsweise in Mühldorf und Wasserburg zusammen.

d) Stadt des Immerwährenden Reichstages 1663–1806

Die Tradition der mittelalterlichen Reichsversammlungen in Regensburg war während des späten Mittelalters nie gänzlich zum Erliegen gekommen, sie war allerdings wegen der verworrenen Hoheitsverhältnisse deutlich eingeschränkt worden. In nachstaufischer Zeit wurden nur mehr wenige königliche Hoftage in die Reichsstadt an der Donau ausgeschrieben (z. B. Ludwig der Bayer 1322). Erst im 16. Jahrhundert knüpfte man wieder verstärkt an diese Vergangenheit an. 1532 suchte der Reichstag erstmals im Reformationszeitalter die kaiserliche Stadt auf. Nachdem Karl V. wegen seiner Bindung in den Spanischen Niederlanden im allgemeinen die rheinischen Städte, aber auch Augsburg bevorzugte, hoffte Ferdinand I. gerade hier seine Interessen mit mehr Nachdruck verfolgen zu können. Regensburg galt als sehr habsburgisch gesinnte Stadt, die allerdings den Nachteil hatte, daß sie nur über bayerisches Gebiet erreicht werden konnte. Doch wurden die Herzöge vom Kaiser beauftragt, keine Zölle für Reichstagsproviant zu erheben und alle Versorgungsgüter frei passieren zu lassen[356]. Seit 1556/57 wurden die Reichstage wieder mit Vorliebe, ab 1594 aus-

[354] Georg Philipp Finckh, Tabellen-Büchlein über die sammentliche Denen Bairischen Craiss-Stenden zugehörige Territoria, München 1685, S. 1. Vgl. Conrad, Der bayerische Reichskreis; Rall, Kurbayern, S. 157f.; Winfried Dotzauer, Die deutschen Reichskreise in der Verfassung des Alten Reiches und Eigenleben (1500–1806), Darmstadt 1989, S. 177–205.

[355] Johann Georg Lori, Sammlung des baierischen Kreisrechts, München [1764].

[356] Trapp, Reichstage, S. 20–44; Walter Ziegler, Die Regensburger Reichstage der frühen Neuzeit, in: Albrecht (Hg.), Zwei Jahrtausende Regensburg, S. 97–119; Karl Otmar Frhr. von Aretin, Das Reich ohne Hauptstadt? Die Multizentralität der Hauptstadtfunktionen im Reich bis 1806, in: Theodor Schieder – Gerhard Brunn (Hg.), Hauptstädte in europäischen Nationalstaaten (Studien zur Geschichte des 19. Jahrhunderts 12) München-Wien 1983, S. 9f. Zur Auswahl der Versammlungsorte: Rosemarie Aulinger, Das Bild des Reichstages im 16. Jahrhundert. Beiträge zu einer typologischen Analyse schriftlicher und bildlicher Quellen (Schriftenreihe der Historischen Kommission bei der Bayerischen Akademie der Wissenschaften 18) Göttingen 1980, S. 168f. Die

schließlich nach Regensburg ausgeschrieben, obwohl dieser Tagungsort keineswegs den Ansprüchen aller Besucher gerecht wurde. Gründe für diese Rückkehr zur Praxis früherer Zeiten waren vornehmlich die konfessionellen Verhältnisse in der Stadt. Sie machten sie als Tagungsort für Katholiken wie Protestanten gleichermaßen annehmbar. Dazu kam eine zweckmäßige Lage an der Wasserstraße der Donau ungefähr im Mittelpunkt zwischen den politischen Zentren Wien, Berlin, Hannover, Köln und Mainz[357]. Doch spielte sicherlich auch die Frage der Beherbergungs- und Versorgungskapazitäten eine Rolle. In der Stadt gab es angesichts eines spürbaren Einwohnerrückganges im Spätmittelalter hinreichend Unterbringungsmöglichkeiten[358] sowie eine anspruchsvolle Gastronomie; in Regensburg wurde 1686 eines der ersten Kaffeehäuser in Deutschland eröffnet. Wegen dieser Vorzüge war die Stadt auch als Tagungsort des großen Konzils anstelle von Trient vorgeschlagen worden. Ihre Zentralortfunktion kommt weiterhin in den drei Religionsgesprächen des konfessionellen Zeitalters zum Ausdruck, die 1541, 1546 und 1601 hier abgehalten wurden und die Wiederherstellung der Einheit der Kirche zum Ziel hatten. Wenn der Kaiser nach Regensburg kam, diente ihm entweder das Goldene Kreuz (Lit. D 75) oder der Bischofshof als Absteigequartier. Unter Rudolf II. wurde erwogen, die Residenz von Prag an die Donau zu verlegen. Auch wenn es dazu nicht kam, so verfestigte sich dennoch der Reichstag im Laufe des 17. Jahrhunderts immer mehr in Regensburg. Und als sich die Versammlung 1663 angesichts unbereinigter Streitfragen wider Erwarten nicht mehr auflösen konnte, verblieb der Reichstag als beständige Einrichtung am Tagungsort. Der Vorgang war in keiner Weise geplant, sondern ergab sich mehr zufällig aus der politischen Lage. Alle Bemühungen, die Versammlung doch noch an ein Ende zu bringen, führten zu keinem Erfolg. Zweimalige Verlegungen (1714/15 nach Augsburg angesichts der Pest; 1742–1745 nach Frankfurt während des wittelsbachischen Kaisertums Karls VII.[359]) waren nur von kurzer Dauer. Bis zum Ende des

Kritik des Italieners Giovanni Antonio Campano am Tagungsort: Friedrich Hermann Schubert, Die deutschen Reichstage in der Staatslehre der Frühen Neuzeit (Schriftenreihe der Historischen Kommission bei der Bayerischen Akademie der Wissenschaften 7) Göttingen 1966, S. 111.

[357] Diese geographische Zentralität wird betont bei: Jürgen Sydow, Unbekannte Briefe des Pier Paolo Vergerio d. J. im Regensburger Stadtarchiv (VHVO 99) 1958, S. 221–229 Brief 14. I. 1558: *Ratispona, cio è nel cuor della Germania;* Carlo Caraffa, Relatione dello stato dell'Imperio e della Germania fatta dopo il ritorno della sua nuntiatura appresso l'Imperatore 1628, hg. von Joseph G. Müller (Archiv für Österreichische Geschichte 23) 1860, S. 333: *per l'opportunità del sito;* Hermann Fabronius Moseman, Newe Summarische Welt-Historia unnd Beschreibung aller Kayserthum, Schmalkalden 1614, S. 58 f. Vgl. Kellenbenz, Regensburg und das Reich; Ekkehard Völkl - Kurt Wessely, Die russische Gesandtschaft am Regensburger Reichstag 1576 (Schriftenreihe des Regensburger Osteuropainstituts 3) Regensburg ²1992.

[358] Wolff, Regensburgs Häuserbestand. Den Vorschlag, hier das Konzil abzuhalten, überliefert: Friedrich Nausea, Super deligendo futurae in Germania synodi loco catacrisis, una cum Coloniae et Ratisbonae civitatum topothesia, Wien 1545. Zur Geschichte der Gastronomie: Martin Angerer - Heinrich Wanderwitz, Zu Gast im alten Regensburg, München 1992; Elisabeth Fendl, Volksbelustigungen in Regensburg im 18. Jahrhundert (Regensburger Schriften zur Volkskunde 5) Vilseck 1988.

[359] Wilhelm Hein, Der Regensburger Reichstag von 1740 bis 1745, Diss. phil. masch. Wien 1953.

Alten Reiches im Jahre 1806 verblieb der Immerwährende Reichstag in Regensburg[360]. Seine Haupttätigkeitsgebiete waren die Gesetzgebung, die Regelung der auswärtigen Angelegenheiten, die Reichsverteidigung, Justizangelegenheiten, die Reichspolizei, das Reichssteuerwesen und die Reichsacht. Auf diesen Gebieten hat er mehr und erfolgreichere Aktivitäten entwickelt, als die ältere Forschung annahm.

In diesem Zusammenhang sind allein die Folgen für den Tagungsort von Belang. Sie waren schwerwiegend in mehrfacher Hinsicht. Die Perpetuierung der Versammlung bedingte die Umwandlung des bisherigen Fürstenkongresses in eine Diplomatenversammlung. Sie führte eine Gruppe einflußreicher Auswärtiger auf Dauer in die Stadt. Wie viel Personal der Reichstag eigentlich umfaßte, läßt sich schwer abschätzen; es waren sicherlich Hunderte. Denn der Reichstag, der in den Räumen des Rathauskomplexes nach dem in Skizze Nr. 11 vorgestellten Verfahren arbeitete[361], zergliederte sich in die drei Gremien des Kurfürstenrates, bestehend aus 7 bis 9 Mitgliedern, des Reichsfürstenrates, bestehend aus rund 100 Mitgliedern und des Städtekollegiums, dem am Ende des 18. Jahrhunderts 51 Mitglieder angehörten. Jede dieser Vertretungen bestand nicht nur aus dem verantwortlichen Repräsentanten, sondern zusätzlichem Personal[362]. Aus dem Ausland waren 1730 die Königreiche England und Frankreich sowie die Generalstaaten durch eigene Gesandte vertreten. Auch wenn zahlreiche Stimmen in Personalunion wahrgenommen wurden, ergibt sich schätzungsweise eine Zahl von etwa 500 Menschen, die dem Reichstagspersonal zuzurechnen sind. Sie brachten einen neuen Zuschnitt ins gesellschaftliche Leben der Stadt, die nach mehrhundertjähriger Unterbrechung nun ihre Internationalität zurückerhielt. Ein letztes Mal wurde Regensburg eine Stadt mit europäischer Urbanität und Ausstrahlung. Doch zog die Diplomatenschar in ihrem Gefolge auch weniger willkommene Vagabunden und Gaukler nach, die für die Stadt eine Belastung darstellten[363].

[360] Fürnrohr, Der Immerwährende Reichstag; Hable, Regensburg, S. 169–175 (Lit.); Dieter Albrecht (Hg.), Regensburg – Stadt der Reichstage (Schriftenreihe der Universität Regensburg 3) Regensburg 1980; Anton Schindling, Die Anfänge des Immerwährenden Reichstags zu Regensburg. Ständevertretung und Staatskunst nach dem Westfälischen Frieden (Veröffentlichungen des Instituts für europäische Geschichte Mainz, Abt. Universalgeschichte 143) Mainz 1991; Andreas Müller, Der Regensburger Reichstag von 1653/54. Eine Studie zur Entwicklung des Alten Reiches nach dem Westfälischen Frieden (Europäische Hochschulschriften III 511) Frankfurt a. Main 1992; Karl Härter, Reichstag und Revolution 1789–1806. Die Auseinandersetzung des Immerwährenden Reichstags zu Regensburg mit den Auswirkungen der Französischen Revolution auf das Alte Reich (Schriftenreihe der Historischen Kommission bei der Bayerischen Akademie der Wissenschaften 46) Göttingen 1992. Gerade die organisatorischen und institutionellen Aspekte des Reichstags sowie seine Verankerung am Tagungsort bedürfen dringend weiterer Untersuchung.

[361] Bauer, Regensburg, S. 226–246. Ein Protokoll über die erste Sitzung des Kurfürstenrates mit genauen Hinweisen auf die Sitzordnung: HHStAW MEA Wahl- und Krönungsakten Karton 26, fol. 288 f. (a. a. 1594).

[362] Kurtz-gefaßte und gründliche Beschreibung von denen Reichs-Tägen, Regensburg 1730, S. 50 f.; Walter Fürnrohr, Kurbaierns Gesandte auf dem Immerwährenden Reichstag, Göttingen 1971; Peter Corterier, Der Reichstag. Seine Komptenzen und sein Verfahren in der zweiten Hälfte des 18. Jahrhunderts, Diss. jur. Bonn 1972.

[363] Reiser, Adeliges Stadtleben im Barockzeitalter. – Die genannte Zahl des Reichstagspersonals in: Statistisch-topographisches Lexikon II, Sp. 733.

Die großen Gesandtschaften bezogen standesgemäße Residenzen. Die wichtigsten Palais waren die französische (Präsidialpalais, Lit. C 6/7), die kursächsische (Löschenkohlpalais, Lit. E 154), die preußische (Lit. B 34), die kurbayerische (Lit. G 109) und die württembergische (Lit. C 8) Gesandtenresidenz. Sie wurden Brennpunkte des gesellschaftlichen Lebens. Der Reichstag hatte seinen topographischen Schwerpunkt innerhalb des Viertels der arnulfinischen Neustadt. Die Straßenbezeichnung Gesandtenstraße, die den älteren Namen Scheregasse ab 1777 ablöste, macht das bis in die Gegenwart deutlich. Die Grabmalkultur hat ihren ebenfalls noch heute sichtbaren Schwerpunkt in der Dreieinigkeitskirche[364]. Der Rang der Gesandten richtete sich nach der Stellung der sie bevollmächtigenden Reichsstände. Das geringste Ansehen genossen die Vertreter der Reichsstädte, denen sogar der Titel Gesandter streitig gemacht wurde. Die Pflichten der Diplomaten, die sich durch die Vorlage ihrer Vollmacht beim Reichsdirektorium legitimierten, bestanden in der Vertretung ihres jeweiligen Reichsstandes beim Reichstag. Sie hatten an den Sitzungen der Gremien teilzunehmen, zu denen sie Zugang hatten, an Reichsgutachten mitzuwirken und regelmäßig – meist wöchentlich – an ihren Dienstherrn Bericht zu erstatten. Besonders aussagekräftig sind die Berichte aus dem Reich an den Wiener Kaiserhof.

Der wichtigste Diplomat, den der Immerwährende Reichstag nach Regensburg führte, war der kaiserliche Prinzipalkommissar. Er hatte das Reichsoberhaupt zu vertreten und mußte fürstlichen Ranges sein. Von den 16 Inhabern dieses Amtes waren mehrere geistlichen Standes. Es wurde endgültig dann aber 1748 auf Dauer dem Fürstlichen Haus Thurn und Taxis übertragen, das nun seine Residenz von Frankfurt am Main an den Tagungsort verlegte[365]. Es bezog Unterkunft im alten Freisinger Hof bei St. Emmeram (Lit. C 53, 54), der bis zum Brand von 1792 glanzvoller Mittelpunkt des gesellschaftlichen Lebens in der Stadt wurde[366]. Oblagen dem Prinzipalkommissar vornehmlich Repräsentationspflichten, so wurde die praktische Reichstagsarbeit weithin von den Konkommissaren abgewickelt, die dem habsburgischen Hochadel entstammten[367]. Die Gesandtschaft am Immerwährenden Reichstag war in allen deutschen Territorien eine der wichtigsten Außenvertretungen und dementsprechend Sprungbrett für viele Diplomatenkarrieren, wie Untersuchungen für Kurbayern oder Thüringen gezeigt haben.

Die Reichsstadt profitierte vom Immerwährenden Reichstag zweifellos vor allem im kulturellen Bereich. Sie profitierte weiterhin repräsentativ dadurch,

[364] Bauer, Regensburg, S. 301–309; KDB Regensburg II, bearbeitet von Mader, S. 127–136; Michael Altmann (Hg.), Die lateinischen Epitaphien im Regensburger Gesandtenfriedhof, Regensburg 1992.

[365] Piendl, Thurn und Taxis, S. 50–72; Wolfgang Behringer, Thurn und Taxis, München 1990, S. 117.

[366] Siegfried Färber, Das Regensburger Fürstlich Thurn und Taxissche Hoftheater und seine Oper 1760–1786 (VHVO 86) 1936, S. 3–154.

[367] Corterier, Reichstag, S. 51; Walter Fürnrohr, Die Vertreter des habsburgischen Kaisertums auf dem Immerwährenden Reichstag (VHVO 123) 1983, S. 71–139; (124) 1984, S. 99–148. Zu Bayern: Fürnrohr, Kurbaierns Gesandte auf dem Immerwährenden Reichstag. Zur baierischen Außenpolitik 1663 bis 1806 (wie Anm. 362). Zu Thüringen: Gregor Richter, Die Vertretung der thüringischen Staaten beim Regensburger Reichstag 1663–1806 (Blätter für deutsche Landesgeschichte 98) 1962, S. 121–158.

daß ihr als Tagungsort der Vorsitz im Städtegremium zukam. Sie profitierte schließlich im gesellschaftlich-sozialen Bereich. Denn der Reichstag schuf einen breiten Markt für qualifizierte Juristen, die sich als Legationspersonal bei den einzelnen Gesandtschaften ihren Lebensunterhalt verdienen konnten. Es wurde ein hochwertiges Stellenangebot geschaffen, von dem die Patrizierfamilien in Zeiten des wirtschaftlichen Niedergangs gerne Gebrauch machten. Dieser wachsende Bedarf hatte ein besonders intensives Studienverhalten des Patriziats zur Folge, das seine Söhne vorwiegend an die protestantischen Universitäten Mittel- und Norddeutschlands schickte. Über Universitätsstudium und Tätigkeit am Reichstag wurde ein neues, juristisch bestimmtes Verwaltungspatriziat aufgebaut[368]. In funktionaler Hinsicht ist in Regensburg als Motor der gesellschaftlichen Entwicklung der Reichstag deswegen dem Hof in den Residenzstädten vergleichbar.

Der Reichstag setzte weithin sichtbare Akzente. Dafür sorgte schon die rege und in allen Ländern Mitteleuropas beachtete Reichstagspresse. *Dasjenige, welches wohl vornehmlich das Ansehen dieser Stadt hat vermehret, ist der allgemeine Reichs-Tag* urteilte sicherlich zu Recht ein Reisender[369]. Doch brachte der Reichstag zugleich mannigfache Belastungen. Er verkomplizierte die Rechtsverhältnisse in der Stadt weiter, da er einschließlich des zugehörigen Personals Immunität genoß. Die Gesandten unterstanden am Tagungsort weiterhin der Hohheit ihrer Dienstherrn. Aber auch ihr Personal und die Hausgenossen unterlagen nicht der reichsstädtischen Jurisdiktion, sondern genossen rechtliche Exemtion durch die Unterstellung unter den Reichserbmarschall[370]. Diese war allerdings personenbezogen und nicht objektgebunden, so daß sie kartographisch kaum darstellbar ist. Neben den kirchlichen Immunitäten stellte der Reichstag einen zweiten eigenständigen Rechtsbereich dar, auf den die Reichsstadt keinen Zugriff erhielt. Beide zusammen machten immerhin einen merklichen Teil des Hausbestandes aus. Auch die Gesandtschaftshäuser durchbrachen wegen ihrer Immunität das Prinzip der Flächenverwaltung, das die Stadt anstrebte: Sie bildeten geradezu *eine Art von einer eigenen Republik* (Wilhelm Ludwig Wekhrlin). Diese Tatsache war Gegenstand vieler Streitigkeiten, mit denen sich 1730 sogar der Reichshofrat zu beschäftigen hatte. Doch wurde die Klage abgewiesen. Wegen der Exemtion gestattete die Stadt dem Reichstagspersonal durchgehend allein die Einmietung. Sie verhinderte so mit Erfolg, daß sich über den Reichstag ein weiterer Reichsstand innerhalb ihrer Mauern niederlassen konnte, der eine neue Immunität begründet hätte. Das gilt sogar für den Prinzipalkommissar[371]. Deswegen spielt das fürstliche Haus

[368] Fürnrohr, Patriziat. S. Anm. 32–34.

[369] Edward Brown, Durch Niederland, Teutschland, Hungarn ... gethane gantz sonderbare Reisen, Nürnberg 1686, S. 72. In gleichem Sinne: Zedler, Lexikon XXXIII, Sp. 1760. Vgl. Hans Gstettner, Regensburger Reichstags-Korrespondenzen. Ein Stück Pressepolitik des Heiligen Römischen Reiches Deutscher Nation (Zeitung und Leben 33) München 1936.

[370] Johann Georg Keyssler, Neueste Reisen durch Deutschland, Böhmen, Ungarn, die Schweiz, Italien und Lothringen II, Hannover 1751, S. 1441; Corterier, Reichstag (wie Anm. 362), S. 57.

[371] Vgl. [Wilhelm Ludwig Wekhrlin,] Anseln Rabiosus. Reise durch Oberdeutschland, hg. von Jean Mondot, München 1988, S. 40f.; Corterier, Reichstag, S. 48–50.

Thurn und Taxis als Grundbesitzer bis zum Ende des Alten Reiches keine unmittelbare Rolle in der Reichsstadt.

Wegen seiner Exemtion unterlag das Gesandtschaftspersonal auch keiner Steuerpflicht. Aus diesem Grunde brachte diese standesbewußte und zahlungskräftige Konsumentenschicht nicht die erhoffte Belebung für das örtliche Gewerbe und das Wirtschaftsleben. Sie konnte seit 1765 infolge einer allgemeinen Zollbefreiung unbesteuert einkaufen und sogar unverzollt Waren von außen einführen. Dieses Vorrecht wurde oftmals zum Schmuggel mißbraucht, so daß die Stadtkämmerei spürbare Steuerverluste beklagen mußte. Dabei hatte sie für die Heizkosten und Schreibmaterialien des Reichstages aufzukommen. Zudem hatte sie die Sicherheit des Reichstages zu gewährleisten. Auf diesem Wege sammelte sich ein beträchtlicher Berg von Unkosten an. Auch der Reichstag trug zum weiteren wirtschaftlichen Niedergang der Stadt bei[372], da er nur ausnahmsweise für die Stadt eine Reichshilfe bewilligen konnte wie z. B. 1785/86 nach einer Hochwasserkatastrophe oder 1794 anläßlich einer Veranlagung beim Ausbruch der Napoleonischen Kriege[373]. Aus diesem Grunde hat die Stadt mehrfach auf Verlegung gedrängt[374], die man vor allem in Augsburg nicht ungern gesehen hätte. Doch kam es dazu nur in den genannten zwei Ausnahmefällen. Der Reichstag verblieb bis zum Ende des Alten Reiches 1806 in Regensburg, obwohl seit 1783 sogar über seine Auflösung geredet wurde[375]. Insgesamt hatte die Stadt von der Ständeversammlung des Reiches mehr Nach- als Vorteile. Dennoch hätte sie kaum auf ihn verzichten können. Völlig zu Recht notierte der preußische Aufklärer Friedrich Nicolai nach einem Besuch in Regensburg in seinen Reisebericht: *Welche Einöde würde Regenspurg seyn, wenn die sämmtlichen Gesandtschaften aus der Stadt weg wären*[376]. Gerade die Anwesenheit des Reichstages hob Regensburg aus der Reihe der Reichsstädte hervor. Das zeigte sich auch, als im Jahre 1796 angesichts der Bedrohung Süddeutschlands durch die Franzosen die Reichskleinodien von Nürnberg nach Regensburg transferiert wurden, von wo aus sie 1800 endgültig nach Wien in Sicherheit gebracht wurden. Regensburg darf zusammen mit Wien, Mainz, Nürnberg und Speyer als einer der wichtigsten Vororte des Alten Reiches bezeichnet werden. Diese Funktion spielte auch in der Diskussion der Hauptstadtfrage im frühen 19. Jahrhundert noch eine Rolle.

[372] BayHStA MA 9448; Moser, Teutsches Staatsrecht XLIII, S. 445–447. Vgl. Schönfeld, Wirtschaftsgeschichte, S. 30f.; Rall, Kurbayern, S. 154–157.

[373] HHStAW Kleinere Reichsstände 423: Schreiben 7. V. 1794. Damals bezifferte die Stadt ihren Schuldenstand auf 1537594 Gulden.

[374] Oertel, Reichstagsdiarium II, S. 234, 293, 304f.; BayHStA Kasten schwarz 1437; auch Staatsverwaltung 3607: Vollmachten mehrerer Reichstädte für ihre Komitialgesandten, die Wahl eines neuen Tagungsortes betreffend.

[375] Karl Otmar Frhr. von Aretin, Heiliges Römisches Reich 1776–1806. Reichsverfassung und Staatssouveränität II (Veröffentlichungen des Instituts für europäische Geschichte 38) Wiesbaden 1967, S. 106.

[376] Friedrich Nicolai, Beschreibung einer Reise durch Deutschland und die Schweiz im Jahre 1781 II, Berlin 1783, S. 392. Die Frage, ob die Stadt vom Reichstag profitiert habe, wird auch breit behandelt bei Keyssler, Reisen (wie Anm. 370), S. 1441f. Zu den Reichskleinodien in Regensburg: Nürnberg – Kaiser und Reich, bearb. von Günther Schuhmann (Ausstellungskataloge der Staatlichen Archive Bayerns 20) Neustadt a. d. Aisch 1986, S. 95–98.

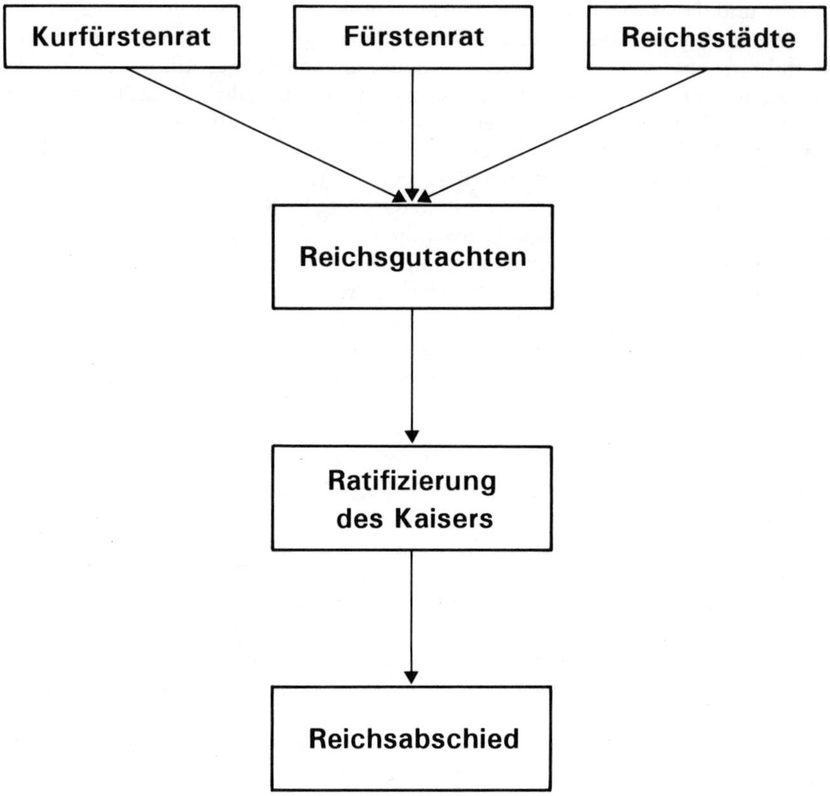

Skizze 11: Die Arbeitsweise des Immerwährenden Reichstages

Der Münchner Hof hat seine herkömmlichen Bemühungen um die Rückgewinnung der Stadt auch in dieser Spätphase des Alten Reiches nicht eingestellt. Es gelang lediglich in der Sonderlage des Dreißigjährigen Krieges 1633/34[377] und des Spanischen Erbfolgekrieges 1703/04[378] zweimal kurzfristig, dieses Ziel zu erreichen. Als der Übergang des Kaisertums 1742 auf das Haus Wittelsbach unerwartet günstige Rahmenbedingungen dafür schuf, es nun endlich zu realisieren, verbot dem Kaiser jedoch der kritische Zublick des gesamten Reiches, daß er hätte aktiv werden können[379]. Kaiserpolitik stand ihm letztlich über Territorialpolitik. Die Reichsstadt überstand alle Angriffe des kurbayerischen Hofes nicht zuletzt deswegen, weil hauptsächlich die Anwesenheit des Reichstages die Annexion der Stadt durch Kurbayern verhinderte. Deswegen hat vor allem Kurbayern wiederholt auf eine Verlegung gedrängt, zu der es freilich nicht kam. Der Druck auf die Reichsstadt wurde gerade im späteren 18. Jahrhundert sehr verschärft. Das fand auch in der Titulatur seinen sachgerechten Ausdruck. Um die Unterordnung zu betonen, sprachen die Münchner Behörden den Rat in offiziellen Schreiben grundsätzlich nur als *Liebe Getreue* an, was diesen mehrfach zu Protesten veranlaßte. Als Max III. Joseph 1772 zum entscheidenden Vorstoß entschlossen war, zwang ihn das Reich mit der Androhung der Reichsexekution zum Rückzug[380].
So blieb es auch in dieser Spätzeit weiterhin bei wirtschaftlichen Repressalien, die jeweils mit Hilfe des Reichstages gelindert wurden. Es gelang dem Münchner Hof lediglich, die Reichsstadt auf zollpolitischem Gebiet zu einem Arrangement zu bewegen. Hier wurden mit Erfolg Bemühungen um Zusammenarbeit vorgenommen, die die politische Integration vorbereiteten[381]. Die not-

[377] StBR Rat. civ. 27, 437; zu den bayerischen Plänen bezüglich Regensburg, wo auch 1623 die Erhebung zum Kurfürstentum ausgesprochen wurde, in dieser Phase: Briefe und Akten zur Geschichte des Dreißigjährigen Krieges NF IX, bearb. von Kathrin Bierther, München 1986, S. 53–59 Nr. 33; S. 67–71 Nr. 37; S. 71–74 Nr. 38; S. 75 Nr. 39. Vgl. Simon Höpfl, Die Belagerungen Regensburgs in den Jahren 1633 und 1634 durch Bernhard von Weimar und durch die Kaiserlichen und Ligisten, Diss. München 1908; Heinz Dollinger, Studien zur Finanzreform Maximilians I. von Bayern 1598–1618 (Schriftenreihe der Historischen Kommission bei der Bayerischen Akademie der Wissenschaften 8) Göttingen 1968, S. 188f., 227–229; Ludwig Hüttl, Caspar von Schmid, Ein kurbayerischer Staatsmann aus dem Zeitalter Ludwigs XIV. (MBM 29) München 1971, S. 309; Reinhard Heydenreuter, Der landesherrliche Hofrat unter Herzog und Kurfürst Maximilian I. von Bayern (1598–1651) (SchbLG 72) München 1981, S. 296–298; Kathrin Bierther, Bayerische Absichten auf die Reichsstadt Regensburg und der Regensburger Akkord vom Juli 1634, in: Staat – Kultur – Politik. Beiträge zur Geschichte Bayerns und des Katholizismus. Festschrift zum 65. Geburtstag von Dieter Albrecht, hg. von Winfried Becker und Werner Chrobak, Kallmünz 1992, S. 107–118.
[378] BayHStA Pls. 9654; Gumpelzhaimer, Regensburg's Geschichte III, S. 1476–1495. Vgl. M[ax] Ruith, Kurfürst Max Emanuel von Bayern und die Donaustädte, Ingolstadt 1889, S. 151–154; Ludwig Hüttl, Max Emanuel, der Blaue Kurfürst, 1679–1726. Eine politische Biographie, München [3]1976, S. 348.
[379] In der Liste der Annexionswünsche, über die Karl VII. in Versailles Geheimverhandlungen führte, fehlt bezeichnenderweise Regensburg: Archives du Ministère des Affaires Étrangères Paris, Mémoires et documents Bavière 3, fol. 113[r] Nr. 43.
[380] Alois Schmid, Max III. Joseph und die europäischen Mächte. Die Außenpolitik des Kurfürstentums Bayern 1745–1765, München 1987, S. 506.
[381] Häberle, Zollpolitik, S. 167–181.

wendige Folge dieser Anstrengungen um einen gemeinsamen Wirtschaftsraum war die Gewährung des Inkolats für die Bürger der Reichsstadt 1758. Wie die Freisinger und Passauer, 1795 auch Berchtesgaden, wurden die Bewohner Regensburgs nun endgültig rechtlich den Landesuntertanen gleich gestellt[382]. Damit konnten sie Käufe und Verkäufe im Kurfürstentum ohne die bisher üblichen Zollschikanen tätigen. Der entscheidende Hemmschuh der wirtschaftlichen Entwicklung war damit beseitigt. Doch sollte dieser Schritt schon ins 19. Jahrhundert vorausweisen. Die politische Integration wurde auf den Sektoren von Wirtschaft und Recht vorbereitet.

[382] BayHStA Staatsverwaltung 384; Hofkammer 1143, fol. 13–15; Kreittmayr, Grundriß, S. 336, 338. Vgl. Rall, Kurbayern, S. 177. Dennoch wurde 1768 ein kaiserliches Edikt veröffentlicht, daß die Auswanderung – auch nach Kurbayern – untersagte: BayHStA Staatsverwaltung 1583.

V. Die Haus- und Grundbesitzer

Die Reichsstadt Regensburg war ein herrschaftlich ungewöhnlich kompliziertes Gebilde. Es gab innerhalb des Reiches vermutlich keine andere Stadt, in der die Rechtsverhältnisse ähnlich verworren waren. Diese Gegebenheit war Folge der äußerst verwickelten Besitzstruktur. Sie wird im Detail in der Statistik des Kapitels VI nachgewiesen werden, wo der Zustand um 1800 dokumentiert ist. Im folgenden Abschnitt soll die historische Grundlegung dieser Besitzstatistik aufgezeigt werden: Wie ist der Zustand um 1800 ausgebildet worden? Es sind die im folgenden genannten Haus- und Grundbesitzer festzustellen.

1. Die Stadt

Die Stadt verfügte innerhalb ihres Areals über Besitz in unterschiedlicher Dichte. Die Statistik ergibt für die einzelnen Wachten folgende Munizipalitätsgebäude und Zinshäuser:

Litera	Gebäude	Zinshäuser
A	22	32
B	3	8
C	5	22
D	25	37
E	4	14
F	11	21
G	10	10
H	39	77
I	1	3
Summe	120	224

Der städtische Besitz war also recht unterschiedlich über die einzelnen Bezirke verteilt. Der Hausbesitz war am spärlichsten in den Wachten B, C und E, am stärksten in der Donauwacht (Lit. D), in der mit dem Rathaus (Lit. D 121–123) auch das Herz der Bürgerstadt situiert war. Die Verteilung der Zinshäuser ergibt ein ähnlich geartetes Bild, wenn die Schwerpunkte ebenfalls in der Ostner- und Westnerwacht lagen. Der Stadt gehörten damit rund 6,7 Prozent des Hausbestandes [1]. Die Zinshäuser machten etwa 12 Prozent aus. Infolge ihrer Finanzknappheit hat sie nach dem Dreißigjährigen Krieg keine größeren Erwerbungen mehr getätigt und an den Munizipalitätsgebäuden nur mehr die unumgänglichen Reparaturmaßnahmen durchgeführt. Eine nennenswerte kommunale Bautätigkeit ist in der späten reichsstädtischen Zeit nicht mehr festzustellen. Der

[1] StAR Hist. III Nr. 18. Vgl. Kayser, Beschreibung, S. 33–48.

Munizipalitätsbesitz wurde in der Dalbergzeit eingezogen und der Stadt erst in bayerischer Zeit nach dem Gemeindeedikt von 1818 wieder zurückgegeben. Im Burgfriedensbereich verfügte die Stadt selber über keine eigenen Ackerparzellen; lediglich ihrem Gymnasium standen 19 Flurnummern zur Verfügung.

2. Das Herzogtum/Kurfürstentum Bayern

In agilolfingischer Zeit waren die Herzöge von Bayern die alleinigen Stadtherrn von Regensburg gewesen. Von ihnen war die Stadt an das karolingische Königtum übergegangen. Da sowohl Agilolfinger als auch Karolinger in Regensburg nur sehr spärliche Schenkungen an die Kirche getätigt haben, blieb die Position des Stadtherrn lange Zeit weithin ungeschmälert. Die Zersplitterung der Herrschaftsrechte setzte im 10. Jahrhundert im Rahmen der Auseinandersetzungen zwischen Herzogtum und Königtum ein. Nun kristallisierten sich zunächst das Königtum und das Herzogtum als Stadtherrn heraus. Dazu kam im Laufe der folgenden Jahrzehnte als dritte Potenz der Bischof. Diese herrschaftliche Aufteilung des Stadtbereiches spiegelt sich in der Stadtbeschreibung der Translatio S. Dionysii Areopagitae II wider[2]. Sie bestimmte das innerstädtische Geschehen bis ins 13. Jahrhundert hinein, wobei sich die Gewichte immer wieder verschoben. Als schwächste Kraft erwies sich dabei letztlich das Herzogtum. Die wechselvolle Lage begünstigte das Bürgertum, das dank tatkräftiger Unterstützung durch das staufische Königtum schließlich die Oberhand gewann und den Aufstieg zur Reichsstadt durchsetzte. Die Wittelsbacher bemühten sich in der frühen Herzogszeit noch einmal, dieser Entwicklung gegenzusteuern[3]. Das entscheidende Ereignis war der Krieg von 1256, dessen erfolgreicher Ausgang die Reichsstadt in die Lage versetzte, die Landesherrn von Bayern zum breiten Rückzug aus ihrem unmittelbaren Umland zu zwingen. Tatsächlich verblieben ihnen in der Stadt kaum noch Besitz und Herrschaftsrechte; sie sind in den frühen Urbaren im Detail nachgewiesen.

Das älteste bayerische Herzogsurbar[4] führt einen zinspflichtigen Garten an, von dem ein Pfund Regensburger Pfennige zu entrichten war, verschiedene Hofstellen, die sieben Schillinge, vierzehn Pfennige und vierunddreißig Hühner abführten, und einen Hof, der sechzehn Mutt Roggen sowie je acht Mutt Gerste und Hafer erbrachte. Dazu kamen von einer Vogtei am Nordufer der Donau hundert Schaff Hafer sowie dem Propsteiamt des Domstiftes zwölf Schillinge. Beim ersten dieser Besitztitel handelt es sich wohl um den Garten, der auch noch im 18. Jahrhundert nachgewiesen werden kann (Lit. I 1). Er gehörte zu den abgabepflichtigen Hofstätten des Prebrunnkomplexes, den der Herzog 1181 vom Kloster Prüfening erworben hatte[5]. Beim dritten Besitztitel ist man versucht, unwillkürlich an den Herzogshof zu denken, doch rückt ein präzisierender Hinweis in einem Folgeurbar auch einen Hof in der Ostnervorstadt in den Bereich des Möglichen[6]; es erhebt sich dann freilich die Frage,

[2] MGH SS XI, S. 352f.; Kraus, Civitas regia, S. 111f.
[3] A. Schmid, Territorialpolitik der Wittelsbacher. S. oben Kap. III, Abschn. 4a.
[4] Heeg-Engelhart, Herzogsurbar, S. 226f. Nr. 1559; S. 234 Nr. 1593.
[5] MB XIII, S. 187–189 Nr. XX; MGH DD F I. 804; Boesner, Prebrunn.
[6] Klebel, Regensburg, S. 103.

warum der Herzogshof nicht genannt wird. Die Vogteirechte sind am ehesten auf das Kloster St. Mang zu beziehen, die wohl mit dem burggräflichen Erbe an die Herzöge kamen[7]. Diese Besitztitel tauchen in den folgenden Urbaren zunächst weiter auf[8]. Sie wurden dann aber langfristig doch abgebaut. Davon war vor allem der Prebrunn betroffen, auch wenn es der Stadt nicht gelang, ihn gänzlich in ihre Verfügung zu bringen, da der Herzog die Hoheit über das Beutellehen nicht aus der Hand gab[9]. Dagegen nahm die Anzahl der Zinshäuser zu. Aber auch sie wurden zum Teil von der Stadt übernommen[10]. Diese versuchte die Herzöge aus ihren Mauern hinauszudrängen. Das kurze bayerische Interim von 1486 bis 1492 konnte diese Entwicklung nur unterbrechen, nicht mehr aber auf Dauer aufhalten. Dies war in erster Linie den Schutzmaßnahmen des Königtums zuzuschreiben, das eine derartige Machtverschiebung zu seinen Ungunsten nicht zuließ. Trotz des sich steigernden Druckes auf die Reichsstadt gelang es den Herzögen nicht, ihre schmale Machtgrundlage zu verbreitern.
Auch am Ende des Alten Reiches war der Kurfürst von Bayern in Regensburg nur mehr wenig präsent. Die ersten Kataster präzisieren den verbliebenen Besitz. Dessen Kern war der alte Herzogshof (Lit. G 50, 51)[11]. Er war immer bayerisch und konnte trotz vielfacher Anfechtungen im Laufe der Jahrhunderte behauptet werden. Dabei war umstritten, wie weit sich räumlich die Rechte des Herzogs erstreckten, ob sie auch den vor dem Herzogshof liegenden Platz einschlossen. Die Auseinandersetzungen um den Umfang der bayerischen Rechte am Alten Kornmarkt ziehen sich durch die Jahrhunderte[12]. Im Herzogshof waren bayerische Behörden untergebracht; seine eigene Landeshoheit wurde durch einen Wappenstein sichtbar dokumentiert[13]. Die Auseinandersetzungen dauerten die Dalberg-Zeit über an. Sie erstrecken sich sogar in die bayerische Zeit hinein, weil im Umkreis des wichtigen Behördensitzes (Zoll-, Maut-, Salz- und Forstamt) noch immer bayerisches Landrecht galt. Erst im Jahre 1900 konnte dieser rechtliche Sonderbezirk voll integriert werden.
Im späteren 18. Jahrhundert unternahm der Münchner Hof im Rahmen seiner absolutistischen Territorialpolitik gezielte Bemühungen, die wenigen verbliebenen Rechte wieder auszubauen und so die Position des Herzogtums erneut zu stärken. So kam es zu einem Dauerkonflikt mit der Stadt, die durch andauernde Pressionen zur Rückkehr in den Verband des Kurfürstentums bewegt werden sollte. Der kurfürstliche Hof setzte im Pürkelgut, vor allem im

[7] Mayer, Burggrafen, S. 44.
[8] MB XXXVI/1, S. 363–366, 525, 593–595.
[9] Boesner, Prebrunn; AHVR MS R 71, 236/1 (Johann Georg Gölgel, Beschreibung der Vorstadt Prebrunn, 1727).
[10] Vgl. Strobel-Sydow, Latron, S. 21 bezüglich der Hauskomplexe G 89/91 und 90/100.
[11] BayHStA Pls. 11269 (Glaser, Hg., Wittelsbach und Bayern I/2, S. 57f. Nr. 62); Baualterspläne V, bearb. von Paulus, S. 61–71 (Lit.); Paulus, Herzogshof. S. Abb. 5.
[12] BayHStA Rst. Regensburg Lit. 102–105 = Kurbayern Geh. Landesarchiv 494–496; Kasten schwarz 17 675; StAR Historica II Nr. 20. Vgl. Ottl, Alter Kornmarkt.
[13] KDB Regensburg III, bearb. von Mader, S. 126. Ein weiterer bemerkenswerter bayerischer Wappenstein mit den auffallenden Vikariatsinsignien noch zum Jahr 1747 findet sich an der Außenmauer der Alten Kapelle.

Prebrunn an, der geradezu zu einer Frage der internationalen Politik hochstilisiert wurde[14], aber dennoch unter bayerischer Oberhoheit verblieb[15].
Die ältesten Kataster weisen außerdem noch einzelne Besitzungen nach. Dabei ist die Rechtslage bei den Häusern Lit. B 8 und G 78 klar; sie stammen aus Säkularisationsgut. Auf welchem Wege aber das Eckhaus Lit. C 76 und Lit. I 7 bereits zu dieser Zeit bayerisch wurden, ist nicht ersichtlich. Trotz dieser ersten Erweiterungen zeigen auch noch die ältesten Kataster die schmale Position des Herzogs in der Stadt.
Noch weniger ist dem Königtum von den früheren Rechten in der Stadt geblieben. Es hat im Grunde alle seine Kompetenzen an die Bürgerschaft abgetreten. Lediglich während der Jahre der Hauptmannschaft zwischen 1499 und 1555 erneuerte das habsburgische Kaisertum seine frühere Position noch einmal vorübergehend mit Nachdruck.

3. Das Fürsterzbistum Salzburg

Wegen der Hauptstadtfunktion hatten mehrere weltliche und kirchliche Große in Regensburg von den Königen während des 10. und 11. Jahrhunderts Absteigequartiere erhalten[16]. Doch waren sie nach dem Verlust dieser Vorrangstellung im beginnenden Spätmittelalter meist rasch abgestoßen oder aber auch einer neuen Funktion zugeführt worden. Um 1805 verfügte unter den Bischöfen allein der Fürsterzbischof von Salzburg, der bisherige Metropolit der bayerischen Kirchenprovinz, noch über einen solchen Hof in Regensburg. Er war ihm von Kaiser Otto II. 976 übereignet worden[17]. Diese Königsschenkung verlieh älterem Salzburger Besitz im hiesigen Donauraum, der bis zu Herzog Theodo zurückzuverfolgen ist[18], das Zentrum[19]. Der Hof des heiligen Rupert wird in der Folgezeit von Kaisern mehrfach bestätigt[20] und vor allem vom wittelsbachischen Erzbischof Konrad III. zu einem der repräsentativsten Profangebäude der Stadt ausgebaut[21]. Er wurde von den Erzbischöfen teilweise selber genutzt, zum Teil auch vermietet und gewann besondere Bedeutung in den Jahren 1663 bis 1668, als Fürsterzbischof Guidobald von Thun das Amt des Prinzipalkommissars am Immerwährenden Reichstag ausübte[22]. Wie bei den anderen Bischofshöfen waren dem Stadthof (Lit. G 59, 63, 64) Versorgungsgüter in der Umgebung zugeordnet. Innerhalb des Burgfriedensbezirkes verfügte der Erzbischof über 18 Parzellen[23].

[14] BayHStA Rst. Regensburg Lit. 72, 73; Ges. Wien 835; Ges. Berlin 119; HHStAW Reichshofrat K 1010/2; Kleinere Reichsstände 422. Vgl. auch Moser, Teutsches Staatsrecht XL, S. 35–39.
[15] Vgl. Boesner, Prebrunn.
[16] S. Kap. III, Abschn. 3 d Anm. 221–224.
[17] MGH DD O II. 134.
[18] Hauthaler, Salzburger Urkundenbuch I, S. 5; RUB I, S. 1 Nr. 2.
[19] Walderdorff, Regensburg, S. 478–481; Zaisberger, Salzburger Hof; Glaser (Hg.), Wittelsbach und Bayern I/2, S. 58 f. Nr. 63.
[20] MGH DD O III. 294; H IV. 90.
[21] Richard Strobel, Zur Baugeschichte des Salzburger Hofes in Regensburg (Mitteilungen der Gesellschaft für Salzburger Landeskunde 122) 1982, S. 241–252.
[22] Reiser, Immerwährender Reichstag, S. 159.
[23] Landesarchiv Salzburg, Hofkommission I/107. S. Statistik: Kap. VI, Abschn. 2 c.

Der Salzburger Hof büßte mit dem Ende des Alten Reiches seine frühere Funktion ein. Deswegen wurde er schon im Folgejahr 1807 verkauft. Doch verfiel er unter den bürgerlichen Besitzern rasch, so daß er gegen Ende des 19. Jahrhunderts abgebrochen werden mußte. Durch die damals angestellten Bauuntersuchungen ist seine mittelalterliche Beschaffenheit gut bekannt[24]. Auf dem Gelände wurde nach 1893 die heutige Dompost errichtet.

4. Das Hochstift Regensburg

Die Anfänge des Dombezirkes gehen in die spätagilolfingische Zeit zurück. Die frühere Ansicht, daß die Abtbischöfe von Regensburg im Domkloster St. Emmeram residiert hätten und die Klosterkirche zugleich die erste Domkirche gewesen sei[25], wird heute nicht mehr ernsthaft erwogen. Schon bald nach der Bistumserrichtung 739 dürfte die materielle Ausstattung durch den Herzog erfolgt sein. Seit spätagilolfingischer Zeit ist mit dem Beginn der Bauarbeiten am Domkomplex zu rechnen[26]. Dabei wird nicht ganz klar, worin dessen Situierung im nordöstlichen Stadtviertel primär begründet ist. Gauer bringt sie mit der dortigen Torburg in Verbindung, welche die Entwicklungsdominante abgegeben habe[27]. Doch scheint sie eher mit dem unmittelbar anschließenden Herzogshof zusammenzuhängen. Zwischen diesen beiden Herrschaftskomplexen bildete sich aber eine recht scharfe Trennlinie heraus[28]. Der Dombezirk wahrte einen deutlicheren Abstand zum Pfalzbereich als die vorbonifatianischen unkanonischen Bischöfe. Die erste, klein dimensionierte Domkirche wurde durch Um- und Ausbauten in karolingischer, ottonischer und nachstaufischer Zeit ersetzt. Der heutige Bau ist der vierte Dombau zu Regensburg, der aber den früheren Standort im wesentlichen beibehielt.

Im Vergleich mit anderen Bischofssitzen wurde der Bischof von Regensburg ungewöhnlich schmal dotiert, um die Position des herzoglichen und ab 788 königlichen Stadtherrn nicht mehr als unumgänglich zu beschränken. Vermutlich ist der bischöfliche Bezirk in der Stadt nie über seinen ursprünglichen Umfang hinausgewachsen (Lit. F 116, 117). Der Erstbeleg für den Bischofshof stammt aus dem Jahre 889[29]. Der Bischofshof füllte den Raum zwischen Dom und Stadtmauer. St. Stephan könnte ursprünglich die zugehörige Hofkirche gewesen sein. Wann der bischöfliche Bereich mit Immunität begabt wurde, ist

[24] Ein Plan von Johann Graf 1890: StMR; auch Germanisches Nationalmuseum Nürnberg SP 9585. Vgl. Carl Th. Pohlig, Eine verschwundene Bischofspfalz (Zeitschrift für Bildende Kunst NF 7) 1896, S. 145–152, 179–182; Baualterspläne V, bearb. von Paulus, S. 116–118.

[25] Brackmann (Hg.), Germania Pontificia I, S. 268, 275, 282; Bruno Krusch, MGH SS rer. Merov. IV, S. 453; Budde, St. Emmeram, S. 157f.

[26] Erstbeleg: Widemann, Traditionen, S. 5 Nr. 5. Es ist allerdings noch nicht gelungen, den hier angesprochenen Kirchenbau archäologisch zwingend zu fassen. Vgl. Gertraud Dinzinger, Der Vorgängerbau der Stefanskapelle im Domkreuzgang von Regensburg (BGBR 17) 1983, S. 7–38.

[27] Gauer, Stadtkernforschung, S. 164.

[28] Piendl, Stadttopographie, S. 72f.; Brühl, Palatium und Civitas II, S. 235f.

[29] MGH DD Arn. 63. S. Abb. 11.

für Regensburg – im Gegensatz zu den anderen bayerischen Bischofssitzen – nicht klar. Am ehesten ist die Exemtion ins 10. Jahrhundert zu datieren, als die Präsenz des Königtums schwächer und die Position der Bischöfe gestärkt wurde[30]. Die Vogtei verfestigte sich im 11. Jahrhundert in den Händen einer Nebenlinie der Grafen von Bogen[31]. In eben dieser Epoche wuchs der Bischofshof zu einer dritten herrschaftlichen Potenz in der Stadt heran; dieser Vorgang spiegelt sich eindrucksvoll im frühen Urkundenwesen der Bischöfe wider[32]. Trotz eines vorübergehenden Erfolges unter Siegfried (1227–1246) gelang es den Bischöfen nicht, die Stadtherrschaft auf Dauer an sich zu reißen. Denn sie wurden von der übermächtigen Bürgerschaft in reichsstädtischer Zeit immer mehr in den Hintergrund gedrängt. Dem Versuch, sich für fehlende Entwicklungsmöglichkeiten innerhalb der Stadt durch den Aufbau eines eigenen Territoriums außerhalb schadlos zu halten, standen die wittelsbachischen Herzöge von Bayern im Wege. Es gelang den Bischöfen lediglich, für die 914 von Konrad I. geschenkten und in der Folgezeit geringfügig erweiterten Forste auf der Grundlage der Forsthoheit die Landeshoheit zu erringen[33]. Dazu kam 1248 noch die kleine Herrschaft Hohenburg auf dem Nordgau[34]. Damit gehörte das Hochstift Regensburg zu den unbedeutendsten geistlichen Territorien in Deutschland; es rangierte vor allem an Ertragskraft in der Reichskirche zusammen mit Worms am Schluß der Reihe[35]. Die vergleichsweise schwache herrschaftliche Position des Bischofs kommt auch baulich darin zum Ausdruck, daß es in Regensburg – im Gegensatz zu Salzburg, Passau, Würzburg, Brixen oder Eichstätt – eine Bischofsfestung nicht gibt. Diese Sonderentwicklung ist nicht nur in den topographischen Gegebenheiten begründet, sondern mehr in den Herrschaftsverhältnissen. Erst in der frühen Neuzeit wird ersatzweise Schloß Wörth ausgebaut; doch verhinderte bereits die beträchtliche Entfernung zur Stadt, daß es jemals in eine Rolle wie die Bischofsfestungen in den genannten Städten hineinwachsen hätte können. Der Bischof von Regensburg, der sich im Gegensatz zu anderen Bistumsvorständen auf Dauer in seiner Residenzstadt halten konnte und nicht vertrieben wurde, verfügte lediglich über ein immer kleines Hochstift; daran vermochte auch die lange Reihe der Inkorporationspfarreien nichts zu ändern[36]. Da es zu den wenig einträglichen Hochstiften gehörte, wurde das Bistum Regensburg während der frühen Neuzeit gerne in Personalunion zusammen mit anderen Diözesen – vor allem Freising – vergeben[37]. Es unterstand seit 798 dem Erzbischof von Salzburg als Metropoliten.

[30] S. Abschn. III, 2a Anm. 77; 3e Anm. 265, 266.

[31] Piendl, Grafen von Bogen, 1954, S. 25–32. S. Kap. III, Abschn. 3e.

[32] Acht, Urkundenwesen der Bischöfe von Regensburg.

[33] D. Schmid, HAB Regensburg I, S. 108–163.

[34] Thomas Ried, Genealogisch-diplomatische Geschichte der Grafen von Hohenburg, Regensburg 1812; Manfred Jehle, Parsberg, HAB Altbayern 51, München 1981, S. 47f., 382–404.

[35] Köbler, Territorien, S. 437; Egon Johannes Greipl, Zur weltlichen Herrschaft der Fürstbischöfe in der Zeit vom Westfälischen Frieden bis zur Säkularisation (Römische Quartalschrift 83) 1988, S. 254.

[36] StBR Rat. ep. 163. Vgl. Lindner, Inkorporation, 1950, S. 210, 244f.

[37] Hausberger, Bistum Regensburg II, S. 10–42. – Die bei Zedler XXXIII, Sp. 1763 behauptete Exemtion aus dem Salzburger Metropolitanverband und unmittelbare

Als Reichsstand wurde der Fürstbischof in den Reichsmatrikeln geführt und zu Leistungen für das Reich herangezogen[38]. Er war aber auch auf dem Bayerischen Kreistag mit Sitz und Stimme vertreten[39] und für seine Besitzungen im Altbayerischen landsässig[40]. Im 18. Jahrhundert versuchte der kurfürstliche Hof zu München durch die Entsendung von Wahlkommissaren zu den Bischofswahlen seine Interessen am Regensburger Bischofshof verstärkt zur Geltung zu bringen.

Das Hochstift war innerhalb der Stadt Grundherr in der Domimmunität Lit. F 116, 117[41]. Darüber hinaus verfügte es über Hausbesitz in Lit. E 57, 77, 161, Lit. F 105–111, 116, 117, 118, 119, 125 und Lit. G 18, 21, 27, 38, 40, 75, 76, 79, Lit. H 10, 246. Dazu kamen 25 Zinshäuser. Dieser Besitz hatte seinen Schwerpunkt in der östlichen Altstadt, ohne daß er jedoch einen geschlossenen Bezirk *(pagus cleri)* gebildet hätte. Er unterstand während des Mittelalters in herrschaftlicher Hinsicht den Domvögten. Die Gerichtsbarkeit ging nach deren Ende an bischöfliche Propstrichter über. In der Neuzeit diente Lit. F 116 als bischöfliches Burgrichter- und Rentmeisterhaus. Dem Hochstiftsbesitz sind auch die 81 Flurnummern im Burgfriedensbereich zuzurechnen, die dem bischöflichen Kuchelhof zugewiesen sind. Zehn Häuser waren lehnbar.

Nach dem Übergang des Hochstiftes an Fürstprimas Dalberg nahm dieser nicht im Bischofshof Sitz, sondern in der 1800 neu erbauten Dompropstei (Lit. E 57), die seitdem die Bezeichnung Residenz führt[42]. Der Bischofshof wurde 1810 beim Übergang an Bayern in die Säkularisationsmasse einbezogen. Hier wurde die förmliche Übergabe des fürstprimatischen Staates an den König von Bayern abgewickelt. Die Gebäude wurden 1811 an den bürgerlichen Braumeister Paul E. Eltele veräußert. Doch kaufte sie 1852 Bischof Valentin von Riedel von dessen Sohn für die bischöfliche Knabenseminarstiftung zurück, in deren Händen sie sich bis heute befinden. Die Dompropstei kam auf die königliche Zivilliste, weil sie für persönliche Bedürfnisse der königlichen Familie reserviert wurde. Mit der Errichtung der Königlichen Villa wurde sie 1853 an die Stadt verkauft.

5. Das Domkapitel Regensburg

Wie in den anderen deutschen Diözesen bildete sich in Regensburg das Domkapitel im Verlaufe des 9. Jahrhunderts in Anschluß an die im Jahre 816 für verbindlich erklärte Chrodegang-Regel[43]. Der Erstbeleg stammt aus den Jahren

Unterstellung unter den Hl. Stuhl wurde nur angestrebt, aber nie erreicht. Vgl. Lindner, Exemtion (wie Kap. IV, Anm. 232); Erwin Gatz (Hg.), Die Bischöfe des Heiligen Römischen Reiches 1648 bis 1803. Ein biographisches Lexikon, Berlin 1990, S. 621 f.

38 RTA JR II, S. 428; Zeumer, Quellensammlung, S. 314. S. Tabelle 1 in Kap. IV, Abschn. 3 c; Wilhelm Volkert, Die Bischöfe von Regensburg als Reichsfürsten, in: 1250 Jahre Bistum Regensburg, hg. von Hans Bungert (Schriftenreihe der Universität Regensburg 16) Regensburg 1989, S. 59–79.

39 Conrad, Der Bayerische Reichskreis, S. 16, 19.

40 Rall, Kurbayern, S. 337; Lieberich, Die bayerischen Landstände, S. 221.

41 Stauffer, Bischofshof; Edmund Stauffer, Die Residenz der Bischöfe von Regensburg (BGBR 17) 1983, S. 113–156.

42 Zu diesem Gebäude: Bauer, Regensburg, S. 58 f.

43 Rudolf Schieffer, Die Entstehung von Domkapiteln in Deutschland (Bonner Histo-

nach 840[44]. Das Domkapitel hatte die Aufgabe, den Bischof sowohl bei seinen pastoralen als auch den administrativen Verpflichtungen zu unterstützen. Zu diesem Zwecke pflegte es in seiner Frühzeit die *vita communis;* doch wurde diese im Hohen Mittelalter aufgegeben. Das Domkapitel verselbständigte sich gegenüber dem Bischof immer mehr und entfaltete korporatives Eigenleben. Es setzte schließlich ein eigenes Mitspracherecht bei der Diözesanleitung durch; der Vorgang ist in Parallele zur Ständebildung im profanen Bereich zu sehen. Er hatte in wirtschaftlicher Hinsicht zur Folge, daß das Kapitel die zu seiner Versorgung verfügbare Vermögensmasse in Eigenverwaltung übernahm. Sie wurde in Präbenden eingeteilt und nun in dieser Organisationsform den Mitgliedern zur Nutznießung überlassen. Im späten Mittelalter wuchs das Domkapitel immer mehr zur beherrschenden Kraft in der Diözese heran. Zum Ausbau seiner Position trugen vor allem die Wahlkapitulationen bei. Das wichtigste Vorrecht des Kapitels wurde sein entscheidendes Votum bei der Bischofswahl, die es mehr und mehr in seine Zuständigkeit brachte. Es benutzte dieses seit 1437 – also verhältnismäßig spät –, um die zu wählenden Kandidaten in Wahlkapitulationen auf eine gemeinsam abgesprochene Linie zu verpflichten[45]. Regensburg ist ein ausgesprochenes Wahlbistum gewesen, in dem das Domkapitel eine Funktion ausübte, die der der Landstände der Territorialstaaten entsprach. Landstände gab es im Hochstift Regensburg nicht.

Das Domkapitel bestand seit 1654 aus 24 Mitgliedern, von denen aber nur 15 Vollkanoniker waren; die restlichen neun Mitglieder saßen auf Domizellarstellen. Erstere lebten in Domherrenhäusern, die im Umkreis der Kathedrale gelegen waren. Diese Positionen waren äußerst begehrt, weil sie vor allem dem Adel ein standesgemäßes Auskommen ermöglichten. Deswegen befanden sich die weitaus meisten Kanonikate in Händen des Adels[46]. Dazu kamen seit dem 15. Jahrhundert graduierte Akademiker, so daß das Regensburger Domkapitel als gemeinständisch zu klassifizieren ist. In Regensburg hatten die Parteigänger des Hauses Wittelsbach immer die Mehrheit und sorgten bis zur Mitte des 18. Jahrhunderts für Wahlen im Sinne der Kurfürsten[47]. Regensburg war neben Köln und Freising die wichtigste wittelsbachische Sekundogenitur. Geleitet wurde das Kapitel von Dompropst und Domdekan. Eine letzte Kapitelsordnung wurde 1787 erlassen.

Das Regensburger Domkapitel verfügte über eine breite Dotierung. Sie ist erstmals in Ausführlichkeit greifbar im Statuten-, Kopial- und Salbuch von etwa 1506 und bestand zum einen aus nicht weniger als 46 Inkorporationspfarreien[48]. Damit hatte es einen beträchtlichen Teil der Pfarreien des Bistums in seiner Hand. Dazu kam umfänglicher Landbesitz in der näheren Umgebung

rische Forschungen 43) Bonn 1976, S. 199–202; Hausberger, Bistum Regensburg I, S. 179–184.

44 Widemann, Traditionen, S. 36–38 Nr. 30.

45 Fuchs, Wahlkapitulationen.

46 Vgl. Peter Hersche, Die deutschen Domkapitel im 17. und 18. Jahrhundert I, Bern 1984, S. 156–160.

47 Prosopographische Vorarbeiten von Thomas Ried: StBR Rat. ep. 327. Eine zeitgemäße Aufarbeitung steht aus.

48 BayHStA Hst. Regensburg Lit. 8; Regensburger Buchmalerei, hg. von Mütherich und Dachs, S. 123 Nr. 110. Vgl. Lindner, Inkorporation, 1950, S. 209, 242–244.

der Stadt. Er war 1802 folgendermaßen aufgebaut: 1) Hofmark Aufhausen; 2) Hofmark Raitenbuch; 3) Hofmark Eltheim; 4) Hofmark Irl (Lk Regensburg) und Propsteigericht Irl (Lk Mühldorf); 5) Hofmark Kirchroth; 6) Hofmark Schauerstein; 7) Rentamt Regensburg; 8) Kastenamt Regensburg; 9) Kastenamt Cham; 10) Kastenamt Nabburg; 11) Kastenamt Schwandorf; 12) Kastenamt Pfatter; 13) Bräuhaus Moosham[49]. Aus diesen Landgütern flossen dem Kapitel jährliche Überschüsse von über 40000 Gulden zu, von denen die Kapitulare ihren Unterhalt bestritten.
In der Stadt besaß das Domkapitel um 1800 insgesamt 22 Hausstätten. Die Dompropstei war in der hochstiftischen Lit. E 57 untergebracht, die Dechantei in Lit. G 65. Weitere Domherrenhäuser waren Lit. E 58, 59; F 120 a, b, 124, 132; G 52, 53, 56, 57, 58, 60, 61, 62, 65, 66, 67, 69, 71, 88, 96, 108. Zum Hausbesitz kamen Zinseinkünfte aus neun weiteren Häusern. Dieser Besitz wurde vom Domkapitel in Eigenverwaltung betreut, ohne daß es jedoch einen eigenen Ökonomen aufgestellt hätte[50]. Sämtliche Verwaltungsfragen wurden in den Kapitelssitzungen gemeinsam behandelt. Zur Ausführung seiner Beschlüsse beschäftigte das Kapitel einen Syndikus, der die aus sechs Beamten bestehende Syndikatskanzlei leitete.
Als einziges deutsches Domkapitel wurde das Regensburger Kapitel durch die Säkularisation nicht aufgelöst. Es bestand bis zur Neuregelung der kirchlichen Verhältnisse durch das Konkordat von 1817 weiter, weil ihm Dalberg seinen Besitz im Grunde beließ und weiterhin Selbstverwaltung zugestand[51]. Nicht einmal die Jurisdiktionsrechte wurden aufgehoben[52]; sie blieben bis zum Übergang an das Königreich Bayern erhalten.

6. Das Benediktinerkloster St. Emmeram

Bald nach dem Tod des Märtyrers Emmeram, der am ehesten um 680 anzusetzen ist, bildete sich – wohl um 700 – an der Stätte seines endgültigen Grabes eine Mönchsgemeinschaft. Diese lehnte sich an eine Georgskirche an. Daß diese wirklich auf eine spätantike Friedhofskirche zurückgeht, wie vor allem aufgrund des Patroziniums oftmals angenommen wurde, ist wenig wahrscheinlich. Das Kloster entstand außerhalb der Stadtmauer auf dem Gelände des römischen Friedhofes. Um 740 wurde der Heilige aus der Georgskirche, die in der Südapside vermutet wird, in die neuerbaute Hauptkirche überführt[53]. Der

[49] Statistisch-topographisches Lexikon II, Sp. 731. Vgl. Schwaiger, Die altbayerischen Bistümer, S. 257f.
[50] StBR Rat. ep. 162, 165, 442.
[51] Schwaiger, Die altbayerischen Bistümer, S. 248–275; Hausberger, Staat und Kirche, S. 348.
[52] StAAm Reg. KdF 845.
[53] Zur nur punktuell erforschten Geschichte des Klosters zusammenfassend: Hans Schlemmer, St. Emmeram in Regensburg. Kirche und Kloster im Wandel der Zeit, Kallmünz 1972; Hemmerle, Benediktinerklöster in Bayern, S. 238–247 (Lit.); Gustl Motyka, Das Kloster St. Emmeram in Regensburg (Die Oberpfalz 68) 1980, S. 33–39, 75–79; Babl, Emmeram; Rädlinger-Prömper, St. Emmeram. Zur noch immer nicht endgültig geklärten Baugeschichte vor allem: Jochen Zink, Zur frühen Baugeschichte der ehem. Benediktinerklosterkirche St. Emmeram in Regensburg, in: Zwölfhundert-

heilige Bonifatius hat die Gemeinschaft der Benediktusregel zugeführt. Das Kloster erlebte während des 8. und 9. Jahrhunderts seine erste Blütezeit. Denn es erfreute sich der regen Förderung durch die Bischöfe. Seit der kanonischen Errichtung des Bistums Regensburg residierten hier zunächst die Bischöfe, die nach iroschottischem Vorbild in Personalunion dem Domkloster und der Diözese vorstanden. Sie wurden nach Propst Arnold abwechselnd aus dem Konvent des Klosters und dem Domklerus gewählt[54]; doch ist diese Angabe vorerst nicht verifizierbar. Bis 1125 fanden sie hier ihre letzte Ruhestätte[55]. Das Kloster war bereits in spätagilolfingischer Zeit einer der monastischen Mittelpunkte des Herzogtums Bayern; Emmeram galt als Patron des Bistums und Apostel des Landes[56]. Dieser Vorrang wurde in der folgenden Epoche weiter ausgebaut. In karolingischer Zeit wurde es zudem einer der herrschaftlichen Brennpunkte. Aus der Emmeramer Schreibschule rekrutierte sich zum Teil das Personal der Königskanzlei[57]. Unmittelbar neben dem Kloster errichtete Kaiser Arnulf von Kärnten eine Klosterpfalz; diese war bis zum Ausgang der Stauferzeit oftmals Aufenthaltsort von Königen und Kaisern. Zumindest einzelne Karolinger fanden hier ihre letzte Ruhestätte[58]. Nach Auskunft der Emmeramer Quellen erhob Kaiser Arnulf Emmeram zum Reichspatron. Von hier aus wurde die Angliederung und die Missionierung Böhmens geleitet. Das Kloster St. Emmeram war in der Zeit vor der Jahrtausendwende einer der herrschaftlichen und kirchlichen Brennpunkte des gesamten süddeutschen Raumes[59].

Dieser Vorrang fand seinen sachgerechten Niederschlag in ungewöhnlich reicher Begüterung[60]. Der Frühbesitz stammte zum überwiegenden Teil vom

fünfzig Jahre, S. 79–176; St. Emmeram in Regensburg. Geschichte – Kunst – Denkmalpflege. Beiträge des Regensburger Herbstsymposiums vom 15.–25. November 1991 (Thurn und Taxis-Studien 18) Kallmünz 1992; Peter Morsbach – Achim Bunz, St. Emmeram zu Regensburg (Große Kunstführer 187) München-Regensburg 1993.

[54] MGH SS IV, S. 559.

[55] Klaus Gamber, Die ersten Bischöfe von Regensburg und ihre Funktion als Äbte von St. Emmeram, in: Gamber, Ecclesia Reginensis, S. 9–48. S. Kap. III 1 e.

[56] Prinz, Frühes Mönchtum, S. 380–385; Paul Mai, Der heilige Emmeram, der heilige Erhard und der heilige Wolfgang, in: Bistumspatrone in Deutschland, hg. von August Leidl, München-Zürich 1984, S. 158; Georg Schwaiger- Paul Mai (Hg.), Regensburger Bistumspatrone, München-Zürich 1992, S. 44–62.

[57] Paul Kehr, Die Kanzlei Ludwigs des Deutschen (Abhandlungen der Preußischen Akademie der Wissenschaften, phil.-hist. Klasse) Berlin 1932, S. 15 f.; Fleckenstein, Hofkapelle I, S. 168–170, 219.

[58] A. Schmid, Herrschergräber. Zur Diskussion der sehr umstrittenen Frage ist nunmehr sehr beachtenswert: Hans Steuerwald, Ein Grabmal Kaiser Heinrichs II., des Heiligen, in Regensburg, Berlin 1992, der meine Beobachtungen überzeugend weiterführt. Vgl. Kap. III, Anm. 120; Kap. V, Anm. 164.

[59] Kyle, St. Emmeram as a center of culture; Joachim Wollasch, Aus einem Regensburger Kalendar des 9. Jahrhunderts, in: Historiographia mediaevalis. Studien zur Geschichtsschreibung und Quellenkunde des Mittelalters. Festschrift für Franz-Josef Schmale zum 65. Geburtstag, hg. von Dieter Berg und Hans-Werner Goetz, Darmstadt 1988, S. 60–76.

[60] Berthold Bretholz, Studien zu den Traditionsbüchern von St. Emmeram in Regensburg (MIÖG 12) 1891, S. 1–45; Widemann, Traditionen; Otto Beck, Studien über die Grundherrschaft St. Emmeram in Regensburg, Diss. phil. masch. München 1921; Wilhelm Weizsäcker, Die Familia des Klosters St. Emmeram in Regensburg (VHVO 92) 1951, S. 5–48; Rädlinger-Prömper, St. Emmeram.

Herzogsgeschlecht der Agilolfinger, auch wenn das nicht im einzelnen nachvollziehbar ist. Wesentliche Ergänzungen kamen aus der Hand des karolingisch-ottonisch-salischen Kaisertums, die ungleich besser belegt sind. Die Grundausstattung hatte ihren Schwerpunkt eindeutig im Süden und Osten der näheren Umgebung der Stadt, also im fruchtbaren Donaugau. Sie stammte zum Großteil aus Fiskalland. Nicht mehr als eine Abrundung stellten Schenkungen des Adels dar. Eine Organisation des Urbesitzes zeichnet sich in den Quellen nicht ab. Doch gibt es Anzeichen, daß bereits im 8. und 9. Jahrhundert erste Ansätze zur Gütertrennung gegeben waren[61]. Sie wurde 975 von Bischof Wolfgang vollzogen, der Bischofssitz und Domkloster dann strikt voneinander abgegrenzt hat. Damit erhielt das Kloster eine eigenständige wirtschaftliche Grundlage, die im Rotulus von 1031 – einem frühen Verwaltungshandbuch – genau festgehalten ist[62]. Sie wurde in der Folgezeit, die für das Kloster schwierig war, sehr gezielt vom Haus aus betreut[63] und war in Villikationen gegliedert. Die Vogtei lag zunächst in den Händen vieler kleiner Adeliger und konzentrierte sich ungewöhnlich lange nicht in der Hand eines Edelvogtes. St. Emmeram behielt auffallend lange Zeit mehrere Teilvögte bei. Darunter kam eine Vorrangstellung den Burggrafen von Regensburg zu, die bis zur Einrichtung des Hausklosters Walderbach hier auch zur letzten Ruhe gebettet wurden[64]. Erst während des 14. und 15. Jahrhunderts bildete sich die Erbvogtei der Abensberger aus, die nach deren Ende an die Wittelsbacher fiel, die somit hier immer mehr ihre allenthalben sehr konsequente Vogteipolitik an das erhoffte Ziel zu führen vermochten[65]. Doch sollten sich die Vogteistreitigkeiten fast bis zum Ende des Klosters hinziehen, weil erst 1784 die Wittelsbacher ihre Ansprüche gänzlich durchsetzten.

Nicht minder schwer waren die Auseinandersetzungen mit den Bischöfen von Regensburg. Sie betrafen die Abgrenzung des Besitzes nach der Gütertrennung 975 und den Rechtsstatus der Abtei. Dabei versuchte das Kloster seine Position durch urkundliche und literarische Fiktionen zu verbessern[66]. Es trachtete hauptsächlich danach, die Unterstellung unter die Bischöfe abzuschütteln. Deswegen trat es im Investiturstreit auf die Seite des Kaisers[67]. Doch war den Exemtionsbemühungen lange kein Erfolg beschieden. Das Kloster erlangte erst im 12. Jahrhundert – gestützt auf Fälschungen – den Status eines päpstlichen

[61] Budde, Rechtliche Stellung; Fritz Karl, Die Besitzteilung zwischen Hochstift und Domkloster St. Emmeram in Regensburg 975, Zul.-Arb. masch. Würzburg 1956; A. Schmid, Zur Interpretation; Martin Heinzelmann, Beobachtungen zur Bevölkerungsstruktur einiger grundherrschaftlicher Siedlungen im karolingischen Bayern (Frühmittelalterliche Studien 11) 1977, S. 202–217.

[62] Mai, Güterverzeichnis; Philippe Dollinger, Der bayerische Bauernstand vom 9. bis zum 13. Jahrhundert, dt. Übersetzung hg. von Franz Irsigler, München 1982, S. 455–463.

[63] Matthias Thiel, Das St. Emmeramer Register von 1275 in clm 14992. Seine Vorstufen und Nachläufer (ZBLG 33) 1970, S. 85–134, 542–635.

[64] Mayer, Burggrafen, S. 56f.

[65] BayHStA Staatsverwaltung 587 (jetzt StA Landshut, Reg. Landshut B 31). Vgl. Klebel, Gesammelte Aufsätze, S. 262; Klebel, Vogtareuth, S. 177–187; Schwertl, Beziehungen, S. 249, 252–256; Rankl, Kirchenregiment, S. 205f.; D. Schmid, Landesherrschaft, S. 319.

[66] Johann Lechner, Zu den falschen Exemtionsprivilegien für Sankt Emmeram (Regensburg) (Neues Archiv 25) 1900, S. 627–635; Kraus, Translatio.

[67] Märtl, Regensburg im Investiturstreit.

Eigenklosters und erfreute sich der *libertas Romana,* wofür es den üblichen Zins nach Rom zu zahlen hatte. Dennoch befand es sich 1182 wieder unter der Herrschaft des Bischofs, dessen Zuständigkeit Papst Lucius III. ausdrücklich bestätigte. Tatsächlich wurden die Äbte bis 1266 vom Bischof investiert. Erst 1326 gestand Papst Johannes XXII. die Befreiung von der bischöflichen Gewalt zu. Kurz zuvor hatte 1295 Adolf von Nassau die Reichsunmittelbarkeit ausgesprochen. Doch sollte sie in der Folgezeit noch oftmals angefochten werden. Deswegen brechen die förmlichen Belehnungen 1452 wieder ab. Sie unterblieben in der Folgezeit bis ins 18. Jahrhundert hinein. Die Reichsstandschaft wurde erst 1731 wieder voll erneuert. Das Stift hat aber offensichtlich darauf keinen besonderen Wert gelegt, da es sich in bemerkenswertem Ausmaß als bayerisches Kloster verstand. Dennoch wurde St. Emmeram seit 1507 ständig in der Reihe der Reichsstände geführt[68]. Im Reichsfürstenrat erhielt das Kloster Sitz und eine Kuriatstimme auf der neunten Stelle der rheinischen Prälatenbank[69]. Es nahm an Reichsversammlungen teil[70], war aber seit 1538 auch regelmäßig auf dem bayerischen Kreistag vertreten[71]. Dennoch erfolgten auch im 16. Jahrhundert noch Versuche von seiten der Bischöfe, das Reichsstift wieder der bischöflichen Jurisdiktion zu unterwerfen[72]. Für die im Bayerischen gelegenen Güter war es landsässig[73]. Es verfügte 1266 über insgesamt elf Inkorporationspfarreien.
Das Kloster St. Emmeram verwaltete seinen großen Besitz sehr gezielt. Zu diesem Zweck baute es während des hohen Mittelalters seine eigene Ministerialität auf[74]. Dennoch wurde es in den allgemeinen Niedergang des Benediktinertums während des Spätmittelalters hineingezogen. Nachdem es die Reformationsepoche recht unbeschadet überstanden hatte[75], stieg es nach dem Dreißigjährigen Krieg seit Abt Anselm Godin wieder zu einem der führenden Klöster im süddeutschen Raum auf. Von ihm gingen entscheidende Impulse zur überörtlichen Organisation des Benediktinertums aus, die dann in der Bayerischen Benediktinerkongregation von 1684 zum Abschluß kamen. Die Bemühungen des Klosters im Barockzeitalter, im Rahmen der *pietas Bavarica* den Hausheili-

[68] RTA JR II, S. 432; Zeumer, Quellensammlung, S. 315. Vgl. Rall, Zeittafeln, S. 108f.; Köbler, Territorien, S. 438f.; Ziegler, St. Emmeram, S. 145–149; Krieger, Lehnshoheit, S. 164f.; eine Privilegienbestätigung Kaiser Friedrichs III.: BayHStA KU St. Emmeram 1465 VII 31; Koller, Regesten Friedrichs III. Heft 2, bearb. von Janotta, S. 69 Nr. 104.
[69] RTA JR II, S. 432.
[70] StBR Rat. ep. 422; Ziegler, St. Emmeram, S. 146.
[71] Conrad, Der Bayerische Reichskreis, S. 16, 19; Eustachius Schwend, Entwicklungsgeschichte der bayrischen Kreisverfasssung von 1531 bis 1542, Diss. München 1919, S. 29.
[72] Johann Baptist Doll, Der Visitationsprozeß des Reichsstiftes St. Emmeram in Regensburg mit dem Hochstift am Ausgang des 16. Jahrhunderts (VHVO 86) 1936, S. 363–376.
[73] Rall, Kurbayern, S. 337; Lieberich, Die bayerischen Landstände, S. 216. Zu den Inkorporationspfarreien: Lindner, Inkorporation, 1950, S. 209, 239–242.
[74] Widemann, Traditionen, S. 255 Nr. 355: *servientes* u. ö. Vgl. Karl Regner, Die Ministerialität des Klosters St. Emmeram in Regensburg, Zul.-Arb. masch. Würzburg 1960.
[75] Ziegler, St. Emmeram in der Reformationszeit.

gen erneut als Landespatron durchzusetzen[76], scheiterten am Widerstand des Münchner Hofes, mit dem es wegen herrschaftlicher Streitereien beständig in Konflikte verwickelt war. In diesem Kontext ist schließlich die letzte Rangerhöhung 1731 zu sehen, als Kaiser Karl VI. Abt Anselm Godin in den Reichsfürstenstand erhob.

Das nunmehr gefürstete Reichsstift verwaltete seinen ausgedehnten Besitz vom Kloster aus. Er war in Propsteien gegliedert, die von einem Konventualen geleitet wurden[77]. Der Besitz lag innerhalb des Kurfürstentums Bayern und war als solcher nicht von der Reichsstandschaft des Klosters betroffen; lediglich auf Vogtareuth wurde sie 1781 ausgedehnt[78]. Zum kleinen Territorium des Reichsstiftes gehörte bis dahin allein der innerhalb des reichsstädtischen Areals gelegene Besitz. Er bestand aus bebauten und unbebauten Grundstücken. Sein Herz waren die Stiftsgebäude, um die sich eine Reihe von Häusern gruppierte, in denen das in Wirtschaft, Administration und Seelsorge vom Kloster beschäftigte Personal wohnte. Es umfaßte 25 Hausnummern in der unmittelbaren Umgebung. Darüber hinaus verfügte das Stift über 132 Zinshäuser[79], aus denen ihm Abgaben zuflossen. Sie lagen hauptsächlich im Westen der Stadt in der Westner-, Scherer- und Witwangerwacht und waren vornehmlich von Handwerkern bewohnt. Doch wurde die Zinszahlung im 18. Jahrhundert eingestellt mit der Begründung, daß bürgerliche Häuser zu keinen Zahlungen an das Stift verpflichtet seien. Über diese Frage kam es erstmals 1731 unter Abt Anselm Godin und dann noch einmal 1801 zu schweren Konflikten mit Bürgern, in die sogar der Rat eingeschaltet wurde[80]. In diesem Zusammenhang entstanden Streitschriften, die den jeweiligen Standpunkt darlegten[81]. Der Klosterbezirk bildete eine im Grunde geschlossene bauliche Einheit: *Das Stift St. Emmeram mit allen dazugehörigen vielen und ansehnlichen Gebäuden umgibt eine hohe Mauer. Der Umfang ist so groß, daß man es für eine kleine Stadt ansehen kann. Es wohnen in diesem von der eigentlichen freyen Reichsstadt Regensburg unabhängigen Distrikt außer den Hofbedienten und Handwerkern auch noch andere Personen darinnen, deren Anzahl man insgesamt auf 250 Menschen anschlägt*[82]. Wirtschaftlich war dieser Besitz nicht sehr bedeutend, da die Einkünfte die Unterhaltskosten kaum deckten. Doch war gerade durch den Haus-

[76] Diese Bemühungen ergeben sich aus der Haushistoriographie des 17. und 18. Jahrhunders. Vgl. Alois Schmid, Beobachtungen zur Verehrung der heiligen Emmeram im Ries (Thurn und Taxis-Studien 18) 1992, S. 90f.

[77] Andreas Kraus, P. Roman Zirngibl von St. Emmeram in Regensburg (StMBO 66) 1956, S. 61–151; (67) 1957, S. 39–203; Greipl, Abt und Fürst, S. 42–55; Egon Johannes Greipl, Zur Grundherrschaft des Reichsstifts St. Emmeram zu Regensburg im 18. Jahrhundert (VHVO 122) 1982, S. 27–50.

[78] Klebel, Vogtareuth.

[79] Eines dieser Zinshäuser ist besitzgeschichtlich vorzüglich aufgearbeitet: Hans Buhl, Geschichte des Hauses Obere Bachgasse 16 in Regensburg (alt: Lit. C 113) (VHVO 109) 1969, S. 63–78.

[80] StAR Hist. IV Nr. 10 (allerdings stimmen die hier gebotenen Zahlen nicht mit der unten erarbeiteten Statistik überein).

[81] StBR Rat. ep. 7, 8: Beurkundete Geschichte der gegenseitigen Gerechtsame des Reichsstiftes Sankt Emmeram, auch der Reichsstadt Regensburg, Regensburg 1784; mit Gegenschrift: Aktenmäßige Prüfung.

[82] StAAm Fürstentum Regensburg Geheime Kanzlei 13: Geographisch-statistische Notizen (1802). Eine Abbildung des 18. Jahrhunderts: Germanisches Nationalmuseum Nürnberg, SP 2837. S. Abb. 12.

besitz das Stift eng mit der Stadt verbunden. Außerhalb der Stadt konnte das Stift die Landeshoheit über seine Güter im allgemeinen nicht erringen. Es war ein Reichsstift ohne Territorium. Das war ungewöhnlich, aber nicht singulär. Von den 2571 Ackerparzellen im Burgfrieden gehörten 270 dem Kloster St. Emmeram. Das entspricht 10 %, die eine Fläche von 1662187 m^2 (= 9,9 % der Gesamtfläche) ausmachten.

Das Kloster kam mit der Gründung des Fürstentums Regensburg für Fürstprimas Dalberg unter dessen Administration, wurde aber nicht aufgehoben[83]. Es bestand bis 1810 weiter und wurde erst von den bayerischen Behörden säkularisiert. Unermeßliche Kulturwerte wurden daraufhin in die staatlichen Sammlungen, vor allem zu München, überführt. Der Gebäudekomplex wurde weithin dem Fürstlichen Haus Thurn und Taxis 1812 als Entschädigungsmasse für anderweitige Verluste überlassen und dient seither als fürstliche Residenz[84]. Bereits im 18. Jahrhundert hatten die Prinzipalkommissare Gebäude des Klosters auf Mietbasis genutzt. Die Stiftskirche wurde anstelle der bisherigen St. Rupertskirche Pfarrkirche für die obere Pfarrei in der Stadt, der Besitz verkauft[85].

7. Das Schottenkloster St. Jakob

Seit dem frühen Mittelalter waren beständig irische Benediktiner auf den europäischen Kontinent gekommen, um in selbstauferlegter Askese religiöse Vervollkommnung anzustreben. Das Ziel ihrer Pilgerreise war häufig Rom gewesen, wo sie die Apostelgräber aufsuchen wollten[86]. Auf diesem Wege kamen viele von ihnen durch die Städte Süddeutschlands, in denen sie sich verschiedentlich niedergelassen und eigene Klöster gegründet haben. Die erste und immer bedeutendste Niederlassung der irischen Benediktiner auf deutschem Boden war das Regensburger Schottenkloster St. Jakob[87], das unter starker Förderung des salischen Königtums auf Grund, auf dem Königsrechte lagen, entstand.

Der erste namentlich bekannte irische Mönch, der sich in dieser international ausgerichteten Stadt niederließ, war Mercherdach, der vier Jahrzehnte beim Obermünster als Inkluse lebte, wo er im Jahre 1075 verstarb[88]. Bald nach ihm kam Marianus mit seinem Gefährten Candidus in die Stadt; beide fanden ebenfalls bei Äbtissin Willa Aufnahme, die ihnen das Kirchlein Weih Sankt Peter zur

[83] Schlaich, Reichsstifte, S. 309–323.

[84] Piendl, Thurn und Taxis, S. 105–128.

[85] Schmidbauer, Vermögenssäkularisation, S. 109–137.

[86] Arnold Angenendt, Monachi peregrini. Studien zu Pirmin und den monastischen Vorstellungen des frühen Mittelalters (Münstersche Mittelalter-Schriften 6) München 1972.

[87] Walderdorff, Regensburg, S. 398–417; Hable, Regensburg, S. 115; Hemmerle, Benediktinerklöster, S. 247–254 (Lit.); Ludwig Hammermayer, Zur Geschichte der Schottenabtei St. Jakob in Regensburg (ZBLG 22) 1959, S. 42–76; Ludwig Hammermayer, Deutsche Schottenklöster, schottische Reformation, katholische Reform und Gegenreformation in West- und Mitteleuropa (1560–1580) (ZBLG 26) 1963, S. 131–255; Flachenecker, Schottenklöster, S. 68–105.

[88] Hugo Graf von Walderdorff, St. Mercherdach und St. Marian und die Anfänge der Schottenklöster zu Regensburg (VHVO 34) 1879, S. 187–232.

Verfügung stellte, wo sie ihren religiösen und kulturellen Aufgaben nachgingen. Als Marianus hier verstarb, sammelten sich weitere Iren in diesem Umkreis, wo ein benediktinisches Priorat aufgebaut wurde, das dem Obermünster unterstellt blieb. Da die wirtschaftliche Basis schmal und die Rechtsstellung ungesichert war, mußte der Bestand lange als gefährdet gelten. Es wurde erst auf gesicherte Grundlagen gestellt, als Kaiser Heinrich IV. 1089 das Kloster ausdrücklich in seinen Schutz nahm und die Unterstellung unter das Obermünster noch einmal erneuerte[89]. Weil der Zustrom anhielt, erwies sich das Priorat bald als zu klein, so daß an einen Neubau in größeren Ausmaßen gedacht werden konnte. Der entscheidende Förderer des Unternehmens war Burggraf Otto, der mit Unterstützung der Bürgerschaft eine Hofstelle vor dem Westtor der Stadt für die Iren erwarb[90]. Dort wurde in rascher Bautätigkeit eine größere Klosteranlage aufgeführt, die 1110 während der Reichsversammlung von Bischof Heinrich I. eingeweiht wurde. An den Feierlichkeiten nahm auch Kaiser Heinrich V. teil, der das Schutzprivileg des Vaters noch einmal ausdrücklich bestätigte[91]. Doch erwies sich der Neubau bereits nach kurzer Zeit als unbefriedigend, deswegen wurde er weithin abgerissen und durch einen abermaligen Neubau ersetzt, den Kern der heutigen Anlage[92]. Papst Lucius III. nahm den Konvent 1185 in päpstlichen Schutz, gewährte freie Abtwahl und bestimmte das Kloster als Tagungsort der jährlichen Versammlungen der irischen Benediktiner[93]. Auf dem Laterankonzil 1215 vereinigte Papst Innozenz III. die zwölf deutschen Schottenkonvente in einer Kongregation, die unter die Leitung des Regensburger Abtes gestellt wurde, den er zugleich zum Generalvisitator ernannte[94]. Friedrich II. hat den kaiserlichen Schutz noch einmal erneuert und alle Privilegien bestätigt[95]. Die Vogtei über das Kloster lag in den Händen der Burggrafen und ging von diesen auf die Wittelsbacher über, die sie innerhalb der Stadt allem Anschein nach nie wahrnehmen konnten, da sich die Abtei geradezu als reichsunmittelbar betrachtete; dennoch stellte für die Wittelsbacher das Kloster bis ins späte 18. Jahrhundert einen willkommenen Anknüpfungspunkt zu Eingriffen in die Reichsstadt dar[96].

Das Verhältnis der Abtei zu den Bischöfen war von beständigen Schwierigkeiten gekennzeichnet. Papst Calixt II. befreite um 1120 das Kloster von jeder

89 MGH DD H IV. 403. Vgl. Hubertus Seibert, Libertas und Reichsabtei. Zur Klosterpolitik der salischen Herrscher, in: Stefan Weinfurter (Hg.), Die Salier und das Reich II, Sigmaringen 1991, S. 552; Helmut Flachenecker, Verstädterung und Reichsunmittelbarkeit. Zur Geschichte der Nürnberger und Regensburger Schottenklöster im Spätmittelalter (StMBO 103) 1992, S. 233–268.

90 Mayer, Burggrafen, S. 24; Mayer, Regesten, S. 35 Nr. 57, 58.

91 Stumpf, Reichskanzler II, S. 261 Nr. 3084.

92 Zur Baugeschichte zusammenfassend: Zahn, Schottenklöster, S. 53–81.

93 Brackmann, Germania pontificia I, S. 293 Nr. 5.

94 Wilhelm Wattenbach, Die Congregation der Schottenklöster in Deutschland (Zeitschrift für christliche Archäologie und Kunst 1) 1856, S. 21–30, 49–58; Helmut Flachenecker, Die Bedeutung der Schotten von St. Jakob in Regensburg für die Entwicklung des gesamten Klosterverbandes (Sternenweg 9) 1992, S. 7–12; Flachenecker, Schottenklöster, S. 243–264.

95 Huillard-Bréholles, Historia diplomatica Friderici II. I, S. 246–249.

96 Schwertl, Beziehungen, S. 412 (sicher unvollständig!); Wankerl-Hinterhofer, Beziehungen, S. 105.

bischöflichen Jurisdiktion[97]. Dennoch mußten sich die Mönche 1294 wegen wirtschaftlicher Schwierigkeiten dem Bischof in weltlichen wie geistlichen Dingen unterstellen und auf jede Appellation Verzicht leisten. Doch nahm Kaiser Heinrich VII. das Kloster 1312 noch einmal ausdrücklich in den Schutz des Reiches und gewährte das Vorrecht, zum Zeichen der Königsunmittelbarkeit den halben Reichsadler im Wappen und im Siegel zu führen[98]. 1330 befreite Kaiser Ludwig der Bayer die Abtei von der Vogtei, Steuer und Ungeld und verpflichtete die Stadt, diese gegen die Bischöfe zu schützen[99]. Dennoch gelang es den Bischöfen, das wirtschaftlich schlecht geführte Kloster im Jahre 1363 einer Administration zu unterstellen. Doch konnte auch dieser Eingriff den weiteren Niedergang nicht verhindern. Beim Eintritt in die Reformationsepoche lag die Schottenabtei gänzlich darnieder. 1514 wurde der Abt nach langen Auseinandersetzungen mit dem Priorat Weih Sankt Peter auf der Grundlage dieses Rechtsverhältnisses vom Rat verhaftet. Es wurde die Umwandlung in eine Hohe Schule erörtert.

Dieses Ereignis nahm Papst Leo X. zum Anlaß, die Abtei nun wirklich mit schottischen Mönchen zu erneuern. Er ernannte einen schottischen Abt und öffnete das Kloster für Schotten; es wurde direkt dem päpstlichen Stuhl unterstellt. Doch verhinderten Brandkatastrophen und Kriegsereignisse lange Jahrzehnte eine wirkungsvolle Reform; von 1549 bis 1566 war die Abtei ohne Konvent, so daß sie Herzog Albrecht V. von Bayern 1576 für ein geplantes Jesuitenkolleg reklamieren konnte. Die Erneuerung gelang erst in der zweiten Hälfte des 17. und dann während des 18. Jahrhunderts. Sie ist vornehmlich das Werk des Abtes Placidus Fleming (1672–1720), der dem Kloster mit der Errichtung eines Seminars eine neue Aufgabe gab, indem hier nun Missionare für die schottische Heimat ausgebildet werden sollten. Diese Gründung wurde vom Bischof der Stadt, vor allem aber Kurfürst Max Emanuel von Bayern sehr gefördert. Das 18. Jahrhundert ist noch einmal eine große Epoche der Schottenabtei geworden[100], nachdem die übrigen deutschen Schottenklöster überwiegend bereits in der Reformationsepoche eingegangen waren.

Das Schottenkloster war eine vorzüglich dotierte Abtei. In die Gründungsausstattung eröffnet vor allem das Bestätigungsprivileg Friedrichs II. von 1212 Einblick[101]. Es sichert umfänglichen Landbesitz in und um Regensburg; vor allem in der nördlichen Umgebung: Winzer, Kneiting, Mariaort, Sinzing, unteres Naabtal, aber auch im Altmühltal um Griesstetten, Dietfurt und Gundlfing. Dieser Besitz stammte überwiegend aus Schenkungen der Burggrafen, aber auch der Regensburger Bürgerschaft und von anderen Hochadeligen.

[97] Brackmann, Germania pontificia I, S. 292 Nr. 1; vgl. Nr. 2–4.

[98] Vgl. Paricius, Regensburg, S. 264–268; Janner, Bischöfe III, S. 87f.; Eduard Zimmermann, Bayerische Klosterheraldik, München 1930, S. 128–131.

[99] RB VI, S. 322. Vgl. Janner, Bischöfe III, S. 194f.

[100] Ludwig Hammermayer, Die Benediktiner und die Akademiebewegung im katholischen Deutschland (1720–1770) (StMBO 70) 1959, S. 45–146 (zahlreiche weitere Arbeiten dieses Autors).

[101] Huillard-Bréholles, Historia diplomatica Friderici II. I, S. 246–249. Ein handschriftliches Diplomatarium: StBR Rat. ep. 3. Vgl. Hans Meier, Das ehemalige Schottenkloster St. Jakob in Regensburg und seine Grundherrschaft (VHVO 62) 1910, S. 69–162.

Für die Zeit um 1800 ist in den ältesten Katastern folgender Besitz in der Stadt ausgewiesen. Sein Zentrum war der baulich sehr geschlossene Klosterkomplex (Lit. A 244–253). Er umfaßte die klösterlichen Gebäude und den Ökonomiebereich[102]. In der direkten Nachbarschaft war ein Zinshaus gelegen (Lit. A 243); zwei weitere Zinshäuser befanden sich in Streulage (Lit. B 30, C 57). Der Zinshausbestand war also ausgesprochen gering. Gleiches gilt für den Flurbesitz im Burgfrieden. Das Kloster verfügte über eine einzige Parzelle. Die wirtschaftliche Basis in der Stadt war also schmal; hier jedoch ist mit beträchtlichen Verlusten im Verlaufe des Spätmittelalters zu rechnen. Der Schwerpunkt der Besitzungen lag auf dem Lande und wurde in der Spätzeit des Klosters durchaus noch ausgebaut, z.B. durch das 1742 erworbene große Landgut Strahlfeld. Die Verluste des späten Mittelalters werden am deutlichsten im sogenannten Meierhof, der gegenüber der Kirche St. Jakob gelegen war, aber schon 1315 verkauft werden mußte und auf Umwegen im 17. Jahrhundert an die Stadt kam, die dort ihren Bauhof einrichtete[103]. Teile der Klostergebäude waren im 18. Jahrhundert vermietet[104].

Während alle deutschen Schottenklöster im Verlaufe des Reformationsjahrhunderts eingegangen oder säkularisiert worden sind, hat sich allein St. Jakob zu Regensburg bis zum Ende des Alten Reiches gehalten. Fürstprimas Dalberg hat es seiner Administration unterstellt und die Neuaufnahme von Novizen untersagt, die Mönche aber durften bleiben. Doch hat schon König Ludwig I. die Erlaubnis zu Wiederaufnahmen erteilt. Freilich bestand im 19. Jahrhundert angesichts gewandelter religiöser Verhältnisse auf der britischen Insel kein Bedarf mehr für ein Missionskloster auf dem Kontinent. Deswegen blieb der Nachwuchs aus, der Konvent war nun auf einzelne Mitglieder beschränkt[105]. Angesichts dieser Verhältnisse hat die römische Kurie das Schottenkloster St. Jakob im Jahre 1862 aufgehoben und seinen materiellen Besitz der Diözese Regensburg vermacht, die im Jahre 1872 hier ihr Klerikalseminar einrichtete[106].

[102] Baualterspläne VI, bearb. von Paulus, S. 69–78 (Lit.).

[103] Bauer, Regensburg, S. 391; Baualterspläne VI, bearb. von Paulus, S. 144f. (Lit. A 225).

[104] Walderdorff, Regensburg, S. 417.

[105] Ludwig Hammermayer, Katholikenemanzipation in Großbritannien und die Erneuerung von Abtei und Seminar der Schotten in Regensburg (1826/29) (ZBLG 28) 1965, S. 392–459; Ludwig Hammermayer, Die europäischen Mächte und die Bewahrung von Abtei und Seminar der Schotten in Regensburg (1802/03) (VHVO 106) 1966, S. 291–306; Ludwig Hammermayer, Säkularisation durch Kurie und Staat. Quellen zur Aufhebung der schottischen Benediktinerabtei St. Jakob in Regensburg (1860–1862) (Miscellanea Historiae Pontificiae 45) 1979, S. 281–324; Ludwig Hammermayer, Das Regensburger Schottenkloster des 19. Jahrhunderts im Spannungsfeld zwischen Großbritannien, Bayern und Rom. Erneuerung, Existenzkampf, Säkularisierung (BGBR 5) 1971, S. 241–483. – Die Frage der Erneuerung des Schottenklosters spielt eine große Rolle im Briefwechsel zwischen König Ludwig I. und Eduard von Schenk: Spindler (Hg.), Briefwechsel.

[106] Paul Mai (Hg.), Hundert Jahre Priesterseminar in St. Jakob zu Regensburg 1872–1972, Regensburg 1972.

8. Das Dominikanerkloster St. Blasius

Das Kloster St. Blasius[107] wurde im Jahre 1229 als fünftes Dominikanerkloster auf deutschem Boden gegründet. Stifter war Bischof Siegfried, der dem Konvent die bisher dem Domkapitel gehörige Kirche St. Blasius einschließlich des angrenzenden Hauses mit Hofstatt übereignete[108]. Dieser Kern wurde im Laufe des folgenden Jahrhunderts zielstrebig ausgebaut. 1236 kaufte der junge Konvent vom Kloster St. Paul zwei weitere Hofstätten gegen einen jährlichen Zins von 31 Pfennigen[109]. Es folgten – mit besonderer Förderung durch den Papst sowie den Bischof[110] – der Erwerb einer weiteren Hofstätte, vor allem aber der Stadtburg des Patriziergeschlechtes der *inter rasores*[111], sowie eines Gutes von Abt Wulfing von St. Emmeram[112]. Insgesamt erwarb das Kloster 25 Hofstätten in der Stadt, die in seinen Gebäuden und seiner Kirche aufgegangen sind[113]. Der Konvent betrieb eine äußerst gezielte Erwerbspolitik, der allerdings die Stadt 1306 ein Ende setzte, als sie ihren Bürgern untersagte, weiteren Besitz an die Bettelorden zu veräußern. Zu diesem Zeitpunkt hatte das Kloster aber bereits einen geschlossenen Komplex zwischen Ägidienplatz, Ölberg, Predigergasse und Bismarckplatz in seinen Besitz gebracht. Er verblieb ihm bis zur Aufhebung, konnte aber kaum noch ausgebaut werden, vor allem seit die Reformation das Kloster gänzlich vom Bürgertum der Stadt abschnitt.

Der Dominikanerkonvent von St. Blasius war immer ein armer Konvent, der wirklich überwiegend dem Ideal des Ordens gemäß vom Bettel lebte. In der jährlichen Haushaltsaufstellung des Priors fielen die Zinseinkünfte aus dem Hausbesitz in der Stadt kaum ins Gewicht. Denn außer dem Klosterkomplex (Lit. C 16–20) erwarb der Konvent in der Stadt nur noch wenige Zinshäuser. Diese sind im einzelnen in der Statistik nachgewiesen, die allerdings keinen Grundbesitz im Burgfrieden ausweist. Sie wurden behauptet, trotz der bewegten Geschichte, die der Konvent in der frühen Neuzeit durchlebte. Infolge der Beschränktheit des Besitzes wurde der Konvent, verglichen mit anderen Klöstern, bei allen Besteuerungen nur wenig belastet. Die Besitzverhältnisse waren bezüglich der Häuser im wesentlichen klar. Umstritten war allein der vor dem Kloster gelegene Ägidienplatz, der wie vom Konvent auch von der angrenzenden Deutschordens-Kommende St. Ägidius sowie schließlich von der Stadt beansprucht wurde[114]. Darüber kam es 1654 sogar zum Prozeß vor dem Reichshofrat zu Wien, in dem aber keine Partei ihren Standpunkt wirklich durch-

[107] Zur Geschichte: Walderdorff, Regensburg, S. 375–395; Hable, Regensburg, S. 116; Kraus, St. Blasius; Hausberger, Bistum Regensburg I, S. 140–141; Ratisbona Sacra, S. 256–258. Das Urkundenmaterial ist regestiert: Lieberich, Regesten des Dominikanerklosters St. Blasius.

[108] BayHStA Rst. Regensburg Urk. 13; Lieberich, Regesten 2, 3; Druck: Ried, Codex diplomaticus I, S. 356 f., 361 f. Nr. 364, 378.

[109] Lieberich, Regesten 10, 12, 13.

[110] Lieberich, Regesten.

[111] BayHStA Rst. Regensburg Urk. 27; Lieberich, Regesten 14, 15.

[112] Lieberich, Regesten 16.

[113] Kraus, St. Blasius, S. 147 f.

[114] AHVR MS R 105 a, b, c; BayHStA Pls. 12655, 12656.

setzen konnte, so daß auch kein Urteilsspruch erfolgte[115]. Diese Rechtsunsicherheit führte zu einer faktischen Oberhoheit der Stadt über den Platz.
Der Rechtsstatus des Klosters gegenüber Stadt und Bischof wurde durch die allgemeine Immunität der Bettelorden bestimmt. Es war damit von der städtischen wie bischöflichen Gerichtsbarkeit gleichermaßen eximiert. In dieser Hinsicht genoß das Kloster den Schutz des Reiches, den im Jahre 1231 König Heinrich (VII.) ausdrücklich aussprach[116]. Diesen erneuerten Karl IV. 1355 und Sigmund 1423[117]. Dadurch waren alle Herrschaftsansprüche der Stadt eliminiert. Dennoch versuchte der Rat, sich bei der Durchführung der Ordensreform 1475 ein Mitspracherecht zu verschaffen[118]. Der Vertrag von 1484, durch den diese Ansprüche weitgehend ausgeschlossen schienen, hatte auch für die Dominikaner Gültigkeit. Doch wurde er 1525 umgestoßen. Erste Maßnahme der Stadt nach der Hinwendung zur Reformation Luthers war der Kampf gegen die kirchliche Immunität. Gelang es dem Konvent, diesen ersten Vorstoß ebenso wie einen weiteren 1534 noch abzuwehren, so errang die Stadt nach dem Anschluß an die Reformation 1542 zumindest einen Teilerfolg. Nach 1563 mußte das Hauptschiff der Kirche für den Gottesdienst der protestantischen Kirche, die ja noch über kein eigenes Gotteshaus verfügte, zur Verfügung gestellt werden, während die Patres auf den Chor beschränkt wurden. Auf Drängen des Bischofs verbot Kaiser Karl V. 1544 dem Kloster, sich der alten Kirche zu entziehen. Die Warnung wurde während des Augsburger Interims 1548 erneuert. Dennoch behielt die evangelische Gemeinde bis 1626 das Recht, das Hauptschiff der Kirche für ihren Gottesdienst zu benützen. Erst ein Spruch des Reichshofrates in diesem Jahr setzte der Rechtsunsicherheit ein Ende, indem er dem Konvent das volle Verfügungsrecht über seine Kirche wieder verschaffte. Nach dem Dreißigjährigen Krieg kam es zu keinen derartigen Eingriffen mehr. Immunität und Exemtion des Klosters, das im späteren 17. und 18. Jahrhundert mit der Sicherung seiner Rechte beschäftigt war, wurden erst in der Dalbergzeit voll beseitigt, als das Kloster unter die Hoheit des Fürstprimas gestellt wurde, der es 1809 schließlich aufhob. In der Folgezeit wurde der Klosterkomplex bis 1973 zur Ausbildung der Theologiestudenten genutzt. Heute sind in ihm Dienststellen der Regierung der Oberpfalz untergebracht.
Um 1800 verfügte das Predigerkloster außer über den Klosterkomplex (C 16–20) über zehn Zinshäuser in der Stadt; im Burgfrieden war es nicht begütert.

9. Das Augustinerkloster St. Salvator

Das Kloster der Augustinereremiten entstand beim sogenannten Judenstein, an der Stelle eines Überganges am Rand der Altstadt über den Stadtbach, wo ein Geistlicher bei einem Versehgang verunglückte und dabei eine Hostie verloren

[115] Gustav Adolf Renz, Die Streitigkeiten um den St. Gilgenplatz zwischen dem Deutschorden, den Dominikanern und der Reichsstadt Regensburg (VHVO 46) 1894, S. 195–226.
[116] BayHStA Kaiserselekt 925; Lieberich, Regesten 6.
[117] Lieberich, Regesten 141/1, 143, 166/2. Vgl. RI VIII, S. 180, 243.
[118] Gemeiner, Chronik III, S. 559 f.; Kraus, St. Blasius, S. 154 f.

haben soll[119]. Die zum Gedenken an den Vorgang errichtete Holzkapelle wurde auf Betreiben des Bischofs durch einen Steinbau ersetzt. Dieser wurde im Jahre 1267 einschließlich der Patronatsrechte dem Augustiner-Eremitenorden übergeben[120]; einzelne Mitglieder dieser neuen religiösen Gemeinschaft hatten bereits vorher nach unbestimmbarer Regel in der Nähe von Kloster Prüll gelebt. Sie vereinigten sich hier zu einem Konvent, dessen Hauptaufgabe die pastorale Betreuung der Pfarreien beim Ober- und Niedermünster wurde. Das Augustiner-Eremitenkloster bildete ein drittes Mendikantenzentrum in Regensburg; im Unterschied zu den Häusern der Dominikaner und Franziskaner lag es aber im Herzen der Altstadt inmitten des Kaufmannsviertels. Es stieg rasch zum geistig-geistlichen Mittelpunkt der bayerisch-böhmischen Ordensprovinz auf, die damals auch die östlichen Nachbarländer umfaßte. Hier wurde der Ordensnachwuchs ausgebildet, von hier aus erfolgte die Gründung neuer Niederlassungen. In diesem Hause wurde schon 1290 ein wichtiges Ordenskapitel mit Abgesandten aus ganz Europa abgehalten, das die Ordenskonstitution erließ. Von hier nahmen wirkungsvolle Impulse für die Gründung und Erneuerung anderer Niederlassungen am Ende des Mittelalters ihren Ausgang[121]. Bis 1290 baute der Konvent an seiner Kirche, die eine originelle Schöpfung gewesen ist, weil sie sich nicht am gängigen Schema der Mendikantenarchitektur orientierte.
Das Kloster kam schließlich unter die Hoheit der Stadt. Aus diesem Grunde konnte der Rat 1524 in ihm das städtische Gymnasium Poeticum installieren[122]. Da dieses aber von Lehrern betreut wurde, die immer mehr dem Luthertum zuneigten, drängten der Prior und der Ordensprovinzial auf die Verlegung der Schule aus den Klostergebäuden, die im Jahre 1537 erreicht wurde[123]. Dennoch ging es in der Folgezeit mit dem Konvent steil bergab. Wegen ihres Bekenntnisses wurden die namhaftesten Mönche Georg Teschler und Wolfgang Kallmünzer von König Ferdinand I. sogar der Stadt verwiesen; sie gingen nach Nürnberg, wo sie sich als Prädikanten niederließen. Anfang der sechziger Jahre war die wirtschaftliche Lage so bedrückend geworden, daß man einen Großteil der Besitzungen veräußern mußte. Allein die Berufung von Ordensbrüdern aus Italien und Belgien verhinderte 1576 die ernsthaft erwogene Aufhebung des Klosters. Dieses erholte sich von seinem Tiefstand erst nach dem Dreißigjährigen Kriege wieder und konnte im 18. Jahrhundert sogar daran gehen, den durch Feuchtigkeit baufällig gewordenen spätgotischen Kirchenbau durch einen prachtvollen Neubau unter Hinzuziehung erstrangiger Künstler aufzuführen[124]. Es erlebte aber auch einen neuen inneren Aufschwung. 1753 erlangte es

[119] Paricius, Regensburg, S. 422–448; Walderdorff, Regensburg, S. 277–279; Josef Hemmerle, Die Klöster der Augustiner-Eremiten in Bayern (Bayerische Heimatforschung 12) München-Pasing 1958, S. 76–80 (Lit.); Hable, Regensburg, S. 116; Bauer, Regensburg, S. 138–142; Hausberger, Bistum Regensburg I, S. 145–150.
[120] BayHStA Rst. Regensburg Urk. 65.
[121] Josef Hemmerle, Zur geschichtlichen Bedeutung der Regensburger Augustiner (VHVO 101) 1961, S. 147–163; Siebenhundert Jahre Augustiner in Regensburg 1267–1967, Regensburg 1967; Adalbert Kunzelmann, Geschichte der deutschen Augustiner-Eremiten I, Würzburg 1969, S. 131–136; III, 1972, S. 280–292; VI, 1975, S. 366–384.
[122] Theobald, Reformationsgeschichte II, S. 217–220. S. Kap. IV, Abschn. 2 g.
[123] Kleinstäuber, Studienanstalten, 1880, S. 8–11.
[124] KDB Regensburg III, bearb. von Mader, S. 56–58.

mit siebzehn Patres, fünf Klerikern und sechs Laienbrüdern seinen höchsten Mitgliederstand nach der Reformation.
Die materielle Grundlage des Konvents in der Stadt war ausgesprochen schmal[125]. Er besaß nicht mehr als zwei Hausnummern: die Konventgebäude (Lit. E 155, 156). Dazu kam ein einziges Zinshaus in einiger Entfernung (Lit. G 107)[126]. Im Burgfrieden war er überhaupt nicht begütert. Das Kloster war also wirklich ein Mendikantenhaus.
Es wurde 1803 dem Fürstentum Regensburg eingegliedert. Dalberg hob es nicht auf. So bestand es bis 1810 weiter. Erst die bayerischen Behörden haben die Säkularisation verfügt und durchgeführt. Sie wandelten das Kloster in eine Kaserne um, in der zwei Bataillone in Stärke von 1500 Mann stationiert wurden. Das Augustinerkloster St. Salvator ist ein bezeichnendes Regensburger Beispiel für die Umfunktionierung aufgehobener Klöster in Kasernen. Weil unter diesen Umständen die prachtvolle Kirche rasch verfiel, wurde sie im Jahre 1838 wegen Baufälligkeit abgerissen – einer der kunstgeschichtlich spürbarsten Verluste der Säkularisation in Regensburg[127]. Die Erinnerung an das Augustiner-Eremitenkloster erhielt bis 1855 allein die St. Salvatorkapelle aufrecht[128]. Die übrigen Gebäude wurden profaniert. 1911 kehrte der Orden bei St. Cäcilia an anderer Stelle in die Stadt zurück und verblieb hier bis zum Jahr 1987.

10. Das Minoritenkloster St. Salvator

Seit 1221 hielten sich in Regensburg – wie in den anderen süddeutschen Großstädten – Minoriten auf und beteiligten sich mit größtem Einsatz an der Stadtseelsorge[129]. Bischof Konrad IV. überließ ihnen daraufhin 1226 die bereits 1024 bezeugte St. Salvatorkirche nebst einem Haus[130]. Das Stift St. Johann, das bisher Eigentümer gewesen war, wurde andernorts abgefunden[131]. Nachdem die Grafen von Bogen sowie die Staufer Friedrich II. und Heinrich (VII.) weitere Grundstücke schenkten, konnte mit dem Bau der eindrucksvollen Kirche begonnen werden. Auswärtige Bischöfe förderten das Unternehmen[132]. Auch die

[125] Baualterspläne III, bearb. von Betz und Strobel, S. 64–67.
[126] Schäffnerstraße 17: Baualterspläne V, bearb. von Paulus, S. 214f. – Zum Zusammenhang Kloster-Kaserne allgemein: Rainer Braun, Kloster und Kaserne. Militärische Nutzung und Schicksal kirchlicher Bauten in Franken im 19. Jahrhundert (Jahrbuch für fränkische Landesforschung 57) 1992, S. 363–380.
[127] StAAm Reg. KdF 866. Vgl. Karl Busch, Ein wiedergefundenes Hauptwerk bayerischer Rokoko-Architektur (VHVO 85) 1935, S. 299–302.
[128] Bauer, Regensburg, S. 140f.
[129] Bauerreiss, Kirchengeschichte IV, S. 6f.
[130] Zum Kloster: Paricius, Regensburg, S. 449–459; Walderdorff, Regensburg, S. 235–245; Franz Hiltl, Das ehemalige Franziskaner-Kloster Regensburg-St. Salvator, in: Bavaria Franciscana Antiqua II, München 1955, S. 7–43; Hausberger, Bistum Regensburg I, S. 136–139; nunmehr grundlegend: Hilz, Minderbrüder.
[131] Ried, Codex diplomaticus I, S. 346f. Nr. 364; Janner, Geschichte II, S. 325f.
[132] Irene Diepolder, Minoritenkloster und -kirche. Grabmäler, Steinplastiken, Wappen, Regensburg 1953 (^{2}1962); Jolanda Drexler, Die Chorfenster der Regensburger Minoritenkirche (Studien und Quellen zur Kunstgeschichte Regensburgs 2) Regensburg 1988.

frühen Wittelsbacher Herzöge übereigneten mehrfach (1237, 1241, 1259, 1290) Grundstücke in der Ostnerwacht; dennoch haben sie nicht Eingang ins Stiftergedächtnis gefunden. Der Konvent zählte unter anderem David von Augsburg und Bruder Berthold zu seinen Mitgliedern. Er konnte diesen hohen Rang ins 15. Jahrhundert hinein retten. Im Jahre 1415 wurde das Kloster unter den Schutz des Rates gestellt. Diese Maßnahme sollte im konfessionellen Zeitalter Folgen haben. Als der Konvent von den Wirren der Reformation schwer getroffen war, ergriff die Stadt 1544 Besitz vom Kloster, den noch verbliebenen wenigen Mönchen den lebenslangen Unterhalt bietend[133]. Der Rat richtete in den Gebäuden für Hans Kohl eine Druckerei ein[134]. Doch währte dieser Zustand nicht lange. Die Stadt mußte während des Interims das Kloster wieder herausgeben, das 1552 von den Minoriten erneut besiedelt wurde[135]. Es erlebte in der Folgezeit noch einmal einen bemerkenswerten Aufschwung und hatte bis zur Säkularisation ungebrochenen Bestand. Von 1595 bis 1804 betreuten seine Patres die Dompfarrei. Weitere Seelsorgestellen wurden Winzer, Barbing, St. Dionys-Obermünster und St. Vitus-Prüll. 1753 zählte der Konvent 18 Patres, 4 Kleriker und 10 Brüder.
Um 1800 besaß das Kloster allein seinen Konventblock (Lit. H 27, 28). Hauszinse flossen ihm aus Lit. E 48, 49 und F 32 zu. Auch im Burgfrieden war es nicht begütert; die wichtigsten auswärtigen Versorgungsgüter waren der Minoritenhof bei Sinzing und ein Anwesen in Alkofen. Es war ein echtes Bettelkloster, das am Ausgang des 18. Jahrhunderts ziemlich darniederlag. Deswegen wurde es bereits 1803 von Dalberg aufgehoben. Wie das Augustinerkloster wurde es 1810 zu einer Kaserne der bayerischen Armee umfunktioniert, die Kirche wurde profaniert und als Maut- und Exerzierhalle genutzt. 1931 erwarb die Stadt Kirche und Klostergebäude und richtete hier ihr Museum ein.

11. Das Kapuzinerkloster St. Matthias

Während des Reichstages von 1613 setzte sich Kaiser Matthias I. sehr für die Errichtung eines Kapuzinerklosters in Regensburg ein. Der Kaiser, ein eifriger Förderer dieses Ordens der Gegenreformation, veranlaßte Äbtissin Eva von Niedermünster, den Großteil eines stiftseigenen Weingartens vor dem Osttor gegen Entschädigung dafür zur Verfügung zu stellen[136]. Am 10. Oktober 1613 begab sich Kaiser Matthias persönlich während eines Aufenthalts in der Stadt in feierlicher Prozession an die Baustelle und setzte zusammen mit seiner Gemahlin Anna den Grundstein. Dem Stifter zuliebe erhielt die Kirche den heiligen Matthias zum Patron. Der Habsburger unterstützte auch den Fortgang der Bauarbeiten mit spürbaren Geldsummen; er finanzierte den Hochaltar. Im Jahr

[133] Chroniken der deutschen Städte XV, S. 44f., 199f., 206f., 213.
[134] Schottenloher, Regensburger Buchgewerbe, S. 19.
[135] Chroniken der deutschen Städte XV, S. 218.
[136] Paricius, Regensburg, S. 460–465; Walderdorff, Regensburg, S. 247–249; Heinrich Huber, Nachrichten von der Bibliothek des ehemaligen Kapuzinerklosters in Regensburg (Zentralblatt für Bibliothekswesen 65) 1951, S. 121–124; Hable, Regensburg, S. 116; Bauer, Regensburg, S. 344f.; Hausberger, Bistum Regensburg I, S. 353f.

1614 konnte der Bau bereits vollendet werden [137]. Die Patres waren vor allem im karitativen Bereich tätig. Während der Pestseuche von 1713 wurden achtzehn von ihnen hinweggerafft. 1733 wurde das Kloster erweitert und erhielt im wesentlichen den derzeitigen Baubestand. Es blieb immer auf den Klosterbereich beschränkt [138] und vermochte außer diesem (Lit. H 189) keine weiteren Häuser, nicht einmal Hauszinse, zu erwerben. Auch im Burgfriedensbezirk gehörten ihm keine Parzellen; es blieb immer ein armes Mendikantenhaus. Das Kloster hatte bis 1810 Bestand und wurde nach der Übernahme des Fürstentums Regensburg von den bayerischen Behörden aufgelöst [139]. Es wurde daraufhin den Franziskanerinnen aus St. Klara übergeben, deren Stammhaus während der Napoleonischen Beschießung der Stadt im April 1809 zerstört worden war [140]. Sie unterhielten in der Folgezeit hier die Mädchenschule für die untere Stadt. Diesem Zustand wurde erst im Jahre 1968 durch den Verkauf an die Kommune ein Ende bereitet. Seit 1976 beherbergen die ehemaligen Klostergebäude das Ostkirchliche Institut Regensburg.

12. Das Karmelitenkloster St. Joseph

Die Karmeliten fanden in der Stadt Regensburg bereits um 1290 Eingang. Sie gründeten an der Einmündung des Weißgerbergrabens in die Donaustraße (bei St. Oswald) ein erstes Kloster, das allerdings nur kurz Bestand hatte. In den Jahren 1367/68 wurde es nach Straubing transferiert, wo es sich unter der Förderung der Herzöge von Bayern wesentlich besser entwickeln konnte [141]. Die Gründe für die Verlegung sind sicherlich mehrschichtig. Sie hängen wohl vornehmlich mit der ungünstigen Lage der Gebäude im Hochwasserbereich des Stromes, unzureichender Dotierung und Auseinandersetzungen mit dem Diözesanbischof zusammen [142].

Im 17. Jahrhundert kehrten die Karmeliten aber nach Regensburg zurück. Abermals traten die habsburgischen Kaiser als Wegbereiter auf. Ferdinand II. hat den Orden nach der Rückeroberung der Stadt von den Schweden 1634 gerufen. Als die ersten Karmeliten 1635 eintrafen, wurden sie zunächst in der Johanniterkommende bei St. Leonhard untergebracht. Im Jahre 1640 verhandelten sie über den Ankauf eines eigenen Hauses am Jakobsplatz, den allerdings die Stadt unterband. Daraufhin erwarben sie vom Bischof den alten Bamberger Hof und den benachbarten Freisinger Hof für 16000 Gulden einschließlich des dazwischenliegenden Gasthofes zum „Weißen Lampl“ von seinem bürgerlichen Besitzer Adam Aukofer [143].

[137] Angelikus Eberl, Geschichte der Bayrischen Kapuziner-Ordensprovinz (1593–1902), Freiburg i. Br. 1902, S. 46–48.
[138] Baualterspläne VII, bearb. von Paulus, S. 200–209.
[139] StAAm Reg. KdF 888.
[140] StAAm Reg. KdI 3636.
[141] BStB clm 28704 Nr. 3.
[142] Ratisbona Sacra, S. 280–282; Herbert Meyer, Karmeliten in Regensburg (Regensburger Almanach 24) 1991, S. 210–218.
[143] Adalbert Brunner, Kirche und Kloster St. Joseph der Unbeschuhten Karmeliten in Regensburg, Regensburg 1930; Walderdorff, Regensburg, S. 233–235; Hable, Regensburg, S. 116; Hausberger, Bistum Regensburg I, S. 143–145.

Auf diesen Grundstücken (Lit. G 7, 8) errichteten sie das Kloster, das letzte in der langen Reihe monastischer Niederlassungen in Regensburg. Kaiser Ferdinand III., ein bedeutender Förderer des Ordens, legte während des Reichstages von 1641 persönlich den Grundstein. Viele weitere Große der katholischen Welt unterstützten die Baumaßnahmen. Sogar die Reichsstadt leistete Hilfestellung, so daß im Jahre 1655 die Arbeiten am Konventbau abgeschlossen werden konnten. Die Konventgebäude, zu denen auch ein Brauhaus mit Garten gehörte, blieben der einzige Besitz des Klosters in der Stadt und ihrer Umgebung[144]. Ihren Lebensunterhalt verdienten die Mönche mit dem Bettel. Allerdings verbesserte die Erfindung und Herstellung des Karmelitengeistes 1718 die wirtschaftliche Grundlage des Klosters so sehr, daß es nun durchaus in der Lage war, andere bedürftige Häuser des Ordens zu unterstützen.
Das Kloster hatte bis zum Ende der reichsstädtischen Zeit ungefährdeten Bestand und wurde 1803 zur Dotation des Fürstprimas Dalberg ins Fürstentum Regensburg eingegliedert. Die bayerischen Behörden verfügten 1810 dann aber die Aufhebung. Doch verblieben auf ausdrückliche Anordnung König Maximilians I. der Prior und ein Frater mit dem Auftrag zurück, den Karmelitengeist weiter auf staatliche Rechnung produzieren. König Ludwig I. stellte das Kloster auf Fürsprache Eduard von Schenks 1836 wieder gänzlich her. Allerdings wurden fast die gesamten Klostergebäude einschließlich des Brauhauses in private Hände verkauft. Das Kloster besaß in Kumpfmühl einen Garten mit Fischteich, in dem es 1836 eine kleine Niederlassung einrichtete. Der Orden erwarb 1903 auch die Eigentumsrechte an einem Teil der Gebäude wieder zurück. In dieser Form hat es bis heute Bestand[145].

13. Das Dominikanerinnenkloster Heilig Kreuz

Das Dominikanerinnenkloster Heilig Kreuz geht auf eine Vereinigung frommer Frauen zurück, die sich im Westen der Stadt zusammenfanden, um ein bußfertiges Leben zu führen[146]. Auf Aufforderung Bischof Siegfrieds stellten die Bürger der Stadt diesen armen Schwestern an der westlichen Stadtmauer auf dem Gelände eines aufgelassenen Steinbruches ein Grundstück für den Bau eines Klosters zur Verfügung, in dem sie ein gemeinsames Leben verwirklichen konnten[147]. Diese Überlassung wurde am 22. Februar 1233 urkundlich bestätigt; der Vorgang gilt als entscheidende Station der Gründung dieses Hauses. Es

[144] Baualterspläne V, bearb. von Paulus, S. 41–48 (Lit.).
[145] StAAm Kataster Regensburg I 222, fol. 46; Spindler (Hg.), Briefwechsel, S. 284f., 297, 336.
[146] Zur Geschichte: Walderdorff, Regensburg, S. 418–424; [Magdalena Hüsemann,] Sieben Jahrhunderte im Zeichen des Kreuzes. Das Dominikanerinnenkloster Heilig Kreuz in Regensburg (Gottesfreund) 1954, Heft Oktober S. 8–13; Hable, Regensburg, S. 118; Marianne Popp, Die Dominikanerinnen im Bistum Regensburg (BGBR 12) 1978, S. 261–277; 750 Jahre Dominikanerinnenkloster Heilig Kreuz Regensburg (Kunstsammlungen des Bistums Regensburg. Kataloge und Schriften 1) München-Zürich 1983; Ratisbona Sacra, S. 259–261.
[147] Klosterarchiv Heilig Kreuz Regensburg: mehrere handschriftliche Klosterchroniken aus unterschiedlichen Jahrhunderten; KU 1; Druck: Ried, Codex diplomaticus I, S. 372f. Nr. 388; Schratz, Regesten Hl. Kreuz, S. 141f. Nr. 506.

ist die älteste Niederlassung des Ordens in Bayern und eine der ältesten in Deutschland[148]. 1244 gewährte Bischof Siegfried von Regensburg den Schwestern das Recht, ein Kollegium zu bilden, eine Priorin zu wählen und einen Friedhof einzurichten[149]. Papst Innozenz IV. bestätigte 1245 alle bisherigen Begünstigungen, garantierte die freie Wahl der Priorin und den besonderen Schutz des Hauses[150]. Bereits im Jahre 1237 hatte Graf Heinrich I. von Ortenburg und Murach die Pfarrei Schwarzhofen übereignet, in der eine Filiale eingerichtet wurde[151]. Im übrigen betätigten sich vor allem die Regensburger Bischöfe und Bürger als Förderer. So konnte ein Konvent aufgebaut und unterhalten werden, der im Durchschnitt vierzig Mitglieder umfaßte. Er durchlebte während des 14. Jahrhunderts eine erste Phase des Niedergangs, der dann aber mehrere Reformbewegungen des 15. Jahrhunderts abhalfen. In Zusammenwirken von Bischof und Stadt wurden die Reformen aus dem Nürnberger Katharinenkloster übertragen. Dadurch wurde der Konvent in die Lage versetzt, die Reformationsjahre zu überstehen[152]. Im Zeitalter der Gegenreformation konnte er sich bemühen, das dominikanische Leben in anderen Häusern, die nicht so unbeschadet über die Epoche der Glaubenskämpfe hinweggekommen waren (z. B. Pettendorf), wiederherzustellen[153]. 1691 wurde von hier aus das während der Hussitenkriege eingegangene Kloster Schwarzhofen erneuert[154].

Das Kloster Heilig Kreuz war immer ein bescheiden ausgestattetes Haus. Es besaß in der Stadt allein seine Konventgebäude (Lit. A 204–210)[155]. Das unmittelbar angrenzende Grundstück A 174 dürfte später zur Arrondierung dazugekommen sein. Zinshäuser hat das Dominikanerinnenkloster nicht erworben. Im Burgfriedensbezirk gehörten dem Kloster fünf Flurnummern. Außerhalb der Stadt nannte es einen Hof zu Barbing, zwei Weinberge zu Donaustauf und Kruckenberg sowie eine Wiese zu Pfatter sein eigen. Der Konvent wuchs nie über einen Bettelordenskonvent hinaus.

Heilig Kreuz wurde im Zuge der Säkularisation nicht aufgehoben. Fürstprimas Dalberg sicherte ihm den Weiterbestand unter der Auflage zu, daß es die Mädchenschule für die obere Stadt übernehme. Diese Aufgabenstellung erkannten auch die bayerischen Behörden nach 1810 an. Nach der Napoleonischen Beschießung der Stadt wurden zudem die Franziskanerinnen von St. Klara,

[148] Hieronymus Wilms, Geschichte der deutschen Dominikanerinnen 1206–1916, Dülmen i. W. 1920, S. 38.

[149] Klosterarchiv Heilig Kreuz Regensburg KU 5; Druck: Ried, Codex diplomaticus I, S. 402 f. Nr. 415; Schratz, Regesten Hl. Kreuz, S. 143 Nr. 512.

[150] Klosterarchiv Heilig Kreuz Regensburg KU 7; Ried, Codex diplomaticus III, Nr. 289; Schratz, Regesten Hl. Kreuz, S. 144–147 Nr. 514.

[151] Klosterarchiv Heilig Kreuz Regensburg KU 2; Druck: Ried, Codex diplomaticus I, S. 381 f. Nr. 396; S. 403 Nr. 416; Schratz, Regesten Hl. Kreuz, S. 142 Nr. 507; S. 143 Nr. 513.

[152] Benedikt Maria Reichert, Akten der Provinzkapitel der Dominikanerordensprovinz Teutonia aus den Jahren 1398, 1400, 1401, 1402 (Römische Quartalschrift 11) 1897, S. 287–331; Benedikt Maria Reichert, Zur Geschichte der deutschen Dominikaner am Ausgange des 14. Jahrhunderts (Römische Quartalschrift 15) 1901, S. 124–152.

[153] Klosterarchiv Heilig Kreuz Regensburg, Klosterchronik I, fol. 3–6.

[154] Popp, Dominikanerinnen (wie Anm. 146), S. 264 f.

[155] Baualterspläne VI, bearb. von Paulus, S. 32–44 (Lit.).

deren Kloster zerstört worden war, hierher transferiert und erhielten Unterkunft, bis als neue Heimstätte das aufgehobene Kapuzinerkloster St. Matthias beziehbar wurde. Im Jahre 1827 garantierte König Ludwig I. den Fortbestand unter den bisherigen Bedingungen noch einmal ausdrücklich [156]. Die Regelung hat bis heute Gültigkeit. Deswegen kann das Dominikanerinnenkloster Heilig Kreuz zu Regensburg als einziges Haus dieses Ordens in Deutschland von seiner Gründung bis in die Gegenwart auf einen ununterbrochenen Bestand zurückblicken. Seit dem 19. Jahrhundert entfaltet es auch eine rege Missionstätigkeit in Amerika.

14. Das Klarissenkloster St. Maria Magdalena am Klarenanger

Zu Beginn des 13. Jahrhunderts bildete sich vor dem Osttor der Stadt *auf dem Kornbühl,* also auf landwirtschaftlich genutztem Grund, eine religiöse Gemeinschaft, deren Mitglieder nach ihrem schwarzen Habit *Schwarze Büßerinnen* genannt wurden [157]. Vielleicht standen sie in Verbindung mit Rudolf von Worms, dem Begründer der Magdalenerinnen; jedenfalls werden sie einmal als *sorores Rudolfi* bezeichnet [158]. Die pastorale Betreuung oblag den Mönchen des nahen Minoritenklosters, die auch den Bau eines Klosters betrieben. Auf deren Anregung schlossen sich die Schwestern 1286 dem Orden der Klarissen an, die nach der Regel des heiligen Franziskus lebten. Eine Äbtissin ist erstmals für 1294 genannt. Das Klostergebäude entstand unmittelbar am Ostrand der Altstadt; wirtschaftliche Grundlage war der Eintritt der Adelheid von Thermannskirchen, die eine tragfähige materielle Basis mitbrachte. Die Äbtissin erhielt 1329 sogar die Genehmigung, im Zuge eines Anbaues die durch die Stadterweiterung bedeutungslos gewordene Stadtmauer überbauen zu dürfen. Die Konventgebäude [159] bildeten einen nahezu geschlossenen Komplex am Dachauplatz: Lit. G 10–16 und H 11–14; sie überlappten also die Wachtgrenzen. Friedrich III. stellte das nicht unvermögende Kloster 1463 unter seinen Schutz [160]. Während des Reformationsjahrhunderts erlebte der Konvent einen Niedergang, erholte sich davon aber wieder. 1729 stellte ihn Kurfürst Karl Albrecht von Bayern unter seinen besonderen Schutz [161]. In den Jahren 1730 bis 1732 konnten sogar die Kirchengebäude erneuert werden. 1753 umfaßte der Konvent außer der Äbtissin immerhin 22 Chorfrauen, 1 Novizin, 1 Kandidatin und 7 Laienschwestern.

Die Kataster weisen um 1800 außer dem Konventkomplex lediglich ein einziges

[156] BZAR Heilig Kreuz Regensburg Varia 114: Schreiben 13. I. 1827.

[157] StBR Rat. ep. 431: Thomas Ried, Geschichte des Klarissenklosters in Regensburg; Rat. ep. 395–397, 536; Walderdorff, Regensburg, S. 247–250; Hable, Regensburg, S. 118; Wilhelm Schratz, Das St. Maria Magdalena-Kloster am Claren-Anger in Regensburg (VHVO 40) 1886, S. 213–232; Bauer, Regensburg, S. 34f.; Hausberger, Bistum Regensburg I, S. 139f.

[158] Backmund, Kleinere Orden, S. 75 (Lit.).

[159] Baualterspläne V, bearb. von Paulus, S. 104–111.

[160] Gemeiner, Chronik III, S. 378. Die Urkunde ist nicht verzeichnet bei: Koller (Hg.), Regesten Friedrichs III.

[161] BayHStA Staatsverwaltung 396, fol. 118–121.

Zinshaus in der Stadt aus; es lag in unmittelbarer Nähe (Lit. G 153) und war von geringen Ausmaßen. Auch im Burgfrieden gehörte dem Kloster nur eine einzige Parzelle. Eine eigene Vermögensverwaltung haben die Nonnen nicht aufgebaut. Ihre Urkunden wurden deswegen in der bischöflichen Kanzlei ausgefertigt.
Das Klarissenkloster wurde von Fürstprimas Dalberg nicht aufgelöst. Er sicherte ihm den Weiterbestand mit der Auflage zu, eine Mädchenschule für die untere Stadt zu unterhalten. Doch wurde der Klosterkomplex während der Napoleonischen Beschießung der Stadt am 23. April 1809 gänzlich zerstört. Der Konvent fand vorübergehend Aufnahme im Dominikanerinnenkloster Heilig Kreuz, von wo aus er die Schule weiter betreute. Diese wurde zunächst im säkularisierten Karmelitenkloster untergebracht, dann in einem Haus Am Stärzenbach. Die bayerischen Behörden behielten die Regelung Dalbergs bei und wiesen den Klarissen das Kapuzinerkloster St. Matthias in der Ostengasse (Lit. H 189) als Unterkunft zu. Der Konvent veräußerte daraufhin die früheren Gebäude an die Stadt. Das Kloster hat in dieser neuen Heimstätte den Schulunterricht bis in unsere Gegenwart aufrechterhalten und zu diesem Zweck sogar noch das Nachbargebäude (Lit. H 186–188) erworben. Doch stellte es den Schulbetrieb im Jahre 1968 ein und löste sich im Jahre 1974 gänzlich auf.

15. Das Kanonissenstift Obermünster

Das Kanonissenstift Obermünster ist das Pendant zum etwas später belegten und wohl auch jüngeren Niedermünster. Beide geistliche Einrichtungen korrespondieren nicht nur in der Bezeichnung, sondern auch in der Lage innerhalb des Rechteckes der Altstadt und in der Funktion. Das Obermünster wurde vermutlich im frühen 9. Jahrhundert von den Karolingern als weibliche Entsprechung zum benachbarten Benediktinerkloster St. Emmeram gegründet[162]. Das Kloster ging aber sehr rasch an die Bischöfe der Stadt über. Ein verunechtetes Diplom König Ludwigs des Deutschen von 833 verbürgt dann den Rücktausch von Abtbischof Baturich, der als Gegengabe das bedeutende Herzogskloster Mondsee erhielt[163]. Ludwig der Deutsche erwarb das Kloster für seine fromme Gemahlin Hemma, die hier einer Gemeinschaft von Kanonissen vorstand und wohl auch zur letzten Ruhe gebettet wurde[164]. Das behauptet jedenfalls ein ebenfalls problembelastetes Diplom Kaiser Karls III. 887, das eine sehr weit-

162 Über die Geschichte des Klosters und Stiftes ist insgesamt nur wenig bekannt: Wahre Nachricht von der königlichen Stiftung des Reichs-Stiffts Obermünster, Regensburg 1692; Roman Zirngibl, Abhandlung über die Reihe und Reihenfolge der gefürsteten Äbtissinnen in Obermünster, Regensburg 1787; Franz Xaver Hiltl, Die Geschichte der Säkularisation des Reichsstiftes Obermünster zu Regensburg, Regensburg 1933; Backmund, Kollegiatstifte, S. 134–138 (Lit.); Hable, Regensburg, S. 117f. S. Kap. III, Anm. 61, 62.
163 MGH DD LD 174 (wohl keine Fälschung, sondern nur verunechtet).
164 Ernst Dümmler, Geschichte des Ostfränkischen Reiches II, Leipzig ²1887, S. 424f.; A. Schmid, Herrschergräber, S. 337–344. Anders freilich: Franz Fuchs, Das Grab der Königin Hemma († 1876) zu St. Emmeram in Regensburg, in: Regensburg und Ostbayern. Max Piendl zum Gedächtnis, hg. von Franz Karg, Kallmünz 1991, S. 1–10.

gehende Privilegierung der Äbtissin verbürgt[165]. Nach dem Ende der ostfränkischen Karolinger gelangte das Stift an die luitpoldingischen Herzöge von Bayern, die hier einen wichtigen Anknüpfungspunkt für ihre Bemühungen um die Hauptstadt Bayerns Regensburg fanden. Im Rahmen der Festigung des Benediktinertums versuchte Bischof Wolfgang auch hier die ursprüngliche Regel zu erneuern[166]. Ein besonderer Förderer des Obermünsters wurde Herzog Heinrich IV., der spätere Kaiser Heinrich II., der die Güterausstattung vermehrte und sich am Neubau der 1002 abgebrannten Kirche beteiligte[167]. Das Nekrolog rühmt ihn deswegen als *fundator*[168]. Vor allem gewährte er Immunität und Königsschutz[169]. Sein Nachfolger Konrad II. führte diese besondere Wertschätzung fort, indem er der Äbtissin ein königliches Zepter verlieh; dieses besondere Geschenk hat ins Wappen Eingang gefunden[170]. Seit dieser Zeit gilt das Obermünster als Reichsstift; es ist aber wohl erst nach dem Niedermünster in diesen Rang aufgestiegen. Den bestimmenden Einfluß des Königtums versuchten die Wittelsbacher bald nach der Übernahme der Herzogswürde in Bayern zurückzudrängen. Sicherlich im Rahmen ihrer Bemühungen um Regensburg haben sie zumindest die Teilvogtei über das Stift erlangt[171]. Es gelang ihnen trotz vielfältiger Versuche aber auch hier nicht, von diesem Ansatzpunkt aus ihren Einfluß auszuweiten und die Reichsstandschaft wieder zu beseitigen. Sie mußten auch diese Position in Regensburg aufgeben[172].
Das Obermünster konnte seine Reichsunmittelbarkeit behaupten. Nur kurzfristig mußte der junge Friedrich II. 1215 in einer Notlage das Stift an den Bischof von Regensburg abgeben[173]. Schon 1216 erwarb er es aber wieder zurück. 1315 erhob es Ludwig der Bayer in den Reichsfürstenstand[174]. 1229 gewährte Papst Gregor IX. den päpstlichen Schutz. In der Folgezeit war vor allem die Ausrichtung als Kanonissenstift umstritten[175]. Doch schlugen alle

[165] MGH DD K III. 157. Bezeichnend ist das Marienpatrozinium: Karl Heinrich Schäfer, Die Kanonissenstifte im deutschen Mittelalter, Stuttgart 1907, S. 244; Lehner, Patrozinien, S. 41. Zur weitgehenden Privilegierung der Äbtissin: Karl Hörger, Die reichsrechtliche Stellung der Fürstäbtissinnen (Archiv für Urkundenforschung 9) 1926, S. 253, 255.

[166] MGH SS IV, S. 553f. Vgl. Heinrich Wanderwitz, Die Reichsstifte Nieder- und Obermünster bis ins 11. Jahrhundert. Quellenkritische Studien insbesondere zum ältesten Nekrolog aus Niedermünster, in: Aus Bayerns Geschichte. Forschungen als Festgabe zum 70. Geburtstag von Andreas Kraus, hg. Egon J. Greipl, Alois Schmid und Walter Ziegler, St. Ottilien 1992, S. 51–88.

[167] MGH DD H II. 213, 455.

[168] MGH Necr. III, S. 344.

[169] Heidingsfelder, Heinrich II., S. 108–110.

[170] MGH DD Ko II. 139; vgl. 28. Vgl. Boockmann, Eine Urkunde Konrads II.

[171] Heigel-Riezler, Herzogthum, S. 294; Klebel, Gesammelte Aufsätze, S. 263; Schwertl, Beziehungen, S. 250–256; D. Schmid, Landesherrschaft, S. 319; Rankl, Kirchenregiment, S. 202f.

[172] A. Schmid, Territorialpolitik, S. 400.

[173] MGH Const. II, S. 70–72 Nr. 57; Huillard-Bréholles, Historia diplomatica Friderici II. I, S. 432–434. Vgl. Rall, Zeittafeln, S. 109; Köbler, Territorien, S. 438.

[174] MGH Const. V, S. 257 Nr. 296. Vgl. Krieger, Lehnshoheit, S. 161, 499.

[175] Friedrich Wilhelm, Der Minoritenpater Bertold von Regensburg und die Fälschungen in den beiden Reichsabteien Obermünster und Niedermünster (Beiträge zur Geschichte der deutschen Sprache und Literatur 34) 1909, S. 143–176.

Bemühungen um die Erneuerung der Benediktinerregel fehl. Papst Innozenz VII. deklarierte 1484 das Obermünster endgültig als Kanonissenstift für adelige Damen; ein solches ist es bis zur Aufhebung geblieben. Das wurde vor allem durch die Neufassung der Statuten 1608 festgeschrieben[176], nachdem die Gefahr der Aufhebung trotz der Privilegienbestätigungen Sigmunds 1434 und Friedrichs III. 1479 abgewendet worden war[177]. Seit 1495 erscheint das Obermünster in den üblichen Verzeichnissen der Reichsstände[178], ab 1526 unterschrieb die Äbtissin alle Reichsabschiede. Das Stift hatte auf der rheinischen Prälatenbank den 14. – den letzten – Platz inne und war auch auf dem Bayerischen Kreistag als Stand vertreten[179]. Für seine Besitzungen im Bayerischen war es landsässig[180]. Hier war die Reichstradition viel lebendiger als in St. Emmeram.

Als adeliges Damenstift war das Obermünster ansehnlich begütert. In seinen Frühbesitz eröffnen zahlreiche Traditionsnotizen Einblick[181]. Er lag schwerpunktmäßig im Süden und Osten der Stadt. Freilich erreichte es nie den Reichtum St. Emmerams, war aber wohlhabender als das Niedermünster. Zudem waren die Kanonissen keine besonders befähigten Wirtschafterinnen. Sie waren finanziell meist nicht gut gestellt. Der Besitz des Klosters war in folgenden Propsteien zusammengefaßt: Tegernheim, Sallach, Mettenbach, Langenpreising, Ottmaring und Großhausen. Klosterhofmarken waren Obertraubling und Oberröhrenbach. Es besaß weiterhin eine Reihe von Inkorporationspfarreien: St. Dionys/Regensburg, Mettenbach, Obertraubling, Sallach, Tegernheim und Langenpreising (Bistum Freising) sowie Großhausen (Bistum Augsburg).

Innerhalb der Stadt Regensburg verfügte das Stift Obermünster 1805 über 13 Hausnummern als Eigentum und 83 zins-/lehnbare Häuser. Sie bildeten zwar keinen geschlossenen Bezirk wie bei St. Emmeram, lagen aber überwiegend ebenfalls in der näheren Umgebung der Stiftgebäude (Lit. E 175–185) in der Wahlenwacht. Allerdings wurde dieser Besitz von den Säkularisationskommissaren höher taxiert als der des Niedermünsters; es handelte sich offensichtlich um wertvollere Einheiten. Für die Hintersassen des Stiftes in diesen Häusern war im hohen Mittelalter das von 1170 bis 1328 nachweisbare Propstgericht zuständig[182].

Der Ackerbesitz des Obermünsters bestand aus 251 Einheiten, die fast 10 % des Burgfriedens ausmachten und eine Fläche von 1 099 827 m^2 (= 6,6 %) darstellten. Sie hatten einen Kapitalwert von 8 060 fl. Das Obermünster besaß also nur etwas weniger Grund im Burgfrieden als St. Emmeram, aber wesentlich mehr als das Niedermünster.

[176] Markus Siebengartner, Die innere Einrichtung des Reichsstiftes Obermünster in Regensburg nach den Statuten vom Jahre 1608 (VHVO 58) 1906, S. 143–178.

[177] Anton Müller, Zur Geschichte Jannitzers (HJb 18) 1897, S. 857–863. Die Privilegienbestätigungen: Sigmund: RI XI, S. 335 Nr. 10873; Friedrich III.: Koller (Hg.), Regesten Friedrichs III, Heft 2, bearb. von Janotta, S. 101 Nr. 170.

[178] RTA MR V, S. 126, 478, 486; JR II, S. 432; Zeumer, Quellensammlung, S. 315.

[179] Conrad, Der Bayerische Reichskreis, S. 16, 18. S. Abb. 13.

[180] Rall, Kurbayern, S. 166, 386, 390; Lieberich, Die bayerischen Landstände, S. 221.

[181] Wittmann, Schenkungsbuch des Stiftes Obermünster; Mai, Obermünster.

[182] Klebel, Landeshoheit, S. 598. S. Kap. IV, Anm. 148.

Am 26. November 1802 kam das Stift unter die Administration des Fürstprimas Dalberg und wurde mit der Reichsstadt vereinigt. Es wurde aber nicht aufgelöst und bestand weiter; die Stiftsdamen konnten als Pensionärinnen im Hause verbleiben. Diese Regelung galt auch, als die bayerischen Behörden 1810 die endgültige Auflösung verfügt hatten[183]. Die letzte Fürstäbtissin Maria Josepha Felicitas Freiin von Neuenstein verstarb im Jahre 1822. Daraufhin wurde in die Gebäude das Klerikalseminar verlegt, 1882 folgte das bischöfliche Knabenseminar[184]. Seit 1972 sind hier das Bischöfliche Zentralarchiv und die Zentralbibliothek untergebracht.

16. Das Kanonissenstift Niedermünster

Das Niedermünster wurde wahrscheinlich als Benediktiner(innen)kloster an der Stelle gegründet, wo die Kirche stand, an deren Nordwand der heilige Erhard nach 700 begraben worden war[185]. Seit etwa 700 befand sich hier eine Kirche, die als erste Bischofskirche am Ort angesprochen worden ist[186]. Es handelt sich wohl um die mit der Pfalz in Zusammenhang stehende Saalkirche, in der auch der Hofbischof wirkte[187], die deswegen als Hof- und Bischofskirche anzusprechen ist. Sie lag im Pfalzbereich, der scharf vom Bischofshof und Dombezirk abgegrenzt war. Die Kirche wurde unter Beibehaltung der Nordwand um 800 vergrößert. Wann das Kanonissenstift gegründet wurde, ist nicht klar. Eine agilolfingische Stiftung ist nicht belegt, auch wenig wahrscheinlich. Das Niedermünster ist wohl jünger als das in Lage und Funktion korrespondierende Obermünster. Die erste urkundliche Nennung fällt in die Jahre um 890, als von einem Kloster Niedermünster gesprochen wird[188]. Dieses kam im 10. Jahrhundert in die Hände der luitpoldingischen Herzöge von Bayern, die hier einen Ansatzpunkt fanden, um ihre Herrschaftsansprüche in Regensburg auszuweiten. Vor allem Herzog Heinrich I. und seine Gattin Judith förderten das Haus sehr; sie richteten hier ein Kanonissenstift ein, in das sich letztere 973 nach dem Tod des Gatten 955 zurückgezogen hat. Beide fanden in ihm ihre letzte Ruhestätte und werden als Neubegründer betrachtet. Des weiteren wurden hier ihre Schwiegertochter, Herzogin Gisela, und weitere Luitpoldinger bestattet[189]. Gegen Ende des 10. Jahrhunderts versuchte der heilige Wolfgang, das Stift zur ursprünglichen Regel des hl. Benedikt zurückzuführen[190]. Um

[183] Schlaich, Reichsstifte; Schmidbauer, Vermögenssäkularisation, S. 49–60, 100–104.
[184] Matrikel Regensburg, 1916, S. 72, 628.
[185] Die Geschichte des Stiftes ist wenig erforscht: Backmund, Kollegiatstifte, S. 132–134 (Lit.); Hable, Regensburg, S. 117; Ratisbona Sacra, S. 143–157. Vgl. auch StAR Hist. II Nr. 21.
[186] Schwarz, Niedermünster, S. 28–33; Schwarz, Archäologische Geschichtsforschung in frühen Regensburger Kirchen, S. 14–30.
[187] Piendl, Stadttopographie, S. 79; P. Schmid, Regensburg, S. 66 f.; Brühl, Palatium und Civitas II, S. 235 f.
[188] Widemann, Traditionen, S. 112 f. Nr. 140. S. Kap. III, Anm. 61, 62.
[189] Reindel, Luitpoldinger, S. 230–235; Schwarz, Niedermünster, S. 34–39; P. Schmid, Regensburg, S. 76; Morsak, Bayerische Pfalzkapellen, S. 41.
[190] MGH SS IV, S. 533 f. Vgl. Wanderwitz, Die Reichsstifte Nieder- und Obermünster (wie Anm. 166).

diese Zeit durchlebte das Niedermünster seinen Höhepunkt[191], der vor allem auf kunstgeschichtlichem Gebiet faßbar wird (Uta-Codex). Er hängt mit einer besonderen Förderung durch Herzog Heinrich IV., den nachmaligen Kaiser Heinrich II., zusammen. Er verlieh 1002 Königsschutz und Immunität. Daraus entwickelte sich die spätere Reichsunmittelbarkeit[192]. Aus dem früheren Zeitpunkt der königlichen Privilegierung leitete das Stift einen Vorrang vor dem nahen Obermünster ab; daraus erwuchsen langwierige Rangstreitigkeiten. Über die Vogtei versuchten die neuen Herzöge von Bayern, die Wittelsbacher, Einfluß auf das Reichskloster zu gewinnen; das gelang aber nicht[193]. Dieses behauptete seinen besonderen Rechtsstatus auch gegen die Ansprüche der Bischöfe von Regensburg. Nur kurzfristig wurde es 1215 von König Friedrich II. an Bischof Siegfried vertauscht. Schon 1216 wurde das Rechtsgeschäft aber wieder rückgängig gemacht, da Fürstentümer nicht gegen den Willen ihrer Inhaber veräußert werden könnten[194]. In der Folgezeit war der Charakter der Kommunität umstritten. Doch sicherte ein päpstliches Privileg von 1247 die Ausrichtung als Kanonissenstift endgültig. Ludwig der Bayer verlieh 1347 die Regalien. Kaiser Friedrich III. hat dem Stift 1440 eine umfassende Privilegienbestätigung erteilt[195]. Dieses wird seit 1495 in allen Verzeichnissen als Reichsstand geführt[196] und gehörte seit 1526 zu den Unterzeichnern der Reichsabschiede. Auf der rheinischen Prälatenbank kam der Fürstäbtissin der 13. Platz zu. Sie war außerdem im Bayerischen Reichskreis als Kreisstand vertreten[197] und für die Besitzungen im Herzogtum landsässig[198]. Die Statuten wurden endgültig von Äbtissin Therese von Muggenthal festgeschrieben. Die Geschichte des Niedermünsters verlief in vielem vergleichbar der des Obermünsters. Auch hier gelang die Remonastierung nach dem Tridentinischen Konzil nicht. Es wurde eines der angesehensten Kanonissenstifte in Deutschland, in dem das Reichsbewußtsein sehr fest verankert war.
Der Rang spiegelt sich in der ausgedehnten Begüterung wider. Der in den älteren Traditionsbüchern nachgewiesene Frühbesitz hatte seine Schwerpunkte im Donauraum westlich und östlich von Regensburg[199]. Er war in Propsteien gegliedert. Solche befanden sich in Niederlindhart und Deggendorf. Eine

191 Königsschenkungen: MGH DD O I. 432, 433; D O II. 40.
192 MGH DD H II. 29, 116, 460 (D Ko II. 31). Vgl. Heidingsfelder, Heinrich II., S. 106–108; Schönberger, Reichsstift Niedermünster, S. 20–25; Krieger, Lehnshoheit, S. 161, 444, 499; Köbler, Territorien, S. 438.
193 Klebel, Gesammelte Aufsätze, S. 263; Schwertl, Beziehungen, S. 251–253; Rankl, Kirchenregiment, S. 203 f.; A. Schmid, Territorialpolitik, S. 400; D. Schmid, Landesherrschaft, S. 319.
194 MGH Const. II, S. 70–72 Nr. 57; Huillard-Bréholles, Historia diplomatica Friderici II. I, S. 432–434. Vgl. A. Väth, Zur Frage der „Urkundenfälschungen" in Ober- und Niedermünster zu Regensburg (HJb 31) 1910, S. 39–55.
195 RI VII, S. 163 Nr. 2578; BayHStA KU Regensburg Niedermünster 1444 VII 30. Vgl. Koller (Hg.), Regesten Friedrichs III. Heft 2, bearb. von Janotta, S. 27 f. Nr. 14.
196 RTA MR V, S. 478, 484, 497; JR II, S. 432; Zeumer, Quellensammlung, S. 315. Vgl. Rall, Zeittafeln, S. 109.
197 Conrad, Der Bayerische Reichskreis, S. 16, 18. S. Abb. 14.
198 Rall, Kurbayern, S. 337; Lieberich, Die bayerischen Landstände, S. 216.
199 Höger, Salbuch des Stiftes Niedermünster; Spörl, Salbuch des Damenstiftes Niedermünster. Ein handschriftliches Diplomatarium: StBR Rat. ep. 508.

wichtige Hofmark war Peterfecking. Außerdem verfügte das Stift über eine Reihe von Inkorporationspfarreien: die Stiftspfarrei St. Peter und Paul Regensburg, Deggendorf, Kösching, Saal, Steinberg, Schierling, Westen, Appertshofen, Kasing und ein Benefizium in Kelheimwinzer[200].
Auf dem Gebiet der Reichsstadt Regensburg gehörten dem Reichsstift 25 Gebäudeeinheiten, die in der Umgebung des Stiftes gelegen waren, aber keinen geschlossenen Besitzkomplex bildeten. 21 dieser Hausnummern waren in der nächstgelegenen Witwangerwacht situiert. Dazu kamen 56 Zinshäuser. Im Burgfriedensbezirk verfügte das Stift über 104 Flurnummern, die 3,6 % der Gesamtfläche entsprachen und insgesamt 609 576 m² ausmachten[201]. Damit hatte das Niedermünster den geringsten Anteil am Burgfrieden unter den großen Reichsstiften der Stadt. Dessen Wert wurde 1811 auf 4 299 fl. festgesetzt. Ein Reichsterritorium im eigentlichen Sinn besaß das Stift somit nicht. Die Verwaltung wurde von einem Kastner geleitet, der im Stiftshaus Lit. F 122 untergebracht war. Die Gerichtskompetenzen versah während des Hochmittelalters ein Propstrichter, der von 1237 bis 1332 nachweisbar ist[202].
Durch den Reichsdeputationshauptschluß wurde das Reichsstift Niedermünster der Administration des Fürstprimas Dalberg unterstellt und dem Fürstentum Regensburg eingegliedert. Doch hob es Dalberg nicht auf und ließ sogar weiterhin Neueintritte zu. Er wollte das Stift auf Pensionsbasis weiterführen. Die Jurisdiktion ging auf das fürstprimatische Konsistorium über[203]. Die Aufhebung wurde erst von den bayerischen Behörden 1810 verfügt[204]. Der Komplex wurde zunächst vermietet, dann aber durch Ministerialbeschluß dem Bischof von Regensburg 1821 zugeteilt, der hier die Diözesanverwaltung unterbrachte und selber Residenz bezog[205]. Die Stiftskirche ist seit 1824 Kirche der Dompfarrei.

17. Das Kollegiatstift U. L. Frau zur Alten Kapelle

An die Anfänge der Alten Kapelle knüpfen sich mannigfache Traditionen über einen römischen Vorgängerbau und eine agilolfingerzeitliche Marienkapelle, in der Herzog Theodo von Bayern die Taufe vom heiligen Rupert empfangen haben soll; ihr Hintergrund bleibt über archäologische Untersuchungen erst abzuklären, die noch ausstehen[206]. Die gesicherte schriftliche Überlieferung setzt in karolingischer Zeit ein. Der erste urkundliche Beleg stammt aus dem Jahre 875[207]. Doch ist der Komplex älter; es spricht viel dafür, daß er von König

200 Schlaich, Reichsstifte, S. 221.
201 Schlaich, Reichsstifte; Schmidbauer, Vermögenssäkularisation, S. 41–48, 98–100.
202 Klebel, Landeshoheit, S. 598. S. Kap. IV, Anm. 148.
203 Schwaiger, Die altbayerischen Bistümer, S. 279.
204 StAAm, Reg. KdI 3638.
205 Matrikel Regensburg, 1916, S. 82, 628.
206 Paricius, Nachricht, S. 343–360; Walderdorff, Regensburg, S. 252–269; Backmund, Kollegiatstifte, S. 91–94 (Lit.); Hable, Regensburg, S. 112 f.; Morsak, Bayerische Pfalzkapellen, S. 40. Umfassende, aber in mancher Hinsicht veraltete Gesamtdarstellung: J. Schmid, Alte Kapelle; wichtige Urkundensammlung: J. Schmid, Regesten Alte Kapelle.
207 MGH DD LD 161.

Ludwig dem Deutschen vor der Mitte des 9. Jahrhunderts errichtet worden ist[208]. Vielleicht hat er an die agilolfingische Pfalzkapelle angeknüpft. Die Alte Kapelle ist die Kirche des Stiftes an seiner neuen Pfalz, sie hat das bezeichnende Marienpatrozinium. Das Pfalzstift hatte neben den seelsorgerlichen Aufgaben auch die Funktionen einer Hofkapelle zu versehen[209]. Deswegen war hier ein karolingisches Skriptorium tätig, dessen Arbeit in einer Reihe von überlieferten Codices greifbar wird[210]. Die ostfränkischen Karolinger haben die Alte Kapelle rege gefördert[211]. Doch hatte die Verlegung der Karolingerpfalz in die Klosterpfalz bei St. Emmeram den Niedergang der Stiftung Ludwigs des Deutschen zur Folge; sie wurde zur *Alten Kapelle* und verfiel auch baulich. 967 wurde sie dem Bischof von Brixen als Absteigequartier in der Stadt überlassen und in diesem Zusammenhang als *valde ruinosa* angesprochen[212]. Sie muß nach dessen Tod an das ottonische Königtum zurückgefallen sein, weil sie in Diplomen Ottos III. als unter dessen Verfügung stehend bezeichnet wird[213]. Vor allem Kaiser Heinrich II. bemühte sich in seinen Anfangsjahren, sie noch einmal zu erneuern und ihr die frühere Bedeutung zurückzugeben[214]. Er ließ sie baulich wiederherstellen; der Kern des gegenwärtigen Kirchenbaues stammt aus seiner Zeit. Der besondere Vorrang, den er ihr wieder verschaffen wollte, kommt in ungewöhnlichen Titulaturen zum Ausdruck, die der Kirche in Königsdiplomen zuerkannt werden[215]. Abermals wurde das Stift Pflanzstätte des hohen Klerus; der namhafteste Propst dieser Zeit, Tageno, erhielt von Heinrich II. 1004 das Erzbistum Magdeburg übertragen[216]. Der König verbreiterte durch mehrere Schenkungen noch einmal die Dotation. Doch endete sein besonderes Interesse für die Alte Kapelle recht abrupt mit der Errichtung des Bistums Bamberg; 1009 wurde schließlich selbst sie dieser Lieblingsgründung übergeben[217]. Heinrich IV. hat die Verfügung 1057 bestätigt[218]. Deswegen ist die Alte Kapelle bis zum Ende des Alten Reiches bischöflich-bambergisches Eigenstift geblieben, das von einem Bamberger Domherrn als Stiftspropst geleitet worden ist.

[208] Notker der Stammler, Taten Kaiser Karls des Großen, hg. von Hans F. Haefele, MGH SrG NS 12, Berlin 1962, S. 69. Vgl. Leonhardt, Alte Kapelle; Stroh, Archäologische Geschichtsforschung, S. 32f.; Streich, Burg und Kirche I, S. 47f. Anders Gauer, Urbs, Arx, Metropolis, S. 52–54, der Karl den Großen als Gründer und Ludwig den Deutschen lediglich als Erneuerer anspricht. Dafür gibt es jedoch keine tragfähigen Anhaltspunkte.

[209] Fleckenstein, Hofkapelle I, S. 219.

[210] Gamber, Ecclesia Reginensis, S. 67–91.

[211] MGH DD K III. 72, 107, 127; LK 78.

[212] MGH DD O II. 14.

[213] MGH DD O III. 249, 294: *nostra capella*.

[214] MGH DD H II. 26, 28, 61. Vgl. Heidingsfelder, Heinrich II., S. 110–116.

[215] Romuald Bauerreiss, Ein „Lateranpalast" in Altbayern (Jahrbuch für altbayerische Kirchengeschichte 23) 1963, S. 101–108; Romuald Bauerreiss, „Caput, matrix, magistra omnium ecclesiarum". Der römische Lateran in Deutschland (Münchener Theologische Zeitschrift 13) 1962, S. 202–206; Romuald Bauerreiss, Ein mittelalterlicher Lateranpalast in Regensburg (Der Zwiebelturm 19) 1964, S. 200–203; Strobel-Sydow, Latron.

[216] Fleckenstein, Hofkapelle II, S. 137f., 179, 281.

[217] MGH DD H II. 196.

[218] MGH DD H IV. 25.

Am Ort stand der Klerikergemeinschaft ein frei gewählter Dechant vor. Sie wurde 1185 unter den Schutz des Papsttums gestellt. Aus dem Jahre 1249 datieren die ältesten Statuten[219]. Die Vogtei lag zunächst bei den Grafen von Bogen und ging von diesen an die Wittelsbacher über[220]. Nach der Übernahme der Herzogswürde in Bayern versuchten die Wittelsbacher, noch einmal an die frühere Pfalzfunktion des Stiftes anzuknüpfen. Ihr Ziel war, hier die Verwaltung des entstehenden Territorialstaates zu installieren. Ein Kanoniker der Alten Kapelle fungierte als des Herzogs *besunder Chaplan*[221]. Das Stift wuchs noch einmal zur *Pflanzstätte für die Mitglieder der Herzogskanzlei* heran[222]. In diesem Zusammenhang sind die Errichtung der Ulrichskirche und des Herzogshofes zu sehen; damals erfolgte die Inkorporation des Stiftes St. Kassian[223]. Doch konnte diesen Bemühungen angesichts des Aufstieges der Stadt zur Reichsstadt kein dauerhafter Erfolg beschieden sein. Während des Spätmittelalters und der frühen Neuzeit spielte die Alte Kapelle keine politische Rolle mehr, sondern lediglich als beliebte Wallfahrtsstätte[224]. Das Gnadenbild ist erstmals im Jahre 1451 belegt. Die Kanoniker des Stiftes waren während des Mittelalters gemäß der Tradition der Einrichtung weithin adeliger Abstammung; erst seit dem 15. Jahrhundert gewinnt allmählich das bürgerliche Element die Oberhand.

Entsprechend seinem Rang war das Kanonikerstift wirtschaftlich gut ausgestattet. Es besaß innerhalb der Stadt 25 Hausnummern, die überwiegend in der unmittelbaren Umgebung des Stiftskomplexes (Lit. G 47–49) gelegen waren. Ein Teil von ihnen wurde von den Stiftsmitgliedern selber genutzt (Dechanthof G 54; Kanonikathäuser G 49, 55; Administrationsgebäude mit Schulhaus für Singknaben im 19. Jahrhundert G 56/58)[225]. Zum Besitz kamen noch 46 zinsbzw. lehnbare Häuser, die über alle Wachten verteilt waren. Im Burgfrieden gehörten 81 Flurnummern zur Alten Kapelle, die damit über deutlich weniger Parzellen verfügte als das Reichsstift St. Emmeram; sie machten immerhin 2,6 Prozent der Gesamtfläche aus. Zur materiellen Ausstattung kam noch eine beachtliche Reihe von Inkorporationspfarreien: St. Kassian 1224 als Personalpfarrei für das stiftische Personal; Hienheim 1356; Appersdorf 1358; Moosham 1388; Roding 1391; Nittenau, Zeitlarn, Eining, Pfakofen, Penting, Rohrbach 1401; Ramspau 1466 (für Rohrbach ertauscht). Mit dieser breiten Ausstattung

219 Brackmann, Germania Pontificia I, S. 279 Nr. 2; J. Schmid, Regesten Alte Kapelle I, S. 9 Nr. 27. Vgl. StBR Rat. ep. 265.

220 Piendl, Grafen von Bogen, 1954, S. 33; D. Schmid, Landesherrschaft, S. 319.

221 Ludwig Schnurrer, Urkundenwesen, Kanzlei und Regierungssystem der Herzöge von Niederbayern 1255–1340 (Münchener Historische Studien, Abt. Geschichtliche Hilfswissenschaften 8) Kallmünz 1972, S. 234 f.; vgl. A. Schmid, Territorialpolitik, S. 382–390.

222 Siegfried Hofmann, Die zentrale Verwaltung des bayerischen Herzogtums unter den ersten Wittelsbachern, in: Glaser (Hg.), Wittelsbach und Bayern I/1, S. 228.

223 J. Schmid, Regesten Alte Kapelle I, S. 4 Nr. 9.

224 Christian Altgraf zu Salm, Neue Forschungen über das Gnadenbild der Alten Kapelle in Regensburg (Münchener Jahrbuch der bildenden Kunst 3. Folge 13) 1962, S. 49–62.

225 Bauer, Regensburg, S. 100, 103 f. Zu den Inkorporationspfarreien: Lindner, Inkorporation im Mittelalter, S. 233–239.

war die Alte Kapelle eine der wichtigsten kirchlichen Einrichtungen in Regensburg.
Durch den Reichsdeputationshauptschluß wurde die Alte Kapelle Fürstprimas Dalberg unterstellt. Dieser ließ das Stift bestehen und erhob lediglich eine zehnprozentige Abgabe von den Einkünften. Auch nach dem Übergang seines Fürstentums an Bayern erfolgte keine Aufhebung, weil die bayerischen Behörden befürchteten, daß das beträchtliche Vermögen der Alten Kapelle im Österreichischen nicht ausgeliefert würde und somit verlorenginge. Aus diesem Grunde blieb die Rechtslage lange in der Schwebe[226] – es wurde sogar die Vertauschung gegen die Neupfarrkirche und St. Oswald erwogen –, das Stift wurde lediglich unter staatliche Kuratel gestellt[227]. Erst im Jahre 1830 fand sich die Staatsregierung zu einem Abkommen bereit, das den Fortbestand definitiv sicherte. 1838 wurde sogar die Selbstverwaltung wieder zugestanden. Während des 19. Jahrhunderts konnte es den beträchtlichen Bestand an Inkorporationspfarreien noch einmal spürbar ausbauen: Bruck, Stamsried, Lambertsneukirchen (1849); Lappersdorf (1879). Doch ruhen diese Zuständigkeiten wegen rechtlicher Unklarheiten. Heute besteht das Kanonikerstift aus dem Dekan und insgesamt sechs Kanonikern, deren Ernennung seit 1933 zu den Kompetenzen des bischöflichen Stuhles gehört.

18. Das Kollegiatstift St. Johann

Das Kollegiatstift St. Johann[228] geht vermutlich auf eine Stiftung des Reformbischofs Konrad I. von Regensburg zurück, der 1127 – wohl unter dem Einfluß des Gerhoh von Reichersberg – an die alte Taufkirche beim Dom Kanoniker berufen hat. Daß es eine agilolfingerzeitliche Wurzel haben soll, muß Vermutung bleiben, solange archäologische Nachweise fehlen[229]. Es spricht vieles dafür, daß sich die Kanonikergemeinschaft an der Augustinusregel ausgerichtet hat. Sie war Zentrum der Kanonikerreform in der Diözese, von der aus wirkungsvolle Impulse zur Gründung anderer Stifte ausgingen. 1186 nahm Papst Urban III. die Klerikergemeinschaft in seinen Schutz und sprach eine umfassende Besitzbestätigung aus[230]. Während des 13. Jahrhunderts lockerte sich aber die Bindung an die Augustinusregel. Seit 1287 erscheint St. Johann als Kanonikerstift, das sich in seiner Verfassung immer stark am Kollegiatstift an

[226] StAAm Reg. KdI 7233. Vgl. Schwaiger, Die altbayerischen Bistümer, S. 286f. Die Tauschpläne: LKAR Archivakten 204.
[227] BayHStA Ges. Päpstlicher Stuhl 728.
[228] Zur Geschichte: Paricius, Nachricht, S. 269–288; Walderdorff, Regensburg, S. 195–197; Janner, Bischöfe III, S. 280–282; Hable, Regensburg, S. 113; Backmund, Chorherrenorden, S. 123–125 (Lit.); Backmund, Kollegiatstifte, S. 94–96 (Lit.); 850 Jahre Kollegiatstift St. Johann in Regensburg 1127–1977, hg. von Paul Mai, München-Zürich 1977; St. Johann in Regensburg. Vom Augustinerchorherrenstift zum Kollegiatstift, Ausstellungskatalog, München-Zürich 1990.
[229] Gamber, Die Taufspendung im Baptisterium der Regensburger Kathedrale unter Herzog Tassilo III., in: 850 Jahre St. Johann (wie Anm. 228), S. 44–47. Der Erstbeleg in der Translatio S. Dionysii Areopagitae II: MGH SS XI, S. 353.
[230] Brackmann, Germania Pontificia I, S. 278 Nr. 2.

der Alten Kapelle angelehnt hat[231]. Das Kapitel bestand in der Regel aus sechs bis zwölf Kanonikern, die von einem Propst und einem Dekan geleitet wurden. Im Vergleich mit den großen Klöstern in der Stadt trat St. Johann im allgemeinen nur wenig in den Vordergrund[232].

Das Stift verfügte von seinen Anfängen an in der Stadt und ihrer unmittelbaren Umgebung über Besitz, der aber im Vergleich zu anderen geistlichen Einrichtungen immer begrenzt war[233]. Er wurde von einem eigenen Propstrichter betreut und war bemerkenswerter Fluktuation unterworfen, weil das Stift immer zielstrebig mit seinen Gütern wirtschaftete. Durch die Kataster ist für die Zeit um 1800 der Besitz von elf Häusern und drei Zinshäusern in der Stadt nachgewiesen. Diese konzentrierten sich auf vier Schwerpunkte. Herz war die Stiftskirche mit dem Kollegiatgebäude, wo allerdings beim Bau des gotischen Domes einige Häuser abgegeben werden mußten. Der zweite Schwerpunkt lag am Kassiansplatz (Lit. E 78, 79, 80, 93); er rührt von der Grundausstattung her, weil er schon im Bestätigungsprivileg Papst Urbans III. von 1186 auftaucht. Er ist noch heute in stiftischem Eigentum und wurde vorübergehend durch den Erwerb weiterer Häuser ausgebaut (Lit. E 84, 94). Ein dritter Komplex war im Latron situiert (Lit. G 29, 30, 81, 82, 85, 144)[234]. Auch er geht zum Teil auf die Grundausstattung zurück und wurde in unserem Jahrhundert durch den Erwerb der dazwischen liegenden Hausnummern G 83 und 84 zum geschlossenen Bestand arrondiert[235]. Die Hausnummern G 29 und 30 wurden dagegen erst während des Spätmittelalters gekauft. Doch gerieten sie beim Beschuß der Stadt durch Napoleon im Jahre 1809 in den unmittelbaren Wirkungskreis des Krieges und wurden zerstört. Weil die Stadt für die Anlage der Maximilianstraße diese Grundstücke benötigte, wurden sie abgelöst und nicht wieder bebaut. Die übrigen Besitzkomplexe hat das Stift bis in unsere Gegenwart behauptet, während es andere aus Schenkungen und Käufen herrührende Häuser wieder abgestoßen und sich anderweitigen Ersatz – auch in der näheren Umgebung der Stadt – beschafft hat. Zum Hausbesitz kamen drei Zinshäuser und zwei Parzellen im Burgfrieden.

Das Stift ist nicht in die Säkularisation einbezogen worden und behielt unter Dalberg sogar die eigene Gerichtsbarkeit[236]. König Ludwig I. hat seinen Bestand nach langwieriger Auseinandersetzung[237] 1826 ausdrücklich bestätigt. Pläne zur Verlegung nach St. Emmeram, Obermünster, St. Kassian oder St. Mang, die während des 19. Jahrhunderts erörtert wurden, kamen nicht zur Ausführung. Deswegen besteht das Kollegiatstift kontinuierlich am gleichen Ort bis heute.

[231] StBR Rat. ep. 265, 266.

[232] Zur kulturellen Arbeit siehe die Beiträge in den in Anm. 228 genannten Festschriften. Zur Bedeutung auch: Mai, Rohr, S. 55*–59*.

[233] Über die frühe Besitzentwicklung vor allem: Thiel, Die Urkunden des Kollegiatstiftes St. Johann. Gründliche Untersuchung: Johann Güntner, Besitzungen des Kollegiatstiftes St. Johann in der Stadt Regensburg und im Umkreis nördlich der Donau, in: St. Johann in Regensburg (wie Anm. 228), S. 139–206.

[234] Richard Strobel, Zwei sanierte Kanonikalhöfe des Stifts St. Johann zu Regensburg, in: 850 Jahre St. Johann, S. 145–154.

[235] Bauer, Regensburg, S. 103.

[236] Schwaiger, Die altbayerischen Bistümer, S. 279.

[237] BayHStA Ges. Päpstlicher Stuhl 728.

19. Das Kanonissenstift St. Paul – das Jesuitenkolleg

Im Jahre 983 gründete Bischof Wolfgang von Regensburg als Gegenstück zu den älteren Klöstern bzw. Stiften Ober- und Niedermünster das Mittelmünster St. Paul[238]. St. Paul wurde ebenfalls dem Benediktinerorden unterstellt und sollte die Kirchenreform vorantreiben[239]. Es erhielt eine beachtliche Fundierung. Sie bestand im mittleren 14. Jahrhundert aus 17 Häusern oder Gebäuden in der Stadt. Dennoch vermochte es nie eine vergleichbar gewichtige Rolle zu spielen wie die Frauenstifte. Es nahm aber eine ähnliche Entwicklung. Auch hier war lange Zeit umstritten, ob es ein Benediktinerinnenkloster oder ein Kanonissenstift werden sollte. Dieser Unsicherheit bereitete erst Papst Paul II. ein Ende, indem er die Kanonissenregel festschrieb. Die Vogtei lag zunächst bei den Pfalzgrafen. Doch versuchte auch hier der Herzog von Bayern Einfluß zu gewinnen[240]. Im Reformationszeitalter erwies sich das Stift als wenig gefestigt, die Zahl der Mitglieder ging laufend zurück. Zudem fügte ein Brandunglück 1546 den Konventsgebäuden schweren Schaden zu. Er war um die Mitte des 16. Jahrhunderts kaum noch lebensfähig.

Seit ihrer Frühzeit suchte die Societas Jesu auch in Regensburg, das gerade damals wieder zu einem politischen Brennpunkt im Reich aufstieg, Fuß zu fassen[241]. Das Vorhaben scheiterte zunächst am Widerstand der protestantischen Reichsstadt. Doch verbesserte die Societas ihre Position, als der minderjährige Sohn Herzog Wilhelms V. von Bayern die Administration des Bistums übernahm. Nun setzte der Münchner Hof an der Kurie die Errichtung eines Kollegs auch in Regensburg durch (9. Januar 1587). Bei der Suche nach einem geeigneten Gebäude fiel der Blick auf das darniederliegende Mittelmünster, in dem nur noch zwei Mitglieder lebten. Nach dem Tode der Äbtissin Agila von Puchberg bedrängte der Bistumsadministrator die Kurie, das Stift den Jesuiten zu übertragen. Die anschließenden Verhandlungen endeten mit der Aufhebung des Stiftes St. Paul durch die Kurie 1588 und der förmlichen Übergabe der Gebäude einschließlich der Einkünfte an die Societas Jesu. Die Einweisung in den neuen Besitz erfolgte am 27. Februar 1589 und fand sowohl die Billigung der Diözesanleitung als auch Kaiser Rudolfs II. trotz vielfältiger Gegenmaßnahmen

[238] MGH SS IV, S. 533 f.

[239] Zur Geschichte von St. Paul: Paricius, Nachricht, S. 386–392; Hable, Regensburg, S. 118; Backmund, Kollegiatstifte, S. 138–140 (Lit.); 1000 Jahre Stift St. Paul (Mittelmünster) in Regensburg (Ausstellungskatalog), Regensburg 1983.

[240] Knöpfler, St. Paul; Geier, St. Paul, S. 198 f.; Rankl, Kirchenregiment, S. 205.

[241] Zum Jesuitenkolleg St. Paul: Bernhard Duhr, Geschichte der Jesuiten in den Ländern deutscher Zunge I, Freiburg 1907, S. 619–621; Wilhelm Gegenfurtner, Jesuiten in der Oberpfalz. Ihr Wirken und ihr Beitrag zur Rekatholisierung in den oberpfälzischen Landen 1621–1650 (BGBR 11) 1977, S. 116–133; Wilhelm Gegenfurtner, Die Niederlassungen der Jesuiten im Bistum Regensburg (BGBR 12) 1978, S. 397–403; Josef Klose, Das Gymnasium und Lyzeum St. Paul zu Regensburg, in: Albertus-Magnus-Gymnasium Regensburg. Festschrift zum Schuljubiläum 1988, Regensburg 1988, S. 221–243; Die Jesuiten in Bayern 1549–1773 (Ausstellungskataloge der Staatlichen Archive Bayerns 29) München 1991, S. 70 f. Eine Kolleggeschichte: BayHStA Regensburg St. Paul KL 8; Jesuitica 2505. Zu den Auseinandersetzungen mit der Stadt: Germanisches Nationalmuseum Nürnberg, Reichsstadt Regensburg 158a.

des Stadtrates. Schon im Oktober 1589 konnte das Kolleg seine Schule eröffnen, die – später um ein Lyzeum erweitert – großen Einfluß auf die Bildungsgeschichte der Stadt gewinnen sollte. Rückschläge während des Dreißigjährigen Krieges infolge der Einbeziehung in die militärischen Auseinandersetzungen konnten den Bestand nun nicht mehr gefährden[242]. Das Kolleg wurde zu einem wichtigen Bollwerk des Katholizismus in der protestantischen Reichsstadt.

Das Herz des Kollegs waren die übernommenen Klostergebäude, bestehend aus den Hausnummern Lit. E 87–88, 188–190. An Zinshäusern gehörten zum Komplex folgende Hausnummern, die über die gesamte Stadt zerstreut lagen: A 122; C 12, 13; E 105, 106; F 5, 30; G 117, 149, H 84. In deutlichem Unterschied zum begrenzten Zinshausbestand steht der umfängliche Grundbesitz im Burgfrieden. Nicht weniger als 75 Flurnummern waren im Besitz des Stiftes, das damit zu den größeren Grundbesitzern vor den Toren der Stadt gehörte[243] (299 601 m^2 = 1,8 % der Gesamtfläche). Schloß Diesenbach im Regental diente als Erholungsstätte für Schüler, Novizen und Professoren.

Wie der Besitz des Stiftes St. Paul beim Übergang an die Jesuiten weithin erhalten geblieben war, so hatte er auch nach der Aufhebung der Societas Jesu 1773 weiteren Bestand. Fürstbischof Anton Ignaz von Fugger bestimmte, daß die Patres als Säkularpriester unter bischöflicher Autorität und Administration beisammenbleiben sollten, um Lyzeum, Gymnasium und Seminar weiterzuführen. Sie wurden nun Paulaner genannt. Das Gymnasium konnte seine Frequenz sogar noch steigern, weil Schüler anderer aufgehobener Kollegien nun hier ihre Ausbildung fortführten. Auch unter Dalberg bestand die Anstalt als *Fundatio episcopalis ad S. Paulum* mit eigener Gerichtsbarkeit weiter[244]. Das Ende brachte erst die Zerstörung der Gebäude durch die Franzosen im Rahmen des Krieges von 1809; es brannte völlig nieder. Nun wurde die Studienanstalt kurzfristig ins säkularisierte Dominikanerkloster St. Blasius transferiert. Schon 1811 wurde sie aber mit dem bisher konkurrierenden reichsstädtischen Gymnasium Poeticum zusammengelegt[245]. Das frühere Kolleggelände kam zum Teil in den Besitz des Staates, der dort für kürzere Zeit die Kreisregierung eingerichtet hat; der andere Teil (Jesuitenbrauerei) wurde in Privathände veräußert.

20. Das Deutschordens-Haus St. Ägidius

Der Deutsche Orden entstand während des dritten Kreuzzuges von 1189 bis 1191, auf dem Friedrich I. Barbarossa den Tod fand. An diesem hatte Bischof Konrad III. von Regensburg teilgenommen. Deswegen wurde die Gründung auch in seiner Diözese rasch bekannt. Ein früher wirkungsvoller Förderer war Herzog Ludwig I. von Bayern[246]. Er verfügte im Frühsommer

242 BayHStA Jesuitica 142, fol. 24^{rv}. Vgl. Matrikel Regensburg 1916, S. 623 f.; Hans Buhl, 400 Jahre Marianische Männer-Congregation Regensburg, Regensburg 1991. Zur Frühgeschichte auch: Archivum Romanum Societas Jesu Rom, Germania superior 100, fol. 1^{r}–39^{v}.

243 BayHStA Jesuitica 2510.

244 Schwaiger, Die altbayerischen Bistümer, S. 279.

245 Kleinstäuber, Studienanstalten (1885).

246 Vgl. Schwertl, Beziehungen, S. 405 f.; Dieter J. Weiss, Die Geschichte der Deutschordens-Ballei Franken im Mittelalter, Neustadt a. d. Aisch 1991, S. 45–50, 243–247.

1210 eine umfängliche Schenkung an die neue religiöse Gemeinschaft, mit der er in und in der Nähe der Stadt mehrere Besitzungen übereignete[247]. Zentrum war die Kirche St. Ägidius samt zugehöriger Gebäude[248]. Der Komplex umfaßt die frühere Burggrafenburg, die mit dem paponischen Erbe an die Wittelsbacher gelangt war. Dazu kamen in der Umgebung ein Weinberg bei Mariaort, eine Manse bei Stadtamhof sowie in größerer Entfernung Kirchen zu Cham und Aichach. Auch diese Zugaben stammten allem Anschein nach aus dem burggräflichen Erbe[249]. Daß der Herzog den Komplex bei St. Ägidius damit aus der Hand gab, muß zunächst auffallen, da er gerade damals um den weiteren Ausbau seiner Position in Regensburg kämpfte. Aber offensichtlich lag er für den Landesherrn peripher; er konzentrierte sein Interesse auf den agilolfingischen Pfalzbereich um die Alte Kapelle[250]. Der Ritterorden richtete in der Folgezeit hier seine erste Kommende im bayerischen Raum ein, die zur Ballei Franken gehörte. Der erste Komtur ist im Jahre 1224 belegt[251]. Von hier aus wurde die Kommende Gangkofen gegründet[252].

Der Deutschordenskomplex am Ägidienplatz bildete eine baulich recht geschlossene Einheit (Lit. C 168–171)[253]. Er wurde in der Folgezeit noch ausgebaut. Das Haus erwarb eine Reihe von Zinshäusern hinzu. Um 1800 gehörten der Kommende insgesamt 16 Zinshäuser, die überwiegend in der näheren Umgebung gelegen waren. Allerdings konnten keine Eigenhäuser mehr erworben werden. Im Burgfriedensbereich verfügte sie über insgesamt 52 Flurnummern. Damit gehörte sie durchaus zu den wichtigeren Grundherrn; ihr Anteil an der Gesamtfläche machte 1,6 Prozent aus. Zu diesem Besitz kamen Patronatsrechte über die Kapelle zur Brunnleite[254]. Die Hoheit über den Ägidienplatz war lange Zeit zwischen der Kommende und den Dominikanern von St. Blasius umstritten[255].

Da der Deutsche Orden von der Säkularisation ausgenommen war, blieb die Komturei zu Regensburg zunächst bestehen. Sie wurde erst im Jahre 1809 mit derartigen Plänen konfrontiert und noch in diesem Jahr aufgehoben. Der Besitz wurde zerschlagen. Die Wirtschaftsgebäude veräußerte der Fürstprimas an den Freiherrn von Lilien; sie gelangten in den dreißiger Jahren des 19. Jahrhunderts an die Bleistiftfirma Rehbach. Zu Beginn der siebziger Jahre des zwanzigsten Jahrhunderts kamen sie schließlich an die Regierung der Oberpfalz. Das Kom-

[247] BayHStA Ritterorden U 4877a. Druck: Ried, Codex diplomaticus I, S. 299f. Nr. 318. Vgl. Janner, Bischöfe II, S. 259f.

[248] Walderdorff, Regensburg, S. 371–374; Hable, Regensburg, S. 113; Paul Mai, Der Deutsche Orden im Bistum Regensburg (BGBR 12) 1978, S. 219–225; Paul Mai, Der Deutsche Orden im Bistum Regensburg (VHVO 130) 1990, S. 195–209; Ratisbona Sacra, S. 291–296; Hausberger, Bistum Regensburg I, S. 151f.

[249] Mayer, Burggrafen, S. 56.

[250] A. Schmid, Territorialpolitik, S. 382–390.

[251] Ried, Codex diplomaticus I, S. 341 Nr. 358. Vgl. Weiss, Geschichte (wie Anm. 246), S. 471–478.

[252] Gangkofen und die Deutschordenskommende 1279–1979, Gangkofen 1979.

[253] Baualterspläne II, bearb. von Strobel, S. 18f.

[254] Zum Besitz in der Stadt auch: DOZA, Handschrift 470 s.v. Regensburg. Vgl. Ried, Codex diplomaticus III, p. 310–312.

[255] Gustav Adolf Renz, Die Streitigkeiten um den St. Gilgenplatz zwischen dem Deutschorden, den Dominikanern und der Reichsstadt Regensburg (VHVO 46) 1894, S. 195–226. S. Anm. 114, 115.

tureigebäude, eine unregelmäßige, dreigeschossige Vierflügelanlage von 1683, dagegen überließ der Fürstprimas dem letzten Fürstabt von St. Emmeram, Cölestin Steiglehner, als Alterssitz. Nach dessen Tod erwarb es die Stadt, von der es die Domkapitlische Krankenhausstiftung ab 1837 zurückerwarb und hier dann bis 1929 ein Krankenhaus unterhielt. Nach dessen Verlegung nach Prüfening wurde es in ein Altersheim umgewandelt, das 1978 schließlich wieder an den Deutschen Orden zurückgegeben wurde.

21. Die Johanniterordens-Kommende St. Leonhard

Über die Johanniterordens-Kommende St. Leonhard ist noch wenig bekannt[256]. Die Bauformen der Kirchen deuten eindeutig auf eine Entstehungszeit im 12. Jahrhundert, sie dürfte also der Errichtung der Kommende vorausgehen[257]. Diese ist nämlich erst um die Mitte des 13. Jahrhunderts zu datieren. Eine Urkunde des Jahres 1264 setzt sie jedenfalls bereits voraus. 1276 taucht der erste Komtur in den Quellen auf[258]. Doch war die materielle Ausstattung so schwach, daß die Einrichtung nicht lebensfähig war. Deswegen wurde sie bereits während des späten Mittelalters zeitweise mit der zweiten Niederlassung des Ordens in der Diözese, zu Altmühlmünster bei Riedenburg, vereinigt. Die endgültige Inkorporation erfolgte im 16. Jahrhundert. Seither wurden beide Kommenden durch Administratoren gemeinsam verwaltet. In der Regel waren in der Kommende außer dem Komtur noch vier Geistliche untergebracht. Deswegen diente sie während des 17. und 18. Jahrhunderts auch durchreisenden Ordensmitgliedern, die etwa der Immerwährende Reichstag hierher führte, als Absteigequartier. Weil nicht regelmäßig Gottesdienst gehalten wurde, mußte im konfessionellen Zeitalter das Gotteshaus für die Evangelischen zur Verfügung gestellt werden. Von 1635 bis 1640 wurde aber auch den Unbeschuhten Karmeliten Unterkunft gewährt, bis deren Konventgebäude bezugsfertig waren.

Um 1800 verfügte die Kommende innerhalb des Stadtgebietes lediglich über zwei Hausnummern als Besitz. In Lit. A 144 waren Kommendegebäude und Kirche untergebracht[259]. Lit. A 134 grenzte unmittelbar an und war bis 1890 durch einen Übergang direkt mit dem Stammhaus verbunden. In der Umgebung waren drei Zinshäuser gelegen (Lit. A 140, 159; B 46). Im Burgfrieden war die Kommende nicht begütert.

Im Jahre 1803 ging die Johanniterordens-Kommende an Fürstprimas Dalberg über; sie wurde aufgehoben. Von 1817 bis 1871 war in den Gebäuden eine Knabenschule untergebracht. 1883 gingen sie an die bischöfliche Knabenseminarstiftung über, die seit 1886 hier eine Kleinkinderbewahranstalt unterhält.

256 KDB Regensburg II, bearb. von Mader, S. 184–192, 332.
257 Walderdorff, Regensburg, S. 425 f.; Georg Neckermann, Beiträge zur Geschichte der Johanniter-(Malteser-)Ordens-Komturei zu St. Leonhard in Regensburg (VHVO 62) 1910, S. 47–68; Hable, Regensburg, S. 113; Hausberger, Bistum Regensburg I, S. 151.
258 Ried, Codex diplomaticus III, Nr. 403; Janner, Bischöfe II, S. 538.
259 Baualterspläne VI, bearb. von Paulus, S. 236–241.

22. Das St. Katharinenspital

Das Spital wurde wohl um 1100 von Bischof Gebhard IV. in der Nähe des Domes mit dem Patrozinium des heiligen Johannes gegründet[260]. Doch ist über diese Frühzeit kaum etwas bekannt. Der erste urkundliche Nachweis liegt im Jahre 1159[261]. Zwischen 1212 und 1224 wurde es dann aus hygienischen Gründen aus der Stadt an den Flußlauf der Donau auf das linke Ufer verlegt; das war ein üblicher Vorgang[262]. Den Grund hatte der Bischof Konrad IV. von der Brückenbauhütte erworben. An der Wiederbegründung beteiligte sich die Bürgerschaft. Auch in Regensburg ging also die Entwicklung vom Dom- zum Bürgerspital. Doch ist dieses Zusammenwirken zugleich Spiegelbild der damals geteilten Stadtherrschaft. Vom Typus her war das seit 1238 so benannte St. Katharinenspital, in dem Arme, Kranke und Alte zugleich versorgt wurden, zunächst ein gemischtes Spital. Doch wandelte es seinen Charakter zum Altenheim mit Pfründnern. Zum Spital gehörten schon im 14. Jahrhundert ein Badhaus und die Spitalmühle[263].

Im Jahre 1226 verlieh Bischof Konrad dem Spital eine Verfassungsurkunde, die im Kern bis heute Gültigkeit hat[264]. Nur während der Reformation, der Dalbergzeit, beim Übergang an Bayern und zuletzt 1854 wurden geringfügige Modifikationen angebracht. 1304 wurden Statuten für Brüder und Schwestern erlassen. Nach der Verfassungsurkunde stand ein Spitalrat an der Spitze; er wurde gebildet von vier Domkanonikern (Dompropst, Domdekan, Domkustos, Dompfarrer) und vier Vertretern der Bürgerschaft, die vom Rat gewählt wurden. Über dem Spitalrat amtet als *principalis potestas* der Bischof. Zweck der Stiftung ist die Betreuung von mindestens hundert Bedürftigen. Sofern es die wirtschaftliche Lage zuläßt, kann diese Zahl auch erhöht werden; das geschah mehrfach. Bischof, Domkapitel und Bürgerschaft tragen für die Aufrechterhaltung dieser Ordnung Sorge.

Im Laufe der Zeit haben sich folgende Ämter herausgebildet:

- Spitalmeister: Ihm obliegt die praktische Leitung des Spitals und die Bewirtschaftung des Stiftungsvermögens. Er ist an die Weisungen des Spitalrates gebunden, der die Oberaufsicht führt.
- Untermeister: Er vertritt den Spitalmeister bei Abwesenheit und Verhinderung.

260 Hable, Regensburg, S. 95–101; Sigmund Silbereisen, Die St. Katharinenspitalstiftung zu Regensburg, in: Lebensbilder deutscher Stiftungen III, hg. von Fritz Rüth u. a., Tübingen 1974, S. 23–28; 750 Jahre St. Katharinenspital Regensburg, hg. von der Spital-Verwaltung, Regensburg 1976; Adolfine Treiber, Zur Geschichte des St. Katharinen-Spitals, in: Stadtamhof, hg. vom Heimatverein Stadtamhof, Regensburg 1981, S. 35–42; Dirmeier, Das St. Katharinenspital zu Regensburg; Artur Dirmeier, Die Spitäler im Bistum Regensburg, in: 1250 Jahre Kunst und Kultur im Bistum Regensburg, S. 213–216.

261 Ried, Codex diplomaticus I, S. 231 f. Nr. 251.

262 Siegfried Reicke, Das deutsche Spital und sein Recht im Mittelalter (Kirchenrechtliche Abhandlungen 111–114) Stuttgart [2]1960.

263 RB VIII, S. 60.

264 Nicht im Original erhalten. Kopie: BayHStA Regensburg St. Katharina Nr. 3. Druck: Ried, Codex diplomaticus I, S. 345 f. Nr. 363. Vgl. Dirmeier, Katharinenspital.

- Meister: Weitere Spitalmeister sind seit dem 14. Jahrhundert belegt. Sie üben die Aufsicht über den Schwesternkonvent und deren Pflegearbeit aus.
- Kellermeister: Ihm obliegt die Leitung und Organisation der Wirtschaft.
- Kastner: Er verwaltete zunächst den Kornkasten, später auch die übrigen Einkünfte.
- Almosenmeister: Er trägt Spenden für das Spital zusammen.

Das Spital stellte einen eigenen Pfarrbezirk dar[265]. Zum Spitalpersonal gehörten weiterhin zwei Geistliche für die Seelsorge, zwei Schreiber, zwölf Laienbrüder und sieben Schwestern, deren Anzahl aber im 14. Jahrhundert reduziert wurde. Dazu kamen Knechte und Mägde sowie Handwerker: Schmied, Bader, Hofmeister, Hafner, Koch usw.

Das Spital verfügte über die Niedere Gerichtsbarkeit über Pfründner und Dienstpersonen. Minderrangige Fälle konnten vom Spitalmeister abgeurteilt werden. Die Reformation löste konfessionelle Auseinandersetzungen aus, die durch die Einführung der Parität 1542 zunächst gelöst wurden[266]. Doch kam es über dieser Frage gelegentlich der Einführung des Gregorianischen Kalenders nach 1582 vor allem unter Herzog bzw. Kurfürst Maximilian I. noch einmal zu schweren Auseinandersetzungen, die aber mit der Erneuerung der konfessionellen Parität endeten.

Der Spitalbezirk gehörte zum städtischen Territorium und bildete zusammen mit dem Anfang der Steinernen Brücke einen kleinen Brückenkopf der Reichsstadt am Nordufer der Donau. Dieser war ein Bindeglied zwischen der Reichsstadt und ihrem bayerischen Umland. Doch wurde die Landeshoheit und Jurisdiktion der Stadt in dieser kleinen Exklave seit dem Beginn des 17. Jahrhunderts vom Münchner Hof streitig gemacht. Herzog Maximilian I. wollte sie unter bayerische Zuständigkeit zwingen und den Flußverlauf der Donau als Herrschaftsgrenze durchsetzen. 1628 wurden sogar die lutherischen Pfründner aus dem Spital verwiesen. Die Reichsstadt trug aber den Vorfall vor das Reichskammergericht, wo er bis zum Ende des Alten Reiches anhängig war, obwohl der Westfälische Friede die Verhältnisse vor dem Normaljahr 1624 für verbindlich erklärte. Der Prozeß ist nie abgeschlossen worden. Die Stadt führte als Hauptargument für ihre Hoheitsrechte die mittelalterlichen Zustände an, die auch von den Herzögen anerkannt worden seien[267].

Zur Versorgung der im Durchschnitt etwa hundert Pfründner stand dem Spital innerhalb der Stadt und in deren nächster Umgebung ansehnlicher Besitz zur Verfügung. Die Statistik weist ein Haus (Lit. H 58) und 28 Zinshäuser in allen Wachten aus. Im Burgfrieden gehörten ihm 89 Ackerparzellen. Der Schwerpunkt der Besitzungen aber lag außerhalb der Stadt, vorzugsweise im nördlichen Umland. Es verfügte damit über beträchtlichen Ackergrund als wirtschaftliche Grundlage[268].

[265] BayHStA Rst. Regensburg Urk. 32: Urkunde Papst Gregors IX. 1238.

[266] Sahliger, St. Katharinenspital, S. 27f.

[267] BayHStA Rst. Regensburg Urk. 6; Pls. 8434, 8444.

[268] Umfassende besitzgeschichtliche Aufarbeitung des Urkundenmaterials bei: Dirmeier, St. Katharinenspital. Der Besitzstand in Regensburg ist aufgelistet: Archiv des Katharinenspitals Regensburg, Hauptrechnung 1803/04, fol. 2^r–7^v.

1809 wurde das Spital zum Teil zerstört, aber wieder aufgebaut. 1892 wurde das Spitalvermögen zwischen den beiden beteiligten Konfessionen geteilt und der protestantische Anteil mit der Zahlung von 400000 Mark abgelöst. Seitdem stellt es eine kirchliche Stiftung in ausschließlich katholischer Trägerschaft dar.

23. Stiftungen, Bruderschaften, Almosenamt

Neben dem St. Katharinenspital gab es eine Reihe anderer Stiftungen, die ähnliche Zwecke der Armenfürsorge verfolgten und dementsprechend ebenfalls mit Besitz und Rechten in der Stadt und im Burgfriedensbezirk ausgestattet waren. Das Leprosenhaus St. Niklas, dessen Überlieferung im frühen 13. Jahrhundert einsetzt, war dem Stift Niedermünster zugeordnet. Es wurde vom jeweiligen Pfarrer von Niedermünster und einem Laien betreut, hatte also eine vergleichbare Rechtskonstruktion wie das Katharinenspital[269]. Ihm gehörten zwei Häuser mit Garten und flossen Zinseinkünfte aus fünfzehn Literae-Nummern zu. Das St. Oswald-Spital, vor 1316 von Patriziern gestiftet, 1358 mit einer Spitalordnung ausgestattet und 1483 schließlich vom Rat übernommen, verfügte über zwei Zinshäuser. Das 1296 von Heinrich Zant gestiftete St. Lazarus-Spital, im Westen außerhalb der Stadtmauer gelegen[270], besaß in der Stadt sechs Zinshäuser, im Burgfrieden jedoch keine Ackerparzelle. Der evangelischen Bruderhausstiftung gehörten acht Häuser und zehn Hauszinse in der Stadt sowie eine Parzelle im Burgfrieden[271]. Weiteren Hausbesitz hatten die jüngere katholische Krankenhausstiftung (3) und die Waisenhausstiftung (3) Weihbischof Gottfried Langwerths von Simmern. Auch die Bruderschaften der Köche (2), Lederer (1) und Metzger (1) waren Empfänger von Zinsen einzelner Häuser. Doch blieben sie weit hinter der St. Wolfgangsbruderschaft zurück, die neben einem Haus immerhin vierzehn Hauszinse auf sich vereinigte.

Zur Zeit der Reformation wurde die Verwaltung der Stiftungen wie aller Kirchengüter zum Problem. Der Rat nahm sie schließlich in seine Administration. Sie wurden dem 1531 eingerichteten städtischen Almosenamt unterstellt, das künftig die verschiedenen Wohltätigkeitsstiftungen zentral organisierte. Diese Behörde leitete die Kommunalisierung der Armenpflege ein und wurde bis 1803 von einem Ratsmitglied geleitet. Sie wurde immer von Laien verwaltet und hat mit dem reichsstädtischen Kirchenregiment direkt nichts zu tun. Die Verbindung von Almosenamt und protestantischer Kirche war locker. Das Almosenamt war im Burgfrieden reich begütert. Ihm unterstanden mit 380 Flurparzellen etwa 15 % des dortigen Ackerbodens.

[269] Wilhelm Schratz, Die ältesten Urkunden des St. Nicolausspitals in Regensburg mit der die Reihe derselben abschließenden Spitalordnung von 1333, in: Urkundliche Beiträge zur Geschichte bayerischer Lande, hg. von Wilhelm Schratz, Regensburg 1885, S. 11–32; Hable, Regensburg, S. 98.

[270] Hable, Regensburg, S. 98; Vierhundertfünfzig Jahre evangelisches Regensburg, S. 337–348.

[271] Hable, Regensburg, S. 98; Josef Dolhofer, Die evangelische Wohltätigkeitsstiftung in Regensburg, in: Lebensbilder deutscher Stiftungen III, hg. von Rüth u. a. (wie Anm. 260), S. 99–115.

24. Auswärtige Klöster als Zinsempfänger

Auch eine Reihe von auswärtigen Klöstern erscheint in der Statistik als Empfänger von Hauszinsen. Diese sind der Rest von früherem Besitz innerhalb der Stadt; neben dem Adel und dem Episkopat hatten auch zahlreiche Klöster während des hohen Mittelalters in Regensburg Höfe erhalten. Diesen war oftmals weitere Begüterung in der näheren Umgebung zugeordnet. Grundtendenz der Entwicklung seit dem späten Mittelalter war jedoch der Abbau dieses Besitzes, so daß sich in der Statistik nur mehr Rudimente finden. Im folgenden werden zunächst die um 1800 noch nachweisbaren Einkünfte auswärtiger Klöster zusammengestellt.

Ebersberg

Besitz des Benediktinerklosters Ebersberg innerhalb der Stadt Regensburg ist bereits bei dessen Gründung im Jahre 934 nachzuweisen, als Graf Eberhard das von ihm mitgestiftete Kloster unter anderem mit einer *area Ratispone iuxta mercatum sita* ausstattete[272]. Diese Hofstelle, auch als Lederstein bezeichnet, kann nicht genau lokalisiert werden, muß aber im Westteil des Stadtareals im Marktviertel gelegen haben. Der Besitz wurde durch einen weiteren Hof des Grafen Adalbero um 1040 erweitert[273]. Doch wurde auch das Kloster Ebersberg von den Entfremdungen betroffen, die in dieser Zeit allenthalben festzustellen sind. Das ergibt sich aus der Gerichtsurkunde, mit der Herzog Heinrich der Löwe dem Kloster seine Besitzungen auch in Regensburg erneuerte[274]. Doch gingen sie dem Kloster dann während der frühen Neuzeit verloren. Die ältesten Kataster belegen lediglich noch Zinseinkünfte aus dem Grundstück Lit. G 123, dessen Lage aber ausschließt, daß dieses in einem direkten Zusammenhang mit der mittelalterlichen *area* steht.

Geisenfeld

Das Benediktinerinnenkloster Geisenfeld bezog Zinseinkünfte aus drei Hauskomplexen in Regensburg, deren Herkunft nicht bekannt ist: Lit. A 125; B 9; D 53, 54, 62, 66, 67.

Metten

Als erstes auswärtiges Kloster hatte bereits im Jahre 893 die Benediktinerabtei Metten fünf Höfe von König Arnulf von Kärnten erhalten[275]. Sie waren als

[272] RUB I, S. 1 Nr. 3; Friedrich Hector Graf von Hundt, Das Cartular des Klosters Ebersberg, Abhandlungen der Bayerischen Akademie der Wissenschaften, phil.-hist. Kl., München 1879, S. 136 Nr. 3. Vgl. P. Schmid, Regensburg, S. 119, 444. Zu den Höfen: Rudolf Freytag, Alte Bischofs- und Klosterhöfe in Regensburg (Regensburger Anzeiger) 20. April 1940.

[273] Hundt, Cartular des Klosters Ebersberg, S. 142 Nr. 37.

[274] Hundt, Cartular des Klosters Ebersberg, S. 175 Nr. 73 (1150–1160); Die Urkunden Heinrichs des Löwen, hg. von Jordan, S. 66–68 Nr. 47.

[275] MGH DD Arn. 116; RUB I, S. 1 Nr. 1; vgl. P. Schmid, Regensburg, S. 93, 139. S. Kap. III, Anm. 125.

Entschädigung für die Dienste gedacht, die Abt Richer als königlicher *custos* leistete. Deswegen war diese Schenkung auffallend umfangreich. Dennoch wuchs sie allmählich in die Funktion der übrigen Klosterhöfe hinein. Die Mettener *areae* lagen nach Ausweis der topographischen Bezeichnungen in dem damals noch agrarisch genutzten Raum um den Haidplatz[276]. Sie werden erneut faßbar in der päpstlichen Besitzbestätigung Gregors X. 1275 für das Kloster Metten[277]. Doch wurde auch dieser Klosterbesitz während des Spätmittelalters abgebaut, als er seine ursprüngliche Funktion verlor. Ein Teil (B 61) wurde an die Stadt verkauft, die wegen der Lage in der Nähe des Rathauses daran besonders interessiert war (1441) und hier die Ratsherrentrinkstube und Stadtwaage einrichtete[278]. Der Rest verblieb als zinsleistendes Gut (Lit. B 62) in Klosterbesitz[279], obwohl auch er in bürgerliche Hände kam. Dieses sog. Gumprechtsche Haus hat unter anderem Kaiser Ludwig den Bayern beherbergt[280].

Pettendorf

Das Dominikanerinnenkloster Pettendorf (Lk Regensburg) hatte seine Grundausstattung überwiegend aus landesherrlichem Besitz in den Ausbauräumen naabaufwärts erhalten. In der Stadt Regensburg verfügte es allein über eine Hofstätte, die zu Beginn des 15. Jahrhunderts durch eine in den Konvent eingetretene Nonne erworben worden war[281]. Sie lag am Stärzenbach unmittelbar außerhalb der Stadtmauer im Burgfrieden (Lit. H 6). Dieser Besitz verblieb beim Kloster auch nach dessen vorübergehender Aufhebung in der protestantischen Zeit[282] und der Erneuerung im ausgehenden 17. Jahrhundert. Die Zinseinkünfte des Klosterhofes, die im 18. Jahrhundert an das Zisterzienserstift Kaisheim als Inkorporationsträger flossen, sind noch in den frühen Katastern nachzuweisen.

Pielenhofen

Das Zisterzienserkloster Pielenhofen verfügte seit 1265 über sein eigenes Haus in Regensburg (Lit. D 28)[283]. Es ist im Urkundenmaterial des Klosters mehrfach bezeugt[284]. 1570 wird es als baufällig bezeichnet und daraufhin verkauft, 1622 erscheint es im Besitz der Herren von Pertolzhofen, später der Stadt und

[276] Sydow, Markt, S. 62 f.
[277] BayHStA KU Metten 21; MB XII, S. 449 Nr. XX: *In Ratispona unam domum, et duodecim areas.*
[278] Bauer, Regensburg, S. 258 f.
[279] StAAm Reg. KdF 947. Vgl. die Studie: Wilhelm Fink, Rechte und Besitzungen Mettens in Regensburg (Ostbairische Grenzmarken 18) 1929, S. 117–120.
[280] Gemeiner, Chronik I, S. 91; Janner, Bischöfe I, S. 254; Baualterspläne II, bearb. von Strobel, S. 154 f.
[281] BayHStA KU Pettendorf 146 (1402), 166 (1414). Vgl. Gemeinde Pettendorf. Geschichte und Gegenwart, hg. von der Gemeindeverwaltung Pettendorf, Kallmünz 1991, S. 102.
[282] StAR AA O 73.
[283] Walderdorff, Regensburg, S. 550 f.; Bauer, Regensburg, S. 223; Baualterspläne I, bearb. von Strobel, S. 38.
[284] BayHStA KU Pielenhofen 149, 162, 590, 592; AHVR MS R 459a (Wilhelm Schratz).

evangelischer Geistlicher, u. a. von Serpilius. Doch bezog das Kloster nach seiner Wiederherstellung noch immer Zinseinkünfte von diesem Altbesitz, die auch in den Katastern auftauchen.

Prüfening

Das Benediktinerkloster Prüfening erhielt während des 12. Jahrhunderts eine Reihe von Häusern in Regensburg. Dieser Besitz war großer Fluktuation unterworfen. Sein Zentrum war der sogenannte Prüfeninger Hof (Lit. B 8)[285], der bis zur Säkularisation erhalten blieb[286], obwohl seine Immunität von der Stadt beständig bekämpft worden ist. Er wurde 1701 im Stile der Zeit ausgebaut. Zu diesem Zeitpunkt bezog das Kloster außerdem Zinsen aus zehn Litera-Nummern. Im Burgfrieden gehörten dem Kloster sechzehn Ackerparzellen.

Prüll

Das Kartäuserkloster Prüll verfügte über zwei Häuserkomplexe, aus denen es Zinsen bezog: Lit. A 88, 89 und 96, 137 und 139, beide in der Westnervorstadt gelegen[287]. Dazu kam eine Flurparzelle im Burgfrieden.

Rohr

Das Augustiner-Chorherrenstift Rohr verfügte seit seiner Frühzeit in Regensburg über Besitz. Dieser war während des Mittelalters sehr umfänglich, was wohl mit den engen Beziehungen des Gründergeschlechtes zur Stadt zusammenhängt. 1138 übereignete Heinrich von Abensberg eine Reihe von Besitzungen, unter denen sich bereits der spätere Rohrer Hof befand (Lit. E 61)[288]. Die übrigen Besitzungen konzentrierten sich im Westen des Stadtareals. Ein ebenfalls damals genanntes Haus in der Wahlenstraße wird zwischen 1160 und 1190 durch eine Hofstatt erweitert[289], die dann zwischen 1294 und 1314 als Leibgeding ausgegeben wurde[290]. In diesem Viertel werden während des 12. Jahrhunderts noch weitere Häuser geschenkt. Eine Hofstelle lag innerhalb des Judenviertels, was bei Baumaßnahmen umständliche Absprachen erforderlich machte[291]. Der umfassende Besitz des Klosters innerhalb der Stadt warf gewichtige Einkünfte ab, die in verschiedenen Urkunden und Verzeichnissen des späten Mittelalters einzeln aufgelistet werden[292]. Ein Urbar des beginnen-

[285] Schwarz, Traditionen Prüfening, S. 152 Nr. 193, S. 167f. Nr. 214. Vgl. Walderdorff, Regensburg, S. 547; Bauer, Regensburg, S. 365; Baualterspläne II, bearb. von Strobel, S. 45f.; Der Bismarckplatz in Regensburg, hg. vom Forum Regensburg, Regensburg 1978, S. 22.

[286] StAR Pol. IV Nr. 20 (1679). Vgl. Dallmeier, Erbprinzenpalais (wie Kap. VII, Anm. 57).

[287] Baualterspläne VI, bearb. von Paulus, S. 94, 96, 235, 292f.

[288] Mai, Traditionen Rohr, S. 142–144 Nr. 3. Vgl. Walderdorff, Regensburg, S. 485; Strobel-Sydow, Latron, S. 20; Baualterspläne III, bearb. von Betz und Strobel, S. 113f.

[289] Ebenda, S. 80f. Nr. 77.

[290] Ebenda, S. 239f. Nr. 77.

[291] Ebenda, S. 230f. Nr. 68, 69; RUB I, S. 74 Nr. 143.

[292] BayHStA KL Rohr 16, fol. 36f.; 17, fol. 47–49; 18, fol. 71f., 184^{v}f.

den 14. Jahrhunderts nennt 15 Positionen[293]. In der Folgezeit wird dieser Besitz abgebaut. 1317 schon wird selbst der Rohrer Hof an das Katharinenspital veräußert[294]; doch muß er irgendwann wieder zurückerworben worden sein. Denn für 1561 ist der Verkauf des Hofes an Arsacius Gastner für 580 fl. belegt[295]. In der Neuzeit ist der Besitz schließlich auf einen zinszahlenden Hof zusammengeschmolzen: Lit. G 113.
Zum Besitz in der Stadt kamen Anteile an den Weinbergen im Regensburger Umland. Schon 1150 besaß das Kloster einen Zehnten zu Niederwinzer, 1216 Wein- und Getreidezehnten.

St. Mang, Stadtamhof

Das Augustiner-Chorherrenstift St. Mang zu Stadtamhof verfügte über Zinsen aus zwei Häusern, eines in der Lederergasse (Lit. A 127)[296] und eines in der Thundorferstraße (Lit. F 95)[297]. Über die Herkunft dieser Einkünfte ist nichts bekannt.

Weltenburg

Das Benediktinerkloster Weltenburg erwarb um 1314 unter Abt Herwich ein Haus zu Regensburg um 40 Pfund Regensburger Pfennige[298]. Dieses wurde 1314 an einen Heinrich zu Leibrecht gegen einen jährlichen Zins und Naturalabgaben ausgegeben[299]. Es lag in der Nähe der St. Leonhardskirche und ist erneut um 1450 nachzuweisen. Das Haus blieb bis zum Ende der reichsstädtischen Zeit in Weltenburger Besitz und ist wohl identisch mit dem in den Katastern nachgewiesenen Zinshaus Lit. A 132[300].
Außerdem besaß das Kloster Weltenburg noch ein weiteres Haus in der Stadt (Lit. G 30). Dieses war 1390 zu Leibrecht an die Kürner ausgegeben[301]. Nach deren Aussterben kam es darüber zu Rechtsstreitigkeiten, die vor das Schultheißengericht getragen wurden. Schließlich verkaufte das Kloster das Haus an das Chorherrenstift St. Johann, das dort seine Dechantei einrichtete[302]. Dennoch ist in den Urkatastern noch ein weiteres Weltenburger Zinshaus ausgewiesen, das unmittelbar neben dem erstgenannten Haus lag (Lit. A 133). Dessen

[293] Mai, Rohr, S. 319–322 Nr. 100–115.
[294] Ebenda, S. 272 f. Nr. 110; S. 297 f. Nr. 127.
[295] Ebenda, S. 272 f. Anm.
[296] Baualterspläne VI, bearb. von Paulus, S. 183 f.
[297] Walderdorff, Regensburg, S. 502 f.; KDB Stadt Regensburg III, bearb. von Mader, S. 220 f.; Baualterspläne IV, bearb. von Betz und Hufnagl, S. 250–253.
[298] Die Traditionen, Urkunden und Urbare des Klosters Weltenburg, bearb. von Matthias Thiel (QuE NF 14) München 1958, S. 154 Nr. 52.
[299] Die Traditionen, Urkunden und Urbare des Klosters Weltenburg, bearb. von Thiel, S. 147 f. Nr. 40.
[300] Die Traditionen, Urkunden und Urbare des Klosters Weltenburg, bearb. von Thiel, S. 293 Nr. 79.
[301] Die Traditionen, Urkunden und Urbare des Klosters Weltenburg, bearb. von Thiel, S. 175 Nr. 97, S. 180 Nr. 108, S. 181 Nr. 110, S. 186 Nr. 118. Vgl. Güntner, Besitzungen des Kollegiatstiftes St. Johann (wie Anm. 233), S. 159 f.
[302] Die Traditionen, Urkunden und Urbare des Klosters Weltenburg, bearb. von Thiel, S. 186 Nr. 118, S. 187 Nr. 120, S. 293 Nr. 79.

Erwerbstitel ist unbekannt. Vielleicht ist es durch Teilung einer Hofstelle entstanden. Um 1450 wird es noch nicht als eigener Einkunftstitel geführt. Das Kloster besaß außerdem bei Winzer einen Weinberg.

Der bisher behandelte Klosterbesitz war noch zum Zeitpunkt der Säkularisation in den Händen der genannten Klöster und taucht deswegen in den ältesten Katastern auf. Außerdem ist nun aber eine Reihe von anderen Klöstern bekannt, die im mittelalterlichen Regensburg ebenfalls Besitz hatten, der sich dann aber im Laufe der frühen Neuzeit verflüchtigte und deswegen in den Katastern nicht mehr zu verfolgen ist. Diese Klöster seien zur Abrundung der Angaben im folgenden im alphabetischer Reihenfolge festgehalten:

Admont

Schon für das Jahr 1139 ist Grundeigentum des Klosters Admont in der Steiermark in der Stadt Regensburg nachzuweisen. Erzbischof Konrad I. von Salzburg bestätigt zwei Klosterhöfe[303].

St. Walburg, Eichstätt

Bereits unter Bischof Heribert (1022–1042) besaß das Kloster zwei Hofstätten *(curtilia)* in Regensburg am (Kohlen-)Markt, die von den Paponen geschenkt worden waren[304]. Sie waren Bestandteil der Grundausstattung.

Frauenchiemsee

Grundbesitz des Benediktinerinnenklosters in der Engelburgergasse ist zum Jahr 1242 bezeugt. In diesem Jahr wurde die Hofstätte an einen Adalbero, den Schwiegersohn des Rudger Chöpfemann, zu Leibgeding vergeben. Da der Zins am Emmeramstag fällig war, muß die Hofstätte, die in die *Englpoltstrazze* lokalisiert wird, ursprünglich mit dem Kloster St. Emmeram in Beziehung gestanden sein[305].

Kastl

Das 1103 gegründete Benediktiner-Reformkloster Kastl in der Oberpfalz kam 1182 durch Bischof Kuno in den Besitz der Kirche des nahegelegenen Kager, wo es auch Weinberge besaß. Das Kloster war außerdem in der Stadt selber begütert. Es besaß 1245 eine Hofstatt in der Brückstraße, die 1255 an das Stift St. Johann veräußert wurde. Ein weiteres Haus des Klosters Kastl lag 1520 *hinten bei den Schlössern*[306]. Um 1800 waren noch vier Hauszinse existent.

[303] Andreas von Meiller, Regesta archiepiscoporum Salisburgensium inde ab anno 1106 usque ad annum 1246, Wien 1866, S. 38 f. Nr. 213; RUB I, S. 5 Nr. 24: *Ratispone locum curtis, item ibidem alium locum curtis.*

[304] Franz Heidingsfelder (Bearb.), Die Regesten der Bischöfe von Eichstätt (Veröffentlichungen der Gesellschaft für fränkische Geschichte VI/1) Erlangen 1938, S. 60 f. Nr. 166; vgl. S. 219 Nr. 721; Walderdorff, Regensburg, S. 468.

[305] RUB I, S. 31 f. Nr. 67.

[306] Thiel (Bearb.), St. Johann, S. 53–55 Nr. 28; S. 59 f. Nr. 33. Vgl. Karl Bosl, Das Nordgaukloster Kastl. Gründung, Gründer, Wirtschafts- und Geistesgeschichte (VHVO 89) 1939, S. 69 f.

Niederalteich

Dem Benediktinerkloster Niederalteich war 1002 von König Heinrich II. eine Herberge in Regensburg übereignet worden[307]. Sie wurde von Abt Hermann 1264 durch den Erwerb einer weiteren Hofstatt noch ausgebaut und kam im späten Mittelalter in die Hand der Regensburger Bürgerschaft. 1485 ging der Besitz an das Obermünster über[308].

Plankstetten

Dieses oberpfälzische Benediktinerkloster besaß 1245 ein Weingut in Pfaffenstein, ein anderes bei Stadtamhof nahe der Donaubrücke. Sie befanden sich bald auf dem Pfandwege in der Hand Regensburger Bürger und gingen schließlich verloren[309].

Rebdorf

Unmittelbar neben dem Haus des Bischofs von Eichstätt besaß das Kloster Rebdorf Haus und Hofstatt. 1237 tauschte es von Bischof Friedrich von Eichstätt eine Hofstatt dazu, die unmittelbar an den bisherigen Klosterhof stieß. 1407 wurde dieser Rebdorfer Besitz (Lit. G 77) an das Benediktinerkloster Reichenbach verkauft. Kloster Rebdorf besaß außerdem fünf Weingärten zu Winzer, die 1153 zu Leibgeding an den Regensburger Domkanoniker Konrad von Pfeffenhausen ausgegeben waren. 1327 wurde dieser Besitz an St. Emmeram verkauft. Der Flurname *Rebdorfer Weinberg* zu Oberwinzer erinnerte lange an diese alten Besitzverhältnisse[310].

Reichenbach

Das Benediktinerkloster Reichenbach besaß unter Abt Hermann (1301–1303) ein Haus in der Waffnergasse beim Emmeramer Tor, das an Friedrich den Auer verpfändet wurde, aber 1308 wieder an das Kloster zurückkam. Dazu erwarb das Kloster 1343 auch einen Weinberg an den Winzerer Höhen. 1407 ist die Reichenbacher Herberge dann in der Schwarze-Bären-Straße (Lit. G 74, 77) bezeugt, die 1407 vom Kloster Rebdorf erworben wurde[311].

Rott

Das Benediktinerkloster Rott am Inn besaß 1151 eine *curia* bei St. Kassian. Sie war vom Pfalzgrafen Kuno 1074 bei der Gründung an das Kloster geschenkt worden[312].

307 MGH DD H II. 6.
308 RUB I, S. 34 f. Nr. 72; S. 52 Nr. 100.
309 Petrus Bauer, Die Benediktinerabtei Plankstetten in Geschichte und Gegenwart, Plankstetten 1979, S. 17.
310 RUB I, S. 31 Nr. 66; Heidingsfelder, Regesten Eichstätt (wie Anm. 304), S. 215 f., 219 Nr. 704, 721. Vgl. Walderdorff, Regensburg, S. 468.
311 Walderdorff, Regensburg, S. 468. Wegen der späten Erwerbung nicht belegt in: Cornelia Baumann (Bearb.), Die Traditionen des Klosters Reichenbach am Regen (QuE NF 38/1) München 1991.
312 RUB I, S. 7 Nr. 30.

Scheyern

Das Benediktinerkloster Scheyern hatte um 1140 von Burggraf Heinrich III. von Regensburg einen Weinberg im Raume Regensburg geschenkt bekommen. Er ist wohl identisch mit einem für 1411 als Zinslehen des Klosters in Oberwinzer belegten Weingarten[313].

Walderbach

Das 1143 vom Burggrafen Otto von Riedenburg gestiftete Zisterzienserkloster Walderbach wurde wohl bereits von seinem Gründer mit einer Hofstelle in Regensburg ausgestattet. Der Walderbacher Hof lag in der Nähe der Eisernen Brücke (Lit. F 145, 146). Zu ihm gehörte eine dem Ordensheiligen geweihte Bernhards-Kapelle. 1345 wird Perchtold als Wirt an dieser Walderbacher Herberge bezeugt[314].

Weihenstephan

Abt Meginhard I. von Weihenstephan (1116/17–1138) empfiehlt den Inhaber einer *curtis* des Klosters in Regensburg der besonderen Fürsorge des Grafen Otto von Scheyern. Der Regensburger Bürger Gozwin übereignet später ein Haus; diese Schenkung wird von Burggraf Friedrich I. bestätigt[315].

25. Die evangelische Kirche

Am 15. Oktober 1542 wagte der Rat der Reichsstadt Regensburg nach langem Zuwarten und Zögern den Anschluß an die Reformation Martin Luthers[316]. Er nutzte eine vorübergehende Notlage des Kaisers, um den seit den frühen zwanziger Jahren in der Bevölkerung der Stadt sehr verbreiteten evangelischen Bestrebungen Rechnung zu tragen und diesen seit zwei Jahrzehnten mehrfach erwogenen Schritt endlich auszuführen. Die Reformierung der Stadt vollzog sich im Spannungsfeld von Volksbewegung und Politik. Andere Reichsstände wie das Albertinische Sachsen 1539 oder das Fürstentum Pfalz-Neuburg 1542 waren unmittelbar vorausgegangen. Die übrigen reformatorischen Bewegungen spielten in Regensburg keine vergleichbare Rolle. Die Gemeinde gab sich bald eine Ordnung und stellte damit ihre Organisation auf feste Grundlagen[317]. 1542 wurde als Behörde zur Ausübung der Kirchenhoheit das Konsistorium eingerichtet. Regensburg wurde ein wichtiges Verbindungsglied zwischen den

[313] MB X, S. 397.

[314] RUB I, S. 535 Nr. 982; S. 609 Nr. 1111. Vgl. Walderdorff, Regensburg, S. 454 f.; Heribert Batzl, Walderbach. Aus der Geschichte eines oberpfälzischen Zisterzienserklosters (Schriftenreihe des Kreismuseums Walderbach 5) Cham 1988, S. 109.

[315] MB IX, S. 379 f. Nr. VII; S. 427 f. Nr. X; Bodo Uhl (Bearb.), Die Traditionen des Klosters Weihenstephan (QuE NF 27) München 1972, S. 192 f. Nr. 237; RUB I, S. 5 Nr. 22; S. 8 Nr. 32.

[316] Theobald, Reformationsgeschichte; Dollinger, Das Evangelium in Regensburg; Moeller, Reichsstadt und Reformation, S. 23 f.; Hable, Regensburg, S. 110 f.

[317] Die evangelischen Kirchenordnungen des 16. Jahrhunderts XIII/3, hg. von Emil Sehling, bearb. von Matthias Simon, Tübingen 1966, S. 361–519. Die Originale: LKAR Archivakten 1–9.

Stammlanden der Reformation und den wenigen Anhängern im Altbayerischen, vor allem aber in Österreich und im Osten. Die Regensburger Gemeinde wurde ein entscheidender Stützpfeiler des Protestantismus für Südosteuropa. Der Anschluß an die Reformation hatte weitreichende Folgen für das innere Leben und die herrschaftliche Entwicklung der Stadt, die gerade durch die Konfession in ein ganz anderes Beziehungsnetz eingebunden wurde als die Städte Altbayerns[318]. Bis ins 20. Jahrhundert rekrutierte sich deren Führungsschicht weithin aus den protestantischen Familien[319]. Es bestand ein Zusammenhang zwischen Konfession und rechtlich-sozialem Status, weil die Katholiken fast ausschließlich der städtischen Mittel- und Unterschicht angehörten. Erst im späteren 17. Jahrhundert wurden wieder drei katholische Familien zum Bürgerrecht zugelassen[320]. Die Stadt wurde eine protestantische Reichsstadt, innerhalb deren Mauern allerdings ein beträchtlicher Prozentsatz Katholiken ansässig blieb. Die Frage, ob man sie ab 1555 den paritätischen Reichsstädten zurechnen darf, war in den sechziger Jahren Gegenstand einer scharfen Forschungskontroverse[321]. Im Vergleich mit der Reichsstadt Augsburg war sie es nicht. Zu einer Besetzung der Stadtämter mit Angehörigen beider Konfessionen ist es hier nicht gekommen. Das reichsstädtische Regiment war immer fest in protestantischer Hand. Dennoch vergrößerte sich der Anteil der Katholiken während des 17. und 18. Jahrhunderts wieder so sehr, daß um 1810 doppelt so viele Katholiken als Protestanten in der Stadt wohnten[322]. Die Verschiebung des Konfessionsproporzes resultierte aus dem starken Zuzug aus dem katholischen Umland sowie der höheren Kinderzahl in den katholischen Familien. Weil in der konfessionell gemischten Stadt die Religionsgemeinschaften zum Zusammenleben auf engstem Raum gezwungen waren, kam es hier nach den zeitüblichen Auseinandersetzungen im konfessionellen Zeitalter vergleichsweise bald zu einer Annäherung. Die Stadt wurde ein früher Exerzierplatz religiöser Toleranz, die ein Spezifikum ihrer Urbanität war[323].

[318] Simon, Evangelische Kirchengeschichte Bayerns, S. 215, 235 f., 258; Matthias Simon, Die evangelische Kirche I (HAB Kirchliche Organisation 1) München 1960, S. 126; Claus-Jürgen Roepke, Die Protestanten in Bayern, München 1972, S. 190–193. – Zur Ausstrahlung nach Osteuropa: Oskar Sakrausky, Die Bedeutung von Regensburg für den christlichen Südosten (Mitteilungen der Johannes Mathesius-Gesellschaft 516) 1969/70, S. 6–19; Zapulac, Political Iconography and Religious Change in Regensburg; Werner Wilhelm Schnabel, Österreichische Exulanten in oberdeutschen Reichsstädten. Zur Migration von Führungsschichten im 17. Jahrhundert (SchbLG 101) München 1992, S. 85–89.

[319] Moser, Teutsches Staatsrecht XLI, S. 461. Vgl. Fürnrohr, Patriziat; Wolfgang Braunfels, Die Kunst im Heiligen Römischen Reich Deutscher Nation III, München 1981, S. 24–45.

[320] StAR Pol. V Nr. 2.

[321] Über die Frage der konfessionellen Verhältnisse in der Stadt zuletzt: Matthias Simon, Beiträge zum Verhältnis der Konfessionen in der Reichsstadt Regensburg (Zeitschrift für bayerische Kirchengeschichte 33) 1964, S. 1–33; Nemitz, Bürgerrecht und Konfession.

[322] Kayser, Beschreibung, S. 13 f.; 1787 wurden 12197 Katholiken, 6415 Protestanten und 24 Reformierte gezählt (Jakob Christian Gottlieb Schäffer, Versuch einer medicinischen Ortsbeschreibung der Stadt Regensburg, Regensburg 1787, S. 42 f.).

[323] Kayser, Beschreibung, S. 75 f. Vgl. Neubauer, Geistig-kulturelles Leben (wie Kap. IV, Anm. 100). Zu den Auseinandersetzungen im Konfessionellen Zeitalter zuletzt:

Die evangelische Kirche wurde die letzte Gruppierung, die nachhaltigen Einfluß auf die Besitzverhältnisse in der Stadt erlangte. Sie leitete Verschiebungen auch auf der herrschaftlichen Ebene ein. Es kam zu scharfen Auseinandersetzungen um den Kirchenbesitz zwischen alter und neuer Kirche. Die Klöster, wichtige Besitzträger in der Stadt wie im Burgfrieden, waren in ihrem Bestand bedroht. Doch entfalteten der Herzog von Bayern, vor allem aber der altgläubige Wiener Kaiserhof noch immer so großen Einfluß, daß es zu keinen umfassenderen Eingriffen des Rates kam[324]. Der Streit wurde auf der Grundlage des Westfälischen Friedens 1648 dahingehend entschieden, daß das Kirchengut der Religionspartei zugeschlagen wurde, die es zum Zeitpunkt des Normaljahres 1624 besessen hatte. Aus diesem Grunde vermochte sich die evangelische Kirche hier keine vergleichbar breite Basis zu verschaffen wie in anderen Reichsstädten. Als Besitzträger tritt sie nur wenig in den Vordergrund.
In Aufstellungen des 18. Jahrhunderts wird sie als Grundbesitzer lediglich mit vier Positionen geführt[325]. Das beherrschende bauliche Symbol der evangelischen Kirche in Regensburg ist die Neupfarrkirche. Sie ist die Nachfolgerin der früheren jüdischen Synagoge und der auf ihrem Gelände errichteten Wallfahrtskirche zur Schönen Maria[326]. Sie wurde von erstrangigen Baumeistern vom Rat in unverkennbarer Konkurrenz zur Domkirche erbaut; der heutige Baubestand ist nur ein Teil der viel weitergehenden Planungen (Lit. E 35 1/2)[327]. Neben der Neupfarrkirche wurde auch die St. Oswald-Kirche vom Rat den Neugläubigen zur Verfügung gestellt. Wie der Bau des 14. Jahrhunderts in die Zuständigkeit des Rates kam, ist noch nicht geklärt. Seit 1553 wurde sie für protestantische Gottesdienste verwendet und zweite Hauptkirche der evangelischen Gemeinde[328]. Mit der Kirche war ein evangelisches Frauenstift verbunden (Lit. D 27)[329]. Als dritte evangelische Kirche wurde in den Jahren des Dreißigjährigen Krieges 1627 bis 1631 die Dreieinigkeitskirche vom Rat neu erbaut[330], nachdem von 1563 an das Hauptschiff der Dominikanerkirche für

Johann Güntner, Geschichte der Fronleichnamsprozession in Regensburg, München-Zürich 1992, S. 13–16.

324 Joachim Lauchs, Bayern und die deutschen Protestanten 1534–1546. Deutsche Fürstenpolitik zwischen Konfession und Libertät (Einzelarbeiten aus der Kirchengeschichte Bayerns 56) Neustadt 1978, S. 236 f. u. ö.

325 StAR A 1941 Nr. 35b: Tabelle über die Anzahl der Gebäude in der Kaiserlichen Freien Reichsstadt Regensburg.

326 Gerlinde Stahl, Die Wallfahrt zur Schönen Maria in Regensburg (BGBR 2) 1968, S. 35–282.

327 KDB Regensburg II, bearb. von Mader, S. 194–208; Baualterspläne III, bearb. von Betz und Strobel, S. 55 f.; Guido Hable - Wolfgang Pfeiffer, Neupfarrkirche, München 1967; Peter Morsbach, Evangelische Kirchen in Regensburg (Große Kunstführer 176) München-Zürich 1991. Archivalien zur Baugeschichte: LKAR Archivakten 916–931.

328 KDB Regensburg II, bearb. von Mader, S. 287–297; Baualterspläne I, bearb. von Strobel, S. 98. Archivalien: LKAR Archivakten 942.

329 Bauer, Regensburg, S. 352.

330 KDB Regensburg II, bearb. von Mader, S. 114–136; Simon, Evangelische Kirche (wie Anm. 318), S. 535; Baualterspläne II, bearb. von Strobel, S. 24; Peter Landau, Die Dreieinigkeitskirche in Regensburg. Toleranz und Parität in der Geschichte der Stadt, in: Studien und Quellen zur Geschichte Regensburgs III, Regensburg 1985, S. 23–33; Michael Altmann (Hg.), Die lateinischen Epitaphien im Regensburger Gesandtenfriedhof (an der Dreieinigkeitskirche), bearb. von Gudrun Reichmeyer und Bettina Wollenweber, Regensburg 1992. Archivalien: LKAR Archivakten 932–941.

evangelische Gottesdienste genutzt worden war. Die Dreieinigkeitskirche (Lit. C 90 1/2) ist einerseits der letzte Kirchenneubau im alten Regensburg, andererseits der erste eigenständige protestantische Kirchenneubau im Bayerischen.

Der ausgedehnteste Besitzkomplex, den die protestantische Kirche an sich brachte, war das sogenannte evangelische Bruderhaus (Lit. C 133–139). Seine Wurzeln gehen auf eine bürgerliche Stiftung des frühen 15. Jahrhunderts zurück, die im Jahre 1445 an ihren heutigen Standort am Emmeramsplatz verlegt wurde. Sie kam im 16. Jahrhundert in die Verfügung der Evangelischen, die sie als Gegenstück zum Katholischen Bruderhaus als großzügige Sozialeinrichtung mit Krankenhaus, Altenheim und Waisenhaus (seit 1666) ausbauten[331]. Das Bruderhaus wurde im 19. Jahrhundert zu einem geschlossenen Häuserquadrat vergrößert. Es gehört bis in die Gegenwart zu den wichtigsten sozialen Einrichtungen der Stadt. Über seine Besitzausstattung wurde bereits gehandelt[332].

Neben den Evangelischen waren in der Stadt im 18. Jahrhundert schließlich auch die Reformierten vertreten. Allerdings traten sie nicht als Grund- oder Hausbesitzer in Erscheinung. Sie begegnen lediglich als Veranstalter von Gottesdiensten, die in der holländischen Gesandtschaft stattfanden. Somit konnten in Regensburg alle drei durch den Westfälischen Frieden zugelassenen Konfessionen Fuß fassen.

26. Die Bürgerschaft

Der verbleibende Rest des innerstädtischen Hausbestandes war fast ausschließlich bürgerliches Eigen. Es findet sich über die gesamte Stadt hin verteilt, aber in unterschiedlicher Streuung. Die statistische Auflistung, bei der geteilte Hausnummern jeweils als eigenständige Objekte behandelt wurden, ergibt folgende Verteilung[333]:

Litera	Gesamt	Bürgerbesitz	%
A	305	100	32,7
B	109	59	54,1
C	217	54	24,8
D	217	102	47,0
E	216	72	33,3
F	208	66	31,7
G	169	38	22,4
H	283	87	30,7
I	63	45	71,4

Wenn man die außerhalb der Stadtmauer gelegene Litera I unberücksichtigt läßt, dann hatte die Bürgerschaft den Schwerpunkt ihres Besitzes im Westen der

331 Walderdorff, Regensburg, S. 442 f.; Bauer, Regensburg, S. 172 f.; Baualterspläne II, bearb. von Strobel, S. 71 f.; Simon, Evangelische Kirche (wie Anm. 318), S. 534. Archivalien: LKAR Archivakten 221, 994.

332 S. Anm. 271. Vgl. Hans Schwarz (Hg.), Reformation und Reichsstadt. Protestantisches Leben in Regensburg, Regensburg 1994.

333 Eine Aufstellung: StAR A $\frac{1941}{35b}$.

Stadt. Hier war herkömmlicherweise das Kaufmannsviertel, in dem Handel und Gewerbe ansässig waren. Schwerlinie war die Donau, an die es sich anlehnte. Am stärksten war das bürgerliche Eigen in den Wachten A, B und D vertreten. In den Wachten C, E, F und H ist es wesentlich schwächer, in der Pauluserwacht (Lit. G) erreicht es nur einen Prozentanteil, der mehr als die Hälfte unter dem im Stadtwesten liegt. Naturgemäß treten in diesen Bereichen vor allem die kirchlichen Institutionen stärker in den Vordergrund. Die aufgezeigten strukturellen Unterschiede werden durch den Blick auf die Hauswerte bestätigt; hier sind die höchsten Steuersätze zu entrichten. Schließlich sei noch darauf hingewiesen, daß das Bürgerviertel herkömmlicherweise der Stadtteil mit der höchsten Bevölkerungsdichte war.

Bei den verbleibenden Häusern handelt es sich um Einzelnummern, deren Schicksal im Rahmen der Bearbeitung des Häuserbuches der Stadt zu verfolgen ist. Für die Statistik der Haus- und Grundbesitzer fallen sie kaum ins Gewicht. Das gilt selbst für das fürstliche Haus Thurn und Taxis, das in den folgenden Aufstellungen lediglich mit drei Positionen vertreten ist, weil ihm die Reichsstadt nennenswerten Immobilienerwerb innerhalb ihrer Mauern untersagte; von diesen stellt lediglich das Ballhaus (Lit. C 21) einen größeren Wert dar. Nachdem das Fürstliche Haus in Lit. C 149 zum Zeitpunkt der Anlage der Statistik noch immer zur Miete wohnte, setzte sein Hauserwerb in größerem Stil erst im 19. Jahrhundert ein; er wird im Schlußkapitel zu behandeln sein.

VI. Statistik

1. Die Stadt

a) Vorbemerkung

Die folgende Statistik begnügt sich nicht wie die überwiegende Anzahl der vorliegenden Atlas-Bände, die Städte zu behandeln hatten, mit Pauschalübersichten über die Besitzverhältnisse; sie bemüht sich vielmehr um die exakte Beschreibung eines jeden einzelnen Objektes bezüglich seiner Beschaffenheit, seines rechtlichen Status sowie seines Wertes. Sie ist als Besitzer- und Zinshausstatistik[1] angelegt, die jede Hausnummer einzeln erfaßt und nach folgenden Kriterien vorstellt:

- Beschreibung des Objektes (in normalisierter Form)
- Besitzer 1805/06 (spätere Veränderungen werden nicht angegeben); der Vorname des Ehepartners entfällt.
- Rechtsstatus des Objektes
- Höhe der auf dem Objekt liegenden Steuerbewertung, unterschieden durch eine Veranlagung in einen Betrag vor und nach 1805/06.

Auf diesem Wege sollen die Besitz- und Rechtsverhältnisse in der Stadt um 1800 möglichst datailliert und umfassend dokumentiert werden.

Da eine derartige Gesamtaufnahme in reichsstädtischer Zeit aus herrschaftlichen Gründen nicht möglich war und somit auch nicht überliefert sein kann, mußte sie aus späteren Verzeichnissen erarbeitet werden. Dabei war darauf zu achten, daß die Zerstörungen infolge der Kanonade Napoleons am 23. April 1809 tiefgreifende Veränderungen im Hausbestand an der Südostecke der Stadt verursacht haben. Deswegen geben die Verzeichnisse nach 1809 nicht mehr den Zustand am Ende der Reichsstadtära wider und sind deswegen nur mehr mit Vorbehalten zu verwenden. Aus diesem Grund kam für die Anlage der Statistik nach den genannten Gesichtspunkten eine einzige Handschrift in Frage:

StAAm Reichsstadt Regensburg Literale 8: *Lagerbuch über die in der Stadt Regensburg und deren Burgfrieden gelegenen Häuser und Gärten.*

Das Verzeichnis stellt die einzige Gesamtaufnahme der Stadt vor dem Einschnitt des Jahres 1809 dar. Es wurde angelegt von Stadtschreiber Johann Gott-

[1] Der am ehesten vergleichbare Atlas-Band „Stadt Augsburg" wählte einen anderen Weg, indem er allein eine Zinshausstatistik erarbeitete. Vgl. Fried, Historischer Atlas und Stadtgeschichtsforschung.

fried Mannhart im Rahmen der Bemühungen um eine Reform des Besteuerungswesens unter Fürstprimas Dalberg, hat also amtlichen Charakter. Es ist nicht ganz vollständig, aber in jeder Hinsicht glaubhaft. Der Zeitpunkt der Anlage läßt sich aufgrund der nachgetragenen Besitzverschiebungen auf die Monate Ende 1805/Anfang 1806 einengen[2]. Merkwürdigerweise ist der Band nicht innerhalb der Dalbergschen Registratur überliefert, sondern in einem Miszellaneenbestand; sein Weg läßt sich im einzelnen nicht mehr zurückverfolgen.
Zur Schließung der in dieser Hauptquelle verbleibenden Lücken wurden die ältesten Kataster verwendet: StAAm Kataster Regensburg 222–232 (1837–39). Zur Kontrolle konnte ein gedrucktes Verzeichnis des Jahres 1808 herangezogen werden: *Uebersicht der sämmtlichen hiesigen Hauseigenthümer nach den Eintheilungen der Stadt in 8 Wachten oder Distrikte*[3].

Weitere ergänzende Quellen sind:

StAR A $\frac{1973}{4}$: *Verzeichnis der Häuser und Hauseigentümer in der Wahlenwacht (um 1808).*

StAR A $\frac{1973}{29}$: *Verzeichnis der anläßlich der Kanonade Napoleons zerstörten Häuser.*

Die Statistik ist auf dem Litera-System aufgebaut. Nach diesem erfolgte die kurz vor 1800 eingeführte und somit um die Jahrhundertwende maßgebliche Bezeichnung der einzelnen Häuser. Deswegen mußte es auch hier zugrunde gelegt werden. Während des Mittelalters und der frühen Neuzeit wurden die Häuser identifiziert mit Hilfe der Straßennamen, die zumindest vereinzelt seit dem hohen Mittelalter gebräuchlich waren. Die älteste Straßenbezeichnung ist die Straße *inter Latinos* = Wahlenstraße, die seit etwa 1150 nachweisbar ist[4]. Noch während des Mittelalters sind aber auch andere Straßennamen eingeführt worden. Der Stadtplan von Bahre nennt weitere Straßennamen[5]. Innerhalb der Straßen dienten Hausnamen, Besitzer oder Eigenheiten der Nachbarhäuser der näheren Identifizierung. Hausnummern waren bis ins ausgehende 18. Jahrhundert hinein unbekannt. Sie wurden erstmals im Jahre 1794 eingeführt. Vorbild könnte die Reichsstadt Augsburg gewesen sein, wo der gleiche Vorgang im Jahre 1781 nachzuweisen ist[6]. Damals wurden alle unter städtischer Gerichtsbarkeit stehenden Häuser innerhalb der einzelnen Wachten fortlaufend durchnumeriert. Die Zählung ergab 1087 Hausnummern, wobei Kirchen, klöster-

[2] Zu dieser Aufnahme der Stadt vgl. Schlaich, Reichsstifte, S. 260; vor allem die trefflichen Analysen von Nemitz, Dalberg, S. 194–206.
[3] In: Regensburgischer Bürger-Adreßkalender auf das Schaltjahr 1808, Regensburg 1808. Vgl. Vierhundertfünfzig Jahre Evangelische Kirche in Regensburg, S. 465 Nr. 250.
[4] Widemann, Traditionen, S. 410 Nr. 849; S. 492 Nr. 973; S. 534 Nr. 1046: *vnder Walhen*; S. 474 Nr. 944: *platea Latinorum.* S. Kap. II, Anm. 52.
[5] StMR: *Exactissima imperialis liberae civitatis Ratisbonae delineatio anno 1614.* Vgl. Bauer, Regensburg, S. 870 Nr. 25.
[6] Detlev Schröder, Stadt Augsburg, HAB Schwaben 10, München 1975, S. 181; Augsburger Stadtlexikon, Geschichte - Gesellschaft - Kultur - Recht, hrsg. von Wolfram Baer u. a., Augsburg 1985, S. 231 f.

liche und stiftische sowie Gesandtschaftshäuser – zusammen mehrere hundert Objekte – ausgespart blieben[7].
Sofort nach der Übernahme des Fürstentums Regensburg durch Fürstprimas Dalberg wurde eine *Verbesserte Wachteinteilung* eingeführt (1. Juli 1803)[8]. Erstmals nahm sie eine vollständige Verzeichnung aller Häuser vor. Jeder Wacht wurde ein Großbuchstabe zugeordnet. Innerhalb der Wachten wurden die Häuser fortlaufend durchgezählt. Die Hausbezeichnung bestand in der Sigle für die Wacht und der zugehörigen Hausnummer. Dabei wurden nun auch die zwischenzeitlich außerhalb der Stadtmauer entstandenen und entstehenden Häuser einbezogen; diese Feldwacht erhielt die Sigle I. Zur Erleichterung der Orientierung wurde ein Stadtplan veröffentlicht, der erstmals eine kartographische Übersicht über das Stadtgebiet mit Wachteinteilung und Hausnummern bot. Die Übersicht wurde ebenfalls von Stadtschreiber Mannhart ausgearbeitet[9]. Dieses System blieb bis ins beginnende 20. Jahrhundert in Gebrauch und wurde erst nach der letzten Jahrhundertwende durch die Straßenbezeichnungen mit zugehöriger Hausnummer ersetzt. Für die Beschreibung des Zustandes um 1800 konnte somit nur die *Verbesserte Wachteinteilung* Dalbergs zugrunde gelegt werden, die also den Zustand von 1805/06 dokumentiert. Einen älteren umfassenden Querschnitt, auf dem die Statistik aufgebaut werden könnte, gibt es für Regensburg nicht.

In der folgenden Statistik wird der Rechtszustand der einzelnen Häuser mit folgenden drei Kategorien gekennzeichnet[10]:

- freieigen (e): Das Haus ist unbelastet und gehört dem genannten Besitzer uneingeschränkt.
- zinsbar (z): Auf dem Haus liegt ein Zins, der an den oder die genannten Empfänger – eine kirchliche Institution oder ein städtisches Amt und in vergleichsweise vielen Ausnahmefällen auch eine Privatperson – zu entrichten ist. Diese Zinse reichen überwiegend ins Mittelalter zurück. Auffallend ist ihre sehr unterschiedliche Höhe. Der Zins begründete aber keine weitere herrschaftliche oder rechtliche Abhängigkeit. Es handelt sich um belastetes Eigen, denn die Zinsempfänger haben die Zinshäuser nicht zu ihrem Besitz gerechnet. Die Herkunft der Zinse ist vermutlich unterschiedlich. Sie sind oftmals von der Umwandlung eines ursprünglichen Abhängigkeitsverhältnisses in eine monetäre Abgabe abzuleiten, weil sich das frühere Obereigentum auf eine Geldzahlung reduzierte. Es liegt also häufig eine Verdinglichung

[7] StAR A 1941/35b: *Tabelle über die Anzahl der Gebäude in der Kaiserl. Freyen Reichsstadt Regensburg;* vgl. Kayser, Beschreibung, S. 5. – Es ist ein einziges originales Hausnummernschild des 18. Jahrhunderts erhalten geblieben: Wahlenstraße 3.
[8] StAAm Fürstentum Regensburg, Landesdirektorium 59; Kurfürstlich-erzkanzlerisches Regierungs- und Intelligenzblatt 1803 Nr. 27; Bauer, Regensburg, S. 16f. S. Kap. IV, Abschn. 2 h.
[9] Grundriß der Fürstlich Primatischen Residenzstadt Regensburg nebst deren neueren Gartenanlagen außer den Thoren, Kupferstich 1808, Verlag Augustin, Regensburg 1808. Vgl. Bauer, Regensburg, S. 860 Nr. 21.
[10] Vgl. StAAm Kataster Regensburg 222, fol. 49f.

anfänglich leibrechtlicher Bindungen vor, die vereinzelt noch in einer angeführten Hühnerabgabe durchschimmert. Doch kann es sich bei Klöstern weiterhin um Belastungen handeln, die aus früheren Kapitalaufnahmen, Stiftungen oder Mitgiften beim Klostereintritt herrühren[11]. Bei Zinsen an Privatleute ist auch an Hypotheken zu denken. Die Anzahl der Zinshäuser ist beträchtlich, aber dennoch geringer als die der Häuser im Eigentum. Einzelne Objekte waren mehrfach zinspflichtig. Die Belastung konnte aber auch in Dienstbarkeiten bestehen, so z.B. Lit B 7 (*Servitut des Uhrenaufziehens*). Diese Zinse wurden teilweise im 18. Jahrhundert nicht mehr entrichtet.

– lehnbar (l): Es gab innerhalb des Stadtgebietes eine Reihe lehnbarer Häuser, die aber wohl nicht vollzählig verzeichnet sind. In den meisten Fällen handelt es sich um hochstiftische Lehen, die als mit keiner Jurisdiktion versehene Beutellehen beschrieben werden. Sie waren in bürgerliche Hand gelangt und verpflichteten den Inhaber lediglich zur Geldzahlung sowie zur Einhebung des Konsenses der Lehensherrn im Falle der Veräußerung. Die lehenbaren Grundstücke verblieben somit außerhalb des freien Grundverkehrs, wenngleich dem Zustimmungsvorbehalt ein Belehnungszwang entsprach. Zinslasten oder Lehnsrechte betrafen nicht immer die gesamte Immobilie, sondern oftmals nur Teile, so daß eine Grundstücksnummer durchaus in mehrere Kategorien fallen kann.

Es gibt ältere vergleichbare Querschnitte über das Stadtgebiet. Einer wurde jüngst ediert und fordert den Vergleich mit der hier vorgelegten Statistik heraus[12]. Doch ist es nicht möglich, diese älteren Verzeichnisse mit den Aufnahmen des beginnenden 19. Jahrhunderts in unmittelbare Beziehung zu setzen, weil die unterschiedliche Art der Hausbezeichnung keine Verbindungen ermöglicht. Die Objekte mit Litera-Bezeichnungen in den früheren Beschreibungen wiederzuerkennen, ist unmöglich. Zudem sind alle älteren Verzeichnisse unvollständig, weil sich vor allem die kirchlichen Hausbesitzer der Veranlagung durch Organe der Stadt widersetzten. Aus diesem Grund ist der Vergleich unterschiedlicher Zeitstufen, den Fried[13] in ländlichen Räumen mit bahnbrechenden Ergebnissen zog, nicht auf den städtischen Bereich zu übertragen.

[11] Vgl. Schönberger, Niedermünster, S. 132; Schlaich, Regensburger Reichsstifte, S. 213f.

[12] Wolff, Regensburgs Häuserbestand im späten Mittelalter. Das einzige überlieferte Steuersecret aus reichsstädtischer Zeit: StAR A $\frac{1954}{4}$ (1699).

[13] Pankraz Fried, Herrschaftsgeschichte der altbayerischen Landgerichte Dachau und Kranzberg im Hoch- und Spätmittelalter sowie in der frühen Neuzeit (Studien zur bayerischen Verfassungs- und Sozialgeschichte 1) München 1962.

b) Statistik

Lit.		Bezeichnung	Besitzer	Rechts-form	Zins-empfänger		Steuerfuß in fl. alt	neu	
A	1	Haus, Garten	Hieronymus Mämminger	e			100	360	
A	2	Haus, Garten, Holzlege	Leonhard Meyer	e			150	700	
A	3	Zwinger	Georg Friedrich Müller	e				(600)	zu 4
A	4	Hinterhaus zu 9	Georg Friedrich Müller	e		zu 9		10800	incl. 3
A	5	Haus, Garten, Hof	Elias Theodor Heßling	e		incl. 8	1000	2640	incl. 8
A	6	Haus, Garten, Hinterhaus, Hof	Johann Leonhard Pappler	e			2255	1850	
A	7	Stadel	Matthäus Obermayer	e			1000	800	
A	8	Haus, Garten	Elias Theodor Heßling	e		zu 5			zu 5
A	9	Haus, Hof, Garten	Georg Friedrich Müller	e		incl. 4	1300	1870	
A	10	Haus	Georg Friedrich Müller	e			700	1440	
A	11	Haus, Garten	Johann Anton Pemsel	e			520	600	
		Schupfe	Johann Anton Pemsel	z					
A	12 a	Schupfe	Johann Friedrich Friedlein	z	Ungeldamt		250	120	
	b	Haus, Platz	Johann Georg Grünstäudl	z			250	620	
A	13	Schupfe	Adam Friedrich Schneid	z	Ungeldamt	zu 152			zu 152
A	14 a	Haus, Hof, Garten	Johann Stephan Schleusinger	e			1600	1720	
	b	Turm	Stadt	e					
A	15	Haus, Hof	Matthias Obermeyer	e			4500	3560	
A	16	Stadel, Garten	Johann Ludwig Putzenberger	e		zu 125		510	
A	17 a	Haus, Hof	Johann Friedrich Friedlein	z	Kloster Prüfening		1000	1020	
	b	Turm	Stadt	e					
A	18	Stadel	Ludwig Wilhelm Schaeffer	e			650	670	
A	19	Haus, Hof	Johann Heinrich Müller	z	Hans Leitner		1800	1680	
A	20	Haus, Hof	Johann Haeckel	e			1700	1960	
A	21	Haus, Hof	Johann Christian Feuchtmeyer	e			2200	670	
A	22 a	Haus, Hof	Adolf Purner	e			1200	1130	
	b	Turm	Stadt	e					
A	23	Haus, Hof	Georg Leonhard Hagen	e			1200	4040	
A	24	Haus, Hof	Johann Ulrich Böhm	z	Ungeldamt		1000	2980	

Lit.	Bezeichnung	Besitzer	Rechtsform	Zinsempfänger	Steuerfuß in fl. alt	neu	
A 25	Haus, Hof	Städtisches Waisen-, Zucht- und Arbeitshaus	e			7120	
A 26	Stadel	Almosenamt	z	Alte Kapelle		690	
A 27	Haus, Hof	Almosenamt	e			310	
	Platz		z	Ungeldamt			
	Schupfe		z	Ungeldamt			
A 28 a	Haus, Hof	Almosenamt	e			190	
b	Turm	Stadt	e				
A 29	Haus, Hof	Andreas Keck	z	St. Ägidien	580	700	
A 30	Haus, Hof	Johann Martin Osswald	z	St. Ägidien	300	450	
A 31	Haus, Hof	Johann Georg Guggenbiller	z	St. Ägidien	480	720	
A 32	Schupfe	Johann Michael Frank	z				
A 33	Haus, Hof	Johann Christian Aichinger	z	Hochstift	1210	1570	
A 34	Haus, Hof	David Hillischer	z	Wolfgangsbruderschaft	800	1180	
A 35	Haus, Hof	Johann Georg Widmann	z	Wolfgangsbruderschaft	800	1240	
A 36	Haus, Hof	Johann Friedrich Kerner	z	Wolfgangsbruderschaft	550	1170	
A 37	Haus, Hof	Simon Schricker	z	St. Emmeram	700	710	
A 38	Haus, Hof, Schupfe	Johann Michael Frank	e		600	1900	incl. 39
A 39	Haus	Johann Michael Frank	e		350		zu 38
A 40	Stadel	Adam Memwart	e			640	
A 41	Stadel	Georg Michael Wagner	e		650	540	
A 42	Stadel	Johann Georg Boerer	e		700	870	
A 43	Haus, Hof	Johann Wolfgang Presslein	z	Wolfgangsbruderschaft	650	660	
A 44	Haus, Hof	Georg Michael Link	z	Almosenamt	1900	1510	
A 45	Haus, Hof	Heinrich Friedrich Gartner	e		700	1510	
A 46	Haus, Hof	Johann Georg Rehe	e		90	340	
A 47	Haus, Hof	Johann Georg Schürer	e		1100	1300	

Lit.	Bezeichnung	Besitzer	Rechts-form	Zins-empfänger		Steuerfuß in fl. alt	neu
A 48	Stadel	Paul Emanuel Eltele	z	Niedermünster	zu 49		960
A 49	Brauhaus, Hof	Paul Emanuel Eltele	z	Niedermünster	incl. 48	2200	1570
A 50	Haus, Hof	Johann Martin Pförringer	e			3000	4300
A 51	Haus, Hof	Michael Friedrich Höger	e			1500	1730
A 52	Haus	Johann Georg Ammon	e			1400	1520
A 53	Haus, Hof	Johann Kaspar Naimer	e			600	1150
A 54	Haus, Hof	Michael Christoph Kappelmeyer	z	Almosenamt		1700	2670
			z	Dominikaner-kloster			
A 55	Haus, Hof, Holzschupfe	Johann Georg Hechler	z	Hermann Gelzes Erben		1525	940
A 56	Haus, Hof, Garten	Georg David Hagen	e			1210	2650
A 57	Haus, Hof	Georg Christoph Hesse	e			900	1380
A 58	Haus, Hof	Michael Martin Hartner	e			420	1260
A 59	Haus, Hof	Georg Christoph Aberell	e			800	890
A 60	Stadel	Christian Carl Dibold	e			720	1670
A 61	Haus, Hof	Johann Wolfgang Mergner	e			700	1590
A 62	Haus, Hof	Johann Michael Pfahler	e				2170
A 63	Haus, Hof	Johann Michael Keck	z	St. Katharinen-Spital		2500	2580
A 64	Haus, Hof	Johann Konrad Krafft	z	St. Katharinen-Spital		500	420
A 65	Stadel	Johann Frey	e			1400	730
A 66	Haus, Hof	Johann Michael König	e			500	470
A 67	Haus	Johann Jakob König	e			800	850
A 68	Haus, Hof	Johann Josef Kronawetter	e			1500	4320
A 69	Stadel, Hof	Johann Frey	e			400	1260
A 70	Haus	Philipp Friedrich Gampert	e		zu 71		600
A 71	Haus, Hof	Philipp Friedrich Gampert	e		incl. 70	6800	4620
	Garten		z	St. Emmeram			
A 72	Haus, Hof, Garten	Johann Georg Obermeyer	z	Ungeldamt		700	2480

Lit.	Bezeichnung	Besitzer	Rechts-form	Zins-empfänger		Steuerfuß in fl. alt	neu
A 73	Stadel	Georg Friedrich Freiherr von Dittmer	z	Ungeldamt		1300	1040
A 74	Stadel	Christian Martin Kern	e			600	740
A 75	Stadel	Johann Georg Hammerschmid	e			950	650
A 76	Haus, Hof	Johann Stephan Basel	e			750	1350
A 77	Haus, Garten	Johann Andreas Lehr	e			1000	570
A 78	Haus, Hof	Carl Christian Hertel	z	St. Emmeram		350	1030
A 79	Haus, Hof	Johann Georg Zahn	z	St. Emmeram		500	900
A 80	Haus, Hof	Adam Memwart	e			4000	2120
A 81	Brauhaus, Garten	Jakob Lohberger	z	Almosenamt		4000	4040
A 82	Haus, Garten, Stadel	Susanna Christina Leissner	z	Wolfgangsbruderschaft		1600	2000
A 83	Haus, Hof	Lorenz Mehrmann	e			600	930
A 84	Stadel	Johann Gottlieb Holzer	e			1000	1590
A 85	Stadel	Johann Karl Friedrich Pauer	e			1000	1010
A 86	Haus, Hof	Johann Karl Friedrich Pauer	e			850	2510
A 87	Haus, Hof	Johann Wolfgang Mergner	z	Almosenamt		600	820
A 88	Haus, Hof	Regina Dorothea Auernheimer	z	Kloster Prüll		430	1210
A 89	Haus	Emmerich Auernhamer	z	Kloster Prüll		300	1600
A 90	Haus, Hof	Wilhelm Martin Schleicher	z	St. Katharinen-Spital		400	1500
A 91	Haus, Hof	Johann Micheal Keck	z	Obermünster		700	1610
A 92	Haus, Hof	Jakob Pflügel	z	Hochstift		2400	1400
A 93	Haus, Garten	Christian Martin Liebel	z	Hochstift	incl. 108	4000	2810
			z	Obermünster			
A 94	Haus, Hof	Anna Maria Fugger	e			540	570
A 95	Haus, Hof	Johann Georg Mühling	e			350	1040
A 96	Haus, Garten, Stadel	Josef August Mirus	z	Ungeldamt	incl. 98	1200	1000
			z	Kloster Prüll			
A 97	Haus	Johann Karl Friedrich Pauer	e			1300	2490

Lit.	Bezeichnung	Besitzer	Rechtsform	Zinsempfänger		Steuerfuß in fl. alt	neu	
A 97	Hof	Johann Karl Friedrich Pauer	z	St. Ägidien				
A 98	Stadel	Josef August Mirus	z		zu 96		4390	
A 99	Haus, Hof, Garten	Johann Christoph Gersberger	z	Nikolaus Reimbuchers Erben		960	900	
A 100	Haus, Hof, Garten	Georg Matthias Renot	e			600	910	
A 101	Haus, Hof	Johann Nikolaus Fischer	z	Ungeldamt		1200	1900	
A 102	Stadel	Christian Martin Liebel	z	Obermünster	incl. 103	4000	1720	incl. 103
A 103	Haus, Garten	Christian Martin Liebel	e		zu 102			zu 102
A 104	Haus, Hof	Georg Paul Reif	z	Obermünster		400	690	
A 105	Haus, Hof, Garten	Ignaz Christoph Rohrbeck	z	Obermünster		560	2540	
			z	Dominikanerkloster				
A 106	Haus, Hof	Georg Friedrich Eppelein	e			400	980	
A 107	Stadel	Gottlieb Paul Fabricius	z	Obermünster		800	740	
A 108	Haus, Hof	Johann Andreas Mühlberger	z	Obermünster	zu 93		2340	
	Garten		e					
A 109	Haus, Hof, Garten, Stadel	Johann Friedrich Lehr	z	Niedermünster		7100	3610	
A 110	Haus, Hof, Werkstatt	Johann Christoph Lehr	z	Obermünster		1100	2060	
A 111	Haus, Hof, Garten	Johann Christoph Lehr	e			1200	2350	
A 112	Haus, Hof, Stadel	Johann Georg Eisen	z	Obermünster		1800	1480	
	Garten		e					
A 113	Haus, Hof, Garten	Konrad Christian Aselmeyer	z	Obermünster		1500	3120	
A 114	Haus	Johann Adam Goetz	e			525	450	
A 115	Stadel	Johann Karl Pauer	e		incl. 116	2000	3440	incl. 116
A 116	Haus	Johann Karl Pauer	z	St. Katharinen-Spital	zu 115			zu 115
	Garten		e					
A 117	Haus, Hof	Johann Paul Naimer	e			700	1000	
A 118	Haus, Hof	Martin Lorenz Egler	e			900	860	
A 119	Haus, Hof	Georg Michael Neumüller	z	Kloster Prüfening		1500	1420	
	Garten		e					

Lit.		Bezeichnung	Besitzer	Rechtsform	Zinsempfänger		Steuerfuß in fl. alt	neu
A	120	Haus, Hof	Anna Sophia Sack	z	St. Emmeram		800	820
A	121	Haus, Hof	Johann Michael Schirer	z	St. Emmeram		750	1080
				z	Kloster Prüfening			
A	122	Haus, Hof	Johann Denneloher	z	St. Paul		1500	1140
A	123	Haus, Garten	Johann Michael Neumeyer	z	St. Nikolaus	incl. 124	3800	790
				z	Kloster Prüfening			
A	124	Haus, Garten, Brauhaus	Johann Michael Neumayer	z	St. Emmeram	zu 123		2960
A	125	Haus, Hof	Johann Ludwig Putzenberger	z	Kloster Geisenfeld	incl. 16	3900	3240
				z	St. Katharinen-Spital			
A	126	Haus, Hof, Garten	Johann Leonhard Staudte	z	St. Emmeram		470	2590
A	127	Haus, Hof	Johann Gottlob Böhm	z	Kloster St. Mang		1000	1100
A	128	Haus, Hof, Garten	Joachim Christoph Wilhelm Wisand	e			2450	2140
A	129	Haus, Hof, Stadel	Johann Georg Bartholomäus Kühnlein	e			800	2180
A	130	Haus, Hof, Garten	Johann Maximilian Cham	z	Obermünster		2475	2110
A	131	Haus, Hof, Garten	Johann Adam Reisigl	z	Obermünster		600	1470
A	132	Haus, Hof, Garten	Anna Sophie Margarete Lehr	z	Kloster Weltenburg		900	930
A	133	Haus	Johann Kaspar Goetz	z	Kloster Weltenburg		550	510
A	134	Haus	Johanniterordens-Kommende	e				
A	135	Stadel	Hieronymus Georg Haas	z	Domkapitel		200	540
A	136	Haus, Hof, Garten	Johann Heinrich Koch	e			1500	900
A	137	Haus, Hof, Garten	Johann Heinrich Koch	z	Kloster Prüll		2600	1280
A	138	Haus, Hof, Garten	Johann Heinrich Koch	e			550	3900
A	139	Haus, Hof, Garten	Johann Kraus	z	Kloster Prüll		2240	1610
A	140	Haus, Hof, Garten	Markus Bernecker	z	Johanniterordens-Kommende		2000	3030
				z	Almosenamt			
A	141	Haus, Hof, Garten	Johann Allebrand	z	Niedermünster		740	2880
A	142	Haus, Hof, Garten	Johann Georg Kleinschmid	z	St. Emmeram		800	870

Lit.	Bezeichnung	Besitzer	Rechtsform	Zinsempfänger		Steuerfuß in fl. alt	Steuerfuß in fl. neu	
A 142		Johann Georg Kleindschmid	z	Almosenamt				
A 143	Haus, Hof	Georg Panzer	z	St. Emmeram		1100	1030	
A 144	Haus, Garten	Johanniterordens-Kommende	e					
A 145	Haus, Stadel, Brauhaus	Johann Stephan Schleusinger	z	St. Emmeram		2800	3860	
A 146	Haus, Hof, Stadel, Garten	Johann Heinrich Holzer	z	Obermünster		5200	1500	
A 147	Haus, Garten	Johann Georg Maderholz	e			700	1220	
A 148	Stadel	Johann Michael Panzer	z	Obermünster		800	1000	
A 149	Haus, Hof, Garten	Johann Michael Schübel	z	Obermünster		2200	1920	
			z	Ungeldamt				
A 150	Haus, Hof	Johann Adam Christ	z	Obermünster		600	1140	
A 151	Haus, Garten	Adam Friedrich Schneid	z	Obermünster		1510	2440	
A 152	Haus, Garten	Adam Friedrich Schneid	z	St. Emmeram	incl. 13	1330	1730	incl. 13
			z	Ungeldamt				
A 153	Haus, Hof	Johann Andreas Beyer	e			1605	1980	
	Garten		z	Obermünster				
A 154	Stadel	Johann Michael Schübel	z	Prot. Wohltätigkeitsstiftung			310	
A 155	Haus, Garten	Anna Maria Allkofer	e			1400	6500	
A 156	Haus, Garten	Peter Christoph Reidel	l	Hochstift			2630	
A 157	Haus, Hof	Peter Christoph Reidel	z	St. Ägidien		600	1450	
A 158	Haus, Hof, Garten	Johann Heinrich Koch	z	Obermünster		1400	510	
A 159	Haus, Hof, Garten, Stadel	Johann Wilhelm Friedrich	z	Johanniterordens-Kommende		1800	2510	
A 160	Zwinger	Johann Heinrich Koch	e				5840	incl. 161
			z	Ungeldamt				
A 161	Roßmühle	Johann Heinrich Koch	e					zu 160
			z	Ungeldamt				
A 162	Stadel, Hütte	Johann Heinrich Koch	e		zu 163			
			z	Ungeldamt				

Lit.		Bezeichnung	Besitzer	Rechtsform	Zinsempfänger		Steuerfuß in fl. alt	neu
A	163	Haus, Hof	Johann Gottlieb Walter	z	Obermünster	incl. 162	3310	2630
				z	Ungeldamt			
A	164	Haus, Garten	Johann Precht	z	Obermünster		2600	2970
A	165	Haus, Garten	Ludwig Michael Dimpfel	z	Alte Kapelle		900	2060
		Stadel		e				
A	166	Haus, Hof	Georg Michael Bauer	e			425	960
A	167	Wirtsbehausung	Stephan Michael Beyerlein	e			1300	720
A	168	Haus, Hof, Garten	Johann Michael Neff	z	Alte Kapelle		2500	3020
A	169	Haus, Hof, Garten	Georg Ludwig Zahn	z	Alte Kapelle		1700	3470
A	170 a	Haus, Hof	Johann Heinrich Koch	z	Almosenamt		1750	3920
		Garten		e				
	b	Turm	Johann Anton Pemsel	e				6100
A	171	Haus, Garten	Johann Weidinger	z	Obermünster		1700	1600
A	172	Haus, Hof, Garten	Christian Anton Hoppe	z	St. Emmeram		570	860
A	173	Haus, Hof	Margarete Barbara Schlehlein	z	St. Emmeram		1225	1490
A	174	Haus, Garten	Kloster Heilig Kreuz	e				
A	175	Haus, Hof, Garten	Johann Leonhard Fischer	z	St. Emmeram		315	610
A	176	Haus, Hof	Christian Heindl	z	St. Emmeram		500	1120
A	177	Haus, Hof, Garten	Johann Michael Gebhard	z	St. Emmeram		750	1390
A	178	Haus, Hof, Garten	Johann Peter Panzer	z	St. Emmeram		3700	3160
A	179	Haus, Garten	Hieronymus Georg Haas	z	St. Emmeram		2460	3340
A	180	Haus, Hof	Johann Georg Grüner	e			700	1930
		Garten		z	Obermünster			
A	181	Haus, Garten	Johann Kaspar Leupold	e			195	1290
A	182	Haus, Hof	Georg Andreas Wagner	z	Obermünster		1200	1100
A	183	Haus, Hof, Garten	Johann Heinrich Klostermeyer	e			650	2060
A	184	Stadel, Hof	Adolarius Heumann	e			3000	2120
A	185	Haus, Hof	Johann Gottlieb Streitmann	z	Obermünster		1400	2000
A	186	Haus, Hof	Johann Michael Satzinger	z	Obermünster		2300	1310
		Garten		e				
A	187	Haus, Hof, Garten	Johann Christian Pauer	z	Obermünster		3116	3000

Lit.	Bezeichnung	Besitzer	Rechtsform	Zinsempfänger		Steuerfuß in fl. alt	neu
A 188	Haus, Hof	Johann Georg Führnrohr	z	Obermünster	incl. 189	1200	1250
A 189	Haus, Garten	Johann Georg Führnrohr	e		zu 188		1070
A 190	Stadel	Johann Georg Haller	e		incl. 196	4650	960
A 191	Haus, Hof	Georg Michael Wittmann	z	St. Katharinen-Spital		800	1100
A 192	Haus, Hof	Johann Leonhard Albrecht	e			1000	1980
A 193	Haus, Hof, Garten	Abraham Gottlieb Friedl	z	Domkapitel		18000	5420
			z	Obermünster			
A 194	Haus, Hof	Johann Matthäus Keim	z	St. Katharinen-Spital		2200	3420
A 195	Haus, Garten	Johann Kaspar Leupold	z	Obermünster	incl. 197, 198	3025	1940
A 196	Haus, Brauhaus, Hof	Johann Georg Haller	z	St. Emmeram	zu 190		4840
A 197	Haus, Hof	Johann Kaspar Leupold	z	St. Emmeram	zu 195		830
A 198	Haus, Garten	Johann Kaspar Leupold	z	St. Emmeram	zu 195		2300
A 199	Haus, Hof	Johann Georg Reulein	z	St. Emmeram		300	530
A 200	Haus	Isabella Elisabeth Boerer	z	St. Emmeram		2300	2490
	Garten		e				
A 201	Haus, Hof	Johann Ludwig Pollmann	z	St. Emmeram		400	1010
A 202	Haus	Matthias Sturmberger	z	St. Emmeram		600	850
A 203	Haus, Hof, Garten	Johann Adam Keimel	z	St. Emmeram		700	1140
A 204	Stadel	Kloster Heilig Kreuz	e				630
A 205	Holzschupfe	Kloster Heilig Kreuz	e				430
A 206	Getreidekasten	Kloster Heilig Kreuz	e				1000
A 207	Klausur und Garten	Kloster Heilig Kreuz	e				5600
A 208	Schulhaus	Kloster Heilig Kreuz	e				1400
A 209	Brauhaus	Kloster Heilig Kreuz	e				430
A 210	Gesindehaus	Kloster Heilig Kreuz	e				730
A 211	Haus, Garten, Stadel, Hof	Christian Gottlieb Gumpelzhaimer	z	St. Emmeram		1200	2130

Lit.		Bezeichnung	Besitzer	Rechtsform	Zinsempfänger	Steuerfuß in fl. alt	Steuerfuß in fl. neu
A	212	Haus, Garten	Christian Gottlieb Gumpelzhaimer	z	St. Emmeram	844	880
A	213	Haus, Hof, Garten	Johann Georg Maderholz	z	St. Emmeram	700	920
A	214	Haus, Hof, Garten	Sybille Margarete Euphrosine Grimm	z	St. Emmeram	1500	1260
A	215	Haus, Hof, Garten	Johann Michael Christ	z	St. Emmeram	600	660
A	216	Haus, Hof	Samuel Gottlieb Reinisch	z	St. Emmeram	370	1070
A	217	Haus, Garten	Johann Georg Haller	z		600	710
A	218	Malzhaus (Weinstadel, Heuwaag)	Stadt	e			5760
A	219	Haus, Garten	Johann Leonhard Pirner	z	Dominikanerkloster	1700	3410
A	220	Haus	Paul Christian Habel	z	Dominikanerkloster	3500	4160
A	221	Haus, Hof	Leopold Probst	z	Dominikanerkloster	1500	1750
		Garten		z	Ungeldamt		
A	222	Haus, Hof	Gottlieb Christian Müller	z	Dominikanerkloster	1700	1470
A	223	Stadel	Johann Gottlieb Holzer	e		800	1360
A	224	Haus, Garten	Christian Friedrich Gebhard	z	Almosenamt	2020	2040
				z	Ungeldamt		
A	225	Haus	Stadt	e			1400
A	226	Strohmagazin, Garten	Stadt	e			3820
A	227	Baufuhrknechtswohnung	Stadt	e			890
A	228	Stadel	Stadt	e			300
A	229	Bauamtsdienerwohnung	Stadt	e			1930
A	230	Stahlzwinger	Stahlschützengesellschaft	e			1420
				z	Ungeldamt		
A	231	Haus, Hof	Johann Leonhard Demelmeyer	z	Ungeldamt		350
A	232	Holzzwinger	Stadt	e			490
A	233 a	Heustadel	Stadt	e			3860

Lit.		Bezeichnung	Besitzer	Rechtsform	Zinsempfänger	Steuerfuß in fl. alt	Steuerfuß in fl. neu
A	233 b	Turm, Schupfe	Stadt	e			150
	c	Pflastererhütte	Stadt	e			
	d	Torwartswohnung	Stadt	e			250
A	234 a	Zwinger	Gottlieb Christian Müller	e		500	570
	b	Zwinger	Johann Georg Führnrohr	z		90	160
	c	Zwinger	Johann Moessner	z	Ungeldamt	130	180
	d	Zwinger	Georg Ambrosius Sorge	z	Ungeldamt	332	380
A	235	Baustadel	Stadt	e			
A	236	Holzbehältnis	Stadt	e			
A	237	Haus, Hof	Johann Christian Panzers Erben	e		2710	3370
A	238	Haus, Hof	Johann Ludwig Diener	z			
A	239	Haus, Hof	Johann Franz Strasser	e		2180	1530
A	240	Haus, Hof	Carl Anton Lott	e		900	740
A	241	Haus, Hof, Garten	Johann Natterer	z	Almosenamt	850	750
A	242 a	Haus, Hof, Garten	Catharina Pickl	z	Almosenamt	400	630
	b	Gassenkehrerhütte	Stadt	e			
A	243	Haus, Hof, Garten	Georg Konstantin Lang	z	St. Jakob	2310	1340
A	244	Haus	St. Jakob	e			
A	245	Haus, Hof	St. Jakob	e			
A	246	Brauhaus, Schupfe	St. Jakob	e			
A	247	Pfisterei	St. Jakob	e			
A	248	Wagenschupfen	St. Jakob	e			
A	249	Seminarium	St. Jakob	e			
A	250	Stallung	St. Jakob	e			
A	251	Stadel, Reitschule	St. Jakob	e			
A	252	Schuhmacherswohnung	St. Jakob	e			
A	253	Stallung, Wagenschupfe	St. Jakob	e			
A	254	Haus, Hof	Johann Michael Schleusinger	z	Almosenamt	540	1150
A	255 a	Haus	Johann Erhard Gottschalk	z	Almosenamt	1000	1140
	b	Haus, Hof	Joseph Bauer	z		300	780
A	256 a	Hüterhaus	Stadtbaumannschaft	e			260
	b	Haus	Joseph Schmetterer	e			

Lit.		Bezeichnung	Besitzer	Rechtsform	Zinsempfänger		Steuerfuß in fl. alt	Steuerfuß in fl. neu	
B	1	Haus, Hof	Johann Gottlieb Hoffmann	e			3100	2470	
B	2	Haus	Carl Gotthelf Beck	e			2150	3000	
B	3	Haus	Anna Ursula Moser	e			1260	2100	
B	4	Theater- und Gesellschaftshaus	Stadt	e				20300	
B	5	Haus, Hof	Johann Heinrich Otto	e			3260	2290	
B	6	Haus, Hof	Johann Christian Gottlob Zollner	e			200	1220	
B	7	Haus	Johann Wolfgang Klostermeyer	e			1662	930	
B	8	Haus, Hof	Königreich Bayern	e					
B	9	Haus, Hof	Johann Gottlieb Holzer	z	Kloster Geisenfeld		860	1880	
B	10	Haus, Hof	Georg Septimius Dieterichs	z	St. Lazarus		1600	1780	
B	11	Haus, Hof, Brauhaus	Paul Friedrich Klostermeyer	z	Bruderhaus		3700	3430	
				z	Almosenamt				
		Garten		e					
B	12	Haus, Hof	Anna Katharina Elisabeth Oppermann	e			540	1350	
B	13	Haus, Hof	Joseph Hameyer	e			975	2780	
B	14	Haus, Hof	Heinrich Wilhelm Eck	e			820	610	
B	15	Haus, Hof	Sybille Ursula Franz	z	Spital St. Oswald		800	2210	
B	16	Haus, Hof	Johann Martin Wendler	e			5500	3210	
B	17	Haus, Hof, Garten	Maria Johanna Habrecht	e			3000	5420	
B	18	Brauhaus, Hof	Johann Friedrich Haeckel	e			6000	2290	
B	19	Haus, Hof	Johann Friedrich Haeckel	e			2000	2280	
B	20	Haus, Hof	Johann Frey	e			5020	6820	
B	21	Stadel	Johann Frey	e			800	810	
B	22	Haus, Hof	Johann Michael Amler	z	Alte Kapelle		2000	2320	
B	23	Haus, Hof	Ernst Christian Fallot	e		incl. 24 zu 23	2500	3580	incl. 24 zu 23
B	24	Haus, Hof, Garten	Ernst Christian Fallot	z	St. Emmeram				
B	25	Haus, Hof, Garten	Esaias Andreas Ehrich	z	St. Emmeram		3080	2880	
B	26	Haus, Hof, Garten	Christoph Heinrich Georg Zeiller	e			1800	2590	
B	27	Haus, Hof, Garten	Johann Michael Schleusinger	z	Obermünster		2115	3820	
		Garten		z	Kloster Prüfening				

Lit.	Bezeichnung	Besitzer	Rechtsform	Zinsempfänger	Steuerfuß in fl. alt	Steuerfuß in fl. neu
B 28	Haus, Hof (ehem. Münzhaus)	Georg Christoph Busch	e			4280
B 29	Haus, Hof, Garten	Johann Christoph Reichmeyer	e		900	1980
B 30	Haus, Hof	Christian Gottlieb Josias Weidners Erben	z	St. Jakob	850	1580
			z	Wolfgangsbruderschaft		
B 31	Haus, Hof	Maria Steiner	z	St. Ägidien	980	1390
B 32	Haus, Hof	Maria Barbara Leupold	z	St. Emmeram	2500	6770
B 33	Haus, Hof	Kaspar Ley	e		1200	1250
B 34	Haus, Hof	Johann Konrad Hessling	e		2300	7380
B 35	Haus, Hof	Sybille Margarete Euphrosine Grimm	z	Obermünster	4000	3900
			z	Almosenamt		
B 36	Haus, Hof	Catharina Christina Dürwanger	e		1200	1040
B 37	Haus, Hof	Johann Ludwig Grimms Erben	z	St. Emmeram	1950	4680
B 38	Haus, Stadel	Maria Barbara Friedrich	e		2500	990
B 39	Haus, Hof	Esaias Konrad Lieber	z	Almosenamt	550	800
			z	St. Emmeram		
B 40	Haus, Hof	Johann Andreas Friedel	e		1500	1990
B 41	Haus, Hof	Barbara Catharina Neumeyer	z	Obermünster	2000	1620
B 42	Haus, Hof	Anna Klara Hemsing	z	Obermünster	2500	2100
B 43	Haus, Hof	Susanna Barbara Kipecke	e		1800	1980
B 44	Haus	Johann Matthäus Wider	z	Obermünster	1000	1170
B 45	Haus, Hof	Ursula Margarete Haas	e		1250	1750
B 46	Brauhaus, Hof	Johann Andreas Friedel	z	Johanniterordens-Kommende	6000	6050
B 47	Haus, Hof, Schupfe	Johann Vogler	z	Kloster Prüfening	8000	8910
			z	Obermünster		
B 48	Haus, Hof	Septimius Andreas Oppermannsche Erben	z	Obermünster	1800	9350
B 49	Haus, Hof, Garten	Johann Christoph Moshammer	e	erhält Zins von F 34	6860	5580

Lit.		Bezeichnung	Besitzer	Rechts-form	Zins-empfänger		Steuerfuß in fl. alt	neu
B	50	Haus, Hof	Johann Christoph Moshammer	z	Almosenamt		4000	3120
B	51	Stadel	Isabella Elisabeth Boerer	z	Niedermünster		1150	1370
B	52	Haus, Hof	Johann Adam Holzer	e			1250	2430
B	53	Haus, Hof	Johanna Katharina Heiler	e			1500	1780
B	54	Haus, Hof, Garten	Heinrich Mölle	e			2080	1820
B	55	Haus, Hof	Gottlieb Friedrich Bobbe	z	St. Nikolaus		1600	2020
				z	Almosenamt			
B	56	Haus, Hof, Garten	Johann Christoph Keyser	z	Obermünster		4500	5360
B	57	Haus, Hof	Gottlieb Pfort	e			3300	3520
B	58	Haus, Hof	Johann Michael Trunzer	z	Almosenamt		400	980
B	59	Haus, Hof	Johann Andreas Beyer	z	Obermünster		900	1040
B	60	Haus, Hof, Schule	Stadt	e				1050
B	61	Haus, Hof, Waaghaus	Stadt	e				4600
B	62	Haus, Hof	Johann Hieronymus Leutner	z	Kloster Metten		3000	5920
B	63	Haus, Hof	Johann Michael Fuchs	e			1500	1850
B	64	Haus, Hof	Elisabeth Kath. u. Johann Eduard Habrecht	e			3000	8270
B	65	Haus, Hof	Isabella Christina Boerer	z	Almosenamt		4500	5280
B	66	Haus, Hof	Georg David Hagen	e		incl. 85	1800	1310
B	67	Haus, Hof	Christoph Nikolaus Vier	z	Domkapitel		1200	1970
B	68	Haus, Hof	Johann Konrad Kempf	e			2200	2050
B	69	Haus, Hof	Adam Kübler	e			1105	1250
B	70	Stadel	Georg Friedrich Freiherr von Dittmer	e			1000	990
B	71	Haus, Hof: Vorderstock	Johann Ludwig Bastian	l	Hochstift		3300	3780
		Hinterstock		e				
B	72	Haus, Hof	Elias Andreas Haas	e			2000	3530
B	73	Haus, Hof	Konrad Neubauer	e			2000	2840
B	74	Haus, Hof	Johann Gottfried Schmaus	e			1800	1560
B	75	Haus, Hof	Johann Kaspar Leupold	z	Ungeldamt		3000	3840
B	76	Haus, Hof	Christian Gottlieb Dimpfel	e			2400	4940

Lit.	Bezeichnung	Besitzer	Rechts-form	Zins-empfänger		Steuerfuß in fl. alt	neu	
B 77	Haus, Hof, Keller	Michael Gabriel Fuchs	e			3705	2820	
B 78	Haus, Hof	Johann Christian Heinrich Steiger	e			2600	3700	
B 79	Haus, Hof	Ludwig Wilhelm Schaeffer	z	St. Alban		10000	8880	
			z	St. Lazarus				
B 80	Haus, Hof	Johann Christoph Ritter	e		incl. 81	7000	4770	
B 81	Haus, Hof	Johann Christoph Ritter	z	Niedermünster	zu 80		1270	
B 82	Haus, Hof	Johann Schmiedel	e			1500	1680	
B 83	Haus, Hof, Hinterhaus, Stallung	Katharina Felicitas Meichsners Erben	e			1750	3840	
B 84	Haus, Hof	Johann Christoph Kirchberger	e			1700	3390	
B 85	Haus, Hof	Georg David Hagen	e		zu 66		2250	
B 86	Haus, Hof	Johann Martin Kausler	z	D 81		450	460	
B 87	Haus, Hof	Margarete Barbara Schlehleins Erben	z	St. Emmeram		650	1960	
B 88	Haus	Johann Leonhard Ehrich	e			525	660	
B 89	Haus, Hof	Johann Matthäus Satzinger	e			1620	1230	
B 90	Haus, Hof	Gottlieb Walter	z	Alte Kapelle	incl.91	3600	3910	incl. 91
B 91	Haus	Gottlieb Walter	e		zu 90			zu 90
B 92	Haus, Hof	Johann Wilhelm Anns	e			5340	4130	
B 93	Haus, Hof, Stadel	Christina E. und Johann G. Schaeffer	e			4000	4550	
B 94	Haus, Hof	Johann Heinrich Allius Erben	z	St. Alban	incl. 95	5550	10240	incl. 95
			z	St. Lazarus				
B 95	Haus, Hof	Johann Heinrich Allius Erben	e		zu 94			zu 94
B 96	Haus, Hof	Jakob Schielin	e			1400	2920	
B 97	Haus, Hof	Johann Christoph Ritz	e			5000	5220	
B 98	Haus, Hof	Johann Friedrich Boesner	e			3800	4390	

Lit.	Bezeichnung	Besitzer	Rechtsform	Zinsempfänger	Steuerfuß in fl. alt	Steuerfuß in fl. neu	
C 1	Haus, Stadel, Garten	Jakob Schaubner	z	Almosenamt		2040	
C 2	Stadel	Johann Gottlieb Christian Hendschel	z	Almosenamt		1900	
C 3	Stadel	Anna Elisabetha Ritz	e		270	830	
C 4	Haus, Hof	Matthias Pappler	e		2600	1270	
C 5	Haus, Hof	Johann Werner Lauhn	z	Almosenamt	1700	1600	
C 6	Haus, Hof	Stadt	e		600		
C 7	Palais	Stadt	e				
C 8	Haus, Hof	Johann Kaspar Leupold	z	Ungeldamt	8525	9330	
C 9	Haus, Hof	Ludwig Christian Keyser	e		900	1210	
C 10	Haus, Hof	Johann Martin Bott	e		1900	1400	
C 11	Haus, Hof	Johann Heinisch	e		450	960	
C 12	Haus	Georg Michael Burkgas	z	St. Paul	700	770	
C 13	Haus, Hof	Johann Zeilmeyer	z	St. Paul	1110	1110	
C 14	Haus, Hof (Gymnasium)	Stadt	e			5560	
C 15	Haus, Garten (Rektoratswohnung)	Stadt	e			3260	
C 16	Klostergarten, Schupfe	Dominikanerkloster	e			25000	incl. 18, 19
C 17	Haus, Hof	Dominikanerkloster	e			8500	
C 18	Brauhaus, Mahlmühle	Dominikanerkloster	e				zu 16
C 19	Holzschupfe, Stadel	Dominikanerkloster	e				zu 16
C 20	Stallung	Dominikanerkloster	e				
C 21	Haus (ehemals Ballhaus)	Fürst von Thurn und Taxis	e			2490	
C 22	Haus, Hof	Andreas Christian Adler	z	St. Ägidien		1120	
	Platz		z	Ungeldamt			
C 23	Haus	Johann Georg Fischer	e			1370	
C 24	Haus, Garten	Johann Georg Fischer	z	St. Ägidien		600	
C 25	Haus, Hof	Georg Michael Roth	z	St. Emmeram		3420	
			z	St. Ägidien			
C 26	Haus	Georg Michael Eppelein	z	St. Ägidien		750	
	Garten		z	Ungeldamt			
C 27	Haus, Hof, Garten	Gottlieb Pfort	e			1620	

Lit.	Bezeichnung	Besitzer	Rechts-form	Zins-empfänger	Steuerfuß in fl. alt	neu	
C 28	Haus, Hof	Johann Georg Keller	z	St. Emmeram		1290	
C 29	Haus, Hof, Garten	Johann Stanislaus Reinwald	z	St. Emmeram		690	
C 30	Haus, Hof	Kaspar Meyer	e			1060	
C 31	Haus, Hof	Johann Heinrich Weiß	z	St. Emmeram		1540	
C 32	Haus, Hof	Gottlieb Matthias Lindner	z	St. Emmeram		1730	
C 33	Haus, Hof	Gottlieb Matthias Lindner	e			820	
C 34	Nebenhaus, Hof	Gottlieb Matthias Lindner	z	St. Emmeram		2330	
C 35	Haus, Hof, Garten	Johann Michael Schneider	z	St. Emmeram		1350	
C 36	Haus, Hof, Garten	Katharina Barbara Rendl	z	St. Emmeram		1720	
C 37	Haus, Hof	Maximilian Straubinger	z	Dominikaner-kloster		630	
C 38	Haus, Hof, Garten	Johann Michael Denk	z	St. Emmeram		1550	
C 39	Haus, Hof	Paul Matthias Norckauer	z	St. Emmeram		820	
C 40	Haus, Hof, Garten	Ulrich a Marca	z	St. Emmeram		4320	
C 41	Haus, Hof	Anna Maria Flanz	z	St. Emmeram		2240	
C 42	Haus, Hof	Konrad Friedrich Hayes	z	St. Emmeram		1590	
C 43	Haus, Hof	Hieronymus G. und Johann Jakob Gottfried	z	St. Emmeram		3100	incl. 44
C 44	Haus, Hof, Garten	Hieronymus G. und Johann Jakob Gottfried	z	St. Emmeram			zu 43
C 45	Haus, Hof, Garten	Anna Magdalena Baumgarten	z	St. Emmeram		2710	incl. 46
C 46	Haus, Hof	Anna Magdalena Baumgarten	z	St. Emmeram			zu 45
C 47	Haus, Hof, Garten	Jakob Schielin	z	Almosenamt		990	
			z	St. Emmeram			
C 48	Haus	Johann Michael Wolff	z	St. Emmeram		600	
C 49	Haus, Hof	Gottlieb Roiko	z	St. Emmeram	1500	1260	
C 50	Haus, Hof	Franz Burkard von Cetti	z	St. Emmeram		3290	
C 51	Haus, Hof, Garten, Nebengebäude	Barbara Rosemarie von Pilgram	z	St. Emmeram		2970	
C 52	Haus, Hof	Johann Baptist Ehrenthaler	e			910	
	Garten		z	St. Emmeram			
C 53	Haus	Johann Meyer	z	St. Emmeram		120	

Lit.	Bezeichnung	Besitzer	Rechtsform	Zinsempfänger	Steuerfuß in fl. alt	neu	
C 54	Haus, Hof, Garten	Georg Christoph Hirschmann	e			720	
C 55	Haus, Hof, Garten	Johann Leonhard Högner	z	St. Emmeram		1720	
C 56	Haus, Hof	Hieronymus Georg und Johann Jakob Gottfried	e			790	
C 57	Haus, Hof, Garten	Paul Christoph Wolff	z	St. Jakob		1260	
C 58	Haus, Hof	Regina M. und Johann L. Reuter	z	St. Lazarus		1890	
C 59	Haus, Hof	Friedrich August Bender	z	St. Emmeram		1450	
C 60	Haus, Hof	Tobias Stieglitz	z	St. Emmeram		1480	
C 61	Haus, Hof, Garten	Franz Friederich	z	St. Katharinen-Spital		3100	
C 62	Haus, Hof	Regina Justina Klostermeyer	z	St. Emmeram		1620	
C 63		Stadt	e				
C 64	Hinterhaus	Johann Christoph Platz	e				zu 71
C 65	Haus, Hof, Garten	Georg Fechter	z	St. Emmeram		1840	
C 66	Haus, Hof: Eckhaus	Susanna Christina Wider	z	St. Emmeram		3100	
	Rest		e				
C 67	Haus, Hof	Johann Georg Riedel	e			2460	
C 68	Haus, Hof	Daniel Friedrich Deisch	z	St. Emmeram		3450	incl. 102
C 69	Haus, Hof	Johann Daniel Hurler	e			1000	
C 70	Haus, Hof	Johann Daniel Hurler	z	St. Emmeram		1490	
C 71	Haus, Hof, Garten	Johann Christoph Platz	z	St. Emmeram		3840	incl. 64
C 72	Haus, Hof	Christian Friedrich Stökle	z	Stadtkämmerei		890	
C 73	Haus, Hof	Johann Martin Biber	z	Ungeldamt		860	
C 74	Haus, Hof	Michael Radlein	z	St. Emmeram		1030	
C 75	Haus, Garten	Elisabeth Barbara u. Johann Ortner	z	St. Emmeram		1840	
C 76	Haus, Hof	Königreich Bayern	e				
C 77	Haus, Hof	Johann Sebastian Denzer	z	St. Nikolaus		950	
C 78	Haus, Hof, Garten	Christoph Friedrich Schmal	e			1740	
C 79	Haus, Hof	Christoph Friedrich Schmal	e			2920	
C 80	Haus, Hof, Garten	Christoph Friedrich Schmal	e			2150	

Lit.	Bezeichnung	Besitzer	Rechts-form	Zins-empfänger	Steuerfuß in fl. alt	neu	
C 81	Haus, Hof	Maria Henriette und Johann Gottlieb Munkert	e			1070	
C 82	Haus, Hof	Johann Christoph Ursinus	z	Ungeldamt		810	
C 83	Haus, Hof, Garten	Johann Michael Schleusinger	e			3000	
C 84	Haus, Hof, Garten	Johann Michael Schleusinger	e			4400	incl. 85
C 85	Haus: Eckhaus	Johann Michael Schleusinger	z	Kloster Prüfening			zu 84
	Hof		z	Alte Kapelle			
	Prüllerhof		z	St. Emmeram			
C 86	Haus, Hof	Johann Kaspar Garry	e			960	
C 87	Haus, Hof	Johann Sebastian Denzer	z	Dominikaner-kloster		1710	
			z	St. Emmeram			
C 88	Haus, Hof	Johann Micheal Ortbauer	z	St. Emmeram		1150	
C 89	Haus	Georg Christoph Willer	z	Obermünster		1220	
C 90	Haus, Hof, Hintergebäude, Garten	Georg Christoph Willer	e			1490	
C 91	Haus, Hof, Garten	Benedikt Friedrich Springer	e			1130	
C 92	Haus, Hof, Garten	Johann Jakob Elspergers Erben	e			8510	
C 93	Haus, Hof, Garten	Johann Valentin Friedrich	e			3060	
C 94	Haus, Hof	Johann Kaspar Zwanziger	z	Obermünster		2190	
C 95	Haus, Hof, Garten	Georg Albrecht Gumpelz-haimersche Erben	e			8510	
C 96	Haus, Hof, Garten	Fürst von Thurn und Taxis	e				
C 97	Haus, Hof	Johann Friedrich Loder	e			4090	
C 98	Haus, Hof, Garten	Matthias Knotz	z	Spital St. Oswald	9000	6480	
C 99	Haus, Hof, Garten	Balthasar Gottlieb Klostermeyer	z	Hochstift	2500	2600	
			z	St. Emmeram			
C 100	Haus, Hof, Garten	Katharina Sybilla Sticker	e		3000	6220	
C 101	Haus, Hof	Johann Philipp Lebershausen	e		3000	3170	
C 102	Garten	Daniel Friedrich Deisch	z	St. Emmeram		(80)	zu 68
C 103	Haus, Hof	Johann Kaspar Leupold	e		7000	3420	
C 104	Haus, Hof	Johann Christian Carl Dibold	e		7500	5880	

Lit.	Bezeichnung	Besitzer	Rechtsform	Zinsempfänger		Steuerfuß in fl. alt	neu
C 105	Haus, Hof	Johann Christoph Harrer	e			2500	3050
C 106	Haus, Hof	Konrad Christian Flanz	e			4000	7280
C 107	Haus	Johann Philipp Metzger	e			2800	2010
C 108	Haus, Hof	Erdmann Jakob Stadler	e			2600	2750
C 109	Haus, Hof, Brauhaus	Balthasar Gottlieb Klostermeyer	e			6000	5390
C 110	Haus, Hof	Johann Sebastian Sommer	z	St. Emmeram		900	1660
C 111	Haus, Hof	Johann Sebastian Sommer	z	St. Emmeram		2700	2240
			z	Almosenamt			
C 112	Haus, Hof	Johann Karl August Saemann	z	Köche/Fleischhacker		2400	1940
C 113	Haus, Hof, Hinterhaus, Garten	Katharina Sybilla Sticker	z	St. Emmeram		1500	5150
C 114	Stadel	Georg Friedrich Freiherr von Dittmer	z	St. Emmeram		2132	1460
C 115	Haus, Hof, Garten	Sabina Susanna Boltzmann	z	St. Emmeram		6600	7600
			z	Ungeldamt			
			z	Alte Kapelle			
C 116	Haus, Hof	Barbara Eleonore Häberle	z	St. Emmeram		755	2480
	Garten		e				
C 117	Haus, Hof	Johann Georg Kraut	e			400	710
C 118	Haus, Hof	Johann Georg Fichtmüller	z	Almosenamt		800	950
C 119	Haus, Hof	Johann Moritz Barth	z	Niedermünster		1100	1150
			z	Ungeldamt			
C 120	Haus, Hof, Garten	Johann Christoph Ziegler	z	St. Emmeram		4000	3080
C 121	Haus, Hof	Simon Reinbacher	z	St. Emmeram		1200	1710
C 122	Haus, Hof	Johann Matthäus Baumann	z	St. Emmeram		500	700
C 123	Haus, Hof	Johann Gottlob Bock	z	St. Emmeram		2945	2460
C 124	Stadel	Hieronymus G. und Johann J. Gottfried	e			1200	610
C 125	Haus, Hof, Garten	Lorenz Wagner	z	Ungeldamt	incl. 127	425	550
C 126	Haus, Hof	Johann Georg Pappler	e			602	460
C 127	Haus	Lorenz Wagner	z	Ungeldamt	zu 125		620

Lit.		Bezeichnung	Besitzer	Rechtsform	Zinsempfänger	Steuerfuß in fl. alt	neu	
C	128	Haus, Hof	Andreas Hofmeyer	z	Ungeldamt	1175	770	
C	129	Haus, Hof	Johann Jakob Kirchensteiner	e		550	350	
C	130	Haus, Hof	Jakob Gottlieb Sebold	z	St. Emmeram	750	750	
C	131	Haus	Johann Matthias Norckauer	z	St. Emmeram	1000	1680	
C	132	Haus, Hof, Garten	Georg Paul Ludwig	z	St. Emmeram	3000	2840	
C	133	Haus, Hof (Bruderhaus)	Armeninstitut	e			990	
C	134	Brauhaus	Armeninstitut	e			2080	
C	135	Stallung, Stadel, Bäckerei	Armeninstitut	e			1080	
C	136	Haus, Hof	Armeninstitut	e			3740	
C	137	Haus, Garten (altes Waisenhaus)	Armeninstitut	e			2060	
C	138	Stadel	Armeninstitut	e			750	
C	139	Stadel	Armeninstitut	e			440	
C	140	Haus, Hof	Johann Gottlieb Hackenschmid	e		1000	1360	
C	141	Haus, Hof, Schmiede	Johann Hufnagel	z	St. Emmeram	1500	1290	
		Platz, Notstall		z	Ungeldamt			
C	142	Haus, Hof	Georg Heinrich Moshammer	z	Ungeldamt	450	420	
C	143	Haus	Johann Christian Fessmann	e			250	
C	144	Haus	Johann Christian Fessmann	e			470	
C	145	Haus, Hof	Johann Franz Kirsch	z	Ungeldamt	650	870	
C	146	Haus, Hof, Garten	Anna Elisabetha Ritz	e		3130	6190	
C	147	Haus, Hof	Johann Wolfgang Schneider	z	Almosenamt		2190	
C	148	Haus, Hof, Garten	Johann Stanislaus Reinwald	z	St. Emmeram	3000	3660	
C	149	Thurn und Taxische Residenz	St. Emmeram	e			16150	
C	150	Haus, Hof	Thomas Behner	z	St. Emmeram	2200	4160	incl. 152
C	151	Haus, Hof	St. Emmeram	e			2800	
C	152	Haus, Hof	Thomas Behner	z	St. Emmeram	600		zu 150
C	153	Haus, Hof	Stephan Kronauer	e		2000	1330	
C	154	Haus, Hof	Johanna Katharina Heiler	z	St. Emmeram	1100	1330	
C	155	Haus, Hof	Michael Kellner	z			642	
C	156	Haus, Hof	Johann Georg Vogt	e		450	860	
C	157	Haus, Hof	Emanuel Kürzinger	z	St. Emmeram	1900	1690	

Lit.		Bezeichnung	Besitzer	Rechts-form	Zins-empfänger	Steuerfuß in fl. alt	neu	
C	158	Haus, Hof, Garten	Emanuel Kürzinger	z	St. Emmeram	600	650	
C	159	Haus, Hof	Johanna Sophia Strauss	z	St. Ägidien	250	680	
C	160	Haus, Hof	Lorenz Eichmeyer	e		444	710	
C	161	Haus, Hof	Samuel Jakob Wack	z	St. Emmeram	700	1330	
C	162	Haus	Johann Jakob Luick	e		900	1100	
C	163	Haus, Hof	Lorenz Lehner	z	St. Emmeram	1010	1020	
C	164	Haus, Hof	Georg Philipp Kirchdorfer	z	St. Emmeram	1200	1210	
C	165	Haus, Hof	Wolfgang Baumann	z	St. Emmeram	700	760	
C	166	Haus, Hof, Garten	Johann Balthasar Bauer	z	St. Emmeram	720	1150	
C	167	Haus, Hof	Johann Matthäus Lindner	z	St. Emmeram	1200	1310	
C	168	Haus, Hof, Garten	Deutscher Orden	e				
C	169	Haus, Hof	Deutscher Orden	e				
C	170	Haus (St. Gilgen-Seelhaus)	Deutscher Orden	e				
C	171	Stadel	Deutscher Orden	e				
C	172	Haus, Hof, Garten	Johann Matthäus Lindner	z	Deutscher Orden	1300	1330	
C	173	Haus, Hof	Johann Luick	z	Deutscher Orden	400	760	
C	174	Haus, Hof, Garten	Johann Wilhelm Grunert	z	St. Emmeram	1100	1130	
C	175	Haus, Hof	Johann Christian Klieberer	z	St. Emmeram	850	1380	
C	176	Haus	St. Emmeram	e			600	
C	177	Haus, Garten	St. Emmeram	e			1560	
C	178	Haus	St. Emmeram	e			500	
C	179	Meierhof, Haus, Stadel	St. Emmeram	e			6800	
C	180	Haus, Schmiede	St. Emmeram	e			3340	
C	181	Haus	St. Emmeram	e			670	
C	182	Haus, Garten	Heinrich Mölle	e		450	820	
C	183	Zwinger	Fürst von Thurn und Taxis	e				zu 200
C	184	Stadel	Johann Thomas Behner	e			690	
C	185	Stadel	St. Emmeram	e			650	
C	186	Haus, Hof	St. Emmeram	e			7920	
C	187	Haus	St. Emmeram	e			430	
C	188	Garten	St. Emmeram	e			115	

Lit.		Bezeichnung	Besitzer	Rechts-form	Zins-empfänger		Steuerfuß in fl. alt	neu	
C	189	Stallung	St. Emmeram	e				2500	
C	190	Brauhaus	St. Emmeram	e				6800	
C	191	Konventgebäude	St. Emmeram	e				37700	
C	192	Reitschule	St. Emmeram	e					
C	193	Stallung	St. Emmeram	e				550	
C	194	Schupfe	St. Emmeram	e				220	
C	195	Schupfe	St. Emmeram	e				210	
C	196	Schupfe	St. Emmeram	e				300	
C	197	Haus (sog. Resignationswohnung)	St. Emmeram	e				2700	
C	198	Haus (Kastner-Wohnung)	St. Emmeram	e				1550	
C	199	Haus (ehem. Kanzler-Wohnung)	St. Emmeram	e				2120	
C	200	Zwinger	St. Emmeram	e				6230	incl. 183
C	201	Turm	Stadt	e				70	
D	1	Steinmetzhütte	Johann Michael Rempel	z	Stadtkämmerei				
D	2	Haus, Garten	Johann Michael Rempel	e			1000	860	
D	3	Haus, Hof	Johann Michael Neumeyer	z	Almosenamt		590	910	
D	4	Haus, Hof	Albrecht Julius Johann Friedrich Rentsch	e			900	1180	
D	5	Haus, Hof	Johann Christoph Breitig	e			500	890	
D	6	Haus	Jakob Hoffmeyer	e			400	1250	
D	7	Haus, Kapelle	Johann Christoph Breitig	z	Almosenamt		800	1650	
D	8	Haus, Hof, Garten	Philipp Reichenberger	e			9000	8980	
D	9	Haus, Hof, Garten	Johann Gottlieb Kirchhof	z	Alte Kapelle		2400	3830	
D	10	Haus, Brauhaus	Johann Matthäus Behner	z	Alte Kapelle	zu 19		3290	incl. 11
D	11	Haus, Hof, Garten, Brunnenrecht	Johann Matthäus Behner	z	Alte Kapelle	zu 19			zu 10
D	12	Stadel	Johann Matthäus Behner	e		zu 19		740	
D	13	Haus, Hof, Garten	Susanna Sophia Selig	e		incl. 14	2600	5450	incl. 14
D	14	Haus	Susanna Sophia Selig	e		zu 13			zu 13
D	15	Haus, Hof	Johann Wolfgang Bieler	e			1100	1580	

Lit.	Bezeichnung	Besitzer	Rechtsform	Zinsempfänger		Steuerfuß in fl. alt	Steuerfuß in fl. neu	
D 16	Haus, Hof	Georg Michael Dürrwanger	e			508	720	
D 17	Haus, Hof	Johann Konrad Weigele	z	Ungeldamt		650	1120	
D 18	Haus, Hof	Johann Zacharias Andreas Aichinger	e			450	820	
D 19	Brauhaus	Johann Matthäus Behner	e		incl. 10/11/12	6250	4460	
D 20	Haus, Hof	Georg Paul Reif	z z	Alte Kapelle Bruderhaus		2700	2660	
D 21	Haus, Hof	Johann Meyer	e			600	760	
D 22	Haus, Hof	Georg Friedrich Moshamer	e			1750	2550	
D 23	Haus, Hof	Johann Michael Panzer	e			1300	1300	
D 24	Haus, Hof, Garten	Katharina Margarethe Backhofer	e			1800	2560	
D 25	Haus, Hof, Garten	Johann Christoph Riedel	e			1600	1220	
D 26	Haus, Hof	Katharina Margarete Schneid	e			2625	2260	
D 27 a	Haus, Garten	Almosenamt	e				2150	
b	Turm	Stadt	e				480	
D 28	Haus, Hof	Matthias Wissmeyer	z z	Kloster Pielenhofen Niedermünster		1100	1430	
D 29	Haus, Hof	Georg Michael Wagner	e			750	1200	
D 30	Haus, Hof	Johann Christoph Meyer	e			600	1780	
D 31	Haus, Hof	Ferdinand Dambauer	e			1000	1500	
D 32	Haus, Hof	Tobias Jakob Stadler	e		incl. 33	4000	3900	incl. 33
D 33	Stadel	Tobias Jakob Stadler	e		zu 32			zu 32
D 34	Haus, Hof	Jonas Johann Gause	e			2200	3600	
D 35	Haus, Hof	Johann Georg Zwörner	e			1000	1310	
D 36	Haus, Hof	Johann Georg Winter	z	St. Katharinen-Spital		2000	3560	
D 37	Haus, Hof	Anna Maria Schlaizer	e			1600	2490	
D 38	Haus, Hof	Christian Gottfried Boesner	e			400	1620	
D 39	Haus, Hof	Klara M. und Albrecht Fr. Kempf	e			1200	910	
D 40	Haus, Hof	Wolfgang Hübner	z	Alte Kapelle		550	650	

Lit.	Bezeichnung	Besitzer	Rechtsform	Zinsempfänger		Steuerfuß in fl. alt	Steuerfuß in fl. neu	
D 41	Haus, Hof	Johann Adam Fuchs	e		incl. 43	1400	1960	incl. 43
D 42	Haus, Hof	Barbara Margarete Schmoll	e			500	860	
D 43	Hinterhaus von 41	Johann Adam Fuchs	e		zu 41			zu 41
D 44	Stadel	Johann Nikolaus Hagen	e			340	500	
D 45	Haus	Johann Georg Winter	e			662	990	
D 46	Haus	Georg Christoph Hagen	e			2500	2790	
D 47	Haus, Hof	Christian Gottfried Boesner	z	Obermünster		600	590	
D 48	Haus, Hof	Johann Adam Friedrich	z	Obermünster		820	950	
D 49	Haus, Hof	Albrecht Friedrich Kempf	e			800	1340	
D 50	Haus, Hof	Georg Benedikt Schübel	e			500	660	
D 51	Haus, Hof	Johann Adam Schmid	e			1950	3510	
D 52	Haus	Johann Leonhard Pulack	e			1200	1570	
D 53	Haus, Hof	Johann Jakob Luick	z	Kloster Geisenfeld		200	4750	
D 54	Haus, Hof	Michael Christoph Kraher	z	Kloster Geisenfeld		900	1380	
			z	St. Alban				
D 55	Haus, Hof	Konrad Friedrich Hayes	z	St. Katharinen-Spital		1000	1490	
D 56	Haus, Hof	Johann Adam Böhm	z	Kloster Prüfening		1606	1870	
D 57	Haus, Hof	Johann Peter Rohrbeck	z	Alte Kapelle		900	2540	incl. 58
D 58	Nebenhaus, Hof	Johann Peter Rohrbeck	e			350		zu 57
D 59	Haus, Hof	Georg Heinrich Hoffs Erben	z	Alte Kapelle		925	810	
D 60	Haus, Hof	Kaspar Christian Zehender	e			1200	990	
D 61	Haus, Hof	Johann Christian Pohl	e			1600	9330	
D 62	Haus, Hof, Stadel, Kapelle, Garten	Johann Ulrich Gottlieb Schaefer	z	St. Katharinen-Spital (Zins v. D 90)		6000	8240	
			z	Kloster Geisenfeld				
D 63	Haus	Leonhard Jakob Speer	e			2100	2700	
D 64	Haus, Hof, Garten	Johann Philipp Pfeiffer	z	Kloster Prüfening		1600	2420	
D 65	Haus, Hof	Johann Goetz	e			1500	1270	
D 66	Haus, Hof	Johann Gottfried Zieger	z	Kloster Geisenfeld		650	1140	
D 67	Haus, Hof	Georg Bernhard Reuter	z	Kloster Geisenfeld		3000	2590	

Lit.	Bezeichnung	Besitzer	Rechts-form	Zins-empfänger		Steuerfuß in fl. alt	neu	
D 68	Haus, Hof	Johann Heinrich Klostermeyer	e			1900	4740	
D 69	Haus, Hof	Christian Gottlieb Joseph Weidner	z	E 52, 53		700	2000	
D 70	Haus, Hof	Johann Christoph Ritter	z	St. Nikolaus		2000	3410	
D 71	Haus, Hof	Georg Ambrosius Sorg	e			650	880	
D 72	Haus, Hof	Johann Ludwig Grimm	e			1400	4500	incl. 73
D 73	Haus, Hof	Johann Ludwig Grimm	e			2200		zu 72
D 74	Haus, Hof	Johann Nikolaus Hiltel	e			1800	2610	
D 75	Haus, Hof, Garten	Johann August Zucker	e			8000	15360	
D 76	Haus, Hof, Keller	Johann Andreas Valerius Boettcher	e			5000	7610	
D 77	Haus, Hof	Johann Christoph Gottfried Weiss	z	St. Emmeram		1460	1490	
D 78	Haus, Hof	Johann Heinrich Klostermeyer	e			2000	2420	
D 79	Haus, Hof	Georg Koehler	e			1500	1680	
D 80	Haus, Hof	Jakob Renner	z	E 52, 53		1600	2080	
D 81	Stadel	Ernst Christian Fallot	e	(erhält Zins von B 86)		800	830	
D 82	Haus, Hof	Johann Adam Banzhaff	e			600	890	
D 83	Stadel	Christian Gottlieb Dimpfel	e			700	1520	
D 84	Stadel	Jakob Fischer	e		incl. 86	2200	910	
D 85	Haus, Hof	Albrecht Christoph Hohenberger	e			4000	6270	
D 86	Haus, Hof	Jakob Fischer	z	St. Emmeram	zu 84		2870	
D 87	Haus, Keller	Karl Theodor Gemeiner	z	Alte Kapelle		2560	3810	
	Hof		z	St. Katharinen-Spital				
			z	St. Lazarus				
D 88	Haus, Hof	Georg Michael Dollmann	e			700	920	
D 89	Haus, Hof	Johann Christian Dimpfel	z	St. Emmeram		1700	2490	
D 90	Haus, Hof	Anna Margarete Korhammer	z	Lit. D 62		1200	1640	
D 91	Haus, Hof, Garten	Johanna Elisabeth Scheler	z	Bruderhaus		2100	3600	
D 92	Haus	Adam Bernhard Beintner	e			1500	1370	

Lit.	Bezeichnung	Besitzer	Rechtsform	Zinsempfänger		Steuerfuß in fl. alt	Steuerfuß in fl. neu	
D 93	Haus, Hof	Anna Magdalena Allkofer	e			1800	3190	
D 94	Haus, Hof	Georg Friedrich Freiherr von Dittmer	e			9000	22600	
D 95	Haus, Hof	Johann Lorenz Butz	e			1350	4270	
D 96	Haus, Hof	Johann Michael Rohrbeck	e			300	1640	
D 97	Haus, Hof	Georg Michael Rumel	z	Ungeldamt		300	970	
D 98	Haus, Hof	Johanna Elisabeth Scheu	z	St. Emmeram		150	620	
D 99	Haus	Johanna Elisabeth Scheu	z	St. Ägidien		625	1820	
D 100	Haus, Hof	Johann Peter Rohrbeck	e		incl. 101	1100	2970	incl. 101
D 101	Haus	Johann Peter Rohrbeck	e		zu 100			zu 100
D 102	Haus, Hof	Johann Zacharias Dümmling	e			1700	2210	
D 103	Haus, Hof	Johann Friedrich Deffner	e			4220	3390	
D 104	Haus, Hof	Sibylla Elisabeth Wendler	e			2300	2540	
D 105	Haus, Hof	Johann G. Fr. und Johann G. Hornung	e		incl. 114	1600	4480	incl. 114
D 106	Haus, Hof	Andreas Stadlers Erben	e			4500	5770	
D 107	Haus, Hof	Anna Magdalena Mäminger	e			1920	2490	
D 108	Stadel	Johann Andreas Lehr	e		zu F 61		590	
D 109	Haus, Hof	Georg Michael Wagner	e			600	1120	
D 110	Haus, Hof	Paul Christian Rohrbeck	z	St. Emmeram		420	1050	
D 111	Haus, Hof	Johann Andreas Sack	e			400	820	
D 112	Haus, Hof	Georg Heinrich Dörfler	e			340	1770	
D 113	Haus	Johann Kaspar Korhammer	z	Niedermünster		700	790	
D 114	Hinterhaus von 105	Hornungsche Erben	e		zu 105			zu 105
D 115	Haus, Hof	Johann Matthias Bauer	e			806	1040	
D 116	Haus, Hof	Johanna Elisabeth Scheu	z	St. Emmeram		1110	1600	
D 117	Haus, Hof	Georg Christoph Vierzigmann	z	Almosenamt		1000	1290	
D 118	Haus	Georg Christoph Vierzigmann	z	Alte Kapelle		534	980	
D 119	Haus	Johann Baptist Schwaiger	e			800	900	
D 120	Haus, Hof (ehem. Fechtschule)	Stadt	e				4300	
D 121	Rathaus	Stadt	e				9000	

Lit.		Bezeichnung	Besitzer	Rechts-form	Zins-empfänger	Steuerfuß in fl. alt	neu
D	122	Rathaus und Turm	Stadt	e			8000
D	123	Rathaus (neues Gebäude)	Stadt	e			9000
D	124	Haus, Hof	Johann Matthäus Sauermann	e		2000	2280
D	125	Haus, Hof	Johann Anton Krick	e		3400	2710
D	126	Haus, Hof	Georg Michael Wagner	z	St. Katharinen-Spital	1920	1990
D	127	Haus, Hof	Johann Georg Fuchs	z	Wolfgangsbruder-schaft	1600	1770
				z	D 128 (erhält Zins v. F 31)		
D	128	Haus, Hof	Johann Stephan Reif	z	Obermünster (erhält Zins v. D 127)	2000	2030
D	129	Haus	Georg David Hagen	e		1355	2120
D	130	Haus, Hof	Johann Georg Neumüller	e		620	590
D	131	Haus, Hof	Georg Christoph Rohrbeck	e		1000	1650
D	132	Haus, Hof, Stall	Johann Matthias Christian Unger	z	Niedermünster	600	990
D	133	Haus	Johann Andreas Schirmer	e		800	1210
D	134	Haus, Hof	Georg Friedrich Reihl	z	Trainersche Erben	1000	1210
D	135	Haus, Hof	Johann Georg Schirmer	z	Obermünster	2100	2640
				z	Alte Kapelle		
D	136	Haus, Hof	Stadt	z	Obermünster	3000	4260
D	137	Haus, Hof, Gartén	Johann Baptist Schwaiger	z	Niedermünster	2500	1820
				z	Alte Kapelle		
D	138	Haus, Hof, Garten	Ludwig Hemter	e		2600	2320
D	139	Haus, Hof	Anna Maria Dollmann	z	Niedermünster	1400	1590
D	140	Haus, Hof	Johann Nikolaus Hagen	e		1800	2470
D	141	Haus	Johann Georg Stoll	e		1200	2060
D	142	Fleisch- und Schlachthaus	Stadt	e			4810
D	143	Stadel, Hof	Georg Friedrich Reihl	e		500	740
D	144	Haus, Hof	Johann Friedrich Scheu	e		940	1430
D	145	Haus, Hof	Johann Samuel Zeh	e		600	750

Lit.		Bezeichnung	Besitzer	Rechts-form	Zins-empfänger		Steuerfuß in fl. alt	neu	
D	146	Haus, Hof	Anna Margarete Korhammer	e			1500	1470	
D	147	Haus, Hof	Christoph Gottfried Reihl	z	Niedermünster		1600	1580	
D	148	Haus	Susanna Katharina Pickel	e			1800	2180	
D	149	Haus, Hof	Johann Georg Winter	e			2110	1720	
D	150	Maut- oder Fischturm	Stadt	e					
D	151	Alter Weinstadel	Stadt	e				2400	
D	152	Wohnung ob dem Weintor	Stadt	e				200	
D	153	Stadel	Georg Christoph Laurer	e			1700	1020	
D	154	Wohnung an der Stadtmauer	Michael Gabriel Fuchs	e			2513	1520	
D	155	Stadel	Georg Christoph Laurer	e			2000	670	
D	156	Schmelzhaus	Stadt	e				200	
D	157	Stadel	Johann Gottlieb Laurer	z	Ungeldamt		400	270	
D	158	Stadel	Christian Gottlieb Naimer	z				500	
D	159	Stadel	Johann Leonhard Naimer	e			250	210	
D	160 a	Stadel	Georg Friedrich Freiherr von Dittmer	z	Ungeldamt		680	940	
	b	Baumschule	Georg Friedrich Freiherr von Dittmer	z	Ungeldamt				
D	161	Haus, Hof, Garten	Gottlieb Abraham Gruber	z	Ungeldamt		1010	1030	
D	162	Haus, Hof	Georg Friedrich Freiherr von Dittmer	e			2650	5040	
		Garten		z	Ungeldamt				
D	163	Haus, Hof, Höfel	Johann Gottlieb Laurer	z	Ungeldamt		420	420	
D	164	Haus, Hof, Höfel, Garten	Georg Albrecht Harrer	z	Ungeldamt		900	910	
D	165	Haus, Hof, Garten	Johann Frey	z	Ungeldamt		1300	2200	
D	166	Haus, Garten	Wilhelmine Elisabeth Arnold	z	Ungeldamt		4666	2420	
D	167	Haus, Hof, Garten	Johann Georg Martin Laurer	z	Ungeldamt		400	1360	
D	168	Haus, Hof, Garten	Georg Zacharias Laurer	z	Ungeldamt		1070	1200	
D	169	Haus, Holzlege, Höfel	Georg Adam Stephan	z	Ungeldamt		160	530	
D	170	Haus, Garten	Georg Christoph Laurer	z	Ungeldamt		1600	2270	
D	171	Haus, Hof, Garten	Johann Gottlieb Laurer	z	Ungeldamt	incl. 172	1000	2200	incl. 172

Lit.		Bezeichnung	Besitzer	Rechts-form	Zins-empfänger		Steuerfuß in fl. alt	neu	
D	172	Haus, Hof, Garten	Georg Gottlieb Laurer	z	Ungeldamt	zu 171			zu 171
D	173	Haus, Hof, Garten	Johann Gottlieb Laurer	z	Ungeldamt		675	890	
D	174	Haus, Hof, Garten	Johann Christoph Naimer	z	Ungeldamt		1200	1330	
D	175	Haus, Hof, Garten	Johann Christoph Naimer	z	Ungeldamt		1600	1000	
D	176	Haus, Hof, Garten	Johann Thomas Ziegler	z	Ungeldamt		1500	1310	
D	177	Haus, Hof, Garten	Johann Rüsselhuber	z	Ungeldamt		3500	2290	
D	178	Haus, Hof	Georg Christoph Lerchner	z	Ungeldamt		400	470	
D	179	Haus, Hof, Garten	Johann Christian Naimer	z	Ungeldamt		1000	1100	
D	180	Haus, Hof, Garten	Georg Zacharias Ziegler	z	Ungeldamt		875	690	
D	181	Haus, Hof, Garten (Schulmeisterwohnung)	Josef Maria Toscano	z	Ungeldamt		2600	2850	
			Josef Maria Toscano	e					
D	182	Haus, Hof, Garten	Sonvico Erben	z	Ungeldamt		6000	6250	
D	183	Haus, Hof, Garten, Sommergebäude	Christian Gottlieb Naimer	z	Ungeldamt		1800	1920	
D	184	Haus, Hof, Garten	Christian Gottlieb Naimer	z	Dominikanerkloster		1800	1680	
D	185	Haus, Hof, Garten	Thomas Hoerndl	e			1500	1030	
D	186	Haus, Hof, Garten	Christian Gottlieb Naimer	z	Ungeldamt		1550	1510	
D	187	Haus, Hof, Garten	Johann Kaspar Arnold	z	Ungeldamt		893	2180	
D	188	Eisenhammer: Wohnung und Garten	Stadt	e				1100	
D	189	Haus (Mühlenschreiber-Wohnung)	Stadt	e				1300	
D	190	Haus (Müller-Wohnung)	Stadt	e				1300	
D	191	Stadel	Stadt	e				500	
D	192	Steinmetzhütte	Stadt	e				250	
D	193	Haus, Garten	Johann Christoph Seiffarth	e			300	470	
D	194	Garten	Barbara Elisabeth Dürsch	e			430	190	
D	195	Stadel und Garten	Stadt	e				800	
D	196	Kupferhammer, Wohnung	Stadt	e				1350	
D	197	Eisenhammer	Stadt	e				800	

Lit.		Bezeichnung	Besitzer	Rechtsform	Zinsempfänger	Steuerfuß in fl. alt	Steuerfuß in fl. neu
D	198	Mahlmühle	Stadt	e			2000
D	199	Papiermühle, Haus, Garten	Stadt	e			4500
D	200	Sägmüller-Wohnung	Stadt	e			1500
D	201 a	Sägmühle	Stadt	e			500
	b	Walkmühle	Stadt	e			800
D	202	Stadel	Stadt	e			400
D	203	Stadel	Stadt	e			500
E	1	Laden am Kohlenmarkt	Wilhelm Friedrich Held	e		2800	2870
E	2	Haus, Hof, Stadel	Johann Wegner	z	Domkapitel	3500	4630
				z	Ungeldamt		
E	3	Haus, Hof	Christian Gottlieb Gehwolf	e		2000	3000
E	4	Haus, Hof	Susanna Katharina Weidner	z	Niedermünster	1300	2370
E	5	Haus, Hof, Turm	Johann Michael Lorenz Reinhard	e		5050	9650
		Stallungen		z	Niedermünster		
E	6	Haus, Hof	Johann Michael Lorenz Reinhard	e		1630	3380
E	7	Haus, Hof	Franz Freund	e		825	680
E	8	Haus, Hof	Maria Barbara Schleusinger	z	Niedermünster	3000	3390
E	9	Haus, Hof	Johann Nikolaus Schmerl	e		900	1800
E	10	Haus, zwei Keller	Georg Christoph Hartmann	e		1800	2280
E	11	Haus, Hof	Christian Emanuel Bieler	e		5000	5340
E	12	Haus, Hof	Samuel Philipp Herz	z	Domkapitel	1400	1980
E	13	Haus, Hof	Susanna Elisabeth Weigel	e		1700	1930
E	14	Haus, Hof	Johann Matthias Ziegler	e		1400	1490
E	15	Haus	Karolina Allius	z	Ungeldamt	1500	2410
		Hof		l	Hochstift		
E	16	Haus, Hof	Simon Jakob Albrecht	e		2260	3130
E	17	Haus, Hof	Katharina Magdalena Wetschger	e		1300	1020
E	18	Haus, Hof	Anna Magdalena und Daniel Porzelius	e		1050	2830

Lit.		Bezeichnung	Besitzer	Rechtsform	Zinsempfänger	Steuerfuß in fl. alt	neu
E	19	Haus, Hof	Johann Kaspar Enslin	z	Domkapitel	2234	3540
				z	Almosenamt		
E	20	Haus, Hof	Simon Paul Schmauser	z	Niedermünster	2950	3390
E	21	Haus, Hof	Johann Leopold Adam Weiss	e		960	1230
E	22	Haus, Hof	Johann Heinrich Jakob Müller	e		1840	1560
E	23	Haus, Hof	Johann Philipp Christian Ziegler	e		2000	4030
E	24	Haus, Hof	Georg Michael Schleusinger	z	Niedermünster	3500	4750
E	25	Haus, Hof	Leonhard Schellkopf	z	Wolfgangsbruderschaft	2800	4060
E	26	Haus, Hof	Adolarius Heumann	e		8050	5530
E	27	Haus, Hof	Johann Christian Karl Dibold	e		3000	4430
E	28	Haus, Hof	Johann Thomas Hendschel	e		950	2950
E	29	Haus, Hof	Juliana Barbara Harrer	e		2000	3510
E	30	Haus, Hof	Maria Helena und Magdalena E. Knigge	z	Metzgerbruderschaft	1000	2820
				z	Ungeldamt		
E	31	Haus, Hof	Philipp Albrecht Schaefer	e		3000	3370
E	32	Haus, Hof	Rosina Salome Häckl	z	Niedermünster	3000	4920
				z	Hochstift		
E	33	Haus, Hof	Georg Christoph Busch	e		2000	2230
E	34	Haus, Hof, Hinterstöckel	Knigges Erben	z	Ungeldamt	5500	5250
E	35	Haus	Stadt	e			900
E	36	Haus, Hof	Jakob Funk	z	Domkapitel	625	790
E	37	Haus, Hof	Johann Georg Schirrer	e		2000	1700
E	38	Haus, Hof	Georg Christoph Riedel	e		1000	1110
E	39	Haus, Hof	Johann Samuel Klocke	z	Niedermünster	900	960
E	40	Haus, Hof	Johann Gottfried Weissmantel	e		700	820
E	41	Haus	Stadt	e			1000
E	42	Haus, Hof	Matthias Niedermeyer	z	St. Katharinen-Spital	926	900
E	43	Haus, Hof	Johann Thomas Hendschel	z	St. Johann	1780	1760

Lit.	Bezeichnung	Besitzer	Rechtsform	Zinsempfänger		Steuerfuß in fl. alt	neu
E 44	Haus, Hof	Johann Christian Heinrich Steiger	e			3870	3170
E 45	Haus, Hof	Margarete K. und Christoph Schmidter	z	St. Katharinen-Spital		1200	3690
	Nebenstöckel		e				
E 46	Haus, Hof	Eva Maria Gröbmer	e			2400	2040
E 47	Haus, Hof	Johann Gottlieb Baumgart	e			1905	2020
E 48	Haus, Hof	Kaspar Gottlieb Ludwig	z	Minoritenkloster		5200	4550
E 49	Haus, Hof	Johann Georg Hammerschmidt	z	Minoritenkloster		2300	3470
E 50	Haus, Hof	August Emanuel Dietrich	e			2600	2180
E 51	Haus, Hof	Johann Christoph Heinrich Rümelein	e			2300	2520
E 52	Haus, Hof	Johann Markus Schöpf	e	erhält Zins D 69, 80	incl. 53	4500	2420
E 53	Haus, Hof	Johann Markus Schöpf	e	erhält Zins D 69, 80	zu 52		8590
E 54	Haus, Hof, Brunnengerechtigkeit	Katharina Sybille Gemeiner	e			3400	6130
E 55	Haus, Hof	Katharina Sybille Gemeiner	e			2000	3060
E 56	Haus, Hof	Johann Christoph Vischer	e			8000	6450
E 57	Haus, Hof	Hochstift	e				
E 58	Haus, Hof	Domkapitel	e				750
E 59	Haus, Hof	Domkapitel	e				750
E 60	Haus, Hof	Georg Leonhard Wiesner	e			4000	7600
E 61	Haus, Hof	Elias Ritter	e			2200	4010
E 62	Haus, Hof	Konrad Martin Weiss	z	Hochstift		7000	3810
E 63	Haus, Hof	Ernestine Wilhelmine Adelheid Kräner	z	Hochstift		1510	1720
E 64	Haus, Hof	Katharina Henriette Elisabeth Glätzel	l/e	Alte Kapelle	incl. 66	1300	1000
E 65	Haus, Hof	Gottlieb Roiko	e			5700	5210
E 66	Haus, Hof	Katharina Henriette Elisabeth Glätzel	l/e	Alte Kapelle	zu 64		4380
E 67	Haus, Hof	Johann Michael Pfann	e			1200	1000
E 68	Haus, Hof	Johann Heinrich Thomas Boesner	z	Almosenamt		1150	2730

Lit.		Bezeichnung	Besitzer	Rechtsform	Zinsempfänger		Steuerfuß in fl. alt	neu
E	69	Hauptwache	Stadt	e				1500
E	70	Haus, Hof	Gebrüder Strasskircher	e			1200	1700
E	71	Haus, Hof	Johann Christoph Leisner	e			2525	1400
E	72	Haus, Hof: Vorderhaus	Johann Wilhelm Boesner	e			2000	3090
		Hinterhaus		z	Ungeldamt			
E	73	Haus, Hof	Johann Paul Kränner	e			1950	2130
E	74	Haus	Karl Theodor Culmann	z	Hochstift		3600	4060
E	75	Haus, Hof	Johann Gottlieb Leisner	e			2500	2170
E	76	Haus, Hof	Johann Christoph Leisner	e			1700	1730
E	77	Haus, Hof	Hochstift	e				
E	78	Haus, Hof	St. Johann	e				6600
E	79	Haus, Hof	St. Johann	e				923
E	80	Haus, Hof, Garten	St. Johann	e				1060
E	81	Haus, Stadel, Stallgebäude	Almosenamt	e	erhält Zins E 82			1800
E	82	Haus, Hof	Johann Leonhard Hagen	z	Obermünster; E 81		6000	2100
				z	Almosenamt			
E	83	Haus, Hof	Johann Jakob Rödel	z	Obermünster	incl. 84	1500	950
E	84	Farbhaus	Johann Jakob Rödel	z	Obermünster	zu 83		1870
E	85	Haus, Hof	Johann Friedrich Sack	z	Obermünster		9000	3720
E	86	Haus, Hof	Johann Matthias Fürst	e			1800	1150
E	87	Haus, Hof	St. Paul	e				7590
E	88	Haus, Hof	St. Paul	e				3360
E	89	Haus, Hof (Pfarrhof St. Kassian)	Alte Kapelle	e				2800
E	90	Haus, Hof	Johann Gottlieb Wirth	z	Alte Kapelle		1200	1240
E	91	Haus, Hof	Tobias Stieglitz	e			3750	3800
		Badstube		z	Alte Kapelle			
		Erker		z	Ungeldamt			
E	92	Haus, Hof, Garten	Johann Christoph Weigel	z	Alte Kapelle		3000	4390
E	93	Haus, Hof	St. Johann	e				3000
E	94	Haus, Hof	Johann Georg Kaspar Kahr	z	Obermünster		520	640
E	95	Haus, Hof	Gottlieb Neubert	z	Obermünster		400	660

Lit.	Bezeichnung	Besitzer	Rechtsform	Zinsempfänger	Steuerfuß in fl. alt	neu
E 96	Stadel	Georg Leonhard Minderlein	z	Obermünster (Zins E 97)	500	1220
E 97	Stadel	Johann Friedrich Sack	z	E 96	645	380
E 98	Haus, Hof, Garten	Johann Christian Amesdorfer	z	Obermünster	1200	1390
E 99	Haus, Hof (westlich)	Johann Christian Amesdorfer	z	Niedermünster	1550	1170
	(südlich)		z	Obermünster		
E 100	Haus, Hof	Georg Heinrich Drexel	z	Obermünster	3000	4810
E 101	Stadel	Anton Käfer	z			1140
E 102	Haus, Hof	Anton Käfer	z			2000
E 103	Haus, Hof, Garten	Georg Heinrich Drexel	e		1000	1580
E 104	Haus	Georg Heinrich Drexel	z	Ungeldamt	2000	2680
E 105	Haus, Hof, Garten	Louise Magdalena Leipold	z	St. Paul	1400	2160
E 106	Haus, Hof, Garten	Heinrich Friedrich Hartmeyer	z	St. Paul	1400	3680
E 107	Haus, Hof, Garten, Höfel	Barbara E. und Johann Chr. K. Dibold	z	Obermünster	1450	3070
E 108	Haus, Hof, Garten	Johann Georg Betz	l/e	Obermünster	2000	2060
E 109	Haus, Hof	Tobias Stieglitz	z	Alte Kapelle	1300	1710
E 110	Haus, Hof	Johanna Katharina Heiler	e		700	1070
E 111	Haus, Hof	Georg Andreas Durst	e		1350	2280
E 112	Haus, Hof	Georg Paul Winter	e		700	1260
E 113	Haus, Hof	Georg Paul Zitzmann	z	Alte Kapelle	550	1050
			z	St. Lazarus		
			z	Ungeldamt		
E 114	Haus, Hof	Georg Paul Zitzmann	z	Alte Kapelle	800	1240
E 115	Haus, Hof	Katharina Elisabeth Kleinöder	z	St. Johann	1350	1290
E 116	Haus, Hof	Johann Georg Städelen	e		800	1580
E 117	Haus, Hof	Christian Gottfried Roedes Erben	e		3100	3660
E 118	Stadel	Georg Andreas Durst	e		200	430
E 119	Haus, Hof	Kaspar Christian Kern	e		1400	2620
E 120	Stadel	Kaspar Christan Kern	e		350	520
E 121	Haus	Johann Georg Sorg	z	St. Emmeram	1235	770
E 122	Haus, Hof	Johann Georg Riedel	z	Alte Kapelle	860	960

Lit.		Bezeichnung	Besitzer	Rechtsform	Zinsempfänger	Steuerfuß in fl. alt	neu
E	123	Haus, Hof	Susanna Katharina Wolf	z	Alte Kapelle	1200	3810
				z	St. Emmeram		
		Stadel, Höfel		e			
E	124	Haus, Hof	Johann Christoph Meyer	z	St. Emmeram	1350	2320
E	125	Haus, Hof, Garten	Johann Friedrich Boltzmann	z	Obermünster	2000	3880
				z	St. Emmeram		
E	126	Haus, Hof	Johann Gottfried Fink	z	Obermünster	1200	2730
E	127	Haus, Hof	Johann Christoph Seiffert	z	Dominikanerkloster	1100	2160
E	128	Haus, Hof	Johann Georg Christoph Penzing	z	Obermünster	800	1250
E	129	Haus, Hof	Johann Georg Christoph Penzing	z	Obermünster	1200	870
E	130	Haus, Schmiedewerkstatt	Nikodemus Seidel	l/z	Obermünster	1300	2000
E	131	Haus, Hof	Obermünster	e			762
E	132	Haus, Hof	Kaspar Jakob Führnrohr	z	Obermünster	3500	4080
E	133	Haus, Hof	Johann Gottlieb Kirchhof	z	Obermünster	2000	1680
E	134	Haus, Hof, Garten	Karl Christian Barth	z	Obermünster	1000	2690
E	135	Haus, Hof, Garten	Johann Theodor Christian Schmiedel	z	Obermünster	1000	1220
E	136	Haus, Hof, Garten	Johann Ludwig Grimms Erben	z	Obermünster	2000	3720
				z	Bruderhaus		
E	137	Haus, Hof	Georg Wilhelm Boeswillibald	z	Obermünster		1590
E	138	Haus, Hof	Elisa. Marga. u. Sam. Gottfr. Kirchensteiner	z	Obermünster	800	2900
E	139	Haus, Hof: Vorderhaus	Anna Rosina Lotzbeck	z	Obermünster	700	2420
		Hinterhaus		z	Obermünster		
E	140	Haus, Hof	Anna Rosina Lotzbeck	z	Obermünster	700	3620
E	141	Haus, Hof	Johann Christoph Wassmann	z	Obermünster	1500	2360
				z	Bruderhaus		
E	142	Haus, Hof	Johann Bauer	z	Obermünster	1200	1500
E	143	Haus, Hof	Georg Wilhelm Boeswillibald	z			3000
E	144	Haus, Hof	Christoph Nikolaus Neumeyer	z	Alte Kapelle	862	690

Lit.	Bezeichnung	Besitzer	Rechtsform	Zinsempfänger	Steuerfuß in fl alt	neu
E 145	Haus, Hof	Johann Georg Fichtmüller	z	Alte Kapelle	525	1720
E 146	Haus, Hof	Georg Christoph Garrys Erben	z	Obermünster	750	1250
E 147	Haus, Hof	Kaspar Jakob Führnrohr	z	Obermünster	2000	3340
E 148	Haus, Hof	Johann Friedrich Wilhelm Kellner	e		1400	2180
E 149	Haus, Hof	Johann Georg Kraer	e		2200	1920
E 150	Haus, Hof, Garten	Johann Jakob Sting	z	Wolfgangsbruderschaft	450	850
E 151	Haus, Hof, Garten	Karl Christian Reinhard	e		800	2540
E 152	Haus, Hof, Garten, Hinterhaus	Johannn Christoph Brandner	e		1500	2640
E 153	Haus, Hof, Vorder- u. Hinterhaus	Johann Christoph von Selpert	e		2400	5690
E 154	Haus, Hof	Friedrich Werner Grimm	e		8000	12090
E 155	Konventbau, Garten	Augustinerkloster	e			9000
E 156	Brauhaus, Stallung	Augustinerkloster	e			3000
E 157	Haus mit Turm und Hofstallung	Anna M. a Sonvico und Maria M. E. Toskano	z	Hochstift	1200	6080
E 158	Haus, Hof	Jacobina Sophia Arnold	e	erhält Zins E 159	5000	5630
E 159	Haus, Hof	Johann Theodor Christian Schmiedel	z	Almosenamt	826	1210
			z	E 158		
E 160	Haus, Hof	Karl Gottlieb Schmid	e		1000	1190
E 161	Haus	Hochstift	e			1150
E 162	Haus, Hof	Johann Michael Öffelein	e		800	1260
E 163	Haus, Hof	Johann Leonhard Köppel	z	St. Emmeram	1300	1880
E 164	Haus, Hof	Johann Friedrich Blettner	z	St. Emmeram	850	2670
E 165	Haus, Hof, Nebengebäude	Georg Leonhard Minderlein	z	St. Emmeram	5000	3160
E 166	Haus, Hof	Johann Christoph Keyling	z	Almosenamt	2000	1660
E 167	Haus, Hof	Johann Christian Fessmann	z	St. Nikolaus	2000	2300
E 168	Haus, Hof	Katharina Elisabeth und Matthias Scheiz	e		1010	1890
E 169	Haus, Hof	Johann Andreas Steck	e		2200	2760
E 170	Garten	Johann Michael Amler	z	Ungeldamt	150	70

Lit.		Bezeichnung	Besitzer	Rechtsform	Zinsempfänger	Steuerfuß in fl. alt	neu	
E	171	Haus	Simon Weissbacher	z			3270	
E	172	Haus	Vitus Russ	z			2420	
E	173	Haus	Niedermünster	e			2180	
E	174	Haus	Johann Fischer	z	Obermünster		1200	
E	175	Haus	Obermünster	e			2000	
E	176	Haus, Bierschenke	Obermünster	e			1510	
E	177	Hof	Obermünster	e			2597	incl. 178, 182
E	178	Stallungen, Schupfe	Obermünster	e				zu 177
E	179	Kuhstall	Obermünster	e			1950	
E	180	Sommerhaus	Obermünster	e			600	
E	181	Brauhaus, Garten	Obermünster	e			4554	
E	182	Stallungen, Schupfe	Obermünster	e				zu 177
E	183	Remise	Obermünster	e			192	
E	184	Haus	Obermünster	e			880	
E	185	Damenstift, zwei Gärten	Obermünster	e			1896	
E	186 a	Haus	Michael Aumeyer	z			1896	
	b	Haus	Stephan Graf	z			1320	
	c	Haus	Michael Bossy	z			1100	
E	187	Haus (Kanzler-Wohnung)	Obermünster	e			2632	
E	188	Konventgebäude	St. Paul	e			4000	
E	189	Brauhaus	St. Paul	e			4800	
E	190	Schulhaus	St. Paul	e			3000	
E	191	Laden	Johann Tauber	e		150	110	
E	192 a	Zwinger	Johann Roedel	z			1390	incl. 192b
	b	Zwinger	Johann Friedrich Körner	z				zu 192a

Lit.	Bezeichnung	Besitzer	Rechts-form	Zins-empfänger	Steuerfuß in fl. alt	neu	
F 1	Haus, Hof	Johann Friedrich Friedlein	z	Niedermünster		2460	incl. 2
			e				
F 2	Haus, Hof	Johann Friedrich Friedlein	e				zu 1
			z	Niedermünster			
F 3	Haus, Hof	Johann Kasimir Andreas Wanner	z	Ungeldamt	1300	1650	
			e				
F 4	Haus, Hof, Apotheke	Christoph Nikodemus Hessling	e		1800	3600	
F 5	Läden	Johann Christoph Körber	z	St. Paul	604	410	
F 6	Haus, Hof	Christian Martin Kern	e		3600	3400	
F 7	Haus, Hof, Turm	Jakob Gottlieb Pastau	e		1000	2210	
F 8	Haus, Hof	Johann Michael Schleusinger	e		1800	1560	
F 9	Haus, Hof	Georg Hieronymus Lehner	z	St. Emmeram	2400	2520	
F 10	Haus, Hof	Jakob Gottlieb Pastau	e		330	1140	
F 11	Haus, Hof	Johann Christian Kempf	z	St. Katharinen-Spital	700	1090	
			z	St. Nikolaus			
F 12	Haus, Hof	August Emanuel Dietrich	z	Obermünster	1500	1270	
F 13	Haus, Hof	Heinrich Siegmund Jakobi	z	Hochstift	1000	1090	
F 14	Haus, Hof	Johann Anton Schwerdner	z	Hochstift	2600	4120	
			e				
F 15	Haus, Hof, Kapelle	Christoph L. u. Erdmann A. Allkofer	z	Hochstift	4000	6260	
F 16	Haus, Hof	Preidlische Kinder	z	Obermünster	1800	3810	
F 17	Haus, Hof	Peter August Karl Taubert	l	Hochstift	5000	4780	
F 18	Haus, Hof	Friedrich Heinrich Theodor Bertram	l/e	Hochstift	3000	4180	
F 19	Haus, 2 Hofstätten	Margareta Christina Plato	e		2010	2230	
F 20	Haus, Hof	Margareta Theresia Wack	l	Hochstift	2075	3840	
F 21	Haus, Hof	Erdmann Jakob Friedrich	e		2500	3750	
F 22	Haus, Hof, Stadel, Turm	Gottlieb Paul Fabricius	z	Ungeldamt	3000	3430	
			z	St. Katharinen-Spital			

Lit.	Bezeichnung	Besitzer	Rechtsform	Zinsempfänger	Steuerfuß in fl. alt	Steuerfuß in fl. neu	
F 23	Haus, Hof	Christian Daniel Henselmann	e		2100	2330	
F 24	Haus, Hof	Johann Valentin Sauermann	z	Wolfgangsbruderschaft	1950	2850	
			z	St. Katharinen-Spital			
F 25	Haus, Hof	Johann Nikodemus Siegmund	e		2000	1270	
F 26	Haus, Hof	Anna Barbara Beckstein	z	Niedermünster	600	980	
F 27	Haus, Hof	Christian Michael Klostermeyer	z	Hochstift	4500	3060	
F 28	Haus, Hof	Susanna Barbara Stierlein	e		500	1290	
F 29	Haus, Hof	Johann Christoph Weidinger	z	St. Katharinen-Spital	3800	3070	
			e				
F 30	Haus, Hof	Georg Nikolaus Laurer	z	St. Paul	725	770	
F 31	Haus, Hof	Georg Nikolaus Laurer	z	D 127	500	580	
F 32	Haus, Hof	Johann Karl Dornick	z	St. Katharinen-Spital	800	790	
			z	Minoritenkloster			
F 33	Haus, Hof	Johann Christoph Fröhlich	z	Hochstift	700	890	
F 34	Haus	Johann Georg August Sohn	z	Alte Kapelle	2330	1190	
	Hof		z	B 49			
F 35	Haus, Hof	Joachim Ernst Mainberger	e		580	1100	
F 36	Haus, Hof	Erdmann Jakob Stadler	z	Niedermünster	1200	1010	
F 37	Haus, Hof	Andreas Gottlieb Schurr	e		1200	1290	
F 38	Haus, Hof	Magnus Schmid	z	Niedermünster	2000	1250	
F 39	Haus, Hof	Hieronymus Heinrich Hartlaub	z	Niedermünster	3300	3880	
F 40	Haus, Hof	Friedrich Ludwig Kessler	e		1900	2260	
F 41	Haus, Hof	Christian Norgauer	e		500	630	
F 42	Haus, Hof	Johann Christoph Lehr	z	Wolfgangsbruderschaft	475	1920	incl. 44
F 43	Haus, Hof: Vorderhaus	Georg Christoph Laurer	z	Niedermünster	1900	2490	
	Hinterstock		z	Niedermünster			

Lit.	Bezeichnung	Besitzer	Rechtsform	Zinsempfänger		Steuerfuß in fl. alt	neu	
F 44	Haus, Hof	Johann Christoph Lehr	z	Wolfgangsbruderschaft		575		zu 42
F 45	Haus, Hof	Johann Balthasar Rupp	e			700	910	
F 46	Haus, Hof	Andreas Septimius Vierzigmann	z	Stahlschützengesellschaft		3000	2180	
			e					
F 47	Stadel	Georg Nikolaus Laurer	e			1825	1080	
F 48	Haus, Hof	Johann Christoph Goede	e			800	1130	
F 49	Haus, Hof	Johann Georg Moser	e			5500	3930	
F 50	Haus, Hof	Konrad Macher	z	Ungeldamt		10550	4590	
F 51	Haus, Hof	Johann Christoph Janny	z	Ungeldamt		412	440	
F 52	Stadel	Johann Giersching	e		zu 57		260	
F 53	Haus, Hof	Charlotte A. M. und Josef A. Mirus	z	Ungeldamt	zu 56		70	
F 54	Haus, Hof	Charlotte A. M. und Josef A. Mirus	z	Ungeldamt		1000	1050	
F 55	Haus	Charlotte A. M. und Josef A. Mirus	e			250	540	
F 56	Haus, Hof	Charlotte A. M. und Josef A. Mirus	e		incl. 53	1700	2740	
F 57	Haus, Werkstatt, Keller	Johann Giersching	e		incl. 52	4000	3660	
F 58	Haus, Hof	Johann Michael Schilling	z	Ungeldamt		1800	2590	
F 59 a	Haus, Hof	Christina Barbara Holzer	e			2400	2390	
b	Hinterstöckel	Christina Barbara Holzer	e			800	680	
F 60	Salzstadel	Stadt	e				4500	
F 61	Haus, Hof	Johann Andreas Lehr	e		incl. D 108	6150	6540	
F 62	Haus, Hof	Johann Christian Pfort	e			1800	4790	incl. 63
F 63	Haus	Johann Christian Pfort	e			3720		zu 62
F 64	Haus, Hof	Albrecht Franz Braunold	e			3600	2800	
F 65	Haus, Hof	Johann Christoph Dobmeyer	z	Alumneum		2800	2020	

Lit.	Bezeichnung	Besitzer	Rechts-form	Zins-empfänger	Steuerfuß in fl. alt	neu
F 66	Haus, Hof	Johann Christoph Dobmeyer	l/e	Kurbayern	1600	2870
F 67	Haus, Hof	Johann Georg Häckel	e		1412	1000
	Bäckerladen		z	Ungeldamt	200	
F 68	Haus, Hof	Anna Katharina Engelhard	e		400	320
F 69	Haus, Hof	Johann Christian Boerer	e		2650	3520
F 70	Haus, Hof	Johann Felix Ehrich	e		1500	2080
F 71	Haus, Hof	Heinrich Johann Thomas Boesner	e		3600	4150
F 72	Haus, Hof	Johann Matthias Holzer	z	Almosenamt	4000	3950
F 73	Salzstadel	Stadt	e			6500
F 74	Haus, Hof	Johann Kaspar Bauer	z	Ungeldamt	800	1190
F 75 a	Haus (Brückzöllner)	Stadt	e			800
b	Schleifmühle	Stadt	e			450
c	Schuldturm	Stadt	e			70
d	Turm	Stadt	e			180
F 76	Salzstadel	Stadt	e			8500
F 77	Zwei Häuser, zwei Höfe	Georg Friedrich Freiherr von Dittmer	z	Kloster Prüfening	4400	7400
			e			
F 78	Haus, Hof	Christian Gottlieb Dimpfel	e		2500	2590
F 79	Haus, Hof	Friedrich Heinrich Konrad Harteneck	e		1500	1020
F 80	Haus, Hof	Karl Heinrich Barth	e		2000	1400
F 81	Haus, Hof	Maria Regina und Johann Stock	z	Almosenamt	1900	1900
F 82	Haus, Hof	Christian Friedrich Hessberger	e		1800	1170
F 83	Haus, Hof	Karl Heinrich Wilhelm Wisand	z	Hochstift	4500	5530
F 84	Haus	Johann Georg Gramp	z	St. Nikolaus	2700	3650
F 85	Haus, Hof	Regina Margareta Kraer	l/e	Hochstift	1200	1190
F 86	Haus, Hof	Johann Gabriel Hohenberger	e		870	2060
F 87	Haus, Hof	Christoph Ludwig Allkofer	e		2100	2830
	Haus, Hof an der Kufnergasse		z	Almosenamt	725	
F 88	Haus, Hof	Johann Jakob August Scholler	e		3000	2850

Lit.	Bezeichnung	Besitzer	Rechts-form	Zins-empfänger	Steuerfuß in fl. alt	neu
F 88	Hof	Johann Jakob August Scholler	z	St. Emmeram		
F 89	Haus, Hof	Benedikt Kramer	e		8000	6810
F 90	Haus	Johann Michael Hornig	e		3000	1860
F 91	Haus	Stadt	e			3200
F 92	Garküche	Stadt	e			200
F 93	Haus, Hof	Johann Georg Weidinger	l/z	Hochstift/ Ungeldamt	2000	4310
F 94	Haus, Hof	Christian Wilhelm Kraus	e		1600	2340
F 95	Haus, Hof	Johann Heinrich Koch	z	Alte Kapelle	5200	6560
			z	Kloster St. Mang		
			z	Evangelische Spitäler		
	Stadel		z	St. Nikolaus		
F 96	Haus, Hof	Johann Dürr	e		3152	2160
F 97	Haus, Hof	Christian Gottlieb Joseph Rupp	e		1500	1600
F 98	Haus, Hof	Johann Daniel Bucher	e		1086	1540
F 99	Haus, Hof	Ulrich Haas	e		850	760
F 100	Stadel	Georg Friedrich Freiherr von Dittmer	z	Niedermünster	1500	1230
F 101	Haus	Georg Matthäus Pfahler	z	Ungeldamt	630	680
F 102	Haus, Badstube	Johann Simon Dresch	z	Niedermünster	3350	3160
			z	St. Nikolaus		
F 103	Haus, Hof	Johann Gottfried Kröber	e		1510	1870
F 104	Haus, Hof	St. Johann	e			900
F 105	Getreidestadel	Hochstift	e			3150
F 106	Haus, Hof (Kanonikatshof)	Hochstift	e			1450
F 107	Haus, Hof (Rentmeisterhaus)	Hochstift	e			1647
F 108	Haus, Hof (Kastnerwohnung)	Hochstift	e			1372
F 109	Haus, Hof (alte Kastner-Wohnung)	Hochstift	e			1166
F 110	Hof (Kuchelhof)	Hochstift	e			2363
F 111	Haus, Hof (Lehensekretärshaus)	Hochstift	e			1300

Lit.		Bezeichnung	Besitzer	Rechts-form	Zins-empfänger		Steuerfuß in fl. alt	neu	
F	112	Haus	Simon Jungmeyer	z	Hochstift		1150	1940	
F	113	Haus, Hof	Johann Georg Neumüller	l/e	Hochstift		1650	2240	
F	114	Haus, Hof	Johann Bernhard Christiani	l	Hochstift		800	1180	
F	115	Haus, Hof	Johann Wilhelm Pickelein	z	St. Ägidien		3000	3260	
		Hintere Stallung		z	Niedermünster				
F	116	Haus (Burgrichter- und Rentmeisterhaus)	Hochstift	e				2880	
F	117	Haus, Hof (Bischofshof)	Hochstift	e				10300	incl. 118
F	118	Brauhaus, Wohnung	Hochstift	e					zu 117
F	119	Getreidekasten	Hochstift	e				800	
F	120 a	Schwibbogen-Wohnung	Domkapitel	e				600	
	b	Haus	Domkapitel	e				1250	
F	121	Haus, Hof	Niedermünster	e				1187	
F	122	Haus (Kastner-Wohnung)	Niedermünster	e				2250	
F	123	Haus, Hof (Kanzler-Wohnung)	Niedermünster	e				3866	
F	124	Haus (Domkapitelstube)	Domkapitel	e				5140	
F	125	Haus (Mesner-Wohnung)	Hochstift	e				2178	
F	126	Haus, Hof	Johann Peter Römer	z	St. Katharinen-Spital		1300	2000	
F	127	Haus, Hof	Johann Jakob Römer	z	Almosenamt		1200	3320	
F	128	Haus, Hof	Johann Georg Lehner	z	Almosenamt		1025	1200	
F	129	Haus, Hof	Johann Georg Lehner	e			1005	1020	
F	130	Haus, Hof	Johann Gottfried Kröber	e			1310	2320	
F	131	Haus, Hof	Niedermünster	e				803	
F	132	Haus, Hof (Schulhaus)	Domkapitel	e				1688	
F	133	Haus, Hof	Katharina Johanna Hendschl	z	Hochstift		742	620	
F	134	Haus	Matthias Roepfel	z				800	
F	135	Haus	Niedermünster	e				2240	
F	136	Haus	Jakob Aumer	z				530	
F	137	Hof, Stadel	Johann Wilhelm Pickelein	z	Niedermünster		625	300	
F	138	Haus, Hof	Georg Bartholomäus Lindner	z	Niedermünster	incl. 139	1200	1150	

Lit.		Bezeichnung	Besitzer	Rechts-form	Zins-empfänger		Steuerfuß in fl. alt	neu	
F	139	Stadel	Georg Bartholomäus Lindner	z	Niedermünster	zu 138		220	
F	140	Stadel, Hof	Johann Georg Weidinger	e			300	400	
F	141	Haus, Hof	Johann Jakob Hahn	z	Niedermünster		490	770	
F	142	Stadel	Christian Wilhelm Kraus	z				400	
F	143	Haus, Hof, Garten	Kaspar Reck	z	Niedermünster		2000	2810	
F	144	Haus, Hof, Garten	Nikolaus Gottfried Haller	z	Niedermünster		1300	3780	
F	145	Haus, Hof	Franz Hollmer	z	Niedermünster			5600	incl. 146
F	146	Haus	Franz Hollmer	z	Niedermünster				zu 145
F	147	Haus	Johann Theobald	z				550	
F	148 a	Haus	Konrad Strössel	z				600	
	b	Haus	Matthias Atzinger	z				325	
F	149 a	Salzstadel	Stadt	e				3500	
	b	Turm	Stadt	e				80	
F	150	Getreidekasten	Niedermünster	e				1200	
F	151	Haus, Hof	Niedermünster	e				5079	
F	152	Haus	Johann Michael Meyer	z				730	
F	153	Haus	Johann Michael Baum	z				780	
F	154	Haus	Niedermünster	e				942	
F	155	Haus	Franz Koboth	z				1610	
F	156	Stiftsgebäude, Garten	Niedermünster	e				19000	
F	157	Brauhaus	Niedermünster	e				6600	
F	158 a	Haus	Niedermünster	e				1002	
	b	Turm	Stadt	e				50	
F	159	Stadel	Niedermünster	e				800	
F	160	Getreidekasten	Niedermünster	e				1230	
F	161	Haus, Nebenhaus	Joseph Gebhard	z				970	
F	162	Haus, Hof	Johann Michael Schleusinger	z	Ungeldamt	incl. 164	1800	2400	incl. 164
F	163	Haus, Hof	Johann Michael Knoll	e			3120	1910	
F	164	Stadel	Johann Michael Schleusinger	z	Niedermünster	zu 162			zu 162
F	165	Stadel	Niedermünster	e				900	
F	166	Haus, Hof	Johann Matthias Wirt	z	Ungeldamt		1446	920	

Lit.		Bezeichnung	Besitzer	Rechts-form	Zins-empfänger	Steuerfuß in fl. alt	neu	
F	167	Haus, Hof	Christian Gottlieb Feuchtmeyer	z	Niedermünster	2300	2670	
F	168	Haus, Nebengebäude	Niedermünster	e			3388	
F	169	Mesnerhaus	Niedermünster	e			1122	
F	170	Haus	Franz Höcherl	z			181	
F	171	Haus	Niedermünster	e			1929	
F	172	Wirtschaftsgebäude, Stallungen	Niedermünster	e			986	
F	173	Schenkhaus	Niedermünster	e			1202	
F	174	Stadel, Kasten	Niedermünster	e			650	
F	175	Haus	Niedermünster	e			1400	
F	176	Haus, Hof	Johann Jakob Wappler	z	St. Katharinen-Spital	3000	7520	
F	177	Haus, Hof	Georg Michael Moshammer	e		3000	2430	
F	178	Haus, Hof	Johann Georg Deffner	z	Alte Kapelle	1700	2460	
F	179	Haus, Hof	Friedrich Hoffman	z	Almosenamt	4000	2070	
G	1 a	Stadel	Johann Martin Schöpf	e		500	530	
	b	Stadel	Johann Martin Schöpf	e		500	780	
G	2	Haus, Hof	Katharina Johanna Valenio	z	Kloster Kastl	700	840	
G	3	Haus, Hof	Johann Georg Fuchs	z	Kloster Kastl	1200	1070	
G	4	Haus, Hof	Johann Michael Kieser	z	Freibergischer Hof	600	770	
G	5	Haus, Hof	Johann Georg Klewitz	z	Kloster Kastl	695	860	
G	6	Haus, Hof	Johann Peter Schieler	z	Kloster Kastl	520	1280	
G	7	Konvent, Garten	Karmelitenkloster	e			8960	incl. 8
G	8	Brauhaus	Karmelitenkloster	e				zu 7
G	9	Turm	Stadt	e			310	
G	10	Klausur, Garten	Kloster St. Klara	e			1720	incl. 11
G	11	Getreidekasten	Kloster St. Klara	e				zu 10
G	12	Brauhaus	Kloster St. Klara	e			420	

Lit.	Bezeichnung	Besitzer	Rechtsform	Zinsempfänger	Steuerfuß in fl. alt	neu
G 13	Haus	Kloster St. Klara	e			1750
G 14	Haus	Kloster St. Klara	e			800
G 15	Haus, Hof, Garten	Kloster St. Klara	e			1266
G 16	Haus	Kloster St. Klara	e			1840
G 17	Haus, Hof, Garten	Johann Franz Koch	e		150	1490
			z	St. Katharinen-Spital		
G 18	Haus, Garten	Hochstift	e			1636
G 19	Haus, Garten	St. Emmeram	e			340
G 20	Haus, Hof, Schupfe	Alte Kapelle	e			1450
G 21	Haus, Garten	Hochstift	e			1110
G 22	Haus, Hof, Garten	Johann Georg Petzold	e		3000	1990
G 23	Haus, Hof	Johann Michael Kappelmeyer	e		2800	2400
G 24	Haus, Hof	Johann Konrad Kolb	z	Alte Kapelle	500	1730
G 25	Haus, Hof	Heinrich Brunner	z	Niedermünster	300	520
G 26	Haus, Hof	Johann Christoph Sammüller	z	Niedermünster	2000	1710
G 27	Haus	Hochstift	e			1316
G 28	Haus, Hof, Garten	Gottlieb Pfort	z	Niedermünster	800	3150
G 29	Haus	St. Johann	e			600
G 30	Haus, Stadel	St. Johann	e			850
G 31	Haus, Hof	Johann Christoph Körber	z	Alte Kapelle	640	1740
			z	St. Emmeram		
G 32	Haus, Hof	Johann Heuselbetz	z	St. Emmeram	1600	1480
G 33	Haus	Alte Kapelle	e			575
G 34	Haus	Alte Kapelle	e			560
G 35	Haus, Hof	Johann Gottlieb Krieg	e		900	1710
G 36	Haus (Schulhaus)	Alte Kapelle	e			4000
G 37	Haus	Alte Kapelle	e			3200
G 38	Haus	Hochstift	e			1815
G 39	Haus (Kastner-Wohnung)	Alte Kapelle	e			2800

Lit.	Bezeichnung	Besitzer	Rechtsform	Zinsempfänger	Steuerfuß in fl. alt	Steuerfuß in fl. neu
G 40	Haus, Garten	Hochstift	e			800
G 41	Haus, Hof	Alte Kapelle	e			2700
G 42	Haus	Alte Kapelle	e			1800
G 43	Haus, Garten	Alte Kapelle	e			2650
G 44	Haus, Garten	Alte Kapelle	e			1400
G 45	Bauernhof	Alte Kapelle	e			2600
G 46	Haus	Alte Kapelle	e			750
G 47	Getreidekasten	Alte Kapelle	e			3300
G 48	Haus (Mesnerhaus)	Alte Kapelle	e			1800
G 49	Haus, Garten (Kanonikathof)	Alte Kapelle	e			1900
G 50	Haus, Turm	Königlich Bayerisches Hauptmautamt	e			
G 51	Haus	Königlich Bayerisches Hauptmautamt	e			
G 52	Haus (Posthalterei)	Domkapitel	e			5402
G 53	Haus, Garten, Nebengebäude	Domkapitel	e			1700
G 54	Haus, Garten (Dechants-Wohnung)	Alte Kapelle	e			3500
G 55	Haus	Alte Kapelle	e			1300
G 56	Getreidekasten	Domkapitel	e			2480
G 57	Haus, Hof (Kanonikathof)	Domkapitel	e			600
G 58	Haus (Kanonikathof)	Domkapitel	e			500
G 59	Haus	Salzburger Hof	e			
G 60	Haus (Alter Pfarrhof)	Domkapitel	e			1520
G 61	Haus (Kustoderiehaus)	Domkapitel	e			6600
G 62	Haus, Hof (Kanonikathof)	Domkapitel	e			1600
G 63	Stadel	Salzburger Hof	e			
G 64	Garten	Salzburger Hof	e			300
G 65	Haus, Hof (Dechantei)	Domkapitel	e			600
G 66	Haus, Hof (Kanonikathof)	Domkapitel	e			2600
G 67	Haus (Syndikatshaus)	Domkapitel	e			2964

Lit.	Bezeichnung	Besitzer	Rechtsform	Zinsempfänger		Steuerfuß in fl. alt	Steuerfuß in fl. neu	
G 68	Haus, Hof (Kanonikathof)	Alte Kapelle	e				1500	
G 69	Haus, Hof (Kanonikathof)	Domkapitel	e				9584	
G 70	Haus, Hof (Kanonikathof)	Alte Kapelle	e				2500	
G 71	Haus, Hof (Kanonikathof)	Domkapitel	e				700	
G 72	Haus, Hof	Christoph Emanuel Romanus Brauser	e			2400	3000	
G 73	Haus, Hof	Anton Matthias Baader	e			4400	4230	
G 74	Haus, Hof	Georg Michael Oberhauser	z	Alte Kapelle		500	400	
G 75	Haus, Hof (Alte Residenz)	Hochstift	e				6200	
G 76	Haus, Hof (Neue Residenz)	Hochstift	e				7300	
G 77	Haus, Hof, Garten	Johann Stephan Elspergers Erben	e			3000	8230	
G 78	Haus (Brixener Hof)	Kfttum/Königreich Bayern	e					
G 79	Haus	Hochstift	e				3000	
G 80	Brauhaus	Gottfried Martin Klostermeyer	e		zu 86			zu 86
G 81	Getreidekasten	St. Johann	e				460	
G 82	Haus, Hof (Dechantswohnung)	St. Johann	e				2100	
G 83	Haus, Garten	Georg Gottlieb Gumpelzhaimer	z	Wolfgangsbruderschaft		500	2330	
G 84	Haus	Alte Kapelle	e				2500	
G 85	Haus (Kanonikathof)	St. Johann	e				1900	
G 86	Brauhaus, Hof, Schupfe	Gottfried Martin Klostermeyer	e		incl. 80	6000	4750	incl. 80
G 87	Haus	Friedrich Stiesberger	e				3060	
G 88	Haus, Hof (Kanonikathof)	Domkapitel	e				1200	incl. 96
G 89	Haus (Weißbräuhaus-Wohnung)	Stadt	e				1490	
G 90	Haus (Weißbräuhaus-Verwalter)	Stadt	e				2860	
G 91	Brauhaus (Weißbräuhaus)	Stadt	e				8900	incl. 94, 95
G 92	Haus, Hof, Stadel	Andreas Stör	e			2000	800	
G 93	Haus, Hof	Johann Andreas Moshammer	e			4000	3960	
G 94	Stadel (Weißbräuhaus-Stadel)	Stadt	e					zu 91
G 95	Haus, Hof (zum Weißbräuhaus)	Stadt	e					zu 91
G 96	Hinterhaus (Kanonikathof)	Domkapitel	e					zu 88

Lit.		Bezeichnung	Besitzer	Rechts-form	Zins-empfänger		Steuerfuß in fl. alt	neu	
G	97	Haus, Hof	Johann Heinrich Otto	e		incl. 98	6000	5810	incl. 98
G	98	Stadel, Hof	Johann Heinrich Otto	e		zu 97			zu 97
G	99	Haus, Garten (Scharfrichterwhg.)	Stadt	e				1260	
G	100	Haus, Hof	Johann Gottlieb Eck	z	Steinbruckersche Erben		490	580	
G	101	Haus, Hof, Stadel, Garten	Johann Basel	e			1200	1340	
G	102	Haus, Hof, Garten	Georg Christoph Eppelein	z	St. Katharinen-Spital		2000	2050	
				z	St. Nikolaus				
G	103	Haus, Hof	Johann Andreas Mühlich	e			3000	2030	
G	104	Haus, Garten	Johann Jakob Konrad Pfort	e			1800	1660	
G	105	Bauernhof	Christoph Fischer	z				2320	
G	106	Bauernhof, Garten	Elisabeth M. Harrer und Anna E. Putz	e			4100	2770	
G	107	Haus, Garten	Johann Stephan Haubmer	z	Sittauer Seelhaus		700	830	
				z	Augustinerkloster				
G	108	Haus, Hof (Ehemännische Behaus.)	Domkapitel	e				2051	
G	109	Haus, Garten	Wolfgangsbruderschaft	e				5000	
G	110	Haus	Alte Kapelle	e				700	
G	111	Haus, Hof, Garten	Hieronymus August Schubart	z	Wolfgangsbruder-schaft		1200	2210	
G	112	Haus, Hof	Johann Andreas Golderer	z	Domkapitel		1000	1380	
G	113	Haus, Hof	Christian Martin Liebel	z	Kloster Rohr		4545	4250	
G	114	Haus, Hof, Schupfe	Johann Stephan Schleusinger	e			400	1090	
G	115	Haus, Hof, Garten	Johann Sebald Marquard	z	Obermünster		556	2330	
G	116	Haus, Hof, Garten	Johann Sebald Marquard	e			1200	1070	
G	117	Haus, Hof	Johann Friedrich Sack	z	St. Paul		600	640	
G	118	Haus, Hof, Garten	Johann Friedrich Sack	e			1000	390	
G	119	Haus, Hof	Johann Friedrich Sack	e			800	1200	
		Gartenteil		z	Hochstift				
G	120	Haus, Hof	Wolfgang Schmalzel	e			500	600	

Lit.	Bezeichnung	Besitzer	Rechtsform	Zinsempfänger		Steuerfuß in fl. alt	Steuerfuß in fl. neu	
G 121	Haus, Hof	Paul Emanuel Eltele	z	Almosenamt		1085	710	
G 122	Haus, Hof	Johann Wolfgang Winter	z	Obermünster		750	1210	
G 123	Haus, Hof	Johann Peter Marquard	z	Kloster Ebersberg		500	470	
G 124	Haus, Hof	Johann Nikolaus Krämer	e			2055	2160	
G 125	Haus	Georg Adam Särchinger	z	Almosenamt		650	510	
G 126	Haus, Hof	Barbara Elisabeth Schwadi	e			750	1520	
G 127	Haus, Hof	Maria Sybille Schwarz	e			600	560	
G 128	Haus, Hof	Andreas Mauthum	e			525	510	
G 129	Stadel, Garten	Johann Konrad Wolf	e		incl. 131	1475	1580	incl. 131
G 130	Haus, Hof, Garten	Johann Konrad Wolf	e			700	1930	
G 131	Haus, Garten	Johann Konrad Wolf	e		zu 129			zu 129
G 132	Haus, Hof	Johann Friedrich Mehrmann	e			900	1120	
G 133	Haus, Hof	Johann Kaspar Hornegg	z	Ungeldamt		600	1020	
G 134	Haus, Hof	Johann Kaspar Hornegg	z	Ungeldamt		60	60	
G 135	Haus, Hof	Wilhelmine Elisabeth Klara Richards Erben	e			250	1130	
	Garten		z	Ungeldamt				
G 136	Haus, Hof, Garten	Johann Georg Greyl	e			550	1050	
G 137	Stadel	Kaspar Jakob Führnrohr	z	St. Emmeram		700	680	
G 138	Stadel, Waschküche, Garten	Johann Sebald Marquard	z	Ungeldamt		800	800	
G 139	Haus (Hüterhaus)	Stadt	e				260	
G 140	Brennhütte	Kränner und Kernische Erben	e			500	220	
G 141	Haus	Johann Matthias Spitzbart	e			700	720	
G 142	Haus, Hof	Johann Matthias Spitzbart	z	Ungeldamt		500	950	
G 143	Haus, Hof	Stephan Böhm	z	Ungeldamt		600	1080	
G 144	Haus, Garten	St. Johann	e				980	
G 145	Haus, Hof	Johann Wilhelm Emanuel Zach	z	St. Katharinen-Spital		750	1060	
G 146	Haus, Hof, Garten	Johann Rueff	z	St. Katharinen-Spital		1400	2120	
G 147	Haus, Hof	Johann Andreas Klostermeyer	z	St. Katharinen-Spital		3250	2060	

Lit.	Bezeichnung	Besitzer	Rechts-form	Zins-empfänger		Steuerfuß in fl. alt	neu	
G 148	Bauernhof, Stadel, Garten	Almosenamt	e			3100	4160	
G 149	Haus, Hof	Johann Georg Schmidt	z	St. Emmeram		500	1000	
			z	St. Paul				
G 150	Haus, Hof	Eva Walburga Stoer	z	St. Emmeram		1500	1860	
G 151	Haus, Hof, Schmiede	Johann Lorenz Abrell	z	St. Emmeram		1000	930	
G 152	Haus, Hof	Gottlieb Matthias Lindner	z	St. Emmeram		1600	1610	
G 153	Haus, Hof	Jakob Christian Adler	z	Kloster St. Klara		386	520	
			z	St. Ägidien				
G 154	Haus, Hof	Johann Georg Beckstein	e			1600	1620	
G 155	Haus, Hof	Georg Christoph Fuchs	z	St. Emmeram		3750	2820	
G 156	Haus	Johann Andreas Haeckl	z	Stadtkämmerei			680	incl. 157
G 157	Haus	Johann Andreas Haeckl	z	Stadtkämmerei				zu 156
G 158 a	Zwinger	Stadt	e					
b	Zwinger	Johann Paul Zitzmann	z				410	
c	Zwinger	Georg Christoph Fuchs	z				560	
H 1	Sommerhaus, Garten	Maria Katharina Aigel	z	Ungeldamt	zu 8			zu 8
H 2	Schupfe	Johann Heuselbetz	e			150	170	
H 3	Haus	Johann Samuel August Rabe	z	Ungeldamt		1000	1070	
H 4	Haus, Hof	Johann Stephan Röhrl	z	Ungeldamt		400	380	
H 5	Haus, Hof, Garten	Johann Stephan Röhrl	e			900	1020	
H 6	Haus, Hof, Garten	Georg Michael Lindner	z	Ungeldamt		800	590	
	Garten	Georg Michael Lindner	z	Kloster Pettendorf				
H 7	Haus, Hof	Johann Martin Löffler	z	Ungeldamt		1660	1060	
H 8	Haus, Hof	Maria Katharina Aigel	z	Ungeldamt	incl. 1	530	650	incl. 1
H 9	Haus, Hof	Johann Adam Kirsch	z	Ungeldamt		300	290	
H 10	Haus, Garten	Hochstift	e				3430	
H 11	Haus, Hof (Klosterrichterhaus)	Kloster St. Klara	e				1557	

Lit.	Bezeichnung	Besitzer	Rechtsform	Zinsempfänger		Steuerfuß in fl. alt	neu	
H 12	Stadel	Kloster St. Klara	e				375	
H 13	Haus	Kloster St. Klara	e				1368	
H 14	Nebengebäude	Kloster St. Klara	e				400	
H 15	Haus, Hof, Garten	Johann Lorenz Rohrbeck	z	Almosenamt		1000	1320	
	Platz		z	Ungeldamt				
H 16	Haus, Hof	Maximilian Ludwig Blumröder	e			600	1020	
H 17	Haus, Hof	Johann Michael Oberdorfer	z	Almosenamt	incl. 18 zu 17	1525	850	incl. 18 zu 17
H 18	Stadel	Johann Michael Oberdorfer	z	Almosenamt				
H 19	Haus, Hof, Garten	Johann Albrecht Gartner	z	Almosenamt		450	900	
H 20	Haus, Hof, Garten	Johann Stephan Röhrl	z	Alte Kapelle		400	880	
H 21	Haus, Garten	Johann Heinrich Hornig	z	Almosenamt		350	1000	
H 22	Kräuterbreite	Gumpelzhaimersche Erben	e			7000	720	
H 23	Breite	Niedermünster	e					
H 24	Haus, Garten	Martin Perger	e			500	340	
H 25	Zwinger	Ludwig Wilhelm Schaefer	z				3450	
H 26	Zwinger	Karl Theodor Gemeiner	z				1180	
H 27	Klosterbrauhaus, Garten	Minoritenkloster	e				9000	
H 28	Haus, Garten	Minoritenkloster	e				4000	
H 29	Haus, Hof	Johann Wolfgang Reinert	l	Bayern		925	2540	
H 30	Haus, Hof	Erdmann Jakob Friedrich	e			530	2130	
H 31	Haus, Hof	Johann Georg Benzenbauzers Erben	z	Almosenamt		700	960	
H 32	Haus	Matthias Maindlberger	e			602	480	
H 33	Haus, Hof	Johann Weglehner	z	Almosenamt		150	500	
H 34	Haus, Hof, Garten	Johann Wanner	z	Alte Kapelle		900	760	
H 35	Stadel	Johann Wanner	e			300	290	
H 36	Haus, Hof	Johann Michael Zinner	z	Alte Kapelle		600	990	
H 37	Haus, Hof, Garten	Johann Heinrich Sebold	z	Alte Kapelle		1000	880	
H 38	Haus, Hof	Georg Guggenbühlers Erben	e			230	390	
H 39	Haus, Hof	Maria Friederike Beck	z	Alte Kapelle		600	1320	
	Gartenplatz		z	H 34				

Lit.	Bezeichnung	Besitzer	Rechts-form	Zins-empfänger		Steuerfuß in fl. alt	neu	
H 40	Haus, Garten	Johann Christoph Ritter	z	Ungeldamt		600	810	
H 41	Garten, Gartenhaus	Johann Christoph Ritter	e			1000	1010	
H 42	Haus	Johann Konrad Schiele	z	Almosenamt		580	820	
H 43	Haus, Hof, Garten	Barbara Muschweck	z	Almosenamt		2100	2000	
H 44	Haus, Garten	Johann Thomas Hendschl	e		incl. 50	2350	2470	incl. 50
H 45	Haus, Hof, Garten	Georg Wolfgang Gartner	z	Almosenamt		375	420	
H 46	Haus, Hof	Johann Leonhard Weinert	e			1500	940	
H 47	Haus, Hof, Garten	Elisabeth Margarete Jakob	e			350	480	
H 48	Haus, Hof	Anna Maria Eppelein	e			90	510	
H 49	Haus, Hof	Johann Georg Hubmer	e			525	450	
H 50	Haus, Hof	Johann Thomas Hendschl	z	Alte Kapelle	zu 44			zu 44
H 51	Haus, Garten	Johann Christian Norckauer	z	Alte Kapelle		800	1090	
H 52	Haus, Hof, Garten	Maria Katharina Patschke	z	Alte Kapelle		850	630	
H 53	Stadel	Simon Paul Schmauser	z	Almosenamt	zu 54		1820	
H 54	Haus, Hof, Brauhaus	Simon Paul Schmauser	z	Almosenamt	incl. 53	4000	2830	
	Garten		e					
	Haus		z	Alte Kapelle				
H 55	Haus, Hof, Garten	Johann Moritz Bubmer	z	Almosenamt		800	990	
H 56	Haus	Georg Zink	z	Almosenamt		400	1360	
H 57	Haus, Garten	Philipp Albrecht Karl Schaefer	e			3000	3000	
			z	Almosenamt				
H 58	Garten	St. Katharinen-Spital	e	erhält Zins H 59				
H 59	Garten	Johann Albrecht Gartner	z	H 58		500	270	
H 60	Haus, Hof, Garten	Johann Paul Kränner	e			1800	2750	
H 61	Haus, Hof, Garten	Johann Gottfried Kröber	e			1800	2090	
H 62	Haus, Hof, Garten	Johann Leonhard Wilhelm	z	Almosenamt		750	630	
H 63	Haus, Hof, Garten (Pestinhof)	Armeninstitut	e				1940	
H 64	Haus, Garten	Johann Matthias Holzer	z	Niedermünster	zu 68		210	
H 65	Haus, Hof	Johann Simon Schobesberger	e			600	620	
H 66	Haus, Hof	Johann Jakob Hubmann	z	Almosenamt	incl. 67	3200	2110	incl. 67

Lit.	Bezeichnung	Besitzer	Rechtsform	Zinsempfänger		Steuerfuß in fl. alt	neu	
H 67	Stadel	Johann Jakob Hubmann	z	Almosenamt	zu 66			zu 66
H 68	Haus	Johann Matthias Holzer	e		incl. 64	700	230	
H 69	Haus	Johann Michael Wittmann	e		incl. 70	580	230	
	Schupfe		z	Ungeldamt				
H 70	Haus, Garten	Johann Michael Wittmann	z	Ungeldamt	zu 69		500	
H 71	Haus	Johann Adam Memwart	e				310	
H 72	Haus	Andreas Gottlieb Schurr	e			4300	3930	
H 73	Haus	Johann Christian Huttinger	e			290	570	
H 74	Haus, Hof	Johann Georg Gress	z	St. Nikolaus		320	1380	
H 75	Haus, Hof	Johann Wolfgang Schlaizer	z	St. Nikolaus		1150	1850	
			e					
H 76	Bauernhof	Niedermünster	e				3550	
H 77	Haus, Garten	Margareta Ursula Kirsch	e			750	440	
H 78	Haus, Hof, Garten	Georg Christian Stiegler	z	Niedermünster		400	710	
H 79	Haus, Hof	Johann Philipp Haim	z	Niedermünster		80	470	
H 80	Haus, Hof	Johann Friedrich Gottlieb Dürsch	z	Niedermünster		115	770	
H 81	Haus, Garten	Johann Heinrich Hertel	z	Almosenamt		900	1200	
			z	Niedermünster				
H 82	Stadel, Hof	Johann Gottlieb Zöllner	z	Almosenamt		800	1040	
H 83	Haus, Hof	Johann Georg Meyer	e			325	760	incl. 84
H 84	Haus, Hof	Johann Georg Meyer	z	St. Paul		325		zu 83
H 85	Garten	Margarete Ursula Kirsch	e			750	200	
H 86	Haus, Garten	Johann Paul Kränner	e			2700	1950	
H 87	Haus, Hof, Garten	Johann Martin Gärtner	e			500	1300	
H 88	Stadel	Georg Michael Wagner	e			655	990	
H 89	Stadel	Johann Kaspar Herzog	e			400	600	
H 90	Garten	Johann Moritz Bubmer	z	St. Nikolaus		2400	1380	
H 91	Haus	Katholisches Waisenhaus	e				4800	
H 92	Brauhaus, Hof	Franz Andreas Polland	e			4500	4480	
H 93	Haus, Hof, Stadel, Garten	Maria Walburga Deffner	z	Steinbruckersche Erben		3000	3750	

Lit.	Bezeichnung	Besitzer	Rechtsform	Zinsempfänger		Steuerfuß in fl. alt	neu	
H 94	Haus, Hof	Johann Georg Kohlmorgen	z	Ungeldamt		600	560	
H 95	Haus	Johann Leonhard Pickel	z	Ungeldamt		1400	1010	
H 96	Haus, Hof, Garten	Johann Michael Schmid	z	St. Nikolaus		3260	2160	
H 97	Haus, Hof	Johann Paul Kronberger	e			700	740	
H 98	Haus, Hof, Garten	Andreas Jakob Stadler	z	St. Nikolaus	incl. 99, 100	5225	6040	incl. 99, 100
H 99	Haus	Andreas Jakob Stadler	z	Ungeldamt	zu 98			zu 98
H 100	Stadel	Andreas Jakob Stadler	z	Ungeldamt	zu 98			zu 98
H 101	Haus, Hof	Christian Ernst Oswald	e			2500	1750	
H 102	Haus, Stadel, Garten	Gumpelzhaimersche Erben	z	Ungeldamt		4000	2600	
H 103	Brauhaus, Hof	Georg Christoph Rohrbeck	e	Ungeldamt		4700	4770	
H 104	Haus, Hof	Johann Konrad Holzer	e			2700	6000	
	Stallungen		z	Ungeldamt				
H 105	Haus, Hof	Johann Vogelgsang	z	Ungeldamt		1200	1000	
H 106	Haus, Hof, Schupfe	Johann Kaspar Herzog jun.	z	Kufnergeselle M. Gebhard		610	1230	
H 107	Haus, Hof	Johann Elias Kern	z	St. Emmeram		800	1800	
H 108	Haus, Hof, Schupfe	Johann Kaspar Herzog jun.	z	Kufnergeselle M. Gebhard		500	1080	
H 109	Garten	Stadt	e				15000	incl. 110
H 110	Getreidekasten	Stadt	e					zu 109
H 111	Bauernhof	Alte Kapelle	e				2900	
H 112	Haus, Hof	Johann Michael Müller	e			1200	1390	
H 113	Haus, Hof	Johann Paul Huttinger	z	Hochstift		825	1070	
H 114	Haus, Hof	Michael Schramm	e			750	670	
H 115	Haus, Hof	Emanuel Jakob Stahl	z	Hochstift		1400	1870	
H 116	Haus, Hof	Johann Andreas Golderer	z	Hochstift		2250	3780	
H 117	Haus, Hof	Johann Gottlieb Zollner	e			2000	3100	
H 118	Haus, Hof, Garten, Brauhaus	Georg Michael Schleusinger	z	Domkapitel		4200	5540	
H 119	Haus, Hof	Johann Christoph Fischer	e			2750	3160	
H 120	Haus, Hof	Johann Georg Beckstein	z				3370	
H 121	Haus, Hof	Johann Georg Beckstein	z	Niedermünster	incl. 122	3200	4170	incl. 122

Lit.	Bezeichnung	Besitzer	Rechts-form	Zins-empfänger		Steuerfuß in fl. alt	neu	
H 122	Haus, Hof	Johann Georg Beckstein	z	Niedermünster	zu 121			zu 121
H 123	Haus, Hof	Johann Michael Lämel	e			3000	3120	
H 124	Haus, Hof	Jakobina Katharina Prager	z	Niedermünster		490	1540	
H 125	Haus	Georg Michael Häckel	z	Niedermünster		1400	1740	
H 126	Haus, Hof	Johann Georg Riedel	z	Obermünster		4000	2510	
H 127	Haus, Hof	Konrad Wiedamann	z	Niedermünster		3000	3000	
H 128	Haus, Hof	Johann Paul Schloderer	e			390	1340	
H 129	Haus, Hof	Johann Georg Schnitzlein	e			2600	2920	incl. 131
H 130	Haus, Hof	Georg Friedrich Meyer	e			1300	1750	
H 131	Stadel	Johann Georg Schnitzlein	e			900		zu 129
H 132	Haus, Hof	Maria Magdalena Bauer	e		incl. 133	140	350	
H 133	Haus	Maria Magdalena Bauer	e		zu 132		660	
H 134	Haus, Hof, Garten	Johann Adam Memwart	z	Niedermünster		5478	3160	
H 135	Haus, Hof, Garten	Georg Friedrich Meyer	e			1360	1780	
H 136	Haus, Hof, Garten	Johann Christian Rühl	z	Ungeldamt		550	1670	
H 137	Haus, Hof	Abraham Gottlieb Gräflich	e			300	290	
H 138	Haus, Hof	Virgilius Eckert	e			300	410	
H 139	Stadel	Johann Georg Beckstein	e			300	740	
H 140	Stadel	Johann Heinrich Klostermeyer	e			500	610	
H 141	Haus, Hof	Johann Heinrich Lorenz	e			1500	2060	
H 142	Haus, Hof	Andreas Brandner jun.	z	Niedermünster		2000	1840	
H 143	Haus, Hof	Johann Georg Deffner	e			2200	2030	
H 144	Stadel	Johann Jakob Wagner	e			400	740	
H 145	Haus, Hof	Johann Christoph Weidinger	e			850	1000	
H 146	Haus	Gottfried Iblacker	z				920	
H 147	Haus, Hof	Johann Elias Kern jun.	e			600	1020	
H 148	Garten	Johann Georg Jungnitius	e				330	
H 149	Haus, Keller	Johann Georg Jungnitius	z	Niedermünster		1200	1040	
H 150	Haus, Hof	Johann Michael Nestmeyer	z	Hochstift		2300	1470	
			z	St. Johann				
H 151	Haus, Hof, Stadel	Georg Matthias Benzenbauer	z	Alte Kapelle		3000	2860	

Lit.	Bezeichnung	Besitzer	Rechts-form	Zins-empfänger		Steuerfuß in fl. alt	neu
H 152	Roßmühle	Stadt	e				1440
H 153	Salzstadel oder Getreidekasten	Stadt	e				4300
H 154	Haus	Johann Vogelgsang	z	Hochstift		1125	950
H 155	Salzstadel	Stadt	e				3800
H 156	Haus, Brauhaus	Johann Heinrich Klostermeyer	z	Obermünster	incl. 157	3300	3760
H 157	Stadel	Johann Heinrich Klostermeyer	e		zu 156		210
H 158	Haus, Hof	Lorenz Wagner	z	Ungeldamt		600	920
	Garten		e				
			z	erhält Zins H 159			
H 159	Haus, Hof	Lorenz Wagner	z	H 158		650	600
H 160	Salzstadel	Stadt	e				5320
			z	Ungeldamt			
H 161	Haus, Hof	Johann Emanuel Knoll	z	Ungeldamt		1000	1620
			z	Hochstift			
H 162	Haus	Johann Emanuel Knoll	e			500	950
H 163	Bauernhof, Garten	Johann Christoph Lehr	e			11630	4260
H 164	Haus, Hof	Johann Christoph Lehr	z	Hochstift		3100	5000
H 165	Bauernhof	Andreas Gottlieb Holzer	z	Ungeldamt		1000	2920
H 166	Farbhaus für Tuchmacher	Stadt	e				200
H 167	Garten	Katholisches Krankenhaus	e			440	
H 168	Haus	Johann Leonhard Desch	e			500	560
H 169	Stadel	Johann Heinrich Klostermeyer	e			400	590
H 170	Stadel, Hof	Georg Friedrich Freiherr von Dittmer	z	Ungeldamt		800	2030
H 171	Stadel	Johann Christoph Lehr	z	Stadtkämmerei		450	690
H 172	Stadel	Johann Erhard Sennestrey	z	Ungeldamt	zu 179		430
H 173	Haus, Hof, Brunnen	Nikolaus Schnürlein	e			400	650
H 174	Haus, Hof	Johann Martin Föttinger	z	Ungeldamt		600	730
H 175	Haus, Hof	Johann Georg Lutz	z	Steinbruckersche Erben		1275	1300
H 176	Haus, Hof	Johann Michael Eppelein	e			2000	1820

Lit.	Bezeichnung	Besitzer	Rechtsform	Zinsempfänger	Steuerfuß in fl. alt	Steuerfuß in fl. neu
H 177	Haus, Hof	Johann Thomas Müller	e		900	1440
H 178	Haus, Hof, Stadel	Johann Leonhard Feldhammer	z	Almosenamt	1400	2920
H 179	Haus, Hof, Garten	Johann Erhard Sennestrey	e	incl. 172	2200	2690
H 180	Haus, Garten	Katholisches Krankenhaus	e			2600
H 181	Haus	Katholisches Krankenhaus	e			1420
H 182	Haus, Hof	Jakob Griesmeyer	e/z	Ungeldamt	746	710
H 183	Haus, Hof	Abraham Meyer	z	Almosenamt	440	680
H 184	Haus	Karl Friedrich Kirchner	e		527	900
H 185	Haus, Hof	Johann Gottlob Ludwig	z	St. Sebalds-Kap.; erhält Zins H 186	830	1350
H 186	Haus, Hof	Johann Christoph Merten	z	H 185; erhält Zins 187	575	660
H 187	Haus, Hof	Johann Georg Werner	z	H 186	400	1400
H 188	Haus, Garten	Niedermünster	e			819
H 189	Haus, Garten	Kapuzinerkloster	e			4300
H 190 a	Haus (Konstablerstube)	Stadt	e			
b	Bastei	General von Zweyer	e			
			z	Ungeldamt		
H 191	Stadel	Johann Jakob Hubmann	z	Ungeldamt	250	500
H 192	Hüterhaus	Stadt	e			200
H 193	Garten	Johann Jakob Hubmann	e			140
H 194	Haus (Ostentorwärters-Wohnung)	Stadt	e			
H 195	Zwinger (Färberzwinger)	Stadt	e			360
H 196	Stadel	Albrecht Franz Braunold	e		1560	1210
H 197 a	Zwinger	Johann Gottlieb Laurer	e			970
b	Bastei	Johann Gottlieb Laurer	e	Ungeldamt		
H 198	Mahlmühle	Stadt	e			
H 199	Mahlmühle	Stadt	e			
H 200	Ölmühle (abgebrannt)	Stadt	e			
H 201	Lohmühle (abgebrannt)	Lederer-Handwerk	e			
H 202	Garten	Stadt	e			

Lit.	Bezeichnung	Besitzer	Rechts-form	Zins-empfänger	Steuerfuß in fl. alt	Steuerfuß in fl. neu
H 203	Garten	Stadt	e			
H 204	Ölerstube	Stadt	e			
H 205	Stadel	Johann Gottlieb Zöllner	z	Ungeldamt		
H 206	Salzerhäusel	Stadt	e			
H 207	Garten	Heinrich Gottlieb Stadler	z	Ungeldamt		
H 208	Garten	Heinrich Gottlieb Stadler	z	Ungeldamt		
H 209	Schupfe	Stadt	e			
H 210	Haus, Hof	Johann Christoph Escher	e			
H 211	Nebenhaus	Johann Christoph Escher	e			
H 212	Garten	Georg Heinrich Kretschmeyer	e			
H 213	Stadel	Bauamt	e			
H 214	Haus, Schupfe, Stadel	Heinrich Gottlieb Stadler	e			
	Garten		z	Ungeldamt		
H 215	Stadel	Stadt	e			
H 216	Wachthaus	Stadt	e			
H 217	Schupfe	Stadt	e			
H 218	Haus, Garten, Schupfe	Johann Michael Kappelmeyer	e			
H 219	Haus, Garten	Johann Michael Kappelmeyer	z	Ungeldamt		
H 220	Haus, Garten	Georg Michael Schleusinger	z	Ungeldamt		
H 221	Haus, Hof, Garten	Johann Christoph Ziegler	e			
H 222	Nebenhaus	Johann Christoph Ziegler	e			
H 223	Haus, Garten	Johann Gottfried Kröber	z	Ungeldamt		
H 224	Haus, Garten	Anna Magdalena Haller	z	Ungeldamt		
H 225	Haus, Garten	Johann Michael Rucker	z	Ungeldamt		
H 226	Haus, Hof, Garten	Johann Michael Rucker	z	Ungeldamt		
H 227	Haus, Hof, Garten, Höfel	Johann Matthias Ziegler	z	Ungeldamt		
H 228	Haus, Hof	Georg Christoph Laurer	z	Ungeldamt		
H 229	Haus, Garten	Georg Christoph Laurer	z	Ungeldamt		
H 230	Haus, Hof, Garten	Georg Christoph Laurer	z	Ungeldamt		
H 231	Haus, Garten	Georg Christoph Laurer	z	Ungeldamt		
H 232	Haus, Hof, Garten, Nebenhaus	Johann Wolfgang Bäumel	z	Ungeldamt		

Lit.		Bezeichnung	Besitzer	Rechtsform	Zinsempfänger	Steuerfuß in fl. alt	Steuerfuß in fl. neu
H	233	Stadel, Garten	Georg Gottlieb Naimer	z	Ungeldamt		
H	234	Haus, Garten, Stadel	Georg Gottlieb Naimer	z	Ungeldamt		
H	235	Haus, Garten	Johann Martin Laurer	z	Ungeldamt		
		Vordergarten		e			
H	236	Haus, Hof, Garten	Georg Heinrich Dörfler	z	Ungeldamt		
H	237	Haus, Garten	Johann Paul Ziegler	z	Ungeldamt		
H	238	Stadel	Johann Matthias Ziegler	e			
				z	Ungeldamt		
H	239	Haus, Hof, Garten	Johann Matthias Ziegler	z	Ungeldamt		
H	240	Haus, Hof, Garten	Margareta Christiane Pfeiffer	z	Ungeldamt		
H	241	Haus, Garten	Ursula Margareta Schneider	z	Ungeldamt		
H	242	Haus	Georg Gottlieb Naimer	z	Ungeldamt		
H	243 a	Haus, Stadel (Bauholzmeister)	Stadt	e			
	b	Garten (Bauholzmeister)	Stadt	e			
H	244	Garten (Stadtzimmermeister)	Stadt	e			
H	245	Stadel	Stadt	e			
H	246	Stadel	Hochstift	e			
H	247	Haus, Garten (Ziegelmeister)	Stadt	e			
H	248	Stadel (zu Ziegelbrennerei)	Stadt	e			
H	249	Brennofen	Stadt	e			
H	250	Ziegelstadel	Stadt	e			
H	251	Ziegelstadel	Stadt	e			
H	252	Auszählhaus	Stadt	e			
H	253	Ziegelstadel	Stadt	e			
H	254	Ziegelstadel	Stadt	e			
H	255	Ziegelarbeiterhütte	Stadt	e			
H	256	Brennofen	Stadt	e			
H	257	Brennofen	Stadt	e			
H	258	Schießgraben (Lazarett)	Stadt	e			
H	259	Schießgraben (Lazarett)	Stadt	e			
H	260	Haus	Gottlieb Eduard Habrecht	e			

Lit.		Bezeichnung	Besitzer	Rechts-form	Zins-empfänger	Steuerfuß in fl. alt	neu
H	260	Haus	Gottlieb Eduard Habrecht	z	Almosenamt		
H	261	Haus, Garten	Magdalena Richter	z	Ungeldamt		
I	1	Gartenbehausung, Garten	Georg Leonhard Wiesner	z	Prebrunn	1400	
				z	Alte Kapelle		
I	2	Bauernhof	Heinrich Johann Thomas Boesner	z	Nr. 4	390	780
I	3	Haus, Hof	Johann Ulrich Gottlieb Schaefer	z			
I	4	Haus, Hof	Heinrich Johann Thomas Boesner	e	erhält Zins I 2		
I	5	Wirtsbehausung, Hof, Garten	Johann Paul Nattermann	z	Hallerische Erben	1200	
				z	Ungeldamt		
		Platz an der Donau		z	Ungeldamt		
I	6	Brandstätte	Johann Paul Nattermann	e			
I	7	Schupfe	Königlich Bayerisches Bauamt	e			
I	8	Wirtsbehausung	Heinrich Johann Thomas Boesner	e			
I	9	Haus	Erdmann Anton Christoph Michael Allkofer	e		1850	
I	10	Haus, Garten (6 Grundstücke)	Erdmann Anton Christoph Allkofer	z			
I	11	Garten	Johann Wilhelm Anns	z	Ungeldamt	150	
I	12	Platz	Heinrich Johann Thomas Boesner	e			
I	13	Garten	Evangelisches Waisenhaus	e			
I	14	Hof	Johann Andreas Friedel	e			
I	15	Haus, Garten	Joseph Meyerholzer	z	Hauptrentamt		
I	16	Garten	Johann Ulrich Gottlieb Schaefer	z	Stadtkämmerei		
I	17	Haus, Garten	Johann Ulrich Gottlieb Schaefer	e			
I	18	Schießhaus	Pürschbüchsenschützengesellschaft	e			
I	19	Sommersalett	Pürschbüchsenschützengesellschaft	e			

Lit.		Bezeichnung	Besitzer	Rechts- form	Zins- empfänger	Steuerfuß in fl. alt	neu
I	20	Schießplatz	Pürschbüchsenschützen-gesellschaft	e			
I	21	Schießhaus, Platz	Bürgerliche Kavallerie	e			
I	22	Wirtsbehausung	Johann Adam Rüsselhuber	e			
I	23	Garten	Johann Adam Rüsselhuber	e			
I	24	Kleines Haus	Pürschbüchsenschützen-gesellschaft	e			
I	25	Haus, Garten	Adam Bernhard Beutner	e			
I	26	Sallet, Garten	Johann Meyer	e			
I	27	Sallet, Garten	Michael Gabriel Fuchs	e			
I	28	Sallet, Garten	Johann Heinrich Kretschmeyer	e			
I	29	Haus, Garten	Jakob Guiollet	e			
I	30	Garten	Johann Heinrich Klostermeyer	e			
I	31	Garten, Häuschen (2), Stadel	Hieronymus Georg Gottfried	e			
I	32	Haus, Garten	Nikolaus Laurer	e			
I	33 a	Garten	Christian Gottlieb Walter	e			
	b	Haus, Garten	Philipp Reichenberger	e			
I	34 a	Haus, Garten	Johann Georg Neumüller	e			
	b	Haus, Garten	Johann Wolfgang Knoll	e			
I	35	Haus, Stadel, Garten	Georg Heinrich Drexel	e			
I	36	Haus, Garten	Johann Matthäus Behner	e			
I	37	Sallet, Garten	Johann Michael Panzer	e			
I	38	Haus, Sallet, Garten	Christoph Leisner	e			
I	39	Sallet, Garten	Johann Heinrich Otto	e			
I	40	Sallet, Garten	Baron von Fahnenberg	e			
I	41	Wirtshaus, Garten	Johann Schwenold	e			
I	42	Haus, Garten	Christian Martin Liebel	e			
I	43	Sallet, Garten	Johann Wolfgang Baumann	e			
I	44	Haus, Garten	Johann Jakob Winzer	e			
I	45	Sallet, Garten	Georg Michael Schleusinger	e			
I	46	Garten	Johann Georg Lämmermann	e			

Lit.		Bezeichnung	Besitzer	Rechtsform	Zinsempfänger	Steuerfuß in fl. alt	Steuerfuß in fl. neu
I	47	Sallet, Garten	Georg Hieronymus Lehner	e			
I	48	Garten	Johann Backert	e			
I	49	Garten	Johann Matthäus Behner	e			
I	50	Garten	Georg Paul Ludwig	e			
I	51	Haus, Garten	Kaspar Graf von Sternberg	e			
I	52	Garten	Stadt	e			
I	53	Garten	Katholisches Waisenhaus	e			
I	54	Sallet, Garten	Katholisches Waisenhaus	e			
I	55	Wirtshaus, Stadel, Garten	St. Nikolaus	e			
I	56	Garten	Peter Lorenzer	e			
I	57	Haus, Garten	St. Nikolaus	e			
I	58	Stadel, Garten	Heinrich Friedrich Hartmeyer	e			

c) Übersicht

In der folgenden Zusammenfassung wird das Zinsrecht auf einem Haus durch Normaldruck, volles Eigen dagegen durch Kursive zum Ausdruck gebracht. Lehen ist durch halbfetten Druck gekennzeichnet. Die Doppelnennung einer Hausbezeichnung steht für mehrschichtige Rechtsverhältnisse.

Bürgerliches Eigen

A 1, *A 2*, *A 3*, *A 4*, *A 5*, *A 6*, *A 7*, *A 8*, *A 9*, *A 10*, A 11, A11, A 12a, A 12b, A 13, *A 14a*, *A 15*, *A 16*, A 17a, *A 18*, A 19, *A 20*, *A 21*, *A 22a*, *A 23*, A 24, A 29, A 30, A 31, A 32, A 33, A 34, A 35, A 36, A 37, *A 38*, *A 39*, *A 40*, *A 41*, *A 42*, A 43, A 44, *A 45*, *A 46*, *A 47*, A 48, A 49, *A 50*, *A 51*, *A 52*, *A 53*, A 54, A 54, A 55, *A 56*, *A 57*, *A 58*, *A 59*, *A 60*, *A 61*, *A 62*, A 63, A 64, *A 65*, *A 66*, *A 67*, *A 68*, *A 69*, *A 70*, *A 71*, A 71, A 72, A 73, *A 74*, *A 75*, *A 76*, *A 77*, A 78, A 79, *A 80*, A 81, A 82, *A 83*, *A 84*, *A 85*, *A 86*, A 87, A 88, A 89, A 90, A 91, A 92, A 93, A 93, *A 94*, *A 95*, A 96, A 96, *A 97*, A 97, A 98, A 99, *A 100*, A 101, A 102, *A 103*, A 104, A 105, A 105, *A 106*, A 107, A 108, *A 108*, A 109, A 110, *A 111*, A 112, *A 112*, A 113, *A 114*, *A 115*, A 116, *A 116*, *A 117*, *A 118*, A 119, *A 119*, A 120, A 121, A 121, A 122, A 123, A 123, A 124, A 125, A 125, A 126, A 127, *A 128*, *A 129*, A 130, A 131, A 132, A 133, A 135, *A 136*, A 137, *A 138*, A 139, A 140, A 140, A 141, A 142, A 142, A 143, A 145, A 146, *A 147*, A 148, A 149, A 149, A 150, A 151, A 152, A 152, *A 153*, A 153, A 154, *A 155*, *A 156*, A 157, A 158, A 159, *A 160*, A 160, *A 161*, A 161, *A 162*, A 162, A 163, A 163, A 164, A 165, *A 165*, *A 166*, *A 167*, A 168, A 169, A 170a, *A 170a*, *A 170b*, A 171, A 172, A 173, A 175, A 176, A 177, A 178, A 179, *A 180*, A 180, *A 181*, A 182, *A 183*, *A 184*, A 185, A 186, *A 186*, A 187, A 188, *A 189*, *A 190*, A 191, *A 192*, A 193, A 193, A 194, A 195, A 196, A 197, A 198, A 199, A 200, *A 200*, A 201, A 202, A 203, A 211, A 212, A 213, A 214, A 215, A 216, A 217, A 219, A 220, A 221, A 221, A 222, *A 223*, A 224, A 224, *A 230*, A 230, A 231, *A 234a*, A234b, A 234c, A 234c, A 234d, *A 237*, A 238, *A 239*, *A 240*, A 241, A 242a, A 243, A 254, A 255a, A 255b, *A 256b*.

B 1, *B 2*, *B 3*, *B 5*, *B 6*, *B 7*, B 9, B 10, B 11, B 11, *B 11*, *B 12*, *B 13*, *B 14*, B 15, *B 16*, *B 17*, *B 18*, *B 19*, *B 20*, *B 21*, B 22, *B 23*, B 24, B 25, *B 26*, B 27, B 27, *B 28*, *B 29*, B 30, B 30, B 31, B 32, *B 33*, *B 34*, B 35, B 35, *B 36*, B 37, *B 38*, B 39, B 39, *B 40*, B 41, B 42, *B 43*, B 44, *B 45*, B 46, B 47, B 47, B 48, *B 49*, B 50, B 51, *B 52*, *B 53*, *B 54*, B 55, B 55, B 56, *B 57*, B 58, B 59, B 62, *B 63*, *B 64*, B 65, *B 66*, B 67, *B 68*, *B 69*, *B 70*, B 71, *B 71*, *B 72*, *B 73*, *B 74*, B75, *B 76*, *B 77*, *B 78*, B 79, *B 80*, B 81, *B 82*, *B 83*, *B 84*, *B 85*, B 86, B 87, *B 88*, *B 89*, B 90, *B 91*, *B 92*, *B 93*, B 94, *B 95*, *B 96*, *B 97*, *B 98*.

C 1, C 2, *C 3*, *C 4*, *C 5*, C 8, *C 9*, *C 10*, *C 11*, C 12, C 13, C 22, C 22, *C 23*, C 24, C 25, C 26, C 26, *C 27*, C 28, C 29, *C 30*, C 31, C 32, *C 33*, C 34, C 35, C 36, C 37, C 38, C 39, C 40, C 41, C 42, C 43, C 44, C 45, C 46, C 47, C 47, C 48, C 49, C 50, C 51, *C 52*, C 52, C 53, *C 54*, C 55, *C 56*, C 57, C 58, C 59, C 60, C 61, C 62, *C 64*, C 65, C 66, *C 66*, *C 67*, C 68, *C 69*, C 70, C 71, C 72, C 73, C 74, C 75, C 77, *C 78*, *C 79*, *C 80*, *C 81*,C 82, *C 83*, *C 84*, C 85, C 85, *C 86*, C 87, C 88, C 89, *C 90*, *C 91*, *C 92*, *C 93*, C 94,*C 95*, *C 97*, C 98, C 99, C 99, *C 100*, *C 101*, C 102, *C 103*, *C 104*, *C 105*, *C 106*, *C 107*, *C 108*, *C 109*, C 110, C 111, C 111, C 112, C 113, C 114, C 115, C 115, C 115, C 116, *C 116*, *C 117*, C 118, C 119, C 119, C 120, C 121, C 122, C 123, *C 124*, C 125, *C 126*, C 127, C 128, *C 129*, C 130, C 131, C 132, *C 140*, C 141, C 141, C 142, *C 143*, *C 144*, C 145, *C 146*, C 147, C 148, C 150, C 152, *C 153*, C 154, C 155, *C 156*, C 157, C 158, C 159, *C 160*, C 161, *C 162*, C 163, C 164, C 165, C 166, C 167, C 172, C 173, C174, C 175, *C 182*, *C 184*.

D 1, *D 2*, D 3, *D 4*, *D 5*, *D 6*, D 7, *D 8*, D 9, D 10, D 11, *D 12*, *D 13*, *D 14*, *D 15*, *D 16*, D 17, *D 18*, *D 19*, D 20, D 20, *D 21*, *D 22*, *D 23*, *D 24*, *D 25*, *D 26*, D 28, D 28, *D 29*, *D 30*, *D 31*, *D 32*, *D 33*, *D 34*, *D 35*, D 36, *D 37*, *D 38*, *D 39*, D 40, *D 41*, *D 42*, *D 43*, *D 44*, *D 45*, *D 46*, D 47, D 48, *D 49*, *D 50*, *D 51*, *D 52*, D 53, D 54, D 54, D 55, D 56, D 57, *D 58*, D 59, *D 60*, *D 61*, D 62, D 62, *D 63*, D 64, *D 65*, D 66, D 67, *D 68*, D 69, D 70, *D 71*, *D 72*, *D 73*, *D 74*, *D 75*, *D 76*, D 77, *D 78*, *D 79*, D 80, *D 81*, *D 82*, *D 83*,

D 84, D 85, D 86, D 87, D 87, D 87, *D 88,* D 89, D 90, D 91, *D 92, D 93, D 94, D 95, D 96,* D 97, D 98, D 99, *D 100, D 101, D 102, D 103, D 104, D 105, D 106, D 107, D 108, D 109,* D 110, *D 111, D 112,* D 113, *D 114, D 115,* D 116, D 117, D 118, *D 119, D 124, D 125,* D 126, D 127, D 127, D 128, *D 129, D 130, D 131,* D 132, *D 133,* D 134, D 135, D 135, D 136, D 137, D 137, *D 138,* D 139, *D 140, D 141, D 143, D 144, D 145, D 146,* D 147, *D 148, D 149, D 153, D 154, D 155,* D 157, D 158, *D 159,* D 160a, D 160b, D 161, *D 162,* D 162, D 163, D 164, D 165, D 166, D 167, D 168, D 169, D 170, D 171, D 172, D 173, D 174, D 175, D 176, D 177, D 178, D 179, D 180, D 181, *D 181,* D 182, D 183, D 184, *D 185,* D 186, D 187, *D 193, D 194.*

E 1, E 2, E 2, *E 3,* E 4, *E 5,* E 5, *E 6, E 7,* E 8, *E 9, E 10, E 11,* E 12, *E 13, E 14,* E 15, E 15, *E 16, E 17, E 18,* E 19, E 20, *E 21, E 22, E 23,* E 24, E 25, *E 26, E 27, E 28, E 29,* E 30, E 30, *E 31,* E 32, *E 33,* E 34, E 36, *E 37, E 38,* E 39, *E 40,* E 42, E 43, *E 44,* E 45, *E 46, E 47,* E 48, E 49, *E 50, E 51, E 52, E 53, E 54, E 55, E 56, E 60, E 61,* E 62, E 63, *E 64, E 65, E 66, E 67,* E 68, E 68, *E 70, E 71, E 72,* E 72, *E 73,* E 74, *E 75, E 76,* E 82, E 82, E 83, E 84, E 85, *E 86,* E 90, *E 91,* E 91, E 91, E 92, E 94, E 95, E 96, E 97, E 98, E 99, E 99, E 100, E 101, E 102, *E 103,* E 104, E 105, E 106, E 107, *E 108* , E 109, *E 110, E 111, E 112,* E 113, E 113, E 113, E 114, E 115, *E 116, E 117, E 118, E 119, E 120,* E 121, E 122, E 123, E 123, *E 123,* E 124, E 125, E 125, E 126, E 127, E 128, E 129, *E 130,* E 132, E 133, E 134, E 135, E 136, E 136, E 137, E 138, E 139, E 139, E 140, E 141, E 141, E 142, E 143, E 144, E 145, E 146, E 147, *E 148, E 149,* E 150, *E 151, E 152, E 153, E 154,* E 157, *E 158,* E 159, E 159, *E 160, E 162,* E 163, E 164, E 165, E 166, E 167, *E 168, E 169,* E 170,E 171, E 172, E 174, E 186a, E 186b, E 186c, *E 191,* E 192a, E 192b.

F 1, *F 1, F 2,* F 2, F 3, *F 3, F 4,* F 5, *F 6, F 7, F 8,* F 9, *F 10,* F 11, F 11, F 12, F 13, F 14, *F 14,* F 15, F 16, *F 17, F 18, F 19, F 20, F 21,* F 22, F 22, *F 23,* F 24, F 24, *F 25,* F 26, F 27, *F 28,* F 29, *F 29,* F 30, F 31, F 32, F 32, F 33, F 34, F 34, *F 35,* F 36, *F 37,* F 38, F 39, *F 40, F 41,* F 42, F 43, F 43, F 44, *F 45,* F 46, *F 46, F 47, F 48, F 49,* F 50, F 51, *F 52,* F 53, F 54, *F 55, F 56, F 57,* F 58, *F 59a, F 59b, F 61, F 62, F 63, F 64,* F 65, *F 66, F 67,* F 67, *F 68, F 69, F 70, F 71,* F 72, F 74, F 77, *F 77, F 78, F 79, F 80,* F 81, *F 82,* F 83, F 84, F 85, *F 86, F 87,* F 87, *F 88,* F 88, *F 89, F 90, F 93, F 94,* F 95, F 95, F 95, *F 96, F 97, F 98, F 99,* F 100, F 101, F 102, F 102, *F 103,* F 112, *F 113, F 114,* F 115, F 115, F 126, F 127, F 128, *F 129, F 130,* F 131, F 133, F 134, F 136, F 137, F 138, F 139, *F 140,* F 141, F 142, F 143, F 144, F 145, F 146, F 147, F 148a, F 148b, F 152, F 153, F 155, F 161, F 162, *F 163,* F 164, F 167, F 170, F 176, *F 177,* F 178, F 179.

G 1a, G 1b, G 2, G 3, G 4, G 5, G 6, *G 17, G 22, G 23,* G 24, G 25, G 26, G 28, G 31, G 31, G 32, *G 35, G 72, G 73,* G 74, *G 77, G 80,* G 83, *G 86, G 87, G 92, G 93, G 97, G 98,* G 100, *G 101,* G 102, G 102, *G 103, G 104, G 105, G 106,* G 107, G 111, G 112, G 113, *G 114,* G 115, *G 116,* G 117, *G 118, G 119,* G 119, *G 120,* G 121, G 122, G 123, *G 124,* G 125, *G 126, G 127, G 128, G 129, G 130, G 131, G 132,* G 133, G 134, *G 135, G 136,* G 137, G 138, *G 140, G 141,* G 142, G 143, G 145, G 146, G 147, G 149, G 149, G 150, G 151, G 152, G 153, G 153, *G 154,* G 155, G 156, G 157, G 158b, G 158c.

H 1, *H 2,* H 3, H 4, *H 5,* H 6, H 6, H 7, H 8, H 9, H 15, H 15, *H 16,* H 17, H 18, H 19, H 20, H 21, *H 22, H 24,* H 25, H 26, *H 29, H 30,* H 31, *H 32,* H 33, H 34, *H 35,* H 36, H 37, *H 38,* H 39, H 39, H 40, *H 41,* H 42, H 43, *H 44,* H 45, *H 46, H 47, H 48, H 49,* H 50, H 51, H 52, H 53, H 54, *H 54,* H 54, H 55, H 56, *H 57,* H 57, H 59, *H 60, H 61,* H 62, H 64, *H 65,* H 66, H 67, *H 68, H 69,* H 69, H 70, *H 71, H 72, H 73,* H 74, H 75, *H 77,* H 78, H 79, H 80, H 81, H 81, H 82, *H 83,* H 84, *H 85, H 86, H 87, H 88, H 89,* H 90, *H 92,* H 93, H 94, H 95, H 96, *H 97,* H 98, H 99, H 100, *H 101,* H 102, *H 103, H 104,* H 104, H 105, H 106, H 107, H 108, *H 112,* H 113, *H 114,* H 115, H 116, *H 117,* H 118, *H 119,* H 120, H 121, H 122, *H123,* H 124, H 125, H 126, H 127, *H 128, H 129, H 130, H 131, H 132, H 133,* H 134, *H 135,* H 136, *H 137, H 138, H 139, H 140, H 141,* H 142, *H 143, H 144, H 145,* H 146, *H 147, H 148,* H 149, H 150, H 150, H 151, H 154, H 156, *H 157,* H 158, *H 158,* H 158, H 159, H 161, *H 161, H 162, H 163,* H 164, H 165, *H 168, H 169,* H 170, H 171, H 172, *H 173,* H 174, H 175, *H 176, H 177,* H 178, *H 179,* H 182, H 183, *H 184,* H 185, H 186, H 187, *H 190b,* H 190b, H 191, *H 193,*

H 196, H 197a, H 197b, H 205, H 207, H 208, *H 210, H 211, H 212, H 214,* H 214, *H 218,* H 219, H 220, *H 221, H 222,* H 223, H 224, H 225, H 226, H 227, H 228, H 229, H 230, H 231, H 232, H 233, H 233, H 234, *H 235,* H 236, H 237, *H 238,* H 238, H 239, H 240, H 241, H 242, *H 260,* H 260, H 261.

I 1, I 1, I 2, I 3, *I 4,* I 5, I 5, I 5, *I 6, I 8, I 9,* I 10, I 11, *I 12, I 14,* I 15, I 16, *I 17, I 18, I 19, I 20, I 21, I 22, I 23, I 24, I 25, I 26, I 27, I 28, I 29, I 30, I 31, I 32, I 33a, I 33b, I 34a, I 34b, I 35, I 36, I 37, I 38, I 39, I 40, I 41, I 42, I 43, I 44, I 45, I 46, I 47, I 48, I 49, I 50, I 51, I 56, I 58.*

Stadt

A 12a, A 13, *A 14b, A 17b, A 22b,* A 24, *A 25,* A 26, *A 27, A 28a, A 28b,* A 44, A 54, A 72, A 73, A 73, A 81, A 87, A 96, A 101, A 140, A 142, A 149, A 152, A 160, A 161, A 162, A 163, A 170a, *A 218,* A 221, A 224, *A 225, A 226, A 227, A 228, A 229,* A 230, A 231, *A 232, A 232a, A 233b, A 233c, A 233d,* A 234c, A 234d, *A 235, A 236,* A 241, A 242a, *A 242b,* A 254, A 255a, *A 256a.*

B 4, B 11, B 35, B 39, B 50, B 55, B 58, *B 60, B 61,* B 65, B 75.

C 1, C 2, C 5, *C 6, C 7,* C 8, *C 14, C 15,* C 22, C 26, C 47, *C 63,* C 72, C 73, C 82, C 111, C 115, C 118, C 119, C 125, C 127, C 128, C 141, C 142, C 145, C 147, C 201.

D 1, D 3, D 7, D 17, D 27a, *D 27b,* D 97, D 117, *D 120, D 121, D 122, D 123,* D 136, *D 142, D 150, D 151, D 152, D 156,* D 157, D 158, D 160a, D 160b, D 161, D 162, D 163, D 164, D 165, D 166, D 167, D 168, D 169, D 170, D 171, D 172, D 173, D 174, D 175, D 176, D 177, D 178, D 179, D 180, D 181, D 182, D 183, D 186, D 187, *D 188, D 189, D 190, D 191, D 192, D 195, D 196, D 197, D 198, D 199, D 200, D 201a, D 201b, D 202, D 203.*

E 2, E 15, E 19, E 30, E 34, *E 35, E 41,* E 68, *E 69,* E 72, *E 81,* E 82, E 91, E 104, E 113, E 159, E 166, E 170.

F 3, F 22, F 50, F 51, F 53, F 54, F 58, *F 60,* F 65, F 67, F 72, *F 73,* F 74, *F 75a, F 75b, F 75c, F 75d, F 76,* F 81, F 87, *F 91, F 92,* F 93, F 101, F 127, F 128, F 149a, *F 149b, F 158b,* F 162, F 166, F 179.

G 9, G 89, G 90, G 91, G 94, G 95, G 99, G 121, G 125, G 133, G 134, G 135, G 138, *G 139,* G 142, G 143, *G 148,* G 156, G 157, *G 158a.*

H 1, H 3, H 4, H 6, H 7, H 8, H 9, H 15, H 17, H 18, H 19, H 21, H 31, H 33, H 40, H 42, H 43, H 45, H 53, H 54, H 55, H 56, H 57, H 62, H 66, H 67, H 69, H 70, H 81, H 82, H 94, H 95, H 99, H 102, H 104, H 105, *H 109, H 110,* H 136, *H 152, H 153, H 155,* H 158, H 160, H 161, H 165, *H 166,* H 170, H 171, H 172, H 174, H 178, H 182, H 183, *H 190a,* H 191, *H 192, H 194, H 195, H 197b, H 198, H 199, H 200, H 202, H 203, H 204,* H 205, *H 206,* H207, H 208, *H 209, H 213,* H 214, *H 215, H 216, H 217,* H 219, H 220, H 223, H 224, H 225, H 226, H 227, H 228, H 229, H 230, H 231, H 232, H 233, H 234, H 235, H 236, H 237, H 238, H 239, H 240, H 241, H 242, *H 243, H 244, H 245, H 247, H 248, H 249, H 250, H 251, H 252, H 253, H 254, H 255, H 256, H 257, H 258, H 259,* H 260, H 261.

I 5, I 11, I 16, *I 52.*

Kurfürstentum/Königreich Bayern

B 8, C 76, **F 66,** *G 50, G 51, G 78,* **H 29,** *I 1, I 7.*

Fürst von Thurn und Taxis

C 21, C 96, C 183.

Kirchliche Institutionen

Hochstift Regensburg

A 33, A 92, A 93, **A 156, B 71,** C 99, **E 15,** E 32, *E 57,* E 62, E 63, E 74, *E 77,* E 157, *E 161,* F 13, F 14, F 15, **F 17, F 18, F 20,** F 27, F 33, F 83, **F 85, F 93,** *F 105, F 106, F 107, F 108, F 109, F 110, F 111,* F 112, **F 113, F 114,** *F 116, F 117, F 118, F 119, F 125,* F 133, *G 18, G 21, G 27, G 38, G 40, G 75, G 76, G 79,* G 119, *H 10,* H 113, H 115, H 116, H 150, H 154, H 161, H 164, *H 246.*

Domkapitel Regensburg

A 135, A 193, B 67, E 2, E 12, E 19, E 36, *E 58, E 59, F 120a, F 120b, F 124, F 132, G 52, G 53, G 56, G 57, G 58, G 60, G 61, G 62, G 65, G 66, G 67, G 69, G 71, G 88, G 96, G 108,* G 112, H 118.

St. Emmeram

A 37, A 71, A 78, A 79, A 120, A 121, A 124, A 126, A 142, A 143, A 145, A 152, A 172, A 173, A 175, A 176, A 177, A 178, A 179, A 196, A 197, A 198, A 199, A 200, A 201, A 202, A 203, A 211, A 212, A 213, A 214, A 215, A 216.
B 24, B 25, B 32, B 37, B 39, B 87.
C 25, C 28, C 29, C 31, C 32, C 34, C 35, C 36, C 38, C 39, C 40, C 41, C 42, C 43, C 44, C 45, C 46, C 47, C 48, C 49, C 50, C 51, C 52, C 53, C 55, C 59, C 60, C 62, C 65, C 66, C 68, C 70, C 71, C 74, C 75, C 85, C 87, C 88, C 99, C 102, C 110, C 111, C 113, C 114, C 115, C 116, C 120, C 121, C 122, C 123, C 130, C 131, C 132, C 141, C 148, *C 149,* C 150, *C 151,* C 152, C 154, C 157, C 158, C 161, C 163, C 164, C 165, C 166, C 167, C 174, C 175, *C 176, C 177, C 178, C 179, C 180, C 181, C 185, C 186, C 187, C 188, C 189, C 190, C 191, C 192, C 193, C 194, C 195, C 196, C 197, C 198, C 199, C 200.*
D 77, D 86, D 89, D 98, D 110, D 116.
E 68, E 121, E 123, E 124, E 125, E 163, E 164, E 165.
F 9, F 88.
G 19, G 31, G 32, G 137, G 149, G 150, G 151, G 152, G 155.
H 107.

Obermünster

A 91, A 93, A 102, A 104, A 105, A 107, A 108, A 110, A 112, A 113, A 130, A 131, A 146, A 148, A 149, A 150, A 151, A 153, A 158, A 163, A 164, A 171, A 180, A 182, A 185, A 186, A 187, A 188, A 193, A 195.
B 27, B 35, B 41, B 42, B 44, B 47, B 48, B 56, B 59.
C 89, C 94.
D 47, D 48, D 128, D 135, D 136.
E 82, E 83, E 84, E 85, E 94, E 95, E 96, E 98, E 99, E 100, E 107, **E 108,** E 125, E 126, E 128, E 129, **E 130,** *E 131,* E 132, E 133, E 134, E 135, E 136, E 137, E 138, E 139, E 140, E 141, E 142, E 146, E 147, E 174, *E 175, E 176, E 177, E 178, E 179, E 180, E 181, E 182, E 183, E 184, E 185, E 187.*
F 12, F 16.
G 115, G 122.
H 126, H 156.

Niedermünster

A 48, A 49, A 109, A 141.
B 51, B 81.
C 119.
D 28, D 113, D 132, D 137, D 139, D 147.
E 4, E 5, E 8, E 20, E 24, E 32, E 39, E 99, *E 173.*

F 1, F 2, F 26, F 36, F 38, F 39, F 43, F 100, F 102, F 115, *F 121, F 122, F 123, F 131, F 135,* F 137, F 138, F 139, F 141, F 143, F 144, F 145, *F 150, F 151, F 154, F 156, F 157, F 158a, F 159, F 160,* F 164, *F 165,* F 167, *F 168, F 169, F 171, F 172, F 173, F 174, F 175.*
G 25, G 26, G 28.
H 23, H 64, *H 76,* H 78, H 79, H 80, H 81, H 121, H 122, H 124, H 125, H 127, H 134, H 142, H 149, *H 188.*

Alte Kapelle

A 26, A 165, A 168, A 169.
B 22, B 90.
C 85, C 115.
D 9, D 10, D 11, D 20, D 40, D 57, D 59, D 87, D 118, D 135, D 137.
E 64, E 66, *E 89,* E 90, E 91, E 92, E 109, E 113, E 114, E 122, E 123, E 144, E 145.
F 34, F 95, F 16, F 178.
G 20, G 24, G 31, *G 33, G 34, G 36, G 37, G 39, G 41, G 42, G 43, G 44, G 45, G 46, G 47, G 48, G 49, G 54, G 55, G 68, G 70,* G 74, *G 84, G 110.*
H 20, H 34, H 36, H 37, H 39, H 50, H 51, H 52, H 54, *H 111,* H 151.
I 1.

Augustinerkloster St. Salvator

E 155, E 156, G 107.

Minoritenkloster St. Salvator

E 48, E 49, F 32, *H 27, H 28.*

Kloster Heilig Kreuz

A 174, A 204, A 205, A 206, A 207, A 208, A 209, A 210.

Kapuzinerkloster St. Matthias

H 189.

Karmelitenkloster St. Joseph

G 7, G 8.

Dominikanerkloster St. Blasius

A 54, A 105, A 219, A 220, A 221, A 222, *C 16, C 17, C 18, C 19, C 20,* C 37, C 87, D 184, E 127.

Schottenkloster St. Jakob

A 243, *A 244, A 245, A 246, A 247, A 248, A 249, A 250, A 251, A 252, A 253,* B 30, C 57.

Stift St. Johann

E 43, *E 78, E 79, E 80, E 93,* E 115, *F 104, G 29, G 30, G 81, G 82, G 85, G 144,* H 150.

Kloster St. Klara

G 10, G 11, G 12, G 13, G 14, G 15, G 16, G 153, *H 11, H 12, H 13, H 14.*

St. Paul

A 122, C 12, C 13, *E 87, E 88,* E 105, E 106, *E 188, E 189, E 190,* F 5, F 30, G 117, G 149, H 84.

Deutschordens-Haus St. Ägidius

A 29, A 30, A 31, A 97, A 157, B 31, C 22, C 24, C 25, C 26, C 159, *C 168, C 169, C 170, C 171,* C 172, C 173, D 99, F 115, G 153.

Johanniterordens-Kommende St. Leonhard

A 134, A 140, *A 144,* A 159, B 46.

St. Sebaldskapelle

H 185.

Erzbistum Salzburg

G 59, G 63, G 64.

Spitäler, Zünfte und Bruderschaften

St. Alban

B 79, B 94, D 54.

Spital St. Oswald

B 15, C 98.

Bruderhausstiftung/Armeninstitut

A 154, B 11, *C 133, C 134, C 135, C 136, C 137, C 138, C 139*, D 20, D 91, E 136, E 141, F 95, G 107, *H 63, I 13.*

St. Katharinen-Spital

A 63, A 64, A 90, A 116, A 125, A 191, A 194, C 61, D 36, D 55, D 62, D 87, D 126, E 42, E 45, F 11, F 22, F 24, F 29, F 32, F 126, F 176, G 17, G 102, G 145, G 146, G 147, *H 58*, H 59.

St. Lazarus

B 10, B 79, B 94, C 58, D 87, E 113.

St. Nikolaus

A 123, B 55, C 77, D 70, E 167, F 11, F 84, F 95, F 102, G 102, H 74, H 75, H 90, H 96, H 98, *I 55, I 57.*

Bruderschaft der Köche und Fleischhacker

C 112, E 30.

Metzgerbruderschaft

E 30.

Wolfgangsbruderschaft

A 34, A 35, A 36, A 43, A 82, B 30, D 127, E 25, E 150, F 24, F 42, F 44, G 83, *G 109,* G 111.

Stahlschützengesellschaft

A 230, F 46.

Lederer-Handwerk

H 201.

Katholische Krankenhausstiftung

H 167, H 180, H 181, H 185.

Katholisches Waisenhaus

H 91, I 53, I 54.

Auswärtige Zinsempfänger

Kloster Ebersberg

G 123.

Kloster Geisenfeld

A 125, B 9, D 53, D 54, D 62, D 66, D 67.

Kloster Kastl

G 2, G 3, G 5, G 6.

Kloster Metten

B 62.

Kloster Pettendorf
H 6.

Kloster Pielenhofen

D 28.

Kloster Prüfening

A 17a, A 119, A 121, A 123, B 27, B 47, C 85, D 56, D 64, F 77.

Kloster Prüll

A 88, A 89, A 96, A 137, A 139.

Kloster Rohr

G 113.

Kloster St. Mang

A 127, F 95.

Kloster Weltenburg

A 132, A 133.

Zins an Privatpersonen

Hans Leitner A 19.
Hermann Gelzes Erben A 55.
Nikolaus Reimbuchers Erben A 99.
Trainersche Erben D 134.
Freibergischer Hof G 4.
Steinbruckersche Erben G 100, H 93, H 175.
Michael Gebhard H 106, H 108.
Hallerische Erben I 5.

Zins an andere Häuser

B 86, D 69, D 80, D 90, D 127, E 97, E 159, F 31, F 34, H 39, H 159, H 186, H 187, I 1.

In bezug auf die Rechtsformen ergibt sich somit folgende Verteilung[14]:

Rechtsform	Anzahl	%
Freies Eigen	964	54,0
Zinshaus	807	45,2
Lehen	16	0,8
Summe	1787	100,0

Auf der Grundlage dieser Statistik ist es möglich, das Verhältnis der unter städtischer Jurisdiktion stehenden Häuser zum exemten Bestand zu präzisieren. Die Gesamtzahl beträgt für die innerstädtischen Literae A bis H – bei Berücksichtigung der geteilten Nummern als eigenständigen Objekten – insgesamt 1724 Nummern. Die Reichsstadt hat den Bestand der unter ihrer Jurisdiktion stehenden Häuser um 1800 mit 1087 angegeben; die gleiche Zahl bietet Kayser[15]. Demnach muß der exemte Bestand 637 Objekte umfaßt haben, wobei sich nicht hinter jeder Nummer ein eigenes Haus, sondern überwiegend nur ein Anwesenteil verbirgt.

Eine Aufstellung der Stadtverwaltung schlüsselt die innerstädtische Bebauung folgendermaßen auf:

Lit.	Bürger		Kirchen		Stadt			
	Häuser	Städel	Häuser	Städel	Tore	Türme	Batterien	Zwinger
A	203	32	9	3	4	12	3	5
B	170	14	–	–	3	4	–	–
C	116	6	4	1	–	4	–	–
D	124	6	19	4	1	6	1	2
E	134	4	14	3	–	–	–	–
F	99	7	79	2	3	7	1	2
G	84	8	15	–	4	4	–	–
H	157	29	41	5	6	9	2	4
Summe	1087	106	181	18	21	46	7	13

(Grundlage: StAR A $\frac{1941}{35b}$).

Die Übersicht läßt sich zu folgenden Besitzergruppen (Litera A bis I) zusammenfassen:

Besitzer	Anzahl	%
Bürgerschaft	1432	80,1
Kirche	221	12,4
Stadt	128	7,2
Übrige	6	0,3
Summe	1787	100,0

[14] Die Gesamtsumme von 1787 Objekten gegenüber der Hausnummernzahl von 1606 ergibt sich daraus, daß zahlreiche Anwesen geteilt waren und deswegen mehrfach berücksichtigt werden mußten.

[15] Kayser, Beschreibung, S. 5. Er gibt für den exemten Hausbestand allerdings nur rund 200 Häuser an.

Damit ergibt sich eine gänzlich andersgeartete Besitzstruktur als in den umliegenden Landgerichten Altbayerns. Die Stadt und ihr Umland weisen tiefgreifende Unterschiede in der Güterverteilung auf. Diese Zahlenverhältnisse lassen sich schematisch in die Skizze Nr. 12 umsetzen.
Die Statistik läßt Grundzüge der Sozialtopographie der Stadt deutlich werden. Die Kartierung der Eigentumsverhältnisse ergibt ein zunächst wenig übersichtliches, sehr viel- und kleingliedriges Bild. Dennoch macht sie bestimmte Besitzschwerpunkte deutlich, die auch Skizze Nr. 13 zum Ausdruck bringen soll. Das Bürgereigen hatte seinen Schwerpunkt in den Literae A, B, D, die ein zusammenhängendes Viertel im Westen der Altstadt darstellen. Hier war herkömmlicherweise das Kaufmanns- und Gewerbeviertel angesiedelt. Diese bekannte Tatsache wird durch die Statistik nun untermauert. Deutlich dünner wird der Bürgerbesitz in den Literae C, E, F und H. Am schwächsten ist er in der Pauluserwacht (Lit. G), wo er gerade die Hälfte des Anteils im Stadtwesten erreichte. In den letztgenannten Wachten tritt entsprechend die Kirche in den Vordergrund, deren großflächige Besitzkomplexe das Kartenbild der südlichen und östlichen Altstadt bestimmen. Somit zeichnen sich also auch am Ende des Alten Reiches noch immer der *pagus mercatorum* und der *pagus cleri* im Stadtbild deutlich ab, von dem schon die *Translatio Sancti Dionysii Areopagitae II* um 1080 gesprochen hatte [16]; im Grunde wirkt dies bis in die Gegenwart nach. Allein der *pagus regius* spielt keine Rolle mehr. Der kommunale Besitz war in unterschiedlicher Dichte über das gesamte Stadtgebiet verteilt, wobei eine gewisse Massierung in Litera D mit dem Rathauskomplex und, in schwächerer Ausprägung, in der Westner- sowie Ostnervorstadt festzustellen ist. Eine Aufstellung von 1796 gibt die Anzahl der grundbesitzenden Bürger in den einzelnen Wachten folgendermaßen an [17]: A: 166; B: 142; C: 98; D: 107; E: 118; F: 81; G: 72; H: 136.
In die Statistik wurden die Steueransätze der Finanzbehörden vor und nach 1805/06 aus der Hauptquelle aufgenommen. Die Auswertung dieses Zahlenmaterials kann hier allerdings nicht erfolgen; sie muß Thema eigener finanzgeschichtlicher Untersuchungen sein. Schon der vorläufige Überblick aber macht deutlich, daß die Westner- und die Wahlenwacht die ergiebigsten Wachtbezirke waren, während die Pauluserwacht das geringste Steueraufkommen hatte. Die neue Steuerveranlagung erbrachte eine Erhöhung der steuerbaren Immobilienwerte um etwa sechzig Prozent.
Die steuerkräftigste Einzelpersönlichkeit in der Stadt war Georg Frhr. von Thon-Dittmer, der insgesamt zehn Immobilien besaß und dafür mit 42 730 Gulden veranlagt wurde. Auf ihn folgt Georg Friedrich Müller, der für seinen Besitz mit insgesamt 14 710 Gulden veranlagt wurde. Im übrigen muß die Auswertung der vielfältigen Aussagemöglichkeit der Statistik speziellen Studien vorbehalten bleiben [18].

[16] MGH SS XI, S. 352 f.

[17] StAR A 1941/35b.

[18] Erste wegweisende Ansätze: Nemitz, Grund- und Haussteuer.

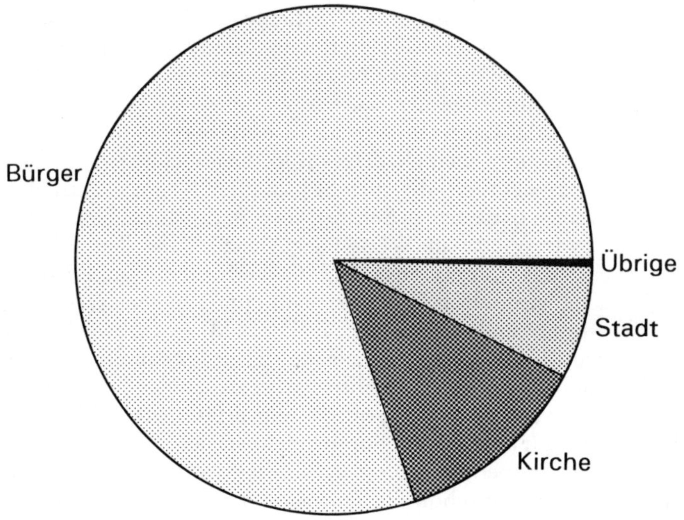

Skizze 12: Der innerstädtische Hausbestand nach Besitzergruppen

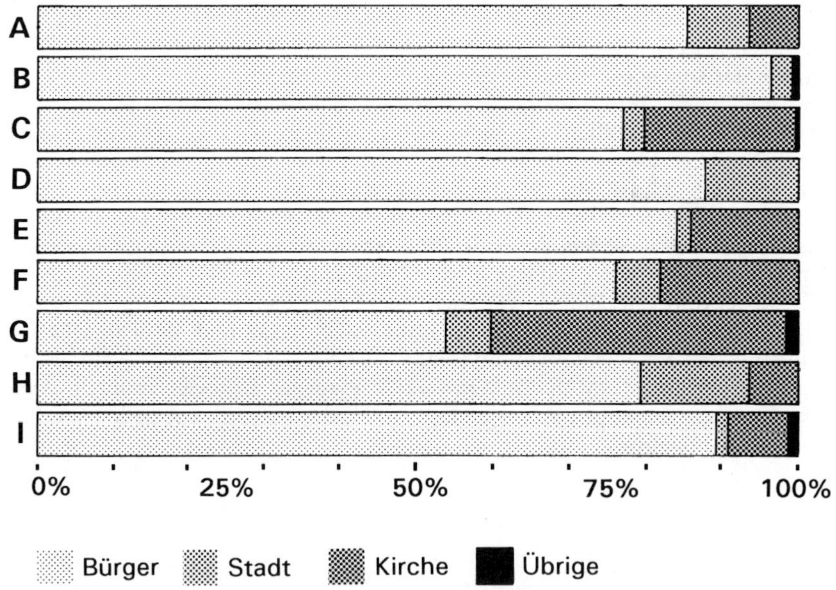

Skizze 13: Besitzverteilung innerhalb der Wachten

2. Der Burgfrieden

a) Vorbemerkung

Zum städtischen Territorium gehörte außerhalb des ummauerten Bereiches ein Burgfrieden, dessen Anfänge ins mittlere 13. Jahrhundert zurückreichen; dessen Bildung wurde im Abschnitt Kapitel IV 2 i verfolgt. Einen Einblick in seine innere Struktur eröffnet am ehesten die im Rahmen der Neuordnung des Besteuerungswesens unter Fürstprimas Dalberg angelegte Gesamtaufnahme, die ins Jahr 1806 zu datieren ist. Sie bietet somit noch die Zustände vor der Zerschlagung der Klöster durch die bayerischen Behörden und dokumentiert den Zustand am Ende des Alten Reiches. Zur Identifizierung der einzelnen Flurnummern steht Kartenmaterial zur Verfügung. Auf dieser Grundlage ist es möglich, einen fast zeitgleichen Querschnitt wie für den innerstädtischen Hausbestand zu legen. Die Aufnahme konnte offensichtlich nicht mehr zu Ende geführt werden. Deswegen bietet sie keine Wertangaben für die einzelnen Parzellen.

Die folgende Statistik des Burgfriedensbezirkes beruht auf dem Archivale:

StAR Hist. III Nr. 2–3: Verzeichnis der im Burgfrieden der Reichsstadt Regensburg liegenden Felder (1806).

Die Bearbeitung dieses Verzeichnisses erfolgt nach folgenden Grundsätzen:

- Die Namen der Besitzer wurden geringfügig normalisiert und vereinheitlicht. In der Regel wurde der zum Zeitpunkt der Anlage des Verzeichnisses genannte Eigentümer Besitzer übernommen. Die in den Folgejahren nachgetragenen Veräußerungen fanden keine Berücksichtigung. Bei unklaren Eigentumsverhältnissen wurde derjenige Besitzer angeführt, der von der Statistik her wahrscheinlicher ist; d. h. war eine Flurnummer zwischen einer städtischen und einer kirchlichen Institution strittig, so wurde sie ersterer zugeordnet, wenn sie in der Spalte „Städtischer Besitz" geführt wurde bzw. umgekehrt.
- Sofern in der Quelle der Besitzer nicht angegeben ist, wurde das durch einen Strich gekennzeichnet.
- Die Berufsbezeichnungen wurden, obwohl sie nicht durchgehend aufscheinen, beibehalten bzw. gegebenenfalls aus dem Kontext ergänzt, um das soziale Profil der Besitzer so weit wie möglich zu erfassen.
- Bei auswärtigen Eigentümern ist der Herkunftsort in einer eigenen Spalte aufgeführt.
- Die Objektbeschreibung beschränkt sich auf Sondernutzungen wie Wiesen, Steinbrüche oder Sandgruben. In allen anderen Fällen handelt es sich um Acker- oder Ödland. Vereinzelt angeführte topographische Bezeichnungen (vor allem Flurnamen) müssen entfallen.
- Der Allmendebesitz, den das Verzeichnis aus unklaren Gründen immer unter den kirchlichen Besitz einreiht, wurde in einer eigenen Spalte ausgewiesen.

- Die Besitzgröße ist im Archivale in Tagwerk und Quadratruten angegeben. Zum besseren Verständnis wurden diese Angaben zusammengefaßt und in das metrische System umgerechnet. Dabei wurde der Einheit ‚Tagwerk' mit 3407 m^2, eine Quadratrute mit 12,06 m^2 zugrunde gelegt [17]. Die Angabe erfolgt in Quadratmetern.
- Der Besitz des St. Katharinen-Spitals wurde in die Spalte „Stadt" eingeordnet, was freilich problematisch ist, weil es in seiner Frühzeit von Stadt und Kirche getragen wurde.

[17] Gabriele Hendges, Maße und Gewichte im Hochstift Würzburg vom 16. bis zum 19. Jahrhundert, München 1989, S. 176 (arithmetisches Mittel der dort aufgeführten Einzelmaße). Die Druckschrift AHVR R 132 (Placidus Heinrich, Bestimmung der Maße und Gewichte des Fürstenthums Regensburg, Regensburg 1808) bietet keine Angaben über Quadratruten.

b) Statistik

Lfd. Nr.	Besitzer	Beruf	Herkunftsort	Bezeichnung	Besitzgröße Bürger	Kirche	Stadt	Allmende
1	Kuhwiese			Wiese				80181,3
2	Johann Heinrich Thomas Boesner	Stadtkommissar			6055,0			
3	Johann Heinrich Thomas Boesner	Stadtkommissar			7991,4			
4	Salzburger Hof					1699,7		
5	Johann Heinrich Thomas Boesner	Stadtkommissar			5207,0			
6	Almosenamt						1748,0	
7	Almosenamt						18810,9	
8 a	Schulacker						4258,8	
b	Schulacker						1044,7	
9	Obermünster					2989,4		
10	Johann Heinrich Thomas Boesner	Stadtkommissar			6505,0			
11	Almosenamt						1872,3	
12	Almosenamt						1398,2	
13	Johann Heinrich Klostermeyer	Waagmeister			2137,7			
14	Gottlieb Holzer			Wiese	10751,6			
15	Almosenamt			Wiese			2041,2	
16	Johann Heinrich Thomas Boesner	Stadtkommissar		Wiese	1784,1			
17	Almosenamt						2820,6	
18	Johann Heinrich Thomas Boesner	Stadtkommissar			1458,5			
19 a	Deutscher Orden					1968,8		
b	Deutscher Orden					2370,6		
20	Johann Wolfgang Mergner				2684,1			
21	Johann Heinrich Thomas Boesner	Stadtkommissar		Wiese	1530,9			
22	Johann Heinrich Thomas Boesner	Stadtkommissar		Wiese	606,8			
23	Johann Heinrich Thomas Boesner	Stadtkommissar			3515,5			
24 a	Johann Heinrich Thomas Boesner	Stadtkommissar			3427,3			
b	Johann Heinrich Thomas Boesner	Stadtkommissar			1711,8			
25	Johann Heinrich Thomas Boesner	Stadtkommissar			8598,1			
26 a	Almosenamt						1908,5	

Lfd. Nr.	Besitzer	Beruf	Herkunftsort	Bezeichnung	Besitzgröße Bürger	Kirche	Stadt	Allmende
26 b	Almosenamt			Wiese			1723,8	
27 a	Johann Heinrich Klostermeyer	Waagmeister			7336,4			
b	Johann Heinrich Klostermeyer	Waagmeister		Wiese	1093,0			
c	Johann Heinrich Klostermeyer	Waagmeister		Wiese	1044,7			
28	Thomas Behner	Branntweinbrenner			9256,9			
29 a	Almosenamt						3174,1	
b	Almosenamt			Wiese			2527,4	
30	Johann Wolfgang Mergner				2153,5			
31	Almosenamt						3937,6	
32	Johann Wolfgang Mergner				2177,6			
33	Johann Heinrich Klostermeyer	Waagmeister			2539,4			
34	Almosenamt						7392,9	
35	Almosenamt						8244,6	
36	Almosenamt						4805,2	
37	Alte Kapelle					1944,7		
38	Almosenamt						1494,7	
39	Johann Heinrich Thomas Boesner	Stadtkommissar			1530,9			
40	Heinrich Holzer				1703,5			
41	Johann Heinrich Thomas Boesner	Stadtkommissar			4720,8			
42	Johann Heinrich Thomas Boesner	Stadtkommissar			3587,9			
43	St. Jakob			Wiese		1310,0		
44	Almosenamt			Wiese			6713,7	
45	Johann Christoph Lehr	Bierbrauer			2989,4			
46	Johann Heinrich Thomas Boesner	Stadtkommissar		Wiese	4343,2			
47	Joseph Meyer		Winzer		1735,9			
48	Gottlieb Holzer				851,8			
49	Salzburger Hof					1056,8		
50	Anton Schwesinger		Winzer		1627,4			
51	Johann Matthäus Behner	Bierbrauer			908,3			
52	Almosenamt						884,2	
53	Salzburger Hof					498,2		

Lfd. Nr.	Besitzer	Beruf	Herkunftsort	Bezeichnung	Besitzgröße Bürger	Kirche	Stadt	Allmende
54	Schulacker						4331,1	
55 a	Almosenamt						4524,1	
b	Almosenamt						4753,2	
56	Kirchenfeld		Winzer			2442,9		
57	Johann Heinrich Thomas Boesner	Stadtkommissar			1663,5			
58	Johann Heinrich Thomas Boesner	Stadtkommissar		Wiese	3913,5			
59	Johann Heinrich Thomas Boesner	Stadtkommissar			968,6			
60	Johann Christoph Lehr	Bierbrauer			4355,2			
61	Peter Lorenz		Winzer		1844,4			
62	Katharinen-Spital						8610,2	
63	Almosenamt						1382,4	
64	Johann Heinrich Thomas Boesner	Stadtkommissar			1153,3			
65	Almosenamt			Wiese			3125,8	
66	Johann Matthäus Behner	Bierbrauer			1141,2			
67	Johann Riederer		Winzer		679,1			
68	Almosenamt						3535,9	
69	Johann Heinrich Thomas Boesner	Stadtkommissar		Wiese	3013,5			
70	Anton Schwesinger		Winzer		1775,9			
71	Obermünster					1784,1		
72	Almosenamt						3101,7	
73	Almosenamt			Wiese			1334,2	
74	Kirchenacker		Winzer	Wiese		1313,8		
75	Johann Heinrich Thomas Boesner	Stadtkommissar			1325,9			
76	Almosenamt						887,9	
77	Johann Heinrich Klostermeyer	Waagmeister			1044,7			
78	Almosenamt						1992,9	
79	Johann Heinrich Klostermeyer	Waagmeister		Wiese	498,2			
80	Almosenamt			Wiese			1458,5	
81	Johann Heinrich Klostermeyer	Waagmeister			1398,2			
82	Almosenamt						851,8	
83	Kirchenfeld		Winzer			1603,2		

Lfd. Nr.	Besitzer	Beruf	Herkunftsort	Bezeichnung	Besitzgröße Bürger	Kirche	Stadt	Allmende
84	Heinrich Holzer				4596,4			
85	Heinrich Holzer				4355,2			
86	Katharinen-Spital						2917,1	
87	Almosenamt						2358,5	
88	Heinrich Holzer				1800,0			
89	Schulacker						2346,5	
90	Almosenamt						13965,7	
91	Geschwendner		Winzer	Wiese	1703,5			
92	Geschwendner		Winzer		1844,4			
93	Almosenamt						908,3	
94	Almosenamt			Wiese			848,0	
95	Johann Heinrich Thomas Boesner	Stadtkommissar			1056,8			
96	Johann Heinrich Thomas Boesner	Stadtkommissar		Wiese	7360,5			
97	Joseph Lindauer		Winzer		860,0			
98	Joseph Straubinger		Winzer		932,4			
99	Georg Robel		Winzer		992,7			
100	Joseph Meyer		Winzer		679,1			
101	Georg Rosswurm				738,7			
102	Johann Christoph Lehr	Bierbrauer			799,0			
103	J. Bolland, J. Meyer, G. Robel		Winzer		1337,9			
104	Johann Heinrich Thomas Boesner	Stadtkommissar			1723,8			
105	Katharinen-Spital						8091,6	
106	Almosenamt						4668,8	
107	Johann Heinrich Otto	Gastwirt			2551,5			
108	Almosenamt						3439,4	
109	Katharinen-Spital						1824,1	
110	Almosenamt						4500,0	
111	Almosenamt						2820,6	
112	Obermünster					5580,8		
113	Almosenamt						2820,6	
114	Johann Heinrich Thomas Boesner	Stadtkommissar			1844,4			

Lfd. Nr.	Besitzer	Beruf	Herkunftsort	Bezeichnung	Besitzgröße Bürger	Kirche	Stadt	Allmende
115	Georg Robel		Winzer		2322,3			
116	Almosenamt						2491,2	
117	Johann Heinrich Thomas Boesner	Stadtkommissar			3431,1			
118	Johann Heinrich Klostermeyer	Waagmeister			1687,7			
119	Heinrich Holzer				11776,0			
120	St. Emmeram					1358,3		
121	Heinrich Holzer				1775,9			
122	Niedermünster					786,9		
123	Almosenamt						1739,7	
124	Schulacker						1800,0	
125	Simon Werner			Wiese	193,0			
126	Johann Heinrich Thomas Boesner	Stadtkommissar			2406,8			
127	Joseph Meyer		Winzer		1189,4			
128	Heinrich Holzer				8453,4			
129	Almosenamt						6874,3	
130	Georg Robel		Winzer		1213,6			
131	Almosenamt						4291,2	
132	Johann Heinrich Thomas Boesner	Stadtkommissar			2700,0			
133	Deutscher Orden					2708,3		
134	Johann Kopp				1856,5			
135	Joseph Straubinger				1675,6			
136	Johann Heinrich Thomas Boesner	Stadtkommissar			2820,6			
137	Almosenamt						3029,4	
138	Almosenamt						5167,0	
139	Christian Gottlieb Gumpelzhaimer	Direktorialrat			3098,0			
140 a	Johann Heinrich Klostermeyer	Waagmeister			936,2			
b	Johann Heinrich Klostermeyer	Waagmeister			875,9			
c	Johann Heinrich Klostermeyer	Waagmeister			1394,5			
d	Johann Heinrich Klostermeyer	Waagmeister			900,0			
141 a	Johann Heinrich Thomas Boesner	Stadtkommissar			2555,3			
b	Johann Heinrich Thomas Boesner	Stadtkommissar			6541,1			

Lfd. Nr.	Besitzer	Beruf	Herkunftsort	Bezeichnung	Besitzgröße Bürger	Kirche	Stadt	Allmende
141 c	Johann Heinrich Thomas Boesner	Stadtkommissar			8549,9			
d	Johann Heinrich Thomas Boesner	Stadtkommissar			11498,6			
142	Johann Heinrich Thomas Boesner	Stadtkommissar			578,9			
143 a	Johann Heinrich Klostermeyer	Waagmeister			3624,1			
b	Johann Heinrich Klostermeyer	Waagmeister			3527,6			
c	Johann Heinrich Klostermeyer	Waagmeister			3527,6			
144	Almosenamt						6468,8	
145	Johann Heinrich Klostermeyer	Waagmeister			6030,8			
146	Johann Heinrich Klostermeyer	Waagmeister			9437,8			
147 a	Joseph Meyer		Winzer		2334,4			
b	Johann Bolland		Winzer		2334,4			
148	Katharinen-Spital						30281,6	
149	Katharinen-Spital						29345,4	
150	Katharinen-Spital						38754,6	
151	Hofmeister des Klost. Prüfening	Hofmeister	Prüfening		1277,6			
152	Johann Heinrich Thomas Boesner	Stadtkommissar			1836,2			
153	Georg Richter				12005,1			
154	Georg Richter				17886,8			
155 a	Johann Heinrich Klostermeyer	Waagmeister			1277,6			
b	Johann Heinrich Klostermeyer	Waagmeister			1615,3			
156	Johann Heinrich Thomas Boesner	Stadtkommissar			2993,2			
157	Hofmeister des Klost. Prüfening	Hofmeister	Prüfening		3696,4			
158	Katharinen-Spital						9208,7	
159	Salzburger Hof					5496,4		
160	Schulacker						5825,8	
161	Katharinen-Spital						19245,0	
162	Johann Ulrich Gottlieb Schaeffer	Hofrat			8417,2			
163	Christian Gottlieb Gumpelzhaimer	Direktorialrat			3881,1			
164	Johann Ulrich Gottlieb Schaeffer	Hofrat			7722,3			
165	Schulacker						3246,4	
166	Salzburger Hof					3065,5		

Lfd. Nr.	Besitzer	Beruf	Herkunftsort	Bezeichnung	Besitzgröße Bürger	Kirche	Stadt	Allmende
167 ab	Johann Heinrich Thomas Boesner	Stadtkommissar			9887,8			
168	Johann Heinrich Thomas Boesner	Stadtkommissar			5765,5			
169	Christian Gottlieb Gumpelzhaimer	Direktorialrat			5118,8			
170	Almosenamt						3037,7	
171	Almosenamt						5657,0	
172	Johann Heinrich Thomas Boesner	Stadtkommissar			3013,5			
173	Katharinen-Spital						4098,2	
174	Johann Heinrich Thomas Boesner	Stadtkommissar			5058,5			
175	Joseph Straubinger		Winzer		2796,5			
176 ab	Johann Heinrich Thomas Boesner	Stadtkommissar			9405,4			
177	Almosenamt						3085,9	
178	Georg Robel		Winzer		860,0			
179	Johann Adam Böhm	Branntweinbrenner			7007,0			
180	Johann Heinrich Thomas Boesner	Stadtkommissar			13101,9			
181	Almosenamt						23515,8	
182	Salzburger Hof					6336,1		
183	Schulacker						2077,4	
184	Alte Kapelle					4877,6		
185	Schulacker						3282,6	
186	Gottlieb Holzer				6460,5			
187	Obermünster					4255,0		
188	Almosenamt						2234,1	
189	Alte Kapelle					8525,8		
190	Johann Heinrich Thomas Boesner	Stadtkommissar			7212,0			
191	Salzburger Hof					2611,8		
192	Schulacker						2161,8	
193	Almosenamt						4267,0	
194	Almosenamt						1358,3	
195	Almosenamt						3041,4	
196	Katharinen-Spital						4837,6	
197	Katharinen-Spital						9088,1	

Lfd. Nr.	Besitzer	Beruf	Herkunftsort	Bezeichnung	Besitzgröße Bürger	Kirche	Stadt	Allmende
198	Katharinen-Spital						3560,0	
199	Obermünster					1932,6		
200	Katharinen-Spital						3901,5	
201	Heinrich Holzer				5825,8			
202	Gottlieb Holzer				5219,0			
203	Almosenamt						1775,9	
204	Schulacker						1591,2	
205	Almosenamt						1727,6	
206	Heinrich Holzer				1748,0			
207	Almosenamt						980,6	
208	Gottlieb Holzer				8429,3			
209	Johann Heinrich Thomas Boesner	Stadtkommissar			2892,9			
210	Almosenamt						1763,8	
211	Obermünster					2113,5		
212	Johann Heinrich Thomas Boesner	Stadtkommissar			1201,5			
213	Almosenamt						2225,9	
214	Johann Christoph Lehr	Bierbrauer			10245,1			
215	St. Emmeram					10193,1		
216	Johann Heinrich Thomas Boesner	Stadtkommissar			9831,3			
217	Gottlieb Holzer				26974,8			
218	Alte Kapelle					2696,2		
219	Johann Heinrich Thomas Boesner	Stadtkommissar			7139,6			
220	Obermünster					7674,0		
221	Gottlieb Holzer				3905,2			
222	Johann Michael Schleusinger	Inspektor			6299,9			
223	Katharinen-Spital						4865,5	
224	Gottlieb Holzer				9377,5			
225	Johann Heinrich Thomas Boesner	Stadtkommissar			4291,2			
226	Katharinen-Spital						4865,5	
227	Gottlieb Holzer				4729,1			
228	Johann Heinrich Thomas Boesner	Stadtkommissar			4411,8			

Lfd. Nr.	Besitzer	Beruf	Herkunftsort	Bezeichnung	Besitzgröße Bürger	Kirche	Stadt	Allmende
229	Katharinen-Spital						5263,5	
230	Katharinen-Spital						4656,7	
231	Gottlieb Holzer				5994,7			
232	Almosenamt						4258,8	
233	Johann Heinrich Klostermeyer	Waagmeister			12776,3			
234	Obermünster					7967,3		
235	Johann Heinrich Klostermeyer	Waagmeister			1591,2			
236	Johann Heinrich Klostermeyer	Waagmeister			8063,7			
237	Obermünster					3443,2		
238	Heinrich Holzer				1675,6			
239	Almosenamt						1422,3	
240	Katharinen-Spital						3098,0	
241	Gottlieb Holzer				2796,5			
242 abc	Heinrich Holzer				21960,8			
243	Matthias Rossmeyer				11519,0			
244	Katharinen-Spital						5681,1	
245	Johann Heinrich Thomas Boesner	Stadtkommissar			2929,1			
246	Christian Gottlieb Gumpelzhaimer	Direktorialrat			2981,1			
247	Almosenamt						2981,1	
248	Gottlieb Holzer				9867,5			
249	Obermünster					2555,3		
250	Gottlieb Holzer				6412,2			
251	Matthäus Behner	Bierbrauer			3612,0			
252	Schulacker						2784,4	
253	Salzburger Hof					2430,9		
254	Johann Heinrich Thomas Boesner	Stadtkommissar			6094,9			
255	Katharinen-Spital						5572,6	
256	Heinrich Holzer				3427,3			
257	Johann Heinrich Thomas Boesner	Stadtkommissar			4327,3			
258	Katharinen-Spital						3463,5	
259	Gottlieb Holzer				1896,5			

Lfd. Nr.	Besitzer	Beruf	Herkunftsort	Bezeichnung	Besitzgröße Bürger	Kirche	Stadt	Allmende
260	Johann Heinrich Thomas Boesner	Stadtkommissar			4206,7			
261	Johann Heinrich Thomas Boesner	Stadtkommissar			4572,3			
262	Heinrich Holzer				3551,7			
263	Katharinen-Spital						5520,5	
264	Katharinen-Spital						8686,3	
265	Salzburger Hof					1775,9		
266	Almosenamt						2515,3	
267	Gottlieb Holzer				2370,6			
268	Almosenamt						1034,8	
269	Almosenamt						1639,4	
270	Johann Heinrich Thomas Boesner	Stadtkommissar			1410,3			
271	Obermünster					1748,0		
272	Christian Gottlieb Gumpelzhaimer	Direktorialrat			2599,7			
273	Obermünster					6858,5		
274	Almosenamt						3511,8	
275	Obermünster					4427,6		
276	Almosenamt						4560,3	
277	Obermünster					5387,9		
278	Gottlieb Holzer				10619,0			
279	Alte Kapelle					3925,6		
280	Gottlieb Holzer				3853,2			
281	Obermünster					4146,4		
282	Heinrich Holzer				2611,8			
283	Almosenamt						8356,9	
284	Heinrich Holzer				5584,6			
285	Johann Heinrich Thomas Boesner	Stadtkommissar			1763,8			
286 ab	Johann Heinrich Thomas Boesner	Stadtkommissar			7284,3			
287	Johann Heinrich Thomas Boesner	Stadtkommissar			3282,6			
288	Almosenamt						5022,3	
289	Gottlieb Holzer				3624,1			
290	Almosenamt						2635,9	

Lfd. Nr.	Besitzer	Beruf	Herkunftsort	Bezeichnung	Besitzgröße Bürger	Kirche	Stadt	Allmende
291 a	Johann Heinrich Thomas Boesner	Stadtkommissar			19317,4			
b	Johann Heinrich Thomas Boesner	Stadtkommissar			8075,8			
c	Johann Heinrich Thomas Boesner	Stadtkommissar			7481,1			
d	Johann Heinrich Thomas Boesner	Stadtkommissar			1748,0			
292	Alte Kapelle					4387,6		
293	Johann Christoph Lehr	Bierbrauer			3672,3			
294	Johann Heinrich Thomas Boesner	Stadtkommissar			1310,0			
295	Johann Ulrich Gottlieb Schaeffer	Hofrat			6557,0			
296	Johann Heinrich Thomas Boesner	Stadtkommissar			13527,7			
297	St. Johann					2635,9		
298	Johann Christian Lehr	Bierbrauer			1703,5			
299	Johann Heinrich Thomas Boesner	Stadtkommissar			1627,4			
300	Almosenamt						3563,8	
301	Johann Georg Haller	Bierbrauer			1796,2			
302	Johann Christian Lehr	Bierbrauer			2005,0			
303	Almosenamt						3937,6	
304	St. Emmeram					10221,0		
305	Johann Ulrich Gottlieb Schaeffer	Hofrat			2563,5			
306	Almosenamt						1430,6	
307	Johann Heinrich Thomas Boesner	Stadtkommissar			1446,5			
308	Johann Heinrich Thomas Boesner	Stadtkommissar			7798,4			
309	St. Emmeram					12391,8		
310	St. Emmeram					10646,9		
311	Katharinen-Spital						4732,9	
312	Gottlieb Holzer				2567,3			
313	St. Emmeram					6517,0		
314	Christian Gottlieb Gumpelzhaimer	Direktorialrat			13845,1			
315 a	Johann Heinrich Thomas Boesner	Stadtkommissar			13113,9			
b	Johann Heinrich Thomas Boesner	Stadtkommissar			5825,8			
316	Gemeindewiese			Wiese				2993,2
317	Christian Gottlieb Gumpelzhaimer	Direktorialrat			4339,4			

Lfd. Nr.	Besitzer	Beruf	Herkunftsort	Bezeichnung	Besitzgröße Bürger	Kirche	Stadt	Allmende
318	Johann Heinrich Thomas Boesner	Stadtkommissar			10739,6			
319	Johann Heinrich Thomas Boesner	Stadtkommissar			7368,8			
320	Bruderhaus						3053,5	
321	Gottlieb Holzer				1992,9			
322	St. Emmeram					2298,2		
323	Katharinen-Spital						10767,5	
324	Matthias Rossmeyer				1394,5			
325	Katharinen-Spital						3077,6	
326	Heilig Kreuz					5251,4		
327	Almosenamt						5110,5	
328	St. Emmeram					8477,5		
329	Matthias Rossmeyer				872,1			
330	Johann Heinrich Thomas Boesner	Stadtkommissar			1739,7			
331	St. Emmeram					3101,7		
332	Obermünster					8091,6		
333 a	Johann Heinrich Thomas Boesner	Stadtkommissar			8943,4			
b	Johann Heinrich Thomas Boesner	Stadtkommissar			11579,3			
c	Johann Heinrich Thomas Boesner	Stadtkommissar			9393,4			
334	Almosenamt						2246,2	
335	Almosenamt						5363,8	
336	Katharinen-Spital						3415,3	
337	Matthias Rossmeyer				3832,9			
338	Johann Heinrich Thomas Boesner	Stadtkommissar			4512,0			
339	Johann Heinrich Thomas Boesner	Stadtkommissar			3306,7			
340	Johann Heinrich Thomas Boesner	Stadtkommissar			4837,6			
341	Almosenamt						3744,7	
342	Katharinen-Spital						3756,7	
343	Johann Heinrich Thomas Boesner	Stadtkommissar			3439,4			
344	Katharinen-Spital						9875,8	
345	Katharinen-Spital						14889,8	
346	Heinrich Thomas Boesner	Stadtkommissar			1603,2			

Lfd. Nr.	Besitzer	Beruf	Herkunftsort	Bezeichnung	Besitzgröße Bürger	Kirche	Stadt	Allmende
347	Katharinen-Spital						9964,0	
348	Johann Heinrich Thomas Boesner	Stadtkommissar			2515,3			
349	Heinrich Holzer				1410,3			
350	Schulacker						3146,2	
351	Johann Heinrich Thomas Boesner	Stadtkommissar			1832,4			
352	Katharinen-Spital						1277,6	
353	Almosenamt						4279,1	
354	Johann Heinrich Thomas Boesner	Stadtkommissar			1868,6			
355	Johann Heinrich Thomas Boesner	Stadtkommissar			1820,3			
356	Katharinen-Spital						1382,4	
357	Obermünster					2213,8		
358	Katharinen-Spital						1446,5	
359	Johann Heinrich Thomas Boesner	Stadtkommissar			3025,6			
360	Almosenamt						3455,2	
361	Johann Heinrich Otto	Gastwirt			4001,7			
362	Almosenamt						1860,3	
363	Obermünster					2418,8		
364	Heinrich Holzer				14924,1			
365	Almosenamt						5142,9	
366	Gottlieb Holzer				1715,6			
367	Johann Heinrich Thomas Boesner	Stadtkommissar			1542,9			
368	Deutscher Orden					3575,8		
369	Almosenamt						7955,2	
370	Johann Heinrich Thomas Boesner	Stadtkommissar			1555,0			
371	St. Emmeram					7782,6		
372	Christian Gottlieb Gumpelz-haimer	Direktorialrat			4086,1			
373	Obermünster					3017,3		
374	Almosenamt						3648,2	
375	Katharinen-Spital						8417,2	
376	Almosenamt						2989,4	

Lfd. Nr.	Besitzer	Beruf	Herkunftsort	Bezeichnung	Besitzgröße Bürger	Kirche	Stadt	Allmende
377	Alte Kapelle					3973,8		
378	Gottlieb Holzer				9522,3			
379	Katharinen-Spital						13395,1	
380	Johann Heinrich Thomas Boesner	Stadtkommissar			5717,3			
381 ab	Johann Heinrich Thomas Boesner	Stadtkommissar			10329,5			
382	Katharinen-Spital						1470,6	
383	Johann Heinrich Thomas Boesner	Stadtkommissar			1458,5			
384	Almosenamt						7541,4	
385	Katharinen-Spital						3077,6	
386	Johann Heinrich Thomas Boesner	Stadtkommissar			10325,8			
387	Christian Gottlieb Gumpelzhaimer	Direktorialrat			1856,5			
388	Christian Gottlieb Gumpelzhaimer	Direktorialrat			4182,6			
389	Gottlieb Holzer				4086,1			
390	Heinrich Holzer				883,4			
391	Katharinen-Spital						667,1	
392	Gottlieb Holzer				2563,5			
393	St. Emmeram					2077,4		
394	Obermünster					1944,7		
395	Johann Heinrich Thomas Boesner	Stadtkommissar			1703,5			
396	Katharinen-Spital						2077,4	
397	Almosenamt						4267,0	
398	Obermünster					2527,4		
399	Johann Heinrich Thomas Boesner	Stadtkommissar			1856,5			
400	Gemeindewiese			Wiese				425,9
401	Katharinen-Spital						3150,0	
402	St. Emmeram					3889,4		
403	Katharinen-Spital						4122,3	
404	Gottlieb Holzer				594,7			
405	Obermünster					6508,7		
406	Katharinen-Spital						1261,8	
407	St. Emmeram					2648,0		

Lfd. Nr.	Besitzer	Beruf	Herkunftsort	Bezeichnung	Besitzgröße Bürger	Kirche	Stadt	Allmende
408	St. Emmeram					2246,2		
409	Almosenamt						5548,4	
410	Katharinen-Spital						4781,1	
411	Katharinen-Spital						7662,0	
412	Johann Heinrich Klostermeyer	Waagmeister			960,3			
413	Salzburger Hof					1225,6		
414	Schulacker						1591,2	
415	Katharinen-Spital						2258,3	
416	Christian Gottlieb Gumpelzhaimer	Direktorialrat			1289,7			
417	Katharinen-Spital						9939,8	
418	Katharinen-Spital						12808,7	
419	Schulacker						4656,7	
420	Salzburger Hof					4829,3		
421	Katharinen-Spital						9927,8	
422	Katharinen-Spital						16046,8	
423	Katharinen-Spital						4218,8	
424	St. Emmeram					5789,6		
425 a	Johann Heinrich Klostermeyer	Waagmeister			984,4			
b	Kloster Prüfening		Prüfening			1117,1		
426 a	Kloster Prüfening		Prüfening			739,4		
b	Kloster Prüfening		Prüfening			863,8		
427	Kloster Prüfening		Prüfening			1615,3		
428	Kloster Prüfening		Prüfening			2856,8		
429	Kloster Prüfening		Prüfening			3841,2		
430	Kloster Prüfening		Prüfening			4684,6		
431	Kloster Prüfening		Prüfening			2929,1		
432	Kloster Prüfening		Prüfening			3330,9		
433	Kloster Prüfening		Prüfening			6898,4		
434	Kloster Prüfening		Prüfening			8638,1		
435	Kloster Prüfening		Prüfening			5693,2		
436	Kloster Prüfening		Prüfening			2165,6		

Lfd. Nr.	Besitzer	Beruf	Herkunftsort	Bezeichnung	Besitzgröße Bürger	Kirche	Stadt	Allmende
437	Kloster Prüfening		Prüfening			2639,7		
438	Liebel	Seifensieder			23905,5			
439	Johann Adam Memwart				29064,3			
440	Baron Vrinz				18819,1			
441	Kloster Prüfening		Prüfening			3965,5		
442	Kloster Prüfening		Prüfening			4548,2		
443	Baron Vrinz				44459,8			
444	Thomas Behner	Branntweinbrenner			40526,7			
445	Obermünster					11081,0		
446	Almosenamt						6930,8	
447	Obermünster					11044,9		
448	Gottlieb Holzer				10582,8			
449	Salzburger Hof					2189,7		
450	Johann Matthäus Behner	Bierbrauer			86280,0			
451	Obermünster					10229,3		
452	Kirche Dechbetten		Dechbetten			2929,1		
453	Almosenamt						6886,4	
454	Gottlieb Holzer	Hofrat			851,8			
455	Christian Gottlieb Gumpelzhaimer	Direktorialrat			16617,4			
456	Katharinen-Spital						4732,9	
457	Almosenamt						2941,2	
458	Kirche Dechbetten		Dechbetten			1944,7		
459	Simon Zirnkiebel jun.		Dechbetten		8477,5			
460	Kirche Dechbetten		Dechbetten			5946,4		
461	Thomas Behner	Branntweinbrenner			14503,9			
462	Kirche Dechbetten		Dechbetten			8517,5		
463	Kirche Dechbetten		Dechbetten			8517,5		
464	Kirche Dechbetten		Dechbetten			8517,5		
465	Kirche Dechbetten		Dechbetten			8943,4		
466	Obermünster					22997,3		
467	Obermünster					5669,0		

Lfd. Nr.	Besitzer	Beruf	Herkunftsort	Bezeichnung	Besitzgröße Bürger	Kirche	Stadt	Allmende
468	Obermünster					5669,0		
469	Obermünster					5536,4		
470	Almosenamt						10646,9	
471	Katharinen-Spital						4001,7	
472	St. Emmeram					1398,2		
473	Katharinen-Spital						1277,6	
474	Johann Heinrich Thomas Boesner	Stadtkommissar			6227,6			
475	Katharinen-Spital						11498,6	
476	Katharinen-Spital						6942,9	
477	Almosenamt						8586,1	
478	Almosenamt						3379,1	
479	Katharinen-Spital						3306,7	
480	Almosenamt						2173,8	
481	Johann Heinrich Thomas Boesner	Stadtkommissar			3089,7			
482	Katharinen-Spital						3817,0	
483	Katharinen-Spital						6480,8	
484	Katharinen-Spital						1310,0	
485	Katharinen-Spital						2555,3	
486	St. Emmeram					4258,8		
487	Almosenamt						11072,8	
488	Katharinen-Spital						8091,6	
489	Heinrich Holzer				6400,2			
490	Heinrich Holzer				9369,3			
491	Obermünster					9795,1		
492 ab	St. Emmeram					11924,5		
493	Katharinen-Spital						8091,6	
494	Katharinen-Spital						12957,2	
495	Schulacker						4925,8	
496	Salzburger Hof					5351,7		
497	Salzburger Hof					10695,1		
498	Obermünster					6994,9		

Lfd. Nr.	Besitzer	Beruf	Herkunftsort	Bezeichnung	Besitzgröße Bürger	Kirche	Stadt	Allmende
499	Almosenamt						2555,3	
500	Obermünster					2748,2		
501	Johann Heinrich Thomas Boesner	Stadtkommissar			25636,9			
502	Johann Heinrich Thomas Boesner	Stadtkommissar			5632,9			
503	Katharinen-Spital						14053,9	
504	Johann Heinrich Thomas Boesner	Stadtkommissar			4853,5			
505	Obermünster					7726,1		
506	Katharinen-Spital						7967,3	
507	Katharinen-Spital						14078,0	
508	Almosenamt						1518,8	
509	Obermünster					1153,3		
510	Heinrich Holzer				4781,1			
511	St. Emmeram					20096,8		
512	Gottlieb Holzer				8943,4			
513	Johann Heinrich Thomas Boesner	Stadtkommissar			6898,4			
514	Johann Heinrich Thomas Boesner	Stadtkommissar			7239,9			
515	Katharinen-Spital						14479,8	
516	Katharinen-Spital						8091,6	
517	Katharinen-Spital						4258,8	
518	Obermünster					3407,0		
519	St. Emmeram					2981,1		
520	Katharinen-Spital						2370,6	
521	Johann Heinrich Thomas Boesner	Stadtkommissar			4765,3			
522	Johann Heinrich Thomas Boesner	Stadtkommissar			6119,0			
523	Christian Gottlieb Gumpelzhaimer	Direktorialrat			8003,4			
524 ab	Heinrich Holzer				21193,5			
525	St. Emmeram					4684,6		
526	Johann Heinrich Thomas Boesner	Stadtkommissar			3551,7			
527	Heinrich Holzer				16762,1			
528	Katharinen-Spital						6786,1	
529	Matthias Rossmeyer				5448,2			

Lfd. Nr.	Besitzer	Beruf	Herkunftsort	Bezeichnung	Besitzgröße Bürger	Kirche	Stadt	Allmende
530	Gottlieb Holzer				5568,8			
531	Almosenamt						12410,7	
532	Johann Heinrich Thomas Boesner	Stadtkommissar			4307,0			
533	Heinrich Holzer				6468,8			
534 a	Johann Heinrich Thomas Boesner	Stadtkommissar			5134,6			
b	Johann Heinrich Thomas Boesner	Stadtkommissar			6336,1			
535	Katharinen-Spital						1494,7	
536 a	Johann Heinrich Thomas Boesner	Stadtkommissar			4825,6			
b	Johann Heinrich Thomas Boesner	Stadtkommissar			5555,5			
537	Matthias Rossmeyer				1956,8			
538	Almosenamt						2322,3	
539	Deutscher Orden					3829,1		
540	Almosenamt						4050,0	
541	Katharinen-Spital						3391,2	
542	Katharinen-Spital						7955,2	
543	Katharinen-Spital						15789,8	
544	Katharinen-Spital						5962,3	
545	Schulacker						6460,5	
546	Schuster Jodel	Schuster	Dechbetten		4258,8			
547	Georg Neumeyer		Dechbetten		3977,6			
548	Salzburger Hof					4684,6		
549	Salzburger Hof					3832,9		
550	Georg Neumeyer		Dechbetten		5962,3			
551	St. Emmeram					6850,2		
552	Almosenamt						6886,4	
553	St. Paul					2555,3		
554	St. Emmeram					6814,0		
555	Heinrich Holzer				9453,7			
556	Katharinen-Spital						5158,7	
557	Katharinen-Spital						3600,0	
558	Katharinen-Spital						7300,2	

Lfd. Nr.	Besitzer	Beruf	Herkunftsort	Bezeichnung	Besitzgröße Bürger	Kirche	Stadt	Allmende
559	Katharinen-Spital						3098,0	
560	St. Emmeram					2041,2		
561	Salzburger Hof					4524,1		
562	Schulacker						6544,9	
563	Katharinen-Spital						498,2	
564	Johann Heinrich Thomas Boesner	Stadtkommissar			6042,9			
565	Katharinen-Spital					4339,4		
566	Deutscher Orden					5617,0		
567	St. Emmeram					12455,1		
568	Katharinen-Spital						13455,4	
569	Deutscher Orden					2005,0		
570	Gottlieb Holzer				4500,0			
571	Johann Heinrich Otto	Gastwirt			3792,9			
572	Niedermünster					6468,8		
573	Deutscher Orden					29031,9		
574	St. Emmeram					2639,7		
575	Johann Heinrich Thomas Boesner	Stadtkommissar			1494,7			
576	Almosenamt						4170,6	
577	St. Emmeram					6496,7		
578	Heinrich Holzer				6022,6			
579	Katharinen-Spital						2005,0	
580	St. Emmeram					20442,0		
581	Obermünster					6814,0		
582	Heinrich Holzer				3832,9			
583	St. Emmeram					6388,1		
584	Heinrich Holzer				4074,1			
585	Heinrich Holzer				2555,3			
586	Deutscher Orden					13628,0		
587	Kuchelhof					851,8		
588	St. Emmeram					1703,5		
589	St. Emmeram					3407,0		

Lfd. Nr.	Besitzer	Beruf	Herkunftsort	Bezeichnung	Besitzgröße Bürger	Kirche	Stadt	Allmende
590	Johann Heinrich Otto	Gastwirt			2981,1			
591	Deutscher Orden					8517,5		
592	Heinrich Holzer				4258,8			
593	Gemeindeweideplatz			Wiese				45994,5
594	Almosenamt						41904,6	
595	Almosenamt						12422,7	
596	Gemeindegrund von St. Lazarus							2820,6
597	Almosenamt						14110,4	
598	Ludwig Wilhelm Schaeffer	Kommerzienrat			1020,6			
599	Obermünster					691,2		
600	Johann Christoph Harrers Erben				1703,5			
601	Almosenamt						3407,0	
602	Christian Gottlieb Gumpelzhaimer	Direktorialrat			2555,3			
603	Obermünster					2724,1		
604	Almosenamt						4620,6	
605	Gemeindegrund							3246,4
606	St. Emmeram					8517,5		
607	Almosenamt						2736,2	
608	St. Emmeram					2298,2		
609	Niedermünster					7300,2		
610	Matthias Rossmeyer				2555,3			
611	St. Emmeram					2555,3		
612	Heinrich Holzer				5962,3			
613	Niedermünster					9369,3		
614	St. Emmeram					3832,9		
615	Obermünster					2491,2		
616	St. Emmeram					3612,0		
617	Johann Heinrich Otto	Gastwirt			3017,3			
618	Obermünster					3049,7		
619	Ludwig Wilhelm Schaeffer	Kommerzienrat			3624,1			
620	Kuchelhof					4146,4		

Lfd. Nr.	Besitzer	Beruf	Herkunftsort	Bezeichnung	Bürger	Besitzgröße Kirche	Stadt	Allmende
621	Obermünster					4901,7		
622	Johann Jakob Hubmann	Branntweinbrenner			3443,2			
623	Niedermünster					4258,8		
624	Obermünster					1872,3		
625	Almosenamt						11715,7	
626	Johann Christoph Harrers Erben				4684,6			
627	Kuchelhof					5717,3		
628	Ludwig Wilhelm Schaeffer	Kommerzienrat			9795,1			
629	Ludwig Wilhelm Schaeffer	Kommerzienrat			6388,1			
630	Almosenamt						10438,1	
631	Almosenamt						13640,1	
632	Johann Christoph Harrers Erben				1824,1			
633	St. Emmeram					2129,4		
634	Kuchelhof					1591,2		
635	Ludwig Wilhelm Schaeffer	Kommerzienrat			3479,4			
636	St. Emmeram					3407,0		
637	St. Paul					3905,2		
638	St. Emmeram					3672,3		
639	St. Emmeram					3563,8		
640	Johann Christoph Harrers Erben				7432,8			
641	Johann Heinrich Thomas Boesner	Stadtkommissar			4584,4			
642	Niedermünster					13808,9		
643	St. Paul					19164,4		
644	St. Emmeram					3065,5		
645	Matthias Rossmeyer				7248,2			
646	Johann Christoph Harrers Erben				4146,4			
647	Ludwig Wilhelm Schaeffer	Kommerzienrat			7248,2			
648	Johann Christoph Harrers Erben				3379,1			
649	Matthias Rossmeyer				2856,8			
650	St. Emmeram					4925,8		
651	Ludwig Wilhelm Schaeffer	Kommerzienrat			2892,9			

Lfd. Nr.	Besitzer	Beruf	Herkunftsort	Bezeichnung	Besitzgröße Bürger	Kirche	Stadt	Allmende
652	Kuchelhof					1760,0		
653	Ludwig Wilhelm Schaeffer	Kommerzienrat			1374,1			
654	Ludwig Wilhelm Schaeffer	Kommerzienrat			2603,5			
655	St. Emmeram					1285,9		
656	Obermünster					14793,3		
657 a	Domkapitel					3672,3		
b	Domkapitel					2981,1		
658	Almosenamt						1446,5	
659	Almosenamt						1542,9	
660	Ludwig Wilhelm Schaeffer	Kommerzienrat			11189,6			
661	St. Emmeram					8589,9		
662	St. Paul					19027,9		
663	St. Emmeram					6287,9		
664	Georg Neumeyer		Dechbetten		12969,2			
665	Simon Zirnkiebel		Dechbetten		12334,5			
666	Almosenamt						5717,3	
667	Georg Neumeyer		Dechbetten		2250,0			
668	Georg Neumeyer		Dechbetten		4146,4			
669	Simon Zirnkiebel		Dechbetten		3150,0			
670	Andreas Mundigel		Dechbetten		1374,1			
671	Matthäus Behner	Bierbrauer			3844,9			
672	St. Emmeram					4524,1		
673	Simon Zirnkiebel		Dechbetten		7846,7			
674	Johann Christoph Harrers Erben				7818,8			
675	Georg Neumeyer		Dechbetten		6982,8			
676	St. Emmeram					15267,4		
677	Almosenamt						3037,7	
678	Simon Zirnkiebel		Dechbetten		8562,0			
679	Simon Aechter		Dechbetten		6436,4			
680	Schulacker						6082,9	
681	Salzburger Hof					6701,7		

Lfd. Nr.	Besitzer	Beruf	Herkunftsort	Bezeichnung	Besitzgröße Bürger	Kirche	Stadt	Allmende
682	St. Emmeram					7919,0		
683	Simon Isslinger		Dechbetten		3905,2			
684	Georg Neumeyer		Dechbetten		9015,7			
685	Jakob Schedelbauer		Dechbetten		2708,3			
686	Simon Zirnkiebel		Dechbetten		6762,0			
687	Georg Neumeyer		Dechbetten		11631,3			
688	Simon Zirnkiebel		Dechbetten		3523,8			
689	Georg Neumeyer		Dechbetten		3527,6			
690	Simon Zirnkiebel		Dechbetten		4656,7			
691	Simon Aechter		Dechbetten		3122,1			
692	Andreas Mundigel		Dechbetten		3089,7			
693	Jakob Spidelbauer		Dechbetten		3403,2			
694	Johann Christoph Harrers Erben				1687,7			
695	Johann Matthäus Behner	Bierbrauer			5837,9			
696	Johann Matthäus Behner	Bierbrauer			5231,1			
697	Heinrich Holzer				4399,7			
698	Simon Zirnkiebel		Dechbetten		4379,4			
699	Almosenamt						1711,8	
700	Joseph Zirnkiebel		Dechbetten		14841,6			
701	Almosenamt						1856,5	
702	Heinrich Holzer				2149,7			
703	Georg Neumeyer		Dechbetten		1980,9			
704	Simon Zirnkiebel		Dechbetten		5046,4			
705	St. Emmeram					884,2		
706	Georg Neumeyer		Dechbetten		2539,4			
707	St. Emmeram					4596,4		
708	Georg Neumeyer		Dechbetten		6910,5			
709	St. Emmeram					6107,0		
710	Jakob Spidelbauer		Dechbetten		4451,7			
711	Simon Aechter		Dechbetten		3475,6			
712	Simon Zirnkiebel		Dechbetten		1711,8			

Lfd. Nr.	Besitzer	Beruf	Herkunftsort	Bezeichnung	Besitzgröße Bürger	Kirche	Stadt	Allmende
713	Simon Zirnkiebel		Dechbetten		5592,9			
714	Joseph Schropp		Dechbetten		1727,6			
715	Georg Neumeyer		Dechbetten		4315,3			
716	Joseph Schropp		Dechbetten		3989,7			
717	Georg Neumeyer		Dechbetten		6786,1			
718	Obermünster					6653,4		
719	Simon Zirnkiebel		Dechbetten		11908,7			
720	Andreas Mundigel		Dechbetten		655,0			
721	Simon Zirnkiebel		Dechbetten		13676,2			
722	Simon Isslinger		Dechbetten		4632,6			
723	Georg Neumeyer		Dechbetten		9269,0			
724	Simon Zirnkiebel		Dechbetten		3125,8			
725	Andreas Mundigel		Dechbetten		3270,6			
726	Simon Zirnkiebel		Dechbetten		1908,5			
727	Georg Neumeyer		Dechbetten		3732,6			
728	Simon Aechter		Dechbetten		3427,3			
729	Johann Islinger		Dechbetten		3270,6			
730 a	Georg Neumeyer		Dechbetten		2953,2			
b	Georg Neumeyer		Dechbetten		1542,9			
731	St. Emmeram					6496,7		
732	Obermünster					3511,8		
733	Heinrich Holzer				3122,1			
734	Johann Christoph Harrers Erben				3535,9			
735 a	Simon Zirnkiebel		Dechbetten		1956,8			
b	Simon Zirnkiebel		Dechbetten		1056,8			
736 a	Georg Neumeyer		Dechbetten		2687,9			
b	Georg Neumeyer		Dechbetten		859,3			
737	Joseph Schropp		Dechbetten		1627,4			
738	Joseph Schropp		Dechbetten		932,4			
739	Jakob Schirkofers Erben		Königswiesen		691,2			
740 a	Jakob Schirkofers Erben		Königswiesen		3857,0			

Lfd. Nr.	Besitzer	Beruf	Herkunftsort	Bezeichnung	Besitzgröße Bürger	Kirche	Stadt	Allmende
740 b	Jakob Schirkofers Erben		Königswiesen		1153,3			
741	Jakob Schirkofers Erben		Königswiesen		10132,8			
742 a	Jakob Schirkofers Erben		Königswiesen		7272,3			
b	Jakob Schirkofers Erben		Königswiesen		3523,8			
743	Jakob Schirkofers Erben		Königswiesen	Wiese	43230,5			
744	Jakob Schirkofers Erben		Königswiesen		8308,7			
745	Jakob Schirkofers Erben		Königswiesen	Wiese	15267,4			
746 a	Jakob Schirkofers Erben		Königswiesen		14962,2			
b	Jakob Schirkofers Erben		Königswiesen		7722,3			
747	Königswiesen		Königswiesen		103423,6			
748 a	Königswiesen		Königswiesen		68999,9			
b	Königswiesen		Königswiesen					
c	Königswiesen		Königswiesen					
d	Königswiesen		Königswiesen					
749	Königswiesen		Königswiesen		20502,3			
750	Königswiesen		Königswiesen		20635,0			
751	Königswiesen		Königswiesen		38630,3			
752	Königswiesen		Königswiesen		18152,1			
753 a	Königswiesen		Königswiesen		2627,6			
b	Königswiesen		Königswiesen		3101,7			
754	Obermünster					5182,9		
755	–		Dechbetten		4403,5			
756	–		Dechbetten		4182,6			
757	Obermünster					1213,6		
758	Niedermünster			Turnacker		11639,6		
759	Christian Gottlieb Gumpelzhaimer	Direktorialrat			7553,4			
760	Johann Christoph Harrers Erben				5239,4			
761	Christian Gottlieb Gumpelzhaimer	Direktorialrat			3841,2			
762	St. Emmeram					1711,8		
763	St. Emmeram					28859,2		
764	St. Emmeram					zu 763		

Lfd. Nr.	Besitzer	Beruf	Herkunftsort	Bezeichnung	Besitzgröße Bürger	Kirche	Stadt	Allmende
765	Niedermünster			Wiese		6958,7		
766	Christian Gottlieb Gumpelzhaimer	Direktorialrat			4098,2			
767	Christian Gottlieb Gumpelzhaimer	Direktorialrat			4307,0			
768	Christian Gottlieb Gumpelzhaimer	Direktorialrat			4270,8			
769	Niedermünster					2503,2		
770	Almosenamt						2250,0	
771	Christian Gottlieb Gumpelzhaimer	Direktorialrat			3708,5			
772 a	Obermünster					4134,4		
b	Obermünster					1285,9		
773 a	Alte Kapelle					1772,1		
b	Alte Kapelle					1687,7		
774	Matthias Rossmeyer				7300,2			
775	St. Emmeram					3941,4		
776	Johann Christoph Harrers Erben				2555,3			
777	Andreas Gottlieb Holzer	Stadtbauer			24893,7			
778	Ludwig Wilhelm Schaeffer	Kommerzienrat			5046,4			
779	Almosenamt						4267,0	
780	Domkapitel					3949,7		
781	Matthias Rossmeyer				3527,6			
782	Domkapitel					2772,3		
783	St. Paul					3977,6		
784	Almosenamt						2696,2	
785	Johann Christoph Harrers Erben				2213,8			
786	Ludwig Wilhelm Schaeffer	Kommerzienrat			1470,6			
787	Gemeindewiese			Wiese				6275,8
788	St. Paul					3708,5		
789	Obermünster					2129,4		
790	Almosenamt						3013,5	
791	Johann Christoph Harrers Erben				4415,5			
792	Almosenamt						8099,9	
793	Christian Gottlieb Gumpelzhaimer	Direktorialrat			5134,6			

Lfd. Nr.	Besitzer	Beruf	Herkunftsort	Bezeichnung	Besitzgröße Bürger	Kirche	Stadt	Allmende
794	Matthias Rossmeyer				2760,3			
795	Johann Christoph Harrers Erben				4339,4			
796	Gemeindegrund			Steinbruch				3037,7
797	Obermünster					2479,1		
798	St. Emmeram					7264,0		
799	Matthias Rossmeyer				2981,1			
800 a	St. Emmeram					3282,6		
b	St. Emmeram					11908,7		
801	St. Paul					2892,9		
802	Obermünster					3037,7		
803	Obermünster					3511,8		
804	St. Paul					2627,6		
805	Niedermünster					5134,6		
806	Almosenamt						2611,8	
807	Niedermünster					3744,7		
808	Matthias Rossmeyer				12905,1			
809 a	Johann Christoph Harrers Erben				7091,4			
b	Johann Christoph Harrers Erben				859,3			
810	Almosenamt						3937,6	
811	Obermünster					3600,0		
812	Ludwig Wilhelm Schaeffer	Kommerzienrat			2185,9			
813	Matthias Rossmeyer				1579,1			
814	Almosenamt						3648,2	
815	Christian Gottlieb Gumpelzhaimer	Direktorialrat			2611,8			
816	Niedermünster					1920,6		
817	St. Emmeram					3246,4		
818	Almosenamt						3089,7	
819	Niedermünster					2700,0		
820	Ludwig Wilhelm Schaeffer	Kommerzienrat			2981,1			
821	Almosenamt						2358,5	
822	Obermünster					2917,1		

Lfd. Nr.	Besitzer	Beruf	Herkunftsort	Bezeichnung	Besitzgröße Bürger	Kirche	Stadt	Allmende
823	Obermünster					2748,2		
824	St. Emmeram					2406,8		
825	Christian Gottlieb Gumpelzhaimer	Direktorialrat			1470,6			
826	Obermünster					1117,1		
827	St. Emmeram					2708,3		
828	Johann Christoph Harrers Erben				4937,9			
829	St. Paul					2165,6		
830	Almosenamt						6484,6	
831	Ludwig Wilhelm Schaeffer	Kommerzienrat			3841,2			
832	Johann Christoph Harrers Erben				3113,8			
833	Barbara Muschweck	Stadtbauern-Witwe			2736,2			
834	Obermünster					3162,0		
835 a	Niedermünster					5191,1		
b	Niedermünster					4375,6		
836	Niedermünster					2611,8		
837	Almosenamt						3222,3	
838	Matthias Rossmeyer				1663,5			
839	Johann Christoph Harrers Erben				1506,8			
840	Alte Kapelle					5946,4		
841	St. Emmeram					1944,7		
842	Niedermünster					2137,7		
843 ab	St. Emmeram					6641,4		
844	Obermünster					1189,4		
845	Niedermünster					5970,5		
846	Obermünster					3001,5		
847	Johann Christoph Harrers Erben				2575,6			
848	Obermünster					3085,9		
849	Almosenamt						2736,2	
850	Ludwig Wilhelm Schaeffer	Kommerzienrat			3330,9			
851	Matthias Rossmeyer				3029,4			
852	Almosenamt						2700,0	
853	Matthias Rossmayer				6749,9			

Lfd. Nr.	Besitzer	Beruf	Herkunftsort	Bezeichnung	Besitzgröße Bürger	Kirche	Stadt	Allmende
854	Johann Christoph Harrers Erben				2591,4			
855	St. Emmeram					3475,6		
856	Ludwig Wilhelm Schaeffer	Kommerzienrat			2868,8			
857	Johann Christoph Harrers Erben				2579,4			
858	Ludwig Wilhelm Schaeffer	Kommerzienrat			3817,0			
859	Obermünster					3929,4		
860	Johann Christoph Harrers Erben				5375,8			
861	Niedermünster					3523,8		
862	Ludwig Wilhelm Schaeffer	Kommerzienrat			2615,6			
863	St. Paul					3575,8		
864	Niedermünster					4708,7		
865	Almosenamt						5592,9	
866	Matthias Rossmeyer				3077,6			
867	Ludwig Wilhelm Schaeffer	Kommerzienrat			3467,3			
868	Almosenamt						5701,4	
869	St. Emmeram					2820,6		
870	Johann Christoph Harrers Erben				2077,4			
871	St. Paul					5215,3		
872	Obermünster					5070,5		
873	Almosenamt						2611,8	
874	Domkapitel					3379,1		
875	Almosenamt						3560,0	
876	Obermünster					7637,9		
877	Christian Gottlieb Gumpelzhaimer	Direktorialrat			2246,2			
878	Obermünster					1470,6		
879 a	Christian Gottlieb Gumpelzhaimer	Direktorialrat			1723,8			
b	Christian Gottlieb Gumpelzhaimer	Direktorialrat			1285,9			
880 a	Barbara Muschweck	Stadtbauern-Witwe			4729,1			
b	Babara Muschweck	Stadtbauern-Witwe			4122,3			
881 a	Ludwig Wilhelm Schaeffer	Kommerzienrat			1494,7			
b	Ludwig Wilhelm Schaeffer	Kommerzienrat			787,7			

Lfd. Nr.	Besitzer	Beruf	Herkunftsort	Bezeichnung	Besitzgröße Bürger	Kirche	Stadt	Allmende
882 a	St. Emmeram					1277,6		
b	St. Emmeram					498,2		
883 a	Kuchelhof					1358,3		
b	Kuchelhof					618,8		
884 a	St. Emmeram					1775,9		
b	St. Emmeram					581,9		
885	Matthias Rossmeyer				4134,4			
886	Ludwig Wilhelm Schaeffer	Kommerzienrat			2663,8			
887	Alte Kapelle					3025,6		
888	Almosenamt						3270,6	
889	Barbara Muschweck	Stadtbauern-Witwe			2515,3			
890	Obermünster					1398,2		
891	Christian Gottlieb Gumpelzhaimer	Direktorialrat			2635,9			
892	Johann Christoph Harrers Erben				3294,7			
893	Domkapitel					715,3		
894	Almosenamt						8027,6	
895	Kuchelhof					3893,2		
896 ab	Domkapitel					679,1		
897	Obermünster					3503,5		
898 ab	Johann Christoph Harrers Erben				3977,6			
899 ab	St. Emmeram					5596,7		
900 ab	St. Emmeram					zu 899		
901	St. Paul					2382,6		
902 ab	Christian Gottlieb Gumpelzhaimer	Direktorialrat			6251,7			
903	Obermünster					1763,8		
904 ab	St. Emmeram					7199,9		
905	Obermünster					3487,6		
906	Christian Gottlieb Gumpelzhaimer	Direktorialrat			3467,3			
907	Ludwig Wilhelm Schaeffer	Kommerzienrat			2989,4			
908	Christian Gottlieb Gumpelzhaimer	Direktorialrat			1422,3			
909	Obermünster					1579,1		

Lfd. Nr.	Besitzer	Beruf	Herkunftsort	Bezeichnung	Besitzgröße Bürger	Kirche	Stadt	Allmende
910	Niedermünster					2844,7		
911	St. Emmeram					2234,1		
912	Almosenamt						2675,9	
913	St. Emmeram					1760,0		
914	Almosenamt						3162,0	
915	St. Emmeram					3929,4		
916	Ludwig Wilhelm Schaeffer	Kommerzienrat			1555,0			
917	Ludwig Wilhelm Schaeffer	Kommerzienrat			3467,3			
918	Obermünster					3407,0		
919	St. Emmeram					5986,4		
920	St. Emmeram					2748,2		
921	Ludwig Wilhelm Schaeffer	Kommerzienrat			2234,1			
922	Barbara Muschweck	Stadtbauern-Witwe			2648,0			
923	Ludwig Wilhelm Schaeffer	Kommerzienrat			2712,0			
924	Matthias Rossmeyer				1944,7			
925	Johann Christoph Harrers Erben				2442,9			
926	Johann Christoph Harrers Erben				4789,4			
927	Obermünster					1410,3		
928	Heinrich Holzer				1856,5			
929	Johann Christoph Harrers Erben				2222,1			
930	Niedermünster					3158,3		
931	St. Paul					2820,6		
932	St. Emmeram					4291,2		
933	Almosenamt						2065,3	
934	Almosenamt						14938,0	
935	Gemeinde							482,4
936	Domkapitel					3282,6		
937	Almosenamt						3234,4	
938	Deutscher Orden					2720,3		
939	Alte Kapelle					1844,4		
940	Deutscher Orden					2977,4		

Lfd. Nr.	Besitzer	Beruf	Herkunftsort	Bezeichnung	Besitzgröße Bürger	Kirche	Stadt	Allmende
941	Domkapitel					3098,0		
942	Johann Christoph Harrers Erben				1470,6			
943	Niedermünster					5227,3		
944	Deutscher Orden					1277,6		
945	Christian Gottlieb Gumpelzhaimer	Direktorialrat			13995			
946	Christian Gottlieb Gumpelzhaimer	Direktorialrat			zu 945			
947	Christian Gottlieb Gumpelzhaimer	Direktorialrat			zu 945			
948	Christian Gottlieb Gumpelzhaimer	Direktorialrat			zu 945			
949	Barbara Muschweck	Stadtbauern-Witwe			4793,2			
950	Almosenamt						1968,8	
951	Ludwig Wilhelm Schaeffer	Kommerzienrat			1117,1			
952	Ludwig Wilhelm Schaeffer	Kommerzienrat			6372,3			
953	Johann Georg Haller	Bierbrauer			2161,8			
954	Obermünster					2185,9		
955	St. Emmeram					4692,9		
956 ab	Almosenamt						3270,6	
957	Ludwig Wilhelm Schaeffer	Kommerzienrat			3929,4			
958	Gottlieb Holzer				6115,3			
959	Matthias Rossmeyer				2005,0			
960	Matthias Rossmeyer				968,6			
961	Kuchelhof					3439,4		
962	Deutscher Orden					3977,6		
963	Domkapitel					1711,8		
964	Almosenamt						2394,7	
965	Kuchelhof					3306,7		
966	St. Emmeram					1322,1		
967	Alte Kapelle					1763,8		
968	Kuchelhof					3234,4		
969	Joseph Fischer	Schmied	Kumpfmühl		5263,5			
970	Alte Kapelle					2029,1		
971	Johann Wolfgang Mergner				2065,3			

Lfd. Nr.	Besitzer	Beruf	Herkunftsort	Bezeichnung	Besitzgröße Bürger	Kirche	Stadt	Allmende
972	Alte Kapelle					1567,1		
973	Johann Christoph Harrers Erben				1980,9			
974	Kuchelhof					3515,5		
975	Domkapitel					2406,8		
976	Kuchelhof					2125,6		
977	Kuchelhof					5657,0		
978	Matthias Rossmeyer				3587,9			
979	Matthias Rossmeyer				2820,6			
980	Christian Gottlieb Gumpelzhaimer	Direktorialrat			2153,5			
981	Alte Kapelle					5046,4		
982	Obermünster					10426,0		
983	Obermünster					zu 982		
984	St. Emmeram					1824,1		
985	Almosenamt						1944,7	
986	St. Emmeram					2053,2		
987	Ludwig Wilhelm Schaeffer	Kommerzienrat			2442,9			
988	Johann Christoph Harrers Erben				3037,7			
989	Obermünster					2041,2		
990	Ludwig Wilhelm Schaeffer	Kommerzienrat			2539,4			
991	Ludwig Wilhelm Schaeffer	Kommerzienrat			10751,6			
992	Almosenamt						1675,6	
993	Matthias Rossmeyer				1470,6			
994	Niedermünster					1992,9		
995	Alte Kapelle					3672,3		
996	Johann Christoph Harrers Erben				984,4			
997	Niedermünster					948,2		
998	–		Kumpfmühl		1165,3			
999	–		Kumpfmühl		3098,0			
1000	Alte Kapelle					2708,3		
1001	Joseph Schmidt	Gastwirt	Kumpfmühl		3029,4			
1002	Niedermünster					1896,5		

Lfd. Nr.	Besitzer	Beruf	Herkunftsort	Bezeichnung	Besitzgröße Bürger	Kirche	Stadt	Allmende
1003	Gemeinde			Wiese				787,7
1004	Alte Kapelle					1430,6		
1005	Almosenamt						3294,7	
1006	Obermünster					5215,3		
1007	St. Emmeram					2418,8		
1008	Kuchelhof					8525,8		
1009	Almosenamt						4998,2	
1010	Barbara Muschweck	Stadtbauern-Witwe			3037,7			
1011	Obermünster					1301,7		
1012	St. Emmeram					1494,7		
1013	Almosenamt						835,9	
1014	Obermünster					5617,0		
1015	Almosenamt						2603,5	
1016	St. Emmeram					3463,5		
1017	Christian Gottlieb Gumpelzhaimer	Direktorialrat			1277,6			
1018	Almosenamt						2089,4	
1019	Obermünster					2981,1		
1020	Almosenamt						2210,0	
1021	Almosenamt						2515,3	
1022	St. Emmeram					1944,7		
1023	Matthias Rossmeyer				1398,2			
1024	Alte Kapelle					1832,4		
1025	–		Kumpfmühl		244,6			
1026	Kitzinger	Bäcker	Kumpfmühl		498,2			
1027	Kitzinger	Bäcker	Kumpfmühl		317,0			
1028	Meixner	Gärtner	Kumpfmühl		582,3			
1029	Joseph Schmidt	Gastwirt	Kumpfmühl		268,7			
1030	Joseph Schmidt	Gastwirt	Kumpfmühl		811,8			
1031	–	Gärtner	Kumpfmühl		2246,2			
1032	St. Paul					2599,7		
1033	Obermünster					996,5		

Lfd. Nr.	Besitzer	Beruf	Herkunftsort	Bezeichnung	Besitzgröße Bürger	Kirche	Stadt	Allmende
1034	Kuchelhof					2917,1		
1035	Alte Kapelle					2796,5		
1036	Obermünster					3961,8		
1037	Johann Georg Haller	Bierbrauer			1442,7			
1038	Obermünster					5239,4		
1039	St. Emmeram					4331,1		
1040	Obermünster					4242,9		
1041	Domkapitel					6581,1		
1042	Obermünster			Steinbruch		5898,2		
1043	Matthias Rossmeyer			Steinbruch	5375,8			
1044	Obermünster					1032,7		
1045	Almosenamt						1836,2	
1046	Alte Kapelle					1382,4		
1047	Johann Georg Haller	Bierbrauer			522,4			
1048	Obermünster					666,3		
1049	Niedermünster					3122,1		
1050	St. Emmeram					667,1		
1051	Ludwig Wilhelm Schaeffer	Kommerzienrat			5532,6			
1052	Obermünster					474,1		
1053	Johann Christoph Harrers Erben				895,5			
1054	Matthias Rossmeyer				799,7			
1055	Deutscher Orden					1663,5		
1056	Heinrich Holzer				2479,1			
1057	Niedermünster					703,3		
1058	Johann Christoph Harrers Erben				437,9			
1059	Matthias Rossmeyer				594,7			
1060	Niedermünster					1285,9		
1061	St. Emmeram					900,0		
1062	Obermünster					1346,2		
1063	Heinrich Holzer				2370,6			
1064	Obermünster					6468,8		

Lfd. Nr.	Besitzer	Beruf	Herkunftsort	Bezeichnung	Besitzgröße Bürger	Kirche	Stadt	Allmende
1065	Ludwig Wilhelm Schaeffer	Kommerzienrat			3475,6			
1066	Matthias Rossmeyer				3403,2			
1067	Johann Christoph Harrers Erben				2370,6			
1068	Obermünster					3431,1		
1069	Ludwig Wilhelm Schaeffer	Kommerzienrat			3427,3			
1070	St. Paul					3696,4		
1071	Ludwig Wilhelm Schaeffer	Kommerzienrat			4282,9			
1072	Obermünster					6846,4		
1073	St. Paul			Wiese		2165,6		
1074	St. Paul					6155,2		
1075	St. Paul			Wiese		4206,7		
1076	Ludwig Wilhelm Schaeffer	Kommerzienrat		Wiese	5472,3			
1077	Ludwig Wilhelm Schaeffer	Kommerzienrat			4620,6			
1078	St. Paul					2149,7		
1079	Johann Georg Haller	Bierbrauer			2941,2			
1080	St. Emmeram					2491,2		
1081	Ludwig Wilhelm Schaeffer	Kommerzienrat			3431,1			
1082	St. Emmeram					2623,8		
1083	Christian Gottlieb Gumpelzhaimer	Direktorialrat			4050,0			
1084	Alte Kapelle					2675,9		
1085	St. Emmeram					2615,6		
1086	Almosenamt						1603,2	
1087	Ludwig Wilhelm Schaeffer	Kommerzienrat			7565,5			
1088	–	Gärtner	Kumpfmühl		1663,5			
1089	Alte Kapelle					11643,3		
1090	Andreas Gottlieb Holzer	Stadtbauer			1446,5			
1091	Almosenamt						1117,1	
1092	Obermünster					1044,7		
1093	Almosenamt						3403,2	
1094	St. Emmeram					2868,8		
1095	St. Emmeram					3523,8		

Lfd. Nr.	Besitzer	Beruf	Herkunftsort	Bezeichnung	Besitzgröße Bürger	Kirche	Stadt	Allmende
1096	Almosenamt						1703,5	
1097	St. Paul					1735,9		
1098	Andreas Gottlieb Holzer	Stadtbauer			5592,9			
1099	Christian Gottlieb Gumpelzhaimer	Direktorialrat			7750,2			
1100	Christian Gottlieb Gumpelzhaimer	Direktorialrat			zu 1099			
1101	Almosenamt						4134,4	
1102	Johann Christoph Harrers Erben				3961,8			
1103	St. Emmeram					4684,6		
1104	Christian Gottlieb Gumpelzhaimer	Direktorialrat			1800,0			
1105	Christian Gottlieb Gumpelzhaimer	Direktorialrat			1422,3			
1106	Johann Christoph Harrers Erben				972,4			
1107	St. Emmeram					3708,5		
1108	Ludwig Wilhelm Schaeffer	Kommerzienrat			5934,4			
1109	Ludwig Wilhelm Schaeffer	Kommerzienrat		Wiese	5544,7			
1110	St. Emmeram			Wiese		1856,5		
1111	St. Emmeram			Wiese		1325,9		
1112	Christian Gottlieb Gumpelzhaimer	Direktorialrat			8151,9			
1113	St. Emmeram					2089,4		
1114	Christian Gottlieb Gumpelzhaimer	Direktorialrat			2603,5			
1115	Johann Christoph Harrers Erben				2185,9			
1116	Christian Gottlieb Gumpelzhaimer	Direktorialrat			3756,7			
1117	Christian Gottlieb Gumpelzhaimer	Direktorialrat			zu 1116			
1118	St. Emmeram					2941,2		
1119	Andreas Gottlieb Holzer				2258,3			
1120	Ludwig Wilhelm Schaeffer	Kommerzienrat			2282,4			
1121	St. Emmeram					7019,0		
1122	Christian Gottlieb Gumpelzhaimer	Direktorialrat			4158,5			
1123	Christian Gottlieb Gumpelzhaimer	Direktorialrat			zu 1122			
1124	St. Paul					9803,4		
1125	Johann Christoph Harrers Erben				7360,5			
1126	Alte Kapelle					3282,6		

Lfd. Nr.	Besitzer	Beruf	Herkunftsort	Bezeichnung	Besitzgröße Bürger	Kirche	Stadt	Allmende
1127	Johann Christoph Harrers Erben				15878,0			
1128	Deutscher Orden					3708,5		
1129	Johann Georg Haller	Bierbrauer			3013,5			
1130	Obermünster					4925,8		
1131	Obermünster					1836,2		
1132	Domkapitel					884,2		
1133	St. Emmeram					1775,9		
1134	Almosenamt						5070,5	
1135	Almosenamt						13732,8	
1136	Almosenamt						18385,0	
1137	Obermünster					2210,0		
1138	Almosenamt						4327,3	
1139	Obermünster					5170,8		
1140	Almosenamt						10325,8	
1141	Almosenamt						4013,8	
1142	Obermünster					8112,0		
1143	Almosenamt						2165,6	
1144	Obermünster					16718,4		
1145	Almosenamt						2246,2	
1146	Obermünster					4282,9		
1147	Johann Georg Haller	Bierbrauer			932,4			
1148	Almosenamt						11531,0	
1149	Johann Georg Haller	Bierbrauer			3110,0			
1150	Obermünster					11667,5		
1151	–		Königswiesen		22993,5			
1152	Joseph Schmidt	Gastwirt	Kumpfmühl		30285,4			
1153	St. Emmeram					2856,8		
1154	Joseph Schmidt	Gastwirt	Kumpfmühl		50860,0			
1155	–		Dechbetten		15781,5			
1156	–		Königswiesen		49703,0			
1157	–		Königswiesen		131676,0			

Lfd. Nr.	Besitzer	Beruf	Herkunftsort	Bezeichnung	Besitzgröße Bürger	Kirche	Stadt	Allmende
1158 a	–		Königswiesen		27738,4			
b	–		Königswiesen		7272,3			
1159	–		Königswiesen		82921,3			
1160	Simon Wagner				18272,7			
1161	Willibald Handvest				14620,7			
1162	Georg Schmidtbauer				16741,8			
1163	Joseph Past				14150,4			
1164	Jakob Glätzel				13270,7			
1165	Joseph Schwesinger				54512,0			
1166	Jakob Staffer				5544,7			
1167	Michael Fuchs				20442,0			
1168	Georg Pürzer				12724,2			
1169	Georg Pfaffelberger				16910,6			
1170	Georg Leonard Wiesner	Assessor		Prüller Hölzl	67288,3			
1171	Georg Schoepperl	Gastwirt	Graß		15388,0			
1172	Georg Schoepperl	Gastwirt	Graß		6042,9			
1173	Georg Schoepperl	Gastwirt	Graß		6517,0			
1174	Georg Schoepperl	Gastwirt	Graß		6448,4			
1175	Georg Schoepperl	Gastwirt	Graß		4925,8			
1176	Anton Veigt	Metzger	Kumpfmühl		2065,3			
1177	Anton Veigt	Metzger	Kumpfmühl		1800,0			
1178 a	Anton Veigt	Metzger	Kumpfmühl		10486,3			
b	Georg Leonhard Wiesner	Assessor		Pumpelhölzl	9425,8			
1179	Andreas Rieger		Graß		7746,4			
1180	Sebastian Fischer	Schmied	Kumpfmühl		10767,5			
1181	Anton Veigt	Metzger	Kumpfmühl		17726,2			
1182	Georg Schoepperl	Gastwirt	Graß		6505,0			
1183	Georg Schoepperl	Gastwirt	Graß		11133,1			
1184 a	Joseph Schmidt	Gastwirt	Kumpfmühl		101840,7			
b	Joseph Schmidt	Gastwirt	Kumpfmühl		13527,7			
1185 a	St. Emmeram					546,5		

Lfd. Nr.	Besitzer	Beruf	Herkunftsort	Bezeichnung	Besitzgröße Bürger	Kirche	Stadt	Allmende
1185 b	St. Emmeram					1374,1		
1186	St. Emmeram					63270,7		
1187	St. Emmeram					65351,8		
1188	St. Emmeram					96183,7		
1189	St. Emmeram					50687,4		
1190	Almosenamt						4949,9	
1191	Christian Gottlieb Gumpelzhaimer	Direktorialrat			2700,0			
1192	Johann Christoph Harrers Erben				4170,6			
1193	Obermünster					4319,1		
1194	Ludwig Wilhelm Schaeffer	Kommerzienrat			1374,1			
1195 ab	Niedermünster					2210,0		
1196 ab	Obermünster					1346,2		
1197 ab	Ludwig Wilhelm Schaeffer	Kommerzienrat			6970,8			
1198 ab	St. Emmeram					1591,2		
1199 ab	Obermünster					7903,2		
1200	St. Emmeram					7846,7		
1201	Kuchelhof					9803,4		
1202	–	Schuster	Kumpfmühl		8734,6			
1203	Obermünster					2491,2		
1204	Christian Gottlieb Gumpelzhaimer	Direktorialrat			2712,0			
1205	St. Paul					2627,6		
1206	Niedermünster					2274,1		
1207	Almosenamt						1812,0	
1208	Heinrich Friedrich Hartmeyer		Pürkelgut		3061,8			
1209	Niedermünster					2065,3		
1210	Johann Christoph Harrers Erben				4074,1			
1211	Almosenamt						3515,5	
1212	St. Emmeram					5608,7		
1213	Almosenamt						2430,9	
1214	Matthias Rossmeyer				2089,4			
1215 ab	St. Emmeram					23989,9		

Lfd. Nr.	Besitzer	Beruf	Herkunftsort	Bezeichnung	Besitzgröße Bürger	Kirche	Stadt	Allmende
1216	Matthias Rossmeyer				1772,1			
1217	St. Emmeram					3857,0		
1218	Heinrich Friedrich Hartmeyer		Pürkelgut		4258,8			
1219	Ludwig Wilhelm Schaeffer	Kommerzienrat			3455,2			
1220	Heigl	Müller	Kumpfmühl		11386,3			
1221	Heigl	Müller	Kumpfmühl		34070,0			
1222	Johann Vogelsang	Fragner			13628,0			
1223	Heinrich Friedrich Hartmeyer		Pürkelgut		7360,5			
1224	Johann Christoph Harrers Erben				2185,9			
1225	St. Emmeram					5592,9		
1226	Heinrich Friedrich Hartmeyer		Pürkelgut		3113,8			
1227 a	Johann Christoph Harrers Erben				7505,2			
b	Johann Christoph Harrers Erben				1627,4			
1228	Christian Gottlieb Gumpelzhaimer	Direktorialrat			4757,0			
1229	Heinrich Friedrich Hartmeyer		Pürkelgut		6203,5			
1230	Christian Gottlieb Gumpelzhaimer	Direktorialrat			3953,5			
1231	Heinrich Friedrich Hartmeyer		Pürkelgut		3282,6			
1232	Obermünster					5291,4		
1233	Niedermünster					7649,9		
1234	St. Emmeram					3294,7		
1235	Niedermünster					8356,9		
1236	Christian Gottlieb Gumpelzhaimer	Direktorialrat			4524,1			
1237	Almosenamt						2941,2	
1238	Johann Christoph Harrers Erben				7553,4			
1239 ab	St. Emmeram					4837,6		
1240	Almosenamt						4793,2	
1241 a	Niedermünster					11314,0		
b	Niedermünster					12543,3		
1242	Almosenamt						5596,7	
1243 a	Obermünster					4158,5		
b	Obermünster					2675,9		

Lfd. Nr.	Besitzer	Beruf	Herkunftsort	Bezeichnung	Besitzgröße Bürger	Kirche	Stadt	Allmende
1244 a	Heinrich Friedrich Hartmeyer		Pürkelgut		3832,9			
b	Heinrich Friedrich Hartmeyer		Pürkelgut		582,7			
c	Heinrich Friedrich Hartmeyer		Pürkelgut		2274,1			
1245	St. Emmeram					884,2		
1246	Ludwig Wilhelm Schaeffer	Kommerzienrat			1277,6			
1247	Niedermünster					1189,4		
1248	Kuchelhof					2185,9		
1249	Ludwig Wilhelm Schaeffer	Kommerzienrat			5106,7			
1250	Johann Christoph Harrers Erben				2929,1			
1251	Ludwig Wilhelm Schaeffer	Kommerzienrat			2905,0			
1252	Johann Christoph Harrers Erben				2712,0			
1253	Christian Gottlieb Gumpelzhaimer	Direktorialrat			7236,1			
1254	Almosenamt						4708,7	
1255	Heinrich Friedrich Hartmeyer		Pürkelgut		3732,6			
1256	Christian Gottlieb Gumpelzhaimer	Direktorialrat			3061,8			
1257	Almosenamt						6749,9	
1258	St. Emmeram					1105,0		
1259	St. Emmeram					2029,1		
1260	Obermünster					2555,3		
1261	Johann Christoph Harrers Erben				5182,9			
1262	Johann Christoph Harrers Erben				2077,4			
1263	St. Emmeram					4279,1		
1264	Georg Leonhard Wiesner	Assessor			54897,9			
1265	Georg Leonhard Wiesner	Assessor		Wiese	20490,2			
1266	St. Emmeram					4901,7		
1267	Georg Leonhard Wiesner	Assessor			6834,3			
1268	St. Emmeram					5657,0		
1269	Obermünster					13515,7		
1270	Georg Leonhard Wiesner	Assessor			3037,7			
1271	Georg Leonhard Wiesner	Assessor			3037,7			
1272	Niedermünster					3318,8		

Lfd. Nr.	Besitzer	Beruf	Herkunftsort	Bezeichnung	Besitzgröße Bürger	Kirche	Stadt	Allmende
1273	Niedermünster					3660,3		
1274	St. Emmeram					2201,7		
1275	Almosenamt						6115,3	
1276	Ludwig Wilhelm Schaeffer	Kommerzienrat			2539,4			
1277	St. Emmeram					2467,1		
1278	Almosenamt						9353,4	
1279	St. Emmeram					2796,5		
1280	Obermünster					5110,5		
1281	Almosenamt						9843,4	
1282	St. Emmeram					6263,8		
1283	Kuchelhof					6155,2		
1284	Kuchelhof					7505,2		
1285	Ludwig Wilhelm Schaeffer	Kommerzienrat			2185,9			
1286	Georg Leonhard Wiesner	Assessor			3929,4			
1287	Matthias Rossmeyer				1277,6			
1288	Georg Leonhard Wiesner	Assessor			3841,2			
1289	Niedermünster					4315,3		
1290	Kuchelhof					10839,8		
1291	Kuchelhof					4986,1		
1292	Obermünster					11643,3		
1293	Georg Leonhard Wiesner	Assessor			8819,0			
1294	Georg Leonhard Wiesner	Assessor			13628,0			
1295	St. Emmeram					6689,6		
1296	St. Emmeram					3467,3		
1297	Ludwig Wilhelm Schaeffer	Kommerzienrat			4242,9			
1298	Obermünster					4134,4		
1299	Georg Leonhard Wiesner	Assessor			110237,6			
1300 a	Georg Leonhard Wiesner	Assessor			24367,6			
b	Georg Leonhard Wiesner	Assessor		Weiher	31940,6			
1301 a	Georg Leonhard Wiesner	Assessor		Weiher	2981,1			
b	Georg Leonhard Wiesner	Assessor		Garten/Hofgeb.	6388,1			

Lfd. Nr.	Besitzer	Beruf	Herkunftsort	Bezeichnung	Besitzgröße Bürger	Kirche	Stadt	Allmende
1302	Georg Leonhard Wiesner	Assessor			13274,5			
1303	Georg Leonhard Wiesner	Assessor			26010,8			
1304	Georg Leonhard Wiesner	Assessor			26111,0			
1305	Obermünster					3929,4		
1306	Obermünster					4170,6		
1307	Obermünster					13322,7		
1308	Georg Leonhard Wiesner	Assessor			111053,1			
1309	Johann Vogelsang	Fragner			16288,0			
1310	Peter Hoelzel		Oberisling		14962,2			
1311	Joseph Kitzinger	Bäcker	Kumpfmühl		19879,7			
1312	Ernst Christian Fallot	Kaufmann			31523,0			
1313	Henke				62624,0			
1314	Georg Leonhard Wiesner	Assessor			71482,9			
1315	–	Gastwirt	Unterisling		24331,4			
1316	Joseph Kitzinger	Bäcker	Kumpfmühl		35347,6			
1317	Henke				13941,6			
1318	Heinrich Friedrich Hartmeyer		Pürkelgut		24576,4			
1319	Christian Gottlieb Gumpelzhaimer	Direktorialrat			5653,2			
1320	Christian Gottlieb Gumpelzhaimer	Direktorialrat			6484,6			
1321	Christian Gottlieb Gumpelzhaimer	Direktorialrat			24017,8			
1322	Christian Gottlieb Gumpelzhaimer	Direktorialrat			12081,3			
1323	Christian Gottlieb Gumpelzhaimer	Direktorialrat			4865,5			
1324	Christian Gottlieb Gumpelzhaimer	Direktorialrat			2615,6			
1325	Christian Gottlieb Gumpelzhaimer	Direktorialrat			2700,0			
1326	Christian Gottlieb Gumpelzhaimer	Direktorialrat			3415,3			
1327	Christian Gottlieb Gumpelzhaimer	Direktorialrat			2189,7			
1328	Gemeindegrund							9425,8
1329	Heinrich Friedrich Hartmeyer		Pürkelgut		27191,9			
1330	Domkapitel					2165,6		
1331	Obermünster					1518,8		
1332 a	Christian Gottlieb Gumpelzhaimer	Direktorialrat			4074,1			

Lfd. Nr.	Besitzer	Beruf	Herkunftsort	Bezeichnung	Besitzgröße Bürger	Kirche	Stadt	Allmende
1332 b	Christian Gottlieb Gumpelzhaimer	Direktorialrat			5263,5			
c	Christian Gottlieb Gumpelzhaimer	Direktorialrat			5110,5			
d	Christian Gottlieb Gumpelzhaimer	Direktorialrat			5182,9			
1333	–		Karthaus			7818,8		
1334	Christian Gottlieb Gumpelzhaimer	Direktorialrat			11314,0			
1335	Christian Gottlieb Gumpelzhaimer	Direktorialrat			11615,5			
1336	Christian Gottlieb Gumpelzhaimer	Direktorialrat			8051,7			
1337	Matthias Rossmeyer				108,5			
1338	Matthias Rossmeyer				3415,3			
1339	Heinrich Friedrich Hartmeyer		Pürkelgut		7239,9			
1340	Georg Leonhard Wiesner	Assessor			72872,9			
1341	Johann Vogelsang	Fragner			38035,5			
1342	Domkapitel					16520,9		
1343	Obermünster					13186,3		
1344	Obermünster					3587,9		
1345	St. Emmeram					7384,6		
1346	St. Paul					6689,6		
1347	Obermünster					7722,3		
1348	Obermünster					11510,7		
1349	Almosenamt						5970,5	
1350	Ludwig Wilhelm Schaeffer	Kommerzienrat			3708,5			
1351	Niedermünster					2555,3		
1352	St. Paul					6468,8		
1353	Johann Christoph Harrers Erben				4086,1			
1354	Heinrich Friedrich Hartmeyer		Pürkelgut		5532,6			
1355	Almosenamt						1639,4	
1356	Obermünster					6689,6		
1357	St. Emmeram					8393,1		
1358	Almosenamt						2177,6	
1359	Alte Kapelle					3013,5		
1360	Kuchelhof					3258,5		

Lfd. Nr.	Besitzer	Beruf	Herkunftsort	Bezeichnung	Besitzgröße Bürger	Kirche	Stadt	Allmende
1361	St. Paul					972,4		
1362	Almosenamt						956,5	
1363	Almosenamt						908,3	
1364	Matthias Rossmeyer				2660,0			
1365	Kuchelhof					2185,9		
1366	Almosenamt						5789,6	
1367	Kuchelhof					1808,3		
1368	Christian Gottlieb Gumpelzhaimer	Direktorialrat			9779,3			
1369	Christian Gottlieb Gumpelzhaimer	Direktorialrat			6079,1			
1370	Niedermünster					11008,7		
1371	Almosenamt						14877,7	
1372	Obermünster					13306,9		
1373	Deutscher Orden					1968,8		
1374	Ludwig Wilhelm Schaeffer	Kommerzienrat			3560,0			
1375	Ludwig Wilhelm Schaeffer	Kommerzienrat			zu 1374			
1376	St. Paul					2029,1		
1377	St. Emmeram (inkl. Nr. 1759)					14430,7		
1378	St. Emmeram					1760,0		
1379	Domkapitel					4013,8		
1380	Obermünster					4692,9		
1381	Ludwig Wilhelm Schaeffer	Direktorialrat			2981,1			
1382	Almosenamt						3419,1	
1383	St. Emmeram					4524,1		
1384	St. Emmeram					679,1		
1385	Almosenamt						908,3	
1386	Kuchelhof					872,1		
1387	Almosenamt						908,3	
1388	Niedermünster					1004,8		
1389	Almosenamt						1301,7	
1390	Christian Gottlieb Gumpelzhaimer	Direktorialrat			4363,5			
1391	Gemeindegrund			Wiese				5753,5

Lfd. Nr.	Besitzer	Beruf	Herkunftsort	Bezeichnung	Besitzgröße Bürger	Kirche	Stadt	Allmende
1392	Obermünster					1787,9		
1393	Ludwig Wilhelm Schaeffer	Kommerzienrat			12041,3			
1394	Obermünster					2198,0		
1395	Ludwig Wilhelm Schaeffer	Kommerzienrat			3439,4			
1396	Alte Kapelle					2298,2		
1397	Ludwig Wilhelm Schaeffer	Kommerzienrat			3134,1			
1398	St. Emmeram					6444,7		
1399	Johann Christoph Harrers Erben				3832,9			
1400	St. Emmeram					6456,7		
1401	Deutscher Orden					4319,1		
1402	Obermünster					24274,9		
1403	St. Emmeram					1446,5		
1404	Ludwig Wilhelm Schaeffer	Kommerzienrat			3077,6			
1405	Heinrich Friedrich Hartmeyer		Pürkelgut		2844,7			
1406	Matthias Rossmeyer				7360,5			
1407	Almosenamt						4560,3	
1408	Heinrich Friedrich Hartmeyer		Pürkelgut		3089,7			
1409	Kuchelhof					4793,2		
1410	Christian Gottlieb Gumpelzhaimer	Direktorialrat			3503,5			
1411	Almosenamt						3511,8	
1412	Heinrich Friedrich Hartmeyer		Pürkelgut		3929,4			
1413	Almosenamt						2491,2	
1414	Alte Kapelle					1956,8		
1415	St. Emmeram					1820,3		
1416	Almosenamt						1651,5	
1417	Ludwig Wilhelm Schaeffer	Kommerzienrat			2981,1			
1418	Ludwig Wilhelm Schaeffer	Kommerzienrat			4813,5			
1419	Almosenamt						1518,8	
1420 ab	Obermünster					2149,7		
1421 ab	Alte Kapelle					1422,3		
1422 ab	Christian Gottlieb Gumpelzhaimer	Direktorialrat			3439,4			

Lfd. Nr.	Besitzer	Beruf	Herkunftsort	Bezeichnung	Besitzgröße Bürger	Kirche	Stadt	Allmende
1423	Niedermünster					1856,5		
1424	St. Paul					2708,3		
1425	St. Emmeram					2660,0		
1426	Alte Kapelle					2563,5		
1427	Niedermünster					2406,8		
1428	Obermünster					5777,6		
1429	St. Emmeram					6517,0		
1430	St. Emmeram					6689,6		
1431	Kuchelhof					2418,8		
1432	Almosenamt						3037,7	
1433	Ludwig Wilhelm Schaeffer	Kommerzienrat			3162,0			
1434	Almosenamt						2065,3	
1435	St. Paul					3648,2		
1436	Johann Christoph Harrers Erben				2213,8			
1437	Heinrich Friedrich Hartmeyer		Pürkelgut		2282,4			
1438	Matthias Rossmeyer				2237,9			
1439	St. Emmeram					4620,6		
1440	Kuchelhof					3017,3		
1441	Obermünster					3648,2		
1442	St. Paul					3162,0		
1443	Deutscher Orden					2555,3		
1444	Almosenamt						13624,2	
1445	Johann Christoph Harrers Erben				2370,6			
1446 a	St. Emmeram					5134,6		
b	St. Emmeram			Steinbruch		2736,2		
1447	Almosenamt						5167,0	
1448	Almosenamt						2149,7	
1449	Johann Christoph Harrers Erben				1760,0			
1450	Christian Gottlieb Gumpelzhaimer	Direktorialrat		Holz-Rechte	9393,4			
1451	St. Emmeram					7701,9		
1452	Ludwig Wilhelm Schaeffer	Kommerzienrat			6822,3			

Lfd. Nr.	Besitzer	Beruf	Herkunftsort	Bezeichnung	Besitzgröße Bürger	Kirche	Stadt	Allmende
1453	Niedermünster					2675,9		
1454	Johann Christoph Harrers Erben				3122,1			
1455	Obermünster					1406,5		
1456	Alte Kapelle					3246,4		
1457	Almosenamt						6810,2	
1458 a	St. Paul					3282,6		
b	St. Paul					6155,2		
1459 a	Kuchelhof					11072,8		
b	Kuchelhof			Steinbruch		972,4		
1460 a	Obermünster					1848,2		
b	Obermünster			Steinbruch		932,4		
1461	Gemeinde			Steinbruch				10156,9
1462 a	Niedermünster					3419,1		
b	Niedermünster			Steinbruch		1398,2		
1463	Ludwig Wilhelm Schaeffer	Kommerzienrat			3246,4			
1464	Domkapitel					2844,7		
1465	Gemeinde (Hochgerichtsstätte)			Steinbruch				3246,4
1466	Niedermünster					3648,2		
1467	Ludwig Wilhelm Schaeffer	Kommerzienrat			3958,0			
1468	Kuchelhof					6958,7		
1469	St. Paul					2499,5		
1470	St. Emmeram					3049,7		
1471 abc	Almosenamt						4829,3	
1472 abc	St. Emmeram					1872,3		
1473 abc	Almosenamt						5110,5	
1474	Obermünster					1221,8		
1475	St. Emmeram					4110,3		
1476	Obermünster					2965,3		
1477	Niedermünster					2663,8		
1478	Obermünster					5753,5		
1479	Ludwig Wilhelm Schaeffer	Kommerzienrat			3391,2			

Lfd. Nr.	Besitzer	Beruf	Herkunftsort	Bezeichnung	Besitzgröße Bürger	Kirche	Stadt	Allmende
1480	St. Emmeram					2796,5		
1481	Obermünster					4315,3		
1482	Domkapitel					3841,2		
1483	Almosenamt						1992,9	
1484	Kuchelhof					2258,3		
1485	St. Emmeram					5291,4		
1486	Kuchelhof					5596,7		
1487	Almosenamt						3282,6	
1488	St. Emmeram					2651,7		
1489	Johann Christoph Harrers Erben				4717,0			
1490	Domkapitel					6713,7		
1491	St. Emmeram					2941,2		
1492	Almosenamt						16191,5	
1493	Obermünster					875,9		
1494	Almosenamt						4013,8	
1495	Kuchelhof					1760,0		
1496	Christian Gottlieb Gumpelzhaimer	Direktorialrat			1944,7			
1497	Obermünster					1117,1		
1498	Obermünster					1735,9		
1499	Andreas Gottlieb Holzer	Stadtbauer			4853,5			
1500	Christian Gottlieb Gumpelzhaimer	Direktorialrat			1334,2			
1501	Obermünster					2225,9		
1502	Hornig	Salzzuträger			3399,5			
1503	Andreas Gottlieb Holzer	Stadtbauer			4520,3			
1504	Obermünster					4134,4		
1505	Almosenamt						1992,9	
1506	Obermünster					2856,8		
1507	St. Emmeram					1639,4		
1508	Andreas Gottlieb Holzer	Stadtbauer			2820,6			
1509	Deutscher Orden					2270,3		
1510	Obermünster					908,3		

Lfd. Nr.	Besitzer	Beruf	Herkunftsort	Bezeichnung	Besitzgröße Bürger	Kirche	Stadt	Allmende
1511	Almosenamt						3853,2	
1512	Lindner	Krauterer			9449,9			
1513	Johann Jakob Hubmann	Branntweinbrenner			3198,2			
1514	Almosenamt						3672,3	
1515	St. Emmeram					2856,8		
1516	Alte Kapelle					2189,7		
1517	Kuchelhof					2736,2		
1518	Matthias Rossmeyer				3077,6			
1519	Alte Kapelle					8393,1		
1520	Alte Kapelle					9317,2		
1521	Johann Jakob Hubmann	Branntweinbrenner			2551,5			
1522	Kuchelhof					1775,9		
1523	Niedermünster					1703,5		
1524	Domkapitel					2551,5		
1525	Almosenamt						3407,0	
1526	Gemeinde			Wiese				5536,4
1527	Alte Kapelle					12406,9		
1528	Almosenamt						5496,4	
1529	St. Paul					5632,9		
1530	Johann Jakob Hubmann	Branntweinbrenner			1579,1			
1531	St. Emmeram					2161,8		
1532	Deutscher Orden					2977,4		
1533	Matthias Rossmeyer				2672,1			
1534	Kochin (Krauters Witwe)				2041,2			
1535	Niedermünster					7344,6		
1536	Johann Christoph Harrers Erben				2563,5			
1537	Kochin (Krauters Witwe)				2611,8			
1538	Kochin (Krauters Witwe)				2125,6			
1539	Almosenamt						3162,0	
1540	Christian Gottlieb Gumpelzhaimer	Direktorialrat			11410,4			
1541	Obermünster					2370,6		

Lfd. Nr.	Besitzer	Beruf	Herkunftsort	Bezeichnung	Besitzgröße Bürger	Kirche	Stadt	Allmende
1542	Ludwig Wilhelm Schaeffer	Kommerzienrat			4134,4			
1543	Obermünster					1884,4		
1544	Kuchelhof					3037,7		
1545	Matthias Rossmeyer				4560,3			
1546	Ludwig Wilhelm Schaeffer	Direktorialrat			2455,0			
1547	Matthias Rossmeyer				3246,4			
1548	Johann Christoph Harrers Erben				2917,1			
1549	Obermünster					10486,3		
1550	Matthias Rossmeyer				3403,2			
1551	Obermünster					13576,0		
1552 a	Christian Gottlieb Gumpelzhaimer	Direktorialrat			3407,0			
b	Christian Gottlieb Gumpelzhaimer	Direktorialrat						
1553 ab	Obermünster					1820,3		
1554 ab	Matthias Rossmeyer				2490,0			
1555 ab	Almosenamt						1313,8	
1556 ab	Obermünster					3077,6		
1557 ab	St. Emmeram					3098,0		
1558 ab	Alte Kapelle					2563,5		
1559 ab	Obermünster					2298,2		
1560	Almosenamt						1398,2	
1561	St. Paul					1727,6		
1562	Niedermünster					2700,0		
1563	Matthias Rossmeyer				2977,4			
1564	St. Emmeram					2651,7		
1565	Johann Christoph Harrers Erben				2684,1			
1566	Matthias Rossmeyer				1374,1			
1567	Almosenamt						3708,5	
1568	St. Paul					2153,5		
1569 ab	Niedermünster					6468,8		
1570 ab	Ludwig Wilhelm Schaeffer	Kommerzienrat			2258,3			
1571	Johann Christoph Harrers Erben				1675,6			

Lfd. Nr.	Besitzer	Beruf	Herkunftsort	Bezeichnung	Besitzgröße Bürger	Kirche	Stadt	Allmende
1572 ab	Niedermünster					2989,4		
1573 ab	Heinrich Friedrich Hartmeyer		Pürkelgut		2981,1			
1574 ab	St. Emmeram					2953,2		
1575 ab	Almosenamt						2555,3	
1576	Johann Jakob Hubmann	Branntweinbrenner			3523,8			
1577	Johann Christoph Harrers Erben				2125,6			
1578	Obermünster					4825,6		
1579	St. Emmeram					3294,7		
1580	Niedermünster					1860,3		
1581 ab	Almosenamt						2346,5	
1582 ab	Obermünster					4415,5		
1583	Johann Christoph Harrers Erben				1310,0			
1584	Almosenamt						1542,9	
1585	Almosenamt						1285,9	
1586	Niedermünster					3479,4		
1587	Johann Christoph Harrers Erben				5962,3			
1588	Almosenamt						3415,3	
1589	Johann Christoph Harrers Erben				5958,5			
1590	St. Paul					3017,3		
1591	Niedermünster					5584,6		
1592	Johann Christoph Harrers Erben				6018,8			
1593	Ludwig Wilhelm Schaeffer	Kommerzienrat			1908,5			
1594	Heinrich Friedrich Hartmeyer		Pürkelgut		1289,7			
1595	Obermünster					1884,4		
1596	Ludwig Wilhelm Schaeffer	Kommerzienrat			606,8			
1597	Kuchelhof					6665,5		
1598	Almosenamt						2189,7	
1599	St. Paul					2796,5		
1600	Johann Christoph Harrers Erben				1703,5			
1601	Christian Gottlieb Gumpelzhaimer	Direktorialrat			3792,9			
1602	Ludwig Wilhelm Schaeffer	Kommerzienrat			3805,0			

Lfd. Nr.	Besitzer	Beruf	Herkunftsort	Bezeichnung	Besitzgröße Bürger	Kirche	Stadt	Allmende
1603	Niedermünster					6067,0		
1604	Obermünster					2587,7		
1605	Johann Stephan Röhrl	Krauterer			4853,5			
1606	Almosenamt						1735,9	
1607	Christian Gottlieb Gumpelzhaimer	Direktorialrat			3527,6			
1608	Obermünster					4230,9		
1609	Christian Gottlieb Gumpelzhaimer	Direktorialrat			2555,3			
1610	Niedermünster					2627,6		
1611	St. Emmeram					3431,1		
1612	Obermünster					4524,1		
1613	Christian Gottlieb Gumpelzhaimer	Direktorialrat			2591,4			
1614	St. Emmeram					2796,5		
1615	Matthias Rossmeyer				5203,2			
1616	Obermünster					4744,9		
1617	Johann Christoph Harrers Erben				2772,3			
1618	Niedermünster					2491,2		
1619	Obermünster					6388,1		
1620	Almosenamt						3355,0	
1621	Niedermünster					13869,2		
1622 ab	St. Paul					3367,0		
1623 ab	St. Emmeram					6846,4		
1624	Obermünster					1567,1		
1625	Almosenamt						1337,9	
1626	Almosenamt						2250,0	
1627	Almosenamt						3535,9	
1628	Johann Christoph Harrers Erben				6107,0			
1629	Obermünster					2551,5		
1630	Obermünster					2892,9		
1631	Ludwig Wilhelm Schaeffer	Kommerzienrat			2917,1			
1632	Ludwig Wilhelm Schaeffer	Kommerzienrat			1848,2			
1633	St. Paul					2700,0		

Lfd. Nr.	Besitzer	Beruf	Herkunftsort	Bezeichnung	Besitzgröße Bürger	Kirche	Stadt	Allmende
1634	Obermünster					3865,3		
1635	St. Paul					1482,6		
1636	Heinrich Friedrich Hartmeyer		Pürkelgut		908,3			
1637	Kuchelhof					811,8		
1638	St. Paul					4122,3		
1639	Johann Christoph Harrers Erben				715,3			
1640	St. Emmeram					835,9		
1641	Matthias Rossmeyer				1567,1			
1642	Ludwig Wilhelm Schaeffer	Kommerzienrat			5532,6			
1643	Obermünster					1824,1		
1644	Ludwig Wilhelm Schaeffer	Kommerzienrat			2129,4			
1645	Deutscher Orden					3061,8		
1646 ab	Christian Gottlieb Gumpelzhaimer	Direktorialrat			3407,0			
1647	Almosenamt						1944,7	
1648	Ludwig Wilhelm Schaeffer	Kommerzienrat			992,7			
1649	Almosenamt						1920,6	
1650	Alte Kapelle					3162,0		
1651	Niedermünster					5279,3		
1652	Andreas Gottlieb Holzer	Stadtbauer			4596,4			
1653	Ludwig Wilhelm Schaeffer	Kommerzienrat			3523,8			
1654	Kuchelhof					2418,8		
1655	Ludwig Wilhelm Schaeffer	Kommerzienrat			1334,2			
1656 a	Almosenamt						1739,7	
b	Almosenamt						2041,2	
1657	St. Emmeram					1458,5		
1658	Obermünster					1398,2		
1659	Obermünster					2017,1		
1660 ab	Domkapitel					2125,6		
1661 ab	Obermünster					787,7		
1662	St. Emmeram					715,3		
1663	Heinrich Friedrich Hartmeyer		Pürkelgut		5560,5			

Lfd. Nr.	Besitzer	Beruf	Herkunftsort	Bezeichnung	Besitzgröße Bürger	Kirche	Stadt	Allmende
1664	Niedermünster					8831,1		
1665	Almosenamt						6275,8	
1666	St. Paul					6822,3		
1667	Johann Christoph Harrers Erben				9489,9			
1668	Deutscher Orden					6934,6		
1669	Almosenamt						2250,0	
1670	Almosenamt						2527,4	
1671	Alte Kapelle					13443,3		
1672	St. Emmeram					4620,6		
1673	Ludwig Wilhelm Schaeffer	Kommerzienrat			1374,1			
1674	Obermünster					1470,6		
1675	Alte Kapelle					1820,3		
1676	St. Emmeram					3098,0		
1677	Obermünster					4765,3		
1678	Deutscher Orden					2981,1		
1679	Matthias Rossmeyer				4801,5			
1680	St. Emmeram					3001,5		
1681	Almosenamt						3463,5	
1682	Niedermünster					2286,2		
1683	Domkapitel					1663,5		
1684	St. Emmeram					1313,8		
1685	Ludwig Wilhelm Schaeffer	Kommerzienrat			3198,2			
1686	Matthias Rossmeyer				2639,7			
1687 ab	Almosenamt						3937,6	
1688 ab	Obermünster					1932,6		
1689	Ludwig Wilhelm Schaeffer	Kommerzienrat			2856,8			
1690	Alte Kapelle					4134,4		
1691	Almosenamt						2065,3	
1692 ab	St. Emmeram					1856,5		
1693 a	Matthias Rossmeyer				6372,3			
b	Matthias Rossmeyer				1310,0			

Lfd. Nr.	Besitzer	Beruf	Herkunftsort	Bezeichnung	Besitzgröße Bürger	Kirche	Stadt	Allmende
1694	Almosenamt						2760,3	
1695	Matthias Rossmeyer				5986,4			
1696	Deutscher Orden					1824,1		
1697	Niedermünster					5082,6		
1698	Ludwig Wilhelm Schaeffer	Kommerzienrat			2101,5			
1699	St. Emmeram					5363,8		
1700	Deutscher Orden					4411,8		
1701	Almosenamt						2539,4	
1702	Ludwig Wilhelm Schaeffer	Kommerzienrat			2274,1			
1703	St. Emmeram					2868,8		
1704	Obermünster					2005,0		
1705	St. Emmeram					2672,1		
1706	Obermünster					1249,7		
1707	Christian Gottlieb Gumpelzhaimer	Direktorialrat			7151,7			
1708	Ludwig Wilhelm Schaeffer	Kommerzienrat			2611,8			
1709	Obermünster					4789,4		
1710	Christian Gottlieb Gumpelzhaimer	Direktorialrat			3061,8			
1711	St. Emmeram					5082,6		
1712	Almosenamt						3551,7	
1713	Johann Christoph Harrers Erben				1518,8			
1714	Matthias Rossmeyer				1800,0			
1715	Obermünster					5681,1		
1716 a	Heinrich Friedrich Hartmeyer		Pürkelgut		5227,3			
b	Heinrich Friedrich Hartmeyer		Pürkelgut		1542,9			
1717	St. Emmeram					3391,2		
1718	Christian Gottlieb Gumpelzhaimer	Direktorialrat			7199,9			
1719	Christian Gottlieb Gumpelzhaimer	Direktorialrat			3672,3			
1720 a	Almosenamt						2065,3	
b	Almosenamt						570,6	
1721	Heinrich Friedrich Hartmeyer		Pürkelgut		3853,2			
1722 a	Johann Christoph Harrers Erben				3463,5			

Lfd. Nr.	Besitzer	Beruf	Herkunftsort	Bezeichnung	Besitzgröße Bürger	Kirche	Stadt	Allmende
1722 b	Johann Christoph Harrers Erben				486,2			
1723 a	Kuchelhof					14962,2		
b	Kuchelhof					7264,0		
1724	St. Emmeram					1394,5		
1725	Johann Christoph Harrers Erben				3005,2			
1726	Johann Christoph Harrers Erben				2917,1			
1727	Kuchelhof					3306,7		
1728	Alte Kapelle					3246,4		
1729	Kuchelhof					6396,4		
1730	Kuchelhof					3041,4		
1731	Matthias Rossmeyer				1277,6			
1732	St. Paul					9088,1		
1733	Kuchelhof					6436,4		
1734	Johann Christoph Harrers Erben				5170,8			
1735	Deutscher Orden					7762,2		
1736	Alte Kapelle					6484,6		
1737	Christian Gottlieb Gumpelzhaimer	Direktorialrat			3587,9			
1738	Christian Gottlieb Gumpelzhaimer	Direktorialrat			2917,1			
1739	St. Emmeram					2250,0		
1740	Heinrich Friedrich Hartmeyer		Pürkelgut		2563,5			
1741	St. Paul					4644,7		
1742	Almosenamt						2796,5	
1743	St. Emmeram					14672,7		
1744	Matthias Rossmeyer				11884,5			
1745	Johann Christoph Harrers Erben				9755,2			
1746	Johann Christoph Harrers Erben				11498,6			
1747	St. Emmeram					3768,8		
1748	Almosenamt						6010,5	
1749	Johann Christoph Harrers Erben				3379,1			
1750	Obermünster					1337,9		
1751	St. Emmeram					1277,6		

Lfd. Nr.	Besitzer	Beruf	Herkunftsort	Bezeichnung	Besitzgröße Bürger	Kirche	Stadt	Allmende
1752	Obermünster					774,9		
1753	Gemeinde							5536,4
1754 a	Obermünster					425,9		
b	Obermünster					895,5		
1755	Domkapitel					786,9		
1756	Obermünster					2820,6		
1757	Domkapitel					1482,6		
1758	St. Emmeram					486,2		
1759	St. Emmeram (zu Nr. 1377)					0,0		
1760	St. Paul					6103,2		
1761	Alte Kapelle					6508,7		
1762	Gemeinde							3013,5
1763	Domkapitel					3134,1		
1764 a	Almosenamt						691,2	
b	Almosenamt						727,4	
1765 a	Ludwig Wilhelm Schaeffer	Kommerzienrat			948,2			
b	Ludwig Wilhelm Schaeffer	Kommerzienrat			1908,5			
1766 a	Almosenamt						920,3	
b	Almosenamt						2185,9	
1767 a	Deutscher Orden					823,1		
b	Deutscher Orden					799,0		
1768 a	Matthias Rossmeyer				132,7			
b	Matthias Rossmeyer				4169,8			
1769	Domkapitel					7682,3		
1770 a	Alte Kapelle					30297,4		
b	Alte Kapelle					50884,1		
1771	St. Emmeram					2125,6		
1772	Johann Christoph Harrers Erben				1494,7			
1773	Matthias Rossmeyer				2029,1			
1774	St. Emmeram					1249,7		
1775	Christian Gottlieb Gumpelzhaimer	Direktorialrat			zu 1776			

Lfd. Nr.	Besitzer	Beruf	Herkunftsort	Bezeichnung	Besitzgröße Bürger	Kirche	Stadt	Allmende
1776	Christian Gottlieb Gumpelzhaimer	Direktorialrat			7115,5			
1777	Kuchelhof					9912,0		
1778	Barbara Muschweck	Stadtbauern-Witwe			6653,4			
1779	Ludwig Wilhelm Schaeffer	Kommerzienrat			58706,7			
1780	Alte Kapelle					30735,4		
1781	Ludwig Wilhelm Schaeffer	Kommerzienrat			4439,7			
1782	Sebastian Boland	Müller	Weinting		932,4			
1783	Sebastian Boland	Müller	Weinting		2177,6			
1784	Johann Zirnkiebel	Bauer	Weinting		2744,4			
1785	Johann Zirnkiebel	Bauer	Weinting		1760,0			
1786	Johann Zirnkiebel	Bauer	Weinting		1784,1			
1787	Johann Zirnkiebel	Bauer	Weinting		1506,8			
1788	Veit Eberl	Bauer	Weinting		1105,0			
1789	Johann Zirnkiebel	Bauer	Weinting		3732,6			
1790	Veit Eberl	Bauer	Weinting		2370,6			
1791	Sebastian Boland	Müller	Weinting		992,7			
1792	Ludwig Wilhelm Schaeffer	Kommerzienrat			86171,5			
1793	Ludwig Wilhelm Schaeffer	Kommerzienrat			zu 1792			
1794	Ludwig Wilhelm Schaeffer	Kommerzienrat			2430,9			
1795	Matthias Rossmeyer				3853,2			
1796	Domkapitel					5110,5		
1797	Almosenamt						3294,7	
1798	Domkapitel					2965,3		
1799	Ludwig Wilhelm Schaeffer	Kommerzienrat			6263,8			
1800	Almosenamt						3523,8	
1801	Almosenamt						1422,3	
1802	Obermünster					3708,5		
1803	St. Emmeram					5110,5		
1804	Obermünster					3720,6		
1805	St. Emmeram					2603,5		
1806	Ludwig Wilhelm Schaeffer	Kommerzienrat			4744,9			

Lfd. Nr.	Besitzer	Beruf	Herkunftsort	Bezeichnung	Besitzgröße Bürger	Kirche	Stadt	Allmende
1807	St. Paul					4170,6		
1808	Ludwig Wilhelm Schaeffer	Kommerzienrat			2137,7			
1809	Alte Kapelle					4267,0		
1810	Johann Christoph Harrers Erben				3832,9			
1811	Alte Kapelle					4367,3		
1812	Heinrich Friedrich Hartmeyer		Pürkelgut		3515,5			
1813	Kuchelhof					13310,7		
1814	Obermünster					8577,8		
1815	Deutscher Orden					6677,6		
1816	St. Emmeram					4001,7		
1817	Obermünster					1884,4		
1818	St. Emmeram					5874,1		
1819	Niedermünster					13274,5		
1820	Obermünster					3889,4		
1821	St. Emmeram					4403,5		
1822	St. Paul					3419,1		
1823	Johann Christoph Harrers Erben				6468,8			
1824	Almosenamt						3535,9	
1825	Obermünster					2635,9		
1826	Obermünster					2917,1		
1827	Ludwig Wilhelm Schaeffer	Kommerzienrat			875,9			
1828	St. Emmeram					6420,5		
1829	St. Emmeram					15874,2		
1830	Matthias Rossmeyer				7714,0			
1831	Christian Gottlieb Gumpelzhaimer	Direktorialrat			8492,3			
1832	Christian Gottlieb Gumpelzhaimer	Direktorialrat			zu 1831			
1833	Ludwig Wilhelm Schaeffer	Kommerzienrat			23447,2			
1834	Heinrich Friedrich Hartmeyer		Pürkelgut		4267,0			
1835	Ludwig Wilhelm Schaeffer	Kommerzienrat			6384,4			
1836	Heinrich Friedrich Hartmeyer		Pürkelgut		27826,6			
1837	St. Emmeram					6653,4		

Lfd. Nr.	Besitzer	Beruf	Herkunftsort	Bezeichnung	Besitzgröße Bürger	Kirche	Stadt	Allmende
1838	Heinrich Friedrich Hartmeyer		Pürkelgut		4741,2			
1839	Johann Christoph Harrers Erben				6605,2			
1840	Ludwig Wilhelm Schaeffer	Kommerzienrat			8063,7			
1841	Heingartner		Weinting		2941,2			
1842	St. Emmeram					5263,5		
1843	Heinrich Friedrich Hartmeyer		Pürkelgut		12921,0			
1844	Johann Christoph Harrers Erben				1848,2			
1845	Deutscher Orden					3306,7		
1846	Ludwig Wilhelm Schaeffer	Kommerzienrat			1675,6			
1847	Kuchelhof					1277,6		
1848	St. Emmeram					9489,9		
1849	Johann Christoph Harrers Erben				2627,6			
1850	Niedermünster					3463,5		
1851	Johann Christoph Harrers Erben				3443,2			
1852	Deutscher Orden					6641,4		
1853	Ludwig Wilhelm Schaeffer	Kommerzienrat			4829,3			
1854	Alte Kapelle					2555,3		
1855	Gemeindegrund							2587,7
1856	Niedermünster					7649,9		
1857	Niedermünster					4001,7		
1858	Heinrich Friedrich Hartmeyer		Pürkelgut		15669,2			
1859	Weigel	Bauer	Weinting		2591,4			
1860	Johann Christoph Harrers Erben				6444,7			
1861	Christian Gottlieb Gumpelzhaimer	Direktorialrat			7312,2			
1862	Christian Gottlieb Gumpelzhaimer	Direktorialrat			17991,5			
1863	Christian Gottlieb Gumpelzhaimer	Direktorialrat			11546,9			
1864	Christian Gottlieb Gumpelzhaimer	Direktorialrat			27436,9			
1865 a	Heinrich Friedrich Hartmeyer		Pürkelgut		20972,6			
b	Heinrich Friedrich Hartmeyer		Pürkelgut		461,3			
1866	Heinrich Friedrich Hartmeyer		Pürkelgut		8939,6			
1867	Michael Wild		Weinting		3162,0			

Lfd. Nr.	Besitzer	Beruf	Herkunftsort	Bezeichnung	Besitzgröße Bürger	Kirche	Stadt	Allmende
1868	Matthias Zieghaus				3832,9			
1869	–		Weinting	Wiese	1325,9			
1870	–		Weinting	Wiese	3098,0			
1871	Sebastian Boland	Müller	Weinting		5110,5			
1872	–		Weinting		3125,8			
1873	–		Weinting		3832,9			
1874	–		Weinting		3832,9			
1875	–		Weinting		3832,9			
1876	Heinrich Friedrich Hartmeyer		Pürkelgut		3832,9			
1877	–		Weinting		3098,0			
1878	–		Weinting		3098,0			
1879	–		Weinting		3098,0			
1880	–		Weinting		3098,0			
1881	–		Weinting		3098,0			
1882	–		Weinting		3098,0			
1883	–		Weinting		3832,9			
1884	–		Weinting		3832,9			
1885	–		Weinting		3832,9			
1886	–		Weinting		3832,9			
1887	–		Weinting		3832,9			
1888	Heinrich Friedrich Hartmeyer		Pürkelgut	Wiese	15753,6			
1889	Heinrich Friedrich Hartmeyer		Pürkelgut		0,0			
1890	Matthias Rossmeyer				2856,8			
1891	Pürkelgut		Pürkelgut		6569,0			
1892	Matthias Rossmeyer			Wiese	30779,8			
1893	Matthias Rossmeyer				3953,5			
1894	Heinrich Friedrich Hartmeyer		Pürkelgut		27995,4			
1895	Heinrich Friedrich Hartmeyer		Pürkelgut	Wiese	15428,0			
1896	Heinrich Friedrich Hartmeyer		Pürkelgut		22643,7			
1897	Heinrich Friedrich Hartmeyer		Pürkelgut		3463,5			
1898	Heinrich Friedrich Hartmeyer		Pürkelgut		26472,8			

Lfd. Nr.	Besitzer	Beruf	Herkunftsort	Bezeichnung	Besitzgröße Bürger	Kirche	Stadt	Allmende
1899	Heinrich Friedrich Hartmeyer		Pürkelgut		13744,8			
1900	Kredelbeck	Schneider	Weinting		2189,7			
1901	Barzifall		Weinting		24749,0			
1902	Heinrich Friedrich Hartmeyer		Pürkelgut		8686,3			
1903 a	Erhardt	Bauer	Irl		29248,9			
b	Erhardt	Bauer	Irl		12431,0			
1904 a	Erhardt	Bauer	Irl		8099,9			
b	Erhardt	Bauer	Irl		8650,2			
1905 ab	Heinrich Friedrich Hartmeyer		Pürkelgut		46565,1			
c	Heinrich Friedrich Hartmeyer		Pürkelgut		30759,5			
d	Heinrich Friedrich Hartmeyer		Pürkelgut		7746,4			
1906	Heinrich Friedrich Hartmeyer		Pürkelgut		41928,7			
1907	Matthias Rossmeyer				38690,6			
1908	Matthias Rossmeyer				21133,2			
1909	Matthias Rossmeyer				9851,7			
1910	Heinrich Friedrich Hartmeyer		Pürkelgut		24150,5			
1911 a	Matthias Rossmeyer				6677,6			
b	Matthias Rossmeyer				3491,4			
1912 a	Matthias Rossmeyer				11522,7			
b	Matthias Rossmeyer				5556,7			
1913 a	Matthias Rossmeyer				24283,2			
b	Matthias Rossmeyer				13808,9			
1914	Heinrich Friedrich Hartmeyer		Pürkelgut		2563,5			
1915	Heinrich Friedrich Hartmeyer		Pürkelgut		2334,4			
1916	Heinrich Friedrich Hartmeyer		Pürkelgut		49401,5			
1917	Matthias Rossmeyer				18686,5			
1918	Ludwig Wilhelm Schaeffer	Kommerzienrat		Wiese	13869,2			
1919	Ludwig Wilhelm Schaeffer	Kommerzienrat			15452,1			
1920	Almosenamt						5753,5	
1921	Heinrich Friedrich Hartmeyer		Pürkelgut		2611,8			
1922	Almosenamt						4218,8	

Lfd. Nr.	Besitzer	Beruf	Herkunftsort	Bezeichnung	Besitzgröße Bürger	Kirche	Stadt	Allmende
1923	Kuchelhof					8148,2		
1924	Matthias Rossmeyer				7151,7			
1925	Christian Gottlieb Gumpelzhaimer	Direktorialrat			17095,3			
1926	Ludwig Wilhelm Schaeffer	Kommerzienrat			7907,0			
1927	Matthias Rossmeyer				57489,4			
1928	Obermünster					2832,6		
1929	Christian Gottlieb Gumpelzhaimer	Direktorialrat			2832,6			
1930	Johann Christoph Harrers Erben				3560,0			
1931	Domkapitel					5142,9		
1932	St. Paul					2611,8		
1933	Ludwig Wilhelm Schaeffer	Kommerzienrat			5532,6			
1934	Domkapitel					3925,6		
1935	St. Paul					3455,2		
1936	Heinrich Friedrich Hartmeyer		Pürkelgut		1848,2			
1937	St. Paul					4315,3		
1938	St. Paul					5681,1		
1939	St. Emmeram					3439,4		
1940	Johann Christoph Harrers Erben				7897,8			
1941	Johann Christoph Harrers Erben				7714,0			
1942	St. Paul					4781,1		
1943	Kuchelhof					8148,2		
1944	Ludwig Wilhelm Schaeffer	Kommerzienrat			3098,0			
1945	Deutscher Orden					11072,8		
1946	Ludwig Wilhelm Schaeffer	Kommerzienrat			11145,1			
1947	Heinrich Friedrich Hartmeyer		Pürkelgut		5837,9			
1948	St. Emmeram					3672,3		
1949	Alte Kapelle					3913,5		
1950	Obermünster					5962,3		
1951	Obermünster					5412,0		
1952	Ludwig Wilhelm Schaeffer	Kommerzienrat			9855,4			
1953	Ludwig Wilhelm Schaeffer	Kommerzienrat			2370,6			

Lfd. Nr.	Besitzer	Beruf	Herkunftsort	Bezeichnung	Besitzgröße Bürger	Kirche	Stadt	Allmende
1954	Niedermünster					9465,7		
a	Niedermünster					2892,9		
b	Niedermünster					5584,6		
1955	Almosenamt						3560,0	
1956	Niedermünster					3222,3		
1957	Heinrich Friedrich Hartmeyer		Pürkelgut		9694,9			
1958	Matthias Rossmeyer				4986,1			
1959	Heinrich Friedrich Hartmeyer		Pürkelgut		22229,9			
1960	Heinrich Friedrich Hartmeyer		Pürkelgut		5436,9			
1961	St. Emmeram					7336,4		
1962	Obermünster					14271,0		
1963	Alte Kapelle					5255,2		
1964	St. Emmeram					1093,0		
1965	St. Emmeram					1334,2		
1966 a	St. Emmeram					1422,3		
b	St. Emmeram					1763,8		
1967 a	Almosenamt						1334,2	
b	Almosenamt						1763,8	
1968 a	St. Paul					1703,5		
b	St. Paul					2089,4		
1969 a	Heinrich Friedrich Hartmeyer		Pürkelgut		884,2			
b	Heinrich Friedrich Hartmeyer		Pürkelgut		887,9			
1970 a	Ludwig Wilhelm Schaeffer	Kommerzienrat			956,5			
b	Ludwig Wilhelm Schaeffer	Kommerzienrat			912,1			
1971	St. Emmeram					2708,3		
1972	Obermünster					4813,5		
1973	St. Emmeram					4086,1		
1974 a	Johann Christoph Harrers Erben				3407,0			
b	Johann Christoph Harrers Erben				5231,1			
1975 a	St. Emmeram					2917,1		
b	St. Emmeram					6388,1		

Lfd. Nr.	Besitzer	Beruf	Herkunftsort	Bezeichnung	Besitzgröße Bürger	Kirche	Stadt	Allmende
1976	St. Emmeram					4050,0		
1977	St. Emmeram					1093,0		
1978	Alte Kapelle					5729,3		
1979	Obermünster					5958,5		
1980 a	Almosenamt						473,4	
b	Almosenamt						1418,6	
c	Almosenamt						2201,7	
1981 a	St. Emmeram					666,3		
b	St. Emmeram					654,3		
c	St. Emmeram					2201,7		
1982 ab	St. Emmeram					15046,6		
1983	Matthias Rossmeyer				1398,2			
1984	Heinrich Friedrich Hartmeyer		Pürkelgut		1775,9			
1985	Johann Christoph Harrers Erben				1277,6			
1986	Domkapitel					3061,8		
1987	Almosenamt						4765,3	
1988	Ludwig Wilhelm Schaeffer	Kommerzienrat			3949,7			
1989	Christian Gottlieb Gumpelzhaimer	Direktorialrat			4560,3			
1990	Matthias Rossmeyer				3527,6			
1991	Christian Gottlieb Gumpelzhaimer	Direktorialrat			9875,8			
1992	Christian Gottlieb Gumpelzhaimer	Direktorialrat			zu 1991			
1993	Katharinen-Spital						3407,0	
1994	Obermünster					3407,0		
1995	Christian Gottlieb Gumpelzhaimer	Direktorialrat			3318,8			
1996	Johann Christoph Harrers Erben				6388,1			
1997	St. Emmeram					4134,4		
1998	Almosenamt						6653,4	
1999	Alte Kapelle					4025,8		
2000 ab	Christian Gottlieb Gumpelzhaimer	Direktorialrat			6874,3			
2001	Ludwig Wilhelm Schaeffer	Kommerzienrat			16617,4			
2002	Ludwig Wilhelm Schaeffer	Kommerzienrat			3985,9			

Lfd. Nr.	Besitzer	Beruf	Herkunftsort	Bezeichnung	Besitzgröße Bürger	Kirche	Stadt	Allmende
2003	Heinrich Friedrich Hartmeyer		Pürkelgut		1410,3			
2004	Johann Christoph Harrers Erben				996,5			
2005	Obermünster					6287,9		
2006	Niedermünster					17959,1		
2007	Almosenamt						1760,0	
2008	Johann Jakob Hubmann	Branntweinbrenner			5729,3			
2009	Obermünster					4680,9		
2010	Almosenamt						1458,5	
2011	Obermünster					1703,5		
2012	Christian Gottlieb Gumpelzhaimer	Direktorialrat			2250,0			
2013	Niedermünster					2748,2		
2014	Obermünster					2250,0		
2015	Obermünster					6384,4		
2016	Obermünster					4475,8		
2017	Christian Gottlieb Gumpelzhaimer	Direktorialrat			2515,3			
2018	Obermünster					2153,5		
2019	Almosenamt						3234,4	
2020	St. Emmeram					6460,5		
2021	Deutscher Orden					3342,9		
2022	Johann Christoph Harrers Erben				2210,0			
2023	Domkapitel					3889,4		
2024	Almosenamt						3973,8	
2025	Almosenamt						3744,7	
2026	Almosenamt						5424,1	
2027	St. Emmeram					4242,9		
2028	Ludwig Wilhelm Schaeffer	Kommerzienrat			8272,5			
2029	Ludwig Wilhelm Schaeffer	Kommerzienrat			3125,8			
2030	St. Emmeram					5058,5		
2031	Niedermünster					2113,5		
2032	Obermünster					5436,1		
2033	Ludwig Wilhelm Schaeffer	Kommerzienrat			2684,1			

Lfd. Nr.	Besitzer	Beruf	Herkunftsort	Bezeichnung	Besitzgröße Bürger	Kirche	Stadt	Allmende
2034	St. Emmeram					21366,1		
2035	Almosenamt						3162,0	
2036	St. Emmeram					4331,1		
2037	Heinrich Friedrich Hartmeyer		Pürkelgut		5070,5			
2038	St. Emmeram					2491,2		
2039	Ludwig Wilhelm Schaeffer	Kommerzienrat			4086,1			
2040	Matthias Rossmeyer				4025,8			
2041	St. Emmeram					4291,2		
2042	St. Emmeram					6701,7		
2043	Niedermünster					2137,7		
2044	St. Paul					2796,5		
2045	Obermünster					3612,0		
2046	Christian Gottlieb Gumpelzhaimer	Direktorialrat			2515,3			
2047	Matthias Rossmeyer				2868,8			
2048	Kuchelhof					6042,9		
2049	Almosenamt						1337,9	
2050	Johann Stephan Röhrl	Krauterer			3893,2			
2051	Obermünster					2551,5		
2052	St. Emmeram					2213,8		
2053	Almosenamt						2808,5	
2054	Alte Kapelle					2189,7		
2055	Obermünster					9429,6		
2056	Obermünster					3005,2		
2057	Niedermünster					1370,3		
2058 ab	Christian Gottlieb Gumpelzhaimer	Direktorialrat			4684,6			
2059	Deutscher Orden					3487,6		
2060	Almosenamt						1699,7	
2061	Johann Christoph Harrers Erben				2210,0			
2062	Almosenamt						1518,8	
2063	St. Paul					1117,1		
2064	Ludwig Wilhelm Schaeffer	Kommerzienrat			5327,6			
2065	Heinrich Friedrich Hartmeyer		Pürkelgut		3041,4			

Lfd. Nr.	Besitzer	Beruf	Herkunftsort	Bezeichnung	Besitzgröße Bürger	Kirche	Stadt	Allmende
2066	Deutscher Orden					887,9		
2067	Alte Kapelle					875,9		
2068	Johann Christoph Harrers Erben				1727,6			
2069	Obermünster					4744,9		
2070	St. Emmeram					3049,7		
2071	Obermünster					3282,6		
2072	Obermünster					4925,8		
2073	St. Emmeram					4801,5		
2074	St. Paul					6810,2		
2075	Heinrich Friedrich Hartmeyer		Pürkelgut		4218,8			
2076	Obermünster					3985,9		
2077	St. Emmeram					7493,1		
2078	Matthias Rossmeyer				2796,5			
2079	Alte Kapelle					3085,9		
2080	Domkapitel					3455,2		
2081	Johann Christoph Harrers Erben				908,3			
2082	Matthias Rossmeyer				932,4			
2083	Almosenamt						2929,1	
2084	Johann Christoph Harrers Erben				1141,2			
2085	Johann Christoph Harrers Erben				2844,7			
2086	Ludwig Wilhelm Schaeffer	Kommerzienrat			2555,3			
2087	Niedermünster					3098,0		
2088	Heinrich Friedrich Hartmeyer		Pürkelgut		3041,4			
2089	St. Emmeram					4387,6		
2090	Deutscher Orden					2965,3		
2091	Niedermünster					2892,9		
2092	Ludwig Wilhelm Schaeffer	Kommerzienrat			4717,0			
2093	Obermünster					1699,7		
2094	Almosenamt						9939,8	
2095	Obermünster					1760,0		
2096	St. Paul					2651,7		

Lfd. Nr.	Besitzer	Beruf	Herkunftsort	Bezeichnung	Besitzgröße Bürger	Kirche	Stadt	Allmende
2097	Obermünster					15500,3		
2098	Niedermünster					1763,8		
2099	St. Emmeram					1703,5		
2100	Andreas Gottlieb Holzer	Stadtbauer			3953,5			
2101	Obermünster					4025,8		
2102	Andreas Gottlieb Holzer	Stadtbauer			1944,7			
2103	Christian Gottlieb Gumpelzhaimer	Direktorialrat			875,9			
2104	Kuchelhof					3125,8		
2105	Gemeinde							5207,0
2106	Andreas Gottlieb Holzer	Stadtbauer			984,4			
2107	Obermünster					8634,3		
2108	St. Emmeram					643,0		
2109	Christian Gottlieb Gumpelzhaimer	Direktorialrat			848,0			
2110	Kuchelhof					4282,9		
2111	Johann Jakob Hubmann	Branntweinbrenner			1944,7			
2112	Joseph Schnitzberger	Krauterer			1346,2			
2113	Almosenamt						2587,7	
2114	Johann Stephan Röhrl	Krauterer			5484,4			
2115	Niedermünster					3708,5		
2116	Katharinen-Spital						1703,5	
2117	Johann Jakob Hubmann	Branntweinbrenner			5520,5			
2118	Wilhelm (Krauters Erben)				3744,7			
2119	Almosenamt						1800,0	
2120	Wilhelm (Krauters Erben)				3443,2			
2121	Matthias Rossmeyer				4001,7			
2122	Almosenamt						2041,2	
2123	Kuchelhof					1703,5		
2124	Almosenamt						2005,0	
2125	Obermünster					851,8		
2126	Ludwig Wilhelm Schaeffer	Kommerzienrat			1189,4			
2127	St. Paul					2173,8		

Lfd. Nr.	Besitzer	Beruf	Herkunftsort	Bezeichnung	Besitzgröße Bürger	Kirche	Stadt	Allmende
2128	Johann Christoph Harrers Erben				1458,5			
2129	Obermünster					2185,9		
2130	Johann Christoph Harrers Erben				1273,9			
2131	Obermünster					3937,6		
2132	Matthias Rossmeyer				3792,9			
2133 ab	Christian Gottlieb Gumpelzhaimer	Direktorialrat			4817,3			
2134	Kuchelhof					3479,4		
2135	Christian Gottlieb Gumpelzhaimer	Direktorialrat			2101,5			
2136	Obermünster					1760,0		
2137	St. Emmeram					3985,9		
2138	Obermünster					3768,8		
2139	St. Emmeram					2029,1		
2140	Obermünster					6287,9		
2141	Alte Kapelle					5962,3		
2142	Obermünster					2844,7		
2143	Alte Kapelle					1374,1		
2144	Alte Kapelle					2587,7		
2145	Almosenamt						1992,9	
2146	Almosenamt						5472,3	
2147	Alte Kapelle					11193,4		
2148	Almosenamt						4877,6	
2149	Ludwig Wilhelm Schaeffer	Kommerzienrat			1277,6			
2150 a	Deutscher Orden					618,8		
b	Deutscher Orden					715,3		
2151 a	St. Emmeram					1032,7		
b	St. Emmeram					666,3		
2152 a	Almosenamt						1358,3	
b	Almosenamt						786,9	
2153 a	Almosenamt						912,1	
b	Almosenamt						762,8	
2154 a	Domkapitel					3037,7		

Lfd. Nr.	Besitzer	Beruf	Herkunftsort	Bezeichnung	Besitzgröße Bürger	Kirche	Stadt	Allmende
2154 b	Domkapitel					980,6		
2155 a	Almosenamt						2660,0	
b	Almosenamt						787,7	
2156	Deutscher Orden					1189,4		
2157	Matthias Rossmeyer				3660,3			
2158 a	Johann Christoph Harrers Erben				1775,9			
b	Johann Christoph Harrers Erben				727,4			
2159	Obermünster					2563,5		
2160	St. Emmeram					4355,2		
2161	Almosenamt						7392,9	
2162	Gemeinde							799,0
2163	Alte Kapelle					4777,3		
2164	Deutscher Orden					3941,4		
2165	Domkapitel					6967,0		
2166	Deutscher Orden					6870,5		
2167	St. Emmeram					4500,0		
2168	Domkapitel					606,8		
2169	Alte Kapelle					2784,4		
2170	St. Emmeram					1362,0		
2171	Johann Christoph Harrers Erben				8710,5			
2172	Christian Gottlieb Gumpelzhaimer	Direktorialrat			1627,4			
2173	Deutscher Orden					533,7		
2174	Obermünster					4170,6		
2175	St. Emmeram					3560,0		
2176	Alte Kapelle					3439,4		
2177	St. Emmeram					3041,4		
2178	Heinrich Friedrich Hartmeyer		Pürkelgut		4110,3			
2179	Niedermünster					3829,1		
2180	Johann Christoph Harrers Erben				3672,3			
2181	Matthias Rossmeyer				2455,0			
2182	Alte Kapelle					9875,8		

Lfd. Nr.	Besitzer	Beruf	Herkunftsort	Bezeichnung	Besitzgröße Bürger	Kirche	Stadt	Allmende
2183	Niedermünster					6725,8		
2184	Domkapitel					3503,5		
2185	St. Paul					3600,0		
2186	Johann Christoph Harrers Erben				1739,7			
2187	Christian Gottlieb Gumpelzhaimer	Direktorialrat			1506,8			
2188	Niedermünster					5532,6		
2189	Domkapitel					3443,2		
2190	Almosenamt						3527,6	
2191	Deutscher Orden					1968,8		
2192	Heinrich Friedrich Hartmeyer		Pürkelgut		2089,4			
2193	Ludwig Wilhelm Schaeffer	Kommerzienrat			5070,5			
2194	Domkapitel					1968,8		
2195	Almosenamt						4411,8	
2196	St. Emmeram					5022,3		
2197 a	Gemeinde							1374,1
b	Gemeinde							1337,9
2198	Ludwig Wilhelm Schaeffer	Kommerzienrat			3455,2			
2199	Domkapitel					6942,9		
2200	St. Paul					2527,4		
2201	Ludwig Wilhelm Schaeffer	Kommerzienrat			3857,0			
2202	Kuchelhof					1808,3		
2203	Alte Kapelle					1277,6		
2204	Kuchelhof					5082,6		
2205	Obermünster					2892,9		
2206	Obermünster					3439,4		
2207	Ludwig Wilhelm Schaeffer	Kommerzienrat			2201,7			
2208	Ludwig Wilhelm Schaeffer	Kommerzienrat			3234,4			
2209	Almosenamt						2651,7	
2210	Heinrich Friedrich Hartmeyer		Pürkelgut		3065,5			
2211	Niedermünster					2527,4		
2212	Alte Kapelle			Sandgrube		4134,4		

Lfd. Nr.	Besitzer	Beruf	Herkunftsort	Bezeichnung	Besitzgröße Bürger	Kirche	Stadt	Allmende
2213 a	St. Emmeram					425,9		
b	St. Emmeram			Sandgrube		2567,3		
2214 a	St. Paul					1591,2		
b	St. Paul					1763,8		
2215 a	Obermünster					1530,9		
b	Obermünster			Sandgrube		3017,3		
2216 a	Ludwig Wilhelm Schaeffer	Kommerzienrat			1398,2			
b	Ludwig Wilhelm Schaeffer	Kommerzienrat			1004,8			
2217 ab	Christian Gottlieb Gumpelzhaimer	Direktorialrat			3431,1			
2218 ab	Christian Gottlieb Gumpelzhaimer	Direktorialrat			1129,1			
2219	Obermünster					948,2		
2220	Ludwig Wilhelm Schaeffer	Kommerzienrat			1249,7			
2221	Domkapitel					1032,7		
2222	Ludwig Wilhelm Schaeffer	Kommerzienrat			6055,0			
2223	Kuchelhof					5568,8		
2224	Domkapitel					3467,3		
2225	Heinrich Friedrich Hartmeyer		Pürkelgut		2868,8			
2226	Deutscher Orden					1530,9		
2227	Ludwig Wilhelm Schaeffer	Kommerzienrat			5693,2			
2228	Ludwig Wilhelm Schaeffer	Kommerzienrat			1796,2			
2229	Alte Kapelle					6067,0		
2230	Matthias Rossmeyer				3973,8			
2231	Johann Christoph Harrers Erben				6653,4			
2232	Almosenamt						1848,2	
2233	Christian Gottlieb Gumpelzhaimer	Direktorialrat			3551,8			
2234	Christian Gottlieb Gumpelzhaimer	Direktorialrat			zu 2233			
2235	Matthias Rossmeyer				1370,3			
2236	Johann Christoph Harrers Erben				3832,9			
2237	Almosenamt						1285,9	
2238	Christian Gottlieb Gumpelzhaimer	Direktorialrat			5094,7			
2239 ab	Christian Gottlieb Gumpelzhaimer	Direktorialrat			14905,6			

Lfd. Nr.	Besitzer	Beruf	Herkunftsort	Bezeichnung	Besitzgröße Bürger	Kirche	Stadt	Allmende
2240	Kuchelhof					763,6		
2241	Ludwig Wilhelm Schaeffer	Kommerzienrat			1908,5			
2242	Matthias Rossmeyer				1153,3			
2243	Johann Christoph Harrers Erben				835,9			
2244	Almosenamt						4134,4	
2245 ab	St. Emmeram					2611,8		
2246	Obermünster					18405,3		
2247	Johann Jakob Hubmann	Branntweinbrenner			2784,4			
2248 a	Kuchelhof					2225,9		
b	Kuchelhof					1117,1		
2249 a	Christian Gottlieb Gumpelzhaimer	Direktorialrat			3137,9			
b	Christian Gottlieb Gumpelzhaimer	Direktorialrat			851,8			
2250 a	Matthias Rossmeyer				2234,1			
b	Matthias Rossmeyer				510,3			
2251	Johann Christoph Harrers Erben				2917,1			
2252	Ludwig Wilhelm Schaeffer	Kommerzienrat			2587,7			
2253	Ludwig Wilhelm Schaeffer	Kommerzienrat			1727,6			
2254	Domkapitel					4255,0		
2255	Almosenamt						3222,3	
2256	St. Paul					3600,0		
2257	Almosenamt						4741,2	
2258	Heinrich Friedrich Hartmeyer		Pürkelgut		3041,4			
2259	Heinrich Friedrich Hartmeyer		Pürkelgut		2856,8			
2260	Ludwig Wilhelm Schaeffer	Kommerzienrat			3805,0			
2261	Niedermünster					2635,9		
2262	Alte Kapelle					1739,7		
2263	Ludwig Wilhelm Schaeffer	Kommerzienrat			2234,1			
2264	Heinrich Friedrich Hartmeyer		Pürkelgut		2660,0			
2265	Johann Christoph Harrers Erben				912,1			
2266	Matthias Rossmeyer				2370,6			
2267 a	Deutscher Orden					14170,7		

Lfd. Nr.	Besitzer	Beruf	Herkunftsort	Bezeichnung	Besitzgröße Bürger	Kirche	Stadt	Allmende
2267 b	Deutscher Orden					799,7		
c	Deutscher Orden					56782,3		
2268	Alte Kapelle					6107,0		
2269	St. Emmeram					9887,8		
2270	Matthias Rossmeyer				1703,5			
2271	Almosenamt						9489,9	
2272	Almosenamt						4974,1	
2273	Niedermünster					3487,6		
2274 a	Johann Christoph Harrers Erben				2225,9			
b	Johann Christoph Harrers Erben				425,9			
2275 a	Heinrich Friedrich Hartmeyer		Pürkelgut		2225,9			
b	Heinrich Friedrich Hartmeyer		Pürkelgut		570,6			
2276 a	Almosenamt						2258,3	
b	Almosenamt						980,6	
2277 a	St. Paul					3929,4		
b	St. Paul					2346,5		
2278 a	Johann Christoph Harrers Erben				5110,5			
b	Johann Christoph Harrers Erben				1458,5			
2279	Alte Kapelle					4315,3		
2280	Almosenamt						6324,1	
2281	Matthias Rossmeyer				4769,0			
2282	Johann Christoph Harrers Erben				2005,0			
2283	Ludwig Wilhelm Schaeffer	Kommerzienrat			8184,3			
2284	Kuchelhof					7919,0		
2285	St. Emmeram					3427,3		
2286	Almosenamt						2310,3	
2287	Ludwig Wilhelm Schaeffer	Kommerzienrat			2575,6			
2288	Matthias Rossmeyer				2712,0			
2289	Almosenamt						3001,5	
2290	Kuchelhof					2467,1		
2291	Johann Christoph Harrers Erben				8517,5			

Lfd. Nr.	Besitzer	Beruf	Herkunftsort	Bezeichnung	Besitzgröße Bürger	Kirche	Stadt	Allmende
2292 a	Almosenamt						7750,2	
b	Almosenamt						1908,5	
2293	Heinrich Friedrich Hartmeyer		Pürkelgut		21205,6			
2294	Matthias Rossmeyer				11956,9			
2295	Heinrich Friedrich Hartmeyer		Pürkelgut		16802,1			
2296	Heinrich Friedrich Hartmeyer		Pürkelgut		5339,6			
2297	Matthias Rossmeyer				58369,0			
2298	Heinrich Friedrich Hartmeyer		Pürkelgut		89405,9			
2299 a	Matthias Rossmeyer				65520,7			
b	Matthias Rossmeyer				8549,9			
c	Matthias Rossmeyer				88248,8			
d	Matthias Rossmeyer				22117,6			
2300 a	Heinrich Friedrich Hartmeyer		Pürkelgut		7834,6			
b	Heinrich Friedrich Hartmeyer		Pürkelgut		6898,4			
2301 a	Ludwig Wilhelm Schaeffer	Kommerzienrat			74645,0			
b	Ludwig Wilhelm Schaeffer	Kommerzienrat			36464,7			
2302	Johann Christoph Harrers Erben				10462,2			
2303	Niedermünster					8513,7		
2304	Kuchelhof			Sandgrube		56232,1		
2305	Kuchelhof					69658,8		
2306	Joseph Stadler	Bauer	Irl		9755,2			
2307	Gotz		Irl		1703,5			
2308	Johann Biersack		Irl		1992,9			
2309	Johann Biersack		Irl		1687,7			
2310	Joseph Stadler	Bauer	Irl		1856,5			
2311	Johann Biersack		Irl		48204,5			
2312	Gotz		Irl		9096,4			
2313 a	Joseph Stadler	Bauer	Irl		31514,8			
b	Joseph Stadler	Bauer	Irl		3575,8			
2314	Gotz		Irl		23881,4			
2315 a	Erhardt	Bauer	Irl		16946,8			

Lfd. Nr.	Besitzer	Beruf	Herkunftsort	Bezeichnung	Besitzgröße Bürger	Kirche	Stadt	Allmende
2315 b	Erhardt	Bauer	Irl		1760,0			
c	Erhardt	Bauer	Irl		956,5			
2316	Georg Froschhammer		Irl		3648,2			
2317	Joseph Baeumel		Irl		3463,5			
2318	Joseph Stadler	Bauer	Irl		28614,3			
2319 ab	–		Irl		896,2			
2320	Johann Biersack		Irl		884,2			
2321	Georg Froschhammer		Irl		907,5			
2322	Joseph Baeumel		Irl		450,0			
2323	St. Gotz		Irl		1153,3			
2324	–		Irl		1579,1			
2325 ab	–		Irl		1004,8			
2326 a	Almosenamt			Wiese			11253,7	
b	Almosenamt						883,4	
2327 a	Ludwig Wilhelm Schaeffer	Kommerzienrat			7481,1			
b	Ludwig Wilhelm Schaeffer	Kommerzienrat		Wiese	774,9			
2328 a	Almosenamt						14488,0	
b	Almosenamt			Wiese			835,9	
2329 a	Ludwig Wilhelm Schaeffer	Kommerzienrat			4025,8			
b	Ludwig Wilhelm Schaeffer			Wiese	654,3			
2330 a	Almosenamt						7565,5	
b	Almosenamt			Wiese			570,6	
2331 a	Ludwig Wilhelm Schaeffer	Kommerzienrat			3246,4			
b	Ludwig Wilhelm Schaeffer			Wiese	738,7			
2332 a	Almosenamt						6930,8	
b	Almosenamt			Wiese			1261,8	
2333 a	Ludwig Wilhelm Schaeffer	Kommerzienrat			3391,2			
b	Ludwig Wilhelm Schaeffer			Wiese	643,0			
2334 a	Almosenamt						4170,6	
b	Almosenamt			Wiese			1080,9	
2335 a	Ludwig Wilhelm Schaeffer	Kommerzienrat			1518,8			

Lfd. Nr.	Besitzer	Beruf	Herkunftsort	Bezeichnung	Besitzgröße Bürger	Kirche	Stadt	Allmende
2335 b	Ludwig Wilhelm Schaeffer	Kommerzienrat		Wiese	546,5			
2336	Almosenamt						20024,4	
2337	Ludwig Wilhelm Schaeffer	Kommerzienrat			10912,2			
2338	Almosenamt						20233,2	
2339	Ludwig Wilhelm Schaeffer	Kommerzienrat			8220,5			
2340	Almosenamt						20016,1	
2341	Ludwig Wilhelm Schaeffer	Kommerzienrat			1153,3			
2342	Ludwig Wilhelm Schaeffer	Kommerzienrat			2880,9			
2343	Gemeinde			Wiese				11956,9
2344	Almosenamt						7541,4	
2345	Ludwig Wilhelm Schaeffer	Kommerzienrat			4439,7			
2346	Almosenamt						7408,7	
2347	Ludwig Wilhelm Schaeffer	Kommerzienrat			3575,8			
2348	Almosenamt						6749,9	
2349	Almosenamt						6388,1	
2350	Ludwig Wilhelm Schaeffer	Kommerzienrat			3162,0			
2351	Almosenamt						6018,8	
2352	Ludwig Wilhelm Schaeffer	Kommerzienrat			2748,2			
2353	Almosenamt						6930,8	
2354	Ludwig Wilhelm Schaeffer	Kommerzienrat			6934,6			
2355	Almosenamt						7264,0	
2356	Ludwig Wilhelm Schaeffer	Kommerzienrat			2712,0			
2357 a	Almosenamt						6010,5	
b	Almosenamt			Wiese			570,6	
2358 a	Almosenamt						2310,3	
b	Almosenamt						1032,7	
2359 a	Ludwig Wilhelm Schaeffer	Kommerzienrat			1639,4			
b	Ludwig Wilhelm Schaeffer	Kommerzienrat		Wiese	1362,0			
2360 a	Almosenamt						787,7	
b	Almosenamt			Wiese			486,2	
2361 a	Ludwig Wilhelm Schaeffer	Kommerzienrat			1727,6			

Lfd. Nr.	Besitzer	Beruf	Herkunftsort	Bezeichnung	Besitzgröße Bürger	Kirche	Stadt	Allmende
2361 b	Ludwig Wilhelm Schaeffer	Kommerzienrat		Wiese	522,4			
2362 a	Almosenamt						5837,9	
b	Almosenamt			Wiese			4339,4	
2363	Almosenamt						7276,1	
2364	Kuchelhof					60080,8		
2365	Kuchelhof					19293,3		
2366	Ludwig Wilhelm Schaeffer	Kommerzienrat			4146,4			
2367	Almosenamt						5231,1	
2368	Ludwig Wilhelm Schaeffer	Kommerzienrat			2137,7			
2369	Almosenamt						4781,1	
2370 a	Matthias Rossmeyer				9827,5			
b	Matthias Rossmeyer			Wiese	3865,3			
2371 a	Domkapitel			Wiese		279799,9		
b	Domkapitel			Wiese		29686,9		
2372	Niedermünster			Wiese		972,4		
2373	Gemeinde			Wiese				15681,2
2374	St. Emmeram			Wiese		42218,2		
2375	Obermünster					972,4		
2376	St. Emmeram					1273,9		
2377	Alte Kapelle					848,0		
2378	Matthias Rossmeyer				2113,5			
2379	Almosenamt						13576,0	
2380	Niedermünster					23527,9		
2381	Almosenamt						1908,5	
2382	Matthias Rossmeyer				5134,6			
2383	Almosenamt						5584,6	
2384	Johann Christoph Harrers Erben				5412,0			
2385 a	St. Emmeram					2684,1		
b	St. Emmeram					847,2		
2386 a	Obermünster					5351,7		
b	Obermünster					823,9		

Lfd. Nr.	Besitzer	Beruf	Herkunftsort	Bezeichnung	Besitzgröße Bürger	Kirche	Stadt	Allmende
2387 a	Ludwig Wilhelm Schaeffer	Kommerzienrat			4986,1			
b	Ludwig Wilhelm Schaeffer	Kommerzienrat			1068,8			
2388 a	Almosenamt						5596,7	
b	Almosenamt						1020,6	
2389 a	Almosenamt						2185,9	
b	Almosenamt						883,4	
2390	Almosenamt						15331,5	
2391	Niedermünster					36075,0		
2392	Almosenamt						3037,7	
2393	Almosenamt						6496,7	
2394 a	Ludwig Wilhelm Schaeffer	Kommerzienrat			3708,5			
b	Ludwig Wilhelm Schaeffer	Kommerzienrat			691,2			
2395	Christian Gottlieb Gumpelzhaimer	Direktorialrat			12772,5			
2396 a	Matthias Rossmeyer				4363,5			
b	Matthias Rossmeyer				811,8			
2397 a	Kuchelhof					3832,9		
b	Kuchelhof					883,4		
2398	Heinrich Friedrich Hartmeyer		Pürkelgut		6874,3			
2399 a	St. Paul					4439,7		
b	St. Paul					871,3		
2400	Alte Kapelle					2772,3		
2401	St. Emmeram					2651,7		
2402	Ludwig Wilhelm Schaeffer	Kommerzienrat			3037,7			
2403	Matthias Rossmeyer				3925,6			
2404 ab	Obermünster					3889,4		
2405 ab	Obermünster					8549,9		
2406	Ludwig Wilhelm Schaeffer	Kommerzienrat			4403,5			
2407	St. Paul					10108,7		
2408	Alte Kapelle					12772,5		
2409	Almosenamt						3949,7	
2410	Ludwig Wilhlem Schaeffer	Kommerzienrat			3029,4			

Lfd. Nr.	Besitzer	Beruf	Herkunftsort	Bezeichnung	Besitzgröße Bürger	Kirche	Stadt	Allmende
2411	Ludwig Wilhelm Schaeffer	Kommerzienrat			1808,3			
2412	St. Emmeram					3756,7		
2413	Heinrich Friedrich Hartmeyer		Pürkelgut		5106,7			
2414	Obermünster					4315,3		
2415	Obermünster					6018,8		
2416	Johann Christoph Harrers Erben				1824,1			
2417	Matthias Rossmeyer				1772,1			
2418	Johann Christoph Harrers Erben				5946,4			
2419	Almosenamt						5046,4	
2420	Almosenamt						6400,2	
2421	Johann Christoph Harrers Erben				10438,1			
2422	Ludwig Wilhelm Schaeffer	Kommerzienrat			zu 2421			
2423 a	St. Paul					2017,1		
b	St. Paul					643,0		
2424 a	Almosenamt						2137,7	
b	Almosenamt						606,8	
2425 a	Ludwig Wilhelm Schaeffer	Kommerzienrat			1494,7			
b	Ludwig Wilhelm Schaeffer	Kommerzienrat			739,4			
2426 a	St. Emmeram					1542,9		
b	St. Emmeram					691,2		
2427 a	Almosenamt						4708,7	
b	Almosenamt						1968,8	
2428 a	Ludwig Wilhelm Schaeffer	Kommerzienrat			1824,1			
b	Ludwig Wilhelm Schaeffer	Kommerzienrat			851,8			
2429 a	Almosenamt						3294,7	
b	Almosenamt						1334,2	
2430 a	Ludwig Wilhelm Schaeffer	Kommerzienrat			474,1			
b	Ludwig Wilhelm Schaeffer	Kommerzienrat			486,2			
2431 a	Ludwig Wilhelm Schaeffer	Kommerzienrat			2672,1			
b	Ludwig Wilhelm Schaeffer	Kommerzienrat			984,4			
2432 a	Johann Christoph Harrers Erben				2129,4			

Lfd. Nr.	Besitzer	Beruf	Herkunftsort	Bezeichnung	Besitzgröße Bürger	Kirche	Stadt	Allmende
2432 b	Johann Christoph Harrers Erben				787,7			
2433 a	Obermünster					2101,5		
b	Obermünster					679,1		
2434 a	St. Paul					3419,1		
b	St. Paul					980,6		
2435	Almosenamt						3463,5	
2436	Matthias Rossmeyer				4865,5			
2437	Johann Christoph Harrers Erben				11410,4			
2438	Christian Gottlieb Gumpelzhaimer	Direktorialrat			2856,7			
2439	Christian Gottlieb Gumpelzhaimer	Direktorialrat			zu 2438			
2440	Obermünster					1944,7		
2441	Heinrich Friedrich Hartmeyer		Pürkelgut		2161,8			
2442	Niedermünster					2555,3		
2443	Katharinen-Spital						3439,4	
2444	Johann Christoph Harrers Erben				2005,0			
2445	St. Emmeram					2977,4		
2446	St. Emmeram					1956,8		
2447	Heinrich Friedrich Hartmeyer		Pürkelgut		2555,3			
2448	Kuchelhof					2274,1		
2449	Johann Christoph Harrers Erben				2551,5			
2450	Matthias Rossmeyer				2274,1			
2451	Alte Kapelle					5717,3		
2452	Almosenamt						2274,1	
2453	Kuchelhof					4315,3		
2454	St. Emmeram					7481,1		
2455	Obermünster					2467,1		
2456	St. Emmeram					3005,2		
2457	Christian Gottlieb Gumpelzhaimer	Direktorialrat		Wiese	2993,2			
2458	St. Emmeram					216537,5		
2459	Gemeinde							15757,4
2460	St. Paul					6360,2		

Lfd. Nr.	Besitzer	Beruf	Herkunftsort	Bezeichnung	Besitzgröße Bürger	Kirche	Stadt	Allmende
2461	Obermünster					4584,4		
2462 a	Johann Christoph Harrers Erben				3977,6			
b	Johann Christoph Harrers Erben				1800,0			
2463 a	Matthias Rossmeyer				6067,0			
b	Matthias Rossmeyer				1663,5			
2464	Alte Kapelle					1956,8		
2465	Johann Christoph Harrers Erben				2185,9			
2466	Ludwig Wilhelm Schaeffer	Kommerzienrat			15034,5			
2467	Alte Kapelle					11129,3		
2468	Almosenamt						2394,7	
2469	St. Emmeram					5058,5		
2470	Obermünster					14986,3		
2471	St. Emmeram					3101,7		
2472	Deutscher Orden					2591,4		
2473	Obermünster					4098,2		
2474	Niedermünster					2555,3		
2475 a	Obermünster					960,3		
b	Obermünster					485,4		
2476	Niedermünster					8099,9		
2477 a	Ludwig Wilhelm Schaeffer	Kommerzienrat			1189,4			
b	Ludwig Wilhelm Schaeffer	Kommerzienrat			413,1			
2478 ab	Almosenamt						1699,7	
2479 ab	Alte Kapelle					2213,8		
2480 ab	Christian Gottlieb Gumpelzhaimer	Direktorialrat			1904,7			
2481 ab	Obermünster					1105,0		
2482 ab	Christian Gottlieb Gumpelzhaimer	Direktorialrat			2672,1			
2483	Obermünster					8903,4		
2484	Johann Christoph Harrers Erben				5022,3			
2485	Johann Christoph Harrers Erben				4218,8			
2486	St. Emmeram					3110,0		
2487	St. Emmeram					5584,6		

Lfd. Nr.	Besitzer	Beruf	Herkunftsort	Bezeichnung	Besitzgröße Bürger	Kirche	Stadt	Allmende
2488	Almosenamt						2993,2	
2489 a	Johann Christoph Harrers Erben				1604,0			
b	Johann Christoph Harrers Erben				980,6			
2490 a	Almosenamt						1856,5	
b	Almosenamt						1004,8	
2491	Obermünster					3125,8		
2492	St. Emmeram					2189,7		
2493	Niedermünster					2880,9		
2494 a	Almosenamt						2234,1	
b	Almosenamt						960,3	
2495 a	Almosenamt						2125,6	
b	Almosenamt						956,5	
2496 a	Niedermünster					2555,3		
b	Niedermünster					594,7		
2497 a	Heilig Kreuz					2615,6		
b	Heilig Kreuz					2627,6		
2498	Kuchelhof					1285,9		
2499	Niedermünster					1273,9		
2500	St. Emmeram					1153,3		
2501 ab	Johann Christoph Harrers Erben				2165,6			
2502	St. Emmeram					3660,3		
2503	Ludwig Wilhelm Schaeffer	Kommerzienrat			3949,7			
2504 a	Obermünster					4901,7		
b	Obermünster					1053,0		
2505	St. Emmeram					1591,2		
2506	Heinrich Friedrich Hartmeyer		Pürkelgut		5142,9			
2507	Almosenamt						2225,9	
2508 ab	Almosenamt						2499,5	
2509	Ludwig Wilhelm Schaeffer	Kommerzienrat			4255,0			
2510	Christian Gottlieb Gumpelzhaimer	Direktorialrat			6898,4			
2511	St. Emmeram					2981,1		

Lfd. Nr.	Besitzer	Beruf	Herkunftsort	Bezeichnung	Besitzgröße Bürger	Kirche	Stadt	Allmende
2512	Johann Christoph Harrers Erben				48252,8			
2513	Almosenamt						1394,5	
2514	Heilig Kreuz					1418,6		
2515	Kuchelhof					2467,1		
2516	Alte Kapelle					1273,9		
2517 ab	Alte Kapelle					1249,7		
2518 ab	Matthias Rossmeyer				4154,7			
2519	Obermünster					4937,9		
2520	Almosenamt						2880,9	
2521 a	Almosenamt						4986,1	
b	Almosenamt						425,9	
2522 ab	Ludwig Wilhelm Schaeffer	Kommerzienrat			3061,8			
2523	Almosenamt						2868,8	
2524	Almosenamt						4315,3	
2525 ab	Almosenamt						3499,7	
2526 ab	St. Paul					3194,4		
2527	Christian Gottlieb Gumpelzhaimer	Direktorialrat			2917,1			
2528 ab	Christian Gottlieb Gumpelzhaimer	Direktorialrat			569,8			
2529	Christian Gottlieb Gumpelzhaimer	Direktorialrat			2651,7			
2530 ab	Heilig Kreuz					13881,3		
2531 ab	St. Emmeram					3198,2		
2532	Deutscher Orden					3660,3		
2533	Obermünster					3857,0		
2534	Deutscher Orden					3005,2		
2535	Almosenamt						2177,6	
2536	Kuchelhof					6420,5		
2537	St. Emmeram					1434,4		
2538	Deutscher Orden					1739,7		
2539	Matthias Rossmeyer				2832,6			
2540	Almosenamt						1334,2	
2541	Niedermünster					104420,0		

Lfd. Nr.	Besitzer	Beruf	Herkunftsort	Bezeichnung	Besitzgröße Bürger	Kirche	Stadt	Allmende
2542	Kuchelhof					5777,6		
2543	Matthias Rossmeyer				4315,3			
2544	Kuchelhof					2551,5		
2545	Kuchelhof					5536,4		
2546	Almosenamt						2892,9	
2547	St. Emmeram					2185,9		
2548	Kuchelhof					1579,1		
2549 a	Almosenamt						4319,1	
b	Almosenamt						4375,6	
2550	Ludwig Wilhelm Schaeffer	Kommerzienrat			3844,9			
2551 a	Johann Christoph Harrers Erben				5227,3			
b	Johann Christoph Harrers Erben				1313,8			
2552 a	Matthias Rossmeyer				3929,4			
b	Matthias Rossmeyer				1301,7			
2553	Kuchelhof					4255,0		
2554 a	Alte Kapelle					3455,2		
b	Alte Kapelle					2089,4		
2555 a	Ludwig Wilhelm Schaeffer	Kommerzienrat			8562,0			
b	Ludwig Wilhelm Schaeffer	Kommerzienrat			2250,0			
2556	Heilig Kreuz					9964,0		
2557 a	Ungeldamt						1603,2	
b	Ungeldamt						2234,1	
c	Ungeldamt						2820,6	
d	Ungeldamt						1812,0	
e	Ungeldamt			Wiese			3913,5	
2558	Matthias Rossmeyer				6894,6			
2559	Matthias Rossmeyer				9767,2			
2560	Christian Gottlieb Gumpelzhaimer	Direktorialrat			73748,7			
2561	Niedermünster					3318,8		
2562	Almosenamt						1386,2	
2563	Almosenamt						3515,5	

Lfd. Nr.	Besitzer	Beruf	Herkunftsort	Bezeichnung	Besitzgröße Bürger	Kirche	Stadt	Allmende
2564	St. Klara					2065,3		
2565	St. Johann					924,1		
2566	Niedermünster					3061,8		
2567	Almosenamt						1579,1	
2568	St. Emmeram					4439,7		
2569	Niedermünster					594,7		
2570	Gemeindegrund							972,4
2571	Almosenamt						32145,6	

c) Übersicht

Bürgerlicher Besitz

2, 3, 5, 10, 13, 14, 16, 18, 20, 21, 22, 23, 24a, 24b, 25, 27a, 27b, 27c, 28, 30, 32, 33, 39, 40, 41, 42, 45, 46, 48, 51, 57, 58, 59, 60, 64, 66, 69, 75, 77, 79, 81, 84, 85, 88, 95, 96, 101, 102, 104, 107, 114, 117, 118, 119, 121, 125, 126, 128, 132, 134, 135, 136, 139, 140a, 140b, 140c, 140d, 141a, 141b, 141c, 141d, 142, 143a, 143b, 143c, 145, 146, 152, 153, 154, 155a, 155b, 156, 162, 163, 164, 167ab, 168, 169, 172, 174, 176ab, 179, 180, 186, 190, 201, 202, 206, 208, 209, 212, 214, 216, 217, 219, 221, 222, 224, 225, 227, 228, 231, 233, 235, 236, 238, 241, 242abc, 243, 245, 246, 248, 250, 251, 254, 256, 257, 259, 260, 261, 262, 267, 270, 272, 278, 280, 282, 284, 285, 286ab, 287, 289, 291a, 291b, 291c, 291d, 293, 294, 295, 296, 298, 299, 301, 302, 305, 307, 308, 312, 314, 315a, 315b, 317, 318, 319, 321, 324, 329, 330, 333a, 333b, 333c, 337, 338, 339, 340, 343, 346, 348, 349, 351, 354, 355, 359, 361, 364, 366, 367, 370, 372, 378, 380, 381ab, 383, 386, 387, 388, 389, 390, 392, 395, 399, 404, 412, 416, 425a, 438, 439, 440, 443, 444, 448, 450, 454, 455, 461, 474, 481, 489, 490, 501, 502, 504, 510, 512, 513, 514, 521, 522, 523, 524ab, 526, 527, 529, 530, 532, 533, 534a, 534b, 536a, 536b, 537, 555, 564, 570, 571, 575, 578, 582, 584, 585, 590, 592, 598, 600, 602, 610, 612, 617, 619, 622, 626, 628, 629, 632, 635, 640, 641, 645, 646, 647, 648, 649, 651, 653, 654, 660, 671, 674, 694, 695, 696, 697, 702, 733, 734, 739, 740a, 740b, 741, 742a, 742b, 743, 744, 745, 746a, 746b, 747, 748a, 748b, 748c, 748d, 749, 750, 751, 752, 753a, 753b, 759, 760, 761, 766, 767, 768, 771, 774, 776, 777, 778, 781, 785, 786, 791, 793, 794, 795, 799, 808, 809a, 809b, 812, 813, 815, 820, 825, 828, 831, 832, 833, 838, 839, 847, 850, 851, 853, 854, 856, 857, 858, 860, 862, 866, 867, 870, 877, 879a, 879b, 880a, 880b, 881a, 881b, 885, 886, 889, 891, 892, 898ab, 902ab, 906, 907, 908, 916, 917, 921, 922, 923, 924, 925, 926, 928, 929, 942, 945, 946, 947, 948, 949, 951, 952, 953, 957, 958, 959, 960, 971, 973, 978, 979, 980, 987, 988, 990, 991, 993, 996, 1010, 1017, 1023, 1037, 1043, 1047, 1051, 1053, 1054, 1056, 1058, 1059, 1063, 1065, 1066, 1067, 1069, 1071, 1076, 1077, 1079, 1081, 1083, 1087, 1090, 1098, 1099, 1100, 1102, 1104, 1105, 1106, 1108, 1109, 1112, 1114, 1115, 1116, 1117, 1119, 1120, 1122, 1123, 1125, 1127, 1129, 1147, 1149, 1151, 1156, 1157, 1158a, 1158b, 1159, 1160, 1161, 1162, 1163, 1164, 1165, 1166, 1167, 1168, 1169, 1170, 1178b, 1191, 1192, 1194, 1197ab, 1204, 1208, 1210, 1214, 1216, 1218, 1219, 1222, 1223, 1224, 1226, 1227a, 1227b, 1228, 1229, 1230, 1231, 1236, 1238, 1244a, 1244b, 1244c, 1246, 1249, 1250, 1251, 1252, 1253, 1255, 1256, 1261, 1262, 1264, 1265, 1267, 1270, 1271, 1276, 1285, 1286, 1287, 1288, 1293, 1294, 1297, 1299, 1300a, 1300b, 1301a, 1301b, 1302, 1303, 1304, 1308, 1309, 1312, 1313, 1314, 1317, 1318, 1319, 1320, 1321, 1322, 1323, 1324, 1325, 1326, 1327, 1329, 1332a, 1332b, 1332c, 1332d, 1334, 1335, 1336, 1337, 1338, 1339, 1340, 1341, 1350, 1353, 1354, 1364, 1368, 1369, 1374, 1375, 1381, 1390, 1393, 1395, 1397, 1399, 1404, 1405, 1406, 1408, 1410, 1412, 1417, 1418, 1422ab, 1433, 1436, 1437, 1438, 1445, 1449, 1450, 1452, 1454, 1463, 1467, 1479, 1489, 1496, 1499, 1500, 1502, 1503, 1508, 1512, 1513, 1518, 1521, 1530, 1533, 1534, 1536, 1537, 1538, 1540, 1542, 1545, 1546, 1547, 1548, 1550, 1552a, 1552b, 1554ab, 1563, 1565, 1566, 1570ab, 1571, 1573ab, 1576, 1577, 1583, 1587, 1589, 1592, 1593, 1594, 1596, 1600, 1601, 1602, 1605, 1607, 1609, 1613, 1615, 1617, 1628, 1631, 1632, 1636, 1639, 1641, 1642, 1644, 1646ab, 1648, 1652, 1653, 1655, 1663, 1667, 1673, 1679, 1685, 1686, 1689, 1693a, 1693b, 1695, 1698, 1702, 1707, 1708, 1710, 1713, 1714, 1716a, 1716b, 1718, 1719, 1721, 1722a, 1722b, 1725, 1726, 1731, 1734, 1737, 1738, 1740, 1744, 1745, 1746, 1749, 1765a, 1765b, 1768a, 1768b, 1772, 1773, 1775, 1776, 1778, 1779, 1781, 1792, 1793, 1794, 1795, 1799, 1806, 1808, 1810, 1812, 1823, 1827, 1830, 1831, 1832, 1833, 1834, 1835, 1836, 1838, 1839, 1840, 1843, 1844, 1846, 1849, 1851, 1853, 1858, 1860, 1861, 1862, 1863, 1864, 1865a, 1865b, 1866, 1868, 1876, 1888, 1889, 1890, 1891, 1892, 1893, 1894, 1895, 1896, 1897, 1898, 1899, 1902, 1905ab, 1905c, 1905d, 1906, 1907, 1908, 1909, 1910, 1911a, 1911b, 1912a, 1912b, 1913a, 1913b, 1914, 1915, 1916, 1917, 1918, 1919, 1921, 1924, 1925, 1926, 1927, 1929, 1930, 1933, 1936, 1940, 1941, 1944, 1946, 1947, 1952, 1953, 1957, 1958, 1959, 1960, 1969a, 1969b, 1970a, 1970b, 1974a,

1974b, 1983, 1984, 1985, 1988, 1989, 1990, 1991, 1992, 1995, 1996, 2000ab, 2001, 2002, 2003, 2004, 2008, 2012, 2017, 2022, 2028, 2029, 2033, 2037, 2039, 2040, 2046, 2047, 2050, 2058ab, 2061, 2064, 2065, 2068, 2075, 2078, 2081, 2082, 2084, 2085, 2086, 2088, 2092, 2100, 2102, 2103, 2106, 2109, 2111, 2112, 2114, 2117, 2118, 2120, 2121, 2126, 2128, 2130, 2132, 2133ab, 2135, 2149, 2157, 2158a, 2158b, 2171, 2172, 2178, 2180, 2181, 2186, 2187, 2192, 2193, 2198, 2201, 2207, 2208, 2210, 2216a, 2216b, 2217ab, 2218ab, 2220, 2222, 2225, 2227, 2228, 2230, 2231, 2233, 2234, 2235, 2236, 2238, 2239ab, 2241, 2242, 2243, 2247, 2249a, 2249b, 2250a, 2250b, 2251, 2252, 2253, 2258, 2259, 2260, 2263, 2264, 2265, 2266, 2270, 2274a, 2274b, 2275a, 2275b, 2278a, 2278b, 2281, 2282, 2283, 2287, 2288, 2291, 2293, 2294, 2295, 2296, 2297, 2298, 2299a, 2299b, 2299c, 2299d, 2300a, 2300b, 2301a, 2301b, 2302, 2327a, 2327b, 2329a, 2329b, 2331a, 2331b, 2333a, 2333b, 2335a, 2335b, 2337, 2339, 2341, 2342, 2345, 2347, 2350, 2352, 2354, 2356, 2359a, 2359b, 2361a, 2361b, 2366, 2368, 2370a, 2370b, 2378, 2382, 2384, 2387a, 2387b, 2394a, 2394b, 2395, 2396a, 2396b, 2398, 2402, 2403, 2406, 2410, 2411, 2413, 2416, 2417, 2418, 2421, 2422, 2425a, 2425b, 2428a, 2428b, 2430a, 2430b, 2431a, 2431b, 2432a, 2432b, 2436, 2437, 2438, 2439, 2441, 2444, 2447, 2449, 2450, 2457, 2462a, 2462b, 2463a, 2463b, 2465, 2466, 2477a, 2477b, 2480ab, 2482ab, 2484, 2485, 2489a, 2489b, 2501ab, 2503, 2506, 2509, 2510, 2512, 2518ab, 2522ab, 2527, 2528ab, 2529, 2539, 2543, 2550, 2551a, 2551b, 2552a, 2552b, 2555a, 2555b, 2558, 2559, 2560.

Städtischer Besitz

Almosenamt

6, 7, 11, 12, 15, 17, 26a, 26b, 29a, 29b, 31, 34, 35, 36, 38, 44, 52, 55a, 55b, 63, 65, 68, 72, 73, 76, 78, 80, 82, 87, 90, 93, 94, 106, 108, 110, 111, 113, 116, 123, 129, 131, 137, 138, 144, 170, 171, 177, 181, 188, 193, 194, 195, 203, 205, 207, 210, 213, 232, 239, 247, 266, 268, 269, 274, 276, 283, 288, 290, 300, 303, 306, 327, 334, 335, 341, 353, 360, 362, 365, 369, 374, 376, 384, 397, 409, 446, 453, 457, 470, 477, 478, 480, 487, 499, 508, 531, 538, 540, 552, 576, 594, 595, 597, 601, 604, 607, 625, 630, 631, 658, 659, 666, 677, 699, 701, 770, 779, 784, 790, 792, 806, 810, 814, 818, 821, 830, 837, 849, 852, 865, 868, 873, 875, 888, 894, 912, 914, 933, 934, 937, 950, 956ab, 964, 985, 992, 1005, 1009, 1013, 1015, 1018, 1020, 1021, 1045, 1086, 1091, 1093, 1096, 1101, 1134, 1135, 1136, 1138, 1140, 1141, 1143, 1145, 1148, 1190, 1207, 1211, 1213, 1237, 1240, 1242, 1254, 1257, 1275, 1278, 1281, 1349, 1355, 1358, 1362, 1363, 1366, 1371, 1382, 1385, 1387, 1389, 1407, 1411, 1413, 1416, 1419, 1432, 1434, 1444, 1447, 1448, 1457, 1471abc, 1473abc, 1483, 1487, 1492, 1494, 1505, 1511, 1514, 1525, 1528, 1539, 1555ab, 1560, 1567, 1575ab, 1581ab, 1584, 1585, 1588, 1598, 1606, 1620, 1625, 1626, 1627, 1647, 1649, 1656a, 1656b, 1665, 1669, 1670, 1681, 1687ab, 1691, 1694, 1701, 1712, 1720a, 1720b, 1742, 1748, 1764a, 1764b, 1766a, 1766b, 1797, 1800, 1801, 1824, 1920, 1922, 1955, 1967a, 1967b, 1980a, 1980b, 1980c, 1987, 1998, 2007, 2010, 2019, 2024, 2025, 2026, 2035, 2049, 2053, 2060, 2062, 2083, 2094, 2113, 2119, 2122, 2124, 2145, 2146, 2148, 2152a, 2152b, 2153a, 2153b, 2155a, 2155b, 2161, 2190, 2195, 2209, 2232, 2237, 2244, 2255, 2257, 2271, 2272, 2276a, 2276b, 2280, 2286, 2289, 2292a, 2292b, 2326a, 2326b, 2328ab, 2330ab, 2332ab, 2334ab, 2336, 2338, 2340, 2344, 2346, 2348, 2349, 2351, 2353, 2355, 2357ab, 2358a, 2358b, 2360a, 2360b, 2362a, 2362b, 2363, 2367, 2369, 2379, 2381, 2383, 2388a, 2388b, 2389a, 2389b, 2390, 2392, 2393, 2409, 2419, 2420, 2424a, 2424b, 2427a, 2427b, 2429a, 2429b, 2435, 2452, 2468, 2478ab, 2488, 2490a, 2490b, 2494a, 2494b, 2495a, 2495b, 2507, 2508ab, 2513, 2520, 2521a, 2521b, 2523, 2524, 2525ab, 2535, 2540, 2546, 2549a, 2549b, 2562, 2563, 2567, 2571.

Ungeldamt

2557a, 2557b, 2557c, 2557d, 2557e.

Gymnasium Poeticum

8a, 8b, 54, 89, 124, 160, 165, 183, 185, 192, 204, 252, 350, 414, 419, 495, 545, 562, 680.

Bruderhaus

320.

St. Katharinen-Spital

62, 86, 105, 109, 148, 149, 150, 158, 161, 173, 196, 197, 198, 200, 223, 226, 229, 230, 240, 244, 255, 258, 263, 264, 311, 323, 325, 336, 342, 344, 345, 347, 352, 356, 358, 375, 379, 382, 385, 391, 396, 401, 403, 406, 410, 411, 415, 417, 418, 421, 422, 423, 456, 471, 473, 475, 476, 479, 482, 483, 484, 485, 488, 493, 494, 503, 506, 507, 515, 516, 517, 520, 528, 535, 541, 542, 543, 544, 556, 557, 558, 559, 563, 565, 568, 579, 1993, 2116, 2443.

Kirchlicher Besitz

Domkapitel

657a, 657b, 780, 782, 874, 893, 896ab, 936, 941, 963, 975, 1041, 1132, 1330, 1342, 1379, 1464, 1482, 1490, 1524, 1660ab, 1683, 1755, 1757, 1763, 1769, 1796, 1798, 1931, 1934, 1986, 2023, 2080, 2154a, 2154b, 2165, 2168, 2184, 2189, 2194, 2199, 2221, 2224, 2254, 2371a, 2371b.

Kuchelhof, bischöflicher

587, 620, 627, 634, 652, 883a, 883b, 895, 961, 965, 968, 974, 976, 977, 1008, 1034, 1201, 1248, 1283, 1284, 1290, 1291, 1360, 1365, 1367, 1386, 1409, 1431, 1440, 1459a, 1459b, 1468, 1484, 1486, 1495, 1517, 1522, 1544, 1597, 1637, 1654, 1723a, 1723b, 1727, 1729, 1730, 1733, 1777, 1813, 1847, 1923, 1943, 2048, 2104, 2110, 2123, 2134, 2202, 2204, 2223, 2240, 2248a, 2248b, 2284, 2290, 2304, 2305, 2364, 2365, 2397a, 2397b, 2448, 2453, 2498, 2515, 2536, 2542, 2544, 2545, 2548, 2553.

St. Emmeram

120, 215, 304, 309, 310, 313, 322, 328, 331, 371, 393, 402, 407, 408, 424, 472, 486, 492ab, 511, 519, 525, 551, 554, 560, 567, 574, 577, 580, 583, 588, 589, 606, 608, 611, 614, 616, 633, 636, 638, 639, 644, 650, 655, 661, 663, 672, 676, 682, 705, 707, 709, 731, 762, 763, 764, 775, 798, 800a, 800b, 817, 824, 827, 841, 843ab, 855, 869, 882a, 882b, 884a, 884b, 899ab, 900ab, 904ab, 911, 913, 915, 919, 920, 932, 955, 966, 984, 986, 1007, 1012, 1016, 1022, 1039, 1050, 1061, 1080, 1082, 1085, 1094, 1095, 1103, 1107, 1110, 1111, 1113, 1118, 1121, 1133, 1153, 1185a, 1185b, 1186, 1187, 1188, 1189, 1198ab, 1200, 1212, 1215ab, 1217, 1225, 1234, 1239ab, 1245, 1258, 1259, 1263, 1266, 1268, 1274, 1277, 1279, 1282, 1295, 1296, 1345, 1357, 1377, 1378, 1383, 1384, 1398, 1400, 1403, 1415, 1425, 1429, 1430, 1439, 1446a, 1446b, 1451, 1470, 1472abc, 1475, 1480, 1485, 1488, 1491, 1507, 1515, 1531, 1557ab, 1564, 1574ab, 1579, 1611, 1614, 1623ab, 1640, 1657, 1662, 1672, 1676, 1680, 1684, 1692ab, 1699, 1703, 1705, 1711, 1717, 1724, 1739, 1743, 1747, 1751, 1758, 1759, 1771, 1774, 1803, 1805, 1816, 1818, 1821, 1828, 1829, 1837, 1842, 1848, 1939, 1948, 1961, 1964, 1965, 1966a, 1966b, 1971, 1973, 1975a, 1975b, 1976, 1977, 1981a, 1981b, 1981c, 1982ab, 1997, 2020, 2027, 2030, 2034, 2036, 2038, 2041, 2042, 2052, 2070, 2073, 2077, 2089, 2099, 2108, 2137, 2139, 2151a, 2151b, 2160, 2167, 2170, 2175, 2177, 2196, 2213a, 2213b, 2245ab, 2269, 2285, 2374, 2376, 2385a, 2385b, 2401, 2412, 2426a, 2426b, 2445, 2446, 2454, 2456, 2458, 2469, 2471, 2486, 2487, 2492, 2500, 2502, 2505, 2511, 2531ab, 2537, 2547, 2568.

Obermünster

9, 71, 112, 187, 199, 211, 220, 234, 237, 249, 271, 273, 275, 277, 281, 332, 357, 363, 373, 394, 398, 405, 445, 447, 451, 466, 467, 468, 469, 491, 498, 500, 505, 509, 518, 581, 599, 603, 615, 618, 621, 624, 656, 718, 732, 754, 757, 772a, 772b, 789, 797, 802, 803, 811, 822, 823, 826, 834, 844, 846, 848, 859, 872, 876, 878, 890, 897, 903, 905, 909, 918, 927, 954, 982, 983, 989, 1006, 1011, 1014, 1019, 1033, 1036, 1038, 1040, 1042, 1044, 1048,

1052, 1062, 1064, 1068, 1072, 1092, 1130, 1131, 1137, 1139, 1142, 1144, 1146, 1150, 1193, 1196ab, 1199ab, 1203, 1232, 1243a, 1243b, 1260, 1269, 1280, 1292, 1298, 1305, 1306, 1307, 1331, 1343, 1344, 1347, 1348, 1356, 1372, 1380, 1392, 1394, 1402, 1420ab, 1428, 1441, 1455, 1460a, 1460b, 1474, 1476, 1478, 1481, 1493, 1497, 1498, 1501, 1504, 1506, 1510, 1541, 1543, 1549, 1551, 1553ab, 1556ab, 1559ab, 1578, 1582ab, 1595, 1604, 1608, 1612, 1616, 1619, 1624, 1629, 1630, 1634, 1643, 1658, 1659, 1661ab, 1674, 1677, 1688ab, 1704, 1706, 1709, 1715, 1750, 1752, 1754a, 1754b, 1756, 1802, 1804, 1814, 1817, 1820, 1825, 1826, 1928, 1950, 1951, 1962, 1972, 1979, 1994, 2005, 2009, 2011, 2014, 2015, 2016, 2018, 2032, 2045, 2051, 2055, 2056, 2069, 2071, 2072, 2076, 2093, 2095, 2097, 2101, 2107, 2125, 2129, 2131, 2136, 2138, 2140, 2142, 2159, 2174, 2205, 2206, 2215a, 2215b, 2219, 2246, 2375, 2386a, 2386b, 2404ab, 2405ab, 2414, 2415, 2433a, 2433b, 2440, 2455, 2461, 2470, 2473, 2475ab, 2481ab, 2483, 2491, 2504a, 2504b, 2519, 2533.

Niedermünster

122, 572, 609, 613, 623, 642, 758, 765, 769, 805, 807, 816, 819, 835a, 835b, 836, 842, 845, 861, 864, 910, 930, 943, 994, 997, 1002, 1049, 1057, 1060, 1195ab, 1206, 1209, 1233, 1235, 1241a, 1241b, 1247, 1272, 1273, 1289, 1351, 1370, 1388, 1423, 1427, 1453, 1462a, 1462b, 1466, 1477, 1523, 1535, 1562, 1569ab, 1572ab, 1580, 1586, 1591, 1603, 1610, 1618, 1621, 1651, 1664, 1682, 1697, 1819, 1850, 1856, 1857, 1954, 1954a, 1954b, 1956, 2006, 2013, 2031, 2043, 2057, 2087, 2091, 2098, 2115, 2179, 2183, 2188, 2211, 2261, 2273, 2303, 2372, 2380, 2391, 2442, 2474, 2476, 2493, 2496a, 2496b, 2499, 2541, 2561, 2566, 2569.

Alte Kapelle

37, 184, 189, 218, 279, 292, 377, 773a, 773b, 840, 887, 939, 967, 970, 972, 981, 995, 1000, 1004, 1024, 1035, 1046, 1084, 1089, 1126, 1359, 1396, 1414, 1421ab, 1426, 1456, 1516, 1519, 1520, 1527, 1558ab, 1650, 1671, 1675, 1690, 1728, 1736, 1761, 1770a, 1770b, 1780, 1809, 1811, 1854, 1949, 1963, 1978, 1999, 2054, 2067, 2079, 2141, 2143, 2144, 2147, 2163, 2169, 2176, 2182, 2203, 2212, 2229, 2262, 2268, 2279, 2377, 2400, 2408, 2451, 2464, 2467, 2479ab, 2516, 2517ab, 2554a, 2554b.

Deutscher Orden

19a, 19b, 133, 368, 539, 566, 569, 573, 586, 591, 938, 940, 944, 962, 1055, 1128, 1373, 1401, 1443, 1509, 1532, 1645, 1668, 1678, 1696, 1700, 1735, 1767a, 1767b, 1815, 1845, 1852, 1945, 2021, 2059, 2066, 2090, 2150a, 2150b, 2156, 2164, 2166, 2173, 2191, 2226, 2267a, 2267b, 2267c, 2472, 2532, 2534, 2538.

Heilig Kreuz

326, 2497a, 2497b, 2514, 2530ab, 2556.

St. Jakob

43.

St. Johann

297, 2565.

St. Klara

2564.

St. Paul

553, 637, 643, 662, 783, 788, 801, 804, 829, 863, 871, 901, 931, 1032, 1070, 1073, 1074, 1075, 1078, 1097, 1124, 1205, 1346, 1352, 1361, 1376, 1424, 1435, 1442, 1458a, 1458b, 1469, 1529, 1561, 1568, 1590, 1599, 1622ab, 1633, 1635, 1638, 1666, 1732, 1741, 1760, 1807, 1822, 1932, 1935, 1937, 1938, 1942, 1968a, 1968b, 2044, 2063, 2074, 2096, 2127, 2185, 2200, 2214a, 2214b, 2256, 2277a, 2277b, 2399a, 2399b, 2407, 2423a, 2423b, 2434a, 2434b, 2460, 2526ab.

Gemeindegrund

1, 316, 400, 593, 596, 605, 787, 796, 935, 1003, 1328, 1391, 1461, 1465, 1526, 1753, 1762, 1855, 2105, 2162, 2197a, 2197b, 2343, 2373, 2459, 2570.

Auswärtige Besitzer

Weltlicher Besitz

Dechbetten

459, 546, 547, 550, 664, 665, 667, 668, 669, 670, 673, 675, 678, 679, 683, 684, 685, 686, 687, 688, 689, 690, 691, 692, 693, 698, 700, 703, 704, 706, 708, 710, 711, 712, 713, 714, 715, 716, 717, 719, 720, 721, 722, 723, 724, 725, 726, 727, 728, 729, 730a, 730b, 735a, 735b, 736a, 736b, 737, 738, 755, 756, 1155.

Graß

1171, 1172, 1173, 1174, 1175, 1179, 1182, 1183.

Irl

1903a, 1903b, 1904a, 1904b, 2306, 2307, 2308, 2309, 2310, 2311, 2312, 2313a, 2313b, 2314, 2315a, 2315b, 2315c, 2316, 2317, 2318, 2319ab, 2320, 2321, 2322, 2323, 2324, 2325ab.

Kumpfmühl

969, 998, 999, 1001, 1025, 1026, 1027, 1028, 1029, 1030, 1031, 1088, 1152, 1154, 1176, 1177, 1178a, 1180, 1181, 1184a, 1184b, 1202, 1220, 1221, 1311, 1316.

Oberisling – Unterisling

1310, 1315.

Prüfening

151, 157.

(Burg-)Weinting

1782, 1783, 1784, 1785, 1786, 1787, 1788, 1789, 1790, 1791, 1841, 1859, 1867, 1869, 1870, 1871, 1872, 1873, 1874, 1875, 1877, 1878, 1879, 1880, 1881, 1882, 1883, 1884, 1885, 1886, 1887, 1900, 1901.

Winzer

47, 50, 61, 67, 70, 91, 92, 97, 98, 99, 100, 103, 115, 127, 130, 147a, 147b, 175, 178.

Kirchlicher Besitz

Dechbetten, Kirche

452, 458, 460, 462, 463, 464, 465.

Karthaus-Prüll, Kloster

1333.

Prüfening, Kloster

425b, 426a, 426b, 427, 428, 429, 430, 431, 432, 433, 434, 435, 436, 437, 441, 442.

Salzburg, Erzbistum

4, 49, 53, 159, 166, 182, 191, 253, 265, 413, 420, 449, 496, 497, 548, 549, 561, 681.

Winzer, Kirche

56, 74, 83.

Die Aufstellungen lassen sich in folgender Übersicht zusammenfassen:

Besitzer	Flurnummern	Fläche in m^2	Flurnummern %	Fläche %
Bürger	1225	8 557 359,14	44,3	51,2
Kirche	1017	5 605 020,26	36,8	33,5
Stadt	499	2 334 795,99	18,0	13,9
Allmende	25	241 341,39	0,9	1,4
Summe	2766	16 738 516,78	100,0	100,0

Diese Statistik läßt sich zu dem in Skizze Nr. 14 gebotenen Schaubild umarbeiten, das die proportionale Verteilung der Besitzergruppen anschaulich zum Ausdruck bringt.

Die gebotene Übersicht geht von den absoluten Zahlenangaben der Statistik aus. Da jedoch die bloße Addition der Flurnummern innerhalb der einzelnen Besitzergruppen nur ein begrenzt aussagekräftiges Bild vermittelt, indem hier die Besitzgrößen außer acht bleiben müssen, werden in einem zweiten Arbeitsschritt die Besitzgrößen eingerechnet. So kann deutlich gemacht werden, daß das Bürgertum und die Allmende die größeren Flurparzellen besaßen, während bei Kirche und Stadt der Flächenanteil entsprechend hinter dem Anteil an den Flurnummern zurückbleibt. Auf diese Weise ist es möglich, das Übergewicht der Bürgertums noch weiter zu verdeutlichen. Ihm gehörte mehr als die Hälfte der Fläche des Burgfriedens. Die kirchlichen Besitzer und die Stadtgemeinde bleiben weit dahinter zurück. Somit ergibt sich, daß die Kirche bei weitem nicht der übermächtige Grundherr im Burgfrieden gewesen ist, als den sie Ernst Klebel und in seinem Gefolge viele andere bezeichnet haben[18]. Der Vergleich der Besitzverhältnisse mit denen im umliegenden Altbayern zeigt, daß auf dem städtischen Territorium ganz andere Eigentumsstrukturen gegeben waren. Kirche und Stadt erreichten erst zusammen in etwa den Besitzanteil der Bürger. Fast die Hälfte der Flurparzellen verblieb somit außerhalb der regulären Besteuerung.

Die bisher versuchte Zusammenfassung der Eigentümer zu vier Besitzergruppen ist jedoch problematisch, weil diese in der Realität nicht existent waren.

[18] Klebel, Regensburg, S. 100; danach z. B. Hable, Regensburg, S. 13.

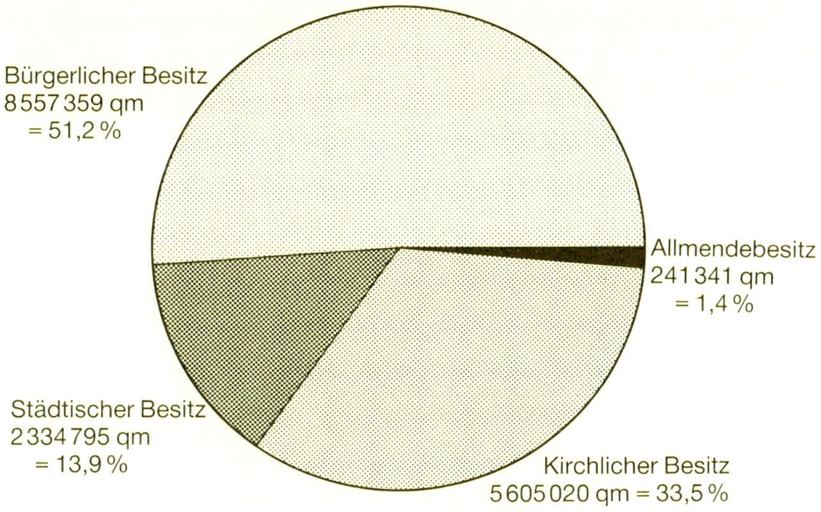

Skizze 14: Besitzverteilung im Burgfrieden

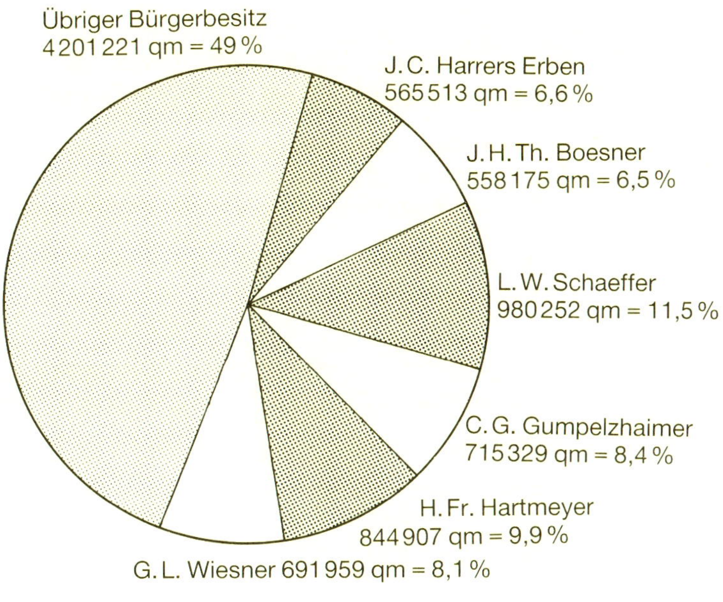

Skizze 15: Bürgerbesitz im Burgfrieden

Jeder Grundherr wirtschaftete für sich und stellte somit eine eigenständige Wirtschaftseinheit dar. Deswegen hat die Addition zu Besitzergruppen nur unter bestimmten Fragestellungen Sinn und somit ihre Berechtigung. Listet man dagegen die einzelnen Grundherrn separat nach der jeweiligen Größe ihres Besitzes auf, so ergibt sich folgende Reihung. Die besitzmächtigsten Bürger waren:

Besitzer	Flurnummern	Fläche in m^2	% Bürgerbesitz	% Gesamtbesitz
L. W. Schaeffer	197	980252,63	11,5	5,9
H. Fr. Hartmeyer	87	844907,95	9,9	5,0
G. L. Wiesner	22	691959,05	8,1	4,1
Ch. G. Gumpelzhaimer	136	715329,35	8,4	4,3
Joh. H. Th. Boesner	112	558175,71	6,5	3,3
Joh. Chr. Harrers Erben	142	565513,14	6,6	3,4
Summe	696	4356137,83	50,9	26,0

Diese Übersicht läßt sich zu dem in Skizze Nr. 15 gebotenen Schaubild umarbeiten, das nicht minder eindrucksvoll zum Ausdruck bringt, daß mehr als die Hälfte des Bürgerbesitzes und mehr als ein Viertel des Gesamtbesitzes sich in den Händen von sechs Familien befanden, deren Namen in der politischen Geschichte der Stadt einen guten Klang hatten. Zumindest die Schaeffer, Gumpelzhaimer, Boesner und Harrer gehörten zum Stadtpatriziat der Neuzeit. Wenn man in Rechnung stellt, daß sie auch außerhalb des Burgfriedens im Bayerischen begütert waren, wird ersichtlich, daß der Großgrundbesitz eine der Säulen war, die den gesellschaftlichen Status des Stadtpatriziats ausmachten. Allerdings ergibt der Vergleich mit den steuerkräftigsten Familien innerhalb des ummauerten Bereiches, daß es sich dort überwiegend um andere Geschlechter handelt. Offensichtlich hat ein Teil des Patriziat sein Geld mehr im innerstädtischen Hausbestand, ein anderer im außerstädtischen Grund investiert. Vor allem der Name Wiesner spielt sowohl im innerstädtischen Bereich als auch im Burgfrieden eine gleichermaßen bemerkenswerte Rolle; es handelt sich dabei um Georg Leonhard Wiesner, den Besitzer der angesehenen Gastwirtschaft *Zu den Drei Helmen* (Lit. E 60) im Herzen der Stadt[19]. Er konnte an Investitionskraft offensichtlich mit den großen Patrizierfamilien in der Stadt voll konkurrieren. Soweit die Berufe vermerkt sind, verweisen sie im übrigen auf zwei Personenkreise: das städtische Verwaltungspatriziat und die Inhaber der üblichen Gewerbebetriebe.
Der kirchliche Besitz läßt sich in ähnlicher Weise aufschlüsseln. Die folgende Tabelle (Seite 437) berücksichtigt nur die sechs besitzmächtigsten kirchlichen Institutionen.
Auch diese Tabelle läßt sich in das in Skizze Nr. 16 gebotene Schaubild umsetzen. Im kirchlichen Bereich ist somit die Dominanz der Großgrundbesitzer zumindest bezüglich des absoluten Anteils an den Flurnummern noch ausgeprägter als beim Bürgertum, wenn die sechs wichtigsten Grundherrn sogar mehr als drei Viertel der Parzellen ihr eigen nannten. Allerdings handelte es

[19] Bauer, Regensburg, S. 125f.

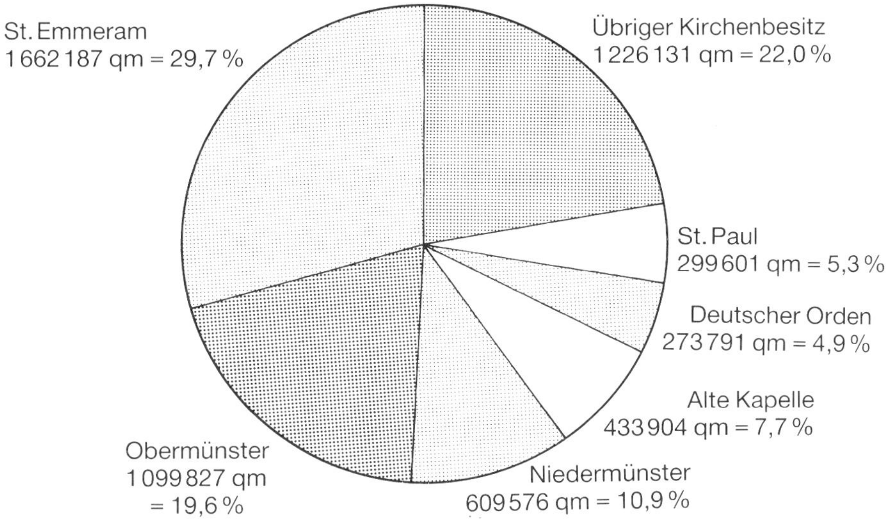

Skizze 16: Kirchlicher Besitz im Burgfrieden

Besitzer	Flur-nummern	Fläche in m²	Kirchen-besitz %	Gesamt-besitz %
St. Emmeram	270	1662187,46	29,7	9,9
Obermünster	251	1099827,30	19,6	6,6
Niedermünster	104	609576,67	10,9	3,6
Alte Kapelle	81	433904,46	7,7	2,6
St. Paul	75	299601,64	5,3	1,8
Deutscher Orden	52	273791,43	4,9	1,6
Summe	833	4378888,96	78,1	26,1

sich dabei um kleinere Grundstücke, so daß sich bezogen auf die Fläche fast ein identischer Anteil wie bei den wichtigsten Patrizierfamilien ergibt.
Eine weitere Frage von Gewicht ist die nach den Besitzanteilen Auswärtiger innerhalb des Burgfriedens. Denn so wie innerhalb der Reichsstadt Regensburg ansässige Bürger oder Institutionen über Besitz im Bayerischen verfügten, waren umgekehrt auch Auswärtige innerhalb des Burgfriedens begütert. Doch ist dieser Anteil insgesamt gesehen bescheiden. Er umfaßt nicht mehr als 223 Flurnummern, was einem Prozentsatz von 8,1 % an der gesamten Grundstückfläche entspricht. Der Burgfrieden war demnach ziemlich fest in Regensburger Hand; Auswärtige vermochten hier nur in sehr begrenztem Ausmaß Fuß zu fassen. Dabei handelt es sich ohnehin fast durchwegs um unmittelbare Anrainer aus den Nachbardörfern Graß, Dechbetten, Irl, Prüfening, Weinting, Kumpfmühl, Unter- und Oberisling und Winzer. Deren Begüterung innerhalb des Burgfriedens dürfte zum Teil auch mit den beständigen Grenzregulierungen zusammenhängen, die Grundstücke gelegentlich zerrissen.
Im Grund war das Erzbistum Salzburg der einzige wirkliche ausländische Grundherr mit einem Gesamtanteil von 18 Flurnummern, die aber nicht einmal

1 Prozent (0,65 %) ausmachen. Die Analyse der Besitzverhältnisse läßt hier also nur schwache Stadt-Umlandbeziehungen deutlich werden. Die Burgfriedensgrenze war im großen und ganzen auch eine Besitzgrenze, über die hinweg nur eine sehr dünne Eigentumsverflechtung festzustellen ist.
Die Statistik läßt sich aber auch unter agrarhistorischen Fragestellungen auswerten. Demnach wurde der Burgfrieden fast ausschließlich landwirtschaftlich genutzt. Das kann angesichts seiner begrenzten Ausmaße auch nicht verwundern. Die Stadt war auf seine Erträge bitter angewiesen, da diese ohnehin in keiner Weise zur Versorgung ausreichten. Dementsprechend war er fast gänzlich abgeholzt. Auf städtischem Territorium gab es keinen nennenswerten Waldbestand, so daß der gesamte – große – Bedarf an Brenn- und Bauholz aus dem Umland eingeführt werden mußte. Hauptumschlagplatz dafür war im 18. Jahrhundert die Holzlände auf dem bayerischen Nordufer der Donau[20]. Aus diesem Grunde bietet die Statistik kaum Hinweise auf bewaldete Grundstücke[21]. Es werden lediglich folgende Sondernutzungen vermerkt: 72 Flurnummern sind als Wiesen gekennzeichnet (= 2,6 %); sie wurden zur Viehhaltung benötigt. Außerdem sind noch neun Steinbrüche und vier Sandgruben festgehalten, die die Grundlage der innerstädtischen Bautätigkeit bildeten. Auch das Ödland war auf ein Minimum reduziert, um alle verfügbaren Bodenreserven optimal zu nutzen. Zwei Nummern beziehen sich auf Weiher.

Demnach ergibt sich folgende Verteilung der Bodennutzung[22]:

Nutzungsart	Flurnummern absolut	Flurnummern %	Fläche m^2	Fläche %
Wiesen	72	2,6	816435,26	4,9
Steinbrüche	9	0,3	33754,14	0,2
Sandgruben	4	0,1	65951,06	0,4
Ödland	6	0,2	129663,48	0,8
Zwischensumme	91	3,2	1045803,94	6,3
Ackerland	2675	96,8	15692712,84	93,7
Summe	2766	100,0	16738516,78	100,0

Abschließend sei noch hingewiesen auf die rechtsarchäologisch bemerkenswerte Parzelle Nr. 1465, die Hinrichtungsstätte auf dem Galgenberg, die offensichtlich in einem Steinbruch untergebracht war, der mit einem Stadel bebaut worden ist[23].

[20] Bauer, Regensburg, S. 366 f.
[21] Lediglich in Nr. 1450 ist von *Holz-Rechten* die Rede, weiterhin Nr. 1170, 1178.
[22] Die im Vergleich zur Statistik erhöhte Gesamtzahl ergibt sich aus der Einbeziehung der geteilten Flurnummern.
[23] Vgl. Bauer, Regensburg, S. 819 (allerdings paßt die dort veröffentlichte bildliche Darstellung des ausgehenden 16. Jahrhunderts nicht zu der hier gebotenen Beschreibung des frühen 19. Jahrhundert). Aussagekräftiger ist der Stich von Matthäus Seutter (Augsburg 1750): Germanisches Nationalmuseum Nürnberg, SP 4604, 4194.

VII. Die Neueste Zeit

1. Das Dalbergische Fürstentum Regensburg 1803–1810

Zur Entschädigung seines alten Parteigängers Karl Theodor von Dalberg, Kurfürst und Erzbischof von Mainz, dessen Stammlande unter französische Herrschaft gefallen waren, ließ Napoleon 1802/03 einen neuen Kurerzkanzlerstaat schaffen. Zu diesem gehörten die neuen Fürstentümer Aschaffenburg und Regensburg sowie die Grafschaft Wetzlar; Hauptstadt war Regensburg. Rechtsgrundlage dieses ungewöhnlichen Territoriums war § 25 des Reichsdeputationshauptschlusses vom 25. Februar 1803[1], der Regensburg eine Sonderstellung einräumte. Da es von der Säkularisation ausgenommen wurde, übte hier als einziger geistlicher Reichsfürst Deutschlands Karl Theodor von Dalberg noch weltliche Herrschaft aus. Diese Verfügung schuf auch in Regensburg grundlegend neue herrschaftliche und rechtliche Verhältnisse, indem die Reichsstadt nun Bestandteil eines Fürstentums wurde, mit dem zugleich die Würden eines Kurfürsten, Metropolitanerzbischofs, Primas von Deutschland und des Reichserzkanzlers verbunden waren. Hinter diesen Änderungen stand der Grundgedanke, den Reichserzkanzler an den Sitz des Immerwährenden Reichstages zu transferieren. In das Fürstentum Regensburg gingen die alte Reichsstadt, das bischöfliche Hochstift mit den zugehörigen Herrschaften Donaustauf, Wörth und Hohenburg sowie alle sonstigen Herrschaftsträger einschließlich der bisherigen Reichsstifte St. Emmeram, Obermünster und Niedermünster ein. Im Jahre 1803 wurde Dalberg zudem zum Administrator des Bistums, 1805 dann zum Erzbischof von Regensburg erhoben[2]. Er war also weltlicher und geistlicher Vorstand zugleich. Die Bürgerschaft von Regensburg hatte ihm am 23. April 1804 zu huldigen; dieses Ereignis schließt die Reihe ihrer Treueide an den Stadtherrn ab[3]. Das ungewöhnliche geistlich-weltliche Herr-

[1] Ernst Rudolf Huber, Dokumente zur deutschen Verfassungsgeschichte I, Stuttgart 1961, S. 9f.

[2] BayHStA MA 4031; Lipf, Verordnungen, S. 183f. Nr. 847. Gültige Biographien: Antje Freyh, Karl Theodor von Dalberg. Ein Beitrag zum Verhältnis von politischer Theorie und Regierungspraxis in der Endphase des aufgeklärten Absolutismus (Europäische Hochschulschriften III 95) Frankfurt a. M. – Bern 1978; Klaus Rob, Karl Theodor von Dalberg (1744–1817). Eine politische Biographie für die Jahre 1744–1806 (Europäische Hochschulschriften III 231) Frankfurt am Main-Bern 1984; Konrad Maria Färber, Kaiser und Erzkanzler, Carl von Dalberg und Napoleon am Ende des Alten Reiches. Die Biographie des letzten geistlichen Fürsten in Deutschland (Studien und Quellen zur Geschichte Regensburgs 5) Regensburg 1988; Günter Christ, Karl Theodor von Dalberg 1744–1817, in: Fränkische Lebensbilder XIII, hg. von Alfred Wendehorst, Neustadt a. d. Aisch 1990, S. 92–113.

[3] StAR MR 257; StBR Rat. civ. 302; StAAm Fürstentum Regensburg Geh. Kanzlei 92, Nr. VIII. Vgl. Möseneder (Hg.), Feste in Regensburg, S. 435–440 Nr. 80, 81.

schaftsgebilde, in dem Stadtregiment, Landeshoheit und Bischofsgewalt noch einmal zusammengefaßt waren, hatte als letztes geistliches Reichsfürstentum der deutschen Geschichte bis 1810 Bestand.
Der allgemeine Umsturz der politischen Verhältnisse im napoleonischen Zeitalter löste also auch in der Reichsstadt an der Donau tiefgreifende Verschiebungen aus. Die wichtigste Veränderung war die Aufhebung der städtischen Selbstverwaltung. Regensburg wurde administrativ voll in das Dalbergische Fürstentum integriert. Die Kommunalautonomie, aufgrund deren die Reichsstadt über mehr als ein halbes Jahrtausend hinweg vor allem ihre inneren Angelegenheiten selber geregelt hatte, wurde außer Kraft gesetzt und die bisher selbständige Stadt gänzlich dem Fürstprimas unterstellt. Das hatte auch Folgen bezüglich ihres Besitzes. In der Organisationsverfügung vom 10. November 1803 heißt es: *Da die reichsstädtische Verfassung und folglich auch der ihr anhangende republikanische Gesichtspunkt nunmehr aufgehört haben, die Landesherrschaft auf den höchsten Regenten des Kurstaates übergegangen ist, das künftige Domkapitel nach der Verfassung des Kurstaates in die, den ständischen Rechten einigermaßen zu vergleichenden Mitwirkungsrechte eintreten wird und folglich der künftige Magistrat lediglich in dem Verhältnis einer öffentlichen Administrationsstelle zu betrachten ist, so ergibt sich, daß a) der Äußere Rat ganz aufhört, b) der bisherige Innere Rat als künftiger Magistrat verbleibt und c) der Gemein-Ausschuß oder die Vierziger zwar ihr Beschränkungsrecht verlieren, jedoch jenen Wirkungskreis behalten, welcher das Vertrauen, die Mitwirkung und das Interesse der Bürgerschaft sowohl an die Stadtverwaltung im Ganzen als an die Munizipal- und Polizei-Verwaltung im besonderen knüpfen werden.* Das Munizipalitätsvermögen fiel an das fürstprimatische Staatsärar. Die Stadt als eigenständige Rechtskörperschaft hörte zu bestehen auf und ging in die gänzliche Verfügungsgewalt ihres neuen Landesherrn über. Das Prinzip der Zerschlagung gewachsener herrschaftlicher Einheiten durch rigorose Zentralisierung, das allenthalben die Umstrukturierung der Verwaltungen trug, wurde auch hier, und zwar in besonderer Konsequenz, wirksam. Der Übergang an Dalberg stellt deswegen auch einen sehr tiefen Einschnitt in der Entwicklung der Stadtverfassung dar.
Die veränderten Gegebenheiten zwangen den Fürstprimas zum Neuaufbau eines Regierungsapparates. Als Dalberg sein Fürstentum übernahm – als Residenz diente ihm die bisherige Dompropstei (Lit. E 57) –, war Regensburg eine arg herabgewirtschaftete, kaum noch lebensfähige Stadt[4]. Deswegen setzte man große Hoffnungen in den Fürsten, dem wegen seiner bisherigen Tätigkeit der Ruf vorausging, ein befähigter und tatkräftiger Reformer zu sein. Er brachte zwei vorzügliche Mitarbeiter an die neue Wirkungsstätte mit: den Minister Franz Joseph Reichsfreiherrn von Albini, den er zum Gouverneur des

[4] Schwaiger, Das dalbergische Fürstentum Regensburg; Erwin Probst, Carl Theodor von Dalberg und das „Fürstentum Regensburg“ (Schönere Heimat 56) 1967, S. 27–31; Schroeder, Das Alte Reich und seine Städte, S. 417–423; Laetitia Boehm, Säkularisation und Stadtkultur. Zur Auswirkung des Reichsdeputationshauptschlusses von 1803 auf süddeutsche Bischofsstädte, in: Stadt und Bischof, hg. von Bernhard Kirchgässner und Wolfram Baer (Stadt in der Geschichte 14) Sigmaringen 1988, S. 112–114, 128–131. Zur Dalberg-Residenz: Baualterspläne III, bearbeitet von Betz und Strobel, S. 24–26; Greipl, Macht und Pracht, S. 299–302.

fürstprimatischen Territoriums ernannte, und den Sekretär Karl Christian Graf von Bentzel. Dieses Trio nahm die unaufschiebbaren Eingriffe in die überkommene Verwaltungsstruktur unverzüglich in Angriff. In der „Verfassung" vom 14. Juli 1803 und dem Organisationsreskript vom 10. November 1803 wurden die Pläne vorgestellt, an denen sich die Neuerungen ausrichten sollten[5]. Auf dieser Grundlage wurde als Oberbehörde ein sogenanntes Landesdirektorium geschaffen, in das die Stadt, der Bischofshof und die großen Stifte ihre fähigsten Verwaltungsbeamten entsandten. Bei allem Neubeginn wurde also durchaus eine gewisse Kontinuität zumindest im Personellen gesucht. Leiter der neuen Zentralbehörde wurde der bewährte Graf Kaspar Maria von Sternberg[6]. Unter dieser Oberbehörde stand der Magistrat mit seinen Organen. Der Innere Rat verblieb in Funktion, während der Äußere Rat und die Gemeinde nun keine Rolle mehr spielten.

Das neugeordnete Stadtregiment nahm sofort umfassende Reformen auf allen Sektoren des öffentlichen Lebens in Angriff. Sie waren am Regierungsprogramm des aufgeklärten Reformabsolutismus ausgerichtet und orientierten sich an praktischen Vorbildern im gesamten süddeutschen Raum. Das Bildungswesen wurde unter großer persönlicher Anteilnahme des Fürstprimas nach Mainzer Vorbild erneuert. Zur gleichen Zeit wie in Altbayern wurden die Allgemeine Schulpflicht eingeführt, der Schulhausbau forciert, die Lehrerausbildung und -versorgung verbessert[7]. Das Gesundheitswesen wurde unter die Oberleitung eines Sanitätsrates gestellt, in den man fünfzehn studierte Fachleute berief; er trieb vor allem den Krankenhausbau (Evangelisches Krankenhaus 1806) voran[8]. Einen Schwerpunkt setzte Dalberg in die Verbesserung der Rechtssprechung. Auf diesem Sektor wurde als Oberbehörde ein Oberlandesgericht eingerichtet, das ebenfalls ausschließlich mit studierten Bürgerlichen besetzt wurde[9]. Es war für das gesamte Fürstentum zuständig. Die geistliche Gerichtsbarkeit wurde eingeschränkt und den fürstprimatischen Organen übertragen. Nach ähnlichen Prinzipien wurden die Armenfürsorge, das kulturelle Leben in Kunst und Wissenschaft neu geordnet. Der Fürstprimas gründete 1804 in Konkurrenz zum Hoftheater der Fürsten von Thurn und Taxis ein eigenes Theater, dessen Spielplan volksnah und pädagogisch ausgerichtet war. Zur Förderung von Handel und Gewerbe richtete Dalberg die Kommercial-Deputation ein, in der die führenden Großkaufleute ihr Wissen zum Nutzen der Allgemeinheit fruchtbar machen sollten. Er unterstützte weiterhin die Gründung einer Porzellanmanufaktur am Prebrunn und sorgte für Arbeitsbeschaffungsmaßnahmen; auch in diesem Rahmen sind seine Repräsentationsbauten zu sehen[10]. Durch die Niederlegung von Teilen der Stadtmauer schuf er zusätz-

[5] StAAm Reg. KdI 6357; vgl. Karl von Beaulieu-Marconnay, Karl von Dalberg und seine Zeit II, Weimar 1879, S. 351–356.

[6] Konrad Maria Färber, Domkapitular Graf Kaspar von Sternberg und sein Wirken für Regensburg (VHVO 124) 1984, S. 395–420.

[7] StAAm Reg. KdI 7085.

[8] StAAm Reg. KdI 6516. Vgl. August Widl, Die soziale Tätigkeit des Fürstprimas Karl von Dalberg im Fürstentum Regensburg, Diss. Erlangen 1931.

[9] StAAm Reg. KdI 6539.

[10] Hermann Reidel, Emanuel Joseph von Herigoyen, Kgl. bayer. Oberbaukommissar 1746–1817, München-Zürich 1982, S. 16–18; Hermann Reidel, Bauwesen und Stadt-

liches Bauland, das Privatleuten angeboten wurde, die hier Häuser errichten durften[11].

Für seine sehr umfassende Reformpolitik benötigte Dalberg vor allem Geld; deswegen war das Herz seines Erneuerungswerkes die Finanzpolitik. Im Mittelpunkt seiner Reformbemühungen stand die Sanierung der städtischen Finanzen[12]. Als er die Stadt übernahm, betrugen die Kapitalschulden mehr als 1,5 Millionen Gulden, für die jährlich über 72000 Gulden an Zinsen aufgebracht werden mußten – die Hälfte der durchschnittlichen Brutto-Einnahmen. Um der zunehmenden Verschuldung Einhalt zu gebieten, griff der Fürstprimas sofort ein. Schon im Jahre 1803 ließ er einen Schuldentilgungsplan ausarbeiten, der vorsah, die Stadt im Laufe von vier Jahrzehnten gänzlich zu entschulden. In diesem Rahmen wurde vor allem das Besteuerungswesen weiterentwickelt. Die Bestimmungen der reichsstädtischen Zeit blieben zunächst in Kraft. Doch schuf dann das Steuersecret von 1805 eine neue Besteuerungsgrundlage für den Grund- und Hausbesitz, der einheitlich veranlagt wurde. Erstmals Dalberg verschaffte dem Prinzip der Steuergleichheit Geltung und sorgte für die administrativen Hilfsmittel. Damals entstanden die ersten katasterartigen Veranlagungen für das gesamte Stadtgebiet[13], das zugleich kartographisch umfassend aufgenommen wurde[14]. Voraussetzung für eine Neuordnung des Steuerwesens nach dem Gleichheitsprinzip war die Einführung einer durchlaufenden Numerierung des Hausbestandes nach dem Litera-System gemäß Augsburger Vorbild. Zur gleichen Zeit wurde für den Burgfrieden eine *Neue Korngedings-Feldordnung* (1805) erstellt[15]. Damit sollte die Grundlage für eine zeitgemäße und effizientere Verwaltungsarbeit gelegt werden. In gleicher Absicht wurde die Wachteneinteilung einer zweckmäßigen Reform unterworfen. Die wichtigste Veränderung im Rechtsleben neben der Zurückdrängung der geistlichen Gerichtsbarkeit war die Beseitigung der Beschränkung des Bürgerrechtes auf Protestanten durch die Generalverordnung vom 20. Mai 1803. Erst durch dieses Toleranzedikt wurden die Angehörigen aller drei christlichen Konfessionen als gleichberechtigte Stadtbürger voll anerkannt[16]. Ähnliches gilt hinsichtlich der Juden. Hatten sie bisher immer als „Ausländer" gegolten, so machte Dalberg auch dieser Minderheit entscheidende Zugeständnisse, indem er die noch immer üblichen zusätzlichen Abgaben aufhob, den Judenschutz von den Grafen von Pappenheim in seine eigene Hände übernahm und auch ihnen Zugang zum

planung in Aschaffenburg und Regensburg unter Carl Theodor von Dalberg 1802–1813 (Klassizismus in Bayern, Schwaben und Franken. Architekturzeichnungen 1775–1825, hg. von Winfried Nerdinger) München 1980, S. 47–58.

[11] StAAm Reg. KdI 6530, 6531; Kataster Regensburg I 222, fol. 50f.

[12] Meierhofer, Finanzwirtschaftliche Zustände.

[13] StAAm Reichsstadt Regensburg Lit. 8 (s. Kap. VI, 1); FZAR R 502: Tabellarische allgemeine Darstellung der Verhältnisse des Fürstenthums Regensburg (= StAAm Reg. KdI 6387). Vgl. vor allem Nemitz, Grund- und Haussteuer.

[14] Grundriß der Fürstlich Primatischen Residenzstadt Regensburg nebst deren neueren Gartenanlagen außer den Thoren, Regensburg 1808 (Autor Stadtschreiber Johann Gottfried Mannhart).

[15] StAR Baumannschaft Nr. 4. Zum Augsburger Vorbild: Detlev Schröder, Stadt Augsburg, HAB Schwaben 10, München 1975, S. 181.

[16] Gertrud Puchta, Die rechtliche Stellung der Evangelischen Kirche in Regensburg während der Regierungszeit Karl von Dalbergs, Diss. jur. masch. Erlangen 1952.

Bürgerrecht eröffnete. 1809 wurde sogar über das volle Bürgerrecht für drei jüdische Großhandelsfamilien beraten [17]. Alle diese Neuerungen bewegen sich im Rahmen der in den größeren Territorien üblichen Reformen, an denen sie sich orientierten [18].

Von besonderer Bedeutung war die Neuordnung der kirchlichen Verhältnisse. Die Wogen der europäischen Säkularisationsbewegung schlugen auch nach Regensburg und mußten gerade hier angesichts der mächtigen Position der katholischen Kirche tiefgreifende Verschiebungen auslösen. Doch ging der Fürstprimas Dalberg auch in diesem Bereich mit ausgesprochenem Fingerspitzengefühl zu Werke und vermied die Fehler, welche die rigoroseren Behörden im benachbarten Kurfürstentum Bayern begingen. Er machte von seiner ihm reichsrechtlich zustehenden Aufhebungskompetenz nur wenig Gebrauch und betrieb eine recht moderate Säkularisationspolitik [19]. Mit der Errichtung des Fürstentums Regensburg gingen alle geistlichen Institutionen in seine Verfügungsgewalt über. Doch begnügte er sich mit der Übernahme der Administration und der verschärften Vermögensaufsicht. Die Klöster und Stifte fielen zwar an das Staatsärar, blieben aber überwiegend als eigenständige und selbstverwaltete Körperschaften ebenso bestehen wie Bruderschaften und karitative Stiftungen sowie das Domkapitel. Sie hatten lediglich von ihren Bruttoeinnahmen eine zehnprozentige Abgabe an die Staatskasse zu entrichten, was bis 1828/29 unter Protest auch geschah. Die gesunden Konvente wurden nicht aufgelöst. Ihre Mitglieder durften in den Klöstern verbleiben. Dalberg ermunterte sie sogar zur Beibehaltung der monastischen Lebensform [20]. Aufgehoben wurden lediglich nicht mehr lebensfähige Häuser wie der Minoritenkonvent bei St. Salvator oder die Johanniterkommende St. Leonhard. Erst im Katastrophenjahr 1809 griff Dalberg verstärkt auf Kirchenvermögen zur Finanzierung unaufschiebbarer Staatsaufgaben zurück und hob nun auch das Deutschordenshaus St. Ägidius, das Augustinerkloster St. Salvator sowie das Dominikanerkloster St. Blasius auf. Vor allem die großen Klöster überstanden auf diesem Wege die erste Säkularisierungswelle und retteten sich in die bayerische Zeit ab 1810 hinein. Doch sollte der Übergang des Fürstentums an Bayern sofort neue Verhältnisse schaffen. Die königliche Verwaltung hob noch 1810 auch die großen Stifte St. Emmeram, Ober- und Niedermünster sowie eine Reihe weiterer kleinerer geistlicher Einrichtungen (Kapuzinerkloster St. Matthias, Karmelitenkloster St. Joseph) auf; der Vorgang wurde sehr rasch, aber ohne den erhofften Gewinn abgewickelt [21]. Doch überstanden einzelne Einrichtungen auch diese zweite Säkularisierungswelle. Angesichts regen Widerstandes aus dem Ausland wagte man nicht, an das Schottenkloster St. Jakob Hand

[17] Siegfried Wittmer, Geschichte der Regensburger Juden zwischen Absolutismus und Liberalismus (VHVO 127) 1987, S. 105–107.

[18] Kurfürstlich-erzkanzlerisches Regierungs- und Intelligenzblatt, Regensburg 1803–1810.

[19] Schwaiger, Die altbayerischen Bistümer, S. 245–296; Georg Schwaiger, Das Erzbistum Regensburg unter Carl Theodor von Dalberg (1803–1817) (BGBR 10) 1976, S. 209–227; Hausberger, Bistum Regensburg II, S. 94–104.

[20] Schlaich, Reichsstifte, S. 237–291. Zur Aufhebung des Minoritenklosters: Hilz, Minderbrüder, S. 99 f.

[21] Hiltl, Die stillen Jahre, S. 23–45; Weiss, Gemeinden, S. 120.

zu legen; es wurde erst 1862 aufgelöst[22]. Drei geistliche Einrichtungen konnten sich auch über diese nächste Schwelle hinwegretten und bestehen deswegen von ihrer Gründung im Mittelalter kontinuierlich bis heute: das Kollegiatstift bei der Alten Kapelle, das Kanonikerstift St. Johann und das Dominikanerinnenkloster Heilig Kreuz. Sie stellen innerhalb der Geschichte der Säkularisation in Deutschland Sonderfälle dar, die vorwiegend mit den komplizierten Rechtsverhältnissen in der Stadt und der Zurückhaltung des Fürstprimas Dalberg zu erklären sind.

Dalbergs Reformprogramm, das die modernisierende Kraft der katholischen Aufklärung mit gesteigerter fürstlicher Repräsentation und merkantilistischem Wohlfahrtsdenken verbinden wollte, konnte in der Stadt Regensburg nur schwache Wurzeln schlagen. Das war weniger seine Schuld, sondern ausschließlich Folge der großen europäischen Politik, in die der Fürstprimas stark eingebunden blieb. Denn im Jahre 1809 wurde sein Fürstentum trotz der im Reichsdeputationshauptschluß ausdrücklich zugesicherten Neutralität in allen Konflikten unmittelbar in den Krieg zwischen Frankreich und Österreich hineingezogen. Als sich die Österreicher nach den Niederlagen bei Abensberg und Eggmühl in der Stadt verbarrikadierten, um den angeschlagenen Truppen im Schutz ihrer Mauern eine Erholungspause zu verschaffen, belagerte sie Napoleon ohne Rücksicht auf seinen bisherigen Parteigänger und ließ Regensburg von seiner Artillerie beschießen[23]. Der 23. April 1809 wurde einer der schlimmsten Katastrophentage in der gesamten Geschichte der Stadt. Sie wurde an der Südostecke arg in Mitleidenschaft gezogen; ein ganzes Stadtviertel von 138 Häusern sank in Schutt und Asche[24]. Die Artillerie schoß die Flucht der heutigen Maximilianstraße in den mittelalterlichen Baubestand hinein. Dalberg ließ unverzüglich Pläne für den Wiederaufbau ausarbeiten, die allerdings nicht mehr ausgeführt werden konnten. Die Ortsbezeichnung Napoleonstein erinnert an den Platz, von dem aus Bonaparte die Kanonade geleitet hat. Trotz einer Verletzung, die ihm im Verlaufe dieses Kampfes um Regensburg beigefügt wurde, endete er für ihn erfolgreich. Das war vor allem der tatkräftigen Unterstützung durch den nunmehrigen König von Bayern, seinen wichtigsten Bündnispartner in dieser Phase der Auseinandersetzungen, zuzuschreiben.

Dessen entschlossene Parteinahme war Napoleon Anlaß, nun endlich dem immer nachdrücklichen, seit 1804 verschärften[25] Drängen des Bundesgenossen nachzugeben und ihm seinen alten Wunsch zu erfüllen[26]. Er ließ den Fürst-

[22] Ludwig Hammermayer, Die europäischen Mächte und die Bewahrung von Abtei und Seminar der Schotten in Regensburg 1802/03 (VHVO 106) 1966, S. 291–306.

[23] Marcus Junkelmann, Napoleon und Bayern. Von den Anfängen des Königreiches, Regensburg 1985, S. 235–253.

[24] Die genaueste Aufstellung: StAR A 1973/29; auch BayHStA Pls. 8465–67; StAR Hist. II 2A: Übersicht über die Zerstörungen 1809. Vgl. Julius Wackenreiter, Die Erstürmung von Regensburg am 23. April 1809, Regensburg 1865 (Nachträge 1866); Cornelius Will, Archivalische Beiträge zur Geschichte der Erstürmung von Regensburg am 23. April 1809 und deren Folgen (VHVO 47) 1895, S. 179–307; Cornelius Will, Beiträge zur Geschichte der Verwundung Napoleons I. vor Regensburg 23. April 1809 (VHVO 57) 1905, S. 127–150; Baualterspläne V, hg. von Paulus, Abb. 3.

[25] StBR Rat. ep. 294.

[26] HHStAW Mainzer Erzkanzler-Archiv 140: Kurbairische Ansprüche auf Stadt und Hochstift Regensburg (1804). Vgl. A. Schmid, Regensburg und Bayern, S. 154f.

primas fallen und gestand König Maximilian I. von Bayern die Übernahme des Fürstentums Regensburg zu. Dalberg wurde gezwungen, den Abtretungsvertrag am 28. Februar 1810 in Paris zu unterzeichnen. Am 22. Mai 1810 konnte das Fürstentum Regensburg im Bischofshof durch den Freiherrn Joseph Maria von Weichs förmlich für Bayern in Besitz genommen werden[27]. Die Stadtverwaltung hatte am 23. Mai den Eid auf den neuen Herrn zu leisten[28]. Diese Vorgänge der großen europäischen Politik[29] setzten einen Schlußpunkt hinter sechs Jahrhunderte eigenständiger Geschichte des Raumes Regensburg, der nun in den Verband des bayerischen Staates zurückkehrte, aus dem er sich im frühen 13. Jahrhundert gelöst hatte. Die Trennung Regensburgs von Bayern wurde nun endgültig beseitigt[30]. Diese Entscheidungen, die auf höherer Ebene fielen, verhinderten, daß Fürstprimas Dalberg die Früchte seiner umfassenden Reformtätigkeit hätte ernten können. Wegen der abermaligen Unterbrechung der herrschaftlichen Entwicklung bereits nach wenigen Jahren konnten die Ansätze, die er angeregt hatte, keine Wurzeln schlagen. So ist vieles Stückwerk geblieben, weil es von den neuen Stadtherrn nicht weiterverfolgt wurde und nicht zur Entfaltung kommen konnte. Die Zeit, die dem Fürstprimas belassen wurde, war einfach zu kurz. So sind seine wenigen Jahre für die Stadt doch weithin Episode geblieben, bestenfalls eine Übergangsepoche geworden, in der die Notwendigkeit von Reformen gewiß erkannt und ihre Umsetzung eingeleitet wurde; es war aber nicht möglich, sie auch zum Abschluß zu bringen. Das kann aber nicht dem Fürstprimas angelastet werden. Bereits seine Weichenstellungen sind eine nicht zu unterschätzende Leistung. Karl Theodor von Dalberg hat den Übergang von der mittelalterlichen Reichsstadt zur modernen Stadt zweifellos eingeleitet, indem er mit den letztlich noch immer mittelalterlichen Verfassungsstrukturen weithin brach.

2. Im Königreich Bayern 1810–1918

Mit der Übergabe an den König von Bayern erhielt die frühere Reichsstadt und bisherige fürstprimatische Residenzstadt den Status einer bayerischen Provinzstadt[31]. Diese wurde sofort voll in das königliche Staatsgebiet integriert. Die bayerischen Gesetze, vor allem die Verfassung von 1818, erlangten nun auch hier Gültigkeit. Die Stadt wurde in die Landesverwaltung einbezogen[32]. Sie

[27] Das Besitzergreifungspatent: StBR Rat. civ. 238; gedruckt bei: Gumpelzhaimer, Regensburg's Geschichte IV, S. 1894f.

[28] BayHStA MA 1902 Nr. 323, 324. Vgl. StBR Rat. civ. 45.

[29] BayHStA Ges. Paris 1472.

[30] Hausenstein, Die Wiedervereinigung Regensburgs; Heinrich Huber, Der Übergang der Stadt Regensburg an Bayern im Jahre 1810 (ZBLG 4) 1931, S. 95–106; Konrad Maria Färber, Der Übergang des Dalbergischen Fürstentums Regensburg an das Königreich Bayern. Zum 175jährigen Jubiläum (VHVO 125) 1985, S. 429–452; Dieter Albrecht, Regensburg 175 Jahre bei Bayern (Regensburger Almanach 18) 1985, S. 37–43; Konrad Maria Färber, Dalberg, Bayern und das Fürstentum Regensburg (ZBLG 49) 1986, S. 695–717.

[31] Königlich-Baierisches Regierungsblatt, 1810, Sp. 537–539 32. Stück (11. VII. 1810).

[32] StBR Rat. civ. 110; Josef Dolhofer, Die verfassungsmäßige Entwicklung des Regensburger Gemeinwesens im 19. und 20. Jahrhundert; grundlegend: Albrecht, Regensburg im Wandel.

erhielt den Status einer kreisunmittelbaren Stadt (= Stadt I. Klasse), die der Kreisregierung direkt unterstand und nicht in die Landkreisorganisation eingebaut wurde[33]. Schon 1810 wurde ein Polizei-Stadtkommissariat gebildet, das bis 1818 die Stadtverwaltung in direktem königlichen Auftrag wahrnahm[34]. Von 1811 bis 1815 hatte dieses Amt Polizeidirektor Franz Xaver Gruber inne, auf den dann bis 1818 Josef Bokonowsky folgte[35]. Rechtsgrundlage war das Gemeindeedikt von 1808, das den Städten die kommunale Selbstverwaltung nahm.
Da sich die Stadtbevölkerung nur zögernd mit den neuen Verhältnissen abfand, haben die Wittelsbacher besondere Bemühungen um ihre Integration unternommen. Sie führten einerseits zu mehrfachen Aufenthalten von Mitgliedern des Königshauses in der Stadt[36], zum anderen zu zielbewußter Bautätigkeit. Nachdem sich Maximilian I. die Dalbergische Residenz als Absteigequartier ausgenommen hatte, ließ Maximilian II. zwischen 1854 und 1856 die Königliche Villa am Donauufer errichten, um über eine repräsentative Nebenresidenz gerade in dieser Stadt zu verfügen, die andererseits bei der Stadtbevölkerung beständig die Erinnerung an das Königliche Haus wachhalten sollte. Auch sie ist Zeichen der sehr planvollen wittelsbachischen Baupolitik, die in den Dienst der Staatsintegration gestellt wurde[37], und fand ihre Entsprechung in der Denkmalpolitik und Straßennamengebung der Stadt. In beiden Bereichen wurden Mitglieder des Königlichen Hauses ausgiebig bedacht. Vor allem wurde die neu angelegte Prunkstraße der Maximilianstraße nach dem ersten König Max I. benannt. Dennoch wirkte gerade in Regensburg das Bewußtsein der verlorenen Eigenständigkeit lange nach, wie auch die Stadtchroniken von Gemeiner[38] und Gumpelzhaimer[39] verdeutlichen; beide werden bei im einzelnen unterschiedlicher Ausformung von der Grundkonzeption getragen, daß die Stadt durch eine große Vergangenheit als Reichsstadt und Bistumssitz ausgezeichnet sei.
Die nunmehrige bayerische Provinzstadt Regensburg wurde ein regionaler Verwaltungsmittelpunkt. Sie wurde für den Verlust ihrer Eigenständigkeit mit neuen Zentralortfunktionen entschädigt. Am Münchner Hof stellte man ausgedehnte Überlegungen über ihre künftige Rolle an[40]. Vor allem König Lud-

[33] Volkert, Handbuch, S. 602; Weiss, Gemeinden, S. 254 f.
[34] Königlich-Baierisches Regierungsblatt, 1810, Sp. 1455– 1457. Vgl. Weiss, Gemeinden, S. 227.
[35] StBR Rat. civ. 198, 459. Vgl. Huber, Polizeidirektion; Josef Dolhofer, Zur geschichtlichen Entwicklung der Regensburger Polizei (Regensburger Almanach 8) 1974, S. 93–104.
[36] StBR Rat. civ. 211, 214. Vgl. Möseneder (Hg.), Feste in Regensburg, S. 443–459, 471–479, 489–492, Nr. 83, 86, 87, 89.
[37] Kraus-Pfeiffer (Hg.), Regensburg, Nr. 367; Friedrichs-Friedlaender, Politische Selbstdarstellung, S. 166.
[38] Gemeiner, Chronik. Vgl. Edmund Neubauer, Königtum und Reichsstadt im 14. Jahrhundert im Spiegel der Reichsstadt Regensburgischen Chronik. Carl Theodor Gemeiner – der Geschichtsschreiber der Reichsstadt (VHVO 117) 1977, S. 239–258. S. Kap. IV, Anm. 100.
[39] Gumpelzhaimer, Regensburg's Geschichte. Seine Chronik bedarf noch der Untersuchung unter diesem Aspekt. Vgl. zu diesem Fragenkreis nunmehr: Hans-Michael Körner, Staat und Geschichte im Königreich Bayern 1806–1918 (SchbLG 96) München 1992, S. 382: „integrationspolitisch motivierte Rücksichtnahmen" bestimmten das Verhältnis zu Regensburg.
[40] Doch spielte die Stadt nicht nur in der bayerischen, sondern durchaus auch der

wig I. war von der geschichtlichen Bedeutung Regensburgs tief beeindruckt und äußerte mehrfach, daß eigentlich hier das politische Zentrum des Königreiches eingerichtet werden müßte[41]: *Regensburg hätte bei seiner vorteilhaften Lage an dem mächtigen Donaustrome mit seinem milden Klima der Regierungssitz der bayerischen Regenten bleiben sollen.* Und er beließ es durchaus nicht bei schönen Worten. Der Ausbau der Domtürme[42] geht auf seine Anregung zurück und war ebenso als diesbezügliches Zeichen gedacht wie die Lokalisierung der Walhalla gerade in diese Gegend[43]. Im Vorfeld der Verlegung der Universität Landshut wurde schon 1810 als neuer Standort auch Regensburg ins Gespräch gebracht. Die Lage an der Verlängerung des Ludwigskanals sollte dem Wirtschaftsleben neue Impulse verleihen. Regensburg ehrte den begeisterten und wirkungsvollen Förderer mit einem ursprünglich auf dem Domplatz in bester Lage situierten Denkmal und einer Straße. Tatsächlich erlangte die Stadt neue Zentralität. Sie erhielt in den Anfängen des Parteienwesens in Deutschland eine wichtige Stellung; das gilt sowohl für die christlichen Parteien und Vereine als auch die SPD oder BVP. Dementsprechend traf auch die Genossenschaftsbewegung hier wegweisende Entscheidungen; in Regensburg wurde 1917 die LIGA-Bank als Selbsthilfeeinrichtung der Ökonomiepfarrer gegründet. Doch führte zur früheren Hauptstadtfunktion natürlich kein Weg mehr zurück. Regensburg wurde zum wichtigsten Vorort lediglich im mittleren Donauraum ausgebaut. Hier wurden angemessene Einrichtungen des Königreiches, des Kreises bzw. Bezirkes, aber auch der Kirchen und des Fürstlichen Hauses Thurn und Taxis installiert. Im 19. Jahrhundert wurde Regensburg weithin eine Stadt der Behörden und Beamten mit nur mehr regionaler Bedeutung.

Das Königreich Bayern hat hier die üblichen Ämter eingerichtet. Das galt für die Finanzverwaltung[44] ebenso wie die Forst-, Bau-, Gesundheits- und Justizverwaltung. Das fürstprimatische Oberlandesgericht wurde am 19. Dezember 1810 in ein königliches Kreisgericht und ein Stadtgericht Regensburg (I. Klasse)

deutschen Diskussion der Hauptstadtfrage des frühen 19. Jahrhunderts eine Rolle. Sie wurde etwa 1849 von Preußen als Sitz des Reichsdirektoriums einer geplanten Staatenunion in Vorschlag gebracht: Ernst Rudolf Huber, Deutsche Verfassungsgeschichte seit 1789 II, Stuttgart ²1968, S. 888; Gerhard Brunn, Die deutsche Einigungsbewegung und der Aufstieg Berlins zur deutschen Hauptstadt, in: Schieder-Brunn (Hg.), Hauptstädte in europäischen Nationalstaaten (wie Kap. IV, Anm. 356), S. 18, 21.

[41] Besonders eindringlich kommt dieser Gedanke zum Ausdruck: Ratisbona und Walhalla. Eine Denkschrift auf die Tage vom 16.–19. October 1830, Regensburg 1831; StBR Rat. civ. 503, 519; vgl. Mayer, Regensburg und die Revolution 1848, S. 23. In gleichem Sinne: Friedrich Heinrich von der Hagen, Briefe in die Heimat aus Deutschland, der Schweiz und Italien I, Breslau 1818, S. 63.

[42] Susette Raasch, Restauration und Ausbau des Regensburger Doms im 19. Jahrhundert (BGBR 14) 1980, S. 137–304; Friedrichs-Friedlaender, Politische Selbstdarstellung, S. 127; Körner, Staat und Geschichte im Königreich Bayern (wie Anm. 39), S. 220–223.

[43] Vgl. die Rede Ludwigs I. bei der Grundsteinlegung 1830: Möseneder (Hg.), Feste in Regensburg, S. 443–459 Nr. 83. Vgl. Jörg Träger (Hg.), Die Walhalla. Idee – Architektur – Landschaft, Regensburg 1979; Körner, Staat und Geschichte (wie Anm. 39), S. 258–265.

[44] StAAm Kataster Regensburg I 222, fol. 50. Vgl. Pongratz, Finanzwirtschaft der Stadt Regensburg.

überführt, wobei die geistliche Gerichtsbarkeit aufgehoben blieb[45]. In Regensburg waren somit die Kompetenzen zwischen Stadtmagistrat und Stadtgericht, also Verwaltung und Justiz, von Beginn der bayerischen Zeit an getrennt; das war eine Besonderheit, die im übrigen Bayern erst 1862 flächendeckend eingeführt wurde. Drei Tage später wurden dem Stadtgericht auch die Gemeinden Stadtamhof, Steinweg, Kumpfmühl, Weichs, Reinhausen, Pfaffenstein und Prüll angegliedert, von denen die vier letztgenannten allerdings schon im folgenden Jahr 1811 wieder an umliegende Gerichte abgegeben werden mußten. Das Stadtgericht führte neben dem für das Umland zuständigen Gericht Regensburg 1 zunächst die Bezeichnung Regensburg 2, die bei der Neuordnung der Gerichtsbezirke 1879 bei gleichzeitiger geringfügiger Verschiebung in den Zuständigkeitsräumen in Amtsgericht Regensburg 1 umgeändert wurde, während nun das Landgericht die Nummer 2 erhielt. Im Jahre 1905 wurden beide Sprengel zum Amtsgericht Regensburg zusammengelegt[46]. Die Finanzorganisation vollzog im 1810 eingerichteten Rentamt Regensburg die Neuorganisation nach; 1857 wurde das Stadtrentamt Regensburg geschaffen. Des weiteren wurde die Stadt königlich-bayerische Garnisonsstadt. Ausgehend von der Überzeugung, daß die Donau auch in Zukunft die entscheidende Verteidigungslinie Bayerns sein müsse[47], wurde sie mit einem Gürtel von Stützpunkten ausgebaut, von denen einer der wichtigsten nach Regensburg kam[48]. Die Stadt war zeitweise Sitz eines Divisionsstabes, einer Infanterie- und einer Kavalleriebrigade. Von 1815 bis 1850 lag hier das 5. Linien-Infanterie-Regiment, von 1851 bis 1919 das 11. Infanterieregiment *Von der Tann* und von 1909 bis 1919 das 2. Chevauxleger-Regiment *Taxis,* das von hier aus nach Frankreich zum Einsatz während des Ersten Weltkrieges kam[49]. In den Jahren 1825 und 1848 wurden Pläne zum Ausbau der Stadt zu einer Landesfestung entwickelt, die allerdings nicht zur Ausführung kamen.

Schon 1810 wurde die Stadt zur Hauptstadt im Regenkreis erhoben, der nach 1808 zunächst von Straubing aus verwaltet worden war. 1812 bezog das Generalkommissariat in der bisherigen fürstprimatischen Hauptstadt am Emmeramsplatz im früheren Gästehaus des Klosters St. Emmeram, das nach dem Brand des Freisinger Hofes 1792 der Prinzipalkommissar angemietet und ausgebaut hatte, Residenz und begründete damit eine Tradition, an der bei der späteren Reform der Mittelbehörden festgehalten wurde. Seit 1828 hatte hier der von Ludwig I. ins Leben gerufene oberpfälzische Landrat seinen Sitz, dessen Hauptaufgabe die Überwachung der Kreisetats war. Auch der Kreis Ober-

[45] StAAm Reg. KdI 7233; Königlich-Baierisches Regierungsblatt, 1810, Sp. 1443–1446, 1455–1457.

[46] Volkert, Handbuch, S. 554; Diethard Schmid, Die politische Bedeutung von Stadtamhof, in: Stadtamhof im 19. Jahrhundert, Regensburg 1991, S. 10–15.

[47] Rudhart, Königreich Bayern III, S. 244. Vgl. Konrad von Berg, Die bayerische Landesfestung Ingolstadt, Ingolstadt 1858, S. 154–157.

[48] Wolfgang Schmidt, Eine Stadt und ihr Militär. Regensburg als bayerische Garnisonsstadt im 19. und frühen 20. Jahrhundert (Studien und Quellen zur Geschichte Regensburgs 7) Regensburg 1993.

[49] Eugen Zöllner, Geschichte des K. B. 11. Infanterieregiments „Von der Tann" 1805–1905, München 1905. Zum oberpfälzischen Landrat: Klaus Kiesl, Der Landrat der Oberpfalz 1828–1852. Ein Vorläufer des Bezirkstags (VHVO 125) 1985, S. 161–238.

pfalz behielt diese Hauptstadt bei, deren frühere Eigenständigkeit bei der Benennung des neugeordneten Verwaltungssprengels aber ausdrücklich Berücksichtigung fand, indem dieser die Bezeichnung *Oberpfalz und Regensburg* erhielt. Damit sollten die beiden wichtigsten historischen Bestandteile angesprochen werden, aus denen er sich zusammensetzte[50]; der zweite Namensteil wurde erst 1932 aufgegeben und damit ein spätes Relikt der früheren Selbständigkeit getilgt. Im Wappen der Oberpfalz kommt diese aber bis in unsere Gegenwart zum Ausdruck. Seither ist die alte Reichsstadt an der Donau die Hauptstadt der Oberpfalz. Diese Entwicklung ging vor allem zu Lasten von Amberg, das – mit Ausnahme des Staatsarchivs – alle zentralen Verwaltungsbehörden verlor und nun endgültig seine Hauptstadtfunktion für die Oberpfalz einbüßte[51].

Die Stadt blieb auch nach der Neuordnung der kirchlichen Verhältnisse in Bayern im Konkordat von 1817 wichtiger Zentralort der katholischen Kirchenorganisation. Der Bischof dieser Stadt büßte die Sonderstellung, die Dalberg dem Stuhl des heiligen Wolfgang als Primas für Deutschland von 1803 bis 1817 vorübergehend verschafft hatte, wieder ein und erhielt den Rang eines regulären Bischofs, der dem Erzbischof von München als Metropoliten nachgeordnet war[52]. Die Leitung der nun endgültig um das Egerland verkleinerten Diözese wurde 1821 in den Konventgebäuden des aufgehobenen Stiftes Niedermünster untergebracht[53].

Auf evangelischer Seite wurden die Superintendentur und das Konsistorium mit Wirkung vom 1. November 1810 beseitigt und Regensburg in die Dekanatsorganisation eingegliedert. Seither ist die Stadt, die 1814 in eine Obere und Untere Pfarrei aufgeteilt wurde, Sitz eines evangelischen Dekans, der zunächst den Titel Generaldekan führte und auch für Teile Frankens, Schwabens und Oberbayerns zuständig war. Aber schon 1817 wurde das Dekanat Regensburg dem neugeschaffenen Generaldekanat Bayreuth zugeordnet. 1951 wurde es mit den Dekanaten Landshut, Passau, Cham, Neumarkt, Sulzbach und Weiden neu organisiert. Seither führt dessen Vorstand den Titel Kreisdekan[54].

[50] Hohn, Regenkreis. Vgl. Emmerig, Entwicklung der staatlichen Verwaltung; 125 Jahre Regierungsbezirk Oberpfalz, Regensburg 1963; Karl Bosl, Die Oberpfalz und ihre junge Hauptstadt (Beiträge zur Geschichte und Landeskunde der Oberpfalz 19) Regensburg 1980; Ernst Emmerig, Die Regierung der Oberpfalz. Geschichte einer bayerischen Mittelbehörde (Beiträge zur Geschichte und Landeskunde der Oberpfalz 20) Regensburg 1981, S. 15f.; Wilhelm Volkert, Die bayerischen Kreise. Namen und Einteilung zwischen 1808 und 1838, in: Gesellschaftsgeschichte. Festschrift für Karl Bosl zum 80. Geburtstag II, hg. von Ferdinand Seibt, München 1988, S. 308–323. – Spindler (Hg.), Bayerischer Geschichtsatlas, Karte 40 a (Hanns Hubert Hofmann).

[51] Karl-Otto Ambronn, Amberg und Regensburg – zwei Hauptstädte der Oberpfalz (Regensburger Almanach 20) 1987, S. 19–31.

[52] Gesetzblatt für das Königreich Bayern, 1818, Stück XVIII, Sp. 402. Vgl. Spindler (Hg.), Bayerischer Geschichtsatlas, Karte 40 c (Gertrud Diepolder–Hermann-Josef Busley); Hausberger, Staat und Kirche nach der Säkularisation. Lediglich Michael Buchberger (1927–1961) erhielt 1950 den persönlichen Titel Erzbischof.

[53] Hausberger, Bistum Regensburg II, S. 102; Edmund Stauffer, Die Residenz der Bischöfe von Regensburg (BGBR 17) 1983, S. 128–138. S. Kap. V, Anm. 205.

[54] Simon, Evangelische Kirchengeschichte Bayerns, S. 562, 676; Matthias Simon, Die evangelische Kirche (HAB Kirchliche Organisation 1) München 1960, S. 127, 533–535;

Nach dem Judenedikt von 1813 konnten sich auch wieder 17 jüdische Familien in Regensburg niederlassen, deren Gemeinde bis 1910 auf immerhin 493 Mitglieder anwuchs und damit zahlenmäßig zu den stärksten im Königreich zählte, ohne daß sie jedoch die mittelalterliche Bedeutung hätte zurückerlangen können. Sie wurde während der Zeit des Nationalsozialismus im 20. Jahrhundert noch einmal schweren Repressionen ausgesetzt und ein weiteres Mal zerschlagen [55].

Schließlich wurde die Stadt im 19. Jahrhundert endgültig Sitz des Fürstlichen Hauses Thurn und Taxis [56]. An dieser Entscheidung hatte Fürstprimas Dalberg maßgeblichen Anteil. Das Haus Thurn und Taxis stammte aus Oberitalien und hatte sich als „Erfinder der Post“ in der frühen Neuzeit eine führende Position unter den Hochadelsgeschlechtern des Reiches verschafft. 1624 war es in den Grafenstand, 1695 in den Reichsfürstenstand erhoben worden. Als kaiserlicher Prinzipalkommissar auf dem Immerwährenden Reichstag war dann 1748 Fürst Karl Alexander nach Regensburg gekommen, dem Sitz des Reichstages. Er hatte zunächst im alten Freisinger Hof residiert, der allerdings 1792 abbrannte. Nach dem Brandunglück bezog das Fürstliche Haus gegen Miete Quartier im Äußeren und Inneren Palais des Reichsstiftes St. Emmeram; die Reichsstadt ließ nicht zu, daß sich ein weiterer Reichsfürst auf eigenem Grund und Boden innerhalb ihrer Mauern niederließ. Deswegen war noch um 1800 das Fürstliche Haus unter den Grundbesitzern in der Stadt kaum vertreten. Der Zusammenbruch des Alten Reiches veränderte jedoch die Lage. Vor allem Fürstprimas Dalberg war daran gelegen, daß zusammen mit dem übrigen Reichstagspersonal nicht auch das Fürstliche Haus abzog. Das hätte einen weiteren Bedeutungsverlust seiner Residenzstadt zur Folge gehabt, dem er bewußt entgegenarbeitete. Deswegen gewährte er mit Deklaration vom 27. Dezember 1806 dem Hause Thurn und Taxis in Fortführung der bisherigen Immunität Sonderrechte, um es zum Bleiben zu veranlassen. Der frühere Prüfeninger Hof wurde Erbprinzenpalais [57]. Die Begünstigungen bestanden unter anderem in der eigenen Gerichtsbarkeit über das Hofpersonal in erster und zweiter Instanz [58]. Der Fürst erhielt zudem Herrschaftsrechte in den früher hochstiftischen Territorien Donaustauf, Wörth und Hohenburg [59]. Diese Privilegien bestanden bis zum

Spindler (Hg.), Bayerischer Geschichtsatlas, Karte 40d (Gertrud Diepolder–Hermann-Josef Busley).

[55] Siegfried Wittmer, Geschichte der Regensburger Juden von 1936 bis 1938 (VHVO 128) 1988, S. 149–184; Siegfried Wittmer, Geschichte der Regensburger Juden von 1939 bis 1945 (VHVO 129) 1989, S. 77–137; Klaus Hofmann, Die Verdrängung der Juden aus öffentlichem Dienst und selbständigen Berufen in Regensburg 1933–1939 (Europäische Hochschulschriften, Rechtshistorische Reihe 110) Frankfurt a. M. - Berlin - Bern 1993; Albrecht, Regensburg im Wandel, S. 89–107.

[56] StBR Rat. civ. 1122. Vgl. Wolfgang Behringer, Thurn und Taxis. Die Geschichte ihrer Post und ihrer Unternehmen, München-Zürich 1990, S. 149–190; Greipl, Macht, S. 302–305.

[57] Martin Dallmeier, Das Fürstliche Erbprinzenpalais (der ehemalige Prüfeninger Hof), Bismarckplatz 8, MS FZAR.

[58] Anton Lohner, Geschichte und Rechtsverhältnisse des Fürstenhauses Thurn und Taxis, Regensburg 1895; Piendl, Die Gerichtsbarkeit des Fürsten Thurn und Taxis in Regensburg.

[59] D. Schmid, HAB Regensburg I, S. 290–293.

Jahre 1900, da sie König Maximilian I. von Bayern nach der Übergabe des Fürstentums an das Königreich anerkannte[60]. Aus diesem Grunde verblieb das Fürstliche Haus in der Stadt. Der Fürst gehörte zu den Standesherrn. Von 1811 bis zum Ende 1867 wurde die Thurn und Taxis-Post von Regensburg aus geleitet. In gleicher Weise wurden die Fürstliche Domänenverwaltung und die wissenschaftlichen Sammlungen (Bibliothek und Archiv) hier zentralisiert. Als standesgemäße Residenz stellte der König von Bayern 1812 den Komplex des soeben aufgelösten Stiftes St. Emmeram zu Verfügung, der seitdem entsprechend ausgebaut wurde[61]. In der Folgezeit wurde der Besitzerwerb in und in der Umgebung der Stadt deutlich intensiviert, nachdem 1804 mit dem Ballhaus ein gewichtiger Anfang gemacht war.
Die Aufhebung der städtischen Immunität unter Fürstprimas Dalberg dauerte in der bayerischen Zeit zunächst an. Doch leiteten die königlichen Behörden 1814 die Umkehr ein. Seit dem 24. September dieses Jahres wurde die Wiederherstellung der städtischen Kämmerei betrieben, die dann endgültig 1820 erfolgen konnte. Der Stadt wurden auch die früheren kommunalen Besitzungen zurückerstattet. Die entscheidende Voraussetzung dafür war die Verordnung über *die künftige Verfassung und Verwaltung der Gemeinden im Königreich Bayern* vom 17. Mai 1818. Sie gab Gemeinden und Städten im Königreich ihre früheren Selbstverwaltungsbefugnisse, die bisher durchwegs nicht mehr anerkannt worden waren, wieder zurück[62]. Demnach sollte in Städten die Gemeindeverwaltung besorgt werden von einem bürgerlichen Magistrat, einem besonderen Gemeindeausschuß, der aus gewählten Gemeindebevollmächtigten (36 Mitgliedern) bestand, und durch Distriktvorsteher, die in größeren Städten den Magistraten beigegeben waren. Regensburg wurde zu den Städten erster Klasse gerechnet[63], in denen der Magistrat aus zwei Bürgermeistern, aus zwei bis vier rechtskundigen Räten und zehn bis zwölf Bürgern der gewerbetreibenden Klasse gebildet wurde. Der Magistrat war die Leitung der Gemeinde, Verwalter aller gemeinsamen Angelegenheiten und ihres Vermögens. Der Gemeindeausschuß oder die Gemeindebevollmächtigten wurden aus den wahlfähigen Bürgern gewählt. Das Hauptrecht der Gemeindebevollmächtigten war die Wahl

[60] Königlich-Baierisches Regierungsblatt 1812, S. 841–849; Max von Seydel, Bayerisches Staatsrecht I, München 1884, S. 627f.; II, 1885, S. 347, 366, 372. Vgl. Heinz Gollwitzer, Die Standesherren. Die politische und gesellschaftliche Stellung der Mediatisierten. Ein Beitrag zur deutschen Sozialgeschichte, Göttingen [2]1964, Register s. v. Thurn und Taxis.
[61] FZAR Immediatbureau 1858. Vgl. Alois Reitmayer, Denkschrift zum 150jährigen Jubiläum der Verlegung der Residenz des Fürstenhauses von Thurn und Taxis von Frankfurt a. M. nach Regensburg, Regensburg 1898; Max Piendl, Die Fürstliche Residenz in Regensburg im 18. und beginnenden 19. Jahrhundert (Thurn und Taxis-Studien 3) 1963, S. 5–83; Max Piendl, Ein Jahrhundert Schloßbaugeschichte Regensburg 1812–1912 (Thurn und Taxis-Studien 11) 1979. – Zur weiteren Besitzentwicklung: Martin Dallmeier, Die Grunderwerbspolitik des Hauses Thurn und Taxis in und um Regensburg bis zur Mitte des 19. Jahrhunderts, in: Staat, Kultur, Politik. Beiträge zur Geschichte Bayerns und des Katholizismus. Festschrift zum 65. Geburtstag von Dieter Albrecht, hg. von Winfried Becker und Werner Chrobak, Kallmünz 1992, S. 219–235.
[62] Weber, Gesetz- und Verordnungen-Sammlung I, S. 555–577 Nr. 372; StBR Rat. civ. 452.
[63] Ebenda § 9.

der Mitglieder des Magistrats. Sie wurden in allen wichtigen Gemeindeangelegenheiten beigezogen. Durch das Gemeindeedikt von 1818 wurde die Gemeinde zwar wiederhergestellt, verblieb aber unter strenger staatlicher Oberaufsicht (Kuratel). In Regensburg wurden die ersten Wahlen noch im Jahre 1818 durchgeführt. Seitdem hatte die Stadt wieder gewählte Bürgermeister. Die Bürgermeister wurden gerade im späteren 19. Jahrhundert die entscheidenden Träger der Modernisierung der Stadt[64].

Das System der Zweiteilung der Stadtverwaltung in Magistrat und Kollegium der Gemeindebevollmächtigten wurde in der Neufassung der Gemeindeordnung vom 29. April 1869[65] grundsätzlich beibehalten, doch wurden nun die Eigenständigkeit und Unabhängigkeit der Gemeinden gestärkt. Sie erhielten den Status von öffentlich-rechtlichen Körperschaften mit dem Recht der Selbstverwaltung nach Maßgabe der Gesetze. Die Rechts- und Sachaufsicht des Staates wurde wieder eingeschränkt. Die Stellung der Bürgermeister blieb im Kern unverändert.

Entscheidend war, daß die wichtigsten Organe der kommunalen Selbstverwaltung durch Wahl besetzt wurden. Allerdings verdient das städtische Wahlrecht einen besonderen Blick, weil es bezeichnende Eigenheiten aufweist und sich vom bayerischen oder deutschen Wahlrecht für den Landtag und Reichstag unterschied. Das Wahlrecht war nämlich bei den städtischen Wahlen an den Besitz des Bürgerrechtes gebunden[66]. Dieses Bürgerrecht wurde durch förmliche Übertragung verliehen und hob so aus der Gesamtheit der Stadtbevölkerung eine privilegierte Gruppe heraus, die sogenannten wirklichen Gemeindemitglieder, die über besondere Voraussetzungen verfügen mußten[67]. Sie hatten ihren ständigen Wohnsitz in der Stadt zu nehmen, hier ein besteuertes Gewerbe auszuüben oder über besteuerten Haus- bzw. Grundbesitz zu verfügen; in letzterem Falle durfte mit königlichem Konsens das Bürgerrecht an verdiente Menschen verliehen werden, die der Magistrat aus besonderen Rücksichten auf das Gemeindewohl dessen für würdig hielt. Im wesentlichen wurde mit dieser Regelung das Bürgerrecht den Hausbesitzern und den Gewerbetreibenden vorbehalten; sie machten 1867 nicht mehr als ein Siebzehntel der Stadtbevölkerung aus. Hier wirkten also die Gegebenheiten der reichsstädtischen Zeit nach, die aber in den anderen bayerischen Großstädten durchaus ihre Entsprechung fanden. Das Bürgerrecht schuf eine besonders bevorrechtete kleine Schicht, während der Großteil der Stadtbevölkerung allein über das Heimatrecht verfügte, das ihm lediglich bestimmte mindere Rechte zusicherte (z. B. Armenunterstützung, Heiratserlaubnis, Zulassung zu einem Gewerbe).

Wichtigstes Vorrecht der Bürger war also das aktive und passive Wahlrecht für die Gemeindeämter. Auf diesem Wege sicherte sich die protestantisch-liberale

[64] Adolf Schmetzer, Die sechs Bürgermeister von Regensburg und ihre Amtsführung von 1863–1933, MS StAR; Albrecht, Regensburg im Wandel, S. 151–214; Ursula Finken, Gottlieb Freiherr von Thon-Dittmer (1802–1853). Politische Biographie eines bayerischen Frühliberalen (Regensburger Historische Forschungen 13) Kallmünz 1990, S. 27–160.

[65] Weber, Gesetz- und Verordnungen-Sammlung VII, S. 695–763 Nr. 2893.

[66] Vgl. Albrecht, Regensburg im Wandel, S. 19–35.

[67] Bruno Stern, Königreich Bayern, in: Verfassung und Verwaltungsorganisation der Städte IV/4 (Schriften des Vereins für Socialpolitik 120/4) Leipzig 1906, S. 16–24.

Minderheit das ganze 19. Jahrhundert über ein deutliches politisches Übergewicht in der zwischenzeitlich durch starken Zuzug aus dem Umland immer mehr katholisch werdenden Stadt. Diese Verhältnisse wurden erst durch die Neufassung des kommunalen Wahlrechtes 1908 beseitigt, das endlich das allgemeine Wahlrecht einführte.

Das Stadtgebiet war während des 19. Jahrhundert noch kein einheitliches Rechtsgebiet[68]. Es war in verschiedene zivilrechtliche Bezirke unterteilt, in denen sich die Herrschafts- und Rechtsbereiche der Zeit vor 1803 widerspiegeln. In den bereits unter bayerischer Landeshoheit stehenden Bereichen wie dem Vorort Kumpfmühl oder dem Herzogshof galt natürlich das bayerische Recht. Dagegen fanden im früher reichsstädtischen Bezirk noch immer die Ordnungen der Reichsstadt Anwendung. Entsprechendes gilt für die unter geistlicher Hoheit stehenden Häuser; für sie behielten aus praktischen Gründen zunächst die herkömmlichen Bestimmungen Gültigkeit[69]. Vor allem aber verfügte das Fürstliche Haus Thurn und Taxis aufgrund eines Sonderprivilegs König Maximilians I. von 1806 über eine eigene Zivilgerichtsbarkeit über seine Bediensteten mit zweifachem Instanzenzug[70]. Alle Bemühungen um eine Beseitigung dieser Relikte des vormodernen Staates führten während des 19. Jahrhunderts noch an kein Ziel. Diese Sonderrechte wurden im Jahre 1900 mit der Einführung des allgemein gültigen Bürgerlichen Gesetzbuches beseitigt. Erst dieses stellte auch auf dem Gebiet dieser Stadt die Rechtseinheit her.

3. Im Zwanzigsten Jahrhundert

Die Stadt Regensburg ist erst im 19. Jahrhundert über den mittelalterlichen Mauerring hinausgewachsen. Dessen Niederlegung war bereits in der ausgehenden reichsstädtischen Zeit eingeleitet worden, als Fürst Carl Anselm von Thurn und Taxis erste Abschnitte abreißen ließ, um einen Volkspark anzulegen, wie sie damals in zahlreichen anderen Städten auch gebaut wurden[71]. Fürstprimas Dalberg setzte diese Bemühungen fort. Nachdem die Napoleonische Kanonade 1809 weitere Schäden verursacht hatte, wurde der Mauerring im Zuge der allgemeinen Entfestigungswelle umfassend niedergelegt; nur wenige Reste blieben erhalten. Doch zeichnet sich der spätmittelalterliche Mauerverlauf im Alleengürtel rund um die Altstadt bis heute deutlich ab. Damit war die entscheidende Voraussetzung für die weitere Ausdehnung der Stadt geschaffen. Nun konnte sie sich zur Großstadt auswachsen, wenngleich ihr Wachstum hinter den in anderen Städten erreichten Raten zurückblieb. Der Zuzug erfolgte hauptsächlich aus dem katholischen Umland der Oberpfalz und Niederbayerns und führte somit zwangsläufig zu grundlegenden Verschie-

[68] Sydow, Regensburger Stadtrecht; Hable, Rechtsgeschichte.
[69] StAAm Kataster Regensburg I 222, fol. 43.
[70] Rudhart, Königreich Bayern III, S. 192. S. Anm. 58. – Die Herstellung der Rechtseinheit fand ihren Niederschlag in der Publikation: Ortspolizeiliche Vorschriften und örtliche Satzungen der Stadt Regensburg, Regensburg 1908.
[71] StAAm Reg. KdI 6530, 6531. Vgl. auch die Kartenskizze: Spindler (Hg.), Bayerischer Geschichtsatlas, S. 44 b (Guido Hable - Gertrud Diepolder). – Zur Regensburger Kommunalpolitik der neuesten Zeit allgemein: Kammerbauer, Selbstverwaltung.

bungen in der Konfessionsstruktur. Die bisher dominierenden Protestanten gerieten deutlich in die Minderzahl. Die Stadt erhielt ein gänzlich verändertes religiöses und herrschaftliches Profil.
Beim Übergang an das Königreich Bayern 1810 zählte die Stadt Regensburg etwa 18 800 Einwohner und war damit die fünftgrößte Kommune Bayerns. Von nun an lassen sich die Einwohnerzahlen auf der Grundlage zuverlässiger statistischer Aufzeichnungen exakt weiterverfolgen. Im folgenden seien die wichtigsten Stationen der Einwohnerentwicklung vermerkt:

1810:	18843	1938:	91677
1840:	21942	1943:	101166
1852:	25898	1945:	130106
1861:	27875	1949:	138542
1871:	29185	1950:	117291
1880:	34516	1960:	124414
1890:	37934	1968:	125365
1900:	45429	1973:	133781
1919:	52520	1987:	127781
1925:	77219	1990:	130000
1930:	81985	1993:	138000

Die Aufstellung zeigt, daß die Stadt erst vergleichsweise spät den Entwicklungsschub zur Großstadt erlebte. Sie hat ihre Bevölkerung nach 1880 bis zum Beginn der Weimarer Zeit – also in der Epoche der Hochindustrialisierung – nicht ganz verdoppelt. Regensburgs Einwohnerzahl stieg in königlicher Zeit insgesamt fast um das Dreifache. Eine vergleichsweise Zuwachsrate wurde erst wieder am Ende des Zweiten Weltkrieges durch die Flüchtlingsströme aus dem Osten erreicht, die aber in Regensburg, das 1948 die Patenschaft über die Sudetendeutschen übernahm, oft nur kurzfristig Zwischenstation machten und teilweise wieder weiterzogen. Insgesamt gesehen hat Regensburg nicht die stürmische Aufwärtsentwicklung erlebt wie München, Nürnberg oder Augsburg. Die Stadt wuchs zur viertgrößten Kommune im Königreich und Freistaat heran. Ihre schubweise Ausdehnung zeichnet sich noch heute in den Straßennamen und Grundrissen der neuen Viertel ab. Im frühen 19. Jahrhundert richtete sich deren Benennung stark an der wittelsbachischen und bayerischen Geschichte aus; auch sie ist Zeugnis der Integrationsbemühungen in das Königreich Bayern (z. B. Maximilianstraße, Ludwigstraße, Arnulfsplatz, Luitpoldstraße). Nach der Reichsgründung 1871 wird eine Ausrichtung am Deutschen Reich kennzeichnend (z. B. Reichsstraße, Friedenstraße, Sedanstraße, Weißenburgstraße). In gleicher Weise fanden die Zeiten der Weimarer Republik und des Nationalsozialismus ihren Ausdruck (z. B. Friedrich-Ebert-Straße).
Der Ausgriff erfolgte im wesentlichen im Bereich des alten Burgfriedensbezirkes, der allerdings im 20. Jahrhundert deutlich überschritten wurde. Das wichtigste Großwohnungsbauprogramm war die Schottenheim-Siedlung, die während der NS-Zeit ab September 1933 als Musterprojekt nationalsozialistischer Wohnungsbaupolitik unter der Leitung von Oberbürgermeister Otto Schottenheim errichtet wurde[72]. Kleiner dimensioniert war die Göring-Siedlung.

[72] Franz Voggenreiter, Regensburg baut eine „neue Stadt“ (Das Bayerland 48) 1937, S. 611–628, auch S. 629–640; Maier, Schottenheim; Gerhard Meier, Die Siedlung

Der 2. Weltkrieg hat die Stadt vergleichsweise wenig betroffen. Die schwersten Kriegsverluste resultierten aus der Bombardierung der im Westen gelegenen Messerschmittwerke am 17. August 1943, die zur völligen Zerstörung dieses wichtigsten Rüstungsbetriebes am Ort und einzelner weiterer Gebäude (darunter der Obermünster-Kirche) führte und 392 Menschen das Leben kostete. Nach dem Ende des 2. Weltkrieges erfolgte der Ausgriff der Stadt in alle Richtungen, um ihrer Bevölkerungsexpansion Herr zu werden. Am stärksten war die Bautätigkeit wohl im Südosten.

Beträchtliche Gebietserweiterungen kamen aber auch durch Eingemeindungen zustande. Sie erfolgten in mehreren Schüben. Den Anfang machte die Stadt im früher zum Kloster Prüll gehörigen Vorort Kumpfmühl, der 1803 zunächst zum Landgericht Stadtamhof, 1810 aber zum Polizeibezirk und Rentamt Regensburg geschlagen wurde. Die volle Eingemeindung konnte nach langwierigen Auseinandersetzungen erst 1878 vollzogen werden. Damit wurde eine auffallende Einbuchtung im Stadtareal beseitigt[73]. Am 1. Januar 1904 wurden dann die Ortschaften Karthaus und Prüll angegliedert[74]. Der Ausgriff auf das Nordufer der Donau erfolgte in der Weimarer Zeit. Am 1. April 1924 wurden die Vororte Reinhausen, Sallern, Stadtamhof, Steinweg, Schwabelweis, Weichs und Winzer eingemeindet. Die nächste Ausweitung des Stadtgebietes erfolgte im Süden und Westen, als am 1. April 1938 Großprüfening, Dechbetten und das erst 1805 gegründete Ziegetsdorf[75] – gegen harten örtlichen Widerstand – im Rahmen einer umfassenden bayerischen Gemeindereform angegliedert wurden[76]. Ein nächster und vorerst letzter Eingemeindungsschub erfolgte in den siebziger Jahren im Zuge der jüngsten Gebietsreform. 1972 wurden Teile der Gemeinden Graß, Pentling, Oberisling und Burgweinting, 1975 ein Teil der Gemeinde Grünthal, 1977 Burgweinting, Harting und Oberisling, 1978 ein Teil der Gemeinde Barbing (Irl, Irlmauth, Kreuzhof) zum Stadtgebiet geschlagen. Gerade die letzte Erweiterung brachte noch einmal einen beträchtlichen Gebietszuwachs im Süden und Südosten, wenngleich zur Arrondierung zweimal (1972, 1984–87) kleinere Grenzstreifen an umliegende Gemeinden abgegeben werden mußten[77].

Heute umfaßt das Stadtgebiet insgesamt 8082,9 ha und ist damit mehr als viermal so groß wie das frühere reichsstädtische Territorium einschließlich des Burgfriedens[78]. Es ähnelt entfernt einem Kreis mit einer deutlichen Einbuchtung im Norden bei Kareth und Kager. Doch folgt die moderne Verwaltungsgrenze hier in etwa den natürlichen Strukturlinien im Gelände.

„Göring-Heim" in Regensburg (1937–1945) (VHVO 128) 1988, S. 275–284; Richard Schießl, Wohnungsmarkt und Wohnbautätigkeit in Regensburg nach dem 2. Weltkrieg (Regensburger Geographische Schriften 24) Regensburg 1991.

[73] StAAm Kataster Regensburg I 222, fol. 43. Vgl. Freytag, Kumpfmühl – Karthaus; Bauer, Regensburg, S. 572–585. S. Kap. IV 2 i.

[74] GVbl 1903, S. 386. Vgl. Bauer, Regensburg, S. 585–591.

[75] Georg Völkl, Ziegetsdorf (Die Oberpfalz 76) 1988, S. 265–268.

[76] Ein sehr instruktiver Eingemeindungsplan: StAR G 11. Vgl. Volkert, Handbuch, S. 602.

[77] Kreuzer, Stadtentwicklung.

[78] Der Bestand ab 1978: Bayerisches Landesamt für Statistik und Datenverarbeitung (Hg.), Amtliches Ortsverzeichnis für Bayern (Beiträge zur Statistik Bayerns 380) München 1978, S. 112.

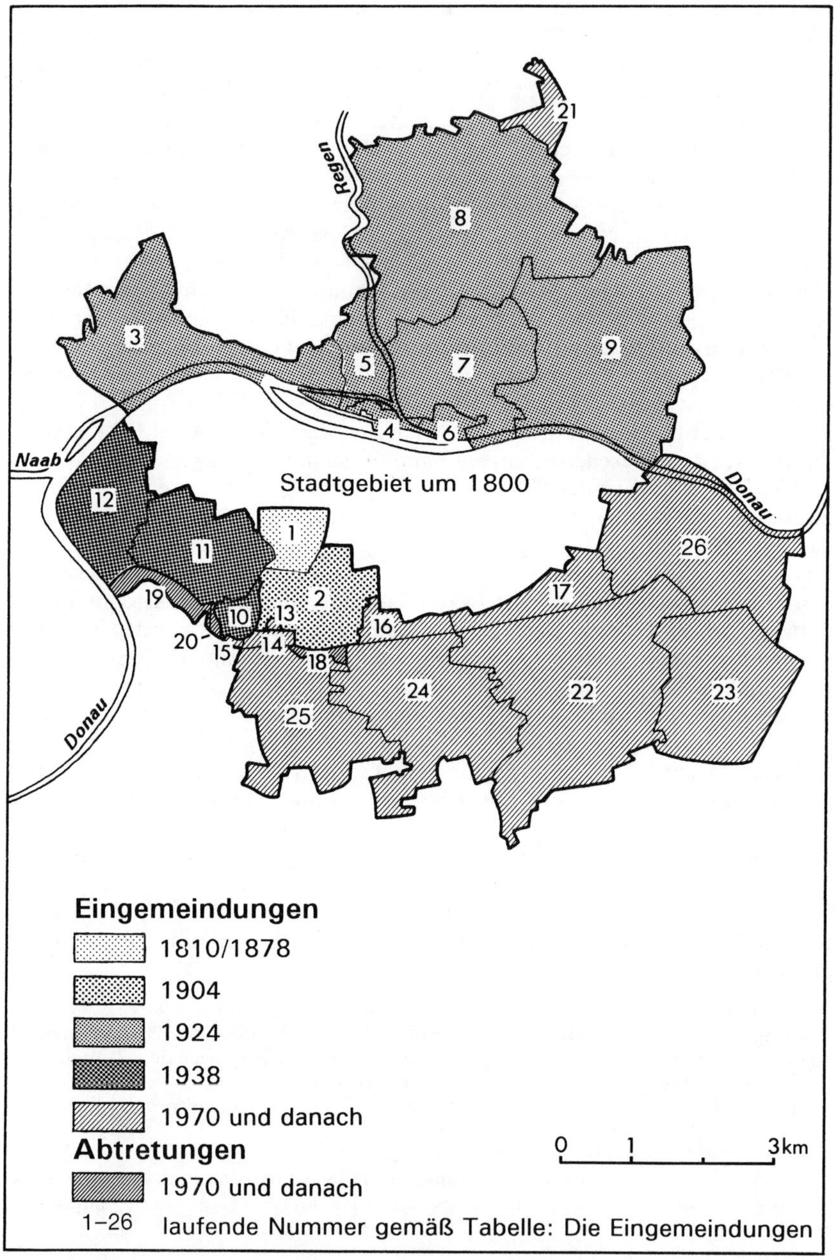

Skizze 17: Die Eingemeindungen

Tabelle 2: Die Eingemeindungen[79]

Ortsteil	Jahr	Einwohnerzahl	Fläche in ha
Kumpfmühl (1)	1810/78	ca. 2000	18,5
Prüll-Karthaus (2)	1904	786	219,9
Reinhausen (7)	1924	5363	389,9
Sallern, Gallingkofen, Wutzlhofen (8)	1924	1724	861,4
Stadtamhof (4)	1924	4369	26,0
Steinweg (5)	1924	3782	116,7
Schwabelweis, Keilberg (9)	1924	1618	730,4
Weichs (6)	1924	1188	32,1
Winzer, Kager (3)	1924	860	482,9
Dechbetten (11)	1938	473	287,7
Großprüfening (12)	1938	660	245,8
Ziegetsdorf (10)	1938	509	52,2
Teil der Gem. Graß (13, 14)	1971/2		21,3
Teil der Gem. Pentling (15)	1972	zusammen	0,1
Teil der Gem. Oberisling (16)	1972	678	61,47
Teil der Gem. Burgweinting (17)	1972		119,27
Teil der Gem. Grünthal (21)	1975		73,14
Rest der Gem. Burgweinting (22)	1977	zusammen	748,5
Oberisling, Graß, Leoprechting (24, 25)	1977	4152	896,6
Harting (23)	1977		444,5
Irl, Irlmauth, Kreuzhof (26)	1978	422	547,6
Teil der Gem. Obertraubling	1983		39,4

Das Stadtareal ist seit 1982 in folgende 18 Administrationsbezirke gegliedert:

1) Innenstadt
2) Stadtamhof
3) Steinweg-Pfaffenstein
4) Sallern-Gallingkofen
5) Konradsiedlung-Wutzlhofen
6) Brandlberg-Keilberg
7) Reinhausen
8) Weichs
9) Schwabelweis
10) Ostenviertel
11) Kasernenviertel
12) Galgenberg
13) Kumpfmühl-Ziegetsdorf-Neuprüll
14) Großprüfening-Dechbetten-Königswiesen
15) Westenviertel
16) Ober-/Niederwinzer-Kager
17) Oberisling-Graß
18) Burgweinting-Harting.

Die Stadt hat ihre Kreisunmittelbarkeit auch über die Vereinigung der Bezirksämter Stadtamhof und Regensburg zum Landkreis Regensburg 1929 hinaus behauptet. Sie liegt als Enklave innerhalb dieses Verwaltungssprengels und vermochte ihre Zentralortfunktionen im 20. Jahrhundert noch auszubauen, auch wenn nicht sie, sondern Bayreuth die Hauptstadt des NS-Gaues Bayerische Ostmark wurde[80]. Seit der Eingemeindung Stadtamhofs 1924 wird von ihrem Gebiet aus auch der zugehörige Landkreis verwaltet. Die hiesige Kreis- und nunmehrige Bezirksregierung war zwischen 1932 und 1957/59 auch für Niederbayern zuständig, ehe in Landshut wieder eine eigene Regierung aufgebaut wurde. Eine weitere Ausdehnung der Zentralität brachte die Zeit des National-

[79] Quelle: Statistisches Jahrbuch der Stadt Regensburg 1987. – Die Gebietsveränderungen zwischen 1983 und 1987 waren so geringfügig, daß sie auf der Kartenskizze Nr. 17 nicht mehr sachgerecht dargestellt werden konnten.
[80] Scherzer, Bayerische Ostmark; Halter, Stadt unterm Hakenkreuz.

sozialismus, als der Regierungspräsident der Oberpfalz 1938 zum dem Reichskommissar nachgeordneten Treuhänder für die an seinen Bezirk angrenzenden südwestlichen Teile des Sudetenlandes bestellt wurde, deren förmliche Angliederung 1939 erfolgte. Von 1939 bis 1946 wurde Westböhmen dem Bischof von Regensburg als kirchlicher Administraturbezirk zugeordnet [81]. In Regensburg wurden und werden bis heute eine Reihe von mittleren Reichs- bzw. Bundesbehörden und -einrichtungen untergebracht (Post, Bahn, Zoll, Militär [82]). Die Regionalplanung faßt nach dem Plan von 1972 die Landkreise Regensburg, Neumarkt, Kelheim und Cham zur Region 11 zusammen, die über Bezirksgrenzen hinweg dem Oberzentrum Regensburg zugeordnet wurde [83].

Die Gemeindeordnung von 1869 wurde unmittelbar nach dem Ersten Weltkrieg durch das Selbstverwaltungsgesetz der Kommunen vom 22. Mai 1919 ersetzt [84]. Dieses brachte eine wesentliche Verstärkung des Einflusses der Volksvertretung; hier fanden Impulse der Revolution ihren Niederschlag. Die bisherige Zweiteilung der Stadtverwaltung in Magistrat und Kollegium der Gemeindebevollmächtigten wurde durch einen einheitlichen Stadtrat ersetzt; er bestand zunächst aus 36 Mitgliedern und wurde das entscheidende Gremium der kommunalen Selbstverwaltung. Zu ihr gehörten im einzelnen ein (Ober-) Bürgermeister, höchstens drei weitere Bürgermeister, eine Anzahl von Stadträten, die sich nach der Einwohnerzahl richtete, und gegebenenfalls Berufsstadträte. Der Oberbürgermeister wurde mit der absoluten Mehrheit der Wahlberechtigten gewählt, während die Bürgermeister vom Stadtrat bestimmt wurden, der wiederum von den Wahlberechtigten direkt gewählt wurde. Diese Regelung wurde von der Bayerischen Gemeindeordnung vom 1. April 1935 außer Kraft gesetzt, die das Prinzip der Selbstverwaltung durch das Führerprinzip ersetzte [85]. Der Stadtrat büßte dadurch seine Eigenständigkeit ein und wurde zum beratenden Gremium degradiert, während die Stellung des Oberbürgermeisters in Anwendung des Führerprinzips eine starke Aufwertung erfuhr. Diese Ordnung wurde nach dem Ende des Zweiten Weltkrieges sofort wieder außer Kraft gesetzt. Die Neufassung der Gemeindeordnung vom 25. Januar 1952 hat im wesentlichen die früheren Rechte des Stadtrates wiederhergestellt und gilt mit einer Reihe von Änderungen noch heute. Demnach umfaßte der von den Wahlberechtigten gewählte Stadtrat zunächst 42 Mitglieder, die die Bürgermeister wählen, während der Oberbürgermeister wieder in direkter Wahl von der Stadtbevölkerung bestimmt wird [86]. Seit 1972 gehören dem Stadtrat 50 Mitglieder an.

Die Stadt Regensburg ist derzeit mit über 138 000 Einwohnern die viertgrößte in Bayern. Als solche konnte sie ihren Status als kreisfreie Stadt bis in unsere Gegenwart behaupten [87], auch wenn sie die eigene Polizei abgegeben und

[81] Emmerig, Regierung der Oberpfalz (wie. Anm. 50), S. 16; Josef Hüttl, Bischof Michael Buchberger und der neue Administraturbezirk in Westböhmen 1939–1946 (BGBR 6) 1972, S. 309–357; Hausberger, Bistum Regensburg II, S. 240.

[82] Festschrift der Eisenbahnverwaltungen Regensburg und Nürnberg, München 1950; August Schmidt, Geschichte der 10. Division 1933–1945, Bad Nauheim 1963.

[83] GVbl 1974, S. 70f. Vgl. Emmerig, Entwicklung der staatlichen Verwaltung, S. 318.

[84] GVbl 1919, S. 239–254 Nr. 30.

[85] Reichsgesetzblatt 1935 Teil I, S. 49–64 Nr. 6; GVbl 1935, S. 445–448.

[86] Bayerische Bereinigte Sammlung I, München 1957, S. 461–503.

[87] GVbl 1971, S. 501; Volkert, Handbuch, S. 604.

infolge des Polizeiorganisationsgesetzes von 1972 der bayerischen Landespolizei eingegliedert hat[88]. In ihr sind die üblichen Ämter untergebracht: Amtsgericht, Finanzamt, Vermessungsamt, Eichamt, Forstamt, Gesundheitsamt, Schulamt, Amt für Landwirtschaft, Veterinäramt, Landbauamt, Straßenbauamt, Wasserwirtschaftsamt, Arbeitsamt. Deren Verwaltungssprengel orientieren sich weithin gemäß dem Organisationsprinzip der Einräumigkeit an den Kreisgrenzen[89]. Doch gibt es eine Reihe von Ämtern und Einrichtungen, deren Zuständigkeitsbereich sich darüber hinaus erstreckt. Das gilt zum einen für mehrere Sektoren des behördlich-administrativen Bereichs; als einzige bayerische Zentralbehörde ist in ihr der Hauptsitz der bayerischen Landeshafenverwaltung angesiedelt. Dem Oberkommando der Vierten Panzergrenadierdivision unterstanden Truppenstandorte von Landshut in Niederbayern bis hinauf nach Ebern in Unterfranken. Das gilt wegen der 1962 gegründeten Universität und einer Reihe anderer qualifizierter Bildungseinrichtungen sowie weiterer Institutionen auch für das kulturelle Leben. Ihre Kaufhäuser und sonstige Wirtschaftsunternehmen sichern ihr ähnliche überregionale Zentralität im ökonomischen Bereich, Bischofssitz und Kreisdekanat in den kirchlichen Verwaltungen. Dabei nehmen die Zentralortfunktionen laufend zu[90]. Vor allem haben die Industrieansiedlungen der jüngsten Zeit die Stadt auch zu einem bedeutenden Industriestandort gemacht, dessen Einzugsbereich weit über die Landkreis- und vereinzelt sogar Regionsgrenzen hinausweist. Regensburg ist heute Oberzentrum[91] nicht nur für den oberpfälzischen, sondern durchaus den ostbayerischen Raum überhaupt. Gerade die fortschreitende Industrialisierung verleiht der Stadt allmählich eine neue Physiognomie. Sie ist dabei, sich von der Beamten- und Handelsstadt zu einem wichtigen Wirtschafts- und Industriezentrum[92] zu entwickeln, das es aber dennoch verstanden hat, auch der in beachtlicher Vollständigkeit erhaltenen Altstadt eine neue, zeitgemäße Funktion zu geben[93]. Die Öffnung der Grenzen nach Osten wird diese Tendenzen nur befördern. Nachdem der Eiserne Vorhang der Stadt für Jahrzehnte ein ausgedehntes Hinterland vorenthielt, sie in eine Randlage drängte und damit in ihren Entwicklungsmöglichkeiten sehr beschränkte, rückt sie nun wieder mehr in eine Mittellage und wird zu einem wichtigen Tor nach Osten. Die veränderten politischen Rahmenbedingungen eröffnen ihr neue Chancen. Sie kann dabei

[88] GVbl 1972, S. 289–292, 425–432.

[89] Emmerig, Entwicklung der staatlichen Verwaltung, S. 318– 320; Ernst Emmerig, Zur Behördengeschichte der Oberpfalz von Montgelas bis heute (Oberpfälzer Heimat 29) 1985, S. 7–30.

[90] Vgl. Walter Christaller, Die zentralen Orte in Süddeutschland. Eine ökonomisch-geographische Untersuchung über die Gesetzmäßigkeit der Verbreitung und Entwicklung von Siedlungen mit städtischen Funktionen, Darmstadt ^{2}1968, S. 194f.

[91] Dietrich Jürgen Manske, Planungsregionen in der Oberpfalz – Vorschläge auf Grund geographischer Analyse (Regensburger Geographische Schriften 3) Regensburg 1974; Karl Hermes, Zur Stadtgeographie Regensburgs im 19. und 20. Jahrhundert, in: Albrecht (Hg.), Zwei Jahrtausende Regensburg, S. 205–232; Dietrich Jürgen Manske, Regensburg und Ostbayern: Die Stadt als Oberzentrum (Regensburger Almanach 21) 1988, S. 59–69.

[92] Schweigler, Industrie im Raume Regensburg.

[93] Regensburg. Zur Erneuerung einer alten Stadt, Düsseldorf-Wien 1967; Denkmalpflege in Regensburg. Berichte – Projekte – Aufgaben 1987, 1988, 1989, Regensburg 1989; dass., 1989, 1990, 1991, Regensburg 1991; dass. 1992, 1993, Regensburg 1993.

an eine Tradition anknüpfen, die ihr bereits vor einem Jahrtausend ihre größte Zentralität überhaupt vermittelt und sie auf den Höhepunkt ihrer Geschichte geführt hat[94].

[94] Ernst Emmerig, Regensburg und die europäische Geschichte, in: ders., Kulturlandschaft Oberpfalz. Gestalt und Gestalten eines Regierungsbezirks, Kallmünz 1989, S. 30–43; Evamaria Engel, Die deutsche Stadt des Mittelalters, München 1993, S. 173–176.

REGISTER

Das Register enthält Orts- und Personennamen sowie wichtige Sachbegriffe. Die Gemeinde- und Landkreiszugehörigkeit der Orte wird aus Gründen der Einheitlichkeit innerhalb der Reihe nach dem Amtlichen Ortsverzeichnis für Bayern 1964 (= Beiträge zur Statistik Bayerns, hg. vom Bayerischen Statistischen Landesamt, Heft 260) bestimmt. Bei kreisfreien Städten ist die weitere Präzisierung nicht nötig. Bei außerbayerischen Orten wird nur das Bundesland bzw. der Staat, in dem sie liegen, angegeben. Zusätzlich zu den S. XXXIV genannten Abkürzungen werden folgende Abkürzungen verwendet:

B = Bürger; Bf = Bischof; D = Dorf; E = Einöde; Ebf = Erzbischof; Fl = Fluß; FlN = Flurname; Frhr = Freiherr; Gde = Gemeinde; Gf = Graf; Hg = Herzog; Kd = Kirchdorf; Kf = Kurfürst; Kg = König; Kl = Kloster; Ks = Kaiser; Lk = Landkreis; Mgf = Markgraf; OPf. = Oberpfalz; Pfd = Pfarrdorf; St = Stadt; W = Weiler.

Aachen (Nordrhein-Westfalen) 47, 70, 72, 101[380]
Abbach, Bad (M, Lk Kelheim) 22, 71, 87f., 89, 99, 106, 107
Abensberg (St, Lk Kelheim) 185, 444
– Grafen 215
  – Altmann 87
  – Heinrich 250
Abusina s. Eining
Adalbero s. Ebersberg, Kärnten
Admont (Kl, Österreich) 252
Agilolfinger s. Bayern
Aichach (St, Lk Aichach) 243
Alemannen 20, 29
– Kg Gibuld 21
Alkofen (D, Gde Lengfeld, Lk Kelheim) 13, 226
Alpen 137, 164
Alpenräter 12
Alteglofsheim (Pfd, Lk Regensburg) 34
Altmühl (Fl) 4, 8, 75, 220
Altmühlmünster (Pfd, Kl, Lk Riedenburg) 74, 244
Altötting (St, Lk Altötting) 35, 44, 95, 100, 101
Amberg (St) 55, 86, 252, 449
Amerika 230
Andechs (Kl, Gde Erling-Andechs, Lk Starnberg) 84
– Grafen 96
  – Berthold IV. 70
Angelsachsen 40
Appersdorf (Pfd, LK Mainburg) 238
Appertshofen (Pfd, Lk Ingolstadt) 236
Aquileja (Italien) 39
Arbeo von Freising s. Freising
Aschaffenburg (St) 439, 442[10]
Aufhausen (Pfd, Lk Regensburg) 213
Augsburg (St) (Augusta Vindelicum) 11, 12, 13, 15, 20, 23, 47, 59, 64, 67, 72, 87, 122, 128, 137, 141, 149, 185, 190, 196, 201, 223, 255, 442, 454
– Bischöfe 70, 174
– David von 226
– Lechfeld 52, 61
Aventinus, Johannes 9, 57, 79[269], 120
Awaren 44, 45, 47

Babenberger s. Bayern, Österreich
Bajuwaren (Bajuwarii) 23, 29–35
– Baja 29
Balkan 169
Bamberg (St) 61, 67, 68, 70, 71, 78, 84, 88, 92, 237
– (Erz-)Bischöfe 70, 100, 174
Bandkeramikzone 6
Barbing (Pfd, Lk Regensburg) 21, 22, 26, 32, 38, 52, 71, 226, 229, 455
Bartolini, Riccardo 186[312]
Basel (Schweiz) 177
Bayerischer Wald 3, 12, 38, 55, 72, 148, 185
Bayern (terra Bavarica) 23, 27, 28, 32, 33, 35, 36, 38, 42, 56, 58–61, 63, 64, 69, 70, 72–79, 83–85, 87, 89, 90, 95, 104, 108,

114, 120–123, 144, 147–149, 151, 152, 159–162, 171, 173, 175, 176, 180, 184, 186, 188, 192, 194, 195, 203, 204, 206–208, 211, 212, 214, 217, 218, 224–229, 231, 233–236, 238, 239, 241, 243, 245, 246, 256, 257, 274, 280, 304, 311, 315, 329, 335, 434, 436, 437, 441, 445–454, 458, 459, Abb. 10
- Adelsgeschlechter
  - Diepoldinger 70, 93
  - Huahhilinga 34
  - Wilhelminer 73[241]
- Herzöge, Könige, Kurfürsten, Pfalzgrafen
  - Dynastien
    - Agilolfinger 29–41, 43, 51, 60, 63, 68, 75, 95, 206, 209, 214, 215, 234, 236, 237, 239
    - Babenberger 62, 73, 99
    - Luitpoldinger 56–58, 68, 95, 232, 234
    - Welfen 62, 68, 79, 95, 157
    - Wittelsbacher 64, 74–77, 80–83, 85–89, 91, 93–95, 99, 102–108, 127, 148, 152, 173–175, 178–180, 184, 187, 203, 206, 210, 212, 226, 232, 238, 243, 254, 446, 454
  - Einzelne Persönlichkeiten
    - Albrecht I. 176
    - Albrecht III. 180
    - Albrecht IV. 130, 141, 149, 151, 179–185, 187
    - Albrecht V. 220
    - Arnulf I. 57, 58, 61, 64, 65, 68, 69, 73, 75, 110, 164, Abb. 8
    - Georg der Reiche 185
    - Heinrich I. 61, 68, 234, Abb. 14
      - Gemahlin: Judith 68, 73, 234, Abb. 14
    - Heinrich II., der Zänker 57, 60, 61, 73
      - Gemahlin: Gisela 68, 234
    - Heinrich IV. 69, 232, 235; s. Reich, Ks Heinrich II.
    - Heinrich X., der Stolze 60, 62, 157
    - Heinrich XI. Jasomirgott 68
    - Heinrich XII., der Löwe 60, 62, 79, 116, 248
    - Heinrich XIII. 108, 173
    - Karl Albrecht 192, 230; s. Reich, Ks Karl VII.
    - Kuno 253
    - Leopold IV. 62
    - Ludwig I., Kg 221, 228, 230, 240, 446f.
    - Ludwig I., der Kelheimer 82–95, 96, 101, 242
    - Ludwig II., der Strenge 100, 104, 105, 108, 173, 174
    - Ludwig III. 174
    - Ludwig IV. s. Reich, Ks Ludwig der Bayer
    - Ludwig IX., der Reiche 180
    - Maximilian I., Kg 141, 228, 445, 446, 451, 453
    - Maximilian II., Kg 211, 228, 230, 446
    - Maximilian I., Kf 203, 246
    - Max II. Emanuel 149, 203
    - Max III. Joseph 149, 203, 220
    - Odilo 35
    - Otto (Pfalzgf) 76[252], 88; s. Scheyern, Otto
    - Otto I. 80–82, 96
    - Otto II., der Erlauchte 96–104, 159
    - Otto III. 174
    - Otto V. 79
    - Stephan I. 174
    - Tassilo III. 35, 36, 40–42, 66, 67, 239[229]
    - Theodo 36, 39, 41[60], 208, 236
    - Theudebert 38
    - Wilhelm V. 241
- Kanzlei 238
  - Herzogsurbar 87, 88, 99, 174f., 206f.
  - Kapläne
    - Hugo 100
    - Markward 100
    - Ulrich von St. Kassian 94, 95
  - Notare: Aerbo, Eberhard, Friedrich von Stauf, Heinrich, Rapoto, Richper, Swiker 100
- Ministerialen 97, 98
  - Ahardus praepositus 99
  - Eberhardt von Hof (Lk Schwandorf) 97
  - Eberhardt von Kläham (Lk Landshut) 98
  - Eckbert von Eggmühl (Lk Regensburg) 98
  - Eckebreht de Pettendorf 86
  - Heinrich von Ergolding (Lk Landshut) 97, 98
  - Hofer 97, 98
  - Konrad von Stauf (Regenstauf, Lk Regensburg, oder Stoffersberg, Lk Landsberg) 97
  - Luitold aus der Au (Lk Schrobenhausen) 97

– Siegfried von Frauenhofen auf Haag (Lk Mühldorf) 97
– Präfekten, Markgrafen
– Engildeo, Gf 54
– Gerold 53
– Luitpold, Mgf 54
– Verfassung 445
– Bayerische Volkspartei 447
– Gemeindeedikt 206, 446, 452
– Gesandtschaft 199
– Herzogsgut 63f.
– Hofämter: Mundschenk, Truchseß 95
– Inkolat 204
– Konkordat 213, 449
– Kreistag, Bayerischer 196, 211, 216, 233
– Landesheiliger 214, 216f., 235
– Landrecht 207, Abb. 5
– Landstände 211, 212, 216, 233, 235
– Landtag 63–65, 84, 97, 103, 174, 452
– Lex Baiuvariorum 58
– Pfalzgraf 54, 75f., 88
Bayreuth (St) 449, 457
Belgien 224
Benedikt, hl. 214, 234
Benediktiner 214, 216, 218, 219, 233, 241
Berchtesgaden (M, Lk Berchtesgaden) 70, 204
Berlin (Berlin) 197, 208[14]
Berthold, Mgf von Schweinfurt 70
Bodensee 45
Böhmen (Boiohaemum) 15, 29, 30, 32, 45, 46, 47, 51, 59, 87, 89, 105, 159, 176, 214, 224, 458
– Herzöge
– Bretislav 60
– Wladislav 60
– Böhmerwald 12
Bogen (St, Lk Bogen), Grafen von 76f., 102, 103, 210, 225, 238
Boiodurum s. Passau
Boiohaemum s. Böhmen
Bonifatius, hl. 40, 214
Boppard (Rheinland-Pfalz) 188
Bremen (Bremen) 166[230]
Britannierkohorte, berittene 14
Brixen (Italien) 39, 67, 210
– Bischöfe 70, 174, 237
Bronzezeit 6
Bruck i. d. OPf. (M, Lk Roding) 239
Buch (Kd, Lk Riedenburg) 63
Burghausen (St, Lk Altötting) 180
Burglengenfeld (St, Lk Burglengenfeld) 86, 89[318], 107[410]
Burgunder 35
burgus 15, 20
Burgweinting (Kd, Lk Regensburg) 8, 21, 28, 105[403], 399, 401, 402, 403, 433, 437, 455, 457

Campodunum s. Kempten
Capitulare missorum generale 76
Castra Regina s. Regensburg, Stadt
Cham (St, Lk Cham) 64, 87, 89, 184, 213, 243, 449, 458
Chrodegang von Metz 211
Chuningesdorf s. Gonnersdorf
Cochläus, Johannes 186[312]
Cosmas von Prag 77

Deggendorf (St, Lk Deggendorf) 235, 236
Dekumatenland 13
Deutscher Orden 90, 99[368], 242–244, 284, 339, 343, 351, 357–359, 370, 371, 374, 385–387, 389, 390, 394–398, 400, 401, 404, 407–409, 411–416, 424, 426, 432, 437; s. Regensburg, St. Ägidius
Deutschland 85, 104, 119, 120, 125, 169, 184, 197, 210, 220, 222, 229, 235, 439, 447
– Mitteldeutschland 79, 105
– Norddeutschland 64, 105, 138
– Oberdeutschland 89, 137
– Süddeutschland 40, 61, 64, 100, 110, 120, 122, 138, 152, 156, 160, 169, 214, 216, 218, 225, 441
– Südostdeutschland 59, 64, 120, 201
Diepoldinger s. Bayern
Diesenbach (D, Lk Regensburg) 242
Dietfurt a. d. Altmühl (St, Lk Riedenburg) 220
Dingolfing (St, Lk Dingolfing) 88
Dominikaner 171, 224; s. Regensburg, St. Blasius
Donau (Fl) 1, 3, 6, 8, 9, 11–15, 21, 22, 24, 26, 28–30, 32–34, 37, 38, 40, 46, 52, 54, 55, 57, 58, 70–72, 74, 79–83, 86, 87, 91, 100, 102, 121, 122, 138, 141, 145, 147, 148, 150, 151, 156, 164, 179, 182[303], 183, 187, 191, 194, 196, 197, 206, 208, 215, 235, 245, 246, 253, 258, 438, 440, 446, 448, 449, 455
– Donaugau s. Gaue
Donaustauf (M, Lk Regensburg) 66, 78, 105, 148, 176[283], 181, 187, 229, 439, 447, 450, Abb. 11; s. Walhalla
Durchelenburch (bei Laaber) 89[318]

Ebern (St, Lk Ebern) 459
Ebersberg (St, Lk Ebersberg) 70, 73[240], 248, 313, 333
– Gf Adalbero 248
– Gf Eberhard 248
Egerland 79, 449
Eggmühl (Kd, Lk Regensburg) 9, 98, 106, 444
Eichstätt (St, Lk Eichstätt) 30, 55, 64, 67, 78, 160f.[194], 210
– Bischöfe 119, 174, 253
  – Friedrich II. 253
  – Gabriel von Eyb 160f.[194]
  – Gebhard I. (= Papst Viktor II.) 60
  – Heribert 252
– St. Walburg, Kl 70, 252
– Willibaldsburg 67
Eining (Pfd, Lk Kelheim) (Abusina) 13, 14, 15, 16, 238
Eiszeit 4
Elbe (Fl) 12, 30
Eltheim (Kd, Lk Regensburg) 213
England 45, 79
– Kg Richard Löwenherz 60
Enns (Österreich) 111
Ensdorf (Pfd, Kl, Lk Amberg) 86
Etterzhausen (Kd, Lk Regensburg) 86

Felix von Urgel 46
Flacius Illyricus 141
Flandern 138
Forchheim (St, Lk Forchheim) 46
Francia orientalis 42
Franken 29, 32, 35, 40, 43, 45–47, 55, 59, 79, 149, 160, 243, 449, 459
Frankenalb 3, 5
Frankfurt a. Main (Hessen) 44, 46, 48, 51, 54, 115, 193, 197, 199, 451[61]
Frankreich 45, 92, 122, 166[229], 199, 201, 203[379], 242, 439, 444, 448
– Ks Napoleon I. Bonaparte 227, 229, 231, 240, 260, 439, 444, 453
Franziskaner 224
Franziskus, hl. 230
Frauenberg s. Weltenburg
Frauenchiemsee (Kd, Kl, Gde Chiemsee, Lk Rosenheim) 70, 252
Freiberg (Sachsen) 187, 290, 333
Freising (St, Lk Freising) 26, 33, 54, 64, 67, 75, 78, 89, 96, 204, 210, 212, 233
– Bischöfe 70, 119, 174
  – Arbeo 8, 23, 26, 27, 33, 34, 41[60], 121f.
  – Otto 1[2], 61[169], 164[219]
– Domberg 67
– St. Andreas, Kl 100
– Weihenstephan, Kl 70, 254
  – Abt Meginhard I. 254
Friedenhain (W, Gde Unterzeitldorn, Lk Straubing) 30
Fronto, M. Helvius Clemens 16, Abb. 1
Fronto, Marcus Ulpius 14
Furth i. Wald (St, Lk Cham) 87

Gangkofen (M, Kl, Lk Eggenfelden) 243
Gaue 54–56, 67, 72, 211, 335
– Donaugau 32, 54, 55, 57, 72, 83, 102
– Kelsgau 40
– Nordgau 36, 40, 54, 55, 57, 79, 93, 99, 107, 210
– Ostgau 55
– Sundergau 55
– Westergau 55
– Westermannmark 55
Geisenfeld (St, Kl, Lk Pfaffenhofen a. d. Ilm) 248, 268, 274, 287, 333
Geisling (Pfd, Lk Regensburg) 32
Genstal s. Regensburg, Örtlichkeiten
Gerhoh von Reichersberg 110, 239
Germanen 12, 13, 15, 20–22, 24, 27, 30
Germanicum s. Kösching
Gögging, Bad (Pfd, Lk Kelheim) 22
Goethe, Johann Wolfgang von 3
Gonnersdorf (D, Gde Grünthal, Lk Regensburg) (Chuningesdorf) 52
Goslar (Niedersachsen) 59
Graf, Johann 209[24]
Grafschaft 53–56, 72–78
– Burggraf 73–75; s. Regensburg, Stadt
– Landgraf 73f., 83
– Pfalzgraf 54, 75f., 88; s. Scheyern, Otto
Graß (Kd, Gde Graß, Lk Regensburg) 378, 433, 437, 457
Griechenland 122
Griesstetten (Kd, Lk Riedenburg) 220
Grimpeck, Joseph 140, 186[312]
Großhausen (Pfd, Gde Haslangkreit, Lk Aichach) 233
Grünthal (D, Lk Regensburg) 455
Günzburg (St, Lk Günzburg) (Guntia) 13
Gundlfing (W, Gde Perletzhofen, Lk Riedenburg) 220
Guntia s. Günzburg

Habsburger s. Reich
Hagelstadt (Pfd, Lk Regensburg) 34
Haidau (E, Gde Mangolding, Lk Regensburg) 1, 2, 106, 107, 108
Hailing (Kd, Lk Straubing) 34

Hallstattzeit 8
Hannover (Niedersachsen) 147
Harting (Kd, Lk Regensburg) 6, 32, 455, 457
Hermannesheim 9
Hexenverfolgung 156
Hienheim (Pfd, Lk Kelheim) 238
Hilduin, Abt von St. Denis 67
Höfling (E, Gde Burgweinting, Lk Regensburg) 105, 106, 107, 108
– Megingoz 105[403]
Hof a. Regen (D, Gde Stefling, Lk Roding) 97, 98
– Hofer (de Curia) 98
Hoffmann, Christophorus (Ostrofrancus) 50[116]
Hohenburg (M, Lk Amberg) 66, 78, 210, 439, 450, Abb. 11
Holland 257; s. Niederlande
Huahhilinga s. Bayern
Hussiten 157, 178, 229

Ilmmünster (Pfd, Kl, Lk Pfaffenhofen a. d. Ilm) 100
Ingelheim (Rheinland-Pfalz) 47
Ingolstadt (St) 1[2], 30, 55, 180, 182, 196, 448[47]
Iren 122, 214, 218, 219
Irl (D, Lk Mühldorf a. Inn) 213
Irl (Kd, Gde Barbing, Lk Regensburg) 52, 213, 403, 417, 418, 433, 437, 455, 457
Irlmauth (D, Gde Barbing, Lk Regensburg) 30, 32, 455, 457
Isar (Fl) 6, 30
(Ober-/Unter-)Isling (Pfd, Lk Regensburg) 4, 6, 21, 383, 433, 437, 455, 457
Italien 12, 27, 44, 47, 66[198], 122, 224, 450

Jena (Thüringen) 141
Jesuiten 241 f.
Juden s. Regensburg, Stadt
Jura 3, 80, 86, 104, 105
Juthungen 10, 21, 22

Kärnten 35, 59, 60
– Hg Adalbero von Eppenstein 70
Kaisheim (M, Kl, Lk Donauwörth) 249
Kalenderstreit 246
Kallmünz (M, Lk Burglengenfeld) 105, 106, 118
Kanathenerkohorte, flavische 14
Kareth (Pfd, Lk Regensburg) 22, 26, 183, 455
Karolinger s. Reich
Karthaus-Prüll s. Prüll; Regensburg, Klöster
Kasing (Pfd, Lk Ingolstadt) 236
Kastl (M, Kl, Lk Neumarkt i. d. OPf.) 70, 102, 252, 308, 333
Kelheim (St, Lk Kelheim) 1, 2, 8, 75, 80, 89, 96, 107, 182[303], 458
Kelheimwinzer (Pfd, Lk Kelheim) 236
Kelten 8 f., 12
Kempten (St) (Campodunum) 9, 11
Kiefenholz (Kd, LK Regensburg) 26
Kirchberg (W, Gde Grafenwinn, Lk Regensburg) 167
Kirchenrohrbach (D, Gde Walderbach, Lk Roding) 238
Kirchroth (Pfd, Lk Straubing) 213
Kneiting (Kd, Lk Regensburg) 86, 148, 220
Köln (Nordrhein-Westfalen) 177, 197, 212
– Erzbischöfe 119
Kösching (M, Lk Ingolstadt) (Germanicum) 13, 236
Konrad von Hildesheim 142
Konrad von Megenberg 93, 168
Konstanz (Baden-Württemberg): Bf Salomo III. 45
Kreuzhof (W, Gde Barbing, Lk Regensburg) 455, 457
Kruckenberg (D, Lk Regensburg) 229
Kürn (Kd, Lk Regensburg) 251
Kufstein (Österreich) 66

Laaber (Fl) 4, 6, 26, 30
Laaber (M, Lk Parsberg) 89[318]
Lambertsneukirchen (Pfd, Gde Hackenberg, Lk Regensburg) 239
Landau a. d. Isar (St, Lk Landau a. d. Isar) 89
Landeskron s. Regensburg, Örtlichkeiten
Landfriede 103, 115, 177
Landshut (St) 88, 89, 97, 104, 105, 107, 108, 141, 160, 175, 180, 189, 196, 449, 457, 459
Langenpreising (Pfd, Lk Erding) 233
Langobarden 29, 35, 39, 42
– Theodelinde 39
Lappersdorf (Pfd, Lk Regensburg) 239
Lech (Fl) 12, 185
– Lechfeld s. Augsburg
Lentia s. Linz
Leoprechting (D, Gde Graß, Lk Regensburg) 457
Lepanto (Griechenland) 194
Lilien, Polycarp Frhr von 243
Linz (Österreich) (Lentia) 12, 15, 185

Liudolfinger s. Sachsen
Löwlerbund 184, 185
Lombarden 119
London (Großbritannien) 70
Lorch (Österreich) 34
Lüttich (Belgien) 114
Luitpoldinger s. Bayern
Luther, Martin 140[86], 223, 224, 246, 254
Lyon (Frankreich) 119

Mähren 45, 47
Magdalenerinnen 230
Magdeburg (Sachsen-Anhalt) 237
Main (Fl) 45, 66
Mainz (Rheinland-Pfalz) 42, 46, 59, 177, 197, 201, 441
- Ebf Hatto I. 45
- Erzbischöfe 119
- Rheinau 52
Mallersdorf (M, Lk Mallersdorf) 77
Manching (Pfd, Lk Ingolstadt) 21
Manessische Liederhandschrift 74, 135, 152[136], Abb. 4
Mangolding (Kd, Lk Regensburg) 13, 64
Mariaort (D, Gde Kneiting, Lk Regensburg) 1[2], 99, 106, 220, 243
Markomannen 15
(Ober-/Unter-)Massing (E, Gde Thalmassing, Lk Regensburg) 26
Matting (Pfd, Lk Regensburg) 64, 95, 99
Meißen, Markgrafschaft 60
Merian, Matthäus 151[134], 164[222], Abb. 6
Merowinger s. Reich
Mesolithikum 4
Metallkulturen 6
Methodius, hl. 46
Metten (Pfd, Kl, Lk Deggendorf) 70, 248f., 276, 333
- Richer 52, 249
Mettenbach (Pfd, Lk Landshut) 233
Metz (Frankreich) 119; s. Chrodegang
Michelsberg s. Kelheim
Mielich, Hans Abb. 7
Mintraching (Pfd, Lk Regensburg) 22, 88, 89, 106, 107
Mondsee (Kl, Österreich) 52, 231
Moosham (Pfd, Lk Regensburg) 213, 238
Mühldorf a. Inn (St, Lk Mühldorf a. Inn) 126[25], 178, 196
München (St) 30, 34, 60, 108, 110, 122, 128, 141, 142, 143, 148, 149, 175, 176, 180, 181, 182, 187, 194, 203, 207, 211, 217, 218, 241, 246, 446, 449, 454
Münster (Pfd, Kl, Lk Straubing) 100
Münzen, röm. 15, 20, 21, 22

Naab (Fl) 1, 4, 6, 9, 18, 26, 32, 53, 86, 105, 220, 249
Nabburg (St, Lk Nabburg) 64
Neolithikum 6
Neuburg a. d. Donau (St, Lk Neuburg a. d. Donau) 30, 64
Neudorf (D, Gde Neudorf, Lk Regensburg) 149
Neuhausen/Niunhusen s. Regensburg, Pürkelgut
Neumarkt i. d. OPf. (St, Lk Neumarkt i. d. OPf.) 449, 458
Neunburg vorm Wald (St, Lk Neunburg vorm Wald) 64
Nicolai, Friedrich 201
Niederaltaich (Pfd, Kl, Lk Deggendorf) 70, 107[407], 253
- Abt Hermann 253
Niedergebraching (D, Gde Hohengebraching, Lk Regensburg) 149
Niederlande 196; s. Holland
Niederlindhart (Kd, Lk Mallersdorf) 235
Nimwegen (Niederlande) 47
Nittenau (St, Lk Roding) 238
Noricum 12
Notker von St. Gallen 35, 48
Nürnberg (St) 61, 72, 81, 86, 87, 114, 115, 122, 126[25], 128, 137, 141, 148, 149, 183, 184, 190, 201, 224, 229, 454
- Katharinenkloster 229
Nußhof (E, Gde Neudorf, Lk Regensburg) 149

Oberaltaich (Pfd, Kl, Lk Bogen) 70, 77
Obernburg s. Passau
Oberndorf (Kd, Lk Kelheim) 88
Oberpfalz 32, 86, 93, 176, 223, 243, 252, 253, 448, 449, 453, 458, 459
Oberröhrenbach (D, Gde Mettenbach, Lk Landshut) 233
Oberstimm (Pfd, Lk Ingolstadt) 12
Obertraubling (Pfd, Lk Regensburg) 8, 233
Österreich 55, 59, 60, 78, 105, 111, 120, 149, 151, 158, 169, 184, 185, 239, 255, 444
- Hg Leopold V. 60, 111
- Ostmark 43, 60, 62, 73, 457
Ötting s. Altötting
Ortenburg (M, Lk Vilshofen), Heinrich I. Gf von 229
Osterhofen (M, Lk Vilshofen) 35
Ostgoten 29, 32
Ostrofrancus s. Hoffmann
Ottmaring (Kd, Lk Vilshofen) 233
Otto von Freising s. Freising
Ottonen s. Reich

Paläolithikum 4
Paponen s. Regensburg, Stadt
Pappenheim (St, Lk Weißenburg i. Bay.) 173
- Grafen 442; s. Reich, Reichserbmarschall
Paring (Pfd, Lk Rottenburg a. d. Laaber) 70, 98
Paris (Frankreich) 67, 70; s. Hilduin
Parsberg (St, Lk Parsberg) 89[318]
Passau (St) (Boiodurum) 11, 13, 23, 67, 78, 196, 204, 210, 449
- Bischöfe 70, 111, 174
- Obernburg 67
Paulus Diaconus 33
Pavia (Italien) 43, 70
Penting (Pfd, Lk Neunburg vorm Wald) 238
Pentling (Kd, Lk Regensburg) 455, 457
Pertolzhofen (Kd, Lk Oberviechtach), Herren von 249
Peterfecking (Kd, Gde Mitterfecking, Lk Kelheim) 236
Pettendorf (Pfd, Kl, Lk Regensburg) 18, 80, 86, 87, 89, 106, 107, 229, 249, 314, 333
- Eckebreht de 86
- Perchtold von 86
- Pettendorf-Lengenfeld-Hopfenohe, Herren von 80
Pfaffmünster s. Münster
Pfakofen (Pfd, Lk Regensburg) 238
Pfalz-Neuburg 149, 169, 254
Pfatter (Pfd, Lk Regensburg) 151, 213, 229
Pielenhofen (Pfd, Kl, Lk Regensburg) 70, 87, 106, 249f., 286, 333
Plankstetten (Pfd, Kl, Lk Beilngries) 253
Polen 60
- Hg Mieszko I. 60
Prag (Tschechien) 46, 116, 126[25], 167, 197; s. Cosmas, Vinzenz
Preßburg (Slowakei) 65
Přeštovice (Tschechien) 30
Prüll (St Regensburg) 51, 448, 455, 457; s. Regensburg, Klöster
- Prüller Hölzl (FlN) 378
Püchler, Jakob Sebastian Abb. 10

Rabiosus, Anselm (Pseudonym von Wilhelm Ludwig Wekhrlin) 121, 200
Raetia/Raetien 11–13, 15, 17, 22, 29, 32
Raitenbuch (Kd, Lk Parsberg) 213
Ramspau (Pfd, Lk Regensburg) 238
Ranshofen (Österreich) 35, 103
Ravenna (Italien) 119, 122
Rebdorf (Kd, Kl, Gde Marienstein, Lk Eichstätt) 70, 253
- Rebdorfer Weinberg (FlN) 253
Regen (Fl) 1, 3, 9, 15, 20, 23, 26, 32, 52, 55, 71, 87, 105, 242, 448
Regensburg
S t a d t
- Absteigequartiere, Höfe
  - Augsburger Hof 70, 174
  - Bamberger Hof 70, 227
  - Brixener Hof 70, 174[274], 311
  - Freisinger Hof 70, 174, 193, 199, 227, 448, 450
  - Passauer Hof 70, 174
  - Prüfeninger Hof 250, 450
  - Reichenbacher Hof 253
  - Rohrer Hof 250
  - Salzburger Hof 70, 81, 91, 207–209, 310, 339, 340, 344, 345, 347, 348, 353–355, 357, 358, 361
  - Walderbacher Hof 254
    - Wirt: Perchtold 254
- Administrationsbezirke 457
- Ämter und Einrichtungen
  - Almosenamt 133, 143, 144, 246, 247, 264–266, 268–270, 273–276, 278, 279, 282, 283, 285, 286, 289, 294–296, 299, 304, 306, 308, 313–317, 321, 324, 339–362, 365–377, 379–382, 384–400, 403, 405–428, 430
  - Bauamt 132, 133, 322
  - Baumannschaft 150, Kartenbeilage 1
  - Brückenmeister 111, 112
  - Bürgermeister 103, 123, 124, 128, 136, 138, 139, 452, 458
    - Gozwin de Porta 124
    - Prager, Otto 123, 219
    - Schottenheim, Otto 454
  - Burggrafen 63, 65, 72–75, 78, 83, 86, 104, 117, 128, 135, 152, 161, 188, 215, 220, Abb. 4
    - Albert 74, 82
    - Burchard(us) 73, 74
    - Friedrich I. 254, Abb. 4
    - Heinrich III. 254
    - Papo 73
    - Paponen 73, 82, 83, 152, 243, 252
    - Riedenburg, Otto von 219, 254
    - Ruprecht 72
  - Finanzverwaltung 132, 448
  - Fiscus 53–56, 72, 151, 161
  - Forstamt 207
  - Hansgraf(enamt) 78, 111–113, 117, 118, 137–139, 155, 181, 189
  - Hauptrentamt 324

- iudex 87, 103
- Konsulent 132, 133, Abb. 7
- Kramerinnung 138
- Kreisregierung 242
- Landesdirektorium 441
  - Leiter: Sternberg, Kaspar Maria Gf von 441
- Magistrat 451, 452
- Mautamt 132, 133, 162, 207, 310
- Pfandamt 132, 133
- Polizei 458, 459
  - Polizei-Stadtkommissariat 446
  - Polizeidirektor
    - Bokonowski, Josef 446
    - Gruber, Franz Xaver 446
- Rechenamt 132, 133
- rector urbis 110
- Reichshauptmann(schaft) 163, 186, 188–200, 208
  - Damis, Hans von 190
  - Fuchs, Hans 190
  - Fuchs von Schneeberg, Thomas 189, 190
  - Hemste, Franz von 190
  - Loxau, Georg von 190
  - Rohrbach, Sigmund von 188, 189
- Rentamt 448
- Salzamt 132, 133, 207
- Scholarchat 141
- Schultheiß(enamt) 103, 152, 186, 187, 189
  - Fuchsstein, Hans von 180, 181, 184
- senatores 109
- Stadtkämmerei 124, 153, 189, 280, 284, 314, 320, 324, 451
- Stadtpatriziat 122, 124, 126–128, 138, 153, 436, 437, Abb. 9
  - Altdorfer, Albrecht 128[32]
  - Geschlecht der inter rasores 222
  - Gran, Haid, Kärgel, Sinnwell, Weichser, bi der Wer, Zanner, Familien 126
  - Portner, Familie 128
- Stadtrat 123–127, 131, 134, 139, 140, 141, 144, 153, 170, 180, 189, 217, 223, 224, 226, 242, 254, 440, 441, 458, Abb. 7
  - Ratsordnung (1455) 126
- Stadtverwaltung 127–134, 138, 141, 148, 189, 445, 446, 452
  - Beamtenschaft 129, 131, 181
  - Kanzlei 128–132
  - Stadtschreiber 130–132, 189, Abb. 7
    - Aezelin notarius civium 131
    - Fridericus notarius civium 131
    - Gemeiner, Karl Theodor 131, 135, 142, 143, 288, 315, 446
    - Heff, Leonhard 131
    - Mannhart, Johann Gottfried 259 f., 261, 442[14]
    - Plato-Wild, Georg Gottlieb 131, 159[181]
    - Todtenwart, Johann Jakob Wolf von und zu 166
    - Ulrich 129, 130
- Steueramt 132, 133
- Syndikus 132, 133, 213
- Ungeldamt 132, 133, 158, 159, 181, 183, 189, 263–267, 269, 270, 272, 273, 276, 278, 280–283, 286, 289, 291–294, 296, 297, 299, 301, 303–305, 307, 313–324, 427, 430
- Wachten 136, 139, 140, 144–147, 155, 163, 189, 205, 230, 238, 246, 258, 261, 335, 442
  - Donauwacht 145, 147, 151, 205
  - Feldwacht 147, 261
  - Ostnerwacht 145, 147, 151, 205, 226
  - Pauluserwacht 145, 258, 335
  - Schererwacht 145, 217
  - Wahlenwacht 145, 233, 335
  - Westnerwacht 205, 217
  - Wildwercherwacht 145
  - Witwangerwacht 145, 147, 217, 236
  - Revidirte Wachtgedingsordnung (1657) 145
- Wahlämter 144
- Zentralverwaltung, karolingische 53–56; s. Fiscus
- Zensualen 110, 118
- Zollamt 162, 207
- agilolfingisches Regensburg 29–41
- Bauten
  - Brücken 183
    - Eiserne Brücke 254
    - Steinerne Brücke 62, 64, 87, 88, 98, 104, 111, 112, 116, 118[464], 122, 151, 154, 156, 161, 183, 187, 246
  - Häuser
    - Alumneum 141, 303
    - Gesandtschaftsresidenzen 199
    - Göring-Siedlung 454
    - Gumprechtsches Haus 249, 276
    - Herzogshof 63[179], 90, 206, 207, 209, 238, 310, 453, Abb. 5
    - Heuporthaus 137, 295
    - Königliche Villa 211, 446
    - Konradsiedlung 457
    - Löschkohlenpalais 199, 299
    - Mohrenapotheke 37, 308
    - Neue Waag 142, 161, 276

– Patrizierburgen 67, 121 f., Abb. 9
– Präsidialpalais 199, 278
– Runtingerhaus 137, 289
– Schottenheimsiedlung 454
– Torburg 209
– Weißbräuhaus 311
– Zanthaus 137, 281
– Herbergen, Gasthöfe
– Freibergischer Hof 308, 333
– Ratsherrentrinkstube 249, 276
– Zu den Drei Helmen 295, 436
– Zum „Weißen Lampl" 227, 305
– Besitzer: Aukofer, Adam, B 227
– Ludwigskanal 447
– Stadtmauer 23, 24, 28, 35, 44, 58, 67, 74, 81, 110, 121, 147, 148, 163–165, 182, 209, 213, 228, 230, 247, 249, 257, 291, 441, Abb. 1, 2, 12
– Tore 165
– Jakobstor 121, 156
– Ostentor 121, 164
– Osttor 57, 226, 230, Abb. 1
– Peterstor 170
– Prebrunntor 164, 183
– Stadttor, südliches 156
– Weintor 291
– Westtor 219
– Türme 121, 122
– Patriziertürme 122, 134, 137, Abb. 9
– Rathausturm 142, 143, Abb. 6
– Römerturm 49, 91, Abb. 5
– Besiedlung, Anfänge 4–7
– Bruderschaften 139, 140, 247
– der Köche und Fleischhacker 247, 332
– der Lederer 247
– der Metzger 247, 294, 332
– zu Johann Nepomuk 140
– zum hl. Michael 140
– St. Wolfgangsbruderschaft 139, 247, 264, 266, 275, 290, 294, 299, 302, 303, 311, 312, 332
– Brückenbauhütte 245
– Buchdruck 142 f., 184
– Kohl, Hans 143, 226
– Bürger(schaft) 18, 36, 38, 42–44, 52, 56, 62, 71, 79, 82, 84, 85, 93, 96, 98, 103, 104, 107–114, 116, 119, 120, 129, 130, 131, 134, 136–138, 145, 152, 153, 157, 158, 159, 163, 178, 180, 182–184, 187, 188, 191, 192, 194, 206, 210, 217, 220, 222, 228, 229, 327–329, 334, 335, 429, 430, 434, 436, 451
– Aufstieg 108–120
– Bürgerrechte 109, 110, 116, 118, 136, 137, 139, 145, 442, 443, 452
– Handwerk(er) 136, 138, 139, 217
– Kaufleute/-mannschaft 109, 111–113, 127, 134, 137, 138
– Hanse 137
– Runtinger, Familie 126
– Burgfrieden(sbezirk) 2, 141, 147–151, 187, 206, 208, 211, 218, 220, 222–224, 226, 227, 229, 231, 233, 236, 238, 243, 244, 246, 247, 249, 250, 256, 337–438, 442, 455, Abb. 10
– Besitz- und Rechtsverhältnisse (Statistik) 337–438
– campus 52
– Castra Regina, Legionslager 15–21, 23–26, 28, 34
– aedilis 17, 18
– Bischofssitz 18
– Porta praetoria 17, 25, 41[59]
– Via decumana 17, 25
– via iuxta amnem Danuvium 17
– Via principalis 17
– Westmauer 16, 17, 58
– Eingemeindungen 455–457
– Einrichtungen
– Apothekenwesen 129[42]
– Archive V, 143
– Stadtarchivar: Gemeiner, Carl Theodor 143
– Zentralarchiv, Bischöfliches 234
– Bibliotheken
– Stadtbibliothek 141 f.
– Zentralbibliothek, Bischöfliche 234
– Bundesbehörden 458
– Dompost 209
– Kasernen 225, 226
– Kommercial-Deputation 441
– LIGA-Bank 447
– Post 450, 451
– Schulen 140, 141, 147
– Auditorium, öffentliches 141
– Elementarschulwesen 140, 145
– Gymnasium Poeticum 140, 142, 224, 242, 430
– Jesuitengymnasium 242
– Jesuitenseminar 242
– Klerikalseminar 221, 234
– Knabenschule 244
– Knabenseminar 211, 234, 244
– Lyzeum 141, 242
– Mädchenschule 227, 229, 231
– Philosophisch-Theologische Hochschule 223
– Schulhaus für Singknaben 238

– Universität 141, 182, 447, 459
– soziale
– Altersheim 244, 257
– Armeninstitut 283, 316, 332
– Badhaus 245
– Kleinkinderverwahranstalt 244
– Krankenhaus 244, 257, 320, 321, 333
– Sittauer Seelhaus 312
– St. Gilgen-Seelhaus 284
– St. Katharinenspital 245–247
– Waisenhaus 257, 317, 326, 333
– Waisen-, Zucht- und Arbeitshaus 263
– Stadtmuseum 226
– Stadtwaage 249
– Theater 441
– Fiskalbesitz/-gut 38, 60, 63
– Fürstentum/Fürsten 218, 225, 227, 228, 236, 261, 439–444, 445
– Albini, Franz Joseph Reichsfrhr von 440, 441
– Bentzel, Karl Christian Gf von 441
– Geleitrecht 108
– Gemeinde 139, 144, 170, 180, 181, 254, 255, 370, 373, 383, 385, 388, 390, 398, 401, 410, 412, 413, 419, 420, 423, 428, 433, 434, 451, 452, 458
– Gerichtswesen 104, 112, 116, 148, 151–156, 171, 187, 223, 447, 448, 453, Abb. 4
– Burggrafengericht 73–75, Abb. 4
– Oberlandesgericht 441
– Pfalzgrafengericht 75, 174
– Propstgericht 78, 116, 124–156, 189, 211, 233
– Reichskammergericht s. Reich
– Schultheißengericht 116, 152, 153, 155, 251
– Sondergerichte (Friedgericht, Fünfergericht, Hansgericht, Judengericht, Korngeding, Münzgericht, Wachtgeding, Zollgericht) 155, 156
– Stadtgericht 116–118, 152
– Gesandtschaftswesen 166, 167, 198 f.
– Gründung 11
– Handelszentrum 27, 89, 183
– Hauptstadt(funktion) (metropolis) 29–56, 58, 60, 61, 63, 64, 69–72, 79, 80, 89, 90, 97, 120, 173–175, 179, 182, 232, 439, 447
– Haus- und Grundbesitzer 205–258
– Herzogsaufenthalte 61, 62, 81
– Herzogshof 63[179], 90, 206, 207, 209, 238, 310, 453, Abb. 5
– Immunität
– geistliche 153, 154, 200, 223
– städtische 450, 451
– Inseln
– Bruderwöhrd 151[134]
– Wöhrde 78, 147, 151, 166, 187, 194
– Oberer 78, 147, 183
– Unterer 78, 147
– Judengemeinde/-viertel 21, 111, 113, 137, 145, 155, 158, 169–173, 175, 179, 183, 190, 250, 256, 442, 443, 450, Abb. 8
– karolingisches Regensburg 42–56
– Kastellanlage 13
– Königsaufenthalte 44 f., 59
– Königsstraßen 45 f.
– Landeshoheit 148, 210, 440, 447, 453
– Landstadt, bayerische 179–186
– Landtage 63–65, 84, 97, 103, 174, 452
– Marktrecht 120
– Münze/Münzrecht/Münzwesen 56, 64–66, 74, 85, 104, 108, 112, 114, 116, 117, 135, 155, 159–161
– Denar, karolingischer 56
– Münzmeister: Lerch, Martin 160
– Regensburger Pfennig 64, 206
– Regensburger Konventionsmünze 160
– Name 23, 26
– civitas 42, 82
– civitas publica 36, 82
– civitas regia 43, 52
– civitas Regino 35[25]
– Hermannesheim 9
– Radasbona/Radaspona 8–10, 12, 13, 26, 34
– Reganesburch 42
– Reganesburg 34
– Regenunto 16[11], 44
– Regina 34
– Regino 15, 16, 34, 35
– Reginum 15, 16, 34
– urbs Germaniae 33
– urbs praeclara 58[157]
– urbs regia 43, 58[157]
– urbs Reginensis 43
– Pfalz 27 f., 32–39, 41, 42, 46–53, 59, 67–69, 81, 83, 90–92, 95, 96, 161, 168, 209, 234, 237, 238, 243
– Ludwigspfalz 49, 50, 63, 68, 71, 92, 95, 100, 174[273]
– St. Emmeramer Klosterpfalz 49, 50, 65, 68, 93, 101, 214, 237
– Pfarreienorganisation 167–169

– Rechtsstatus 177, 178, 186, 192
– Reichsstadt 78–207, 210, 219, 228, 234, 236, 238, 242, 246, 254, 255, 258, 263, 264, 272, 273, 274, 276, 280, 285, 286, 289–294, 296, 303, 304, 307, 308, 311, 313, 314, 318, 320-323, 326, 329, 334, 434, 437, 441, 445, 449
  – Besitz- und Rechtsverhältnisse (Statistik) 259–336
– Salzniederlage 182
– Schützengesellschaften 272, 303, 324, 325, 332
– Spitäler, Seelhäuser
  – Bruderhaus, kath. 247, 257
  – Bruderhaus, ev. 257, 264, 286, 288, 298, 305, 332, 350, 431, 450
  – Krankenhausstiftung 247
    – Stifter: Langwerth von Simmern, Gottfried, Weihbf 247
  – St. Alban 277, 287, 332
  – St. Katharinenspital 87, 135, 147, 151, 168, 187, 194, 245–247, 251, 265–268, 271, 280, 286–288, 290, 294, 295, 301, 302, 306, 308, 309, 312, 313, 316, 332, 338, 341, 342, 344–358, 406, 410, 423, 431
    – Patrozinium: hl. Johannes 245
  – St. Lazarus-Spital 247, 274, 277, 280, 288, 297, 332, 359
    – Stifter: Zant, Heinrich, B 247
  – St. Nikolaus (Niklas), Leprosenhaus 168, 247, 268, 276, 280, 288, 299, 301, 304, 305, 312, 317, 318, 326, 332
  – St. Oswald-Spital 247, 274, 281, 332
  – Waisenhausstiftung 247
    – Stifter: Langwerth von Simmern, Gottfried, Weihbf 247
  – Wohltätigkeitsstiftung, ev. 269
– Stadtfreiheit 96, 104, 123, 131, 191, Abb. 7
– Stadtfriede 136
– Stadtgründungsinschrift 16, Abb. 1
– Stadtgrundriß 17, 25
– Stadtherrschaft 38–39, 42–44, 56–59, 79–108
  – Aueraufstand 124, 127, 139, 145
– Stadtordnungen 182
– Stadtrecht 109, 119, 120, 129, 191
  – Rechtsbücher 130
  – Privilegien
    – Brückenprivileg 111
    – Fridericianum 82[284], 96, 111, 115, 118, 123–125, 152, 164
    – ius de non appellando 153
    – ius de non evocando 118, 152
    – Philippinum 82[284], 84, 110, 112–115, 117, 118, 138, 157, 158, 170
    – Selbstverwaltung 104, 123, 135, 136, 157, 452, 458
– Stadtsymbole 135
  – Siegel 135
  – Wappen 74, 135, Abb. 4
  – Flagge 135
– Steuerwesen 149, 133, 157–159, 186
  – Stadtsteuer 62, 71, 85, 133, 157, 181, 183
– Synode (932) 68, 101[381]
– Thurn und Taxis 154, 197, 199, 201, 218, 258, 281, 283, 284, 329, 441, 447, 450, 451, 453; s. Reich, Reichstag
  – Carl Anselm 453
  – Karl Alexander 450
– Vertrag von Regensburg (921) 57, 58 f., 64, 65
– Wasser, Bäche, Flüsse
  – Stadtbach 223
  – Stärzenbach 249
  – Vitusbach 147
  – s. Donau, Regen
– Wehrwesen 163–166, 448
– Zentralort/Zentrum 8, 11, 12, 30, 33, 36, 39–43, 45, 46, 52, 55, 58, 60, 62, 80, 90, 91, 96, 108, 120, 134, 167, 170, 174, 182, 447, 457, 460
– Zins(wesen) 262
  – Hauszins 205–254, 259–336
– Zollwesen/-rechte 64, 65, 108, 111, 112, 155, 161, 162, 181, 188, 191, 192, 194
  – Zolleinnehmer: Adalpero 161
– Zünfte 126, 133, 139, 171
  – Fleischhacker 282
  – Köche 282
  – Lederer 321 f.
  – Ordnungen 180
    – Apothekerordnung 129[43]
    – Bäckerordnung 139
    – Handwerksordnungen 138
    – Schuhmacherordnung 103
    – Tuchmacherordnung 129

Bürger, Haus- und Grundbesitzer
– Aberell, Georg Christoph 265
– Abrell, Johann Lorenz 314
– Adalbero, Schwiegersohn des Rudger Chöpfemann 252

– Adalhart, predives negotiator, centurio 109
– Adler, Andreas Christian 278
– Adler, Jakob Christian 314
– Aechter, Simon 361, 362, 363
– Aichinger, Johann Christian 264
– Aichinger, Johann Zacharias Andreas 286
– Aigel, Maria Katharina 314
– Albrecht, Johann Leonhard 271
– Albrecht, Simon Jakob 293
– Allebrand, Johann 268
– Allius, Johann Heinrich 277
– Allius, Karolina 293
– Allkofer, Anna Magdalena 289
– Allkofer, Anna Maria 269
– Allkofer, Christoph Ludwig 301, 304
– Allkofer, Erdmann Anton Christoph 301, 324
– Altdorfer, Albrecht, Maler 128[32], Abb. 8
– Amesdorfer, Johann Christian 297
– Amler, Johann Michael 274, 299
– Ammon, Johann Georg 265
– Anns, Johann Wilhelm 277, 324
– Arnold, Jacobina Sophia 299
– Arnold, Johann Kaspar 292
– Arnold, Wilhelmine Elisabeth 291
– Aselmeyer, Konrad Christian 267
– Atzinger, Matthias 307
– Auer, Friedrich der 253
– Auernhamer, Emmerich 266
– Auernheimer, Regina Dorothea 266
– Aukofer, Adam 227
– Aumeyer, Michael 300
– Baader, Anton Matthias 311
– Backert, Johann 326
– Backhofer, Katharina Margarethe 286
– Bäumel, Johann Wolfgang 322
– Baeumel, Joseph 418
– Banzhaff, Johann Adam 288
– Barth, Johann Moritz 282
– Barth, Karl Christian 298
– Barth, Karl Heinrich 304
– Barzifall 403
– Basel, Johann 312
– Basel, Johann Stephan 266
– Bastian, Johann Ludwig 276
– Bauer, Georg Michael 270
– Bauer, Johann 298
– Bauer, Johann Balthasar 284
– Bauer, Johann Kaspar 304
– Bauer, Johann Matthias 289
– Bauer, Joseph 273
– Bauer, Maria Magdalena 319
– Baum, Michael 307
– Baumann, Johann Matthäus 282
– Baumann, Johann Wolfgang 325
– Baumann, Wolfgang 284
– Baumgart, Johann Gottlieb 295
– Baumgarten, Anna Magdalena 279
– Beck, Carl Gotthelf 274
– Beck, Maria Friederike 315
– Beckstein, Anna Barbara 302
– Beckstein, Johann Georg 314, 318, 319
– Behner, Johann Matthäus, Bierbrauer 285, 286, 325, 326, 340, 341, 354, 362
– Behner, Johann Thomas 284
– Behner, Matthäus, Bierbrauer 347, 361
– Behner, Thomas, Branntweinbrenner 283, 340, 354
– Beintner, Adam Bernhard 288
– Bender, Friedrich August 280
– Benzenbauer, Georg Matthias 319
– Benzenbauzer, Johann Georg 315
– Bernecker, Markus 268
– Bertram, Friedrich Heinrich Theodor 301
– Betz, Johann Georg 297
– Beutner, Adam Bernhard 325
– Beyer, Johann Andreas 269, 276
– Beyerlein, Stephan Michael 270
– Biber, Johann Martin 280
– Bieler, Christian Emanuel 293
– Bieler, Johann Wolfgang 285
– Biersack, Johann 417, 418
– Blettner, Johann Friedrich 299
– Blomberg, Barbara, Gürtlerstochter 194
– Blumröder, Maximilian Ludwig 315
– Bobbe, Gottlieb Friedrich 276
– Bock, Johann Gottlieb 282
– Böhm, Johann Adam, Branntweinbrenner 287, 345
– Böhm, Johann Gottlob 268
– Böhm, Johann Ulrich 263
– Böhm, Stephan 313
– Boerer, Isabella Christina 276
– Boerer, Isabella Elisabeth 271, 276
– Boerer, Johann Christian 304
– Boerer, Johann Georg 264
– Boesner, Christian Gottfried 286, 287
– Boesner, Johann Friedrich 277
– Boesner, Johann Heinrich Thomas, Stadtkommissar 295, 304, 324, 339–352, 355–358, 360, 435, 436
– Boesner, Johann Wilhelm 296
– Boeswillibald, Georg Wilhelm 298
– Boettcher, Johann Andreas Valerius 288
– Boland, Sebastian, Müller 399, 402

- Bolland, Johann 344
- Boltzmann, Johann Friedrich 298
- Boltzmann, Sabina Susanna 282
- Bossy, Michael 300
- Bott, Johann Martin 278
- Brandner, Andreas jun. 319
- Brandner, Johann Christoph 299
- Braunold, Albrecht Franz 303, 321
- Brauser, Christoph Emanuel Romanus 311
- Breitig, Johann Christoph 285
- Brunner, Heinrich 309
- Bubmer, Johann Moritz 316, 317
- Buicher, Johann Daniel 305
- Burkgas, Georg Michael 278
- Busch, Georg Christoph 275
- Butz, Johann Lorenz 289
- Cetti, Franz Burkard von 279
- Cham, Johann Maximilian 268
- Chöpfemann, Rudger 252
- Christ, Johann Adam 269
- Christ, Johann Michael 272
- Christiani, Johann Bernhard 306
- Culmann, Karl Theodor 296
- Dambauer, Ferdinand 286
- Deffner, Johann Friedrich 289
- Deffner, Johann Georg 308, 319
- Deffner, Maria Walburga 317
- Deisch, Daniel Friedrich 280, 281
- Demelmeyer, Johann Leonhard 272
- Denk, Johann Michael 279
- Denneloher, Johann 268
- Denzer, Johann Sebastian 280, 281
- Desch, Johann Leonhard 320
- Dibold, Barbara Elisabeth 297
- Dibold, Christian Carl 265
- Dibold, Johann Christian Carl 281, 297
- Diener, Johann Ludwig 273
- Dieterichs, Georg Septimius 274
- Dietrich, August Emanuel 295, 301
- Dimpfel, Christian Gottlieb 276, 288, 304
- Dimpfel, Johann Christian 288
- Dimpfel, Ludwig Michael 270
- Dobmeyer, Johann Christoph 303, 304
- Dörfler, Georg Heinrich 289, 323
- Dollmann, Anna Maria 290
- Dollmann, Georg Michael 288
- Dornick, Johann Karl 302
- Dresch, Johann Simon 305
- Drexel, Georg Heinrich 297, 325
- Dümmling, Johann Zacharias 289
- Dürr, Johann 305
- Dürsch, Barbara Elisabeth 292
- Dürsch, Johann Friedrich Gottlieb 317
- Dürwanger, Georg Michael, 286
- Dürwanger, Catharina Christina 275
- Durst, Georg Andreas 297
- Eberl, Veit, Bauer, 399
- Eck, Heinrich Wilhelm 222, 274
- Eck, Johann Gottlieb 312
- Eckert, Virgilius 319
- Eichmeyer, Lorenz 284
- Eisen, Johann Georg 267
- Egler, Martin Lorenz 267
- Ehrenthaler, Johann Baptist 279
- Ehrich, Esaias Andreas 274
- Ehrich, Johann Felix 304
- Ehrich, Johann Leonhard 277
- Elsperger, Johann Jakob 281
- Elsperger, Johann Stephan 311
- Eltele, Paul Emanuel, Braumeister 211, 265, 313
- Engelhard, Anna Katharina 304
- Eppelein, Anna Maria 316
- Eppelein, Georg Christoph 312
- Eppelein, Georg Friedrich 267
- Eppelein, Georg Michael 278
- Eppelein, Johann Michael 320
- Erhardt, Bauer 403, 417, 418
- Escher, Johann Christoph 322
- Fabricius, Gottlieb Paul 267, 301
- Fahnenberg, Baron von 325
- Fallot, Ernst Christian, Kaufmann 274, 288, 383
- Fechter, Georg 280
- Feldhammer, Johann Leonhard 321
- Fessmann, Johann Christian 283, 299
- Feuchtmeyer, Christian Gottlieb 308
- Feuchtmeyer, Johann Christian 263
- Fichtmüller, Johann Georg 282, 299
- Fink, Johann Gottfried 298
- Fischer, Christoph 312
- Fischer, Jakob 288
- Fischer, Johann 300
- Fischer, Johann Christoph 318
- Fischer, Johann Georg 278
- Fischer, Johann Nikolaus 267, 270
- Fischer, Joseph, Schmied 371
- Fischer, Sebastian, Schmied 378
- Flanz, Anna Maria 279
- Flanz, Konrad Christian 282
- Föttinger, Johann Martin 320
- Frank, Johann Michael 264
- Franz, Sybille Ursula 274
- Freund, Franz 293
- Frey, Johann 265, 274, 291
- Friedel, Johann Andreas 275, 324
- Friederich, Franz 280
- Friedl, Abraham Gottlieb 271

– Friedlein, Johann Friedrich 263, 301
– Friedrich, Erdmann Jakob 301, 315
– Friedrich, Johann Adam 287
– Friedrich, Johann Valentin 281
– Friedrich, Johann Wilhelm 269
– Friedrich, Maria Barbara 275
– Fröhlich, Johann Christoph 302
– Froschhammer, Georg 418
– Fuchs, Georg Christoph 314
– Fuchs, Johann Adam 287
– Fuchs, Johann Georg 290, 308
– Fuchs, Johann Michael 276, 378
– Fuchs, Michael Gabriel 277, 291, 325
– Führnrohr, Johann Georg 271, 273
– Führnrohr, Kaspar Jakob 298, 299, 313
– Fürst, Johann Matthias 296
– Fugger, Anna Maria 266
– Gärtner, Johann Martin 317
– Gampert, Philipp Friedrich 265
– Garry, Georg Christoph 299
– Garry, Johann Kaspar 281
– Gartner, Georg Wolfgang 316
– Gartner, Heinrich Friedrich 264
– Gartner, Johann Albrecht 315, 316
– Gastner, Arsacius 251
– Gause, Jonas Johann 286
– Gebhard, Christian Friedrich 272
– Gebhard, Johann Michael 270
– Gebhard, Joseph 307
– Gebhard, Michael, Kufnergeselle 318, 333
– Gehwolf, Christian Gottlieb 293
– Gelze, Hermann 265, 333
– Gemeiner, Karl Theodor 131, 135, 142, 143, 288, 315, 446
– Gemeiner, Katharina Sybille 295
– Gersberger, Johann Christoph 267
– Giersching, Johann 303
– Glätzel, Jakob 378
– Glätzel, Katharina Henriette Elisabeth 295
– Goede, Johann Christoph 303
– Goetz, Johann 287
– Goetz, Johann Adam 267, 268
– Golderer, Johann Andreas 312, 318
– Gottfried, Hieronymus Georg 279, 280, 282, 325
– Gottfried, Johann Jakob 279, 280, 282
– Gottschalk, Johann Erhard 273
– Gotz 417, 418
– Gozwin 254
– Gräflich, Abraham Gottlieb 319
– Graf, Stephan 300
– Gramp, Johann Georg 304
– Gress, Johann Georg 317
– Greyl, Johann Georg 313
– Griesmeyer, Jakob 321
– Grimm, Friedrich Werner 299
– Grimm, Johann Ludwig 275, 288, 298
– Grimm, Sybille Margarete Euphrosine 272, 275
– Gröbmer, Eva Maria 295
– Gruber, Gottlieb Abraham 291
– Grüner, Johann Georg 270
– Grünstäudl, Johann Georg 263
– Grunert, Johann Wilhelm 284
– Gschwendner 342
– Guggenbiller, Johann Georg 264
– Guggenbühler, Georg 315
– Guiollet, Jakob 325
– Gumpelzhaimer 315, 318
– Gumpelzhaimer, Christian Gottlieb 127, 179[297], 271, 272, 343–345, 347–349, 351–354, 356, 359, 364–369, 371–373, 375, 376, 379–381, 383–387, 389–394, 396–401, 404, 406–408, 410–415, 421, 423–427, 435, 436, 446
– Gumpelzhaimer, Georg Albrecht 281
– Gumpelzhaimer, Georg Gottlieb 311
– Gumprecht 176, 178
– Häberle, Barbara Eleonore 282
– Häckel, Georg Michael 319
– Haeckel, Johann 263
– Haeckel, Johann Friedrich 274
– Häckel, Johann Georg 304
– Haeckl, Johann Andreas 314
– Hackenschmid, Johann Gottlieb 283
– Hahn, Johann Jakob 307
– Haim, Johann Philipp 317
– Handvest, Willibald 378
– Haas, Elias Andreas 276
– Haas, Hieronymus Georg 268, 270
– Haas, Ulrich 305
– Haas, Ursula Margarete 275
– Habel, Paul Christian 272
– Habrecht, Elisabeth Katharina 276
– Habrecht, Gottlieb Eduard 323
– Habrecht, Johann Eduard 276
– Habrecht, Maria Johanna 274
– Hagen, Georg Christoph 287
– Hagen, Georg David 265, 276, 277, 290
– Hagen, Georg Leonhard 263
– Hagen, Johann Leonhard 296
– Hagen, Johann Nikolaus 287, 290
– Haller 324, 333
– Haller, Anna Magdalena 322
– Haller, Johann Friedrich 271
– Haller, Johann Georg, Bierbrauer 271, 272, 349, 371, 374, 375, 377

– Haller, Nikolaus Gottfried 307
– Hameyer, Joseph 274
– Hammerschmid, Johann Georg 266, 295
– Harrer, Elisabeth Margarete 312
– Harrer, Georg Albrecht 291
– Harrer, Johann Christoph 282, 359–372, 374–377, 379–381, 384, 386–398, 401, 404, 406–409, 411–417, 420, 422–427, 435, 436
– Harteneck, Friedrich Heinrich Konrad 304
– Hartlaub, Hieronymus Heinrich 302
– Hartmann, Georg Christoph 293
– Hartmeyer, Heinrich Friedrich 297, 326, 379–381, 383, 384, 386, 387, 392, 394, 396, 397, 400–409, 412–417, 421–423, 425, 435, 436
– Hartner, Michael Martin 265
– Haubmer, Johann Stephan 312
– Hayes, Konrad Friedrich 279, 287
– Hechler, Johann Georg 265
– Heigl, Müller 320
– Heiler, Johanna Katharina 276, 283, 297
– Heindl, Christian 270
– Heingartner 401
– Heinisch, Johann 278
– Heinrich 251
– Held, Wilhelm Friedrich 293
– Hemsing, Anna Klara 275
– Hemter, Ludwig 290
– Hendschel, Johann Gottlieb Christian 278
– Hendschl, Johann Thomas 316
– Hendschl, Katharina Johanna 306
– Henke 383
– Henselmann, Christian Daniel 302
– Hertel, Carl Christian 266
– Hertel, Johann Heinrich 317
– Herz, Samuel Philipp 293
– Herzog, Johann Kaspar 317
– Herzog, Johann Kaspar jun. 318
– Hessberger, Christian Friedrich 304
– Hesse, Georg Christoph 265
– Hessling, Christoph Nikodemus 301
– Heßling, Elias Theodor 263
– Hessling, Johann Konrad 275
– Heumann, Adolarius 270
– Heuselbetz, Johann 309, 314
– Hillischer, David 264
– Hiltel, Johann Nikolaus 288
– Hiltner, Johann Abb. 7
– Hirschmann, Georg Christoph 280
– Höcherl, Franz 308
– Höger, Michael Friedrich 265
– Högner, Johann Leonhard 280
– Hoelzel, Peter 383
– Hoerndl, Thomas 292
– Hoff, Georg Heinrich 287
– Hoffman, Friedrich 308
– Hoffmann, Johann Gottlieb 274
– Hoffmeyer, Jakob 285
– Hofmeyer, Andreas 283
– Hohenberger, Albrecht Christoph 288
– Hohenberger, Johann Gabriel 304
– Hollmer, Franz 307
– Holzer, Andreas Gottlieb, Stadtbauer 320, 365, 375, 376, 389, 394, 410
– Holzer, Christina Barbara 303
– Holzer, Gottlieb 339, 340, 345–352, 354, 356–358, 371
– Holzer, Heinrich 340, 342, 343, 346–348, 351, 352, 355–359, 362, 363, 370, 374
– Holzer, Johann Adam 276
– Holzer, Johann Gottlieb 266, 272, 274
– Holzer, Johann Heinrich 269
– Holzer, Johann Konrad 318
– Holzer, Johann Matthias 304, 316, 317
– Hoppe, Christian Anton 270
– Hornegg, Johann Kaspar 313
– Hornig, Salzzuträger 389
– Hornig, Johann Heinrich 315
– Hornig, Johann Michael 305
– Hornung, Johann Georg 289
– Hornung, Johann G. Friedrich 289
– Hubmann, Johann Jakob, Branntweinbrenner 316, 317, 321, 360, 390, 392, 407, 410, 415
– Hubmer, Johann Georg 316
– Hübner, Wolfgang 286
– Hufnagel, Johann 283
– Hurler, Johann Daniel 280
– Huttinger, Johann Christian 317
– Huttinger, Johann Paul 318
– Iblacker, Gottfried 319
– Islinger, Johann 363
– Isslinger, Simon 362, 363
– Jakob, Elisabeth Margarethe 316
– Jakobi, Heinrich Siegmund 301
– Janny, Johann Christoph 303
– Jodel, Schuster 352
– Jungmeyer, Simon 306
– Jungnitius, Johann Georg 319
– Käfer, Anton 297
– Kahr, Johann Georg Kaspar 296
– Kappelmeyer, Johann Michael 309, 322
– Kappelmeyer, Michael Christoph 265
– Kausler, Johann Martin 277

- Keck, Andreas 264
- Keck, Johann Michael 265, 266
- Keim, Johann Matthäus 271
- Keimel, Johann Adam 271
- Keller, Johann Georg 279
- Kellner, Johann Friedrich Wilhelm 299
- Kellner, Michael 283
- Kempf, Albrecht Friedrich 286, 287
- Kempf, Johann Christian 301
- Kempf, Johann Konrad 276
- Kempf, Klara Magdalena 286
- Kern, Christian Martin 266, 301
- Kern, Johann Elias jun. 319
- Kern, Kaspar Christian 297, 313
- Kerner, Johann Friedrich 264
- Kessler, Friedrich Ludwig 302
- Keyling, Johann Christoph 299
- Keyser, Johann Christoph 276
- Keyser, Ludwig Christian 278
- Kieser, Johann Michael 308
- Kipecke, Susanna Barbara 275
- Kirchberger, Johann Christoph 277
- Kirchdorfer, Georg Philipp 284
- Kirchensteiner, Elisabeth Margarete 298
- Kirchensteiner, Johann Jakob 283
- Kirchensteiner, Samuel Gottfried 298
- Kirchhof, Johann Gottlieb 285, 298
- Kirchner, Karl Friedrich 321
- Kirsch, Johann Adam 314
- Kirsch, Johann Franz 283
- Kirsch, Margareta Ursula 317
- Kitzinger, Joseph, Bäcker 373, 383
- Kleinöder, Katharina Elisabeth 297
- Kleinschmid, Johann Georg 268, 269
- Klewitz, Johann Georg 308
- Klieberer, Johann Christian 284
- Klostermeyer, Balthasar Gottlieb 281, 282
- Klostermeyer, Christian Michael 302
- Klostermeyer, Gottfried Martin 311
- Klostermeyer, Johann Andreas 313
- Klostermeyer, Johann Heinrich, Waagmeister 270, 288, 319, 320, 325, 339, 340, 341, 343, 344, 347, 353
- Klostermeyer, Johann Wolfgang 74
- Klostermeyer, Paul Friedrich 274
- Klostermeyer, Regina Justina 280
- Knoll, Johann Emanuel 320
- Knoll, Johann Michael 307
- Knoll, Johann Wolfgang 325
- Knotz, Matthias 281
- Koboth, Franz 307
- Koch, Johann Franz 309
- Koch, Johann Heinrich 268, 269, 270, 305
- Kochin (Krauters Witwe) 390
- Koehler, Georg 288
- König, Johann Jakob 265
- König, Johann Michael 265
- Köppel, Johann Leonhard 299
- Körber, Johann Christoph 301, 309
- Körner, Johann Friedrich 300
- Kohl, Hans, Buchdrucker 143, 226
- Kohlmorgen, Johann Georg 318
- Kolb, Johann Konrad 309
- Kopp, Johann 343
- Korhammer, Anna Margarete 288, 291
- Korhammer, Johann Kaspar 289
- Kräner, Ernestine Wilhelmine Adelheid 295
- Kränner 313
- Kränner, Johann Paul 296, 316, 317
- Kraer, Johann Georg 299
- Kraer, Regina Margareta 304
- Krafft, Johann Konrad 265
- Kraher, Michael Christoph 287
- Krämer, Johann Nikolaus 313
- Kramer, Benedikt 305
- Kraus, Christian Wilhelm 305, 307
- Kraus, Johann 268
- Kraut, Johann Georg 282
- Kredelbeck, Schneider 403
- Kretschmeyer, Georg Heinrich 322
- Kretschmeyer, Johann Heinrich 325
- Krick, Johann Anton 290
- Krieg, Johann Gottlieb 309
- Kröber, Johann Gottfried 305, 306, 316, 322
- Kronauer, Stephan 283
- Kronawetter, Johann Josef 265
- Kronberger, Johann Paul 318
- Kübler, Adam 276
- Kühnlein, Johann Georg Bartholomäus 268
- Kürzinger, Emanuel 283, 284
- Lämel, Johann Michael 319
- Lämmermann, Johann Georg 325
- Lang, Georg Konstantin 273
- Lauhn, Johann Werner 278
- Laurer, Georg Christoph 291, 302, 322
- Laurer, Georg Gottlieb 292
- Laurer, Georg Nikolaus 302, 303
- Laurer, Georg Zacharias 291
- Laurer, Johann Christoph 303
- Laurer, Johann Georg Martin 291
- Laurer, Johann Gottlieb 291, 292, 321
- Laurer, Johann Martin 323
- Laurer, Nikolaus 325
- Lebershausen, Johann Philipp 281

– Lehner, Georg Hieronymus 326
– Lehner, Johann Georg 306
– Lehner, Lorenz 284
– Lehr, Anna Sophia Margarethe 268
– Lehr, Johann Andreas 266, 289, 303
– Lehr, Johann Christoph, Bierbrauer 267, 302, 320, 340, 341, 342, 346, 349
– Leipold, Louise Magdalena 297
– Leisner, Christoph 325
– Leisner, Johann Christoph 296
– Leisner, Johann Gottlieb 296
– Leissner, Susanna Christina 266
– Leitner, Hans 263, 333
– Lerch, Martin 160
– Leupold, Johann Kaspar 270, 271, 276, 278, 281
– Leupold, Maria Barbara 275
– Leutner, Johann Hieronymus 276
– Ley, Kaspar 275
– Liebel, Seifensieder 354
– Liebel, Christian Martin 266, 267, 312, 325
– Lieber, Esaias Konrad 275
– Lindauer, Joseph 342
– Lindner, Krauterer 390
– Lindner, Georg Bartholomäus 306, 307
– Lindner, Georg Michael 314
– Lindner, Gottlieb Matthias 279, 314
– Lindner, Johann Matthäus 284
– Link, Georg Michael 264
– Loder, Johann Friedrich 281
– Löffler, Johann Martin 314
– Lohberger, Jakob 266
– Lorenz, Johann Heinrich 319
– Lorenz, Peter 341
– Lorenzer, Peter 326
– Lott, Carl Anton 273
– Lotzbeck, Anna Rosina 298
– Ludwig, Georg Paul 283, 326
– Ludwig, Johann Gottlob 321
– Ludwig, Kaspar Gottlieb 295
– Luick, Johann 284
– Luick, Johann Jakob 284, 287
– Lutz, Johann Georg 320
– Macher, Konrad 303
– Maderholz, Johann Georg 269, 272
– Mämminger, Anna Magdalena 289
– Mämminger Hieronymus 263
– Mainberger, Joachim Ernst 302
– Maindlberger, Matthias 315
– Marca, Ulrich a 279
– Marquard, Johann Peter 313
– Marquard, Johann Sebald 312, 313
– Mauthum, Andreas 313
– Mehrmann, Johann Friedrich 313
– Mehrmann, Lorenz 266
– Meichsner, Katharina Felicitas 277
– Meixner, Gärtner 373
– Memwart, Johann Adam 317, 319, 354
– Memwarth, Adam 264, 266
– Mergner, Johann Wolfgang 265, 266, 339, 340
– Merten, Johann Christoph 321
– Metzger, Johann Philipp 28
– Meyer, Abraham 321
– Meyer, Georg Friedrich 319
– Meyer, Johann 279, 286
– Meyer, Johann Christoph 286, 298
– Meyer, Johann Georg 317
– Meyer, Johann Michael 307
– Meyer, Joseph 340, 342, 343, 344
– Meyer, Kaspar 279
– Meyer, Leonhard 263
– Meyerholzer, Joseph 324
– Minderlein, Georg Leonhard 297, 299
– Mirus, Charlotte A. Magdalena 303
– Mirus, Josef August 266, 267, 303
– Mölle, Heinrich 276, 284
– Moessner, Johann 273
– Moser, Anna Ursula 274
– Moser, Johann Georg 303
– Moshamer, Georg Friedrich 286
– Moshammer, Georg Heinrich 283
– Moshammer, Georg Michael 308
– Moshammer, Johann Andreas 311
– Moshammer, Johann Christoph 275, 276
– Mühlberger, Johann Andreas 267
– Mühlich, Johann Andreas 312
– Mühling, Johann Georg 266
– Müller, Georg Friedrich 263, 335
– Müller, Gottlieb Christian 272, 273
– Müller, Johann Heinrich 263
– Müller, Johann Michael 318
– Müller, Johann Thomas 321
– Mundigel, Andreas, Bierbrauer 361, 362, 363
– Munkert, Johann Gottlieb 281
– Munkert, Maria Henriette 281
– Muschweck, Barbara, Stadtbauern-Witwe 316, 367, 368, 369, 370, 371, 373, 399
– N. N., Gärtner 375
– N. N., Schuster 379
– Naimer, Christian Gottlieb 292
– Naimer, Georg Gottlieb 323
– Naimer, Johann Christoph 292
– Naimer, Johann Gottlieb 291
– Naimer, Johann Kaspar 265
– Naimer, Johann Leonhard 291
– Naimer, Johann Paul 267

– Natterer, Johann 273
– Nattermann, Johann Paul 324
– Neff, Johann Michael 270
– Nestmeyer, Johann Michael 319
– Neubauer, Konrad 276
– Neubert, Gottlieb 296
– Neumeyer, Barbara Catharina 275
– Neumeyer, Christoph Nikolaus 298
– Neumeyer, Georg 357, 361, 362, 363
– Neumeyer, Johann Michael 268, 285
– Neumüller, Georg Michael 267
– Neumüller, Johann Georg 290, 306, 325
– Norckauer, Johann Christian 316
– Norckauer, Matthias 279, 283
– Norgauer, Christian 302
– Oberdorfer, Johann Michael 315
– Oberhauser, Georg Michael 311
– Obermayer, Matthäus 263
– Obermeyer, Johann Georg 265
– Obermeyer, Matthias 263
– Öffelein, Johann Michael 299
– Oppermann, Anna Katharina Elisabeth 274
– Oppermann, Septimius Andreas 275
– Ortbauer, Johann Michael 281
– Ortner, Elisabeth Barbara 280
– Ortner, Johann 280
– Osswald, Johann Martin 264
– Oswald, Christian Ernst 318
– Otto, Johann Heinrich, Gastwirt 274, 312, 325, 342, 351, 358, 359
– Panzer, Georg 269
– Panzer, Johann Christian 273
– Panzer, Johann Michael 286, 325
– Panzer, Johann Peter 270
– Pappler, Johann Georg 282
– Pappler, Johann Leonhard 263
– Pappler, Matthias 278
– Past, Joseph 378
– Pastau, Jakob Gottlieb 301
– Patschke, Maria Katharina 316
– Pauer, Johann Christian 270
– Pauer, Johann Karl 267
– Pauer, Johann Karl Friedrich 266
– Pemsel, Johann Anton 263, 270
– Penting, Johann Georg Christoph 298
– Perger, Martin 315
– Petzold, Johann Georg 309
– Pfaffelberger, Georg 378
– Pfahler, Georg Matthäus 305
– Pfahler, Johann Michael 265
– Pfann, Johann Michael 295
– Pfeiffer, Johann Philipp 287
– Pfeiffer, Margareta Christiane 323
– Pflügel, Jakob 266
– Pförringer, Johann Martin 265
– Pfort, Georg 309
– Pfort, Gottlieb 276, 278
– Pfort, Johann Christian 303
– Pfort, Johann Jakob Konrad 312
– Pickel, Johann Leonhard 318
– Pickelein, Johann Wilhelm 306
– Pickl, Catharina 273
– Pickl, Susanna Katharina 291
– Pilgram, Barbara Rosemarie von 279
– Pirner, Johann Leonhard 272
– Plato, Margareta Christina 301
– Plato-Wild, Georg Gottlieb 131, 159[181]
– Platz, Johann Christoph 280
– Pohl, Johann Christian 287
– Polland, Franz Andreas 317
– Pollmann, Johann Ludwig 271
– Portner 128
– Porzelius, Anna Magdalena 293
– Porzelius, Daniel 293
– Prager, Jakobina Katharina 319
– Precht, Johann 270
– Preidl 301
– Presslein, Johann Wolfgang 264
– Probst, Leopold 272
– Pürkel 97[358]
– Pürzer, Georg 378
– Pulack, Johann Leonhard 287
– Purner, Adolf 263
– Putz, Anna Elisabeth 312
– Putzenberger, Johann Ludwig 263, 268
– Rabe, Johann Samuel August 314
– Radlein, Michael 280
– Reck, Kaspar 307
– Rehe, Johann Georg 264
– Reichenberger, Philipp 285, 325
– Reichmeyer, Johann Christoph 275
– Reidel, Peter Christoph 269
– Reif, Georg Paul 267, 286
– Reif, Johann Stephan 290
– Reihl, Christoph Gottfried 291
– Reihl, Georg Friedrich 290
– Reimbucher, Nikolaus 333
– Reinbacher, Simon 282
– Reinert, Johann Wolfgang 315
– Reinhard, Johann Michael Lorenz 293
– Reinhard, Karl Christian 299
– Reinisch, Samuel Gottlieb 272
– Reinwald, Johann Stanislaus 279, 283
– Reisigl, Johann Adam 268
– Rempel, Johann Michael 285
– Rendl, Katharina Barbara 279
– Renner, Jakob 288
– Renot, Georg Matthias 267

– Rentsch, Albrecht Julius Johann Friedrich 285
– Reulein, Johann Georg 271
– Reuter, Georg Bernhard 287
– Reuter, Johann Leonhard 280
– Reuter, Regina Magdalena 280
– Richard, Wilhelmine Elisabeth Klara 313
– Richter, Georg 344
– Richter, Magdalena 324
– Riedel, Johann Christoph 286
– Riedel, Johann Georg 280, 297, 319
– Riederer, Johann 341
– Rieger, Andreas 378
– Ritter, Elias 295
– Ritter, Johann Christoph 277, 288, 316
– Ritz, Anna Elisabetha 278, 283
– Ritz, Johann Christoph 277
– Robel, Georg 342, 343, 345
– Roede, Christian Gottfried 297
– Roedel, Johann 300
– Rödel, Johann Jakob 296
– Röhrl, Johann Stephan, Krauterer 314, 315, 393, 408, 410
– Römer, Johann Peter 306
– Roepfel, Matthias 306
– Rohrbeck, Georg Christoph 290, 318
– Rohrbeck, Ignaz Christoph 267
– Rohrbeck, Johann Lorenz 315
– Rohrbeck, Johann Michael 289
– Rohrbeck, Johann Peter 287, 289
– Rohrbeck, Paul Christian 289
– Roiko, Gottlieb 295
– Rossmeyer, Matthias 347, 350, 356, 357, 359, 360, 365–375, 379, 380, 382, 384–387, 390, 391, 393–400, 403–406, 408–412, 414–417, 420–424, 426, 427
– Rosswurm, Georg 342
– Roth, Georg Michael 278
– Rucker, Johann Michael 322
– Rueff, Johann 313
– Rühl, Johann Christian 319
– Rümelein, Johann Christoph Heinrich 295
– Rüsselhuber, Johann Adam 325
– Rumel, Georg Michael 289
– Runtinger 126
– Rupp, Christian Gottlieb Joseph 305
– Rupp, Johann Balthasar 303
– Russ, Vitus 300
– Sack, Anna Sophia 268
– Sack, Johann Andreas 289
– Sack, Johann Friedrich 296, 297, 312
– Saemann, Johann Karl August 282
– Särchinger, Georg Adam 313
– Saller, Ulrich 129[39]
– Sammüller, Johann Christoph 309
– Satzinger, Johann Matthäus 277
– Satzinger, Johann Michael 270
– Sauermann, Johann Matthäus 290
– Sauermann, Johann Valentin 302
– Schaefer, Johann Ulrich Gottlieb 298, 324
– Schaefer, Ludwig Wilhelm 315
– Schaefer, Philipp Albrecht Karl 316
– Schaeffer, Christina Elisabeth 277
– Schaeffer, Johann Gottlieb 277
– Schaeffer, Johann Ulrich Gottlieb, Hofrat 344, 349
– Schaeffer, Ludwig Wilhelm, Kommerzienrat 263, 276, 359–361, 365–372, 374–376, 379–382, 384–388, 391–396, 398–401, 403, 404, 406–411, 413–422, 424–427, 435, 436
– Schaubner, Jakob 278
– Schedelbauer, Jakob 362
– Scheiz, Katharina Elisabeth 299
– Scheiz, Matthias 299
– Scheler, Johanna Elisabeth 288
– Scheu, Johann Friedrich 290
– Scheu, Johanna Elisabeth 289
– Schiele, Johann Konrad 316
– Schieler, Johann Peter 308
– Schielin, Jakob 277, 279
– Schilling, Johann Michael 303
– Schiltl 128[33], 137
– Schirer, Johann Michael 268
– Schirkofer, Jakob 363, 364
– Schirmer, Johann Andreas 290
– Schirmer, Johann Georg 290
– Schlaizer, Anna Maria 286
– Schlaizer, Johann Wolfgang 317
– Schlehlein, Margarete Barbara 270, 277
– Schleicher, Wilhelm Martin 266
– Schleusinger, Georg Michael 318, 322, 325
– Schleusinger, Johann Michael, Inspektor 273, 274, 281, 307, 346
– Schleusinger, Johann Stephan 263, 269, 312
– Schleusinger, Maria Barbara 293
– Schloderer, Johann Paul 319
– Schmal, Christoph Friedrich 280
– Schmalzel, Wolfgang 312
– Schmaus, Johann Gottfried 276
– Schmauser, Simon Paul 316
– Schmerl, Johann Nikolaus 293
– Schmetterer, Joseph 273
– Schmid, Johann Adam 287
– Schmid, Johann Michael 318
– Schmid, Karl Gottlieb 299
– Schmid, Magnus 302

- Schmidt, Johann Georg 314
- Schmidt, Joseph, Gastwirt 372, 373, 377, 378
- Schmidtbauer, Georg 378
- Schmidter, Christoph 295
- Schmidter, Margarete 295
- Schmiedel, Johann 277
- Schmiedel, Johann Theodor Christian 298, 299
- Schmoll, Barbara Margarete 287
- Schneid, Adam Friedrich 263, 269
- Schneid, Katharina Margarete 286
- Schneider, Johann Michael 279
- Schneider, Johann Wolfgang 283
- Schneider, Ursula Margareta 323
- Schnitzberger, Joseph, Krauterer 410
- Schnitzlein, Johann Georg 319
- Schnürlein, Nikolaus 320
- Schobesberger, Johann Simon 316
- Schoepperl, Georg, Gastwirt 378
- Schöpf, Johann Markus 295
- Schöpf, Johann Martin 308
- Scholler, Johann Jakob August 304, 305
- Schramm, Michael 318
- Schricker, Simon 264
- Schropp, Joseph 363
- Schubart, Hieronymus August 312
- Schübel, Georg Benedikt 287
- Schübel, Johann Michael 269
- Schürer, Johann Georg 264
- Schurr, Andreas Gottlieb 302, 317
- Schwadi, Barbara Elisabeth 313
- Schwaiger, Johann Baptist 289, 290
- Schwarz, Maria Sybille 313
- Schwenold, Johann 325
- Schwerdner, Johann Anton 301
- Schwesinger, Anton 340, 341
- Schwesinger, Joseph 378
- Sebold, Jakob Gottlieb 283
- Sebold, Johann Heinrich 315
- Seidel, Nikodemus 298
- Seiffarth, Johann Christoph 292
- Seiffert, Johann Christoph 298
- Selig, Susanna Sophia 285
- Selpert, Johann Christoph von 299
- Sennestrey, Johann Erhard 320, 321
- Serpilius, Georg, ev. Geistlicher 250
- Siegmund, Johann Nikodemus 302
- Sohn, Johann Georg August 302
- Sommer, Johann Sebastian 282
- Sonvico, Anna Maria a 299
- Sorg, Georg Ambrosius 288
- Sorg, Johann Georg 297
- Sorge, Georg Ambrosius 273
- Speer, Leonhard Jakob 287
- Spidelbauer, Jakob 363
- Spitzbart, Johann Matthias 313
- Springer, Benedikt Friedrich 281
- Stadler, Andreas 289
- Stadler, Andreas Jakob 318
- Stadler, Erdmann Jakob 282, 302
- Stadler, Heinrich Gottlieb 322
- Stadler, Joseph, Bauer 417, 418
- Stadler, Tobias Jakob 286
- Städelen, Johann Georg 297
- Staffer, Jakob 378
- Stahl, Emanuel Jakob 318
- Staudte, Johann Leonhard 268
- Steck, Johann Michael 299
- Steiger, Johann Christian Heinrich 277, 295
- Steinbrucker 312, 317, 320, 333
- Steiner, Maria 275
- Stephan, Georg Adam 291
- Sternberg, Kaspar Gf von 326
- Sticker, Katharina Sybilla 281, 282
- Stiegler, Georg Christian 317
- Stieglitz, Tobias 280, 296, 297
- Stierlein, Susanna Barbara 302
- Stiesberger, Friedrich 311
- Sting, Johann Jakob 299
- Stock, Johann 304
- Stock, Maria Regina 304
- Stökle, Christian 280
- Stör, Andreas 311
- Stoer, Eva Walburga 314
- Stoll, Johann Georg 290
- Strasser, Johann Franz 273
- Strasskircher, Gebrüder 296
- Straubinger, Joseph 342, 343, 345
- Straubinger, Maximilian 279
- Strauss, Johanna Sophia 284
- Streitmann, Johann Gottlieb 270
- Strössel, Konrad 307
- Sturmberger, Matthias 271
- Tauber, Michael 300
- Taubert, Peter August Karl 301
- Theobald, Johann 307
- Thon-Dittmer, Georg Frhr von 266, 276, 282, 289, 291, 304, 305, 320, 335
- Thundorfer 176
- Toscano, Josef Maria 292
- Toskano, Magdalena Elisabeth 299
- Trunzer, Johann Michael 276
- Unger, Johann Matthias Christian 290
- Ursinus, Johann Christoph 281
- Valenio, Katharina Johanna 308
- Veigt, Anton, Metzger 378
- Vier, Christoph Nikolaus 276
- Vierzigmann, Andreas Septimius 303
- Vierzigmann, Georg Christoph 289

– Vischer, Johann Christoph 295
– Vrinz, Baron 354
– Vogelsang, Johann, Fragner 318, 380, 383, 384
– Vogt, Johann Georg 283
– Wack, Margareta Theresia 301
– Wack, Samuel Jakob 284
– Wagner, Georg Andreas 270
– Wagner, Georg Michael 264, 286, 289, 290, 317
– Wagner, Johann Jakob 319
– Wagner, Lorenz 282, 320
– Wagner, Simon 378
– Walter, Christian Gottlieb 325
– Walter, Gottlieb 277
– Walter, Johann Gottlieb 270
– Wanner, Johann 315
– Wanner, Johann Kasimir Andreas 301
– Wappler, Johann Jakob 308
– Wassmann, Johann Christoph 298
– Weglehner, Johann 315
– Wegner, Johann 293
– Weidinger, Johann 270
– Weidinger, Johann Christoph 302, 319
– Weidinger, Johann Georg 305, 307
– Weidner, Christian Gottlieb Joseph 288
– Weidner, Christian Gottlieb Josias 275
– Weidner, Susanna Katharina 293
– Weigel, Bauer 401
– Weigel, Johann Christoph 296
– Weigel, Susanna Elisabeth 293
– Weigele, Johann Konrad 286
– Weinert, Johann Leonhard 316
– Weiss, Johann Christoph Gottfried 288
– Weiß, Johann Heinrich 279
– Weiss, Konrad Martin 295
– Weissbacher, Simon 300
– Wendler, Johann Martin 274
– Wendler, Sibylla Elisabeth 289
– Werner, Johann Georg 321
– Werner, Simon 343
– Wetschger, Katharina Magdalena 293
– Wider, Johann Matthäus 275
– Wider, Susanna Christina 280
– Widmann, Johann Georg 264
– Wiedamann, Konrad 319
– Wiesner, Georg Leonhard, Assessor 295, 324, 378, 381, 382, 383, 384, 436
– Wilhelm 410
– Wilhelm, Johann Leonhard 316
– Willer, Georg Christoph 281
– Winter, Georg Paul 297
– Winter, Johann Georg 286, 287, 291
– Winter, Johann Wolfgang 313
– Winzer, Johann Jakob 325
– Wirt, Johann Matthias 307
– Wirth, Johann Gottlieb 296
– Wittmann, Georg Michael 271
– Wittmann, Johann Michael 317
– Wisand, Joachim Christoph Wilhelm 268
– Wisand, Karl Heinrich Wilhelm 304
– Wissmeyer, Matthias 286
– Wolf, Johann Konrad 313
– Wolf, Susanna Katharina 298
– Wolff, Johann Michael 279
– Wolff, Paul Christoph 280
– Zach, Johann Wilhelm Emanuel 313
– Zahn, Johann Georg 266
– Zahn, Johann Heinrich 270
– Zant 137, 152, 176
– Zant, Heinrich 247
– Zeh, Johann Samuel 290
– Zehender, Kaspar Christian 287
– Zeiller, Christoph Heinrich Georg 274
– Zeilmeyer, Johann 278
– Zieger, Johann Gottfried 287
– Zieghaus, Matthias 402
– Ziegler, Johann Christoph 282, 322
– Ziegler, Johann Matthias 293, 322, 323
– Ziegler, Johann Paul 323
– Ziegler, Johann Thomas 292
– Zink, Georg 316
– Zinner, Johann Michael 315
– Zirnkiebel, Johann, Bauer 399
– Zirnkiebel, Joseph 362
– Zirnkiebel, Simon 361–363
– Zirnkiebel, Simon jun. 354
– Zitzmann, Georg Paul 297
– Zitzmann, Johann Paul 314
– Zöllner, Johann Gottlieb 317, 322
– Zollner, Johann Christian Gottlieb 274
– Zollner, Johann Gottlieb 318
– Zucker, Johann August 288
– Zwanziger, Johann Kaspar 281
– Zweyer, General von 321
– Zwörner, Johann Georg 286
Örtlichkeiten (Stadtteile, Straßen, Gassen, Plätze)
– Ägidienplatz 49, 222, 243
– Alter Kornmarkt 21, 36, 37, 63, 68, 90, 95, 101, 121, 162, 182, 207
– Am Königshof 49
– Am Römling 25
– Am Stärzenbach 231
– Arnulfsplatz 8, 9, 17, 44, 45, 58, 154, 454
– Auf dem Kornbühl 230
– Augsburger Straße 18

– Bachgasse (Obere, Untere) 16, 147, 168
– Bahnhofsgelände 32
– Bismarckplatz 6, 8, 9, 14, 17, 37, 44, 58, 121, 164, 222, 450[57]
– Brandlberg 457
– Brückstraße 252
– Brunnleite 150, 243
– Brunnweg 150
– Dachauplatz 37, 164, 230, Abb. 1
– Dechbetten 354, 357, 361, 362–364, 377, 433, 437, 455, 457
– Dörnbergpark 21
– Donausüduferstraße 8, 9, 87, 89, 227
  – via iuxta amnem Danuvium 17
– Drei-Kronen-Gasse 17
– Emmeramsplatz 50, 174[273], 256, 448
– Engelburgergasse 252
  – Englpoltstrazze 252
– Fischmarkt 121
– Friedenstraße 454
– Friedrich-Ebert-Straße 454
– Fröhliche-Türken-Straße 17, 25
– Galgenberg 156, 438, 457
– Gallingkofen 457
– Genstal 71
– Gesandtenstraße 17, 140, 199
– Glockengasse 161
– Goliathstraße 45
– Grasgasse 17, 24, 30
– Großprüfening 18, 455, 457
– Gutenbergstraße 51
– Haidplatz 23, 38, 121, 249
– Hauptwache 163, 296
– Hochweg 6, 45, 150
– Jakobsplatz 227
– Judenstein 223
– Kager 102, 106, 252, 457
– Karthaus 384, 455, 457; s. Prüll
– Kassiansplatz 240
– Keilberg 4, 457
– Königswiesen 22, 38, 64, 71, 87, 148, 363, 364, 377, 378, 457
– Kohlenmarkt 24, 32, 252, 293
– Krauterermarkt 121
– Kufnergasse 304
– Kumpfmühl 13–15, 17, 19, 26, 32, 147, 228, 371–373, 375, 377–380, 383, 433, 437, 448, 453, 455, 457
– Kumpfmühler Weg 157
– Latron 17, 27, 75f., 100, 101, 240
– Lederergasse 251
– Lederstein 248
– Ludwigstraße 45, 121, 447, 454
– Luitpoldstraße 454
– Maximilianstraße 240, 444, 446, 454
– Minoritenweg 134
– Napoleonstein 444
– Neuprüll 457
– Niederwinzer 251, 457
– Oberwinzer 253, 254, 457
– Ölberg 222
– Ostengasse 45, 231
– Ostnervorstadt 64, 164, 206, 335
– Pfaffenstein 183, 253, 448, 457
– Prebrunn 80, 81, 86–88, 107, 148, 206–208, 324, 441
– Predigergasse 222
– Prüfening 9, 18–21, 26, 32, 54, 81, 156, 183, 344, 353, 354, 433, 437; s. Großprüfening
  – Probinus, Großgrundbesitzer 26
– Prüfeninger Weg 150
– Pürkelgut 6, 8, 97[358], 148, 207, 379–381, 383, 384, 386, 392, 394, 396, 397, 400–409, 412–417, 421–423, 425
  – Neuhausen/Niunhusen prope Ratisponam 97
– Neupfarrplatz 140, 170
– Pumpelhölzl (FlN) 378
– Rathaus 93, 131, 134, 143, 156, 205, 249, 335, Abb. 6, 7
– Reichsstraße 454
– Reinhausen 183, 448, 455, 457
  – Galgenberg 156
– Sallern 22, 26, 32, 455, 457
– Schäffnerstraße 174[273], 225[126]
– Schelmengraben 105
– Scherergasse 199
– Schwabelweis 6, 22, 26, 32, 455, 457
– Schwarze-Bären-Straße 25[42], 253
– Schwibbogenstraße 45, 121, 344, 353, 354
– Sedanstraße 454
– Speichergasse 17
– Stadtamhof 2, 98, 99, 148, 151, 187, 243, 253, 448, 455, 457
  – Am Hof 99, 183, 187
  – „Gegenstadt" 105
  – Geiersberg 104
  – Landeskron, Burg 99, 104, 105, 107
  – Schierstatt/Scierstat, praedium 54, 98, 99
    – Besitzer: Jude Samuel 170
  – vorstat enhalb der prukk 98
– Steinbruch 228
– Steinweg 28, 183, 448, 455, 457
– Straubinger Straße 18, 22
– Thundorferstraße 251
– Waffnergasse 253
– Wahlenstraße (Walchenstraße) (inter Latinos) 16, 27, 122, 140, 145, 250, 260
– Watmarkt 121

- Weichs 22, 25, 28, 448, 455, 457
- Weintinger Weg 150
- Weinweg 32, 150
- Weißenburgstraße 454
- Weißgerbergraben 8, 9, 17, 37, 38, 58, 122, 227, 260
- Westnervorstadt 58, 81, 164, 250, 335
- Winzer 22, 25, 32, 38, 71, 81, 86, 183, 220, 226, 252, 253, 340–345, 433, 434, 437, 455, 457; s. Niederwinzer, Oberwinzer
- Winzerer Höhen 253, Abb. 9
- Wutzlhofen 457
- Ziegetsberg 8, 22
  - Merkur-Heiligtum 19, 22
- Ziegetsdorf 455, 457

Bistum und Hochstift
- Bischöfe 41, 62, 65–67, 76–79, 82–85, 88–90, 93, 98, 103–105, 111, 114, 119, 134, 139, 157, 159, 161, 174, 181, 183, 189, 191, 193, 206, 209–212, 214–216, 219, 220, 222–224, 227, 229, 231, 232, 235, 236, 239, 458, 459
  - Adalbert Sigismund 174[273]
  - Adalwin 51
  - Albert I. 98
  - Ambricho 51[121], 76
  - Aspert 50
  - Baturich 50, 231
  - Dalberg, Karl Theodor von 147, 150, 156, 173, 206, 207, 211, 212, 218, 221, 223, 226, 228, 229, 231, 234, 236, 239, 240, 242–245, 260, 261, 337, 439–445, 449–451, 453
  - Emmeram 39, 40, 49, 213, 214
  - Erchanfried 50
  - Erhard 37, 39, Abb. 3
  - Gaubald 40
  - Gebhard III. 66
  - Gebhard IV. 71, 245
  - Heinrich I. 60, 66, 213
  - Heinrich IV. 184
  - Konrad I. 239
  - Konrad III. 83, 208, 242
  - Konrad IV. 83–85, 90, 115, 225
  - Kuno 252
  - Lupus 18, 39
  - Michael 66
  - Otto 71
  - Paulinus 18, 39
  - Ratarius 39
  - Riedel, Valentin von 24
  - Siegfried 90, 96–98, 119, 124, 210, 222, 228, 229, 235
  - Sigirih 40
  - Sintpert 51
  - Tuto 50, 56, 65, 161
  - Valentinian 39
  - Wikterp 39
  - Wolfgang 66, 83, 215, 232, 234, 241, 449
- Bischofsfestung 210
- Bischofshof 120, 154, 193–195, 197, 209–211, 234, 441, 445, Abb. 11
  - Kuchelhof 211, 358–361, 369, 371–374, 379, 381, 382, 384–392, 394, 397, 399–402, 404, 408, 410, 411, 413–417, 420, 421, 423, 425–427, 431
- Bischofsrechte 66–68
  - Bergregal 85, 114
  - consuetudines 85
  - Forsthoheit 210
  - Immunität 66, 67, 76, 78, 209
  - Münzrecht 66, 159–161
  - Zollrecht 66, 161f.
- Bischofswahl 90, 211, 212
- Bistum/Diözese 27, 39, 40, 209, 212, 214, 221, 230, 242, 244, 449
  - Diözesanverwaltung 236
- Dom (St. Peter) 24, 41, 43, 66–68, 89, 92, 93, 101[381], 167, 168, 193, 209, 211, 234, 236, 245, 256, Abb. 9
- Domkapitel 90, 98, 154, 158, 211–215, 222, 244, 245, 268, 271, 276, 293–295, 306, 310–312, 318, 361, 367–372, 374, 377, 383–385, 388–390, 395, 398, 399, 404, 406, 407, 409, 411–415, 420, 431
  - Dechantei/Dekane 212, 213
    - Neuhauser Dr., Johannes 180
  - Domherr Goldner, Johannes 180[298]
  - Domkanoniker Pfeffenhausen, Konrad von 253
  - Propstei/Pröpste 211, 213, 440
  - Propsteiamt 296
    - Gottfried 90
  - Vögte 101, 211
    - Eberhard von Dornberg 102[386]
    - Eckbert von Eggmühl 90, 102[386]
    - Wittelsbacher 102
- Dompfarrei 90, 108, 167f.
- Domvögte/-vogtei 62, 67, 72, 76–78, 117, 152
  - Bogen, Grafen von 76f., 102f., 210; s. Bogen
  - Konrad 77, 102
  - Lengenbach, Herren von 77, 82, 102
  - Sulzbach, Grafen von s. Sulzbach
  - Timo von Formbach 76
- Hochstift 65, 66, 77, 78, 154, 209–212, 264, 266, 269, 276, 281, 293–296, 299, 301, 302, 304–306, 309–312, 314, 318–320, 323, 330, Kartenbeilage 3; s. Donaustauf, Hohenburg, Wörth

– Ministerialen 98, 123, 219
– Taufkirche am Dom 239
– Wahlkapitulation 212
– Weihbischöfe
  – Langwerth von Simmern, Gottfried 247
  – Ludovici, Johannes 180[298]
Klöster, Kirchen, Kapellen, Pfarreien
– Ahakirche 134
– Alte Kapelle 17, 48, 49, 68–70, 92, 94, 95, 100, 101, 103, 121, 154, 168, 207[13], 236–240, 243, 264, 270, 274, 277, 281, 285–290, 295–299, 302, 305, 308–312, 315, 316, 318, 319, 324, 331, 340, 345, 346, 348, 349, 352, 367, 369, 371–376, 384, 386–388, 390, 391, 394, 395, 397–401, 404–406, 408, 409, 411–416, 420, 421, 423, 424, 426, 427, 432, 437, 444, Kartenbeilage 3
  – Propst Tageno 237
  – Vogtei 238
– Bernhards-Kapelle 254
– Bruderhauskirche (ev.) 169
– Dominikanerkirche (ev.) 169; s. St. Blasius
– Dreieinigkeitskirche (ev.) 160, 199, 256, 257
– Heilig Kreuz 154, 228–231, 270, 271, 331, 350, 425–427, 432, 444
– (Karthaus-)Prüll 70, 74, 78, 147, 148[121], 158, 224, 226, 250, 266, 268, 333, 434, 455; s. Prüll
  – St. Vitus 226
  – Vögte 102
– Kirche, ev. 223, 254–257 s. Luther, Martin
– Neupfarrkirche (ev.) 169, 139, 256
– Niedermünster 8, 17, 23, 24, 30, 37, 39, 41, 43, 48, 61, 68, 69, 76, 120, 153, 154, 158, 168, 177, 194, 195, 224, 231–236, 241, 247, 265, 267, 268, 276, 277, 282, 286, 289–291, 293, 294, 297, 301, 302, 305–309, 315–319, 321, 330, 331, 343, 358–360, 364–368, 370–372, 374, 379–382, 384, 385, 387, 388, 390, 393–396, 400, 401, 405, 407–410, 412, 413, 415–417, 420, 423, 425, 426, 428, 432, 437, 439, 443, Abb. 3, 14, Kartenbeilage 3
  – Äbtissin Eva 226
  – Erhard-Grab 37, 234, Abb. 3
  – Uta-Codex 235
  – Vogtei 102, 235
– Obermünster 41, 43, 44, 52, 61, 69, 76, 87, 120, 148, 153, 154, 158, 168, 177, 194, 195, 219, 224, 231–235, 240, 241, 250, 253, 266–271, 274–276, 281, 287, 290, 296–301, 312, 313, 318, 320, 330, 339, 341, 342, 345–348, 350–352, 354–356, 358–361, 363–375, 377, 379, 380, 382–386, 388–400, 404–415, 420–426, 431, 432, 437, 439, 443, 455, Abb. 13, Kartenbeilage 3
  – Äbtissin 231–233, 235
    – Muggenthal, Therese von 235
    – Neuenstein, Maria Josepha Felicitas Freiin von 234
    – Willa 218
  – Inklusen
    – Candidus 218
    – Marianus 218, 219
    – Mercherdach 218
  – St. Dionys 168, 226, 233
  – Vogtei 102, 235
– Ostkirchliches Institut 227
– Otto-Kapelle 81
– Prüfening 64, 70, 71, 74, 78, 80, 87, 104[400], 148, 158, 206, 244, 250, 263, 267, 268, 274, 275, 281, 287, 287, 304, 333, 349, 428, 434
  – Äbte 95[351]
  – Liber Pater-Altar 19, 22
  – Vogtei 102
– Wallfahrtskirche zur Schönen Maria 173, 256
– Weih St. Peter 71, 218, 220
– St. Ägidius 74, 83, 90, 91, 154, 168, 222, 242–244, 264, 267, 269, 275, 278, 284, 289, 306, 314, 332, 443
– St. Blasius 154, 169, 222, 223, 242, 243, 265, 267, 272, 278–281, 292, 298, 331, 443
– St. Emmeram 27, 32, 40, 49–51, 57, 58, 68, 71, 74, 76, 78, 93, 109, 120, 154, 167, 194, 195, 199, 209, 213–218, 231, 231, 233, 238, 240, 252, 253, 264–266, 268–272, 274, 275, 277–285, 288, 289, 297–299, 301, 305, 309, 313, 314, 318, 330, 343, 346, 349–353, 355–382, 384–401, 404–416, 420–428, 431, 437, 439, 443, 448, 450, Abb. 12, Kartenbeilage 3
  – Äbte 216
    – Godin, Anselm 216, 217
    – Steiglehner, Cölestin 244
    – Wulfing 222
  – Fragmentum de Arnulfo duce 65
  – Propst Arnold 49, 51, 58, 214
  – Notare
    – Adalleod 50
    – Dominicus 50

- Schreibschule 214
- Vogtei 103, 215
- St. Georg 18, 27, 213
  - interpres Vitalis 26
- St. Jakob 38, 71, 74, 102, 109, 154, 158, 168, 218–221, 273, 275, 280, 331, 340, 432, 443
  - Äbte 219
    - Fleming, Placidus 220
  - Vogtei 219
- St. Johann 84[295], 102, 153, 154, 158, 168, 225, 239f., 251, 252, 294, 296, 297, 305, 309, 311, 319, 331, 349, 428, 432, 444
- St. Joseph 154, 174[273], 227f., 244, 308, 331, 443
- St. Kassian 27, 39, 94, 168, 238, 240, 253, 296
- St. Klara 154, 227, 229, 230f., 308, 309, 314, 315, 331, 428, 432
- St. Leonhard 227, 244, 251, 268, 269, 275, 332, 443
- St. Mang 78, 207, 240, 251, 268, 305, 333
  - Vogtei 102
- St. Maria Magdalena am Klarenanger 230f.; s. St. Klara
  - Äbtissin Thermannskirchen, Adelheid von 230
- St. Matthias 154, 226f., 230, 231, 321, 331, 443
- St. Oswald (ev.) 169, 227, 239, 256
- St. Paul (Mittelmünster) 76, 78, 101[381], 145, 154, 158, 168, 222, 241f., 268, 278, 296, 297, 300–302, 312, 314, 317, 331, 357, 360, 361, 365–368, 370, 373, 375, 376, 379, 384, 385, 387, 388, 390–395, 397, 398, 400, 404, 405, 408–410, 413–416, 421–423, 426, 432, 437
  - Äbtissin Puchberg, Agila von 241
  - Jesuitenkolleg 241f.
  - Paulaner 242
  - Vogtei 102, 241
- St. Peter und Paul 168, 236
- St. Rupert 168, 218
- St. Salvator (Augustiner) 140, 154, 223–226, 312, 331, 443
  - Mönche
    - Teschler, Georg 224
    - Kallmünzer, Wolfgang 224
- St. Salvator (Minoriten) 64, 102, 108, 154, 168, 225, 226, 230, 295, 302, 315, 331, 443
  - Mönche
    - Augsburg, David von 226
    - Berthold, Bruder 226
- St. Sebaldskapelle 321, 332
- St. Stephan 209
- St. Thomas 168
- St. Ulrich 91–94, 108, 167, 238
  - Patrozinium 93, 94
    - Ulrich von Augsburg 94[345]
    - Ulrich von Zell 94[345]
- St. Wolfgang 13
- St. Zeno 27, 39

Regenstauf (M, Lk Regensburg) 86–88, 106, 107

Rehbach, Bleistiftfirma 242

Reich, Heiliges Römisches
- Kaiser, Könige
  - Dynastien
    - Habsburger 171, 175, 179, 193, 196, 226
    - Karolinger 37, 41, 42–56, 60, 67, 68, 78, 92, 95, 100, 103, 159, 161, 169, 206, 209, 214, 215, 231, 232, 236
    - Merowinger 52
    - Ottonen 48, 56, 60, 61, 66, 101, 159, 209, 215, 237
    - Salier 59, 66
    - Staufer 52, 59, 60, 62, 68, 77, 79, 80, 92, 93, 96, 206, 209, 214
  - Einzelne Persönlichkeiten
    - Adolf von Nassau 59, 60, 216
    - Albrecht I. 59
    - Albrecht II. 120, 178, 179
    - Arnulf von Kärnten 43, 45, 46, 49–51, 164[219], 214, 248
    - Ferdinand I. 191, 196, 224
    - Ferdinand II. 192, 227
      - Gemahlin: Eleonore 193
    - Ferdinand III. 192, 193, 228
      - 1. Gemahlin: Maria Anna 193
      - 3. Gemahlin: Eleonora 193
    - Ferdinand IV. 193
    - Franz I. Stephan 191, 192
    - Franz II. 192, 193
    - Friedrich I. Barbarossa 56, 59, 60, 62, 68, 75, 79, 80, 82, 110, 111, 113, 119, 138, 161, 170, 242
    - Friedrich II. 59, 60, 85, 87, 90, 96, 97, 103, 109, 114, 117–119, 123, 157, 219, 220, 225, 232, 235
    - Friedrich III. 120, 157, 171, 179–186, 230, 233, 235
    - Heinrich I. 57, 58, 64, 65
    - Heinrich II. 54, 56, 59, 60, 63, 66, 68–70, 72, 214[58], 232, 235, 237, 253, Abb. 14
    - Heinrich III. 59, 60

– Heinrich IV. 59, 60, 62, 64, 71, 76, 78[367], 110, 157, 170, 178, 219, 237
– Heinrich V. 59, 60, 71, 72, 219
– Heinrich VI. 59, 60, 82, 83, 86, 111, 113, 219
– Heinrich VII. 59, 152, 158, 220
– Heinrich (VII.) 85, 97, 118[463], 171, 223, 225
– Joseph I. 192
– Joseph II. 192
– Karl I., der Große 36, 41–48, 51, 76, 237[208]
– Karl III. 45, 46, 49, 54, 231 f.
– Karl IV. 119, 130, 167, 176, 223
– Karl V. 171, 173, 190, 191, 196, 223
  – Sohn, illegitimer: Don Juan d'Austria 194
– Karl VI. 191, 192, 217
– Karl VII. 191, 197, 203[379]; s. Bayern, Karl Albrecht
– Karl Martell 36
– Karlmann 43, 44, 46, 49
– Konrad I. 56, 57, 65, 68, 161, 210
– Konrad II. 59, 60, 66, 69, 232, Abb. 13
– Konrad III. 59, 60, 88
– Konrad IV. 59, 68, 98, 104, 108, 118[463], 119
– Leopold I. 192, 193
– Leopold II. 192
– Lothar III. von Supplinburg 59, 60, 62, 66
– Ludwig I., der Fromme 44
– Ludwig II., der Deutsche 43–48, 50–52, 56, 151, 231, 237
  – Gemahlin: Hemma 44, 231
– Ludwig III., der Jüngere 45, 46, 49
– Ludwig IV., das Kind 44, 45, 47, 56
– Ludwig IV., der Bayer 130, 153, 171, 175, 176, 178, 196, 220, 232, 235, 249
  – Notar: Friedrich von Regensburg 178
– Matthias I. 192, 226
  – Gemahlin: Anna 226
– Maximilian I. 120, 160, 171, 185, 186, 188–190
  – Kommissare
    – Brandenburg, Friedrich von, Mgf 185
    – Zollern, Eitelfritz von 185
– Maximilian II. 191, 193
– Otto I., der Große 57, 59, 66, 73
– Otto II. 57, 59, 170, 208
– Otto III. 59, 69, 237
– Otto IV. 59, 84
– Philipp von Schwaben 59, 83, 84, 112
– Rudolf I. von Habsburg 59, 60, 110, 157, 176[283], 177
– Rudolf II. 191, 193, 197, 241
– Ruprecht I. 119, 179
– Sigmund 119, 131, 162, 178, 223, 233
– Wenzel 119, 178
– Verfassung
  – Burggraf s. Regensburg, Ämter
  – Freistadt 173–179, 181, 186
  – Hoftage 60, 178
  – Huldigung 190 f.
  – Privilegienbestätigung 191 f.
  – Reichsacht 179, 185
  – Reichsdeputationshauptschluß 239, 444
  – Reichserbmarschall 154, 173, 200, 202, 442
  – Reichshauptmann 163, 186, 188–190, 208; s. Regensburg, Stadt
  – Reichshilfe 179
  – Reichshofrat 166, 222, 223
  – Reichskammergericht 155, 166, 178, 185, 189, 194, 246
  – Reichskleinodien 178, 202
  – Reichskontingent 163
  – Reichskreis, Bayerischer 163, 196, 211, 216, 233
  – Reichsmatrikel 163, 195, 211, 216, 235
  – Reichspatron 214, 217
  – Reichssteuer 176 f., 186
  – Reichstag, Immerwährender 134, 159, 166 f., 173, 193, 196–203, 208, 244
    – Fürstenrat 216, 233, 235
    – Kurfürstenrat 202
    – Prinzipalkommissar 199, 450; s. Regensburg, Stadt: Thurn und Taxis
    – Städtekollegium 190
  – Reichsversammlungen 46 f., 52, 56, 59 f., 63, 71, 82, 154, 176, 197, 199, 219, 226, 228, 450
  – Westfälischer Friede 246, 256, 257
Reich, Ostfränkisches 42, 43, 47, 50, 53, 56, 159, 232, 237
Reich, Römisches 11–41
– Kaiser
  – Commodus 16
  – Diokletian 20
  – Domitian 12, 13

– Julian 17
– Konstantin 20
– Marc Aurel 15, 16
– Nero 12
– Probus 20
– Tiberius 11
– Valentinian 17
– Vespasian 13
– Romanen 21, 26–29, 37, 122
– Christan, Dignus, Dominicus, Gregorius, Justus, Maurentius, Salvanus 26
– Vitalis 26
Reichenbach (Kd, Kl, Lk Roding) 253
– Abt Hermann 253
Reichenhall, Bad (St, Lk Bad Reichenhall) 85
Reihengräber 31 f.
Rhein (Fl) 6, 13, 42, 45, 66, 84, 105, 125, 176
– Rheinau s. Mainz, Worms
– Rheinland 45, 87
– Rheinischer Städtebund 176
Riedenburg (St, Lk Riedenburg) 244
Riekofen (Pfd, Lk Regensburg) 8
Rißeiszeit 4
Roding (St, Lk Roding) 238
Rohr (M, Kl, Lk Rottenburg a. d. Laaber) 70, 250 f., 312, 333
Rohrbach s. Kirchenrohrbach
Rom (Italien) 42[45], 46, 72, 84, 119, 178, 182, 183, 185, 216, 218, 221, 238, 241
– Lateran 101, 237[217]
– Päpste 210 f.[37], 222, 238
– Calixt II. 219
– Gregor IX. 118, 232
– Gregor X. 249
– Innozenz III. 219
– Innozenz IV. 119, 229
– Innozenz VII. 233
– Johannes VIII. 46
– Johannes XXII. 216
– Leo IX. 60
– Leo X. 220
– Lucius III. 216, 219
– Paul II. 241
– Urban II. 60
– Urban III. 239, 240
– Viktor II. 60
– Römer 8, 12, 21–24, 28–30, 33, 37, 38, 45, 49, 236
Rothenburg ob der Tauber (St) 149
Rott a. Inn (Pfd, Kl, Lk Wasserburg a. Inn) 70, 253
Rudolf von Worms 230
Ruzinaten 8
Saal a. d. Donau (Gde, Lk Kelheim) 236
Sachsen 46, 60, 63, 199, 254
– Sachsen-Weimar, Hg Bernhard 141, 203[377]
– Liudolfinger 73[421]
– Wettiner 60
Salier s. Reich
Sallach (Pfd, Lk Mallersdorf) 233
Salzburg (Österreich) 11–13, 26, 35, 52, 64, 67, 78, 97[357], 103[396], 208 f., 210 f.[37], 332, 437
– (Erz-)Bischöfe 38, 41, 70, 83, 85, 119, 167, 174, 195, 208, 210
– Eberhard I. 103[396], 122
– Guidobald von Thun 208
– Konrad I. 252
– Konrad III. 81, 208
– Rupert, hl. 35, 208, 236
– Dom 41
– Hohensalzburg 67
– St. Peter, Kl 40
Sarching (Pfd, Lk Regensburg) 6, 8
Schäftlarn (Gde, Kl, Lk Wolfratshausen) 86
Scharmassing (D, Gde Oberhinkofen, Lk Regensburg) 4
Schauerstein (E, Gde Griffenwang, Lk Parsberg) 213
Schedelsche Weltchronik 122, Abb. 9
Schelmengraben 105
Schenk, Eduard von 221[105], 228
Schierstatt/Scierstat, praedium s. Regensburg, Örtlichkeiten, Stadtamhof
Scheyern (Pfd, Kl, Lk Pfaffenhofen a. d. Ilm) 70, 86, 254
– Gf Otto IV. 254
Schierling (M, Lk Mallersdorf) 236
Schotten 175, 220
– Schottenkloster St. Jakob 218–221
Schwaben 63, 79, 93, 149, 176, 184, 185, 190, 449
– Schwäbischer Bund 184, 185
Schwandorf (St) 213
Schwarze Laaber (Fl) 1
Schwarzenfels, Ruine (Gde Sinzing, Lk Regensburg) 99, 100, 106, 107
Schwarzes Meer 34
Schwarzhofen (M, Kl, Lk Neunburg vorm Wald) 224, 229
Schweden 227
Seedorf (D, Gde Poign, Lk Regensburg) 149
Seeon (Gde, Kl, Lk Traunstein) 70
Sengkofen (Kd, Lk Regensburg) 8
Seppenhausen (E, Gde Pfatter, Lk Regensburg) 151

– Heinrich, Nikolaus 151
Sinzing (Pfd, Lk Regensburg) 32, 220, 226
Slawen 32, 122
Sorviodurum s. Straubing
Spanien 203
SPD 447
Speyer (Rheinland-Pfalz) 177, 201
– Bischöfe 119
– Berthold von Eberstein 98
Stamsried (M, Lk Roding) 239
Staufer s. Reich
Stefling (D, Lk Roding) 74, 89[318]
– Landgrafen 73f., 83
Steiermark 59, 111, 191, 252
– Hg Ottokar 111
Steinberg (Pfd, Lk Dingolfing) 236
Stengel, Carl Abb. 12
Strahlfeld (Kd, Lk Roding) 221
Straßburg (Frankreich) 16, 141, 177
– Bischöfe 119
Straubing (St) (Sorviodurum) 13, 14, 30, 88, 89, 105, 148, 151, 175, 180, 182, 187, 196, 227
Sudetenland 458
Sulzbach (Pfd, Lk Regensburg) 65, 210, 449
Sulzbach(-Rosenberg, St, Lk Sulzbach) 449
– Grafen 77, 82
  – Gebhard 78[266]

Tabula Peutingeriana 33[12]
Tegernheim (Pfd, Lk Regensburg) 3, 87, 106, 233
Tegernsee (St, Kl, Lk Miesbach) 70
Thietmar von Merseburg 61
Thüringen 21
Tirol 105
Translatio S. Dionysii Areopagitae II 63, 67, 68, 71, 206, 335
(Ober-/Nieder-)Traubling (Pfd, Lk Regensburg) 26
Trient (Italien) 197, 235
Trier (Rheinland-Pfalz) 72
Türken 164, 178, 194, Abb. 2
Twinger von Königshofen, Jacob 176[281]

Ulm (Baden-Württemberg) 149
Ungarn 47, 57, 61, 66, 153, 159, 179, 184
– Kg Matthias Corvinus 184, 185

Vallatum (wohl Manching, Lk Ingolstadt) 21
Venedig (Italien) 64, 138, 144
– Fondaco dei Tedeschi 138
Verdun (Frankreich) 117, 119
Versailles (Frankreich) 203[379]
Vils (Fl) 53
Vindeliker 8
Vindobona s. Wien
Vinzenz von Prag 76[252]
Vita Severini 18, 30
Völkerwanderungszeit 29
Vogtareuth (Pfd, Lk Rosenheim) 217
Vorgeschichte 4–7

Walderbach (Pfd, Kl, Lk Roding) 70, 74, 215, 254
Walhalla (M Donaustauf, Lk Regensburg) 447
Wasserburg a. Inn (St, Lk Wasserburg a. Inn) 196
Weichs, Joseph Maria Frhr von 445
Weiden i. d. OPf. (St) 449
Weihenstephan s. Freising
Weimar (Thüringen) 454, 455
Weißenburg i. Bay. (St, Lk Weißenburg i. Bay.) 188
Welfen s. Bayern
Weltenburg (Pfd, Kl, Lk Kelheim) 251f., 268, 333
– Abt Herwich 251
– Frauenberg 12
Wemding (St, Lk Donauwörth) 51[121]
Wessobrunn (Pfd, Kl, Lk Weilheim) 70
Westen (E, Gde Niederlindhart, Lk Mallersdorf) 236
Westfälischer Friede s. Reich
Wetzlar (Hessen) 166, 439
Widukind von Korvey 58
Wien (Österreich) (Vindobona) 9, 62, 99, 105, 120, 128, 164, 166, 184, 192, 197, 199, 201, 208[14], 222, 256
Wilhelminer s. Bayern
Wittelsbacher s. Bayern
Wörth a. d. Donau (St, Lk Regensburg) 51, 66, 78, 105, 210, 439, 450, Abb. 11
Wolfring (Kd, Lk Nabburg) 89[318]
Wolgemut, Michael 122, Abb. 9
Worms (Rheinland-Pfalz) 42, 46, 52, 59, 117[461], 177, 186, 210
– Rheinau 52
– Rudolf von 230
Würzburg (St) 67, 210
– Bischöfe 119

Zeitlarn (Pfd, Lk Regensburg) 52, 87, 167, 169, 238
Ziegler, Jakob 143[104]
Zürich (Schweiz) 54

Abbildungen

Abbildung 1: Bauinschrift über dem Osttor des Legionslagers Castra Regina (179 n. Chr.) (StMR).

Im Jahre 1873 wurde bei Bauarbeiten auf dem Dachauplatz die ursprünglich über dem Osttor des Legionslagers Castra Regina angebrachte Torinschrift aufgefunden. Sie stellt ein in seiner Form einzigartiges epigraphisches Gründungsdokument einer römischen Grenzbefestigung dar und eröffnet Einblick in die näheren Umstände. Die ursprünglich sicher über 8 Meter breite Steininschrift ist nur unvollständig überliefert. Karlheinz Dietz (Regensburg zur Römerzeit, S. 388) bietet folgende Rekonstruktion:

1 [*Imp(erator) Caesar, divi Antonini Pii filius, divi Veri Parthici maximi*] FRATER · DIVI · HADRIANI · NEPOS · DIVI · TRAIANI · PA[*rthici pronepos, divi*]

2 [*Nervae abnepos, M(arcus) Aurelius Antoninus Aug(ustus) Germanicus Sarma*]TICVS · PONTIFEX · MAXIMVS · TRIB(uniciae) · POTESTATIS · XXXVI · I[*mp(erator)* VIIII, *co(n)s(ul) III, p(ater) p(atriae) et*]

3 [*Imp(erator) Caesar M(arcus) Aurelius Commodus Antoninus Augustus Sarmat*]ICVS · GERMANICVS · MAXIMVS · ANTONINI · IMP(eratori) [*fil(ius), divi Pii nep(os), divi Ha-*]

4 [*driani pron(epos), divi Traiani Parth(ici) abn(epos), divi Nervae adn(epos), trib(uniciae) pot(estatis) IIII, I*]MP(erator) · II· CO(n)S(ul) · II· VALLVM CVM PORTIS ET · TVRRIBVS · EFC(erunt) P(*er legionem III)*]

5 [*Italicam Concordem curam agente*] M(arco) · HELVIO · C[*le*]MENTE · DEXTRIANO LEG(ato) · AV[*gg(ustorum duorum) pr(o) pr(aetore).*]

Abbildung 2: Die Südost-Ecke der Stadtmauer (Aufnahme: StMR).

Das römische Legionslager Castra Regina war eine Großfestung. Vor allem die Außenmauern haben den Abzug der Römer überdauert und wurden noch von Arbeo von Freising um 770 als Hauptmerkmal der frühmittelalterlichen Stadt herausgestellt. Die starke Befestigung verschaffte Regensburg einen Vorrang vor allen anderen Siedlungen im raetischen Raum und wurde maßgeblich für die Wahl der Stadt zum Vorort der Bajuwaren. Die Abbildung zeigt in Deutlichkeit die Bautechnik der Römer, die die Ummauerung mit mächtigen Kalk- und Sandsteinquadern auf einem deutlich vorspringenden Fundamentsockel aufführten; sie läßt aber auch spätere Reparaturen ersichtlich werden. Die vorgelagerte Mauer entstand im Zusammenhang mit der Verbesserung des Sicherungssystems anläßlich der Türkenkriege des 16. Jahrhunderts. Der heutige Zustand wurde nach einer Plangrabung 1955 bis 1961 hergestellt.

Abbildung 3: Grab des Hofbischofs Erhard im Niedermünster, um 700, spätere Veränderungen (Aufnahme: Bayerisches Landesamt für Denkmalpflege, Regensburg).

Der agilolfingische Herzogshof bekannte sich von Anfang an zum Christentum. Deswegen wurde er bereits vor der Errichtung des kanonischen Bistums Regensburg (739) Tätigkeitsort mehrerer Hofbischöfe. Das Grab des aus dem Frankenreich stammenden Erhard wurde bei den archäologischen Untersuchungen unter dem Niedermünsterkomplex 1964 bis 1968 aufgedeckt und ist eines der eindruckvollsten Zeugnisse des frühen Christentums in der Stadt. Desweiteren gilt es als wichtiges Indiz für die Lokalisierung der agilolfingischen Pfalz in den Niedermünsterbereich. Die Abbildung zeigt in Deutlichkeit, wie sich die folgenden Kirchenbauten am Ort immer an diesem Fixpunkt orientierten, wobei der Deckel des Sarkophages beständig mit dem Bodenniveau angehoben wurde.

Abbildung 4: Der Burggraf von Regensburg. Miniatur aus der Manessischen Liederhandschrift, um 1300 (Universitätsbibliothek Heidelberg).

Die Abbildung des Burggrafen von Regensburg in der Manessischen Liederhandschrift ist eines der bemerkenswertesten Bilddenkmale eines mittelalterlichen Grafen. Der Burggraf, vermutlich Friedrich von Riedenburg, wird in seiner Hauptfunktion als Inhaber der obersten Gerichtsbarkeit in der Stadt mit dem symbolischen Schwert dargestellt. Bemerkenswert sind weiterhin seine amtliche Gewandung und die Plazierung an erhobener Stelle. Das über der auch durch die Gestik der Hand in den Mittelpunkt gerückten Person des Burggrafen angebrachte Schlüsselwappen stellt das älteste bildliche Zeugnis des Stadtwappens dar, dessen Gestaltung von den Petrusschlüsseln abzuleiten ist und an die Zeit der bischöflichen Vorherrschaft zu Beginn des 13. Jahrhunderts erinnert.

Abbildung 5: Der Herzogshof mit dem Römerturm. Lithographie von Ignaz Bergmann, um 1820 (StMR).

Regensburg war vermutlich bereits seit frühbajuwarischer Zeit Sitz der Herzöge von Bayern und behauptete den Vorrang als Vorort des Herzogtums bis in die frühwittelsbachische Zeit hinein. Erst durch den Aufstieg zur Reichsstadt wurden die Landesherrn aus der Stadt abgedrängt und setzten sich schließlich in München fest. Zentrum der Position der Herzöge war immer der Herzogshof am Alten Kornmarkt, der aber auch nach dem Rückzug der Wittelsbacher in herzoglicher Hand verblieb. Hier waren bayerische Behörden untergebracht und galt bis 1900 bayerisches Landrecht. Die Abbildung zeigt das unter Herzog Ludwig dem Kelheimer angelegte Festsaalgebäude im Zustand des frühen 19. Jahrhunderts. Es ist durch eine Arkade mit dem sogenannten Römerturm verbunden, der wohl als nordwestliche Eckbefestigung der Karolingerpfalz gelten darf.

Abbildung 6: Das Alte Rathaus. Kupferstich von Matthäus Merian, Frankfurt a. M. 1644 (StMR).

Zentrum der Bürgerstadt war das Rathaus. Da in ihm von 1663 bis 1806 auch die verschiedenen Gremien des Immerwährenden Reichstages arbeiteten, gilt es als eines der geschichtsträchtigsten Rathäuser Deutschlands. Dessen Anfänge reichen ins spätere 13. Jahrhundert zurück. Die ältesten Bauteile gehören ins 14. Jahrhundert, an ihnen haben die folgenden Jahrhunderte ständig weitergebaut. Die Abbildung von Matthäus Merian macht die Abfolge der einzelnen Bauabschnitte in Deutlichkeit sichtbar.

Abbildung 7: Sitzung des Inneren Rates, 1536. Miniatur aus dem Freiheitenbuch der Stadt von Hans Mielich (StAR).

Das wichtigste Organ der Regensburger Stadtverfassung war der Innere Rat, der die Stadt oligarchisch beherrschte. Sein Tagungsort war das Rathaus. Geleitet wurde er seit 1429 von einem Stadtkämmerer. Die Miniatur des vor allem am Münchner Hof tätigen Hans Mielich stellt eine Sitzung des Inneren Rates dar, der sich auffallenderweise aus 16 Mitgliedern zusammensetzte. Das Protokoll wurde vom Stadtschreiber geführt. Ratskonsulent Dr. Johann Hiltner überreicht dem Leiter der städtischen Politik das prunkvoll gestaltete Freiheitenbuch der Stadt, in dem die Privilegien zusammengestellt waren und das deswegen als Grunddokument der Stadtverfassung galt.

Abbildung 8: Innenraum der Synagoge, erbaut um 1220, vor der Zerstörung 1519. Radierung von Albrecht Altdorfer (StMR).

Albrecht Altdorfer hat das Innere der 1519 in einem Judenpogrom zerstörten jüdischen Synagoge in zwei Radierungen festgehalten. Sie weisen dieses Zentrum des Juden-Ghettos als sehr anspruchsvoll gestaltetes Sakralgebäude aus. Der zweischiffige Gewölbebau dürfte um 1220 entstanden sein, hatte aber bereits einen Vorgänger. Die Situierung der Synagoge und des Ghettos am Westrand der Römerstadt ist ein wichtiges Indiz für die Bestimmung des Alters der Gemeinde; sie hat mit hoher Wahrscheinlichkeit bereits vor der Stadterweitung unter Herzog Arnulf (um 920) bestanden. Die Regensburger Judengemeinde gehörte sicherlich zu den ältesten und war eine der bedeutendsten im mittelalterlichen Deutschland.

Abbildung 9: Gesamtansicht der Stadt von Norden, 1493. Holzschnitt von Michael Wolgemut aus der Weltchronik des Hartmann Schedel (Nürnberg 1493) (Aufnahme: BStB).

Der Holzschnitt bietet eine der ältesten bildlichen Darstellungen der Stadt, auf jeden Fall die erste graphische Stadtansicht. Im Gegensatz zu den meisten anderen Abbildungen der Chronik gibt Wolgemut in diesem Fall die Wirklichkeit weithin zutreffend von den Winzerer Höhen aus wieder. Als beherrschende Einzelheiten treten die starke Ummauerung, die Steinerne Brücke mit dem Kopf am Nordufer der Donau, die auffallend zahlreichen Haustürme und der noch im Bau befindliche Dom hervor.

Abbildung 10: Der Burgfrieden der Reichsstadt Regensburg, 1765. Kolorierte Federzeichnung von Jakob Sebastian Püchler (StMR).

Die Reichsstadt Regensburg verfügte außerhalb ihrer Mauern nur über ein Territorium von sehr begrenzter Ausdehnung. Dessen geringe Erstreckung war hauptsächlich Folge des starken Gegendruckes der wittelsbachischen Herzöge bzw. Kurfürsten von Bayern, die ihn über Jahrhunderte hinweg weiter zu beschneiden suchten. Die Abbildung, die im Rahmen der durch den Absolutismus ausgelösten Grenzregulierungen entstanden ist, zeigt, daß im Burgfrieden kein einziges Dorf und auch keine größeren Wälder gelegen waren. Er wurde fast ausschließlich agrarisch genutzt. Sehr genau ist der Standort der Grenzsäulen vermerkt.

Abbildung 11: Der Bischofshof, um 1700. Federzeichnung (StMR).

Neben der Reichsstadt erlangten vier geistliche Institutionen in Regensburg die Reichsstandschaft. Dadurch wurde die Stadt ein herrschaftlich äußerst kompliziertes Gebilde. Es gelang dem Bischof zwar nicht, die angestrebte Herrschaft über die gesamte Stadt zu erringen, dennoch vermochte auch er sich ein begrenztes Territorium aufzubauen, in dem er als Reichsfürst regierte. Dieses bestand neben den kleinen Herrschaften außerhalb der Stadt Donaustauf, Wörth und Hohenburg innerhalb der Mauern lediglich aus dem unmittelbaren Dombezirk. Das Hochstift Regensburg gehörte immer zu den wirtschaftlich unbedeutendsten innerhalb des Reiches.

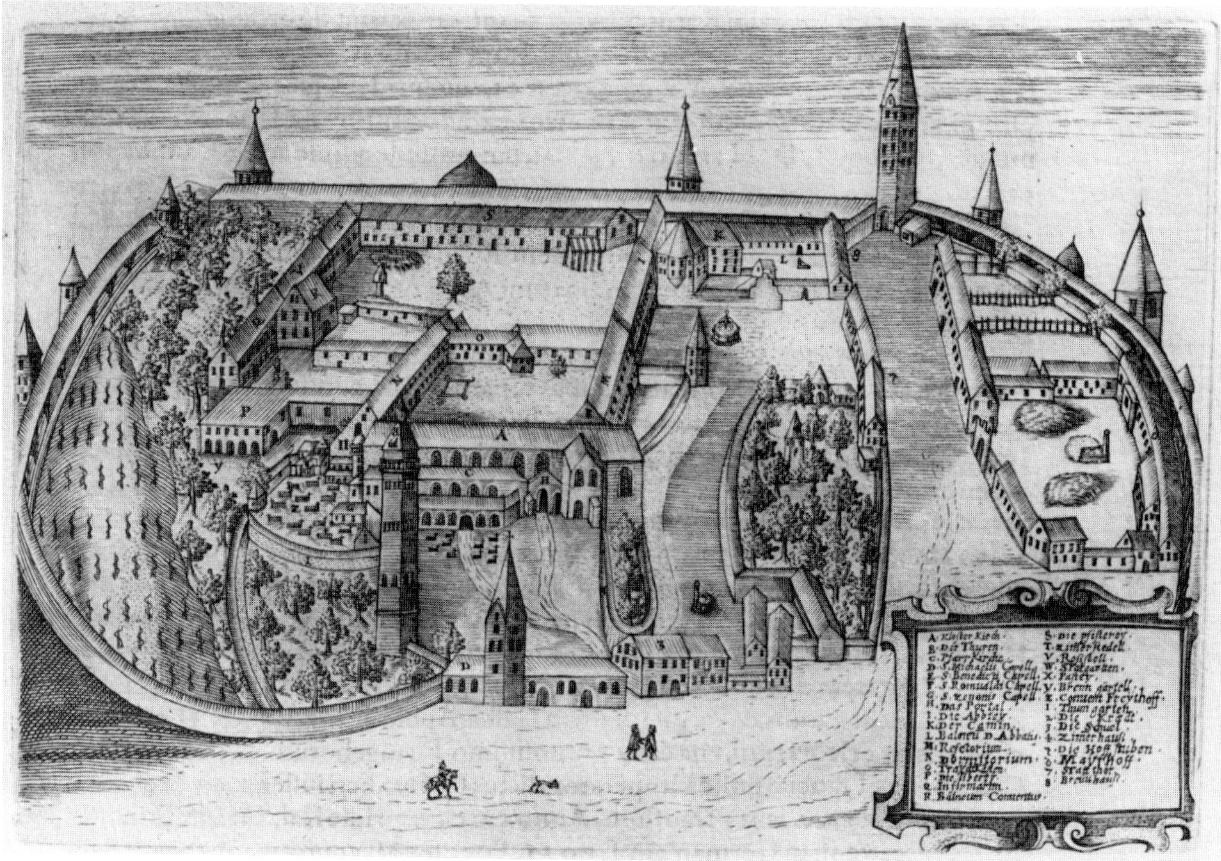

Abbildung 12: Das Reichsstift St. Emmeram, 1619. Kupferstich aus Carl Stengel, Monasteriologia (Augsburg 1619) (Aufnahme: StMR).

Das Kloster St. Emmeram war seit dem 8. Jahrhundert einer der religiösen Brennpunkte nicht nur der Stadt Regensburg, sondern des süddeutschen Raumes. Als solcher erlangte es 1295 die Königsunmittelbarkeit. Diese älteste bildliche Darstellung des Klosterkomplexes vermittelt einen aussagekräftigen Eindruck von der Monumentalität und der Großzügigkeit der Anlage, die gegenüber der Stadt durch eine mit mehreren Türmen bewehrte Ummauerung abgeschirmt war. Sie muß bereits für die Frühzeit vorausgesetzt werden, als das Kloster noch außerhalb der Stadtmauer gelegen war.

Abbildung 13: Das Reichsstift Obermünster, 18. Jh. Kupferstich (Aufnahme: BZAR).

Das wohl in karolingischer Zeit als Gegenstück zum benachbarten Kloster St. Emmeram gegründete Frauenkloster durchlebte seine Blütezeit bereits im 9. Jahrhundert. Voraussetzung dafür waren enge Verbindungen zum Königshaus. Diese mündeten im 11. Jahrhundert in die Verleihung der Königsunmittelbarkeit durch Kaiser Konrad II., der dem adeligen Damenstift besonders zugetan war. Sie wurde bis zum Untergang des Alten Reiches behauptet. Ein Territorium vermochte es allerdings nicht aufzubauen.

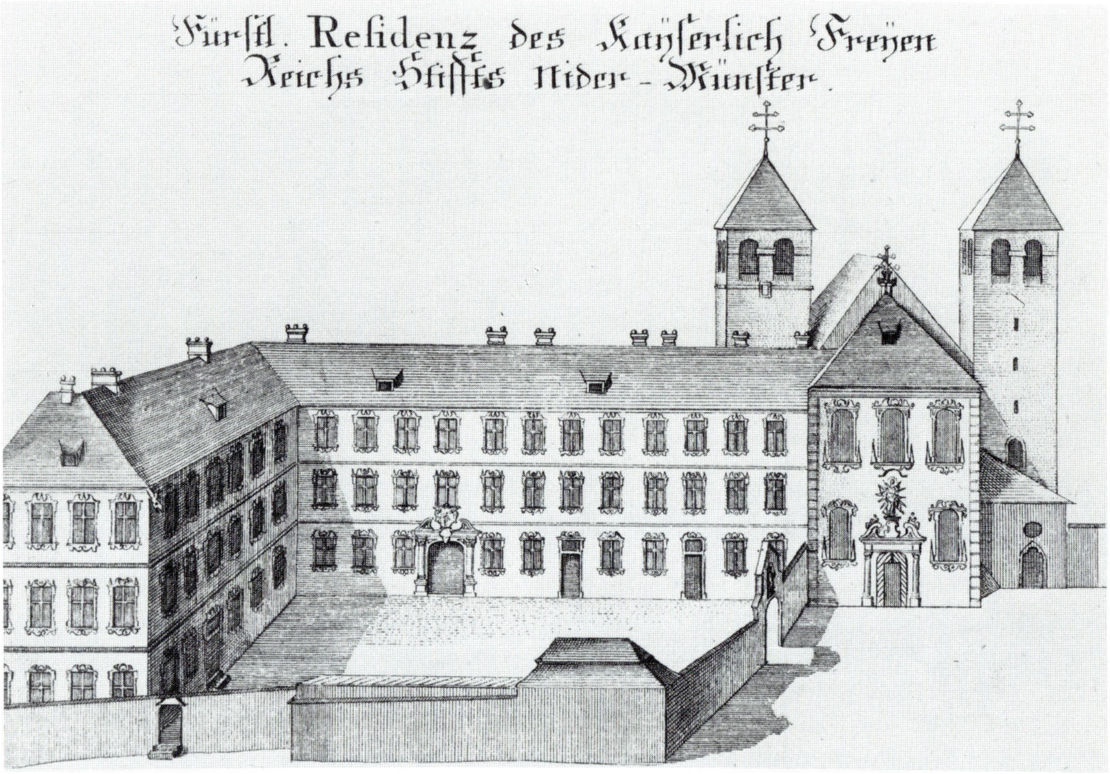

Abbildung 14: Das Reichsstift Niedermünster, 18. Jh. Kupferstich (Aufnahme: BZAR).

Das vermutlich in karolingischer Zeit am Ort des Grabes des agilolfingischen Hofbischofs Erhard entstandene Kloster trat in seine Blütezeit, als Herzog Heinrich I. und seine Gattin Judith ein Kanonissenstift begründeten, das 1002 von König Heinrich II. dem besonderen Königsschutz unterstellt wurde und auf dieser Grundlage die Reichsstandschaft ausbildete, die bis zum Ende des Alten Reiches behauptet wurde. Das adelige Damenstift, das sich allen Bemühungen um eine Remonastisierung entzog, blieb immer im Schatten des Klosters St. Emmeram und auch des Obermünsters. Doch war auch in ihm das Reichsbewußtsein immer sehr lebendig.

Erläuterungen zu den Kartenbeilagen

Kartenbeilage 1: Die Niedergerichtsbarkeit im Burgfrieden

Die Niedergerichtsbarkeit im Burgfrieden der Reichsstadt Regensburg wurde genossenschaftlich von der Baumannschaft ausgeübt. In dieser im bayerischen Raum singulären Rechtskörperschaft waren alle Grundbesitzer im Burgfrieden zusammengeschlossen, um die Verwaltung eigenverantwortlich in Art eines Kondominats zu organisieren. Real- und Verbalinjurien wurden vor ihrem Gericht verhandelt. Erst die Appellationen gingen an das Stadtgericht, das auch die Hochgerichtsbarkeit ausübte. Auf die Jurisdiktion im Prebrunnkomplex erhob auch das Kurfürstentum Bayern auf der Grundlage eines Beutellehens Anspruch.

Kartenbeilage 2: Die Niedergerichtsbarkeit innerhalb der Stadt

Die Kartenbeilage versucht die niedergerichtlichen Verhältnisse in Regensburg innerhalb der Stadt entsprechend dem Stand der Statistik von 1805/06 vorzustellen. Während die Hochgerichtsbarkeit fast durchgehend an das Stadtgericht gelangt war, lag die Niedergerichtsbarkeit in verschiedenen Händen. Unter der Jurisdiktion des Rates standen der kommunale und bürgerliche Besitz, um 1800 insgesamt 1087 Hausnummern. Trotz beständiger Bemühungen gelang es der Stadt aber nicht, ihre Zuständigkeit auch auf den Kirchenbesitz auszudehnen. Nach Jakob Christian Georg Schäffer, Versuch einer medicinischen Ortsbeschreibung der Stadt Regensburg, Regensburg 1787, S. 29f. waren folgende geistliche Einrichtungen von der städtischen Jurisdiktion eximiert: das Hochstift und das Domkapitel, die drei Reichsstifte St. Emmeram, Ober- und Niedermünster, die Kollegiatstifte zur Alten Kapelle und St. Johann, die neun Klöster St. Klara, Heilig Kreuz, St. Jakob, St. Blasius, St. Paul, die Häuser der Augustiner, Karmeliten, Minoriten und Kapuziner sowie die Deutschordens-Kommende St. Ägidius. Im allgemeinen galt der bei Schäffer festgehaltene Grundsatz: *Wessen Brod und Schutz man geniest, von dem wird man gerichtet.* Die Zuständigkeit für den Besitz auswärtiger geistlicher Einrichtungen war in der Neuzeit umstritten und gelangte immer mehr in die Hände des Rates. Neben der Stadt und dem Klerus stellte der Reichstag einen dritten Rechtskreis dar; das Gesandtschaftspersonal verblieb auch am Tagungsort unter der Jurisdiktion seiner jeweiligen Dienstherren. Das galt selbst für die Dienerschaft und die Hausgenossen der Gesandten, nachdem entsprechende Ansprüche des Reichserbmarschalls, die aus früheren Verhältnissen herrührten, im 18. Jahrhundert zurückgewiesen wurden. Da die Gerichtsbarkeit über das Reichstagspersonal aber personen- und nicht raumgebunden war, konnte dieser dritte Rechtskreis in der Karte nicht berücksichtigt werden. Das ist auch nicht für eine bestimmte Zeitstufe möglich, da selbst die von Paricius, Regensburg (1753), S. 1–100 gebotene sehr ausführliche Übersicht keine genaue Identifizierung der Gesandtschaftsresidenzen zuläßt. Weitere Niedergerichtsbefugnisse beanspruchte das St. Katharinen-Spital, die sich aber auf den unmittelbaren Spitalbereich einschließlich der Pfründner und Bediensteten beschränkten und nicht auch den städtischen Hausbesitz einschlossen; die diesbezüglichen Prozesse vor dem Reichskammergericht kamen nicht zum Abschluß. Der Herzogshof unterstand immer bayerischem Landrecht, dessen Gültigkeit für den davor gelegenen Alten Kornmarkt aber beständig umkämpft war. Diese umstrittenen Zuständigkeiten werden durch entsprechende Schraffur gekennzeichnet. Die Karte vermittelt notgedrungen ein vereinfachtes Bild sehr verworrener und teilweise unklarer Gerichtsverhältnisse. Vor allem vermag sie die Dynamik der Entwicklung nicht zum Ausdruck zu bringen.

Kartenbeilage 3: Die Besitzverhältnisse in der Reichsstadt Regensburg

Die Kartenbeilage versucht auf vier Teilkarten den Besitz – unterschieden nach Eigen und Zinshäusern – von ausgewählten Grundherrn kartographisch vorzustellen. Sie möchte Schwerpunkte der Besitzverteilung und damit der Herrschafts- bzw. Sozialtopographie innerhalb der Stadt deutlich machen. Der exemplarischen Darstellung ausgewählter Besitzträger wurde der Vorzug vor der umfassenden Kartierung der Besitzverhältnisse gegeben, weil die Mehrfachbelastung zahlreicher Häuser zu Umsetzungsschwierigkeiten führen müßte; vor allem würde das Kartenbild äußerst unübersichtlich ausfallen, so daß seine Aussagekraft sehr begrenzt wäre. Zur Darstellung gelangen folgenden Hausbesitzer:

Teilkarte 1: Die Stadt
Teilkarte 2: Das Hochstift und das Domkapitel
Teilkarte 3: St. Emmeram und die Alte Kapelle
Teilkarte 4: Ober- und Niedermünster.

Die kartographischen Arbeiten an diesem Band besorgte der Graphiker der Bayerischen Akademie der Wissenschaften, München, Herr Fritz Weinrich. Ihm sei für seine sachkundigen Bemühungen und die angenehme Kooperation herzlich gedankt.